KB214881

로마서에 반하다

온 세계를 품은 그리스도의 복음

다함
도서출판 다함은

1. 다윗과 아브라함의 자손
아브라함과 다윗의 자손으로, 하나님 구원의 언약 안에 있는 택함 받은 하나님 나라 백성을 뜻합니다.

2. 마음과 뜻과 힘을 다하여 하나님을 사랑하라
구약의 언약 백성 이스라엘에게 주신 명령(신 6:5)을 인용하여 예수님이 가르쳐 주신 새 계명
(마 22:37, 막 12:30, 눅 10:27)대로 마음과 뜻과 힘을 다해 하나님을 사랑하겠노라는 결단과 고백입니다.

사명선언문
1. 성경을 영원불변하고 정확무오한 하나님의 말씀으로 믿으며, 모든 것의 기준이 되는 유일한 진리로 인정하겠습니다.
2. 수천 년 주님의 교회의 역사 가운데 찬란하게 드러난 하나님의 한결같은 다스림과 빛나는 영광을 드러내겠습니다.
3. 교회에 유익이 되고 성도에 덕을 끼치기 위해, 거룩한 진리를 사랑과 겸손에 담아 말하겠습니다.
4. 하나님 앞에서 부끄럽지 않도록 항상 정직하고 성실하겠습니다.

로마서에 반하다
온 세계를 품은 그리스도의 복음

초판 1쇄 인쇄 2021년 2월 16일
초판 1쇄 발행 2021년 3월 2일
초판 2쇄 발행 2023년 7월 10일

지은이 | 한병수

교 정 | 김석현
펴낸이 | 이웅석
펴낸곳 | 도서출판 다함
등 록 | 제2018-000005호
주 소 | 경기도 군포시 산본로 323번길 20-33, 701-3호(산본동, 대원프라자빌딩)
전 화 | 031-391-2137
팩 스 | 050-7593-3175
블로그 | https://blog.naver.com/dahambooks
이메일 | dahambooks@gmail.com

ISBN 979-11-90584-18-0 (04230) | 979-11-90584-17-3 (세트)

Fall in love with Romans

로마서에 반하다
ROMANS

온 세계를 품은 그리스도의 복음

한병수 지음

R

다함
도서출판

목차

추천사

〈복음, 하나님의 웅장한 계획을 보여줌〉

로마서를 강해 설교한 책이지만 주석서로 부족하지 않을만큼 방대한 내용을 자랑한다. 로마서를 강해 설교한 거라는데 주석서로 부족하지 않겠다. 이 책은 세 가지의 특징을 지닌다.

먼저 로마서 원문에 대한 정확한 번역이 돋보인다. 그리스어 성경의 원문은 물론 사본까지 참조하여 철저한 본문비평 작업까지 거친 번역이다. 어떤 부분은 현재 우리가 사용하고 있는 영어성경보다 번역이 정확하다.

또한 이 책은 잘 지어진 고층 건물과 같다. 교의학자답게 로마서 전체를 교의학적 구조로 분석하고 그 분석을 따라 성경의 의미를 드러냈기에 해석을 통해 도출된 가르침들이 일목요연한 짜임새를 가지고 있다. 그냥 한 번 읽어보는게 아니라 로마서를 옆에 두고 성경 공부를 하기에 더 없이 좋은 책이다.

마지막으로 이 책은 현대를 살아가는 우리에게 놀라운 적실성을 제시하고 있다. 특히 저자의 신학과 철학, 사상과 문화, 학문과 신앙을 아우르는 통합주의적 세계관은 이 책을 읽으면서 로마서를 렌즈삼아 세상을 이전과 다르게 볼 수 있게 해준다. 아무리 깊이 있는 내용을 가르쳐 준다고 해도 감동이 없다면 무미건조한 독서의 시간을 보내야 할 것이다. 그러나 이 책은 논리적일 뿐 아니라 감화력이 있다. 생동하는 느낌이 있다. 거의 스무 세기의 시간과 로마와 한국이라는 간격을 뛰어넘어 하나님의 구원계획을 따라 살아갈 힘을 준다. 살아갈 힘! 그것보다 우리에게 더 필요한 것이 어디 있겠는가?

김남준
열린교회 담임목사

로마서 강해(강설)는 모든 설교자의 꿈이자, 로망이다. 로마서는 바울 복음의 정수를 담은 중요한 서신이기 때문이다. 따라서 그간에 출간된 로마서 주석이나 연구 문헌은 산을 이루고 있고, 설교집들도 수두룩한 상황이다. 그럼에도 불구하고 이번에 한병수 교수의 로마서 강설의 출간을 진심으로 환영하고 기뻐한다. 한 교수는 일찍이 리처드 멀러의 지도하에 종교개혁 이후 개혁파 정통신학을 깊이 연구하되, 특히 그동안 국내에는 알려지지 않았던 아만두스 폴라누스(Amandus Polanus, 1561-1610)의 신학을 연구하여 박사 논문을 써서 출간하기도 했다. 그간에도 한 교수는 자신의 전공과 관련된 여러 탁월한 논저들뿐만 아니라, 여러 권의 묵상집들과 강설집들을 출간함으로 많은 독자에게 유익을 끼쳐온 것으로 아는데, 이번에 로마서 강설의 출간은 그와 같은 저술들 위에 금상첨화라고 할 것이다.

한 교수는 1년 4개월 동안 자신의 목회지인 대학교회 강단을 통해 로마서 강설을 연속 진행했고, 그 준비한 원고를 다듬어 이렇게 일반 독자들에게 공개한다. 저자는 바울의 헬라어 원문과 씨름하여 직접 사역을 했고, 여러 탁월한 주석들을 참고하면서 튼실한 주해에 바탕을 둔 강설을 제시하고 있다. 또한 새롭고 산뜻해 보이는 바울 해석에 요동하지 아니하고 종교개혁자들이 재발견한 바울 복음을 잘 역설해 주고 있기도 하다. 평소에 설교나 강의, 혹은 교제 속에서도 차분하게 또박또박 논리적으로 설명하는 저자의 모습을 보곤 했는데, 본서를 통해서도 격정적이거나 화려한 미사여구를 쓰거나 독자들이 좋아할 만한 피상적이고 가벼운 이야기 한 톨 없이 본문의 의미를 길어내어 청중들에게 바로 제시하고자 하는 진리에의 열정을 드러내 주고 있다. 그간에 여러 종류의 다른 로마서 강해를 읽어온 독자라 해도, 본서를 읽으면서는 차별화된 강설집이라는 것을 깨닫게 될 것이다. 이 책을 손에 잡고 조용히 앉아 저자의 강설을 찬찬히 읽어나가다 보면, 바울이 선포한 복음의 진수를 깊이 깨닫는 기회가 될 것으로 생각하기에 본서를 권독하는 바이다. 문득 F. F. 브루스의 로마서에 대한 권독사가 떠오르는데, 역사 속에는 때때로 로마서를 읽고 연구하면서 폭탄이 터지는 것과 같은 경험을 하는 이들이 있었는데, 이번에 출간되는 한병수 교수의 로마서 강설을 읽으면서도 그러한 지적이고 영적인 각성과 변화를 경험하는 이들이 있기를 소망해 본다.

이상웅
총신대학교 신학대학원 조직신학 교수

한병수 교수가 로마서 강해를 냈다. 참 좋은 책이다. 많은 사색이 들어있다. 때로는 독자를 로마서 안으로 끌어들이고, 때로는 로마서를 독자 속으로 집어넣는다.

　로마서는 성경을 가르치는 사람이라면 누구나 도전해보고 싶은 책이지만, 막상 도전해 본 사람은 괜한 시도를 했다고 후회하는 책이기도 하다. 그런데 한병수 교수의 강해는 그런 후회의 기색이 눈에 띄지 않는다. 오히려 형편만 허락하면 얼마든지 더 쓸 수 있다는 기세로 로마서를 읽어낸다. 그만큼 이 책은 충분한 설명을 갖추고 있다.

　성경을 건드리면 건드린 사람이 상처를 입는다고, 주석가들은 입을 모아 말한다. 그 정도로 성경을 주석하는 일은 고통스러운 작업이라는 뜻이다. 하지만 한병수 교수의 강해는 본래 설교였기 때문에 그런지 미묘하게 색다른 맛을 뿜어내며 성도의 마음에 매우 가깝게 느껴진다. 다시 말하자면 이 강해는 정곡을 찌르는 방식으로 로마서에서 달콤한 진액을 뽑아내어 독자에게 건네준다.

　게다가 한병수 교수의 로마서 강해는 목적하는 구절을 충분하게 설명하기 위해 성경 여기저기에서 다양한 성구를 채집하는 기량도 보여준다. 마지막으로 이 책에는 어느 페이지를 열어봐도 신자의 삶에 바로 적용할 수 있는 실제적인 교훈들이 제시된다.

　한병수 교수의 로마서 강해를 곁에 두면 로마서를 읽는 즐거움이 한껏 증가되리라 믿는다.

조병수

합동신학대학원대학교 총장 역임/명예교수

프랑스위그노연구소 대표

서론

로마서는 기독교의 진리 전체를 가장 잘 요약한 성경의 보석이다. 로마서의 중요성과 탁월함과 유익함을 설명하는 최상의 방법은 "톨레 레게"(tolle lege), 즉 "집어 들고 읽으라"는 제안이다. 직접 읽어보는 것이 상책이다. 칼뱅의 고백처럼, 이 서신의 뛰어남을 제대로 표현할 서술어가 이 세상에 없기 때문이다. 기라성 같은 믿음의 선배들이 저술한 로마서 주석과 강해의 분량이 이미 산더미다. 이는 바울 자신이 밝힌 것처럼 이 로마서가 그리스도 예수의 복음에 대해 "대략"(ἀπὸ μέρους) 기록한 글이기 때문이다. 그래서 복음의 요약인 로마서를 풀어서 두꺼운 주석들을 무수히 산출했다. 거기에 또 하나의 로마서 강해를 추가하는 것이 하나님 나라에 무슨 유익이 될지 고민했다. 그러다가 출간을 결심한 이유는 바울이 말을 잇지 못하고 감탄사로 표현할 수밖에 없었던 진리의 부요함 때문이다(롬 11:33). 하나님의 진리는 인류의 역사에 등장한 하나님의 모든 사람이 깨달은 진리의 모든 조각을 다 연결하고 합하여도 여전히 측량할 수 없는 키와 몸무게를 자랑한다. 그 진리는 무한하고 영원하기 때문이다. 그래서 크든지 작든지 주께서 깨달음을 주신 진리의 소박한 조각 하나를 자신의 시대에 추가하는 것은 우리 개개인의 사명이라 생각한다.

나는 2019년부터 로마서 강해를 시작했고 1년 4개월이 지나서야 완료했다. 매주 설교를 준비하기 위해 나는 먼저 헬라어 판본들 중 SBL 헬라어 성경을 읽고 파피루스 46의 로마서 사본을 참조하여 한글로 번역했다. 필요에 따라 TISCH 헬라어 성경도 일부분 참조했다. 번역이 애매한 문구나 단어는 히에로니무스의 라틴 벌게이트, 루터의 독일어역, NET 영역본, 제네바 성경, 킹제임스 성경, 개역개정 등의 다양한 역본들을 참조했다. 번역의 기본적인 방식은 직역이다. 그러나 불가피할 경우에는 명사를 동사로 혹은 동사를 명사로 표기하는 정도의 의역을 시도했고, 이해를 돕기 위해 본문에 없는 단어나 문구를 대괄호 속에 삽입했다. 인용문 외에는 모든 번역문을 경어체로 기술했다. 해석은 칼뱅(J. Calvin), 루터(M. Luther), 바르트(K. Barth), 라이트(N. T. Wright), 더글라스 무(D. J. Moo)의 로마서 저술들을 많이 참조했다.

로마서는 세상에서 가장 거룩한 논문이다. 지극히 거룩한 하나님의 진리를 설명하는 가장 정교한 논증이다. 최고의 수학적 정밀성과 논리적 일관성을 동원해도 다 해명하지 못할 하늘의 신비로운 짜임새로 이루어진 논증서. 로마서는 또한 편지의 형식을 띤 1세기의 전형적인 저작이다. 발신자는 바울이고 수신자는 로마의 성도이다. 이 서신은 고린도에 있는 가이오의 집에서 기록되었고 더디오가 대필했다. 저작 시기는 A. D. 55-56년일 것으로 추정된다. 로마서의 주제는 "그리스도 예수"라는 복음이다. 이 복음의 키워드라 할 "주님", "하나님의 아들", "구원", "평화" 등은 오직 로마의 황제에게 돌려지던 위험한 용어였다. 그런데 바울은 이 용어들을 전적으로 그리스도 예수에게 돌리면서 당시 세상을 대표하는 로마에서 세상의 권세를 대표하는 황제가 진정한 주님도 아니고 하나님의 아들도 아니고 구원자도 아니고 평화의 왕도 아니라는 대담한 입장을 이 작은 문서로 표명했다. 그래서 로마서는 그 시대의 로마에서 대단히 불온하고 도발적인 문서였다. 그런데 세상의 최고 권세와 과감하게 맞짱을 뜬 이 로마서의 복음은 진실로 위대하다. 로마 황제의 권위를 능가하는 것만이 아니라 모든 인류와 모든 자연, 하늘과 땅, 보이는 것과 보이지 않는 것, 선과 악, 빛과 어둠을 모두 포괄하는 거대한 개념이다. 이것보다 더 웅장한 복음의 체계적인 개념은 로마서 외에 성경 어디에도 없다. 로마서의 목적은 그리스도 예수로 말미암아 모든 열방과 모든 지역과 모든 세대와 모든 계층과 모든 신분과 모든 성별과 모든 연령과 모든 지위의 사람이 하나님 아버지께 영광을 돌리게 하기 위함이다. 이 영광의 바통은 온 세상에 넘겨지고 만물도 하나님의 아들들이 가진 영광의 자유에 이르게 되고 결국 하늘과 땅, 인간과 만물이 여호와의 영광을 인정하는 것이 온 세상에 가득하게 된다. 로마서의 구조는 교의학의 역사적인 모판이다. 믿음의 선배들이 기독교 진리의 체계를 세우고자 할 때 표본으로 삼은 책이 이 로마서다.

로마서는 크게 1장에서 11장까지 기독교 진리의 이론을 가르치고, 12장에서 16장까지는 기독교 진리의 실천을 가르친다. 각 장은 다음과 같이 요약된다. 교의학적 구조로 본 로마서는 복음이신 그리스도 예수의 존재와 사역으로 구성되어 있다. 예수의 존재는 완전한 하나님과 완전한 사람이다. 완선한 하나님은 본질과 사역으로 구분된다. 하나님의 본질은 실체가 하나라는 일체성과 위격이 셋이라는 삼위성을 의미한다. 하나님의 사역은 내적 사역인 작정과 외적 사역인 창조와 구속사적 섭리로 이루어져 있다(1-8장). 예수는 완전한 사람이며 동시에 공동체적 존재로서 교회와 연결되어 있다(9-11장). 예수의 사역은 십자가 죽음과 부활이며, 이것은 아버지 하나님께 자신의 몸을 거룩한 산 제물로 드리는 합당한 예배이다. 이 예수로 말미암아 우리가 드리는 예배는 하나님 사랑과 이웃 사랑으로 구성되어 있다. 하나님 사랑, 즉 자신을 하나님께 산 제물로 드리는 것은 직접적인 예배이고, 이웃 사랑 즉 타인을 하나님께 산 제물로 드리는 것은 간접적인 예배이다(12-16장). 이 두 종류의 예배는 분리될 수 없고, 대립하지 않으며 모두 준행해야 한다.

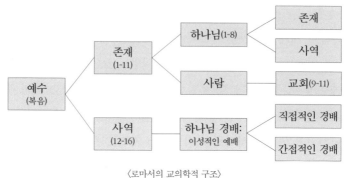

〈로마서의 교의학적 구조〉

1장에서 바울은 자신을 소개한다. 그는 하나님과 관계된 수직적인 신분에서 그리스도 예수의 종과 보내심을 받은 사도이고 사람들과 관계된 수평적인 신분에 있어서는 모든 사람들의 빚쟁이다. 그리스도 예수의 뜻을 따라 보내심을 받고 유대인과 이방인, 헬라인과 야만인 모두에게 복음을 증거하여 그 빚을 청산해야 하는 인생이다. 여기에서 복음은 그리스도 예수이며, 그 예수는 신성과 인성을 가졌으며 예수의 복음은 믿는 모든 자들에게 구원을 주는 하나님의 능력으로 소개된다. 이 복음에는 하나님의 의가 나타나고(1-11장) 의인의 삶이 포함된다(12-16장). 온 인류와 만물이 하나님에 의해 지으심을 받고 하나님에 의해 보존되고 있음에도 불구하고 감사와 영광을 돌리지 않는 사람들, 특별히 이방인의 문제들을 지적한다. 그들은 썩어지지 아니하는 하나님의 영광을 썩어 없어지는 사람과 짐승과 버러 우상으로 바꾸었다. 1장에서 바울은 창조주 하나님과 부패한 인간을 대조한다.

2장에서 바울은 하나님의 진리를 거슬러 불의와 거짓을 일삼는 자들에게 하나님의 진노와 심판이 내려질 것이라고 선언한다. 이 심판은 공정하고 정의롭다. 사람의 외모가 아니라 중심에 근거한 심판이기 때문이다. 여기에서 바울은 이방인을 비판하고 정죄하고 잘못 이끄는 유대인의 죄를 지적한다. 모든 사람의 죄에 대한 심판의 양상에 있어 이방인의 경우에는 양심을 따라, 유대인의 경우 율법을 따라 심판이 내려진다. 이방인과 유대인 사이에 차별이 없는 심판이다. 여기에서 바울은 정의로운 심판의 하나님과 불의한 인간의 죄악을 대조한다.

3장에서 바울은 모든 사람이 죄인임을 지적하고 모든 사람이 하나님의 진노와 심판을 받는다는 절망적인 현실을 묘사한다. 그런 다음에 하나님의 다른 의를 소개한다. 그것만이 인류에게 희망이다. 그것은 바로 그리스도 예수와 관계되어 있다. 그를 믿음으로 말미암아 하나님 앞에서 의롭다 하심을 받는 구원적인 의로움이 바로 그것이다. 이것은 유대인과 이방인 모두에게 어떠한 차별도 없는 복음이다. 3장에서 바울은 그리스도 안에서의 구원자 하나님 이야기를 시작하여 8장까지 이어간다.

4장에서 바울은 구원의 복음이 유대인과 이방인 모두에게 적용되는 무차별의 이유를 아브라함 이야기로 해명한다. 그는 믿음의 조상이며 그 믿음은 이스라엘 백성의 언약적 표식인 할례 이전에 가졌으며 할례 이전에 하나님의 의롭다 하심이 그에게 주어졌다. 믿음의 의로움이 할례 전이라는 시섬 때문에 그는 비록 혈통을 따라서는 유대인의 조상이나 믿음을 따라서는 유대인과 이방인 모두의 조상으로 간주된다. 바울은 이렇게 인류의 긴 역사의 흐름이 대단히 정교하며 복음이 서서히 드러나는 일관성 있는 계시의 발전임을 암시한다.

5장에서 바울은 역사를 더 소급하여 인류 최초의 사람인 아담과 예수의 복음을 연결한다. 아담을 논하기 이전에 바울은 아브라함 신앙의 배후에 그의 공로가 아님을 지적한다. 믿음의 조상은 아직 하나님이 보시기에 원수와 죄인의 연약한 상태로 있었기에 값없이 주어진 하나님의 사랑이 그의 믿음에 선행하는 것임을 가르친다. 그리고 첫째 아담의 불순종과 둘째 아담의 순종을 대비하고, 첫째 아담의 죄로 말미암아 모두가 정죄와 사망의 희생물이 되었으나 둘째 아담의 의로 말미암아 많은 사람들이 의롭다 하심과 생명의 은택을 입게 되었다는 사실을 설명한다. 이런 구속사적 관점으로 바울은 첫째 아담에서 둘째 아담으로 이어지는 인간의 역사 전체를 요약한다.

6장에서 바울은 믿음의 사람들이 그리스도 예수와 연합하여 그의 죽음과 부활에 참여하게 됨을 가르친다. 성도들 중에는 은혜를 받았기 때문에 죄를 지어도 구원을 받는다는 생각으로 자신을 불법에 내어주는 문제가 발생한다. 그러나 바울은 예수의 죽음과 부활에 동참한 자들은 자신을 죄에 대해서는 죽은 자요 하나님에 대해서는 산 자로 여겨야 한다고 강조한다. 육신적인 욕구에 지배를 받지 않도록 자신을 하나님께 종으로 드려 거룩함에 이르는 열매를 맺어야 한다고 가르친다.

7장에서 바울은 거룩한 삶을 추구하는 것의 어려움을 설명한다. 아내가 죽거나 남편이 죽어야 남편의 법에서 아내가 벗어나는 것처럼 죄의 몸에서 벗어나는 방법은 자아의 죽음이다. 거룩한 삶은 죽음 같은 고통을 요청한다. 인간의 비참한 실상은 그가 하나님의 법을 따르려는 마음을 가지고 있어도 죄의 법 아래로 사로잡혀 간다는 사실이다. 그래서 바울은 벗어날 수 없는 곤고함을 토로한다. 그러나 곧장 그리스도 예수로 말미암아 사망의 몸에서 건짐을 받는다는 사실을 고백하고 찬양한다. 거듭난 이후에도 하나님의 은혜가 필요함을 강조한다.

8장에서 바울은 은혜를 베푸시는 성령 하나님의 사역을 소개한다. 우리는 생명을 주는 성령의 법으로 말미암아 죄와 사망의 법에서 해방된다. 그 성령은 우리에게 양자의 영이시며 하나님의 자녀라는 사실을 보증한다. 동시에 하나님의 자녀들을 인도한다. 무엇을 구해야 하는지 알지 못하는 그들을 위해 말할 수 없는 탄식으로 친히 간구한다. 성령이 간구하는 내용은 우리가 하나님의 아들의 형상을 온전히 본받는 것이며 이 본받음은 하나님의 영원한 선택, 의롭다 하심, 거룩하게 하심, 영화롭게 하심으로 성취된다. 하나님의 선택을 따라 그리스도 예수는 자신의 영인 성령의 내주로 말미암아 우리와 세상 끝 날까지 항상 함께 거하신다. 그래서 어떠한 피조물과 시공간적 사건도 그의 구원하는 사랑에서 우리를 분리하지 못한다고 바울은 선언한다. 이렇게 1장에서 8장까지 바울은 창조하신 하나님, 구원하신 하나님, 거룩하게 하신 하나님 즉 성부 성자 성령 하나님의 사역을 설명했다.

9장부터 바울은 예수의 인성에 해당하는 교회 이야기로 넘어간다. 교회에게 주어진 흔들리지 않는 이 구원의 근원인 하나님의 절대적인 뜻을 먼저 가르친다. 여기에서 바울은 창세기와 말라기를 인용하며 구약 전체의 역사가 하나님의 뜻을 따라 이루어진 예정이 구현되는 과정임을 설명한다. 하나님은 사람의 존재와 행위가 있기도 전에 야곱은 사랑하고 에서는 미워했다. 이는 하나님의 선택으로 말미암은 구원이 사람의 뜻이나 결정이나 노력에 의하지 않고 오직 긍휼히 여기시는 하나님의 뜻에 있기 때문이다. 하나님은 긍휼의 그릇과 진노의 그릇을 만드셨다. 이는 하나님이 하고자 하시는 자를 긍휼히 여기시고 하고자 하시는 자를 완악하게 하시는 하나님의 절대적인 주권이다. 지극히 정의롭고 지혜롭고 선하고 거룩하고 자비로운 분의 결정이기 때문에 결코 부당하지 않다. 긍휼의 그릇은 유대인과 이방인 중에서 택하심과 부르심을 받은 자들로 구성되어 있다.

10장에서 바울은 아직 긍휼의 그릇에 들어오지 못한 자신의 민족 유대인에 대한 사랑을 고백한다. 바울은 자신의 구원이 취소된다 할지라도 자신의 혈육이 구원 받기를 소원한다. 왜? 자신의 생명보다 그들을 소중하게 생각하기 때문이다. 바울에 의하면, 유대인이 예수를 거부하는 이유는 율법에 대한 오해와 오용 때문이다. 율법에 순종하는 것은 하나님의 명령이다. 그러나 그 명령의 완전한 수행자는 인간이 아니라 그리스도 예수이다. 이러한 사실을 바울은 설명하며 율법으로 말미암는 의로 인하여 구원에 이르지 않고, 오직 예수를 믿어야 의에 이르고 입으로 고백해야 구원을 받는다고 강조한다. 여기에서 믿음과 고백은 수동태와 능동태가 절묘하게 결합되어 있다는 점이 특징이다.

11장에서 바울은 유대인이 예수를 거부하는 것은 하나님의 섭리라고 가르친다. 유대인은 원 가지이고 이방인은 접붙여진 가지이다. 원 가지도 꺾였다면 접붙여진 가지도 조심해야 한다. 유대인의 실족은 이방인의 접붙임을 위한 섭리였다. 그러나 이방인의 정해진 수가 채워지면 유대인도 예수께로 돌아온다. 그리하여 이방인과 유대인 중에서 하나님의 택하심을 받은 영적 이스라엘 백성의 총수가 채워진다. 그래서 구원은 유대인에게서 이방인에게로, 이방인에게서 다시 유대인에게로 흘러간다. 바울이 이방인의 사도가 된 것은 이방인의 수를 채우기 위함이다. 그래서 자신의 동족 유대인의 구원을 앞당기려 한다. 하나님의 너무나도 지혜로운 섭리에 바울은 감탄한다. 만물과 역사 전체를 바울은 이렇게 표현한다. 모든 것이 주에게서 나오고 주로 말미암아 주에게로 돌아간다. 이로써 하나님께 영원한 영광을 돌리는 것으로 로마서의 이론적인 부분을 끝마친다. 이론의 목적은 영광이다.

12장에서 바울은 이러한 복음의 진리에 근거하여 하나님께 예배를 드려야 한다고 가르친다. 이 예배는 하나님 사랑과 이웃 사랑으로 구성되어 있다. 바울은 먼저 하나님의 자비에 근거하여 하나님께 자신의 몸을 거룩한 산 제물로 드리는 합당한 예배를 가르친다. 이것은 직접적인 예배로서 하나님 사랑이다. 그런데 이것과 동일한 간접적인 예배로서 이웃을 사랑해야 함을 가르친다. 가깝게는 형제를, 멀게는 모든 사람을, 가장 먼 자인 원수도 사랑의 대상으로 삼으라고 한다. 이로써 하나님 경배와 이웃 사랑이 서로 무관하지 않음을 가르친다.

13장에서 바울은 국가와 교회의 관계를 설명한다. 보다 높은 권세를 가진 자들도 사랑의 대상이다. 사랑의 방법은 순종이다. 각각의 권위에 맞게 조세와 관세와 두려움과 존경을 실천해야 한다. 모든 사람을 사랑하는 것은 바로 구약의 율법이 가르치는 것이었고 그것을 완전히 성취하는 것이라고 설명한다. 율법의 성취라는 방향을 따라 역사의 마지막이 다가오고 어둠이 짙어질 때 빛의 갑옷을 입고 빛의 열매를 결실해야 한다. 여기에서 우리는 율법의 제3사용에 대한 바울의 신학적 입장을 확인한다.

14장에서 바울은 하나님의 나라가 어떤 것임을 가르친다. 그 나라의 본질은 마치 어린 아이가 독사의 굴에 손을 넣고 사자들이 어린 양과 함께 뛰어 놀아도 아무런 문제가 없는 정의와 평화와 희락이다. 이 땅에서도 그런 나라가 임하도록 연약하고 가난하고 무지하고 비천한 자가 어떠한 차별과 불이익도 당하지 않고 평화와 안식을 누리는 환경을 조성해야 한다. 강한 자가 약한 자를 무시하지 않고, 약한 자가 강한 자를 멸시하지 않고 서로를 존중해야 한다. 특별히 강한 자의 강함은 약한 자의 약점을 보완하기 위해 하나님이 맡겨 놓으신 사랑과 섬김의 수단이다. 나아가 연약한 자가 실족하여 죄를 범하지 않도록 보살펴야 한다.

15장에서 바울은 선교의 중요성을 가르친다. 바울은 먼저 이웃을 사랑해야 함을 다시 강조한다. 그리고 이방인과 유대인 모두가, 모든 열방이 하나님을 찬양하며 그에게 영광을 돌리는 것이 하나님의 뜻이라고 가르친다. 바울은 로마교회 성도들의 인격적, 지성적, 실천적 탁월함을 칭찬한다. 그러나 하나가 부족하다. 하나님의 은혜가 교회 내부에 고여 있지 않고 외부로 흘러 땅 끝까지 이르러야 함을 강조하며 선교의 삶을 촉구한다. 이것은 자기가 하나님께 받은 은혜이며 그 은혜가 자신의 붓을 움직여 로마서를 작성하게 했다고 설명한다. 당시 땅 끝으로 여겨진 서바나로 가는 길에 먼저 로마를 방문하여 성도의 교제를 나누고 목적지로 갈 때에 그들에게 도움을 달라고 바울은 부탁한다. 이러한 도움의 사례로서 마게도냐 교회가 예루살렘 교회를 도운 일을 언급한다. 선교의 동역은 지금까지 바울이 가르친 로마서의 모든 교훈을 실천하는 길이라고 설명한다.

16장에서 바울은 다양한 동역자를 언급하며 문안하고 문안을 권고한다. 바울은 다양한 민족과 다양한 계층과 다양한 신분과 다양한 성별과 다양한 재능을 가진 사람들과 동역했다. 바울은 로마교회 성도들에게 자신의 동료에게 문안을 드리라고 부탁하고 다른 동료들의 문안을 로마교회 성도에게 전달한다. 하나님의 사람들은 그리스도 안에서 거룩한 입맞춤을 통해 문안을 나누는 사랑의 동지임을 강조한다. 이것은 또한 작은 천국의 모습이다. 하나님의 나라를 구현하기 위해 협력하는 다양한 사역자들 모두가 하나님 나라의 작은 모델이다. 끝으로 바울은 로마서 전체를 한 문장으로 요약한다. 즉 모든 민족 중에서 복음의 진리를 믿어 구원에 이른 하나님의 모든 백성이 그리스도 예수로 말미암아 영광을 하나님께 영원토록 돌리기를 기원한다.

기독교 진리의 이론을 가르친 1장에서 11장까지의 결론도 하나님의 영광이고, 그 이론의 실천을 가르친 12장에서 16까지의 결론도 하나님의 영광이다. 모든 인간은 하나님의 영광으로 말미암아 그분보다 조금 못하게 지음을 받았으나 첫째 아담의 죄로 말미암아 그 영광을 상실하고 그 영광에 이르지 못하게 되었으며, 둘째 아담의 순종으로 말미암아 하나님의 영광에 다시 이르게 되었다는 것이 인류 역사의 내용이고 로마서의 핵심이다. 이 영광을 가능하게 하는 유일한 근거는 그리스도 예수의 복음이다. 이처럼 로마서는 십자가의 신학을 지나 영광의 신학으로 독자들을 안내한다.

R

1장 창조주 하나님과 부패한 인간

롬 1:1

¹예수 그리스도의 종 바울은 사도로 부르심을 받아 하나님의 복음을 위하여
택정함을 입었으니

❖ ❖ ❖

¹그리스도 예수의 종 바울은 사도로 부르심을 받아 하나님의 복음을 위해
택정함을 입었으니

※ 독자들의 편의를 위해 대한성서공회의 개역개정역(4판, 위)과 저자의 사역(아래)
을 함께 표기했습니다.

01 자연인 바울

¹그리스도 예수의 종 바울은 사도로 부르심을 받아

하나님의 복음을 위해 택정함을 입었으니

다메섹 도상에서 그리스도 예수를 만난 이후로 바울은 자신의 정체성을 세 가지로 이해한다. 하나는 수직적인 관계로서 그리스도 예수와 결부시켜 자신을 "그리스도 예수의 종"이라고 규정한다. 다른 하나는 교회 안에서 성도들과 결부시켜 자신을 "모든 성도 중에 지극히 작은 자보다 더 작은 나"라고 소개한다. 또 다른 하나는 하나님을 알지 못하는 세상과 결부시켜 자신을 세상의 모든 사람에게 "빚진 자"로 규정한다.

로마서의 저자는 바울이다. 그는 자신을 "그리스도 예수의 종"으로 소개한다. 이것은 그에게 믿음의 신분이다. 그는 어떤 독립적인 존재가 아니라 그리스도 예수 의존적인 종의 정체성을 고수한다. 사실 자연인 바울의 정체성은 대단히 화려하다. 그는 "소읍이 아닌 길리기아 다소 시의 시민"(행 21:39)으로 출생했다. 다소가 소읍이 아니라 도시라고 한 그의 설명처럼, 그곳은 인구와 정치와 경제와 교육과 문화에 있어 지중해 연안에서 가장 큰 도시였다. 특별히 항구도시 특유의 국제적인 분위기, 즉 다양한 민족과 나라의 문화와 언어와 노동과 가치관의 왕성한 출입은 야심이 강한 바울에게 적잖은 영향을 주었음에 분명하다.

바울은 다소에서 출생할 때부터 로마 시민권을 소유했다(행 22:28). 당시 로마의 시민은 다양한 권리 즉 투표, 공직, 사업, 소유, 인권, 결혼, 이주의 권리를 자유롭게 행사했다. 재판에 대해서는 기소권, 변론권, 항소권, 나아가 고문이나 채찍질 면제의 권리까지 주어졌다. 당시 세계에서 가장 강력한 나라의 보호를 받고 특혜를 누리는 시민권의 소유자가 된다는 사실은 명함을 파서라도 드러내고 싶었을 것이지만 바울은 자신의 정체성을 치장하는 수식어로 그런 시민권의 활용을 스스로 거부했다.

바울의 출생은 이처럼 로마의 외형적인 배경을 가졌지만 핏줄은 유대인의 혈통이다. 그래서 빌립보 교회에 보낸 글에서는 팔일 만에 할례를 받았고 이스라엘 족속, 베냐민 지파, 히브리인 중의 히브리인, 바리새인 등으로 자신을 소개하고(빌 3:5), 이와 약간 다르게 고린도 교회에 보낸 글에서는 자신을 히브리인, 이스라엘 사람, 아브라함 후손으로 소개한다(고후 11:22-23). 이것은 이스라엘 사람들이 볼 때 대단한 스펙이다.

특별히 학문에 있어서 바울은 유대인의 정체성을 좌우하는 율법에 대해 최고의 지성을 자랑하는 바리새파 소속이다. 발만 담근 껍데기 회원이 아니라 당시 "모든 백성에게 존경을 받는 자"(행 5:34)인 가말리엘 문하에서 "율법의 엄격한 교훈"(행 22:3)을 받은 그 계파의 골수였다. 그리고 가문에 있어서 바울은 과연 이스라엘 나라의 태조 사울을 배출한 베냐민 지파에서 태어났다. 이 사실을 바울의 부모는 의식하고 있었음에 분명하다. 이는 그 태조의 이름을 따라 지어진 바울의 다른 이름이 사울이기 때문이다. 누가는 바울이 로마의 총독 서기오 바울 앞에서 하나님의 말씀을 선포할 때 그의 이름을 "바울이라 불리는 사울"로 소개했다(행 13:9). 여기에서 사울(Σαούλ)은 히브리식 이름이고, 바울(Παῦλος)은 로마식 이름이다.

다메섹 도상에서 그를 "사울"이라 부르신 예수님은 로마식 이름보다 히브리식 이름을 선호하신 것이 분명하다(행 9:4).

많은 사람이 "바울"을 회심 이전에 "사울"이던 사람의 변경된 이름으로 이해한다. 나아가 "사울"의 의미는 "교만하고 큰 자"이지만 회심 이후에 그런 이름을 바꾸어 "겸손하고 작은 자"라는 의미를 가진 "바울"로 변경하게 된 것이라고 설명한다. 그러나 이러한 주장은 검증이 필요하다. 사도행전 안에는 "사울"과 "바울"이 나란히 등장한다. 회심 이후에도 "사울"의 이름은 성령에 의해서(행 13:2), 누가에 의해서(행 13:9) 사용되고, 심지어 바울 자신에 의해서도(행 22:7, 26:14) 예수님의 표현을 따라 그대로 사용된다. "사울"의 의미는 "교만하고 큰 자"가 아니라 "요청하다 혹은 구하다"는 뜻을 가진 히브리어 동사 "샤알"(שָׁאַל)에서 왔다. 바울은 자신의 이름으로 "사울"보다 "바울"을 선호했다. 이는 그가 편지를 보내는 발신자의 이름을 표기할 때에 언제나 "사울"이 아니라 "바울"을 사용한 사실에서 확인된다. "바울"의 이름을 더 좋아한 이유는 무엇일까? 학자들이 주장하는 것처럼 그 주된 이유는 회심과 관계된 것이 아니라 선교와 관계된 것일 가능성이 높다. 이방인의 사도로서 히브리식 이름인 "사울"보다 로마식 이름인 "바울"이 이방인 모두에게 보다 더 친밀한 느낌을 제공할 것임은 당연하다. 실제로 로마식 이름이 선교의 대상인 이방인의 적성과 눈높이에 맞다.

그러나 "바울"이란 이름의 사용은 회심과도 무관하지 않다. 바울은 회심하기 이전에 사회적인 신분과 종교적인 지위에 있어서 거침없이 승승장구 했다. 왕정 시대의 출구가 된 태조 "사울"의 이름을 사용하는 것이 자신과 어울리는 것이라고 생각했을 가능성이 높다. 그러나 회심한 이후에는 자신을 하나님의 사람들 중에서 "지극히 작은 자보다 더 작은 나"(엡 3:8), 예수님의 몸인 교회를 과격한 특심으로 박해했기 때문에 "죄인 중의 괴수"(딤전 1:15), 사도의 제도적인 선출이 끝난 이후에 비제도적 방식으로 부르심을 받았기에 당당하게 "사도라 칭함 받기를 감당하지 못할 자"(고전

15:9)로 인식했다. "작다"는 의미를 가진 "바울"은 과연 자신에 대한 그의 겸손한 인식에 어울리는 이름이다. "바울"을 선호한 것은 그의 겸손이 시킨 일임에 분명하다.

이처럼 바울은 사회적인 측면에서 로마의 대도시 출생이고 로마의 시민이며, 혈통적인 측면에서 히브리인 중의 히브리인, 태조를 배출한 베냐민 지파 출신의 아브라함 후손이며, 학문적인 면에서는 가말리엘 문하에서 가장 엄격한 율법의 교훈을 배운 바리새파 소속이다. 그런데 바울은 로마서의 저자로서 자신을 소개할 때 이토록 화려한 이력을 다 생략한다. 다른 곳에서는 이 모든 것들을 무익하고 해로운 배설물로 분류한다(빌 3:7-8).

첫째 정체성과 관련하여 바울은 로마서 1장 1절에서 자신을 "그리스도 예수의 종"으로 소개한다. 이러한 로마서의 첫 문구는 바울의 주인과 직분과 목적을 명시한다. 이는 로마서의 진정한 주어와 주제와 목적에 방향성을 제공하는 칭호이기 때문에 로마서 해석의 키워드다. 달리 말하면, 로마서에 기록된 모든 내용이 그리스도 예수와 관계된 이 신분을 떠나서는 이해될 수 없다는 바울 자신의 선언이다. 모든 성경이 하나님의 감동으로 되었다는 보다 본질적인 전제를 존중했다 할지라도 인간 기록자인 바울이 그리스도 예수의 종이라는 사실이 무시되면 로마서의 본래적인 의미는 필히 왜곡된다.

로마서는 그리스도 예수를 주인으로 모시는 "종"(δοῦλος)이라는 바울의 정체성 표명과 더불어 시작된다. 그러나 많은 사람이 바울을 그 자신은 배설물로 여긴 히브리인 중의 히브리인, 베냐민 지파에 속한 사람, 바리새인 중의 바리새인, 가말리엘 제자, 길리기아 다소에서 출생한 사람, 로마의 시민권을 가진 사람, 산헤드린 공의회의 회원으로 이해하고 땅에 속한 신분적, 민족적, 정치적, 지연적, 학연적, 국가적 정체성에 근거하여 바울 서신들의 의미를 벗기려고 한다. 물론 바울의 이러한 정체성 규명은 성경에 명시된 사실에 근거하고 있고 텍스트 해석에도 적잖은 유익을 제공한다. 그러나 땅의 신분에 뿌리를 둔 신상털이 접근법은 그것이 하나님의 말씀인 로마서의 신적인 메시지에 이르지는 못한다는 한계를 인정해야 한다. 이 한계는 인간문맥 안에서 설정된 저자의 정체성과 그것에 근거한 인문학적 분석이 하나님의 말씀을 좌우할 수 없다는 사실 때문이다. 땅에 속한 것들의 표층을 뚫고 하늘에 속한 의미의 심연으로 들어가지 않는 로마서 해석은 해석이 아니라 왜곡이다.

바울은 로마서 서두에서 자신의 존재가 그리스도 예수와 무관하지 않으며, 관계성에 있어서는 그에게 속한 종이요 부르심과 보내심을 받은 사도이며, 사도로 택하심을 받은 것은 하나님의 복음을 위한다는 목적을 지향하고 있음을 선명한 어조로 적시한다. 로마서 자체가 해석의 방향을 스스로 결정하고 있다는 이 엄연한 사실이 존중되지 않은 어떠한 해석의 시도들도 오류의 질곡행을 자초한다. 그러므로 "그리스도 예수의 종"은 모든 인위적인 로마서 해석학에 대한 엄중한 경고인 동시에 단호한 거절이다. 성경을 성경으로 해석하는 "오직 성경"(sola scriptura) 정신을 따라 로마서 해석은 바울이 "그리스도 예수의 종"이라는 전제와 관점을 고수해야 한다.

바울은 "그리스도 예수의 종"이라는 호칭으로 로마서가 인간 기록자의 인위직인 고안물이 아니라 사신의 주인이신 그리스도 예수의 말씀이며 자신은 다만 기록과 전달의 소명을 받은 청지기일 뿐임을 암시한다. 보이는 종의 붓길은 자신의 뜻으로 말미암아 움직이지 않고 보이지 않는 주인의 손에 의해 움직인다. 자신이 종이라는 사실을 망각하는 순간, 종으로서 자신이 그리스도 예수에게 속했다는 사실을 거스르는 순간, 바울은 자신을 주인으로 여기든지 아니면 자신을 그리스도 외에 다른 어떤 주인에게 속한 종으로 간주하는 불가피한 사태가 빚어졌을 것이지만 그가 가진 자아에 대한 지식은 너무도 분명한 "그리스도 예수의 종"이었다. 바울은 그리스도 예수를 떠나서는 어떠한 존재이고 싶지가 않았을 것이라고 사료된다. 로마서를 집필하는 순간에도 종의 자리를 이탈하지 않으려고 했다. "종"이라는 그리스도 앞에서의 자아에 대한 지식의 확립과 고수는 로마서가 주인이신 그리스도 예수의 뜻과 메시지와 목적을 전달하는 수레이길 원했던 바울의 염원에서 비롯된 의도적인 처신이다.

바울은 그리스도 예수에 대한 올바른 지식 없이는 결단코 자신에 대한 올바른 지식에 이르지를 못하며 로마서의 집필도 가능하지 않았을 것임을 "그리스도 예수의 종"이라는 호칭으로 표명하고 있다. 완전한 하나님과 완전한 인간이신 그리스도 예수를 알고 난 이후에야 바울은 비로소 자아를 발견했고 자신에게 맡겨진 소명의 실체를 알았으며 그러한 인지 속에서 로마서를 집필했다. 바울은 종이었다. 종은 전적인 헌신을 의미하며 자신에게 소유된 것이 전무하며 모든 것이 주인에게 맡겨진 신분이다. 자신의 관찰과 이해와 판단과 결정에 따라 임의로 생각하고 말하고 행동하는 삶의 주체가 아니라는 이야기다. 종은 자신의 존재감과 존재의 이유와 목적이 주인에게 의존하고 있다. 살아도 주인을 위하고 죽어도 주인을 위하는 신분이다. 주인의 생각과 무관한 생각을 하고, 주인의 명령과 무관한 행동을 하고, 주인의 목적과 무관한 삶을 살아가는 자에게는 자신을 "그리스도 예수의 종"이라고 명명하는 것이 거짓이요 불법이다. 그러나 하나님의 감동으로 된 로마서는 진리이며 합법적인 계시이기 때문에 "그리스도 예수의 종"이라는 바울의 정체성 인식은 로마서가 주인이신 그리스도 예수의 생각과 명령을 따라 주인의 의도와 목적을 구현하기 위해 기록된 서신임을 보증한다. 그러므로 로마서의 모든 텍스트는 바울이 "그리스도 예수의 종"이라는 사실에 근거하여 문자의 인간문맥 종속적인 이해를 넘어 주인이신 그리스도 예수의 복음까지 이르렀을 때에 비로소 그 의미가 벗겨진다.

그런 로마서는 "그리스도 예수의 종"에 의해서 기록되었기 때문에 주인이신 그리스도 예수를 올바르게 알아야 제대로 이해되는 서신이다. 그래서 그리스도 예수를 소개하는 복음서의 선이해를 요청하고 그리스도 예수를 가리켜 기록된 구약 전체에 대한 선이해도 요구한다. 물론 로마서는 신약에 포함된 하나의 문헌이다. 그러나 그 해석과 의미는 구약 전체와 신약의 다른 문헌들과 분리되지 않고 긴밀하게 결부되어 있기에 해석의 선순환적 관계성을 고려해야 한다. 로마서는 구약과 신약의 해석이며 동시에 구약과 신약을 의미 차원에서 포섭한다. 이런 면에서 나는 로마서가 성경으로 성경을 해석하는 "오직 성경" 해석학의 범례라고 생각한다.

로마서가 비록 바울의 언어와 붓으로 기록된 것이지만 바울이 주인의 생각과 뜻을 가감하지 못하는 종이기 때문에 조금 과장해서 말하자면 로마서를 주인 되시는 예수의 서신으로 보아도 무방하다. 이는 로마서가 예수께서 이 땅에 계셨으면 하셨을 말씀을 그의 종 바울의 입술로 대신 전달한 것이기 때문이다.

"종"이라는 말에 거북함과 불쾌함을 느끼는 독자들을 위해 첨언한다. 인간은 원래 종의 성향을 지니도록 지어졌다. 하나님 이외에는 스스로 존재하는 자존자가 없다. 피조물은 의존성을 가지고 있기 때문에 무언가에 의존한다. 이끌림을 받고 다스림을 받고 보호와 돌봄을 받아야 하는 의존성은 피조물의 본래적인 성향이다. 인간은 스스로 자신의 주인이 되는 자존자가 아님에도 불구하고 태초부터 무모하고 어리석은 녹립을 선언했다. 그러나 이 독립은 생명과 복과 선과 진리와 빛이신 하나님을 떠나고 죽음과 저주와 악과 거짓과 어둠인 마귀에게 가는 독립이다. 종이라는 피조물의 필연성은 하나님을 떠난다고 바뀌는 것이 아니었다. 하나님을 떠나는 첫 사람 아담과 하와의 독립은 종이 주인으로 바뀌는 것이 아니라 누구의 종이 되느냐의 문제였다. 인간은 타락하기 이전에 하나님의 종이었다. 타락 이후에는 마귀의 종으로 전락했다. 그런데 바울은 자신을 마귀의 종이 아니라 그리스도 예수의 종이라고 규정한다. 종이 된다는 것은 나의 모든 것이 주인의 것이 되는 신분이다. 동시에 주인의 모든 것이 나의 것이 되는 신분이다. 내가 예수의 종이라는 것은 예수의 뜻이 나의 뜻이 되며, 예수의 지혜가 나의 지혜가 되며, 예수의 의로움이 나의 의로움이 되며, 예수의 거룩함이 나의 거룩함이 되며, 예수의 상속권이 나의 상속권이 됨을 의미한다. 이는 스스로 도달할 수 없는 지고한 영광의 자리로 초대됨을 의미한다.

"사도로 부르심을 받아." 바울은 로마서 서두에 사도로 부르심을 받았다는 사실을 명시하여 로마서가 사도의 직분과 무관하지 않은 편지임을 지적한다. "사도"(ἀπόστολος)는 누구인가? 바울이 자신을 사도로 표명한 이유는 다른 사도들이 자신들을 사도라고 이해하는 이유와 동일하다. 사도들이 자신들을 "사도"라고 이해한 근거는 예수님의 명명에 의존하고 있다. 예수님은 제자들을 택하시고 보내실 때 그들을 "사도"라고 칭하셨다 (눅 6:13). 사도의 직분을 주신 목적은 자신과 함께 거하면서 복음도 증거하기 위함이다. "사도"는 예수님의 택하심과 보내심에 의해 구별되는 직분이다. 택하심과 보내심은 이 땅에서의 합의나 추대나 선거의 방식과 무관하게 이루어진 사건이다. "자신의 삶 처음부터 마지막 순간까지 자기 자신과의 인격적인 동일성 밖에서의 역설적인 사태"라는 키에르케고르의 사도직 이해는 과장이 아니라고 생각한다. 이는 세상의 질서와 이해에 얽매이지 않고 오직 택하시고 보내신 주님께만 복종하고 그의 뜻과 목적에만 결박되고 사로잡힌 직분이 사도라는 이야기다.

로마서를 인간문맥 속에서 이루어진 문화적인 기록으로 여기고 1세기의 가변적인 시대성을 제거하는 방식으로 로마서 해석을 시도하는 일단의 무리들이 있다. 이러한 무리들의 등장은 "사도"라도 사람이기 때문에 육신으로 대해야 한다는 상식의 든든한 후원에 근거한다. 물론 사도도 인간이기 때문에 자기 시대의 문화와 정신에서 자유롭지 않았을 것이라는 생각은 지극히 상식적인 것이어서 급속하고 광범위한 공감대를 형성한다. 그러나 로마서의 저자는 하나님의 택하심과 부르심을 받아 세상에 속하지 않은 구별된 사람이다. 이 사실을 일부러 서두에서 언급했다. 그런데도 인간적인 상식의 횡포가 성경적 진리에 오만한 도전장을 던지는 일들이 종종 발생한다. 상식에 반대되는 서신의 불쾌하고 모순적인 본문들에 대해 그들은 사도의 인간성을 명분으로 삼아 문화적인 해석으로 교묘하게 회피한다.

사도직은 땅에 얽힌 모든 관계성의 단절을 요구한다. 땅과 어우러진 자신과의 구별도 그 단절에 포함되어 있다. "사도"는 악한 본성과 호응하는 땅에서의 모든 습성과 가치관과 판단력과 우선순위 일체에서 구별될 것이 요구되는 직분이다. 이처럼 그리스도 안에 뿌리를 둔 사도직의 수행 차원에서 기록된 로마서는 해석에 있어서도 그렇게 구별된 접근법을 요구한다. 땅의 요소들을 투영시켜 로마서를 풀면 성경의 인간화가 초래된다. 로마서는 교회의 터를 일군 사도의 글이며 성령의 감동으로 되었기에 하나님의 말씀이다.

로마서에 접근하는 모든 해석자는 세속적인 사상이나 풍습만이 아니라 자기 자신도 해석의 고질적인 장애물로 여김이 마땅하다. 이는 로마서가 주님께만 종속된 사도에 의해 기록된 글이므로 세상과 구별된 택하심과 보내심의 단절적인 맥락 속에서 읽혀져야 하기 때문이다. 성경 시대의 주변 문헌들을 참조하는 것도 석성선을 유지해야 한다. 상황을 파악하는 정도에 머물러야 하고 의미의 저울추로 삼는 것은 곤란하다. 역사적인 맥락 파악의 학구적인 유희도 절제해야 한다. 로마서를 해석하는 것은 좌우에 날 선 가장 예리한 검으로 자신의 영과 혼을 찔러 쪼개는 전인적인 행위이다. 이 해석의 행위는 나 자신이 해체되고 산화되는 것을 필수적인 과정으로 삼기에 짐승을 쪼개는 구약의 제사를 방불한다. 하나님의 말씀은 그런 식으로 풀어지고 우리에게 주어진다. 그래서 로마서 해석은 자신의 중추적인 부위를 산 제물로 드리는 예배의 심오한 형식이며, 그리스도 예수의 은혜로 자신의 가장 은밀한 것을 거룩한 산 제물로 하나님께 드리며 의미의 지성소로 들어가는 영광스런 축제이다.

나아가 "사도"는 하나님이 교회에 세우신 직분자들 중에서 일순위에 해당된다. 에베소서 기록에 따르면, 사도로 부름을 받는 목적은 성도를 온전하게 하고 섬김의 일을 감당하게 하고 그리스도 예수의 몸인 교회를 세우기 위함이다(엡 4:11-12). 자신을 사도라고 서두에서 밝힌 바울의 로마서는 성도로 하여금 섬기는 자가 되도록 온전하게 하고 성도의 본분을 수행하고 그렇게 함으로써 하나님의 교회 전체를 바르게 세우기 위해 하나님의 택하심을 받은 사도의 손으로 기록된 서신이다. 물론 로마서 기록의 직접적인 목적은 복음의 제사장 직무를 수행하면서 로마교회 성도들의 연합과 동역을 촉구하기 위함이다. 그러나 그런 직무는 모든 성도의 본분이다. 기록의 목적에 있어서도 로마서와 에베소서 사이의 차이점은 없다. 그런데 어떤 사람은 로마서를 세상 속에서의 성공을 위한 지침서로 간주한다. 세속적인 성공을 지향하며 이루어진 로마서 강해나 주석은 그 자체가 성도를 온전하게 하고 교회를 세울 목적으로 기록된 로마서의 심각한 왜곡이다. 로마서는 관념의 노리개도 아니고 처세술 공작소도 아닌 사도의 글이며 교회를 위한 서신이며 인류와 우주의 회복을 위한 말씀이다. 로마서는 이러한 목적이 존중되는 해석을 고대하고 있다.

"사도"의 권위를 오해하고 왜곡을 조장하는 무리들이 있다. 교회에서 갖는 사도의 권위는 스스로 취하는 것도 아니고 사람들의 합의에 의해 규정되는 것도 아니라고 했다. 주님의 의해서만 부여되고 주님의 이름을 위하지 않은 어떠한 권위의 행사도 용납되지 않는 직분이다. "사도"는 다스리고 통치하고 거느리고 지배하는 세상 권력과 일말의 공통점도 없는 수종적인 직분이다. "사도"의 이러한 특징을 놓치면 교회의 직분을 무슨 벼슬로 여기며 성도가 성경을 읽는 것은 물론이고 소지하는 것도 금지시킨 중세의 끔찍한 폐단이 반복될 근거가 마련되기 쉽다. "사도"는 비록 교회의 기초를 세우지만 그것을 근거로 권세를 휘두르는 직분이 아니었다. 오로지 그리스도 예수의 몸인 교회를 온전하게 세우기 위해 하나님의 집에서 사환으로 섬기는 청지기 직이었다. 로마서를 해석할 때에 인간 바울이 영웅으로 추대되는 일과 하나님의 말씀에 돌려야 할 영예를 인간 바울에게 돌리는 일은 철저히 경계해야 한다.

"하나님의 복음을 위해." 바울의 사도성은 하나님의 복음을 위한 것이었다. 바울의 로마서는 하나님의 복음에 대한 인간 바울의 해석이나 사상으로 여기려는 시도를 거절한다. 로마서는 예수님이 전하신 순수한 복음의 인위적인 학문화도 아니고 이방적인 헬라화도 아니고 세속적인 인간화도 아니다. 로마서는 바울이 사도로 부르심을 받아 구별된 이유이며 목적인 하나님의 복음 그 자체를 증거한다. "하나님의 복음을 위해 구별되어" 구절의 삽입이 이를 확증한다. 나아가 이는 모든 독자로 하여금 하나님의 복음을 위해 자신을 구별할 것을 촉구한다. 하나님의 복음을 기뻐하는 자, 그 복음에 참여하는 자, 그 복음에 합당한 삶을 추구하는 자가 되어야 로마서가 읽어지기 때문이다. 하나님의 복음을 위해 구별된 사도와 동일한 마음을 품지 않고서도 로마서가 읽혀지는 경우는 없기 때문이다.

"복음을 위해." 복음을 위해 사도로 구별된 부르심을 받은 바울은 자신의 사도성을 입증하는 문맥에서 "복음을 위한다"는 것의 구체적인 의미를 설명한다. 즉 "복음으로 말미암아 내게 있는 권리를 다 쓰지 아니하는 이것이라"(고전 9:18). 자신에게 있는 권리를 쓰지 아니하는 것이 왜 복음을 위하는 것일까가 풀어져야 할 물음이다. 복음은 값없이 주어졌다. 복음을 받을 자격도 없고 복음의 값을 지불할 능력도 없고 지불한 적도 없는데 복음이 주어졌다. 그래서 값없는 복음이다. 그런 복음의 속성은 전달됨에 있어서도 그 속성이 발휘될 것을 요구한다. 즉 값없는 복음이 값없는 복음답게 전해지는 유일한 방법은 값없이 전달하는 것이다. 바울이 자신의 권리를 다 사용하지 않은 것은 값없는 복음이 값없이 전달되는 방식의 준비이다. 값있게 무언가를 대가로 챙긴다면 복음의 본질은 훼손되며 왜곡되며 전했다 할지라도 전달되지 않은 결과가 제대로 빚어진다. 이는 복음을 위하는 것이 아니라 복음에 저촉된다.

복음을 위한다는 것은 복음의 값없는 속성에 부합한 사람으로 준비될 것을 요청한다. 바울이 생리적인 욕구를 충족하기 위한 음식과 물을 먹고 마실 권리도 포기하고, 아내를 얻어 행복하고 단란한 가정을 꾸릴 남자의 권리도 포기하고, 일하지 않고 복음 증거에만 전념할 수 있는 사도의 정당한 권리도 포기하고, 자기의 비용으로 군 복무를 하지 않아도 될 마땅한 권리도 포기했던 것은 바로 예수님 때문이다(고전 9:4-7). 예수님은 하나님과 동등됨을 취할 것으로 여기지 않으시고 무한한 신의 영광도 접으시고 종의 형체를 취하시되 아무런 죄가 없이 무흠한 자의 의로움과 자유를 누릴 권리도 포기한 체 십자가에 달려 자신의 가장 소중한 것을 희생하며 그것도 땅에서 측정할 도구가 없을 정도로 무한한 값의 복음을 무상으로 제공했다. 그런 그분처럼 그런 복음에 걸맞은 값없는 전달의 수단으로 준비되기 위해 바울은 자신의 모든 권리를 기꺼이 포기했다. 이러한 복음을 위해 바울은 자신이 "쇠사슬에 매인 죄수가 되는 것"도 불사했다(엡 6:20). 이러한 바울이 저술한 로마서를 사도처럼 "복음을 위하는" 마음과 자세도 준비하지 않고 어떻게 읽을 수 있겠는가! 바울처럼 복음을 위하는 자에게만 로마서의 비밀은 온전히 벗겨진다.

롬 1:2-4

²이 복음은 하나님이 선지자들을 통하여 그의 아들에 관하여 성경에 미리 약속하신 것이라 ³그의 아들에 관하여 말하면 육신으로는 다윗의 혈통에서 나셨고 ⁴성결의 영으로는 죽은 자들 가운데서 부활하사 능력으로 하나님의 아들로 선포되셨으니 곧 우리 주 예수 그리스도시니라

❖ ❖ ❖

²이 복음은 하나님이 그의 선지자들을 통해 그의 아들에 관해 성경에 미리 약속하신 것입니다 ³그의 아들은 육신을 따라서 다윗의 혈통에서 나셨고 ⁴거룩함의 영으로는 죽은 자들 가운데서 부활하사 능력으로 하나님의 아들이라 선포되신 분으로서 예수 그리스도 우리의 주십니다

02 복음의 사도

이 복음은 하나님이 그의 선지자들을 통해
그의 아들에 관해 성경에 미리 약속하신 것입니다

이는 복음의 주체와 기원과 내용에 대한 첨언이다. 복음의 주체는 누구이며, 복음의 원천은 어디이며, 복음의 본질은 무엇이며, 우리와의 관계는 무엇이며, 그 복음 때문에 우리는 어떻게 살아가야 하며, 복음의 궁극적인 목적은 무엇이며, 그 목적과 우리의 관계는 어떠한 것인지를 로마서는 세세하게 가르친다. 즉 복음 중심적인 신관과 성경관과 세계관과 인생관을 소개한다.

　이 구절은 "하나님의 복음"(εὐαγγέλιον θεοῦ)과 결부시켜 이해해야 한다. 하나님은 복음의 저자시며 주어시며 주체시다. 한 번도 주어의 자리를 양도하신 적이 없으시다. 복음은 어떤 천사나 사람에 의해 마련된 것도 아니고 주어진 것도 아닌 하나님의 작품이다. 그러므로 복음의 주어 자리에 탈취의 군침을 흘리는 무리들의 어떠한 시도도 부당하며 불온하다. 그러한 자들이 저지르는 복음의 인간화가 교회를 어지럽게 하고 세상을 혼미하게 한다. 이러한 문제의 심각성은 직접적인 혼돈과 혼미의 모양새가 아니라 높은 설득력을 갖춘 은밀한 미혹의 방식으로 교회의 토대를 후벼 파고 있다는 사실이다. 이는 하나님의 순수한 말씀보다 인간적인 상식과 코드가 일치하는 인간화된 말씀이 사람들의 귀에는 더욱 달콤해서 진리의 분별력도 쉽게 무장해제 당하기 때문이다. 하지만 로마서는 인간의 복음을 거부하고 복음에 인간적인 요소가 혼합되는 것도 단호히 배격한다. 복음은 하나님의 것이며 하나님에 관한 것임을 명시하는 복음의 주어를 변경하지 말라.

이 복음의 본질에 대해서는 하나님의 "아들에 관해 약속하신 것"이라고 기술한다. 이것은 복음의 핵심이다. "아들"(υἱός)은 제네바 성경의 이해처럼 "복음의 실체요 총화"(the very substance and sum of the gospel)이기 때문이다. 하나님의 "아들"은 예수의 인성보다 신성을 강조하는 표현이다. 하나님의 아들은 복음의 중심이고 복음의 실체이며 복음의 전부이고 복음의 내용이다. 이 "아들에 관한 것"은 그의 존재와 행위 모두를 가리킨다. 아들의 존재와 행위를 벗어난 복음의 이해와 논의와 선포와 관심과 강조는 오늘날 많은 사람들이 탄식하고 있는 복음의 실종을 초래한 원흉이다. 복음에서 하나님의 아들이 차지하는 자리를 가난과 성별과 민주주의 이념과 해방 개념으로 대체하는 신학적 시도들은 하나님의 아들이 복음의 본질이요 핵심이요 내용이요 초점이란 사실의 무시나 간과에서 비롯된 것들이다. 로마서가 전하는 복음은 복음의 중심에서 떠밀린 아들의 이러한 대체물에 맞서 하나님의 아들을 복음의 중심으로 다시 설정한다. 이는 또한 이 로마서를 통해 하나님의 아들이 배제되고 주변화된 '복음'을 배격할 것이라는 우회적인 선언이다. 사실 하나님의 아들 중심적인 복음의 회복은 가난과 성별과 질병과 불법과 불의의 사회적인 문제들을 제대로 회복하기 위한 전제와 원천이다. 엄밀한 의미에서 볼 때, 예수가 배제되면 사회적인 문제들의 해결책도 사라진다. 복음에 있어서 그리스도 예수의 대체물은 없다.

이 복음은 바울의 시대에 비로소 도식화된 이념이나 그 시대의 인위적인 고안물이 아니라는 의미에서 "선지자를 통해 성경에 미리 약속하신 것"임을 명시한다. 여기에서 우리는 구약에 기록된 선지자의 복음과 신약에서 사도들이 증거하는 복음은 동일한 것임을 확인한다. 이러한 어법은 베드로의 서신 속에서도 발견된다. 베드로는 성령을 힘입어 사도들이 증거하는 복음이 과거에 선지자의 입술을 통해 그리스도 예수의 영이 미리 증언한 것임을 적시한다(벧전 1:12). 이는 계시 의존적인 사색이다. 이러한 사색은 사도들의 일반적인 일이었다. 복음은 "선지자"를 통해 "성경"에 "약속하신" 것이라는 사실에서 우리는 성경 밖에서 선지자에 의해 기록되지 않은 1세기의 유대 문헌이나 동시대의 이방 문헌들에 근거하여 복음의 본질적인 의미를 찾으려는 다양한 학문적 시도들이 얼마나 허황된 것인지를 확인한다. 로마서가 제시하는 복음의 근원과 실체와 구체적인 내용은 선지자가 기록한 성경에서 충분히 발견된다. 그런데도 성경 밖에서 발견한 것들로 복음의 본질을 해부하고 꼬매고 편집하며 변경하는 것은 복음이 선지자의 입술로 약속된 것이라고 천명한 바울의 사도적 권위를 치겠다는 일종의 도발이다. 악하고 경솔하고 무례하다. 물론 복음의 비본질적 사안에 설명력을 추가하기 위한 도구로서 성경의 주변 문헌들을 활용하는 것은 얼마든지 가능하다.

복음이 선지자의 입술로 성경에 이미 약속되어 있다는 바울의 주장에서 우리는 신앙의 선배들이 외친 "성경, 자체의 주석"(scriptura sui ipsius commentarium)이란 구호가 성경적인 주장임을 확증한다. 구약은 신약에 구현된 복음의 약속이고 신약은 구약에 이미 알려진 약속의 성취이다. 신구약은 이렇게 약속과 성취라는 유기적인 관계성을 갖는다. 하나님의 아들에 관한 복음의 본질은 약속된 구약과 구현된 신약의 협력으로 규명된다. 이걸로 충분하다. 다른 이질적인 요소들이 끼어들 필요도 없고 파고

들 여백도 없다. 학자들의 이목과 평판을 확보할 요량으로 호기심을 자극
할 색다른 소재를 만들고 학문적 호기심을 유발하는 일에 신학적 센스를
발휘하는 것은 신학의 질퍽한 세속화만 부추긴다. 바울은 성경과 무관하
게 인간의 호기심을 자극하고 유혹하는 헛소리 생산에 어떠한 관심도 기
울이지 않았으며, 오히려 성경에 약속된 복음을 가감하는 것은 대상을 불
문하고 저주가 임할 것이라고 엄중하게 경고했다. 하나님의 말씀을 맡은
자들이 바울의 경고를 가볍게 여기고 복음에 변경을 가하는 비성경적 요
소의 인위적인 가치화에 준동되면 복음의 본질은 필히 퇴색된다. 이에 대
해서는 신구약의 아름다운 조화와 유기적인 통일성과 상호 보완적인 충
분성을 알고 만족함이 우리의 고상한 저항이다.

　　나아가 로마서 서두에 하나님의 기록된 말씀인 성경을 먼저 언급하
고 거기에 근거하여 복음을 진술한 바울의 태도에서 우리의 신학도 성
경을 앞서서는 안 되고 성경을 제쳐서도 안 된다는 교훈과 마주친다. 경
건한 믿음의 선배들이 신학적 체계를 구성할 때에 성경을 신학의 원리
(principium theologiae)로 간주하고 먼저 논의한 이후에 그 원리에 근거하여
신학적 교리들을 논하고 배열했던 것은 대체로 로마서의 이러한 구조적
탁월성에 대한 존중의 표시였다. 구약에 선지자의 입술로 약속되지 않은
어떠한 것도 말하지 않으려는 바울의 적정과 절도의 정신을 따라 우리도
성경과 더불어 성경 안에서 성경으로 말미암아 기독교의 진리를 생각하
고 말하고 기술함이 마땅하다. 어떠한 분야의 신학을 연구할 때에도 성경
의 우선성이 요청된다. 물론 신학적 작업 속에서는 성경에서 교리로, 교
리에서 성경으로 논의를 전개하는 두 종류의 논지전개 방식이 보완적인
차원에서 공존하고 협력해야 한다. 그럼에도 불구하고 신학의 처음과 나
중은 언제나 성경이다. 필자가 생각하는 신학적 작업의 올바른 유형은 성
경에서 시작하여 체계적인 교리를 이해하고 구축한 이후에 다시 성경으
로 돌아오는 것이고 그렇게 할 때에만 신학은 성경에 근거하고 동시에 교

회를 위하는 신학이 된다고 생각한다. 성경에서 시작하지 않은 모든 신학은 신학이 아니라 인간의 고안물일 뿐이며, 성경으로 돌아오지 않은 모든 신학은 관념의 유희에 불과하기 때문이다.

그리고 구약의 중요성도 주목의 대상이다. 구약이 유대인의 민족적인 규범이요 종교적 경전일 뿐이라고 매도하며 신약의 시대와는 무관한 것으로 여겨 구약 폐기론을 떠벌리는 무리들의 억측과 낭설은 선지자의 기록된 약속을 대하는 바울의 성경관에 의해 가볍게 반박된다. 신약은 구약의 대체가 아니라 완성이고 유기적인 통일체를 이루기 때문에 신구약의 분리나 대립을 주장하는 것은 성경의 교묘한 파괴를 도모하는 것과 일반이다.

³그의 아들은 육신을 따라서 다윗의 혈통에서 나셨고

바울은 하나님의 아들을 "육신을 따라서"(κατὰ σάρκα)와 "거룩의 영을 따라서"(κατὰ σάρκα πνεῦμα ἁγιωσύνης)로 구분해서 설명한다. 복음은 그리스도 예수에 관한 것으로서 그의 인성과 신성으로 구성되어 있다. 로마서 문맥에서 바울은 구약의 그리스도 중심적인 해석을 강조하되 예수의 인성과 신성이 모두 고려된 해석학의 구체적인 도식도 제공하고 있다. 이 부분은 그리스도 예수가 육신을 따라서는 완전한 인간이고 거룩의 영을 따라서는 완전한 하나님이 되신다는 칼케돈 신조의 성경적 기원이다. 기독교의 초기 역사는 예수의 완전한 신성(니케아, 325), 예수의 완전한 인성(콘스탄티노폴리스, 381), 그의 신성과 인성의 신비로운 관계(칼케돈, 451)를 확립하는 일에 집중했다. 바울의 이 본문을 교회가 수용하는 데에 수백 년이 걸렸다는 사실은 예수의 두 본성이 그만큼 신비롭고 믿는 사람의 지성이라 할지라도 철저한 자기부인 없이는, 하나님의 은혜 없이는 "우리에게"(quoad nos) 진리가 되기 어려움을 입증한다.

예수의 두 본성에 대한 바울의 주장은 아들에 관해 구약에서 선지자에 의해 약속된 것은 신성과 분리된 인성이 아니라 신성과 인성 모두를 포함하고 있음을 가르친다. 그러므로 구약을 이해할 때에 성자 하나님은 물론이고 성육신된 아들의 인성도 고려된 해석이 요청된다. 물론 구약의 해석은 구약이 그리스도 예수를 가리켜 기록된 것이기에 기독론적 성격을 띠어야 할 것이지만 그 예수께서 자신을 본 자는 아버지를 보았다(요 14:9)는 자기 수단화로 궁극적인 해석의 종착지를 아버지 하나님께 돌린다는 점을 고려할 때 삼위일체 하나님이 고려된 해석학에 이르러야 한다는 것은 신학적 해석의 기본이다.

"육신을 따라서는 다윗의 혈통에서 나셨다." 여기에 다윗의 이름이 거명된다. 이는 마태나 마가가 아브라함 및 다윗을 동시에 언급한 것과는 구별된다. 예수의 역사적인 혈통을 밝힘에 있어서 로마서는 다소 인색하다. 믿음의 조상이 생략된 이유는 무엇일까? 아마도 다윗의 혈통은 당연히 아브라함 혈통에 포함되기 때문이다. 심지어 바울은 다윗의 개인적인 역사성을 제거한 채 그리스도 예수와의 혈통적 관계성 속에서만 다윗의 의미를 주목한다. 다윗은 그리스도 예수께서 육신을 따라 이 땅에 오신 계보의 중추적인 인물로 해석된다. 이는 바울만의 고유한 해석이 아니라 마태와 누가와 요한에게 있어서도 해석의 결이 동일하다(마 1:1, 요 7:42, 행 13:23). 복음서의 저자들은 예수의 아버지 요셉을 설명할 때에도 그가 "다윗의 후손"에 속했다는 점을 지적한다(눅 1:27). 이는 사도들의 인간적인 견해나 합의가 아니라 마태복음 1장 20절에 적시된 "다윗의 아들 요셉"이라 하셨던 하나님 자신의 어법에 의존하고 있다. 바울도 그리스도 예수의 아버지 요셉을 다윗의 아들로 이해하고 있어서 예수님이 "육신을 따라서는 다윗의 혈통에서 나셨다"는 언사에 주저함이 없다. 이 대목에서 바울이 구약을 그리스도 예수에 대한 예언인 동시에 그가 육체로 온 계보의 준비로 여겼다는 점이 흥미롭다. 그리스도 예수는 구약에 예언된 그대로 이스라엘 백성 중에 유다 지파에 속한 다윗의 혈통에서 나신 완전한 사람이다. 그는 천사도 아니며 유령도 아니며 지상에서 인간의 형상을 잠시 외투로 걸치지 않았으며 실제로 우리와 동일하게 시공간 속에서 존재했던 완전한 인간이다. 그리스도 예수의 인성에 대한 바울의 이러한 확신은 하나님의 아들이 육체로 오신 것을 부인하는 자마다 이단이라 했던 요한의 단호한 태도와도 일치한다.

그런데 왜 하필 "다윗의 혈통"인가? 유다의 지파에 무수히 많은 사람들이 있었으나 유독 다윗의 이름을 거명하며 예수의 육체적 계보를 밝히는 바울의 의도는 무엇인가? 로마서는 이에 대해 침묵한다. 다만 우리가 앞 구절에 근거하여 유추할 수 있는 것은 바울이 구약의 기록된 약속과 예언을 존중하고 있다는 사실이다. "다윗의 혈통" 언급은 하나님이 다윗에게 "내가 네 몸에서 날 네 씨를 네 뒤에 세워 그의 나라를 견고하게 하리라 그는 내 이름을 위하여 집을 건축할 것이요 나는 그의 나라 왕위를 영원히 견고하게 하리라"(삼하 7:12-13)고 하신 약속과 무관하지 않다. 이 약속은 다윗의 직접적인 아들 솔로몬을 가리키는 듯하지만 400여년 이후에 "보라 때가 이르리니 내가 다윗에게 한 의로운 가지를 일으킬 것이라 그가 왕이 되어 지혜롭게 다스리며 세상에서 정의와 공의를 행할 것이며 그 날에 유다는 구원을 받겠고 이스라엘 백성은 평안히 살 것이며 그의 이름은 여호와 우리의 공의라 일컬음을 받으리라"(렘 23:5-6) 했던 (솔로몬 이후에 활동한) 예레미야 선지자의 예언에 의하면 그리스도 예수를 가리키는 약속임에 분명하다.

성경의 기록에 의하면 다윗과 그리스도 예수의 연결은 하나님의 약속에 따른 것이고 바울은 그것을 간파했고 존중했다. 다른 사도들의 입장도 동일했다. 구약에 정통한 바울은 이처럼 예수의 육체적인 계보를 영적인 안목으로 간파하되 성경에 기록된 선지자의 예언과 동료 사도들의 견해를 존중하는 해석학을 고수하려 했다. 이들의 일치는 이들 모두가 동일하신 하나님의 영감을 받았기에 불가능한 것도 아니고 이상한 일도 아니었다. 신구약의 조화든 성경의 권별 조화든 성경이 성경을 해석하는 신구약의 유기적인 관계성은 동일하신 하나님의 영감에 근거한다.

[4]거룩함의 영으로는 죽은 자들 가운데서 부활하사 능력으로 하나님의 아들이라
선포되신 분으로서 예수 그리스도 우리의 주십니다

예수께서 마치 죽은 자들 가운데서 부활하여 비로소 하나님의 아들이 되신 것처럼 이 구절을 오독하고 오해하는 사람들이 있다. 특별히 예수는 본래 인간인데 그의 성품과 행실이 하나님을 감동시켜 하나님의 아들로 입양되어 비로소 신의 대열에 참여하게 되었다는 낭설이 귀에 거슬린다. 불경한 자는 피조물과 창조자 사이의 질적인 간격을 교묘한 방식으로 허무는 일에 능숙하다. 기록된 성경에 근거하는 듯하면서 결국 자신의 불경한 억견을 포장하기 위해 성경도 자기 합리화의 은박지로 활용한다. 거기에 고도의 설득력을 구비한 지극히 인간적인 상식과 논리도 슬며시 주입하여 성경적인 듯하면서 반박할 수도 없는 그들의 그럴듯한 논법에 여러 경건한 사람들도 홀리는 경우가 때때로 목격된다. 누구든지 노력만 하면 하나님도 될 수 있다는 아주 선정적인 언사에 낚이는 자들의 심성에는 "하나님과 같아질 것"이라는 사탄의 유혹에 넘어간 아담과 하와의 원초적인 죄성도 짙게 감지된다. 바울이 인간의 신성화를 주장한 적이, 그런 신성화를 이룬 예수를 도덕적 모델로 내세운 적이 있었는가! 그리스도 예수는 자신의 인간적인 노력으로 하나님의 아들이 되는 권세나 신적인 본성을 취득하신 것이라고 진술한 글귀는 바울 서신들 중 그 어디에도 없다. 우리는 바울의 진술을 이해하되, 그리스도 예수는 육신을 따라 다윗의 혈통으로 나시기 이전에도 성부와 성령과 더불어 존재하고 계셨으며 죽은

자들 가운데서 다시 살아나사 비로소 부활의 권능으로 하나님의 아들임을 나타내 보이신 것이라고 이해해야 한다. 바울의 다른 모든 서신들이 이러한 해석을 지지한다.

바울은 그리스도 예수의 역사성을 장황하게 진술하지 않고 그의 육체적인 혈통과 죽음과 부활을 짧게 언급하는 것으로 만족한다. 이것은 구약과 복음서에 대한 바울의 요약이다. 이는 이방인의 사도만이 보여주는 배타적인 견해가 아니라 유대인의 사도 베드로도 동일하게 이해한다. 그는 성령께서 선지자를 통해 미리 증거하신 구약의 내용을 그리스도 예수의 고난과 영광으로 요약한다(벧전 1:11). 베드로는 사실 예수님이 죽는다고 하셨을 때 말렸던 인물이다. 예수님의 수난과 죽음이 하나님의 뜻인지도 모르고 사람의 일을 도모하다 "사탄아 물러가라"라는 역대급 꾸지람을 들어야만 했다. 이후에 베드로는 깨달았다. 그것은 구약에 선지자의 입술로 미리 증거된 것이었다. 하지만 참으로 다양한 시대의 여러 저자들이 다양한 상황 속에서 다양한 문체로 다양한 주제와 내용을 기록한 것이 구약인데 어떻게 그 내용이 예수의 고난과 영광으로 압축될 수 있었을까? 비록 구약에 그리스도 예수의 생애나 고난이나 죽음이나 영광이 직접적인 표현으로 나오지는 않지만 사도들은 구약을 그렇게 요약했다. 이것이 우리의 눈에는 아무리 비약으로 보인다고 할지라도 수용하는 것이 우리 자신에게 유익이고 하나님 앞에서는 경건이다. 구약의 이러한 기독론적 해석은 사실 그리스도 자신이 먼저 가르쳤다. 모든 성경이 자신을 가리켜 기록된 것(요 5:39)이라고 밝히셨기 때문에 제자들은 예수님의 그런 구약 해석학에 충실했다. 그러므로 그리스도 예수 및 그의 제자들인 베드로와 바울이 보인 해석학을 존중하고 그런 방향으로 해석의 가닥을 잡아가는 것이 합당하다. 유대인은 구약을 그리스도 중심이 아닌 다른 해석학을 따라 이해했기 때문에 구약의 주제인 예수님을 죽음으로 내몰았다.

구약에서 믿음의 선진들이 멀리서 바라보고 기뻐한(히 11:13) 그리스도 예수는 누구인가? 바울은 구약의 성도에게 미리 약속된 그리스도 예수를 다윗의 혈통에서 나온 완전한 인간이며 그가 죽고 부활하여 권능으로 하나님의 아들임을 드러내신 분이라고 요약한다. 이는 주님을 그리스도 및 살아계신 하나님의 아들이라 한 베드로의 고백과 동일한 의미의 다른 표현이다. 사실 바울은 예수님의 공생애를 곁에서 목격하고 동고동락 하며 배운 제자들의 경험과는 달리 아라비아 광야에서 부활하신 예수님의 사사를 받았기에 이력이 색다른 사도였다. 비대면 제자라는 바울의 이력 때문에 그리스도 예수에 대한 그의 간략한 진술을 경험의 빈곤 탓이라고 생각하는 사람들도 있다. 일리가 없지는 않은 주장이다. 그러나 이해의 각도를 달리하면 다음과 같이 해석할 여지도 얼마든지 있다. 즉 바울이 구약에 정통했고 예수님을 만났으나 다른 사도들과 같은 일상 속에서의 근거리 목격자가 아니라 구약의 성도처럼 멀리서 바라본 메시아로 묘사하고 이미 땅에서의 공생애를 끝내시고 부활하신 하나님의 아들로 만났다는 것은 바울이 보지 못하고 믿음에 이르러야 하는 이방인을 위한 사도로 준비되는 과정의 일환이 아닐까도 생각한다. 이는 바울이 "내 이름을 이방인과 임금들과 이스라엘 자손에게 전하기 위하여 택한 나의 그릇이라"(행 9:15) 하신 하나님의 말씀도 지지하는 해석이다. 진실로 바울의 출생과 성장과 회심과 연단은 하나님의 은밀한 계획 속에서 이루어진 섭리적 준비였다.

　　바울은 부활과 하나님의 아들됨을 결부시켜 이해한다. 하나님과 동등됨을 취할 것으로 여기지 않으시고 신적인 영광도 거절하며 자기를 비워 종의 형체를 입으시고 죽기까지 순종하신 그리스도 예수의 정체는 하나님의 아들이란 사실을 부활로써 온 천하에 공표했다. 사람이 반박하지 못하고 저항할 수도 없는 진리는 바로 그리스도 예수의 부활이다. 부활은 죽음의 극복과 저주의 풀려남을 넘어 새로운 세계로의 출구이다. 죽음이 주도하는 땅에서의 원리와 질서가 더 이상 유세를 부리지 못하고 죄와 저주가 개입할 수 없는 세계로의 진입이다. 부활은 하나님이 친히 "내가 네 원수들로 네 발등상이 되게 하겠다"고 하신 약속의 구현이다(시 110:1). 약속과 성취의 입맞춤은 부활에 의해 완성된다. 바울은 그 완성의 지점을 주목한다. 부활은 그리스도 예수가 하나님의 아들임을 확증하는 역사의 정점이며, 시공간 속에서의 모든 문제가 종결되는 궁극적인 해결의 실체이며, 기록된 말씀이 생명과 소망과 진리의 영으로 살아나는 소생이며, 성경의 모든 약속이 역동적인 의미와 실재가 되는 변혁이며, 죽음 이전의 삶과는 질적으로 달라진 신령한 삶의 실상이다. 그래서 바울은 그리스도 예수의 생애 전체를 부활로 압축한다. 그 생애의 의미도 부활에 담아내려한다. 그리스도 예수에 대한 그의 갈망은 부활을 겨냥한다. 그래서 바울은 "그의 죽으심을 본받아 어떻게 해서든지 죽은 자 가운데서 부활에 이르기를 원"한다고 고백했다(빌 3:10-11). 이러한 부활을 위해 그는 모든 사람들의 로망인 죽음을 맛보지 않는 휴거도 거부했고, 오히려 부활의 전제인 주님의 죽으심을 본받고자 했다.

하나님의 아들됨의 가장 유력한 특징은 부활이다. 이 땅에 사는 하나님의 입양된 아들들은 부활의 증인이다. 부활의 삶을 보이지 않는데도 자신이 하나님의 아들됨을 입증할 다른 증거물은 없다. 바울은 그리스도 예수의 종이며 부활의 증인이다. 그는 언제나 부활의 생을 추구했고 이로써 복음을 이방 민족들과 이스라엘 백성에게 승거한 사도였다. 이를 위해 그는 자신에게 있는 약한 것들만 자랑했고 죽을 수밖에 없는 자신의 약함에서 그리스도 예수께서 보이신 부활의 강함이 드러나길 원하였다. 이런 맥락에서 "나는 날마다 죽노라"(고전 15:31)는 부활의 삶을 살았으며 실제로 부활 때문에 "수고를 넘치도록 하고 옥에 갇히기도 더 많이 하고 매도 수없이 맞고 여러 번 죽을 뻔했으며, 유대인에 의해 사십에서 하나 감한 매를 다섯 번 맞았으며, 세 번 태장으로 맞고 한 번 돌로 맞고 세 번 파선하고 일 주야를 깊은 바다에서 지냈으며 여러 번 여행하며 강의 위험과 강도의 위험과 동족의 위험과 이방인의 위험과 시내의 위험과 광야의 위험과 바다의 위험과 거짓 형제 중의 위험을 당하고 또 수고하며 애쓰고 여러 번 자지 못하고 주리며 목마르고 여러 번 굶고 춥고 헐벗는" 등 죽음의 무수한 위협들도 감수했다(고후 11:23-27). 로마서는 이처럼 복음의 핵심이요 그리스도 예수의 신성에 대한 결정적인 증거인 이 부활을 삶으로써 증거한 증인의 기록이다. 그런 로마서는 독자들도 부활의 지극한 은혜와 감격 속으로 초청하고 있다. 예수님의 부활에 대한 정확하고 진실한 인식과 감격은 로마서 독법의 열쇠라고 해도 과언이 아니겠다.

바울은 복음의 본질과 실체와 근원과 내용이 바로 "예수 그리스도 우리의 주시라"고 강조한다. 이는 바울의 가슴에서 밀려온 감동의 표상이다. 자기 백성을 저희 죄에서 구원하신 메시야가 바로 우리의 구세주가 되심을 의미한다. 주체할 수 없는 은혜의 표출이다. "주"라는 표현은 구약에서 오직 여호께 돌리던 칭호였다. 바울의 시대에는 로마의 황제에게 돌리던 칭호였다. 그런데 바울은 그리스도 예수를 "주"라고 선언한다. 구약적 배경에 비추어진 그리스도 예수에 대한 바울의 해석이다. 그리스도 자신도 하늘과 땅에 속한 모든 권세를 주셨다는 아버지 하나님의 전권 위임을 밝히셨다(마 28:18). 이는 하늘과 땅에서 그의 손아귀를 벗어난 권세는 하나도 없다는 이야기다. 죽음의 왕노릇도 그리스도 앞에서는 선을 위해 이바지할 수단적인 악에 불과하다. 저주의 효력도 그리스도 앞에서는 무력하게 해체된다. 나아가 죽음의 권세를 꺾으시고 인류를 짓누르던 저주도 제거하신 왕 중의 왕 다윗의 자손 그리스도 예수가 바로 "우리"의 주님이다. 그가 우리의 주인이고 우리는 그의 백성이다. 우리의 죄를 온전히 해결하신 그리스도 예수가 우리의 주시기에 이제 죄의 쏘고 찌르는 정죄는 사라졌다. 우리는 그리스도 예수께서 죄의 속박에서 구속하기 원하셨던 그의 백성이기 때문이다. "예수 그리스도 우리의 주"는 복음의 노른자다. 복음의 모든 핵심적인 요소들이 이 문구에 함축되어 있어서다. 성경의 어디를 보아도 이것보다 더 은혜롭고 더 명료하고 더 정확하고 더 감격적인 복음의 축약어는 없다.

"예수 그리스도 우리의 주"는 모든 시대의 교회 전체가 길이길이 기념하고 외쳐야 할 호칭이다. 바울은 이 호칭이 개인적인 고백으로 머물기를 원하지 않고 "우리"의 고백이길 원하였다. 육신을 따라서는 다윗의 혈통에서 나시고 성결의 영을 따라서는 죽음 가운데서 부활하사 능력으로 하나님의 아들로 확증되신 분이 바로 예수 그리스도 우리의 주시라는 이 사실을 바울은 자신의 신앙이며 동시에 온 교회의 고백이길 원하여서 "나"의 주가 아니라 "우리"(ἡμῶν)의 주라고 기록했다. 이렇게 로마서는 "예수 그리스도 우리의 주"를 자신의 주로 고백하는 개개인을 독자로 규정한다. 이러한 고백이 없는 독자에게 로마서는 고약한 난문이다. 바울은 독자를 "예수 그리스도 우리의 주"라는 고백으로 초청한다. 바울의 어법이 절묘하다. 왜냐하면 독자가 자신과 같은 심장을 품은 이후에 도의 초보를 넘어서는 보다 높고 심오한 차원의 진리로 들어가게 하고 싶어서 편지의 서두에 그런 고백을 배치한 것 같아서다. 이는 기초적인 기독교 진리에 대한 신앙적 공감이 형성되기 이전에는 독자들과 논지의 호흡을 맞추기가 다소 어렵다는 취지의 예리한 포석이다. 나는 "예수 그리스도 우리의 주"라는 바울의 고백에 대한 전인격적 공감을 로마서의 독자에게 권고하고 싶다. 이러한 공감은 올바른 로마서 독법의 기본이요 바울의 심장이 독자의 가슴에서 박동하는 로마서 읽기의 전제이기 때문이다. 지금 로마서를 펼친 독자는 먼저 "예수 그리스도 우리의 주"에 대한 전인격적 동의 속에서 바울과 동일한 심장을 가진 이후에 완전한 인간이요 완전한 하나님인 그리스도 예수에 대한 복음의 본격적인 세계로 진입하실 것을 권고한다.

⁵그로 말미암아 우리가 은혜와 사도의 직분을 받아 그의 이름을 위하여 모든 이방인 중에서 믿어 순종하게 하나니 ⁶너희도 그들 중에서 예수 그리스도의 것으로 부르심을 받은 자니라 ⁷로마에서 하나님의 사랑하심을 받고 성도로 부르심을 받은 모든 자에게 하나님 우리 아버지와 주 예수 그리스도로부터 은혜와 평강이 있기를 원하노라 ⁸먼저 내가 예수 그리스도로 말미암아 너희 모든 사람에 관하여 내 하나님께 감사함은 너희 믿음이 온 세상에 전파됨이로다 ⁹내가 그의 아들의 복음 안에서 내 심령으로 섬기는 하나님이 나의 증인이 되시거니와 항상 내 기도에 쉬지 않고 너희를 말하며 ¹⁰어떻게 하든지 이제 하나님의 뜻 안에서 너희에게로 나아갈 좋은 길 얻기를 구하노라

❖ ❖ ❖

⁵그로 말미암아 우리가 은혜와 사도의 직분을 받아 그의 이름을 위해 모든 이방인 중에서 [누군가를] 믿음의 순종으로 이끕니다 ⁶여러분도 그들 중에서 예수 그리스도의 것으로 부르심을 받은 자입니다 ⁷로마에서 하나님의 사랑을 받고 성도로 부르심을 받은 모든 자에게 하나님 우리 아버지와 주 예수 그리스도로부터 은혜와 평강이 있기를 원합니다 ⁸먼저 내가 예수 그리스도로 말미암아 여러분 모두로 인해 내 하나님께 감사함은 여러분의 믿음이 온 세상에 알려졌기 때문입니다 ⁹⁻¹⁰내가 계속해서 여러분에 대한 기억을 떠올리며 이제 하나님의 뜻 안에서 언젠가는 여러분을 방문하게 해 달라고 항상 기도하고 있다는 사실에 대한 나의 증인은 하나님 즉 내가 그의 아들의 복음 안에서 내 심령으로 섬기는 분입니다.

03   믿음의 소문

> ⁵그로 말미암아 우리가 은혜와 사도의 직분을 받아
> 그의 이름을 위해 모든 이방인 중에서 [누군가를] 믿음의 순종으로 이끕니다

바울은 자아에 대한 인식이 다른 누구보다 뚜렷했다. 그는 유별난 특심을
발휘하며 주님의 교회를 선두에 서서 핍박한 "죄인들 중에서도 괴수"였
다. 그리스도 예수를 핍박하는 경건의 역방향 질주에 골몰하던 예수 저격
수를 다메섹 도상에서 도무지 저항할 수 없는 하늘의 강림한 빛으로 꺾으
신 분은 바로 피해자인 교회의 머리 그리스도 예수셨다. 이 예수를 빛으
로 만난 이후의 바울은 사람이 완전히 바뀌었다. 그 누구도 바울의 이러
한 종교적 전향을 예측하지 못했다. 본인도 박멸의 이빨을 갈던 예수 그
리스도, 바로 그의 이름을 위해 구별된 길을 걸어가게 될 줄은 꿈에도 생
각하지 못한 일이었다. 하나님의 교회를 세우고 섬기는 "사도직"의 소명
은 바울의 전적인 무능력과 맹렬한 광기 속에서 이루어진 인생의 반전이
며 그리스도 예수께서 값없이 베푸신 절대적인 은혜의 결과였다. 사람의
뜻으로 말미암지 않고 오직 주님의 뜻에서 비롯된, 자신의 공로나 의지

에 의한 일이라고 주장할 어떠한 근거도 없이 이루어진 일이었다. 바울에게 "사도직"의 영광은 일평생 과분한 것이었다. 당연히 겸손과 감사와 찬양의 마르지 않는 샘이었다. 그래서 이후로는 교만과 혈기가 아니라 겸손과 충성의 외길을 걸어가야 했다. 이런 맥락에서 바울은 "주 예수께 받은 사명 곧 하나님의 은혜의 복음 증거하는 일을 마치려 함에는 나의 생명을 조금도 귀한 것으로 여기지 않겠다"(행 20:24)고 했으며 이처럼 목숨을 건 복음전파 열의를 불태워도 마치 그것이 공로인 것처럼 "자랑할 것이 없음은 내가 부득불 할 일"이기 때문이며 "만일 복음을 전하지 아니하면 내게 화가 있을 것"(고전 9:16)이라고 생각할 정도였다.

바울의 특이한 이력과 소명은 범부에 불과한 우리의 부르심과 무관한 것이라고 생각하기 쉽다. 그러나 사도는 신앙의 공공재다. 사도 바울은 모든 사람들의 본이 되도록 주께서 등경 위에 세우신 사람이다. 우리는 비록 바울과 동일한 체험과 동일한 직분을 가지지는 않았지만 로마서의 독자로서 마치 바울의 부르심과 신앙과 결의를 우리 각자에게 주어진 유산인 것처럼 받아 우리의 시대에 우리에게 주어진 과제를 푸는 일에 마음껏 활용해도 된다. 그는 공공의 자산이기 때문이다. 바울과 비록 양태는 다르지만 죄인들 중에 괴수라고 여기지 않아도 될 만큼 괜찮은 사람이 우리들 중에 누가 있겠는가! 바울은 교회를 실제로 핍박하는 외형적인 반역의 길을 걸었지만 우리 중에 내적으로 교회 안에서 주의 주되심을 무시하고 주의 가르침에 순응하지 않고 주의 형제와 자매를 존대하지 않고 이웃을 자신의 몸처럼 사랑하지 않아 이방인들 중에 주의 이름이 멸시를 당하게 만든 원흉의 혐의에서 자유로운 몸이라고 당당히 주장할 사람이 과연 누가 있겠는가! 다메섹 도상의 극적인 회심을 경험한 것은 아니지만 우리의 우리됨도 우리 각자에게 가장 적합한 때에 가장 잘 어울리는 방식으로 부르시고 돌이키게 하신 주님의 전적인 은혜로 이루어진 결과이다.

비록 은혜의 양태는 다르지만 바울과 우리는 동일한 주님이 부르시고 의롭다 하시고 거룩하게 하시고 영화롭게 하신 동일한 은혜의 동일한 수혜자다. 물론 바울의 사도직은 이후로 다른 누구에게 반복될 수 없는 고유한 직분이다. 그러나 로마서의 기록은 독자에게 바울이 경험하고 누린 은혜와 영광의 공유를 제안한다. 독자인 우리도 복음을 증거하는 일에 우리의 목숨을 조금도 귀한 것으로 여기지 않으며 그렇게 생명과 맞바꾼 헌신과 충성을 일평생 지속했다 할지라도 바울처럼 자랑할 것이 없음은 부득불 해야 할 일이기 때문이다. 주의 복음을 증거하지 않으면 그것이 자신에게 화가 될 것이라는 신앙과 헌신의 상태에 우리도 이르러야 한다. 바울은 그런 자리로 독자들을 초청하고 있다. 그런 동참이 어쩌면 로마서 저작의 투명한 의도일지 모르겠다. 하나님의 복음을 위해 택하심을 입은 바울은 자신의 신앙적인 우월성을 입증하고 과시할 목적이 아니라 주님의 부르심과 보내심을 받았다는 사실을 명시하기 위해 로마서의 서문에 자신의 사도직을 명시했다. 물론 로마교회 성도들이 자신을 몰랐기 때문에 자신을 정중하게 소개하는 예의를 갖춘 것으로 보는 것도 가능하다. 그러나 독자의 입장에서 볼 때 사도직의 명시는 바울을 보내신 주님의 권위를 존중하며 로마서를 읽을 것과 독자들로 하여금 최소한 로마서를 기록한 바울의 이해에 도달하기 위해 바울과 더불어 동일한 사도적 심장을 가져야 한다는 초청의 의미를 가졌다고 해석해도 큰 무리는 없으리라.

바울에게 사도직이 주어진 궁극적인 목적은 자신을 위함이 아니라 그리스도 예수의 이름을 위함이다. 사도는 다스리고 지배하고 군림하기 위해 맹목적인 권력의 몽둥이를 임의로 휘두르는 세속의 고위층 개념과는 상반된 섬김의 직분이다. 하지만 오늘날의 교회에는 직분에 관한 세속적인 개념의 침투가 심각한 수준이다. 교회 안에서 목회자의 지위가 국가의 권력구조 혹은 기업의 위계질서 수준을 방불한다. 목회자는 교회를 마치 합법적인 회장놀이, 사장놀이, 총수놀이, 대표놀이 공간처럼 지배하려 든다. 어쩌자고 이러는가! 성경에서 "보냄을 받은 자"를 의미하는 "사도"(ἀπόστολος)는 보낸 자가 부여한 임무만을 수행하는 사신이며 전령이다. 즉 사도는 그리스도 예수께서 맡기신 사명을 위해 존재하는 직분이다. 그리스도 예수의 이름을 위하지 않고 자신의 이름과 주머니를 챙기면서 사도라고 주장하는 자는 종교적인 위선자와 사기꾼에 불과하다. 주님의 일만을 위해 구별된 신령한 직분을 이익의 방편으로 악용하는 신성 모독자다. 이는 마치 여동생 디나에 대한 세겜의 성폭행을 좌시하지 않고 하나님의 언약을 상징하는 할례를 보복의 미끼로 활용했던 레위와 시므온의 사악한 불의를 답습하는 작태와 같기 때문이다. 바울은 로마서의 독자로 하여금 하나님의 말씀을 맡았다고 하면서 실제로는 하나님의 이름과 무관한 가식적인 종교인의 범람에 일조하고 있지는 않은지를 돌아보게 한다.

사도의 모든 활동은 주의 이름을 기념하고 선포하며 영화롭게 하는 방향을 따라 조율되어 있어야만 한다. 바울은 사도로의 부르심이 그리스도 예수의 이름을 영화롭게 하기 위함임을 늘 의식하며 행동했다. 그에게는 주의 이름이 모든 것에 우선했다. 모든 사도적 활동의 근거였다. 이는 예수께서 제자들을 위해 가르쳐 준 주기도문 안에서도 확인되는 가치의 순위이다. 즉 "하늘에 계신 우리 아버지여 이름이 거룩히 여김"을 받으시는 것이 기도의 일 순위를 차지하고 있다. 이후의 주기도문 내용들은 모두 하나님의 이름이 거룩하게 기념되는 것의 구체화요 현실화요 연장이며 방편이다. 하나님의 섭리도 그의 이름을 위함이다. 우리를 의의 길로 인도하고 우리가 사망의 음침한 골짜기나 불이나 강 가운데로 지난다고 할지라도 불이 우리를 사르지 못하고 강이 삼키지 못하는 것은 바로 하나님의 이름을 위함이다(시 23:3). 이스라엘 백성이 집단으로 불순종과 반역을 일삼아도 자기 백성을 버리지 않으시는 이유는 자신의 크신 이름 때문이다(삼상 12:22). 이스라엘 백성을 열방으로 흩으실 때에도 그렇게 행하시는 이유는 자신의 "큰 이름"을 거룩하게 하기 위함이다(겔 36:20-23). 이사야의 다음과 같은 기록은 하나님의 이름을 지향하는 섭리 개념의 백미이다. "내 이름을 위하여 내가 노하기를 더디 할 것이며 내 영광을 위하여 내가 참고 너를 멸절하지 않으리라 … 나는 나를 위하며 나를 위하여 이를 이룰 것이라 어찌 내 이름을 욕되게 하리요 내 영광을 다른 자에게 주지 않으리라"(사 48:9, 11). 당연히 우리의 기도도 하나님의 이름을 지향하는 섭리의 본질과 상응해야 한다. 다니엘의 경우에는 기도의 정당성이 하나님의 이름에 근거했다. "종의 기도와 간구를 들으시고 주를 위하여 주의 얼굴 빛을 주의 황폐한 성소에 비춰 주옵소서…우리의 황폐한 상황과 주의 이름으로 일컫는 성을 보옵소서"(단 9:17-18).

바울에게 하나님의 이름을 위하는 삶의 구체적인 내용은 이방인들 중에서 믿어 순종하는 일들이 발생하는 것이었다. 바울의 이러한 삶은 아름다운 음악이다. 그러나 감미로운 음률을 만들고 거기에 아름다운 언어를 입히고 하나님을 향해 음파를 일으키는 입술의 행위와는 다소 구별된다. 물론 노래도 하나님의 이름을 기념하는 수단이다. 그러나 바울은 열방이 하나님을 믿고 순종하는 방식으로 하나님의 이름이 열방 가운데서 높임 받으시는 것을 강조한다. 바울은 이방인의 사도이고 여러 사도들 중의 하나이기 때문에 바울의 이러한 생각을 고작해야 사도들의 1/12에 불과한 소수설일 뿐이라고 생각하는 것은 성급한 난견이다. 예수님의 유언을 보라. "너희는 가서 모든 민족을 제자로 삼아 아버지와 아들과 성령의 이름으로 세례를 베풀고 내가 너희에게 분부한 모든 것을 가르쳐 지키게 하라"(마 28:19-20). 이로 보건대 바울은 예수님의 유언에 충실한 사도의 일반적인 직분관을 고백하고 있다. 즉 예수님의 이 유언은 모든 제자들이 들었으며 그 유언에 근거한 바울의 직분관은 다른 모든 사도들이 공감하고 공유했던 것이라는 이야기다.

⁶여러분도 그들 중에서 예수 그리스도의 것으로 부르심을 받은 자입니다

로마에 있는 신자들을 바울은 "그리스도 예수의 부름 받은 자들 혹은 부름을 받아서 그리스도 예수에게 소속된 자들"(κλητοὶ Ἰησοῦ Χριστοῦ)로 규정한다. 여기서는 누구에 의해 부름을 받은 것인지가 분명하지 않다. 부름의 인간적인 주체를 밝히지 않는 이 본문에서 그리스도 예수와 부름 받은 자들은 그리스도 예수에게 속한다는 의미의 "소유격"에 의해 연결되어 있어서다. 물론 앞 구절에서 "우리"라는 주격이 부름의 주체일 수 있다는 추정은 가능하다. 그러나 예수의 부르심 혹은 예수 소속을 언급한 것은 마치 바울이 부르면 바울파에 속하고 베드로에 의한 부름을 받으면 게바파에 속하게 되는 종교적 편 가르기 병폐를 경계하는 듯한 어법이다. 즉 로마교회 성도의 형식적인 부름은 분명 사도들에 의한 일이었을 것이지만 사도들이 그리스도 예수의 종이었고 그의 명령에 따라서만 움직이고 말했기 때문에 실질적인 부름은 예수님에 의한 일이라고 보아도 무방하다. 로마교회 성도만이 아니라 모든 시대와 모든 민족의 모든 성도는 비록 사람을 통해 이루어진 부름이라 할지라도 모두가 그 사람의 부름을 받았거나 그에게 소속된 자가 아니라 주님의 부르심을 받고 주님에게 소속된 사람이다. 성도는 자신을 전도한 사람에게 속하는 것이 아니라 전도자를 보내신 주님께 속한다는 사실을 우리는 명심해야 한다. 어떠한 목사에게 배우고 어떠한 교회에 출석하고 어떠한 상황에서 복음을 들었다고 할지라도 소속은 주님의 가족이며 주님의 왕국이다. 우리의 이러한 소속은 이 땅에서 가지는 우리의 국적과 민족과 언어와 문화와 성별과 직업과 계층이 변경하지 못하는 불변의 사실이다.

"부름을 받아서 그리스도 예수에게 소속된 자들"이란 표현은 이러한 주장을 지지한다. 로마의 신자들은 거주지가 로마이고 로마법의 통제를 받으며 로마의 땅을 디디며 살아야만 했다. 비록 로마라는 특정한 지역에서 부르심을 받았지만 부르심을 받은 이후에는 "그리스도 예수의 부름 받은 자"이며 "그리스도 예수에게 소속된 자"라고 바울은 천명한다. 이처럼 소속의 하나는 그리스도 예수이고 다른 하나는 로마이기 때문에 이중적인 소속처럼 보이지만, 바울은 부르심을 받은 로마교회 성도들을 설명하되 로마에 속한 그들의 신분과 지위와 연령과 성별을 가볍게 생략하고 어떠한 차별도 허용되지 않는 오직 그리스도 예수에게 속한 자들로 묘사한다.

로마서는 "로마라는 특정한 지역에 속한 자들"이 아니라 "그리스도 예수에게 소속된 이들"에게 보낸 서신임에 분명하다. 즉 로마서는 로마라는 세상에 속한 신분이나 소속이 아니라 하늘에 속한 신분과 소속에 근거하여 수신자가 정해지는 서신이다. 그러므로 그리스도 예수에게 속한 모든 사람은 로마서의 실질적인 수신자다.

서신의 직접적인 수신자가 예수님께 속했다는 바울의 규정은 결코 가볍지 않다. 예수님께 속했다는 사실을 인정하고 공적으로 고백하는 것은 당시 로마의 성도에게 사활을 건 일이었다. 그리스도 예수가 미워서 죽음의 십자가에 매달았던 무리가 예수에게 속한 신자들을 존대했을 리는 만무하다. 대단히 미워했고 예수님을 죽였던 것처럼 그를 따르는 자들도 죽이고자 했다. 그럼에도 불구하고 로마의 성도들은 굶주린 사자의 사나운 이빨과 십자가의 잔혹한 사형틀에 자신들의 생명을 기꺼이 양도했다. 죽음의 문턱 앞에서도 자신들이 그리스도 예수에게 속했다는 사실을 부인하지 않으려고 했다. 이러한 상황에서 그리스도 예수에게 속했다는 것은 저주처럼 여겨질 수도 있었고 위로로 여겨질 수도 있는 말이었다. 바울은 로마교회 성도들의 그리스도 소속을 후자의 의미로 언급했다. 그리스도 예수를 미워하기 때문에 그에게 속한 자들도 미워하는 것이므로, 로마의 성도가 미움을 받고 핍박을 당한다면 그들이 그리스도 예수께 속했다는 증거이기 때문에 바울의 말은 그들에게 너무나 큰 위로였을 것임에 분명하다.

동시에 그리스도 예수에게 속했다는 것은 놀라운 승리와 소망의 근거였다. 로마에 있는 신자들을 그리스도 예수에게 속한 자들로 묘사한 바울의 의중에는 거대한 제국인 로마 출신이란 사실에 우월감을 가질 필요도 없고 로마의 세기적인 압제하에 비참한 생활을 하고 있더라도 절망감과 열등감에 젖을 필요가 없다는 생각이 읽혀진다. 신자들은 누구든지 땅에 얽매이지 않고 자기 백성의 죗값을 완전히 치루시고 부활하신 그리스도 예수께 속한 자들이다. 그에게서 끊을 사람이나 그 무엇도 이 세상에는 없다. 로마의 땅에서 로마법의 통제를 받고 있지만 그들이 선 영적인 자리는 그리스도 안이었다. 땅에서는 실패로 보여도 그리스도 안에 있으면 언제나 죽음도 어찌하지 못하는 부활의 승리에 동참하게 된다. 우리의 영적 신분에 대한 의식이 올바르고 정확해야 비로소 그 신분에 걸맞은 기독인의 삶과 처신이 뒤따른다. 바울은 편지의 서두에서 수신자가 그리스도 예수께 소속된 자들임을 확정하며 그 신분에 상응하는 본격적인 내용으로 들어가려 한다.

"또한"(καὶ)이라는 접속사는 로마의 신자들도 다른 이방 신자들과 동일하게 은혜로 말미암아 부르심과 보내심을 받은 사도들이 예수의 이름을 위해 믿어 순종하게 만든 자들임을 강조한다. 은혜와 부르심과 믿음과 순종에 있어서 로마에 있는 교회는 특별하지 않다. 다른 이방 교회들과 동일하다. 즉 위대한 목사님이 시무하는 교회, 건물의 규모가 세계 최대인 교회, 성도의 수가 세상에서 가장 많은 교회, 지성인과 법조인이 가장 많은 교회, 연예인이 가장 많은 교회에 다닌다고 해서 특별한 성도가 되는 것이 아니라는 이야기다. 다만 비본질적 요소로서 겉모양이 달랐을 뿐이었다. 로마 가톨릭 교회의 주장처럼 고유한 교도권(예를 들어 성경에는 나오지 않지만 마리아를 하나님의 어머니, 평생 동정녀, 원죄 없는 출생, 마리아 승천은 교회 교도권에 의해 선포된 내용)과 사도 계승권을 주장할 우월적인 독특성이 없고 사도들이 어떤 우위성을 로마에 있는 교회에 부여한 어떠한 언어적 증거물도 없다. 바울은 오히려 로마에 있는 신자나 다른 이방에 있는 신자나 동일하게 부르심을 받았으며 믿어 순종하게 된 "그리스도 예수의 부름 받은 자"였다고 한다. 접속사 "또한"의 첨가는 우리에게 그리스도 예수의 은혜와 부르심과 믿음과 순종에 있어서 모든 성도들의 평등성과 동등성을 견인하는 참으로 정교하고 지혜로운 바울의 글쓰기 방식이다.

> [7]로마에서 하나님의 사랑을 받고 성도로 부르심을 받은 모든 자에게
> 하나님 우리 아버지와 주 예수 그리스도로부터 은혜와 평강이 있기를 원합니다

헬라어 성경에서 1절부터 7절까지는 하나의 문장이다. 7절에서 술어가 등장한다. 지금까지 살펴본 구절들은 "바울"이란 주어를 빼고는 전부 수식어다. 부수적인 문구들을 제거하고 문장의 골자들만 뽑아서 엮으면 "바울이 로마에 있는 성도에게 은혜와 평강이 있기를 원한다"는 단문으로 축약된다. 하나의 논지를 펼치다가 길게 이탈하고 다시 본래의 논지로 돌아와 글을 매듭짓는 것은 바울의 습관적인 논지전개 방식이다. 이런 논법은 로마서 내에서도 수시로 반복된다. 한 가지 주의해야 할 부분은 주어나 목적어나 보어나 술어와 같이 문장의 핵심 성분들이 반드시 부사나 형용사나 부사구나 형용사구 같은 수식어에 비해 더 중요하고 의미에 있어서도 더 우월한 것은 아니라는 사실이다. 모든 성분이 서로 합력하여 하나의 의미를 구성하고 있기에 인위적인 문장의 성분에 우열을 강요하는 것은 올바른 해석학과 무관하고 오히려 왜곡과 과장을 초래한다.

바울은 로마에 있는 하나님의 백성을 "하나님의 사랑과 부르심을 받은 (ἀγαπητοῖς θεου, κλητοῖς) 거룩한 자"라고 명명한다. 호칭은 대체로 존재의 정체성을 규정한다. 그들은 무려 하나님의 사랑을 받고 하나님의 부르

심을 받은 구별된 존재이며, 음부의 권세가 감히 건드리지 못하는 신분의 소유자다. 호칭 안에서는 "사랑과 부르심"의 순서가 중요하다. 즉 하나님의 사랑이 선행하고 부르심이 뒤따른다. 부르심의 근거나 원인으로 하나님의 사랑이 먼저 언급된 것은 인간의 어떠한 공로나 자격이 신적인 부르심의 원인이나 근거로는 코빼기도 내밀지 못함을 암시한다. 즉 부르심에 있어 하나님의 사랑을 앞서는 것은 하나도 없음을 의미한다. 하나님이 먼저 사랑해서 우리가 사랑을 받았고 사랑을 알고 사랑하게 된다. 사랑은 모든 행위의 시작이다. 모든 언사와 행실의 배후에는 거기에 상응하는 다양한 종류의 사랑이 선행한다. 우상숭배 행위도 우상에 대한 사랑의 결과이다. 도둑질도 도둑질을 촉발시킨 어떤 사랑의 결과이다. 사랑은 의지의 응축이고 몰입이고 충만이다. 거기에 방향이 주어지면 생각과 도모와 언어와 행위의 형식으로 발산된다. 하나님은 사랑이고, 작정은 방향이고, 섭리는 발산이다.

로마의 신자들은 하나님의 사랑으로 부르심을 받은 자들이다. 부르심은 신적인 사랑의 결과이다. 그들이 아니라 하나님이 먼저 사랑했다. (택하심을 받았다는 언급은 없지만) 그들이 하나님을 택하지 않았고 하나님이 먼저 그들을 택하셨다. 부르심은 사랑으로 말미암은 택하심의 구현이다. 우리에게 사랑이 수동태인 것처럼 택하심도 수동태, 부르심도 수동태다. 당연히 택하심과 부르심의 원인은 부름을 받은 자에게서 찾아지지 않고 부르신 자에게서 찾아진다. 그 원인은 하나님의 사랑이다. 하나님의 사랑과 부르심은 구원의 단순화된 인과이다. 어떤 인위적인 요소가 비집고 들어갈 틈새가 없는 구원의 단짝이다. 로마의 신자들에 대한 바울의 호칭은 이렇게 단호하고 명료하다. 하나님의 사랑과 부르심에 의해 주어진 수동적인 호칭이다. 이는 사람이 의지하고 노력하고 달성하여 취득한 호칭의 능동성을 배제하는 어법이다. 바울은 호칭에 있어서도 대단히 신중하다. 거기에는 기독교 진리의 총화가 고려되고 있다.

로마의 신자들은 "거룩한 자들"(ἅγιος)이다. 이는 하나님께 구별된 존재임을 의미한다. 하나님을 대해 산 자라는 의미도 함축되어 있다. 악을 미워하는 것이 여호와를 경외하는 것과 동전의 양면인 것처럼, "거룩한 자들"은 죄에 대해서는 죽어서 죄와 무관해진 자들을 일컫는다. 악인이나 불의한 자나 죄인으로 분류되지 않는 것은 실제로 우리가 이 땅에서 그렇다는 말이 아니라 하나님의 법정적인 관점에서 볼 때에 거룩한 자로 여겨짐을 의미한다. 우리는 거룩함을 추구하며 매 순간 자라나긴 하지만 여전히 죄악의 땅에 접지하며 죄와의 혈투 속에서 하루하루 살아간다. 우리는 사랑과 부르심의 대상이 될 만한 자격이나 상태를 스스로 갖추지 못했다는 사실을 끊임없이 확인하며 하루하루 호흡한다. 거룩하지 않은데도 거룩한 자라고 불리는 이유는 우리 안에 거하시는 거룩하신 그리스도 예수 때문이다. 그를 힘입어 우리는 거룩한 자로 분류된다. 그래서 사도는 그리스도 예수께서 우리의 거룩함이 되셨다고 한다(고전 1:30).

바울은 로마의 모든 성도에게 "은혜와 평강이 있기를 기원한다." 편지의 일상적인 인사말에 해당되는 표현이다. 바울은 거의 모든 서신에서 이러한 기원문을 사용한다(고전 1:3; 고후 1:2; 갈 1:3; 엡 1:2; 빌 1:2; 골 1:2; 살전 1:1; 살후 1:2; 몬 1:3). 그러나 "은혜와 평강"이 아무리 평범한 인사말에 불과해도 그것이 "하나님 우리 아버지와 그리스도"를 출처로 삼는다면 이야기가 달라진다. 이는 지속적인 은혜와 평강의 유지가 우리의 실력이 아니라 그리스도 안에서 그저 베푸시는 신적인 은총의 결과임을 가르치기 때문이다. 여기서 "은혜"는 은혜의 정적인 상태가 아니라 역동적인 증대를 의미한다. 신약에서 "은혜"는 대체로 은택들, 지극한 복, 형통, 기독교 신앙, 현세와 미래의 행복, 사도적 직분, 사랑, 구제, 감사, 기쁨, 희락과 같은 성령의 열매 등등을 가리킨다. 로마의 "모든" 성도에게 "은혜"가 있기를 기원하는 맥락에서 보면 이 "은혜"는 모든 하나님의 사람에게 주어지는 공통적인 것이면서 기독교의 모든 은총을 총괄하는 표현이다. 여기서 우리가 주목해야 하는 것은 두 가지이다. 첫째, 우리에게 좋고 아름답고 향기롭고 유익하고 바람직한 모든 것들은 하나님의 은혜로 말미암은 결과임을 기억하고 인정해야 한다. 둘째, 은혜는 정도에 있어서, 분량에 있어서, 종류에 있어서 계속해서 성장해야 한다.

구약에서 하나님에 의해서만 주어지는 "샬롬"을 가리키는 "평강"은 무엇보다 그리스도 예수를 통해 하나님과 화목하게 된 상태를 의미한다. 이것은 모든 종류의 평강을 가능하게 하는 원리이며 원천이다. 하나님과 불화하면 모든 평강이 깨어진다. 나 자신과의 화평도 깨어지고, 타인과의 화평도 깨어지고, 사물과의 화평도 깨어지고, 시간과의 화평도 깨어진다. 하나님과 우리 사이에 "평강"이 없으면 예배도, 묵상도, 교제도, 전도도 종교적인 행습으로 전락한다. 그러므로 지속적인 평강의 필요성은 두루두루 절박하다. "평강"의 경지가 높을수록 부수적인 유익도 비례해서 증대된다. 그래서 바울은 평강의 지속도 기원하고 보다 높은 경지의 평강도 간구한다. 다른 모든 경건의 내용을 포괄하는 "은혜"와 "평강"으로 소통의 말문을 연 바울의 지혜는 오늘날 하나님의 사람들도 본받아야 한다. 말문은 대화와 관심사의 방향을 좌우한다. 일상적인 인사말은 서로의 관계성도 규정한다. 하나님의 사람들은 최고의 관심사를 사도가 설정한 은혜와 평강에 둠이 마땅하다. 이는 우리 자신에게 최상의 지혜이기 때문에 타율적인 당위만이 아니라 자발적인 반응을 기대한다. 서로에게 "은혜와 평강"을 구하는 공동체가 바로 교회이다.

"하나님 우리 아버지와 그리스도로부터." 여기에 은혜와 평강의 출처가 명확하게 적시되어 있다. 다른 어떠한 은혜와 평강을 찾아 방황하지 말라. 사도들이 교회에 기초석을 놓았으나 교회가 누리는 은혜와 평강의 출처는 하나님 우리 아버지와 그리스도 이외에 그 누구도, 심지어 사도들도 출처처럼 여겨서는 아니된다. 바울은 바나바와 함께 루스드라 지역에서 앉은뱅이 고친 사건으로 루스드라 사람들에 의해 헤르메스와 제우스라는 신으로 오인되자 옷을 찢어 몸뚱이를 보이며 그들도 동일한 인간의 성정을 가졌기에 자신들은 기적의 출처도 아니고 경배의 대상도 아니라며 격렬한 손사래를 쳤다. 은혜와 평강은 하나님과 그리스도 안에서만 찾아져야 한다. 전도자나 설교자가 아무리 은혜의 외형적인 출처처럼 보여도 당사자는 이를 이용하지 말아야 하고 청중은 속지 말아야만 한다. 바울은 은혜와 평강의 신적인 출처를 밝히면서 다른 어떤 사람이나 천사도 영광을 취해서는 아니 되고 그에게 영광을 돌려서도 아니 됨을 천명한다. 그리고 은혜와 평강의 출처가 인간이나 천사나 다른 피조물이 아니라 하나님 우리 아버지와 그리스도 예수시기 때문에 땅에서의 은혜와 평강과는 질적으로 다름을 표명한다.

이처럼 로마서 서두에 언급된 바울의 인사말 안에는 복음의 정수와 부르심 받은 자의 사명과 도리 및 교회의 본질이 정제된 언어의 형태로 빼곡하게 함축되어 있다.

⁸먼저 내가 예수 그리스도로 말미암아 여러분 모두로 인해 내 하나님께 감사함은 여러분의 믿음이 온 세상에 알려졌기 때문입니다

은혜와 평강 기원으로 인사말을 매듭지은 이후에 바울은 무엇보다 "먼저"(πρῶτον) 로마 성도들의 믿음이 온 세상에 전파됨을 인해 하나님께 감사한다. 감사의 인사말을 "먼저" 혹은 "첫 번째"라 했지만 "나중" 혹은 "두 번째"가 등장하지 않는다는 사실에서 나는 바울이 "감사"를 로마교회 성도와 대화하기 위한 관계성의 전제요 소통의 방식으로 여긴 것으로 추정한다. 사실에 근거한 상대방 칭찬과 그 배후에 있는 하나님의 은총을 지적하며 하나님께 감사를 올리는 바울의 글쓰기는 신앙적인 서신의 표본이다. 편지의 서두에 감사의 인사말을 건네는 것을 당시의 편지문화 일반

으로 돌리면 인사말의 영적인 의미는 축소 내지는 소멸된다. 사실 나는 이 인사말의 의미도 궁구하고 싶지만, 해소하고 싶은 다른 궁금증이 있다. 바울은 왜 로마 성도들의 믿음이 온 세상에 전파되는 것을 감사의 이유로 삼았을까?

바울은 참으로 특이한 정신의 소유자다. 다른 사람의 믿음이 온 세상에 소문나는 것을 감사로 반응한다. 타인의 믿음과 그 믿음의 확산과 바울의 감사 사이를 이어주는 무언가가 있을 터인데 그것이 무언인지 궁금하다. 로마 사람들의 신앙 형성에 바울은 직접 관여하지 않은 사도였다. 온 세상에서 명성을 얻은 그들의 믿음이 자신의 수고로 이루어진 결과인 것처럼 호도하지 않고 자신과 무관한 것임을 인정하는 바울은 참으로 정직하다. 바울이 전도한 사람이 로마의 복음화에 영향력을 행사했을 가능성은 배제하지 못하겠다. 그러나 이런 간접적인 가능성을 감사의 이유로 본다면 이해가 매끄럽지 않아진다. 이는 바울이 전도의 땀방울을 쏟아내지 않은 로마교회 성도들의 신앙은 바울에게 전도의 공적을 내세울 근거로 작용하지 않기 때문이다. 감사의 인사말로 그들의 신앙 형성 및 온 세상에 알려질 정도의 성장에 공로의 숟가락을 얹을 명분이 없는데도 바울이 감사하고 있다는 점에서 바울의 감사는 복음전파 자체와 관련된 반응일 것이라는 추론이 가능하다.

나는 바울의 감사를 그렇게 이해한다. 그는 복음을 너무나도 사랑했다. 그것의 전파는 사랑의 구현이요 확장이다. 그래서 하나님의 사랑이 증거되고 확산되는 복음전파 사건은 바울에게 사랑에 빠진 듯한 희열과 즐거움의 온상이다. 온 세상에 전파된 것이 로마 성도들의 믿음이기 때문이 아니었다. 에베소와 빌립보와 고린도 성도들의 믿음이 온 세상에 전파가 되었어도 바울은 동일한 감사를 하나님께 돌렸을 것임에 분명하다. 로마라는 지역교회 성도를 편애한 것도 아니고 당시 세계의 중심지란 입지적인 특성 때문에 글로벌한 유명세 확보를 위한 발판 굳히기도 아니었다.

이는 바울의 감사가 어디로 향하고 있는지를 주목하면 금세 확인된다. 바울은 "하나님께" 감사하고 있다. 그리고 감사의 직접적인 이유는 로마 성도들의 믿음이 온 세상에 전파된 것이었다. 이는 마치 감사의 이유와 감사의 대상이 어긋나고 있다는 인상을 제공한다. 사실 온 세상에 전파된 것이 로마 성도들의 믿음이기 때문에 감사는 그들에게 돌아가야 정상이다. 그럼에도 불구하고 그들이 아니라 하나님께 감사를 돌렸다는 점에서 믿음의 범세계적 전파는 로마 사람들의 공로가 아니라 하나님에 의한 은혜와 섭리의 결과라는 사실이 읽혀진다. 바울의 감사는 진실로 하나님을 지향했다. 왜냐하면 로마 사람들의 믿음이 온 세상에 전파된 것은 "그리스도 예수로 말미암아" 이루어진 결과라는 이해 때문이다.

바울은 비록 복음의 글로벌한 전파가 자신의 의지와 공로로 말미암은 결과가 아니라 다른 원인에 의해 초래된 것이라 할지라도 바울은 진실로 감사했다. 이런 차원의 감사는 오늘날의 우리에게 큰 도전이다. 로마교회 성도들을 생각할 때 바울의 머리에는 복음의 전파와 얽힌 감사가 서둘러 떠올랐다. 그래서 그의 감사는 서신의 서두라는 지면을 차지했다. 이는 그 시대의 편지쓰기 관행으로 치부하여 마치 습관의 발로인 것처럼 무의미한 추임새 정도로 여기며 그냥 제쳐도 되는 인사말이 아니었다. 바울의 심장에서 뛰는 복음의 맥박이 느껴지는 구절이다. "외모로 하나 참으로 하나 무슨 방도로 하든지 전파되는 분이 그리스도" 예수라면 그것을 인하여 기뻐하고 또 기뻐한 바울이다(빌 1:18). 그에게는 복음의 전파가 자신의 유익이나 손해의 고려보다 우선이다. 유익에 질질 끌려 다니지도 않고 손해를 피하려고 몸을 사리지도 아니했다. 복음이 전파되는 일이라면 자신의 목숨조차 조금도 귀한 것으로 여기지 않은 사도였다. 그의 의식에는 목숨과 맞바꿀 정도로 사랑하고 고귀하게 여기는 복음전파 이외에 다른 어떠한 것도 들어설 빈자리가 없었음에 분명하다.

그리고 바울은 하나님을 감사의 대상으로 여겨 그에게 감사를 돌리되

"그리스도 예수로 말미암아" 구절을 삽입했다. 바울은 "그리스도 예수로 말미암아 하나님께 감사"를 드렸다는 사실에서 우리는 하나님에 대해 감사의 직접적인 주체일 수 없다는 점을 깨닫는다. 우리는 하나님께 직접 감사를 드려도 될 권한이나 자격의 소유자가 아님을 또한 확인한다. 우리 자신을 하나님께 감사 돌리는 직접적인 주체로 간주해도 된다는 것은 어리석고 오만한 생각이다. 하나님께 감사를 돌린다는 것은 우리에게 무한한 영광이고 극도의 기쁨이며 그래서 형언할 수 없는 축복이다. "그리스도 예수로 말미암아" 감사할 수밖에 없음은 우리가 그로 말미암아 감사하는 자가 되었기 때문이다. 우리가 하나님께 감사하는 이유는 무엇인가? 먹고 배부르기 때문인가? 진정한 감사는 하나님을 알고 하나님의 자녀가 되고 천국의 시민이 되었다는 사실이며 그러한 신분으로 이 세상에서 숨쉬고 있다는 사실에 근거한다.

성경은 우리에게 범사에 감사해야 한다고 가르친다. 하나님께 감사하는 것은 피조물 본연의 모습이며 우리의 존재와 삶이어야 한다. 그러나 우리는 감사하지 아니했다. 아니, 감사할 수 없을 정도로 타락했다. 하지만 하나님께 감사하는 창조 본연의 질서로 회복되는 은혜가 그리스도 예수로 말미암아 주어졌다. 이런 복된 소식에 대한 신앙이 온 세상에 확산되는 것도 그로 말미암아 펼쳐진 일이었다. 예수님의 은혜와 사역을 통하지 않는다면 감사는 감사가 아닌 다른 무엇이다. 우리에게 그리스도 예수로 말미암지 않은 감사할 다른 무언가가 과연 있겠는가! 우리가 감사할 모든 것들은 전부 예수로 말미암은 것들이다.

9-10내가 계속해서 여러분에 대한 기억을 떠올리며 이제 하나님의 뜻 안에서
언젠가는 여러분을 방문하게 해 달라고 항상 기도하고 있다는 사실에 대한
나의 증인은 하나님 즉 내가 그의 아들의 복음 안에서 내 심령으로 섬기는 분입니다.

바울은 자신이 섬기는 하나님을 "증인"(μάρτυς)으로 생각한다. 바울은 하나님을 섬기는 사람이다. 하나님이 우리를 어두움 가운데서 빛 가운데로 부르시고 우리를 정결하게 하신 이유는 하나님을 올바르게 섬기게 하시기 위함이다. 바울이 하나님을 섬기는 방식이 간략하게 소개되어 있다. 즉 1) 아들의 복음 안에서, 2) 영으로 섬긴다고 한다. 섬김은 이마에 굵은 땀방울이 맺히고 막대한 노동력을 소비하는 물리적인 활동을 뜻하는가? 섬김의 훤칠한 모양새나 섬김의 뜨거운 온도가 섬김의 본질과 진수를 보증하는 것은 아니다. 복음 안에서 섬겨야 올바른 섬김이다. 그리스도 예수의 복음이 빠진 섬김, 복음을 벗어난 섬김은 거짓된 열심이다. 주의 종들 중에도 "아들의 복음으로"(ἐν τῷ εὐαγγελίῳ τοῦ υἱοῦ) 섬기지 않고 저마다 받은 감동에 따라 이리저리 치우친 인위적인 복음으로 섬기는 사람들이 많다. 성경 전체가 말하는 아들의 복음이 아니라 체험이 제공한 복음의 특정한 부위나 조각을 복음의 전부로 과장하고 그것만 강조하는 섬김에 올인(all-in)한다. 그러나 특정한 부분에 대한 치우친 강조로 복음의 조화와 균형은 깨어지고 그런 복음으로 열심을 낸 섬김은 진리를 파괴하고 교회를 훼손한다. 바울은 성경 전체가 증거하는 "아들"의 복음이 보존되고 존중된 섬김을 고수했다. "자신"의 복음이 전파되는 것을 극도로 경계했다.

고린도 교회를 향해 "우리는 우리를 전파하는 것이 아니라 오직 그리스도 예수의 주 되신 것과 또 예수를 위하여 우리가 너희의 종 된 것을 전파"(고후 4:5)하는 것이라고 강조했다. 바울은 자신이 섬기는 복음이 자신의 것이 아니라 그리스도 예수의 것임을 언제나 분명히 자각했다. 이는 자신이 드러나는 체험적 복음의 지엽적인 조각에만 몽롱하게 도취되어 그것에만 매달리지 않았다는 이야기다.

복음을 섬기는 두 번째 방식은 "영으로"(ἐν τῷ πνεύματι) 섬김이다. 이는 마음을 다하고 목숨을 다하고 힘을 다하고 뜻을 다하는 섬김의 지극성을 뜻하기도 하고 육적인 섬김이 아니라 내면의 중심에서 나오는 섬김을 뜻하기도 한다. 하나님을 섬긴다는 것은 섬김의 대상이 하나님인 이상 하나님의 속성에 맞추어진 섬김의 차원을 요구한다. 우리가 섬기는 하나님은 영이신 분, 전능하신 분, 위대하신 분, 전지하신 분, 의로우신 분, 전지하신 분, 자비하신 분이시다. 어떻게 하면 그런 하나님을 섬겼다고 인정될 수 있겠는가? 솔직히 진정한 섬김은 인간의 선에서는 이루어질 수 없는 경지라고 생각된다. 그래서 그리스도 안에서만 그런 섬김이 가능하다. 그리스도 예수께서 우리 안에서 사시고 행하시는 그런 섬김만이 하나님을 향한 섬김으로 간주된다.

하나님은 언제나 마음의 동기를 살피신다. 그 마음은 단순한 심리적 변덕이 벌어지는 현장을 의미하지 않고 영혼의 차원을 가리킨다. 영혼은 동기의 심연이다. 연출의 방식으로 꾸며지지 않는 영역이다. 마스크의 착용으로 가릴 수 없는 영역이다. 하나님에 대한 올바른 섬김은 영혼의 활동이기 때문에 벌거벗은 섬김이다. 존재의 가장 깊은 곳에서 시작된 섬김이 아니면 형식적인 섬김이다. 바울은 하나님을 섬기는 자신의 방식을 밝히면서 영혼이 없는 섬김을 경계한다. 영으로 섬기는 방식은 바울 자신의 창의적인 고안물이 아니다. "하나님은 신령과 진정으로 예배하는 자를 찾고 계시다"(요 4:23)는 예수님의 말씀에 근거한다. 예수님 자신이 하나님 아버지를 섬긴 방식을 주목하면 영으로 섬긴다는 방식의 의미가 파악된다. 예수님의 하나님 아버지 섬김은 아버지의 뜻을 온전히 이루는 것이었다. 아버지의 뜻은 영적이고 그 뜻을 이루는 방식도 영적이고 그 뜻의 성취도 영적이다.

바울은 그 하나님이 "증인"이 되신다고 고백한다. 증인은 사실의 정확성과 객관성을 보증하는 존재를 가리킨다. 하나님은 최고의 증인이다. 자신의 착각이나 타인의 짐작에 근거하지 않고 하나님이 보시기에 자신이 어떻다는 것을 전하고자 바울은 하나님의 이름을 유일한 증인으로 거명한다. 자신의 상태를 늘 하나님의 안목으로 보고자 하는 바울의 이런 태도가 우리의 신앙을 자극한다. 이는 우리에게 스스로 도취된 신앙이나 타인의 부추김과 아첨에 놀아나는 신앙이 아니라 하나님이 보시기에 어떠한 성도여야 하는지를 의식하는 믿음의 사람이 되기를 은밀하게 권고하는 바울의 방식이다. 하나님 자신에 대한 지식만이 아니라 나 자신에 대한 지식에 있어서도 하나님을 나보다 더 신뢰할 증인으로 여긴다는 것은 참으로 성숙한 신앙의 경지이다. 내가 누구이며 어떠한 상태에 있는지를 주님보다 더 잘 아시고 더 잘 알려주실 수 있는 존재는 누구인가? 주님은 나 자신을 향해서나 타인을 향해서나 언제나 최고의 증인이다.

바울은 하나님이 그의 증인이 되시는 구체적인 사안에 대해서는 "항상 내 기도에 쉬지 않고 너희를 기억하고 있다"는 점을 언급한다. 바울은 하나님의 눈동자 앞에서도 부끄럽지 않을 정도로 로마교회 성도들을 사랑하고 있다. 형제와 자매에 대한 사랑은 하나님의 눈과 기준과 평가 앞에서 정직하고 진실해야 한다. 여기서 우리는 로마서가 가진 발신자와 수신자 사이의 각별한 관계를 확인한다. 하나님은 증인이며 발신자인 바울은 로마교회 성도들을 한 순간도 잊지 않았으며 수신자인 로마교회 성도들은 바울의 애틋한 사랑의 대상이다. 이는 로마서를 이해하는 중요한 문맥의 한 조각이다. 하나님의 백성 된 우리는 모든 이에게 하나님이 증인으로 계신 관계성을 도모해야 한다. 그리스도 예수에게 속한 몸의 지체들인 우리는 하나님 중심적인 관계의 끈으로 연결되어 있다.

사도는 교회를 섬기는 은은한 범례를 우리에게 제공한다. 특별히 목회자는 이러한 사도의 모습을 따라 날마다 항상 쉬지 않고 성도를 기억해야 한다. 그게 진정한 목양이다. 하나님의 말씀을 주야로 묵상할 때마다 성도를 기억해야 한다. 성도가 기억에서 떠나지 않아야 목회자다. 목회는 기억이다. 하나님 앞에서의 기억이다. 가장 소중한 주님과의 만남 속에서 떠올려야 할 기억의 대상이 성도이다. 그럴 때에 목회자는 육신의 아비보다 더 아비 같은 사람이다. 그런데 그런 목회자가 종적을 감추었다. 기계적인 목회 서비스를 제공하는 기술자의 이미지로 전락했다. 목회자의 기억에는 성도가 아니라 자신이 가득하고, 관심의 촉수는 성공과 부흥과 번영을 낳는 황금알 전략들만 더듬는다. 기도의 눈물로 성도의 황폐한 삶과 신앙을 적시지도 않는다. 목회자는 신뢰의 대상이 아니라 이제는 사용의 대상이고 때로는 경계의 대상이다. 슬프고 안타깝다. 바울처럼 항상 기도하며 기도할 때마다 쉬지 않고 성도를 하나님께 의탁하는 목회자의 참모습을 회복되길 소원한다.

바울은 로마로 가기를 소원했다. 그러나 "구한다"는 구절에서 바울의 실질적인 로마행이 확정된 것은 아니었다. "언젠가는" 문구에는 바울이 로마로 갈 날짜나 방식도 아직 정해지지 않았다는 사실을 확인한다. 로마행의 여부와 시기와 방식이 확정되지 않았다는 것은 본격적인 로마선교 실행에 있어서 바울 편에서의 미비를 고발하지 않고 하나님의 뜻과 허락을 존중하고 기다리는 바울의 신앙을 잘 드러낸다. 바울은 분명히 로마행을 소원했다. 그러나 하나님의 소원은 아직도 확인되지 않았고 길도 열리지 않은 상황이다. 바울은 소원을 실행에 옮기는 일에 신중했다. 사람이 마음으로 소원하고 계획해도 그 걸음을 인도하는 분은 주님이다(잠 16:9). 이 사실을 존중했다.

물론 바울은 하나님이 자신의 기쁘신 뜻을 위해 우리의 마음에 소원을 두고 행하시는 분이라는 사실을 인지하고 있다(빌 2:13). 그러나 우리의 마음에 비록 소원이 고개를 든다고 할지라도 그 소원이 곧 하나님의 뜻인 것은 아니었다. 대부분의 사람들은 마음의 소원이 자신에게 유익하면 자신의 욕망을 곧장 "하나님의 뜻"이라는 경건한 문구로 세탁한다. 즉 인간의 욕망이 앞서고 하나님의 뜻은 그런 욕망에 면죄부와 정당성을 제공하는 후속적인 방편이다. 지금은 "하나님의 뜻"이라는 말이 "하나님의 뜻"을 알지도 못하고 관심도 없는 사람들의 입술에서 농락을 당하는 형국이다.

경건하지 않으면서 경건의 모양새를 갖추기 위해 흔히 활용되는 종교적 장신구요, 개인의 욕망을 가리는 면피용 관용구요, 신앙적 대화의 매끄러운 흐름 유지를 위해 투척되는 무의미한 추임새다.

그러나 바울이 로마교회 성도에게 "하나님의 뜻 안에서" 그들에게 가고자 한다는 속마음을 내비친 것은 궁지에 몰렸을 때에 도주할 출구 마련을 위함이 아니었다. 로마에 가지 못했을 경우 사망의 위협이 두려워 몸을 사렸다는 비난의 해독제도 아니고 로마에 갔을 경우 하나님의 뜻으로 간 것이니 알아서 모셔라는 융숭한 접대 주문용 멘트도 아니었다. 바울에게 하나님의 뜻은 언제나 자신이 하나님의 복음을 위해 부름을 받은 사도라는 사명감과 이 사명을 마치려 함에는 자신의 생명을 조금도 귀한 것으로 여기지 않았던 헌신과 결부되어 있다. 즉 그리스도 예수의 복음을 올바르게 증거하기 위해 하나님의 뜻 안에서 로마교회 성도들을 만나려고 한다.

바울은 자신의 소원을 구현하는 일에 급급하지 않고 하나님의 뜻과 허락을 존중하며 인간적인 혈기와 급작스런 열정이 적당히 걸러져서 소원을 성취해도 자신의 공로로 돌리거나 나른한 성취감에 도취되지 않고 오직 주님께만 영광을 돌리는 최적의 신적인 시점을 기도의 무릎 자세로 기다렸다. 상황이나 방식과 같은 비본질적 요소에 얽매이지 않고 하나님의 뜻만을 실행의 근거로 삼는 바울의 태도에서 자기부인 증거물 하나가 포착된다. 우리가 보기에 괜찮은 상황이고 적절한 방법이고 적당한 시점인 것 같아도 내가 실행의 판단자로 나서지를 않고 하나님의 뜻을 기다리는 것은 하나님의 미련한 것이 사람보다 지혜 있다(고전 1:25)는 깨달음의 증명이다. 하나님의 뜻에는 인간이 계량하고 추정할 수 있는 모든 것들보다 더 정확하고 적절한 정보들이 모두 고려되어 있기에 "하나님의 뜻"을 존중하고 기다리는 것은 지혜의 인간적인 한계를 초월하는 믿음이다.

롬 1:11-13

¹¹내가 너희 보기를 간절히 원하는 것은 어떤 신령한 은사를 너희에게 나누어 주어 너희를 견고하게 하려 함이니 ¹²이는 곧 내가 너희 가운데서 너희와 나의 믿음으로 말미암아 피차 안위함을 얻으려 함이라 ¹³형제들아 내가 여러 번 너희에게 가고자 한 것을 너희가 모르기를 원하지 아니하노니 이는 너희 중에서도 다른 이방인 중에서와 같이 열매를 맺게 하려 함이로되 지금까지 길이 막혔도다

❖ ❖ ❖

¹¹제가 여러분 만나기를 갈망하는 것은 여러분께 어떤 영적인 은택을 나누어서 여러분을 견고하게 하려는 것입니다 ¹²즉 여러분 안에서 여러분과 저에게 있는 서로의 믿음을 통해 함께 안위함을 받으려는 것입니다 ¹³형제 여러분이 알지 못하기를 원하지 않는 것은 제가 다른 이방인 중에서와 같이 여러분 안에서도 어떤 열매를 맺게 하려고 여러 번 여러분께 가려고 했으나 지금까지 길이 막혔다는 것입니다

04 만남의 유익

본문의 내용은 간단하다. 바울은 로마교회 성도들을 만나고 싶어한다. 만남의 목적은 자신의 유익도 있지만 무엇보다 그들의 유익이다. 즉 그들에게 영적인 은택을 제공하고 그들을 견고하게 하고 서로의 믿음으로 함께 위안을 받고 그들 안에서 어떤 열매를 맺기 위함이다. 그 갈망 때문에 로마로 가려고 여러 번 시도한다. 그러나 매번 길이 막혀서 가지를 못했는데, 이러한 사실을 알리고자 붓을 들었다고 한다.

> [11]제가 여러분 만나기를 갈망하는 것은
> 여러분께 어떤 영적인 은택을 나누어서 여러분을 견고하게 하려는 것입니다

"가르"(γάρ)라는 말에서 확인되는 것처럼, 바울은 여기에서 로마교회 방문의 이유를 설명한다. 바울이 기도할 때마다 로마교회 성도들을 기억하며 로마행을 소원했던 이유는 그들과의 만남을 원했기 때문이다. 고작 만남 때문에 "하나님의 뜻"이나 "쉬지 않고 기도할 때에 항상 기억한다" 등의 무

슨 대단한 기대감 유발 언사들을 남용하며 호들갑을 떤 거였냐며 삐딱한 의구심의 날을 세우시는 분들도 있겠지만 만남은 그렇게 요란을 떨 만큼 중요한 사건이다. 만남은 일상이며 우리의 삶은 만남의 인생이다. 내가 비로소 내가 되고 네가 비로소 네가 되는 사회적인 삶을 구현하는 도구는 만남이다. 나아가 천하보다 귀한 인간을 작은 우주라고 한다면 만남을 우주와 우주의 연합과 소통이라 해도 과장이 아니겠다. 무엇보다 만남의 가장 중요한 의미는 주의 이름으로 만나는 곳에 주님께서 그들 가운데 분명히 계신다는 사실이다. 그러므로 만남의 의미는 우주의 규모를 초월한다.

인간(人間)문맥 안에서는 만남이 대체로 어떤 목적을 이루기 위한 수단이다. 이는 일반적인 만남이 대체로 기능적인 성격을 가졌으며 만남 자체를 목적으로 삼지 않기 때문이다. 어떤 목적을 달성하기 위해 만나면 만나는 상대방은 이용된다. 그 인격의 존엄성이 있는 그대로 존중되지 않고 기능적인 공헌의 여부에 따라 존중의 여부와 크기도 결정된다. 인간 자체가 아니라 그의 기능성이 존재의 무게를 결정하는 순간 그는 더 이상 인격체일 수가 없고 하나의 도구로 혹은 물건으로 격하된다. 이는 향유해야 할 대상(fruenda)이 사용해야 할 대상(utenda)으로 왜곡되고 전락하는 현상이다. 그러나 바울은 로마교회 성도 "보기"(ἰδεῖν)를 간절히 원했다. 만남 자체를 희구했다. 사역의 확장 및 성공의 발판이나 수단으로 삼으려고 작업에 들어간 것이 아니었다. 그들을 향유의 대상으로 여겼으며 인격과 인격의 진정한 만남을 갈구했다.

나는 '책 읽기'라는 만남을 좋아한다. 펼칠 때마다 새로운 세상과의 만남을 주선하기 때문이다. 공간과 시간을 초월하고 나 자신의 능력도 초월한 세상을 출입하며 인생의 지평을 넓힐 수 있기 때문이다. 그런데 책은 수동태다. 아주 지독한 수동태다. 펼치면 자신을 보여주고 덮으면 소통을 중지한다. 책은 대화의 주도권을 독자에게 전적으로 양도한다. 독자가 마음대로 해석해도, 심지어 오해하고 비판해도 책은 반박하지 않고 묵묵히 수용한다. 그러나 '사람책'(사람이라는 책) 도서관에 가서 만남과 대화를 통한 '사람책' 읽기는 전혀 다른 세상이다. 사람은 스스로 자신을 열어 보여주지 않으면 독자가 하나도 읽을 수 없는 책이기 때문이다. 독서의 시점과 길이의 조절도 독자가 주도하지 못하고 서로 합의해야 한다. 독자가 무례하면 '사람책'은 소통의 중단을 임의로 결정한다. 이 인격적인 책은 독자에게 오류가 있으면 교정하고 우매하면 가르치고 질문하면 대답하되 어떻게 할 것인지는 독자에게 감추어져 있다. 이 책은 아주 까칠하다. 이 책의 반응 이후에야 독자는 인지한다. 텍스트를 많이 읽은 사람은 고집을 부리고 일방적인 질문과 비판을 퍼부어도 그것에 준하는 반응을 경험하지 못하기 때문에 타인과의 만남에서 요구되는 쌍방적인 소통의 소양이 대체로 떨어진다. 그러나 '사람책'을 많이 읽은 사람은 타인과의 만남에서 배려와 양보와 존중과 이해의 미덕을 여유 있게 구사한다. 인격적인 만남은 우리에게 그 자체로 큰 유익이다. 사람과 사람의 만남은 우주와 우주의 만남이다. 너무도 웅장한 만남이다. 만남은 조각칼과 같아서 그것에 의해 고매한 인격이 빚어진다. 나쁜 습성이나 모난 성격은 깎이고 아름다운 성품은 연마된다.

　이스라엘 백성에게 가장 중요했던 장소인 성막은 하나님과 그들이 소통하는 "만남의 장막"으로 불렸다. 다른 목적을 위한 수단이 아니었다. 오히려 다른 모든 것들이 그 만남을 위한 수단으로 동원되는 식이었다. 예배도 하나님과 그의 백성 간의 만남이다. 예배가 목적이듯 그 만남도 목적이다. 구원은 영원한 생명을 소유하는 것이고, 그 생명은 그리스도 자신이며, 천국은 생명이신 주님과의 만남이 영원히 지속되는 현장이다. 이로 보건대, 로마교회 성도와의 만남은 로마행의 이유와 명분으로 전혀 손색이 없다고 생각한다. 나는 바울이 로마를 방문하고 싶어한 것은 그의 가르침을 통해 그들의 신앙을 견고하게 하려는 것일 수도 있겠으나 "그들과 대면하는 것" 자체를 원했다는 칼뱅의 해석에 공감한다. 물론 진리의 교류를 배제하지 않은 만남이다. 진실의 교류는 진정한 만남의 터 위에서 벌어지는 향연이다.

　　바울과 로마교회 성도의 순수한 만남은 서로에게 유익이다. 무엇보다 바울은 그들에게 "어떤 신령한 은사"(χάρισμα πνευματικὸν)를 나누어서 그들이 "견고하게 되기"(τὸ στηριχθῆναι)를 소원하고 있다. "신령한 은사"의 구체적인 내용에 대한 언급은 없어서 추측이 분분하나, 12절에서 쌍방적인 유익을 원한다는 바울 자신의 관점에서 본다면, 그것은 성령께서 각자에게 나타나게 하신 아름다운 은사일 가능성이 높다. 칼뱅이 잘 지적한 것처럼, 하나님은 당신의 백성에게 각각 고유한 은사를 분배해서 서로 도움을 교환하며 사랑의 띠로 견고하게 묶이기를 원하신다. 각자에게 분배된 은사의 다양성과 만남의 필요성은 등을 공유한 동전의 양면처럼 필연이다. 다양한 은사를 가진 지체들이 만나면 서로에게 적절한 유익이 교환된다. 모이기를 힘쓰라(히 10:25)는 히브리서 기자의 권고도 지체들 간에 벌어지는 다른 은사의 상보성 관점을 따라 이해해야 한다. 모든 지체들은 각자의 은사로 서로를 도와주며 그런 사랑의 돕는 손길로 각자의 은사는 몸의 각 지체에게 전이된다. 이것은 교회를 사랑의 띠로 묶어서 견고하게 하시려는 하나님의 섭리이다. 한 사람의 인격과 신앙과 삶이 견고하게 되는 것은 서로의 도움을 통해 가능하다. 스스로 견고하게 되면 그것을 자랑하고 자신의 유익만을 위해 사용할 가능성이 높다. 그러나 하나님은 서로가 서로에게 도움을 주고 받음으로 우리 모두를 견고하게 함으로써 각자를 낮추게 하고 서로를 사랑하게 하고 연합된 몸이 되게 만드셨다.

　　바울은 자신에게 주어진 은사로 로마교회 성도의 신앙을 기초부터 닦으려고 하지 않는다. 새로운 기초 다지기는 로마교회 신앙의 터와 기둥에 총체적인 부실이 있다는 전제 위에서만 가능하다. 로마교회 신앙은 부실한가? 자신이 개척하지 않은 교회에 대해 바울은 관계성 파괴의 단초가 될 위태로운 언사를 내뱉을 정도로 경솔한 사람이 아니었다. 까칠한 꼰대의 잔소리가 아니라 모든 성도들이 공감하는 신앙의 격려와 강화 차원을 주목했다. 바울의 로마행은 칼뱅의 지적처럼 "그리스도 예수께서 우리 안에 충만히 채워지는"(엡 4:13) 평생 지속되는 성화의 여정에 동반자적 박차를 가하고자 함이었다.

우리 각자의 만남은 건강한가? 만날 때마다 타인에게 활력소를 공급하는 사람인가? 상대방의 막대한 에너지를 소진하는 사람인가? 주는 자로 만나는가 아니면 받는 자로 만나는가? 바울처럼 타인에게 어떤 유익을 제공하기 위한 만남을 우리도 사모해야 한다. 그러기 위해서는 주는 자의 역량 키우기에 주력해야 한다. 주고자 하는 내용은 돈이나 입김이나 청탁이 아니라 영적인 것이어야 한다. 이런 나눔에는 남녀노소 구별 없이 누구나 주는 자 되기가 가능하다.

12즉 여러분 안에서 여러분과 저에게 있는 서로의 믿음을 통해
함께 안위함을 받으려는 것입니다

이 구절에는 로마교회 성도와의 교제에 거는 바울의 기대가 표출되어 있다. 어떤 학자는 11절이 "바울의 일방적인 시혜적 행위"를 가리키고 12절은 쌍방적인 안위 언급으로 "그 시혜적 자세 일변도의 인상을 무마"하는 것이라고 한다(차정식, 1:184). 이렇게 해석하는 이유는 아마도 바울이 로마교회 설립자가 아니기에 그들의 신앙적 입지를 주관하는 듯한 인상은 피하면서 사도적인 권위의 저평가도 면하려는 의도 때문이다. 이러한 해석이 일리는 있지만 나는 다른 각도로 이 구절의 의미를 조명하고 싶다.

바울의 로마행은 바울 자신과 로마교회 성도들이 모두 각자의 믿음에 의해 서로 안위를 받기 위함이다. 자신의 신분에 대해 앞에서 밝힌 것처럼 바울은 하나님의 복음을 위해 구별된 부르심을 받았기에 하나님의 교

회 전체를 섬기고 돌보아야 한다. 사도는 베푸는 자의 직분을 모든 교회에 수행해야 한다. 비록 자신의 손으로 개척의 문을 열지 않은 지역의 교회라 할지라도 그러한 사도적 책임이 면제되는 것은 아니다. 교회는 내가 개척하면 내 교회이고 타인이 개척하면 타인의 교회가 되는 게 아닌 독특한 공동체다. 모든 교회가 하나님의 교회이다. 올바르고 온전하고 충분한 복음을 모든 교회에 증거해야 한다. 그렇다고 해서 타인이 개척한 지역의 교회에 공로의 숟가락을 슬그머니 얹는 선교적 부도덕을 방조하는 것은 금물이다. 바울은 자신이 개척하지 않은 로마교회 성도에게 타인이 닦은 터 위에서는 복음을 전하지 않겠다는 입장을 서신의 말미에 단호히 언급한다(롬 15:20). 관여와 불간섭 사이의 경계는 늘 애매하다. 이러한 때에는 언제나 하나님 앞에서의 정직이 요구된다.

12절에서 주목하고 싶은 것은 "각자에게 있는 서로의 믿음으로 말미암아 함께 안위를 얻는다"는 대목이다. 믿음은 단순히 하나님을 향한 개개인의 고립된 태도나 자세나 상태를 의미하지 않는다는 사실을 여기에서 확인한다. 믿음의 사람들 사이에는 영향력의 교류가 일어나야 한다. 이는 믿음이 정적이지 않고 역동성을 가졌기 때문이다. 인간이 아니라 하나님이 믿음의 출처이기 때문에 믿음의 성격도 근원이신 하나님을 지향한다. 하나님께 출처를 둔 믿음은 그것이 주어진 한 사람만의 유익을 위하지 않고 하나님의 영광과 관련된 모든 것들과 결부된 유익을 추구한다. 믿음의 선물만이 아니라 하나님에 의해 주어진 다른 모든 선물의 성향도 그러하다. 어떤 식으로든 하나님의 영광을 지향한다. 우리의 의로움과 거룩함과 지식과 지혜와 명철과 구원과 같은 모든 선물들이 동일하게 하나님의 영광을 지향한다. 하나님의 영광이 드러나는 교회 공동체에 유익을 제공하는 신비로운 경향성이 너무도 신비롭다. 내가 믿음을 가지면 타인을 안위하는 유익도 제공한다. 반대로 내가 믿음을 가지지 않는다면 타인을 근심하게 하는 결과를 초래한다.

믿음의 사람들이 만나면 믿음으로 말미암아 그들 가운데는 안위함이 증폭되고 그것이 서로에게 공유된다. 그래서 믿음의 만남은 맹목적인 만남과 구별된다. 무엇보다 그리스도 예수의 이름으로 만나기 때문이다. 그러한 만남은 그리스도 예수께서 그들 중에 거하시는 신비로운 연합으로 격상된다. 그 만남은 이러한 주님의 공동체적 동거와 동행으로 인해 특정한 사람만이 아니라 만남에 참여한 모든 지체들이 "더불어 안위함을 얻는"(συμ παρακληθῆναι) 만남이다. 이러한 만남을 일컬어서 어떤 이는 "그리스도-그리스도 만남"이라 한다. 비록 하나의 동일한 존재에게 두 주체 이상을 전제하는 "만남"이란 개념을 부여하는 듯해 모순으로 보이지만 일리는 충분하다. 자기 안에 거하시는 주님과 타인 안에 거하시는 주님은 동일한 분이시다. 만남은 외적인 대면이 아니라 내적인 교류이다. 그렇다면 나와 너의 가장 진실한 만남은 나의 전부이신 주님과 너의 전부이신 주님의 교류이기 때문에 최고의 만남은 "그리스도-그리스도 만남"이란 표현이 가능하다. 사실 이러한 만남에서 가장 높은 차원의 안위함이 발생한다.

그리고 바울은 베푸는 시혜적 주체이고 로마교회 성도는 받는 수혜적 주체라는 다소 대립적인 구분은 온당하지 않다. 주고 받음은 늘 쌍방적인 현상이요 동시적인 사건이다. 다소 역설적인 어법일 수 있겠으나, 바울과 로마교회 사이에는 주면서 받고 받으면서 주는 관계성이 있다.

물론 바울은 사도적인 신앙과 삶의 소유자다. 로마교회 성도는 그런 바울과는 분명히 구별된다. 그러나 본질에 있어서는 다르지 않다. 즉 사도와 성도는 동일한 하나님의 형상대로 지음을 받았으며 동일한 그리스도 예수로 말미암아 재창조가 되었고 그 예수께서 모두 안에 동일하게 거하시기 때문이다. 세상에서 발생하는 우연적인 차이가 이러한 본질의 동일성에 변경을 가하지는 못한다. 하나님의 형상과 그리스도 때문에 은택을 공유하는 일은 모든 사람에게 가능하다. 목회자와 성도는 서로에게 영적인 은택과 안위를 제공하는 사랑의 파트너다. 각자가 주는 은택과 안위의 정도차는 있겠지만 나누는 행위 자체는 어떤 이에게도 배제됨이 없다.

부자가 가난한 자에게 줄 수 있는 것보다 가난한 자가 부자에게 줄 수 있는 것이 더 많다는 것도 사실이다. 바울이 로마교회 성도에게 어떤 신령한 은사를 나누고자 한다는 표현은 그저 사도의 우월한 신분을 가졌기 때문에 가능한 일방적인 시혜자의 격에 어울리는 언사의 투척을 의미하지 않고, 피차에 안위를 받을 것이지만 무언가를 챙기고 뜯으려는 시도가 아니라 나누고 베풀려는 마음으로 교제의 문을 열자는 정중한 어법으로 이해하는 것이 더 타당하다.

**13형제 여러분이 알지 못하기를 원하지 않는 것은
제가 다른 이방인 중에서와 같이 여러분 안에서도 어떤 열매를 맺게 하려고
여러 번 여러분께 가려고 했으나 지금까지 길이 막혔다는 것입니다**

"형제들아." 이 호칭은 본 서신에서 처음으로 등장한다. 호칭의 선택은 신중해야 한다. 바울과 로마교회 사이의 관계를 규정하는 것이 호칭이기 때문이다. 바울은 로마교회 성도를 형제로 이해했다. "형제"라는 용어의 의미는 무엇인가? 그 의미는 예수님의 가르침 안에서 발견된다. "누구든지 하늘에 계신 내 아버지의 뜻대로 하는 자가 내 형제요 자매니라"(마 12:50). 하나님의 사람들이 서로에게 형제됨의 의미론적 기원은 주님 자신이기 때문에 이 호칭의 역사적 기원에 대한 과도하고 소모적인 추적은 무모하다. 주님의 가르침을 받은 바울이 로마교회 성도를 "형제"라고 불렀다는 것은 바울이 그들을 아버지 하나님의 뜻을 따라 행하는 자신의 동료요 가족으로 여겼다는 방증이다.

그러나 "거룩하게 하시는 이와 거룩하게 함을 입은 자들이 다 한 근원에서 났기" 때문에 주께서 형제라 부르기를 부끄러워하지 않으신(히 2:11)

것과는 뉘앙스가 동일하지 않다. 주께서 우리에게 "형제"라는 호칭을 사용하신 것은 주님 편에서는 무한한 겸손이고 우리 편에서는 무한한 영광이다. 그러나 주님의 형제된 우리가 서로를 "형제"라고 부르는 것은 그리스도 안에서의 수평적인 연대에 근거한다. 주님께서 "범사에 형제들과 같이 되심"(히 2:17)처럼, 범사에 우리가 주께서 맺어주신 신적인 연대의식 속에서 서로의 형편을 돌아보고 합력하는 것은 합당하다. 형제의 그런 동거는 심히 아름답다. 이는 마치 하나님의 모든 사람들이 그리스도 예수의 몸에 참여하는 지체라는 사실과 무관하지 않다. 우리는 서로에게 머리와 몸 사이의 수직적인 관계성이 아니라 동등하게 존엄한 몸의 지체들 사이의 수평적인 관계성을 갖는다. "형제"라는 바울의 호칭은 하나님의 백성을 행해서도 사용되고(살전 5:25, 약 4:11, 요일 3:13), 사도들 사이에도 사용되고(벧후 3:15), 믿음으로 낳은 자녀들에 대해서도 사용되고(고후 1:1, 골 1:1), 노예에 대해서도 사용된다(골 4:9). 그러나 머리와 몸이 분리되지 않아서 형제라고 불리는 것과 지체들이 동일한 몸을 이루는 일에 참여하기 때문에 형제라고 불리는 것과는 동일하지 않다는 것은 상식이다.

바울은 로마교회 성도를 자신의 형제라고 했다. 아래위의 수직적인 관계가 아니라 수평적인 관계 속에서 그들을 만나고자 했다. 그러나 로마교회 성도에 대한 바울의 연모와 애틋한 칭호는 단순한 감정의 급작스런 분출도 아니었고 긴급한 필요에서 기인한 관계 유지용 립 서비스도 아니었다. "프로티쎄마이"(προτίθεμαι, 미리 뜻을 세우다)라는 단어에서 확인되는 것처럼, 오랜 시간동안 숙성된 사모함에 꼼꼼한 계획까지 수반된 칭호였다. 실제로 사도는 그들을 만나려고 로마로 가고자 백방으로 노력했다. 그런 노력이 없으면 사랑이나 연모의 진정성은 확인할 길도 없어진다. 바울은 사랑의 생색용 횟수를 넘어 헤아릴 수 없을 정도로 "자주"(πολλάκις) 로마로 가려고 시도했다. 그러나 매번 좌초되고 편지를 쓰는 당시까지 "막혔다"(ἐκωλύθην)고 한다. 이 단어는 수동태다. 스스로 막은 것이 아니라 타의나 다른 장애물에 의해서 막혔다는 이야기다. 그러나 가려는 길이 막힌 이유나 장애물에 대해서는 침묵한다. 침묵의 입술을 강제로 벌려서는 안 되지만 누가의 기록에 근거하여 어느 정도의 유추는 가능하다.

사도행전 16장 6-7절에 보면, 바울은 아시아에 가서 복음을 전하려고 했으나 "성령께서 말씀을 전하지 못하게 하셨기 때문에" 브루기아 및 갈라디아 지역으로 가야 했고 무시아에 이르렀을 때에는 비두니아 지역으로 가고자 애썼으나 "예수의 영이 허락지 않았다"고 한다. 이로 보건대 바울의 빈번한 로마행 시도가 좌초된 이유는 하나님의 불허였다. 사실 10절에서 바울은 "하나님의 뜻 안에서" 로마로 가려고 했음을 밝혔고 13절에서 그 시도가 "막혔다"고 했다. 그렇다면 바울이 로마로 가지 못한 이유는 하나님의 뜻이 허락하지 않고 금했기 때문임에 분명하다. 하나님의 뜻을 능가하는 것은 없으며, 하나님이 막으시고 금하시면 누구도 나아가지 말고 그 자리에 멈추어야 한다. 비록 선교적인 명분이 있다고 할지라도 때를 기다려야 한다. 바울은 길이 막혔을 때에 과도하게 뚫으려고 하지 않고 기다렸다.

막혔기 때문에 바울은 로마로 가는 다른 방법을 모색한다. 즉 저술이다. 로마서는 바울 자신의 문서화다. 바울이 책이 된 서신이다. 로마서는 바울의 인격이며 바울의 인생이다. 문서의 형태로 자신을 보내고 로마교회 성도들과 만나고자 했다. 어떤 사람은 인생을 한 권의 책이라고 한다. 우리 모두는 한 권의 책으로 기록되고 있다. 오늘은 그 책의 한 페이지다. 그래서 너와 나의 만남은 일종의 책읽기다. 내가 속한 모든 공동체는 마치 다양한 책들로 구성된 도서관과 같다. 가정에는 내가 가장 사랑하는 책들이 진열되어 있다. 회사에는 내가 추구하는 목적에 유익한 책들이 진열되어 있다. 교회에는 너무나도 다양한 책들의 박람회와 같다. 양서도 있고 고전도 있고 실용서도 있고 신간도 있고 만화도 있고 일간지, 주간지, 월간지도 있다. 나는 어떤 책으로 기록되고 있나? 어떤 책으로 읽혀지고 있나? 나를 만나는 모든 사람에게 최고의 유익을 제공하는 책으로 기록되고 읽혀져야 한다.

사실 "담대하라 네가 예루살렘에서 나의 일을 증거한 것 같이 로마에 가서도 증거해야 하리라"(행 23:11)는 주님의 말씀에서, 우리는 바울의 로마행 소원이 주님의 말씀에 기초하고 있다는 사실을 확인한다. 물론 주님의 이 말씀은 바울이 로마서를 작성한 이후에 주어졌다. 그러나 주님의 명확한 말씀이 주어지기 전에 바울은 소원의 형태로서 로마에 가서 성도들과 만나기를 이미 고대했다. 이로 보건대, 때로는 말씀에 의해 소원이 우리의 마음에 생성되는 경우도 있지만, 때로는 내면의 선행적인 소원이 주님의 공적인 명령 수행을 준비하는 경우도 있음을 확인한다. 아무튼 이 말씀에 의하면, 로마교회 성도와 만나려는 이유는 개인의 선교적인 욕망을 쏟아낼 출구 마련이 아니라 거기서도 복음을 전파해야 한다는 주님의 말씀 때문이다. 바울은 에베소 교회의 성도를 위한 하나님의 전신갑주 언급에서 평안의 복음의 예비한 신을 거론했다. 어디를 가든지 어디에 있든지 증인의 유일한 신발은 복음이다. 복음이 가라 하면 가고 서라 하면 멈추어야 한다. 로마로 가려는 바울의 행보도 그런 맥락에서 이해하는 것이 합당하다. 그리스도 예수의 복음을 증거하기 위한 의도였다. "주의 말씀이 힘이 있어 흥왕하여 세력을 얻으니라 이 일이 다 된 후 바울이 마게도냐와 아가야로 다녀서 예루살렘에 가기를 경영하여 가로되 내가 거기 갔다가 후에 로마도 보아야 하리라"(행 19:20-21)는 사도행전 기록에서 확인되는 것처럼, 바울의 로마행은 주님의 말씀이 흥왕하여 세력을 얻도록 말씀을 증거하여 교회를 더욱 견고히 세우기 위함이다.

이처럼 주님께서 친히 말씀하신 사안이고 복음을 전하려는 순수한 명분으로 가고자 했는데도 왜 지금까지 막혔는가? 주께서 허락하지 않으신 이유가 바울에게 알려지지 않은 상태였다. 그래서 바울은 반복적인 로마행 불발의 원인에 대해 침묵했다. 그러나 원인을 모르는 상황은 대체로 하나님의 은밀한 뜻에로의 초청을 의미한다. 이유가 가려져 있으면 모든 신경과 의식이 가려진 이유에 집중하게 된다. 로마교회 성도와의 만남 자체보다 하나님의 뜻에 더욱 밀착하는 결과가 초래된다. 그래서 바울은 흥분하지 않았고 주님께 항변하지 않았고 자신의 로마교회 사역에 대한 주님의 계획도 의심하지 않았다는 사실에서 나는 감동한다.

다만 바울은 로마로 가려고 했다는 것과 지금까지 막혀서 실현되지 못했다는 사실을 차분한 어조로 로마교회 성도가 "모르기를 원하지 않는다"고 말했다. 바울 서신에서 자주 등장하는 이 어법은 몰라서는 안되는 필수적인 지식을 전달할 때에 동원된다(롬 11:25, 고전 10:1, 고전 12:1, 고후 1:8, 살전 4:13, Cambridge 주석). 하나님의 뜻은 바울과만 관계하지 않고 복음의 수혜자인 로마교회 성도와도 연관되어 있다. 그래서 바울은 하나님의 뜻 안에서 로마교회 성도와의 만남을 원하지만 지금까지 막혔다는 상황의 신적인 의도를 그들과 공유하길 원했다. 바울은 자신과 로마교회 모두가 같이 하나님의 뜻을 존중하고 기대하고 기다려야 하는 시점임을 사도적인 감각으로 간파하고 그들을 만나려고 했던 바램과 만나고자 했던 열정을 그들과 공유하려 한다. 그렇게 함으로써 이제 주님께서 이루실 일들을 함께 목도할 동일한 지점을 확보한다. 비록 자신의 입술로 전도하고 개척한 교회는 아니지만 바울의 목회적 심장이 격하게 고동치는 대목으로 읽혀진다.

바울은 참으로 로마교회 성도를 사모했다. 비록 여기에는 밝히지 않았으나, 빌립보 교회의 성도에 대해서는 "내가 그리스도 예수의 심장으로 너희 무리를 얼마나 사모하고 있는지는 하나님이 내 증인"이 되신다고 고백했다(빌 1:8). 이는 자신의 인간적인 성정에 근거한 사모함이 아니라 그리스도 예수의 심장이 자신의 가슴에서 박동하는 정도의 사모함을 표현하고 있다. 이 사실의 증거를 제시함에 있어서도 자신의 인간적인 진정성에 호소하지 않고 온 교회의 증인이신 하나님께 호소하고 있다. 이런 마음은 로마서의 문맥을 볼 때에 로마교회 성도에 대해서도 동일할 것이라고 사료된다.

"너희 중에서도 다른 이방인 중에서와 같이 열매를 맺게 하려 함이로되." 바울은 방문의 목적이 다른 이방인 중에서와 같이 로마교회 안에서도 열매를 맺는 것이라고 다시 정리한다. "다른 이방인"은 아마도 1차와 2차 전도여행 지역으로 안디옥, 구브로, 비시디아 안디옥, 이고니온, 루스드라, 드로아, 빌립보, 데살로니가, 고린도, 에베소 등에 있는 이방인 성도들을 가리킬 가능성이 높다. 여러 지역에서 바울이 맺은 열매는 바로 복음의 열매였다. 로마교회 성도에게 맺기를 원하는 것도 동일하다. 하나님의 복음을 위해 택정된 바울의 관심사는 오직 복음이 전부였다. 로마행에 대한 그의 갈망은 로마가 세계의 중심이기 때문만이 아니라 복음의 폭탄을 그곳에 던져 세상을 어지럽게 하기 위함이다. 그래서 곧 이어 "복음 전하기를 원한다"는 속내를 드러낸다. 그러나 하나님이 보시기에 범우주적 타이밍의 조절이 필요했기 때문에 바울의 바램은 지금까지 결실하지 못했다. 이러한 사실을 로마교회 성도들이 모르기를 원치 않아 이렇게 서신에서 명시하고 있다.

¹⁴헬라인이나 야만인이나 지혜 있는 자나 어리석은 자에게 다 내가 빚진 자라 ¹⁵그러므로 나는 할 수 있는 대로 로마에 있는 너희에게도 복음 전하기를 원하노라 ¹⁶내가 복음을 부끄러워하지 아니하노니 이 복음은 모든 믿는 자에게 구원을 주시는 하나님의 능력이 됨이라 먼저는 유대인에게요 그리고 헬라인에게로다

❖ ❖ ❖

¹⁴나는 헬라인과 야만인, 지혜자와 우매자 모두에게 빚진 자입니다 ¹⁵그래서 나는 로마에 있는 여러분께 또한 복음 전하기를 원합니다 ¹⁶이는 복음이 믿는 모든 자에게 즉 먼저는 유대인 그리고 헬라인 모두에게 구원을 주시는 하나님의 능력이기 때문에 나는 이 복음에 대해 부끄럼을 느끼지 않습니다

빚쟁이의 사명

¹⁴나는 헬라인과 야만인, 지혜자와 우매자 모두에게 빚진 자입니다

서신의 서두에서 바울은 자신을 그리스도 예수의 종이면서 하나님의 복음을 위해 택정함을 입은 사도라고 소개했다(롬 1:1). 즉 하나님과의 관계에서는 자신을 그리스도 예수의 종으로, 사명에서는 사도로, 온 세상에 대해서는 자신을 "빚쟁이"(ὀφειλέτης)로 규정한다. 특별히 사도와 빚쟁이는 바울의 서로 상반되는 자아관이 아니라 기듭닌 자아의 이해에 대한 동전의 양면이다. 사도 바울은 "빚쟁이"다. 그러나 돈이 아니라 "복음의" 빚쟁이다. 빚쟁이의 근거는 하나님의 복음을 위해 받은 하나님의 부르심에 있다. 이는 복음과 부르심이 하나님께 속한 것이기에 바울은 그것을 사람에게 어떤 추궁을 받아야 할 채무가 아니라 하나님께 마땅히 지불해야 할 채무로 간주한다. 변제의 방식은 이방 민족에게 복음을 증거하는 것이었다. 이는 죽을 때까지 종결되지 않을 것이어서 바울은 일평생 뒤를 돌아보지 않고 푯대를 향하여 앞으로만 전진하는 증인의 삶을 경주했다. 같은 맥락에서 바울은 복음을 증거하는 이 사명을 마치려 함에는 자신의 생명

을 조금도 귀한 것으로 여기지 않는 태도를 취하였다. 이처럼 바울은 복음에 사로잡힌 사람이다.

경건한 사람의 인생은 복음을 중심으로 움직이고 흘러간다. 무언가를 하고 있다면 복음이 시킨 일이어야 한다. 어딘가로 가고 있다면 복음이 보낸 곳이어야 한다. 무언가를 가진다면 그것은 복음의 도구여야 한다. 의식과 감정과 의지와 지성과 언어와 삶이 모두 복음의 진리를 받들어야 한다. 그러나 복음이 인생의 중심을 차지하지 않으면 다른 대체물이 우리의 인생을 지배한다. 돈이나 인기나 권력이나 쾌락이 이끄는 인생의 끝은 허무와 비참이다. 그러나 복음은 우리의 인생을 하늘의 영광으로 이끄는 견인차다.

바울은 복음의 대체물을 설명할 때에 "빚쟁이"란 단어를 한 번 더 사용한다. 즉 "내가 할례를 받는 각 사람에게 다시 말하노니 그는 율법 전체를 행할 의무를 가진 자"(갈 5:3)에서 "의무를 가진 자"의 헬라어 단어가 바로 동일한 "빚쟁이"다. 이 구절은 율법의 준수를 통해 의롭다 함을 받으려면 율법 전체를 수행해야 할 책무가 따른다는 것을 의미한다. 그래서 율법 아래에 있는 사람은 그런 율법의 빚쟁이다. 같은 맥락에서 은혜 아래에 있는 사람은 은혜의 빚쟁이다. 은혜 아래 있는 바울은 자신을 율법의 빚쟁이가 아니라 복음과 은혜의 빚쟁이로 규정한다. 모든 율법을 항상 준행해야 하는 율법의 채무가 일평생 지속되는 것처럼, 때를 얻든지 못 얻든지 항상 증거해야 하는 복음의 채무도 죽는 순간까지 지속된다. 빚쟁이가 자신의 빚을 갚았다고 할지라도 그것은 당연하고 정상적인 일이며 마땅히 행하여야 할 일이지 자랑이나 칭찬이나 사례나 보상의 근거가 되지는 않음을 주지해야 한다.

그래서 복음의 빚쟁이인 바울은 다른 곳에서 "내가 복음을 전한다 할지라도 자랑할 것이 없음은 내가 부득불 할 일"(고전 9:15)이라고 고백한다. 즉 율법의 빚쟁이는 율법을 준행하는 것이 부득불의 의무이고, 복음의 빚쟁이는 복음을 증거하는 것이 부득불의 의무라는 이야기다. 이것은 성경이 말하는 빚쟁이에 대한 기본적인 인식이다. 대체로 사람들은 부득불의 의무 혹은 필연적인 일을 거북하고 불쾌한 강제나 강요로 이해한다. 그러나 바울은 그런 기색을 전혀 드러내지 않고 오히려 영광으로 이해한다. 그래서 "자발적인 의지로"(ἑκών) 행한다고 고백한다(고전 9:17). "부득불"의 책임과 의무를 "자의"의 차원으로 승화시켜 감사와 감격의 마음으로 증인의 길을 걸어가는 바울은 과연 유쾌하고 행복한 "빚쟁이"다. 바울을 보면서, 마른 막대기와 같고 순식간에 사라지는 안개와 같고 바닥을 전전하는 지렁이와 같고 덧없는 밤의 경점과 같은 인생이 뭐가 대단한 존재라고 주께서는 그런 우리에게 복음의 전파를 필연적인 의무로 맡겨 주셨을까? 도대체 주께서는 인생의 가치와 의미를 얼마나 높이기를 원하셔서 그러신 것일까를 숙고하게 된다. 주께서 엄선한 책임을 우리에게 부과하신 것은 측량하지 못할 영광이요 은총이다.

이러한 빚쟁이 사상의 뿌리는 그리스도 안에서 발견된다. 원래 그는 갚아야 할 빚이 하나도 없으셨다. 어떠한 것에도 얽매이지 않고 모든 것을 주시는 분이시다. 그런데 세상의 모든 빚을 다 짊어지고 변제의 고달픈 길을 스스로 걸으셨다. 죄의 삯인 사망을 지불하는 죄인의 채무를 이행하기 위해 생명을 던지셨다. 자발적인 빚쟁이의 의무를 다하셨다. 세상의 죄라는 채무를 자신의 몸에 짊어지고 죽음의 십자가로 나아가신 어린 양이셨다. 바울은 이러한 예수님의 자발적인 빚쟁이 행보를 본받는다.

그리고 빚을 갚은 빚쟁이의 태도와 관련하여 예수는 제자들을 향하여 "너희도 받은 명령을 다 준행한 후에 이르기를 우리는 무익한 종이라 우리가 하여야 할 일을 한 것뿐이라 하라"(눅 17:10)고 가르쳤다. 종은 일을 아무리 깔끔하고 완벽하게 처리해도 보너스를 받거나 바캉스를 떠나는 보상을 요구하지 못하는 신분이다. 오히려 하루 종일 일해야 하고 그것을 당연하게 여겨야 마땅하다. 이는 빚쟁이의 처지와 심히 유사하다. 제자들은 온 세상에 다니며 만민에게 복음을 전하라는 주님의 유언적인 명령을 받았고 준행해야 했다. 준행한 이후에는 무익한 종으로서 마땅히 하여야 할 일을 수행했을 뿐이라고 생각해야 했다. 그게 예수님의 제자와 사도의 정상적인 모습이다. 복음을 전했다고 해서 큰 보상을 바라거나 사람들의 인정과 칭찬이 주어져야 한다고 간주하고 기대하는 것은 금물이다. 어떤 식으로든 땅에서의 보상을 바란다면 사도의 소명이 필히 변질되고 만다. 나는 여기에서 복음을 전파하는 것 자체를 보상으로 여긴 바울의 태도에서 빚쟁이가 다른 보상을 바라지도 않고 감사의 사례도 필요하지 않은 비밀을 발견한다. 즉 사도는 원래 보상이 없어도 하나님의 복음전파 명령을 준행해야 하는 행복한 빚쟁이 직분이다. 바울에게 사도직은 4차 산업혁명 시대에도 흔들리지 않고 종교적 출세를 보증하는 가장 안전한 직종이 아니라 온 세상에 대해 하나님 앞에서의 빚쟁이 채무가 수반되는 직분이다. 그러므로 자신을 사도와 빚쟁이로 규정하는 것은 모순이나 자가당착 어법이 아니라 지극히 정상적인 사고의 자연스런 귀결이다.

복음을 증거함에 있어 바울은 특정한 소수가 아니라 모든 민족과 모든 계층과 모든 신분과 모든 나이와 모든 지역의 모든 사람을 일종의 간접적인 채권자로 설정한다. 헬라인과 이방인, 지혜자와 우매자 모두에게 빚을 졌다고 바울은 생각한다. 우리도 부자와 빈자, 권력자와 서민, 의사와 환자, 고용인과 피고용인, 사장과 직원, 남편과 아내, 부모와 자식, 남자와 여자를 가리지 않고 모든 사람들에 대해 빚쟁이다. 바울은 비록 1세기에 살았지만 책임감의 규모는 가히 지금의 지구촌 시대에도 어울린다. 아니 우리가 엄두도 내기 어려운 최상급 수준의 도전이다. 여기에서 헬라인과 이방인 그리고 지혜자와 우매자 구분의 기원을 추적하는 것은 무모하다. 이 구분은 단순히 세상의 모든 사람들을 뜻한다는 사실과 바울은 온 세상의 사람들을 대상으로 빚쟁이의 정체성을 가졌다는 사실을 의식하며 로마서를 작성하고 있다는 사실을 인지하는 것이 중요하다. 이러한 이해는 로마서 해석에 중요한 열쇠를 제공한다. 이는 저자가 스스로를 어떻게 규정하고 있느냐를 무시하면 저자의 의도가 읽어지지 않기 때문이다. 로마서의 저자인 바울은 이방인의 사도이며 열방의 빚쟁이다. 그러므로 로마서는 단순히 로마라는 지리적인 도시에 국한된 성도들을 대상으로 삼아 기록되지 않았음을 여기에서 확인한다. 비록 표면적인 수신자는 분명 그들이나 이면적인 수신자는 로마교회 성도들을 포함한 열방이다. 이는 바울이 스스로를 만인의 빚쟁이로 묘사한 대목에서 발견된다. 그러므로 로마서는 헬라인과 야만인 그리고 지혜자와 우매자 모두를 의식하며 기록된 범우주적 서신이다. 로마서의 어법과 문체와 스타일과 내용은 헬라인과 야만인과 지혜자와 우매자 모두를 고려했다. 세상의 모든 계층에 속한 성도들 전체를 의식하며 서신을 작성하는 것은 무엇보다 복음의 본질에 부합한 태도이며 그것에 부합한 전파의 방식이다. 복음은 모든 자들에게 선포된 것이기에 그 복음을 증거하는 문헌의 특성도 거기에 부합해야 한다는 건 상식이다. 바울은 그런 상식에 충실하다.

이는 로마서 해석을 시도하는 모든 사람들이 의식해야 하는 부분이다. 복음을 증거하고 기록하면서 온 세상의 만민을 의식하는 사도의 거대한 영혼을 의식하고 그런 인물을 저자로 세우신 하나님의 뜻을 존중해야 로마서는 제대로 읽어진다.

바울의 "빚쟁이" 언급은 로마교회 성도와의 영적인 차별성 혹은 우월성 내색이 아니라 하나님의 사람들 모두에게 주는 도전이다. 측량할 수 없도록 고귀한 그리스도 예수의 보혈로 죄사함을 받은 우리 모두는 바울과 같은 "빚쟁이"다. 때를 얻든지 못 얻든지 복음을 전파하되 바울처럼 부득불의 의무감을 가지고 목숨마저 조금도 귀한 것으로 여기지 않고 오히려 전파하지 않으면 재앙이 될 것이라고 여기며 그런 중에라도 자발적인 마음으로 자율적인 선택을 따라 복음 전파자가 되어야 하는 그런 "빚쟁이"다. 같은 맥락에서 교회는 복음의 집단적인 빚쟁이다. 그러나 우리가 사는 시대의 교회에는 바울의 우주적인 빚쟁이 의식이 취약하다.

¹⁵그래서 나는 로마에 있는 여러분께 또한 복음 전하기를 원합니다

10절에서 바울은 어떻게든 "하나님의 뜻 안에서" 로마로 가기를 원한다는 입장을 밝혔었다. 그런데 여기서는 그 뜻의 유무를 떠나 자신의 입장이 어떠함을 내비친다. 열망이 대단하다. 이는 하나님의 뜻이나 결정과 무관하게 개인적인 혈기를 마구 발산할 것이라는 뉘앙스가 아니라, 주의 명령만 떨어지면 언제든지 복음전파 여행을 떠날 만반의 준비가 되어 있음을 의미한다.

"소원하는," "자원적인," "준비되어 있는"의 의미를 가진 "프로쒸몬"(προθυμον) 형용사의 해석이 중요하다. 더글라스 무는 이것을 "소원"으로 번역한다. 이유는 중성적인 형용사를 명사 상당어로 쓰는 바울의 글쓰기 경향성 때문이다. 그러나 킹 제임스 영역본과 제네바 영역본은 이 단어의 의미로서 "준비되어 있다"(ready)는 개념을 선호한다. "나는 준비되어 있다"는 말에는 다양한 의미가 내포되어 있다.

첫째, 지금 로마로 가지 못하는 것은 자의가 아니라 하나님의 뜻이라는 의미이다. 바울은 소원하고 준비했다. 그러나 실현되지 않았으며 바울도 그 이유를 알지 못했다. 둘째, 하나님의 뜻을 기다리고 있다는 의미이다. 마음의 소원이 있더라도 하나님의 뜻이 없다면 우리는 실행하지 않고 준비의 상태에 머물러야 한다. 준비는 적극적인 기다림을 의미한다. 이런 맥락에서 바울은 하나님의 허락이 떨어지지 않았다는 것을 로마행의 신적인 거절로 이해하지 않고 준비의 기간으로 해석했다. 셋째, 고린도나 에베소나 아테네나 안디옥에 가서 복음을 증거한 것도 하나님의 뜻을 따라 때가 이르러 비로소 이루어진 일이라는 의미이다. 바울이 이방인의 사도로 온 땅을 두루 돌아다닌 것은 전도왕의 번뜩이는 메달에 눈이 어두워서 경쟁적인 인간의 혈기를 발산한 결과가 아니었다. 넷째, 하나님의 정확한 스케줄과 시간표가 있음을 의미한다. 인간의 판단력은 늘 시공간의 가시적인 인과율에 근거한다. 그러나 하나님은 모든 것들을 알고 자신의 뜻대로 모든 것들을 주관하는 분이시다. 그런 분의 계획표가 바로 우리 모두에게 인생의 시간표다.

무엇을 하든지 그분이 문을 닫았다면 출입하지 않는 게 상책이다. 이유를 다 알지 못해도 일단 순응하는 것이 현명한 처신이다. 로마행을 소원하면서도 바울은 그런 지혜를 발휘하고 있다. 사람의 판단에 근거하여 성급하게 무언가를 추진하는 것은 어리석고 위험하다. 이것을 천국은 침노를 당한다는 사실과 혼돈하면 안 되겠다. 하나님의 뜻이 이 땅에서도 성취되는 것에 참여하고 그 영광을 목격하는 것이 곧 천국을 침노하는 것의 올바른 의미이기 때문이다. 그렇다면 천국을 침노하기 위해서는 저돌적인 실천이 아니라 신중한 분별이 필요하고 나의 뜻이 아니라 하나님의 뜻이 나를 주장하게 함이 마땅하다. 하나님의 뜻이 나의 삶을 관통하고 있다면 그것은 내가 천국을 출입하고 있다는 확증이다.

그리고 이 구절은 로마행을 원한다는 단순한 바람의 반복적인 표명이 아니라 강렬한 복음전파 소원이 바울의 로마행을 촉구하고 있다는 뉘앙스다. 로마로 가려는 것은 복음을 증거하기 위한 준비적 소원이다. 이는 마치 로마행의 의지가 복음전파 소원에 종속되어 있다는 느낌이다. 복음에 대한 소명이 걸음의 방향을 결정할 정도로 복음전파 열기가 뜨거운 바울이 지금 붓을 움직이고 있다. 바울은 로마의 땅을 밟을 때까지 기다릴 수 없어서 정보의 선행적인 송출을 선택했다. 로마서는 이처럼 강렬하고 터질듯한 복음전파 열망의 문서화다. 복음 때문에 열정이 타오르는 가슴의 언어화다. 그래서 로마서는 진지하고 뜨겁고 절박하고 간절하고 강렬하고 긴박하다.

복음을 전파하기 위해서는 뜨거운 열망이 필요하다. 의무감 때문에 떠밀려서 행하는 전도는 부작용만 일으킨다. 바울은 로마에서 복음 전하기를 열렬히 소망했다. 그가 가진 그 뜨거운 열망의 가슴은 바로 복음이 복음답게 담기는 최고의 그릇이다.

> [16]이는 복음이 믿는 모든 자에게 즉 먼저는 유대인
> 그리고 헬라인 모두에게 구원을 주시는 하나님의 능력이기 때문에
> 나는 이 복음에 대해 부끄럼을 느끼지 않습니다

16절은 17절과 함께 로마서의 주제와 관련된 대단히 중요한 구절이다. 16-17절에 기초하여 많은 학자들이 "하나님의 의"(케제만) 혹은 "구원"(달, 라그랑쥐, 캠비어, 홉) 혹은 "이방인의 하나님의 백성 참여와 유대인의 지속적인 중요성"(샌더스, 쉬미탈즈, 베커) 등을 로마서의 주제로 이해한다(더글라스 무에서 재인용). 그러나 나는 무가 주장하는 것처럼 이 모든 주제들이 함축되어 있는 "복음"이 로마서의 주제라고 생각한다. 이 복음을 부끄러운 흉터로 여기지 않기 때문에 당시 이방인의 중심지인 로마에 가서도 복음 전하기를 원하였다. 바울은 여기에서 복음이 부끄러울 수 없는 두 가지 이유를 제시한다. 하나는 믿음을 가진 유대인과 헬라인 모두에게 구원을 주시는 하나님의 능력이기 때문이고, 다른 하나는 복음에 하나님의 의가 나타나서 믿음에서 믿음으로 이르게 하기 때문이다.

바울은 복음을 부끄러운 것으로 여기지 않았다고 한다. 이는 복음에 대한 자신의 긍정적 태도에 대한 선언과 복음을 수치로 여기는 자들의 부정적 태도에 대한 경고가 맞물린 고백이다. 이 고백에서 우리는 복음을 수치의 대상으로 여기던 당시의 종교적 분위기를 확인한다. 누군가가 복음을 부끄럽게 여긴다는 것은 자신이 복음보다 크다는 것을 의미한다. 그

것은 복음으로 말미암아 자신이 가진 존재감의 하향평준화가 초래될 것이라는 터무니없는 기우와 단짝이다. 그러나 그런 기우는 복음도 모르고 자신도 모르는 끔찍한 무지가 낳은 감정이다. 복음은 수치가 아니며 오히려 자랑의 대상이다. 원래 수치는 복음과 무관하고 우리와 관계한다. 수치의 원흉은 우리 자신이다. 아니 아담의 허리에 있었던 온 인류가 바로 수치이다. 그 수치의 시초는 인간이 하나님을 향해 저질렀던 반역이다. 창조자요 주인이신 하나님의 유일한 뜻을 마치 사탄의 교활한 거짓에도 미치지 못하는 것처럼 무시하고 거스르는 것보다 더 심각하고 끔찍하게 부끄러운 일이 어디에 있겠는가! 자신이 수치의 원흉이고 수치 자체인데 다른 무언가를 부끄럽게 여긴다면 그 무언가를 자신의 벌거벗은 수치보다 더 열등하고 지저분한 것으로 여김이 아닌가! 복음에 대한 수치심은 복음에 대한 모독이다.

인간이 진정 부끄러워 해야 할 대상은 바로 자기 자신이다. 예레미야 선지자의 기록처럼, 만물보다 심히 부패하고 거짓된 마음의 소유자인 인간은 수치의 괴수이기 때문이다(렘 17:9). 하나님의 형상을 따라 최고급 피조물로 지음을 받았으나 존재의 기반이요 존엄의 근거이며 영광의 샘이신 하나님을 무시하고 반역하여 가장 치명적인 수치의 바닥으로 추락한 최악의 피조물이 바로 인간이다. 입에 담기에도 부끄러운 이둠의 일들을 부끄러운 줄도 모르고 저지르는 수치의 대명사가 바로 인간 자신이다. 다른 피조물도 인간이 저지른 극도의 사악하고 수치스런 짓에 덩달아 썩어짐에 종노릇을 하며 땅이 꺼질 듯한 신음을 쏟아내고 있다. 다른 모든 피조물도 부패한 인간이 부끄럽다. 당신의 형상대로 창조하신 인간의 그러한 추락을 보시는 하나님의 눈에는 인간이 얼마나 큰 수치일까! 하나님이 인간을 부끄러운 존재로 여기셔도 누가 이의를 제기할 수 있겠는가! 긍휼의 손까지 뿌리치며 하나님을 거부하는 자들이 "영원한 치욕과 잊지 못할 영구한 수치를 당하게 되리라"(렘 23:40)는 하나님의 판결은 지극히 정당하다.

하나님이 인간을 부끄럽게 여기시는 것은 마땅한 일이지만, 인간이 하나님을 부끄럽게 여기는 것은 터무니 없는 주객의 발칙한 전도이다. 성자 하나님이 육신을 입고 이 땅에 오셨을 때에 사람들은 그를 싫어하며 멀리했다. 3년을 동거동락 했던 제자들도 주님을 부끄럽게 여겨 저주하며 떠나갔다. 복음이신 그리스도 예수를 부끄러운 존재로 여기는 분위기가 바울의 시대에도 대세였다. 이에 바울 자신은 복음을 전혀 부끄럽게 여기지 않겠다는 선언으로 전도된 시대의 부끄러운 조류와 맞서기로 했다.

진실로 우리의 부끄러운 실체를 백색의 의로운 옷으로 덮어준 것이 복음이다. 복음이신 그리스도 예수는 어떤 것으로도 지워지지 않는 인간의 수치를 제거해 주시되 자신은 어떠한 수치와도 무관하나 스스로 벌거벗은 알몸으로 치욕의 십자가에 오르셔서 우리의 부끄러운 본성을 수치에서 자유롭게 만드셨다. 신적인 수치라는 비용을 지불하고 인간적인 수치를 없애셨다. 즉 예수는 하늘의 모든 영광을 버리시고 아버지와 동등됨을 취할 것으로 여기지도 않으시고 죄수복과 같은 종의 형체를 부끄럽게 여기지 않으시고 입으셨다. 아무것도 가리지 않은 채 종의 형체에게 주어질 수 있는 최악의 수치, 가장 비참하고 치욕적인 십자가의 죽음을 스스로 취하시는 그런 방식으로 우리가 당해야 마땅한 수치의 뿌리를 완전히 뽑으셨다. 그가 조롱을 당함으로 우리가 입은 수치의 누더기를 벗기셨다. 주님의 희생적인 수치가 인간의 치명적인 수치를 제거했다. 땅의 수치를 하늘의 지극히 높은 영광으로 소멸했다.

과연 복음은 범인류적 수치의 종식이요 자랑의 시작이다. 그런 복음이 어찌 수치의 대명사가 될 수 있겠는가! 오히려 자랑의 대상이다. 복음을 자랑하는 자, 복음 자체이신 그리스도 예수를 바라고 자랑하는 자는 결코 수치를 당하지 아니한다(사 49:23). 만약 복음을 자랑하지 않는다면 복음의 반대를 자랑의 대상으로 여길 가능성이 높다. 복음의 반대는 복음이 제거한 죄와 저주와 사망이다. 영원한 복음의 반대는 땅의 썩어 없어지는 일시적인 것들이며, 의로운 복음의 반대는 온갖 종류의 불의이며, 아름다운 복음의 반대는 모든 종류의 추함이며, 순결한 복음의 반대는 모든 종류의 불결이며, 향기로운 복음의 반대는 모든 종류의 악취이며, 선한 복음의 반대는 모든 종류의 악함이다. 죄와 저주와 사망이 이러한 복음의 반대들을 대표한다.

　사람들은 대체로 복음을 자랑으로 여기지 않고 "민중의 아편"으로 비하한다. 대신에 악하고 허탄한 것들을 자랑한다(약 4:16). 바울은 인간 자신과 땅에 속한 모든 것들을 자랑하지 말아야 할 항목으로 분류한다(고전 3:21). 심지어 세상 사람들에 의해 유익한 것이라고 판단되는 모든 것들도 배설물에 불과하며 해로운 것일 뿐이라고 인식했다(빌 3:7-8). 그런데도 대부분의 사람들이 인간과 땅의 것들을 자랑하는 이유는 수치를 수치로 알지 못해서다. 이것은 자랑을 자랑으로 알지 못한 무지의 파생적인 무지가 아니고 무엇인가! 바울은 자랑이 사람 앞에서가 아니라 하나님 앞에서의 일이기에 인간이 하나님 앞에서는 자랑할 것이 하나도 없다고 단언한다(롬 4:2). 오직 "그리스도 예수 안에서 하나님의 일에 대하여 자랑할 것이 있다"(롬 15:17)고 이해했다. 인간은 자랑할 것을 추구하고 축적하며 그것을 자랑한다. 수치를 수치로 알면서도 그 수치를 자초하는 사람이 어디에 있겠는가! 수치와 자랑을 혼돈하기 때문에 모두가 사랑을 치욕으로 여기고 수치를 자랑으로 간주한다. 바울은 자랑할 것이 복음밖에 없다는 단언으로 이러한 가치의 세속적인 혼돈에 정돈의 비수를 날린다. 인간이 추구해야 하고 축적해야 하고 자랑해야 할 대상은 오로지 복음이다. 바울은 자신의 가치와 인격과 삶의 방향성을 이렇게 설정했다. 동시에 복음을 위해 구별된 사도로서 복음만을 위해 살고 복음으로 자랑할 것이라는 방향성을 우리에게 제안한다. 오늘날 교회의 가장 심각한 문제는 복음을 자랑의 대상으로 여기지 않는다는 사실이다. 복음의 진정한 의미가 실종된 시대이다. 바울은 복음의 의미를 어떻게 인식하고 있었기에 복음을 부끄러운 것으로 여기지를 않는다고 말했을까?

바울은 복음을 "모든 믿는 자들의 구원을 위한 하나님의 능력"으로 이해했다. 진실로 복음은 "죽은 죄인들을 일깨우고 맹인의 눈을 밝히고 막힌 귀를 뚫어주고 굳은 마음을 부드럽게 만들고 원수를 친구로 뒤바꾸되" "이 모든 것들이 은밀하고 유효하게 강압이 아니라 사랑으로 발생하게 하는" 능력이다(Gill). 복음은 인생의 자잘한 비본질적 사안과 관계하지 않고 굵직한 생사를 좌우한다. 일시적인 삶과 죽음이 아니라 영원한 생명과 죽음을 좌우한다. 다른 모든 관심사를 제치고 집중해야 할 인생의 일순위 사안이다. 그리고 주목할 것은 바울이 여기에서 복음을 "은혜"라는 말로 묘사하지 않고 "능력"(δύναμις)으로 묘사하고 있다는 부분이다. 하나님은 원래 전능하신 분이시다. 원하시는 모든 일들을 행하실 수 있으시다. 그러나 "복음"이 왜 능력인가? 이렇게 질문하는 이유는 복음이 아버지와 동등됨을 취할 것으로 여기지 않으시고 모든 영광까지 등지신 하나님의 자기부인, 피조물의 형체로 낮추심, 심판자가 심판의 자격도 없는 인간에게 심판을 당하심, 지극히 거룩하신 분이 가장 부패한 인간에 의해 죽으심 등과 결부되어 있어서다. 복음은 마치 능력보다 무능과 어울리는 듯해서다. 여기서 우리는 "능력"의 진정한 의미가 인간이 생각하는 파괴력과 지배력과 장악력과 조정력 등과는 다르다는 사실을 인지한다. 복음은 진실로 하나님의 능력이다. 무슨 능력인가? 전능하신 창조자가 무기력한 피조물로 오시는 겸손의 능력이다. 꿈틀거림 외에는 아무것도 할 줄 모르는 지렁이와 같은 인간에게 조롱과 멸시와 죽임을 당하시는 희생의 능력이다. 그런데 이 능력은 사탄의 견고한 진을 격파하는 강력이다. 죄와 사망의 권세를 꺾고 궤멸하는 영적인 능력이다. 사람의 총과 칼로는 도무지 대적하지 못하는 어둠의 세력도 단숨에 섬멸하는 하늘의 능력이다.

당시 정치적인 억압과 민족적인 무기력 속에서 절망하고 있던 유대인은 세상의 권세 개념에 눈이 어두워서 능력을 능력으로 이해하지 못했다.

그런 개념에 기초하여 메시야에 의한 권세의 역전과 국권의 회복을 고대했다. 그러는 중에 자칭 메시아라 하는 인물이 드디어 등장했다. 불치의 질병도 고치고 민중의 주린 위장도 채우고 관원의 교훈과는 차원이 다른 가르침도 제공하고 많은 사람들이 '호산나'를 외치며 뒤따르는 것을 보니 과연 그들이 고대했던 메시아의 등판으로 여길만도 했다. 그런데 이게 웬일인가! 예수는 통치와 정복과 대접을 위해 온 것이 아니란다. 오히려 섬기려고 왔고 그 섬김의 방식은 많은 사람들의 생명을 위한 대속물로 죽는 것이란다. 자신의 죽음이 임박한 유월절 엿새 전에는 인자가 영광을 얻을 때가 왔다는 황당한 헛소리도 쏟아낸다. 정작 유대 지도자의 교활한 모함을 당하고 로마 병정들의 굵은 팔뚝에 연행될 때에는 평소에 기대된 메시야의 면모가 종적을 감추었다. 그나마 베드로가 용기를 내 뽑은 칼마저 다시 꽂으란다. 군중은 물론이고 제자들도 지반이 꺼질 듯한 실망감에 휩싸였고 급기야 예수님을 외면하되 그의 눈동자 앞에서 거짓과 부정과 저주를 쏟아내는 것도 불사했다. 사람들의 눈에 예수님은 유능한 메시아가 아니라 무능력한 약골로 내비쳤다. 마치 도살장에 끌려가는 무기력한 양이었다. 이사야가 기록한 그대로, 주님은 "연한 순 같고 마른 땅에서 나온 뿌리 같아서 고운 모양도 없고 풍채도 없은즉 우리가 보기에 흠모할 만한 아름다운 것이 없"었기에 "멸시를 받아 사람에게 버림 받았으며 산고와 질고를 겪고 멸시를 당했다(사 53:2-3).

그런데 실상은 이게 복음의 능력이다. 큰 자는 작아지기 어려운 법이고 가리는 것은 더더욱 힘들다. 하지만 지극히 크고 위대하신 주님은 스스로를 철저히 가리셨고 없음보다 못한 인간의 미약한 손아귀에 자신을 넘기셨고 심지어 죽기까지 자신을 철저하게 숨기셨다. 그런데 그렇게 함으로써 자기 백성을 저희의 죄에서 구하셨다. 위협을 가하고 겁을 주어서 타율적인 굴종의 방식으로 사람들의 돌이킴을 강압하지 않으셨다. 하늘로는 신적인 진노를 다 받으시는 공의를 이루셨고, 땅으로는 말과 진심이

통하지 않는 무지하고 거짓된 인간을 멸망의 길로 가도록 내버려 두지 않으시고 자신의 생명을 내던져서 사랑을 구현하는 위대함과 전능을 보이셨다. 이게 복음의 능력이다. 이 능력은 세상의 권력을 장악하고 땅의 질서를 마음대로 조작하고 땅의 부귀를 임의로 처분하는 능력이 아니라 "믿는 모든 사람의 구원을 위한" 능력이다. 그러나 오늘날 교회는 이런 영적인 능력이 아니라 세상적인 능력을 희구한다. 경제적인 입김과 정치적인 영향력을 행사하고 싶어 한다. 감히 다른 세력이 교회를 건드리지 못하도록 교회의 어깨를 키우고 몸집을 불리려고 한다. 예수님의 시대에 유대인이 빠졌던 오해와 착각의 거북한 실루엣을 보는 듯해 심히 씁쓸하다. 마땅히 구해야 하고 흠모해야 할 능력은 바로 믿는 모든 자들에게 구원이 주어지는 복음의 능력이다. 이것은 십자가의 길을 외면하면 결코 주어지지 않고 경험할 수도 없는 능력이다.

복음을 "믿는 자들의 구원을 위한 능력"이라 한 것은 특이한 표현이다. 대체로 구원은 믿음으로 말미암아 얻는다고 생각하기 쉽다. 그래서 구원의 성취를 믿음의 주어인 인간에게 공로를 돌리기도 한다. 이는 믿음과 구원의 과도한 인과율적 이해가 낳은 오류이다. 구원은 분명히 믿음으로 말미암는 방식으로 성취되나 여기에서 바울은 복음이 바로 믿는 자들의 구원을 가능하게 하는 능력이라 한다. 이는 복음이 믿음으로 말미암는 구원의 성취를 가능하게 하는 바탕이요 근본이요 토대요 전제라는 이야기다. 대체로 복음은 구원의 객관적인 준비이고 믿음은 구원의 주관적인 준비이다. 그러나 복음이 앞서고 믿음이 뒤따른다. 그리고 믿음은 선물이며 복음에 포함되어 있다. 바울은 복음을 "하나님의" 능력이라 하여 복음이 하나님 편에서 마련된 은혜라는 점을 강조한다. 복음은 "하나님의 능력"이기 때문에 구원의 은혜는 실패할 수 없으며 금지할 법이 없을 정도로 막강하다. 역사 속에서 이 복음의 질식과 변질과 소멸을 추구한 모든 시도들은 모조리 수포로 돌아갔다. 복음은 하나님의 능력이기 때문에 복음의 흥왕도 하나님께 전적으로 의존한다. 사람이 절박한 치성을 드리고 축축한 비지땀을 흘린다고 해서 부흥이 도래하는 것이 아니다. 주께서 원하셔야 비로소 가능하다. 그래서 부흥의 때에 그 공로를 어떤 인간이나 교회에 돌려서는 안 되겠다. 주께서 부으신 은혜의 결과이기 때문이다. 침륜의 때에도 교회의 잘못이 당연히 있겠지만 궁극적인 원인을 교회의 잘잘못에 돌려서는 안되겠다. 주님의 침묵과 은혜의 유보에 대한 하나님의 뜻을 주목해야 한다. 그래서 형통의 때에는 주님을 찬양하고 고난의 때에는 주님의 뜻을 생각해야 한다(전 7:14). 그 뜻에 기초하여 통회의 자리로 나아가야 한다. 형통하든 쇠락하든 인간보다 주님께로 나아가는 반응의 방향성은 반드시 고수해야 한다.

바울은 구원의 대상에 대해 먼저는 "유대인"을, 그 다음에는 "헬라인"을 거명한다. 이것은 인류 전체를 가리키는 동시에 복음이 전파된 대상의 연대기적 순서로 보아도 무방하다. 이 순서는 하나님의 구원사적 경륜이다. 성경 전체가 이 순서를 지지하고 있다. 그래서 이 순서는 구원의 대상과 관련된 성경 전체의 요약이다. 나아가 이 순서는 사도행전 1장에서 예수님이 "예루살렘, 온 유대, 사마리아, 땅 끝까지 이르러 내 증인이 되리라"고 하신 선언의 실현이다. 이 순서에 대해 이런 반론이 가능하다. 즉 아브라함 이전에는 온 인류기 죄로 인하어 하나님에 대해 이방인이 되었기에 구원사의 경륜은 이방인-유대인-이방인 순서라는 것, 일리가 있는 반론이다. 그러나 "열국" 혹은 "이방인" 자체가 하나님의 선택을 받은 이스라엘 백성의 대립항 개념으로 형성된 언어이기 때문에 하나님의 특별한 선택이 이루어진 아브라함 시대 이전에 그 개념을 적용하는 것은 곤란하다. 또한 이 순서에 근거하여 이방인에 대한 유대인의 우위성을 주장하는 것도 곤란하다. "유대인"과 "이방인"은 오히려 믿는 "모든"이라는 통합적인 단어에 동등하게 포함되는 "차별 없음"으로 이해하는 것이 더 합당하다.

이러한 이해에 기초하여, 복음에는 치우침이 없는 공평성이 있다는 의미로도 해석된다. 이 구절은 특별히 "능력"이란 말과 연관해서 이해해야 한다. 복음은 믿는 모든 자에게 구원을 주시는 하나님의 능력, 즉 유대인과 헬라인을 구원의 동등한 참여자로 하나 되게 만드는 능력이다. 민족이나 지역이나 시대나 신분이나 계층에 국한되지 않고 복음은 모든 믿는 자들에게 구원을 능히 제공한다. 누구도 배제됨이 없다. 그래서 복음은 매이지도 않고 제한됨도 없다. 인간에게 주어지는 최상의 유익인 구원이 모든 믿는 자들에게 주어지는 것은 참으로 신비로운 은총이다. 우리는 무언가를 주고자 할 때에 결코 편견과 편애에서 자유롭지 않다. 어떤 식으로든 자신의 주관적인 요소가 작용한다. 그러나 하나님은 이 땅에 속한 어떤 요소에도 얽매이지 않으신다. 복음으로 구원을 주시는 하나님의 뜻과 실행을 변경하고 조정하고 방해하고 제한하는 요소가 해 아래에는 없다. 복음은 믿는 모든 사람들을 향한 "하나님의 능력"이며 하나님의 일이며 하나님의 은혜이며 하나님의 뜻이며 하나님의 고집이며 하나님의 사랑이다. 바울은 복음이 하나님께 전적으로 의존하고 있다는 사실에 어떠한 타협의 기세도 보이지 않는다.

동시에 여기서 우리는 1장 5절과 6절에서 모든 이방인의 복음화를 언급하며 "너희도 그들 중에서 그리스도 예수의 것으로 부르심을 받은 자"라는 말에 근거하여 로마서의 수신자가 이방인일 것이라고 단정하는 것을 주저하게 된다. 이는 로마서의 전체 구성을 봐도 이방인의 구원을 위한 서신만이 아니라 유대인도 수신자로 고려되어 있기 때문이다. 복음에 있어서 유대인과 이방인 사이에는 어떠한 차별도 없으며, 특별히 9장에서 11장까지는 유대인과 헬라인 모두로 구성된 하나님의 백성과 두 대상에 대한 구원사적 경륜의 신비를 언급하고 있다. 이것은 2장에서 보다 명확하게 확인된다.

롬 1:17-20

¹⁷복음에는 하나님의 의가 나타나서 믿음으로 믿음에 이르게 하나니 기록된 바 오직 의인은 믿음으로 말미암아 살리라 함과 같으니라 **¹⁸**하나님의 진노가 불의로 진리를 막는 사람들의 모든 경건하지 않음과 불의에 대하여 하늘로부터 나타나나니 **¹⁹**이는 하나님을 알 만한 것이 그들 속에 보임이라 하나님께서 이를 그들에게 보이셨느니라 **²⁰**창세로부터 그의 보이지 아니하는 것들 곧 그의 영원하신 능력과 신성이 그가 만드신 만물에 분명히 보여 알려졌나니 그러므로 그들이 핑계하지 못할지니라

❖ ❖ ❖

¹⁷이 복음에는 믿음에서 믿음으로 이르는 하나님의 의가 나타나기 때문인데 이는 '의인이 믿음으로 살 것이라'고 기록된 것과 같습니다 **¹⁸**그리고 자신의 불의로 진리를 압박하는 자들의 경건하지 못함과 의롭지 못함에 대해 하나님의 진노가 하늘에서 나타나고 있기 때문인데 **¹⁹**이는 하나님이 그들에게 [자신을] 알리셔서 그들 안에 하나님의 지식이 분명하게 있기 때문입니다 **²⁰**즉 세상의 창조 이후로 그의 보이지 않는 것들 즉 그의 영원한 능력과 신성이 만들어진 것들에게 분명히 보여 알려지게 되었기에 그들은 핑계할 수 없습니다

하나님의 의와 진노

¹⁷이 복음에는 믿음에서 믿음으로 이르는 하나님의 의가 나타나기 때문인데 이는 '의인이 믿음으로 살 것이라'고 기록된 것과 같습니다

본문에서 바울은 복음을 수치의 대상으로 여기지 않는 두 가지의 이유를 추가한다. 하나는 복음에 하나님의 의가 나타나기 때문이고, 다른 하나는 하나님의 진노가 나타나기 때문이다. 복음에는 이처럼 하나님의 의와 진노가 공존한다. 하나님의 의는 의인의 삶과 상응하고, 하나님의 진노는 악인의 심판과 상응한다. 로마서는 전자를 주목한다. 즉 이 17절은 하나님의 의(1-11장)와 의인의 삶(12-16장)으로 구성된 복음을 요약하고 있다.

복음 안에서 주어지는 믿음의 처음과 나중은 다 하나님의 의를 드러내는 수단이다. 믿음으로 하나님의 자녀가 되고 믿음으로 하나님의 자녀답게 살아간다. 이것이 바로 의인이 믿음으로 산다는 인생의 원리이다. 복음은 하나님의 의가 드러나는 도구이며 방식이다. 복음은 그 자체가 궁극적인 목적이 아니라 하나님의 존재와 속성과 성품을 드러내는 방편이다. 복음이 인간 편에서는 구원의 선물을 주는 것이어서 복이지만, 하나님 편에서는 그 구원을 주시는 자비로운 의의 표출이다. 구원의 원인은 복음이고 그 복음이 이루고자 하는 궁극적인 목적은 하나님의 의라는 성품의 발현이다. 이를 뒤집어서 이해하면 구원은 하나님의 능력과 성품을 나타내어 하나님을 영화롭게 하는 수단이다. 복음과 하나님의 의, 구원과 하나님의 영광은 이렇게 인과의 단짝이다.

복음에 인간의 의가 아니라 하나님의 의가 나타나는 이유는 구원을 주는 복음이 인간의 공로가 전혀 개입되지 않은 하나님의 절대적인 작품이요 선물이기 때문이다. 하나님의 의는 무엇인가? 이에 대해서는 의견이 분분하다. 종합하여 정리하면, 1) 하나님의 의롭다 하심으로 말미암은 결과로서 믿는 자들에게 주어지는 의로움, 2) 죄인을 그리스도 예수의 공로 때문에 의롭다고 하시는 하나님의 행위, 3) 그 행위로 나타난 하나님의 의라는 신적인 속성 등을 가리킨다. 1)은 믿음의 사람이 가진 의로움의 출처가 자신이 아니라 하나님의 의롭다 하심에 있음을 의미하고, 2)는 하나님의 행위로 나타난 의의 내용을 의미하며, 3)은 그런 행위의 샘으로서 하나님의 의로운 성품을 의미한다. 그래서 나는 "하나님의 의"를 이 세 개념들의 종합으로 이해한다. 하나님의 의는 하나님의 성품이며 행위이며 인간에게 값없이 주어진 은혜의 선물이다.

사실 죄인의 상태는 의로움과 상극이다. 그런데도 예수의 공로로 말미암아 그런 죄인을 의롭다고 하시는 하나님은 과연 의로운 분이신가? 이 문제는 복음에 하나님의 의가 아니라 불의가 나타나는 것 아니냐는 의심이 사람들의 발목을 잡는 대목이다. 죄인은 형벌을 받아야 하고 의인은 보상을 받아야 한다는 것이 의에 대한 사람들의 일반적인 생각이다. 하나님에 대한 지식이 탁월한 욥의 세 친구들도 이러한 의의 개념으로 고난 가운데에 있는 욥을 해석하며 그가 하나님 앞에서 죄를 지었기 때문에 재앙을 당하는 것이라고 주장했다. 눈에 보이는 인생의 현상만을 고려한 그들의 주장은 보이지 않으시는 하나님을 궁극적인 변수로 생각하지 못한 우매자의 단견이다. 결국 그들에게 하나님의 책망이 주어졌다.

죄인이 형벌이나 징계가 아니라 죄사함을 받고 의롭다 하심을 받게 만드는 이 복음에 나타난 것은 과연 하나님의 의인가 불의인가? 사람들의 합의에 의해 만들어진 사회법을 따라 평가하면 복음은 의가 아니라 불의임에 분명하다. 죄를 지었으며 벌을 받아야 한다는 것이 세상의 상식이기 때문이다. 그러나 복음에 나타난 하나님의 의를 정확하게 평가하는 것은 우리의 육안이나 사회적인 합의가 아니라 믿음의 영안과 결부되어 있다. 그 믿음으로 우리는 의의 성취를 위해 지불된 비용, 즉 그리스도 예수의 죽음을 주목한다. 이처럼 복음 안에서 주어지는 은혜의 선물로서 믿음은 죄인의 의롭다 하심이 하나님의 의라는 사실을 드러낸다. 그러나 하나님의 의가 사회적인 불의로 말미암아 받아야 하는 사회적인 형벌에 면죄부를 주는 것은 아님을 명심해야 한다.

바울은 "믿음에서 믿음으로 이르는 하나님의 의"라고 기록한다. "믿음에서 믿음으로" 부분에 대해 히포의 교부 아우구스티누스는 하나님의 의가 "구약에는 가려져 있고 신약에서 계시된 것"(quae in Testamento Vetere velata, in Novo revelatur)이며 "선포하는 자들의 신앙에서 순종하는 자들의 신앙으로 나타난 것"(ex fide annuntiantium in fidem obedientium, PL 44:211)이라고 해석한다. 그러나 나는 이렇게 해석한다. 즉 우리는 인간의 능력과 행위가 아니라 그리스도 예수를 믿는 신앙으로 말미암아 하나님의 자녀라는 신분을 얻고 동일한 신앙으로 말미암아 하나님의 자녀다운 삶을 살아가되, 모든 믿음의 사람들은 칭의에서 성화까지 즉 신분에서 삶까지 오직 자신의 의가 아니라 하나님의 의만 나타낸다. 자신의 의를 세우려는 사람은 하나님의 의만 나타내는 복음과 멀어진다. 자신의 이득을 도모하는 도구로서 복음을 악용한다.

믿음은 하나님의 자녀가 되는 순간만이 아니라 그 이후의 삶에도 관여함을 강조하기 위해 바울은 "의인은 믿음으로 말미암아 살 것이라"는 하박국의 명문을 인용한다. 하나님의 의로 말미암아 의롭다 하심을 입은 믿음의 사람들이 살아가는 인생의 원리는 믿음이다. 믿음으로 사는 삶에 대해 바울은 다른 곳에서 이렇게 설명한다. "이제 내가 육체 가운데 살지만 나를 사랑하사 나를 위하여 자기 자신을 버리신 하나님의 아들에 대한 믿음 안에서 사는 것이라"(갈 2:20). 하나님의 아들에 대한 믿음 안에서 산다는 것은 내가 사는 것이 아니라 믿음의 대상이신 그리스도 예수가 우리 안에 사는 것을 의미한다. 그리스도 예수는 오직 믿음으로 말미암아 우리 안에 거하신다(엡 3:17). 이처럼 믿음은 주께서 우리 안에서 사시는 지극히 거룩하고 영광스런 삶을 가능하게 한다.

> ¹⁸그리고 자신의 불의로 진리를 압박하는 자들의 경건하지 못함과
> 의롭지 못함에 대해 하나님의 진노가 하늘에서 나타나고 있기 때문인데

하나님의 진노는 하나님의 의와 더불어 복음에 나타난 두 번째 내용이다. 하나님은 자신의 신적인 성품과 일치하지 않는 모든 것들에 대해 진노를 보이신다. 선하시기 때문에 악에 대해서, 참되시기 때문에 거짓에 대해서, 빛이시기 때문에 어둠에 대해서, 복이시기 때문에 저주에 대해서, 신이시기 때문에 다른 우상들에 대해서, 의로우신 분이시기 때문에 불의에 대해서, 거룩하신 분이시기 때문에 더러움 혹은 불결함에 대해서, 자비로운 분이시기 때문에 난폭에 대해서 진노를 쏟으신다. 여기에서 바울은 진노의 대상으로 두 가지를 주목한다. 즉 경건하지 못함과 의롭지 못함이다. 경건하지 못함은 하나님을 경외하지 아니함과 관계하고 의롭지 못함은 사람들을 향해 올바르지 못한 행위라는 구분을 칼뱅은 거부한다. 이 두 가지가 모두 동일한 실체로서 하나님과 관계된 것이라고 주장한다. 즉 불경건(ἀσέβεια)은 "하나님을 경외하지 아니함"을 의미하고, 불의(ἀδικία)는

"하나님께 속한 것을 자신에게 돌림으로 하나님의 영광을 탈취하는 것"을 의미한다. 불경건은 하나님을 그 이름에 합당한 존재로 인정하지 않는 것을 가리킨다. 불의는 모든 만물이 하나님에 의해, 하나님을 위해 지음을 받았는데 그 만물의 하나인 인간이 자신과 자연의 본래적인 용도를 변경하여 하나님의 영광이 아니라 자신의 영광을 향하게 만든 것을 가리킨다.

인간은 불경건하고 불의하다. 하지만 하나님이 창조하신 인간은 경건해야 하고 의로워야 한다. 하나님의 성품을 닮아야 하고 그 성품을 삶으로 빚어내어 경건한 성품과 의로운 삶을 구현해야 한다. 그러나 죄로 말미암아 모든 사람이 하나님의 성품과 섭리를 벗어나 불경건과 불의에 물들었다. 그들은 잠잠하지 않고 불경건한 인격과 불의한 삶으로 하나님의 진리를 압박한다. 하나님을 떠난 성품과 삶은 필히 하나님의 진리와 맞서서 대적한다. 자신의 불의를 드러내고 정죄하는 하나님의 진리를 불쾌하게 여기고 급기야 거짓이라 매도한다. 하나님이 틀려야 자신이 옳다는 결과가 나오기 때문이다.

하나님은 불의로 진리를 억압하는 자들에게 자신의 의로움을 기준으로 그들의 불의에 상응하는 판결과 엄벌을 내리신다. 이 세상의 모든 불경건과 불의함에 하나님의 공정한 진노가 임할 것이기 때문에, 사람은 원수에 대한 분노를 품지 말아야 하고 앙갚음의 시도도 금물이다(롬 12:19). 그리고 하나님의 진노는 "하늘에서" 나타난다. 이것은 하나님의 진노가 땅에 있는 모든 이들에게 임하고 누구도 피하거나 배제되지 않는다는 것을 의미한다. 나아가 모든 사람에게 각자의 불의에 따라 임하는 하나님의 진노에는 공정성과 형평성과 객관성이 있음을 보증한다. 나는 하늘에서 나타나는 하나님의 공정하고 공평하고 객관적인 진노를 전적으로 신뢰한다. 이 신뢰는 불의와 불법이 판치는 세상에서 사는 우리에게 요동치 않는 평강과 안식의 비결이다.

¹⁹이는 하나님이 그들에게 [자신을] 알리셔서

그들 안에 하나님의 지식이 분명하게 있기 때문입니다

여기에서 바울은 하나님의 진노가 결코 부당하지 않음을 설명한다. 만약 불의로 진리를 막는 자들이 하나님을 몰랐다면 이야기가 달라진다. 몰랐기 때문에 하나님께 합당한 영광을 돌리지도 못했고 하나님께 속한 것을 몰라서 취했다고 변명할 것이기 때문이다. 그러나 하나님은 인간에게 자신을 알리셨고 이러한 하나님의 신적인 알리심 때문에 하나님을 아는 지식은 인간에게 선택이 아니라 필연이다. 만약 하나님이 자신을 나타내지 않는다면 인간이 하나님을 인지하는 것은 죽었다 깨어나도 가능하지 않다. 하나님은 보이지도 않고 들리지도 않고 만질 수도 없고 느낄 수도 없는 영이시다. 그렇기 때문에 인간은 스스로 하나님을 아는 지식에 도달하지 못하며 그 지식은 오직 하나님 자신의 자비로운 계시에 의존한다. 하나님은 태초부터 자신을 알리셨다.

그러나 인간은 하나님에 대해 잘 모르며 모르고서 짓는 죄의 여부와 유무에 대해서도 무지하다. 그래서 다윗은 이렇게 기도한다. "자기 허물을 능히 깨달을 자 누구리요 나를 숨은 허물에서 벗어나게 하소서"(시 19:12). 혹시 모르고 죄를 지었고 죄를 지은 줄도 모른다 할지라도 그것이 무죄를 보증하는 것은 아니라고 모세는 기록한다. 즉 "누구든지 여호와의 금령 중 하나를 부지중에 범하여도 허물이라 벌을 당할 것"이라고 했다 (레 5:17). 하나님을 알든 모르든 죄를 지었다면 저지른 죄 자체를 모른다고 할지라도 유죄의 판결이 내려지고 형벌이 부과된다. 이것이 하나님의 정의와 공평이다.

20즉 세상의 창조 이후로 그의 보이지 않는 것들 즉 그의 영원한 능력과 신성이 만들어진 것들에게 분명히 보여 알려지게 되었기에 그들은 핑계할 수 없습니다

본문은 보이는 것들과 보이지 않는 것들을 구분한다. 사실 이 세상은 보이는 것들과 보이지 않는 것들로 구성되어 있다. 모세는 이렇게 기록한다. "감추어진 일은 우리 하나님 여호와께 속하였다 그러나 나타난 일은 우리와 우리 자손에게 영원히 속하였다"(신 29:29). 보이는 것들과 보이지 않는 것들, 감추어진 일과 나타난 일 사이에는 연관성이 있다. 즉 보이는 것들의 배후에는 보이지 않는 것들이 있고 보이지 않는 것들은 보이는 것들을 통해 알려진다. 보이는 것들은 결과이고 보이지 않는 것들은 원인이다. 이런 인과율을 히브리서 기자는 이렇게 기록한다. "보이는 것은 나타난 것으로 말미암아 된 것이 아니니라"(히 11:3). 보이는 것들은 눈으로 관찰하고 보이지 않는 것들은 보이는 것들을 통해 마음의 눈으로 관찰한다. 보이는 것들을 통해 보이지 않는 것들을 보기 위해서는 보이지 않는 것들의 증거인 믿음이 필요하다.

바울이 믿음으로 본 만물의 원인 혹은 만물이 비유로서 가리키고 있는 실체는 바로 하나님의 보이지 않는 것들 즉 그의 영원한 능력과 신성이다. 일반적인 계시인 자연을 통해 인간에게 알려지는 하나님의 지식은 영원한 능력과 신성 즉 창조자 하나님과 관계된 것들이다. 하나님의 영원한 능력과 신성에 대해 침묵할 수 있는 피조물은 없다. 만물은 그 자체로 하나님의 입술이고 지문이다. 그래서 바울은 만물이 하나님의 능력과 신성을 모든 사람에게 분명히 보여주고 있다고 단언한다.

같은 의미로 시인도 만물을 하늘과 궁창으로 구분하며 하늘이 하나님의 영광을 선포하고 궁창이 그의 손으로 행하신 일을 나타내 보인다고 고백한다(시 19:1). 하나님은 모든 세대에 하늘에서 비를 내리시고 열매의 결실기를 주시는 선을 행하시며 음식과 기쁨으로 인간의 마음을 만족하게

하시는 방식으로(행 14:16-17), 바울의 설명처럼 인류를 한 혈통으로 만드시고 온 땅에 흩어져 살게 하시고 그들의 연대와 거주의 한계를 정하시는 방식으로(행 17:26-27) 자신을 보이셨다. 자연의 현상과 역사의 흐름이 하나님의 존재를 속삭인다. 이처럼 하나님은 창조 이후로 계속해서 자신의 피조물을 통해 "자기를 증언하지 아니하신 것"이 아니었다(행 14:16). 하나님은 만물과 섭리를 통해 자신을 알리신 계시의 주체인데 사람들은 그 하나님을 모른다고 하며 하나님을 거짓된 자로 매도하는 죄를 저지른다. 대단한 도발이다.

이 대목에서 우리가 주목할 것은 하나님에 대한 이중적인 지식이다. 즉 창조주 하나님에 대한 지식과 구속주 하나님에 대한 지식이다. 창조주 하나님은 만물과 역사를 통해 자신을 알리시고, 구속주 하나님은 성경과 그 성경이 가리키고 있는 그리스도 안에서만 알리신다. 창조주 하나님에 대한 지식은 인간으로 하여금 하늘의 법정에서 "핑계하지 못하게"(ἀναπολόγητος) 만드는 용도를 가졌으며, 구속주 하나님에 대한 지식은 인간에게 영원한 생명을 주어 구원에 이르게 하는 목적을 위해 사용된다. 이런 맥락에서 바울은 영원한 능력과 신성을 가지신 창조주 하나님이 지어진 만물에 나타나며 이는 불의한 자들로 하여금 핑계하지 못하게 하려는 것이라고 설명한다. 사실 인간의 마음에는 핑계가 상주하고 있다. 법정에서 방어하기 위한 자료들을 계속해서 수집한다. 그러나 신의 존재를 알리는 물증들이 너무나도 많다.

이 세상에는 만물을 통해 알려지신 창조주 하나님을 인정하지 않는 사람들이 대다수다. 그리고 적잖은 사람들이 비록 창조주 하나님의 능력과 신성에 대해서는 인지하고 존중하나 그리스도 안에서 알려지신 구속주 하나님의 긍휼과 사랑에 대해서는 무지하고 거부감을 드러낸다. 구속주 하나님을 아는 지식에 이르지 못한 창조주 하나님에 대한 지식은 온전하지 않다. 다른 곳에서 바울은 그리스도 예수로 말미암아 창조된 만물과 지속된 역사의 궁극적인 용도 혹은 목적을 언급한다. 즉 하늘과 땅에서 보이는 것들과 보이지 않는 것들과 혹은 왕권들, 주권들, 통치자들, 권세들과 만물이 모두 그리스도 예수로 말미암고 "그를 위해"(εἰς αὐτὸν) 존재하는 것이라고 선언한다(골 1:16). 이처럼 성경만이 아니라 만물과 역사라는 일반적인 계시도 구속주 하나님과 무관하지 않다. 모두 어떤 식으로든 그리스도 예수를 가리킨다. 그래서 그리스도 예수를 아는 지식이 이 세상에서 가장 고상하다. 그에 의하여 모든 만물의 신비와 역사의 비밀이 풀어진다. 만물의 중심에, 역사의 한 가운데에 서는 비결은 만물와 역사가 주목하고 가리키는 구속주 하나님 그리스도 예수를 아는 지식에서 자라남에 있다.

이처럼 복음에는 하나님의 의가 믿는 자들에게 나타나고 하나님의 진노가 믿지 않는 자들에게 나타난다. 믿지 않는 자들에게 나타나는 하나님의 진노는 하나님의 공의와 정의라는 성품이고 믿는 자들에게 나타나는 하나님의 의는 긍휼과 자비라는 성품이다. 물론 하나님의 의를 경험한 믿음의 사람이라 할지라도 하나님의 성품을 벗어나는 경우에는 당연히 하나님의 진노를 촉발하고 하늘의 형벌이 부과된다. 하나님의 진노를 경험하는 불신의 사람이라 할지라도 하나님의 성품을 드러내는 도구로 쓰이는 경우도 있고 그때에는 하나님의 의가 그에게도 나타난다. 이처럼 복음에는 하나님의 성품이 드러나기 때문에 결코 수치의 대상이 아니라고 바울은 당당하게 고백한다. 하나님의 진노가 믿지 않는 자들에게 나타나는 이유로서 경건하지 않음과 의롭지 않음의 구체적인 내용은 다음 구절부터 설명하고 있다.

²¹하나님을 알되 하나님을 영화롭게도 아니하며 감사하지도 아니하고 오히려 그 생각이 허망하여지며 미련한 마음이 어두워졌나니 ²²스스로 지혜 있다 하나 어리석게 되어 ²³썩어지지 아니하는 하나님의 영광을 썩어질 사람과 새와 짐승과 기어다니는 동물 모양의 우상으로 바꾸었느니라 ²⁴그러므로 하나님께서 그들을 마음의 정욕대로 더러움에 내버려 두사 그들의 몸을 서로 욕되게 하게 하셨으니 ²⁵이는 그들이 하나님의 진리를 거짓 것으로 바꾸어 피조물을 조물주보다 더 경배하고 섬김이라 주는 곧 영원히 찬송할 이시로다 아멘

❖ ❖ ❖

²¹하나님을 알면서도 신이신 그분께 영광이나 감사를 드리지 않았고 오히려 그들의 생각은 허망하게 되었고 그들의 우둔한 마음은 어두워졌습니다 ²²자신들을 지혜로운 자라고 우기지만 어리석게 되었고 ²³썩어지지 아니하는 하나님의 영광을 썩어질 사람과 새들과 네 발 짐승들과 벌레들의 형상으로 교체해 놨습니다 ²⁴⁻²⁵그러므로 하나님은 하나님의 진리를 거짓으로 대체하고 창조자 대신에 피조물을 경배하고 섬긴 그들을 그 마음의 욕망대로 더러움에 넘기셨고 그들의 몸을 서로 더럽히게 했습니다 주는 영원히 찬양을 받으셔야 하는 분입니다 아멘

신적인 진노의 이유

복음에 나타나는 두 가지 즉 하나님의 의와 하나님의 진노 중에 두 번째와 관련된 이야기가 이어진다. 하나님은 친히 자신을 모든 피조물 가운데에 분명히 보이셨기 때문에 사람들은 몰랐다는 핑계의 교활한 카드를 내밀지 못한다고 바울은 앞서 말했다. 이제 바울은 하나님을 알면서도 인생의 최고 목적인 하나님의 영광을 위해 마땅히 드려야 할 감사와 찬송을 외면한 자들의 우매한 마음과 어리석은 행실을 지적한다. 이는 신적인 진노의 정당성과 관련하여 피고인이 항변하지 못하도록 변명의 입을 막는 너무도 명백한 증거로 제시된다. 유죄 판결의 증거로서, 바울은 1) 하나님을 분명히 알면서도 신의 격에 어울리는 영광과 감사를 그에게 돌리지 않았다는 것, 2) 그럼에도 불구하고 자신을 지혜로운 자로 간주하는 것, 3) 하나님의 영광을 우상으로 교체한 것, 4) 하나님의 진리를 거짓으로 대체한 것, 그리고 5) 창조자 하나님 대신에 피조물을 경배하고 섬긴 것을 제시한다.

²¹하나님을 알면서도 신이신 그분께 영광이나 감사를 드리지 않았고
오히려 그들의 생각은 허망하게 되었고 그들의 우둔한 마음은 어두워졌습니다

이 구절에서 바울은 하나님을 아는 지식에 필히 수반되는 찬양과 감사를
외면하고 무시하고 망각한 죄를 지적한다. 하나님은 신으로서 인간을 위
해 6일 동안 필요한 모든 것을 창조하신 이후에 인간에게 존재를 주시고
생명과 호흡을 주시고 삶을 가능하게 만드신 분이시다(행 17:25, 28). 이러
한 은택을 베푸신 이유는 무엇인가? "이 백성은 내가 나를 위하여 지었나
니 나를 찬송하게 하려 함이니라"(사 43:21). 창조와 섭리의 은택을 베푸신
하나님께 우리가 마땅히 취하여야 할 반응은 감사의 찬양이다. 그런데 감
사의 찬양은 누구를 대상으로 삼느냐에 따라 그 방식이 달라진다. 왜냐하
면 자연은 자연에게 어울리는 방식이 있고, 인간은 인간에게 어울리는 방
식이 있고, 하나님은 신에게 어울리는 방식이 있기 때문이다. 자연을 인
격체나 신으로 여기거나, 인간을 사물이나 신으로 여기거나, 신을 사물이
나 인간으로 여기면 존재의 질서가 무너진다. 자연을 수단으로 여기고 인
간을 형제로 여기고 신을 감사와 찬양의 대상으로 여기는 그런 존재의 질
서가 무너지면 수많은 종류의 우상이 고안된다. 자연은 우리가 사용해야
하고 인간은 사랑하고 협력해야 하되 신에게는 감사와 영광을 돌리는 것
이 마땅하다.

창조의 은택을 베푸신 하나님을 알면서도 감사와 영광을 돌리지 않은
것은 유죄의 명백한 증거임에 분명하다. 하나님을 경배하기 위해서는 신
의 격에 어울리는 방식이 요구된다(시 29:2). 어떻게 찬양하고 감사하는 것
이 하나님께 돌려야 할 합당한 영광인가? 그 방법은 바로 하나님이 택하
신 백성에게 주신 율법의 준행이다. 그것은 삶으로 연주하는 찬양이다.
율법의 핵심은 하나님과 이웃 사랑이다. 이 사랑을 실천하면 세상의 모든
사람들이 우리가 주님의 제자이며 하나님의 자녀임을 깨닫는다. 우리를

통해 하나님의 이름이 온 세상에서 영화롭게 된다. 이러한 방식으로 창조주 하나님께 감사와 찬송을 돌리는 것은 피조물의 본분이며 인생의 방향이며 삶의 엔진이다.

그러나 사람들은 이러한 본분을 외면하고 무시하고 망각했다. 이런 사람들의 인생은 방향을 상실하여 갈 바를 알지 못하고 방황하며 그들의 삶에는 의욕의 상실과 무기력이 찾아온다. 방향이 제거된 생각은 허무하고, 사고의 추진력이 없어서 우둔하게 된 마음은 마치 어두움에 둘러싸인 것처럼 본래의 기능을 상실한다. 생각의 허망함과 우둔한 마음의 어두움은 하나님께 합당한 감사와 찬양을 돌리지 않은 인생의 슬픈 현주소다. 인생이 하나님을 향하지 않으면 내면에 문제가 발생한다. 인간의 마음은 하나님이 지으셨다(시 33:15). 당연히 마음의 용도와 작용하는 방식도 동일한 분이 정하셨다. 마음의 용도는 영과 진리로 드리는 감사와 찬양이고, 마음은 그 용도에 조율될 때 최상의 기능을 발휘하고 가장 건강하게 작동한다. 그러므로 하나님을 향한 감사와 찬양에 의식과 관심의 닻을 내린 인생은 예측할 수 없는 광풍이 불고 역경이 불시에 방문해도 크게 요동하지 않고 늘 평안하고 안전하다. 지혜자의 교훈처럼, 자기의 마음을 다스리는 자는 성을 빼앗는 자보다 나은 사람이다. 성을 빼앗아 안전을 추구하는 사람보다 스스로 자기의 마음을 다스리는 자의 능력이 너 출중하다. 이와는 달리 하나님께 경배와 감사를 드리지 않는 사람은 창조의 질서에도 위배되고 당연히 존재성이 파괴되고 자신의 인생을 스스로 허무는 어리석은 사람이다.

²²자신들을 지혜로운 자라고 우기지만 어리석게 되었고

본문에는 지혜와 우매가 나란히 대비되고 있다. 하나님께 영광과 감사를 돌리지 않는 허망한 생각과 우둔하고 어두운 마음의 소유자는 스스로 자신을 지혜로운 자로 간주한다. 그러나 자신을 지혜로운 자로 여기는 사람이 하나님의 눈에는 가장 어리석다. 이는 그가 자신의 무지와 우매를 알지 못하기에 개선의 의지도 없고 찾아오는 변화의 좋은 기회도 인지하지 못하기 때문이다. 지혜와 우매의 여부를 가리는 재판정은 자신도 아니고 세상도 아니고 하나님의 면전이다. 진정한 지혜의 근원은 그런 여호와를 경외함에 있다(잠 1:7). 우매와 지혜는 여호와 경외의 여부에 의해 갈라진다. 이 세상의 지혜는 하나님께 어리석은 것이라고 바울은 단언한다(고전 3:19). 이 세상에서 지혜로 분류되는 것이 하나님 앞에서는 우매로 간주된다. 전혀 그렇지 않지만 혹시라도 하나님께 우매가 있다면 그것은 인간의 최상급 지혜보다 더 지혜롭다(고전 1:25). 그런데도 이 세상에서 지혜자로 추앙 받는 사람들이 그 추앙을 마땅한 것으로 여기는 모습을 보면 안타깝다. 어쩌면 당연한 현상이다. 기록된 것처럼 "하나님은 지혜 있는 자들로 하여금 자기 꾀에 빠지게 하시는 분"이시기 때문이다(고전 3:19). 이는 세상의 합의를 따라 지혜라고 부르는 것을 진정한 지혜로 간주하는 것은 자기 꾀에 빠지게 하시는 하나님의 섭리라는 이야기다.

²³썩어지지 아니하는 하나님의 영광을 썩어질 사람과 새들과
네 발 짐승들과 벌레들의 형상으로 교체해 놨습니다

바울은 하나님께 영광과 감사를 돌리지 않는 자들의 부패한 종교성과 지성과 의지 그리고 그로 말미암은 삶의 실질적인 문제를 설명한다. 먼저 하나님의 진노가 합당한 자들의 우매는 썩어지지 아니하는 하나님의 영광을 썩어지는 우상으로 교체한 종교성의 부패에서 확인된다. 이 구절은 십계명의 1계명과 2계명에 대한 사람들의 범법을 지적한다. 즉 하나님 이외에는 우리의 마음에 신을 두어서는 안 된다는 계명과 자신을 위해 하나님을

어떠한 형상으로 만들어서 절하고 섬기는 행위를 금하는 계명의 위반이다. 이는 찬양과 감사로 하나님을 경외하지 않는 인생이 초래하는 존재의 심각한 무질서로, 달리 표현하면 창조자의 비신격화 혹은 인간과 자연으로 대표되는 피조물의 신격화를 의미한다. 고대에 세계의 중심지로 여겨진 애굽에는 피조물 중의 다양한 형상이 하나님을 대신했다. 예를 들자면, 개구리 머리를 가진 여성의 형상(Isis), 쇠똥구리 형상(Khepri), 황소의 형상(Apis, Mnevis), 파리의 형상(Hatkok) 등이 하나님을 대체했다.

하나님의 영광은 썩어지지 아니한다. 그런데 이 세상의 모든 만물은 썩어 없어진다. 비교, 교환 혹은 대체가 불가능한 두 대상이다. 하나님의 영광은 베드로를 비롯한 제자들이 높은 산에서 그리스도 예수의 변형된 모습 속에서 살짝 경험했다. 베드로는 자신의 경험에 근거하여 그 영광을 "크신 위엄"(μεγαλειότης)과 "지극히 큰 영광"(μεγαλοπρεπής δόξα)으로 묘사한다(벧후 1:16-17). 이는 하나님의 지극히 큰 영광에 대한 감격과 그것을 표현할 언어의 빈곤에 대한 탄식이 등짝을 맞대고 있는 표현이다. 우리가 어떤 식으로든 하나님께 영광을 돌리는 것은 본래 가지신 하나님의 무한한 영광에 비하면 결코 합당하지 않다. 그런데도 주께서 그것을 기쁘게 받아 주신다는 것은 우리에게 무한한 은혜요 영광이다. 그런데 무한하고 영원하고 불변적인 하나님의 영광을 버리고 눈에 보이는 유한하고 일시적인 형상으로 대체하는 것은 얼마나 불경하고 부당한 노릇인가?

그러나 인간은 눈에 보이지 않으면 무시하고 없는 것으로 간주한다. 눈에 보이는 무언가로 표상해야 안심하고 만족한다. 그래서 사람이든 짐승이든 벌레이든 가리지 않고 하나님의 시각적인 대체물을 발굴한다. 모든 피조물을 형상의 수단으로 동원한다. 인간의 경우, 사람들은 많은 사이비 종교에서 한 사람의 교주를 신으로 추앙한다. 그런데 그 교주는 세월과 함께 얼굴에는 노화의 주름이 파이고 기력은 쇠약해져 가고 머리털은 빠지거나 탈색되고 입술의 발음은 또렷하지 않고 무뎌지고 기억도 배터리가 다 소진된 전구처럼 깜빡이며 분별력과 판단력도 어린 아이의 유치한 수준으로 떨어진다. 썩어지는 무수히 많은 교주들이 그렇게 왔다가 조용히 사라지고 심지어 떠나갈 때 영원한 신과는 달리 후계자 혹은 후임자를 지목하는 해프닝이 벌어져도 사람들은 그런 인간 교주들을 신으로 여기며 계속해서 추종한다. 이는 신을 신으로 여기지 않고 피조물을 신으로 여기는 허망한 생각과 우둔한 마음의 필연적인 귀결이며 십계명 중에서 첫 두 계명의 심각한 유린이다.

24-25그러므로 하나님은 하나님의 진리를 거짓으로 대체하고 창조자 대신에 피조물을 경배하고 섬긴 그들을 그 마음의 욕망대로 더러움에 넘기셨고 그들의 몸을 서로 더럽히게 했습니다 주는 영원히 찬양을 받으셔야 하는 분입니다 아멘

종교적 타락에 대한 지적에 이어 바울은 인간의 지성적인 부패와 몸의 자의적인 파괴를 지적한다. 지성과 관련하여 하나님의 진노가 합당한 자들은 하나님의 진리를 거짓으로 대체하는 자들이다. 예수는 아버지의 말씀이 진리라는 사실을 공포한다(요 17:17). 하나님의 사람은 이 "진리를 거슬러 아무것도 할 수 없고 오직 진리를 위할 뿐"인 사람이다(고후 13:8). 그러나 하나님을 떠난 사람은 이 진리를 거짓이라 하고 거짓을 진리라고 하는 억측에 집착한다. 인간은 하나님을 사랑하든 재물을 사랑하든 둘 중의 하나를 사랑하고 다른 하나는 미워하게 된다(마 6:24). 이와 동일하게 인간은 진리나 거짓 중에 어느 하나를 진리라고 하고 다른 하나는 거짓이라 한다. 둘을 동시에 진리라고 주장하는 것은 모순이다. 하나님은 진리의 아버지, 마귀는 거짓의 아비이기 때문이다. 둘은 섞일 수도 없고 공존할 수도 없는 영적인 상극이다.

하나님의 진노가 합당한 사람들은 거짓을 자신들의 진리로 채택한다.

왜냐하면 주께서 말씀하신 것처럼 "진리가 그 속에 없으므로 진리에 서지 못하기" 때문이다(요 8:44). 거짓의 아비인 마귀의 자식은 허망한 생각과 우둔한 마음을 따라 거짓을 좋아하고 선택하고 그것과 연합한다. 그러나 거짓이 거짓으로 드러나는 것은 싫어한다. 그래서 막대한 예산을 들이고 지극한 정성을 쏟아서 거짓을 진리로 바꾸고, 불법을 합법으로 변경하는 놀라운 둔갑술을 연구하고 개발한다. 진리와 거짓은 극과 극인데 그것을 바꿔치기 한다. 대범하다. 이를 위해서는 때때로 국회가 동원되고 정부가 동원되고 예술이 동원되고 법정이 동원되고 학회가 동원되고 영화가 동원되고 투표가 동원되고 토론이 동원된다. 뒷거래를 통해 돈이나 인기나 명예만 약속해 준다면 세상의 공신력을 가진 대부분의 권위들은 거짓에 기꺼이 한 표를 행사하는 거수기 배역을 마다하지 않고 대체로 수락한다. 이처럼 거짓의 전략 즉 마귀의 계략은 대단히 은밀하고 치밀하고 성실하다. 그래서 진리의 엄밀성을 추구하는 자는 상식도 조심하고 논리와 공리도 조심하고 합리와 일리도 조심하고 사전과 교과서도 조심하고 공문서와 성명서도 조심하고 추천도서 및 필독서도 조심해야 한다. 이는 마귀가 진리와 거짓의 판결에 관여하는 모든 종류의 변수들을 장악하기 위해 수단과 방법을 가리지 않기 때문이다. 심지어 그들은 진리를 말하는 자를 죽이려고 한다(요 8:40). 이는 진리보다 거짓의 분량을 더 키워 다수결의 승기를 잡기 위해 진리의 입을 막으려는 수작이다.

그리고 바울은 창조자 대신에 피조물을 경배하고 섬기는 결과적인 행위의 부패를 지적한다. 창조자 대신에 섬김의 대상으로 삼은 피조물은 대단히 다양하다. 종교적인 명분의 껍데기를 벗기면 대체로 그 실질적인 섬김의 대상은 돈과 권력과 성과 명예와 성취와 외모와 쾌락이다. 이는 나라와 민족이 바뀌고 시대가 변하여도 여전히 우상의 권좌에 껍처럼 붙어 군림하는 부패의 원흉이다. 사실 창조주 하나님을 경배하고 섬긴다는 간판까지 내건 믿음의 사람들도 그들의 세세한 행실을 보면 다른 것들을 경배하고 섬기며 살아간다. 이는 비록 입술로는 하나님을 경배하나 마음은 그에게서 먼 자들의 삶에서 보이는 전형적인 부패의 모습이다.

종교의 부패는 지성의 부패로 이어지고, 지성의 부패는 삶의 부패로 이어지고 결국 몸의 파괴를 초래한다. 같은 맥락에서, 교회의 부패는 온 세상의 부패로 이어지고 인류의 파괴를 초래한다. 이는 하나님이 세우시고 붙드시는 질서이기 때문에 누구도 변경하지 못하는 역사의 법칙이다. 그러나 파괴의 주범은 하나님이 아니시다. 이는 부패한 자들이 누구이든 그 마음의 욕망을 따라 더러움에 넘겨지고 서로가 서로의 몸을 더럽히기 때문이다. 달리 말하면, 하나님은 적극적인 파괴를 도모하신 것(actio)이 아니라 그들의 부패한 마음을 따라 몸도 더러움에 빠지도록 허락(permissio)하신 결과이다. 이 허락은 신적인 공의의 은밀한 집행이다. 하나님의 형벌적인 허락을 언급하는 문장의 첫 부분에 "그러므로"(Διὸ) 접속사를 넣은 이유도 인간의 더러움과 파괴의 책임이 인간 자신에게 있음을 명시하기 위함이다.

피조물 중에 권력이나 돈을 섬기는 사람들의 행실이 얼마나 부패하고 그 부패의 결과로서 어떻게 자신들의 몸을 파괴하고 있는지를 보라. 권력을 가지면 사용할 수 있는 힘의 종류와 분량이 많아진다. 그러나 그 권력을 허망한 생각과 우둔한 마음이 사용하면 자신도 파괴하고 이웃도 괴롭히는 흉기로 돌변한다. 권력의 맛을 본 사람들은 유력자의 상태를 유지하기 위해 자기보다 높은 권력에는 아부하고 낮은 권력은 이용하기 위해 교활한 입술과 거친 주먹을 활용한다. 거짓과 폭력으로 서로가 서로를 죽고 죽이는 관계와 문화가 형성되고 지속되고 확산된다. 돈을 가져도 비슷한 양상이 전개된다. 전도자는 해 아래에서 벌어지는 큰 폐단을 다음과 같이 고발한다. "내가 해 아래에서 큰 폐단 되는 일이 있는 것을 보았나니 곧 소유주가 재물을 자기에게 해가 되도록 소유하는 것이라"(전 5:13). 적잖은 사람들이 실제로 자기에게 해가 되도록 재물을 소유한다. 참으로 어리석다. 주께서 말씀하신 것처럼 재물을 가지고 있으면 좀과 동록이 그것을 해하며 도둑이 구멍을 뚫고 도둑질을 촉발하기 때문에 생명의 위협도 때때로 가해진다(마 6:19).

권력과 돈만이 아니라 우리에게 유익한 것으로 분류되는 모든 것들은 다른 사람들도 소유하고 싶은 것들이다. 반드시 충돌이 일어나고 투쟁이 벌어진다. 권력이든 재물이든 쾌락이든 사람에게 유익한 것이라고 여겨지는 모든 것들을 해로 여기고 그 모든 것들을 내버리되 다시 되찾지 않으려고 배설물로 여긴(빌 3:8) 바울은 참으로 지혜롭다. 세상이 부추기는 육신의 정욕과 안목의 정욕과 이생의 자랑을 붙들면 욕망의 더러움과 몸의 파괴가 필히 뒤따른다. 욕망이 운명을 좌우한다.

바울은 이러한 문제의 해결책을 암시하는 문구를 덧붙인다. "주는 영원히 찬양을 받으셔야 하는 분입니다 아멘." 바울이 아는 창조주 하나님은 영원히 찬양을 받으시기 합당한 분이시다. 모든 시대의 모든 사람이 항상 찬양하지 않으면 영원한 찬양은 가능하지 않다. 하나님을 일평생 찬양하는 것은 허무한 생각에 지혜를 주고 우둔한 마음에 빛을 비추고 피조물을 향한 종교성을 돌이키게 하고 경배와 섬김을 썩어 없어지는 것들에서 영원히 썩어지지 아니하는 이에게로 옮기고 집단적인 더러움과 파괴에서 자신의 삶과 몸을 구원하는 유일한 비결이다. 이는 하나님의 영원한 찬양이 창조의 목적이고 인생의 질서이고 역사의 방향이기 때문이다.

이상의 본문에서 루터는 타락의 순서와 단계(ordinem et gradus perditionis)를 읽어낸다. 첫째 단계로, 인간의 타락은 피조물 안에 분명히 보여 알게 되는 창조주 하나님께 마땅한 감사와 찬양을 돌리지 않는 망은(ingratitudo)으로 나타난다. 둘째는 존재와 삶을 창조자의 은혜로 여기지 않고 그 영광을 자신에게 돌리고 하나님이 아닌 다른 무엇을 가지고 그것을 기념하며 만족하는 자만(vanitas)이다. 셋째는 목적과 방향을 상실한 자의 생각은 허망하게 되고 우둔한 마음은 캄캄하게 되는 눈 멈(excecatio)이다. 나는 이것을 내면의 무질서 혹은 혼돈(chaos internum)으로 명명한다. 넷째는 하나님을 떠남(error erga Deum)이다. 하나님을 떠나서 우상들의 제작과 숭배로 나아가는 이 단계를 나는 종교성의 부패(corruptio religionis)라고 명명한다. 나아가 다섯째와 여섯째 단계로 하나님의 진리를 거짓으로 대체하는 지성의 변질(caries intellectus)과 온갖 방법으로 자신의 몸을 더럽히고 파괴하는 신체의 파괴(exitium corporis)를 추가한다.

이처럼 바울은 본문에서 하나님의 진노가 합당한 인생이 흘러가는 부패의 순서와 단계를 소개한다. 하나님께 영광과 감사를 돌리지 않으면 결국 자신을 총체적인 파멸의 길로 몰아가게 된다. 이는 창조의 본래적인 의도를 벗어나고 이 의도를 위해 지어진 마음의 용도와 작용도 파괴되고 종교성과 지성과 행동과 신체에도 어두운 죽음의 그림자를 드리우게 된다. 하나님은 죄와 타락과 부패를 스스로 선택한 자들의 욕망대로 내버려 두시는 형벌을 내리신다. 결국 서로가 서로의 운명을 불결함과 모독으로 물들인다. 하나님께 영광을 돌리고 감사를 드리는 창조 본연의 질서와 목적이 회복되지 않으면 소망이 없음을 확인한다.

롬 1:26-31

²⁶이 때문에 하나님께서 그들을 부끄러운 욕심에 내버려 두셨으니 곧 그들의 여자들도 순리대로 쓸 것을 바꾸어 역리로 쓰며 ²⁷그와 같이 남자들도 순리대로 여자 쓰기를 버리고 서로 향하여 음욕이 불 일듯 하매 남자가 남자와 더불어 부끄러운 일을 행하여 그들의 그릇됨에 상당한 보응을 그들 자신이 받았느니라 ²⁸또한 그들이 마음에 하나님 두기를 싫어하매 하나님께서 그들을 그 상실한 마음대로 내버려 두사 합당하지 못한 일을 하게 하셨으니 ²⁹곧 모든 불의, 추악, 탐욕, 악의가 가득한 자요 시기, 살인, 분쟁, 사기, 악독이 가득한 자요 수군수군하는 자요 ³⁰비방하는 자요 하나님께서 미워하시는 자요 능욕하는 자요 교만한 자요 자랑하는 자요 악을 도모하는 자요 부모를 거역하는 자요 ³¹우매한 자요 배약하는 자요 무정한 자요 무자비한 자라

❖ ❖ ❖

²⁶이러한 이유로 하나님은 그들을 부끄러운 정욕대로 내버려 두셨는데, 다시 말하면 그들의 여자들은 본성적인 성적 관계를 본성에 반대되는 것으로 바꾸었고 ²⁷그와 같이 남자들도 여자들과 더불어 본성적인 성적 관계를 내버리고 남자가 남자로 더불어 꼴사나운 행각을 벌이고 그들의 그런 부정함에 상응하는 보응까지 스스로 받고서도 서로가 서로를 향해 자신의 욕정을 불태우고 있는 탓입니다 ²⁸또한 그들이 하나님을 살펴 인지의 차원에서 모시고자 하지 않음을 따라 하나님이 그들을 인정받지 못한 지성으로 넘기시고 합당하지 않은 일을 행하게 하시므로, ²⁹그들은 모든 불의, 추악, 탐욕, 악의가 가득하고, 살인, 분쟁, 사기, 악독, 험담, ³⁰비방, 하나님 증오, 능욕, 교만, 자랑, 악의 도모, 부모에 대한 불순종, ³¹우매함, 언약의 파괴, 무지와 무자비로 가득하게 된 자입니다

죄와 벌

바울은 하나님의 진노를 받아 더러움에 빠진 인간의 구체적인 타락상, 즉 인간들이 서로를 더럽히는 내용을 열거한다. 하나님을 거역하는 것은 단순히 행위나 언어나 사유나 기호의 타락 이전에 본성의 타락이다. 이러한 타락의 종류는 크게 두 가지로 구분한다. 첫째는 감성의 타락이고, 둘째는 지성의 타락이다. 하나님은 자신을 부정하고 거역하는 자들의 마음을 "부끄러운 정욕"과 "인정받지 못한 지성"으로 넘기신다. 이렇게 타락한 자들의 종말은 모두 영적 사형이다. 이것은 하나님의 공의를 따라 제정된 규정이다. 그런데도 사람들은 계속해서 타락의 더러움에 머물며 자신만이 아니라 그 더러움 속에 있는 사람들을 옳다고 평가한다. 인간의 타락은 분명 그들 스스로가 저지르는 죄이지만 동시에 하나님께 영광과 감사를 돌리지 않음에 따른 형벌이다. 인간의 죄가 하나님의 형벌을 낳고 그 형벌은 죄인의 자발적인 죄로 나타나고 다시 그 죄의 형벌로서 사형이 언도되는 악순환이 이어진다.

²⁶이러한 이유로 하나님은 그들을 부끄러운 정욕대로 내버려 두셨는데, 다시 말하면 그들의 여자들은 본성적인 성적 관계를 본성에 반대되는 것으로 바꾸었고 ²⁷그와 같이 남자들도 여자들과 더불어 본성적인 성적 관계를 내버리고 남자가 남자로 더불어 끌사나운 행각을 벌이고 그들의 그런 부정함에 상응하는 보응까지 스스로 받고서도 서로가 서로를 향해 자신의 욕정을 불태우고 있는 탓입니다

바울은 하나님께 영광과 감사를 돌리지 않고 오히려 경배의 유일한 대상이신 하나님을 피조물로 대체하고 진리를 거짓으로 바꾸고 서로의 몸에 더러움과 모욕을 가하는 자들의 그 "부끄러운 정욕"(πάθος ἀτιμία)을 따라 타락의 길로 빠지도록 내버려 두셨다고 한다. "부끄러운 정욕"은 사람이 "가져서는 안 되는 기호와 보여서는 안 되는 행위에 대해 제어할 수 없을 정도로 강력한 마음의 욕구 혹은 감정"을 의미한다. "부끄러운 정욕"의 반대는 "아름다운 열정"이다. 하나님을 인정하지 않는 사람들의 마음은 아름다운 열정이 아니라 부끄러운 정욕에 사로잡혀 부끄러운 생각과 부끄러운 말과 부끄러운 행위를 부끄러운 줄도 모르고 마구 배설한다.

우리의 마음은 무엇에 사로잡혀 있는지를 늘 점검해야 한다. 지혜자의 충언이다. "모든 지킬 만한 것 중에 더욱 네 마음을 지키라 생명의 근원이 이에서 남이니라"(잠 4:23). 즉 목숨을 걸고 마음을 잘 지켜야 하는 이유는 생명의 근원이 거기에서 나오기 때문이다. 불교의 시조인 고마타 붓다도 〈화엄경〉에 마음의 중요성을 이렇게 표현한다. "모든 것은 마음에서 지어 낸다"(一切唯心造). 불행과 행복, 슬픔과 기쁨, 불만과 만족 등이 환경이나 상황에 의해 좌우되는 것이 아니라 마음에 전적으로 의존하고 있다는 이야기다. 마음을 지키지 못하면 대단히 위태롭게 된다. 통제력을 상실하는 것은 성읍의 무너짐과 성벽의 없음과 동일하기 때문이다(잠 25:28). 방어망이 뚫린 마음의 무방비 상태를 마귀는 환영한다. 통제 불능의 마음은 마귀의 안방이며 유쾌한 놀이터가 되기 때문이다.

마음의 보좌에 누가 있느냐에 따라 인생이 달라진다. 주께서 내 안에 거하시면 내 인생은 거룩한 성전이다. 그러나 마귀가 마음을 통제하면 가장 비참한 지옥의 아랫목이 된다. 우리의 마음을 죄의 아지트가 아니라 의의 병기로 하나님께 드리는 것이 지혜롭다. 놀라운 은혜가 주어지기 때문이다. 주께서 우리에게 깊은 은혜를 베푸시는 현장은 마음이다. 즉 "그는 자기의 기쁘신 뜻을 위하여 너희 안에서 의지하고 행하도록 일하신다"(빌 2:13). 하나님의 기쁘신 뜻에 우리의 마음이 끌리도록 일하시고 그렇게 마음에 착상된 소원을 행하도록 또한 일하신다. 이는 마음의 소원과 몸의 실천이 모두 주님의 은혜라는 이야기다. 하나님의 뜻을 이루는 실천적인 행위도 숙제나 과제물 수행이 아니라 은혜인 이유는 그 행위가 우리의 의지나 소원과 반대되는 방향으로 이루어진 것이 아니라 마음이 소원하고 의지하는 바를 몸으로 이동시킨 것이기 때문이다. 밖에서 요청된 혹은 강요된 일을 억지로 행하지 않고 자발적인 의지로 행하는 것이어서 그 행위는 유쾌하고 달콤하다. 단순히 밖에서 주어지는 선물을 받는 방식이 아니라 그 선물의 산출자 입장에서 수령하는 방식이다. 이는 인생에게 가장 좋은 것으로서 하나님의 기쁘신 뜻의 성취를 우리로 하여금 마음과 몸으로 누리게 하시되 외부의 은혜를 자신에게 수령하는 객체의 자리가 아니라 소원하고 의지하는 주체의 차원에서 누리게 하는 하나님의 깊은 배려와 사랑이 느껴지는 대목이다. 사실 누구에게 무언가를 받으면 그 은혜를 갚아야 한다는 부담감이 발동한다. 그래서 그것을 누릴 때의 기쁨도 그 부담감 때문에 삭감된다. 그러나 우리 안에서 소원과 행하려는 의지의 방식으로 무언가가 주어지면 마치 내가 생산자와 주인이 된 듯해서 보답의 부담감은 사라진다. 물론 그럼에도 불구하고 우리 안에 소원과 의지를 주신 하나님께 믿음으로 영광과 감사를 돌리는 것은 선물 수혜자의 본분임을 늘 기억해야 한다.

은혜를 주시며 선을 이루게 하실 때에 하나님은 인간 안에서 마음에 소원과 의지를 주시는 것처럼, 벌을 주시며 악을 행하도록 내버려 두실 때에도 하나님은 인간의 마음을 주목한다. 그러나 은혜와 선의 경우에는 선의 근원이 하나님께 있지만, 벌과 악의 경우에는 그 소원과 의지가 인간에게 있다. 여기에 관여하는 하나님의 방식은 그들의 소원과 의지가 하나님의 기쁘신 뜻을 위하도록 일하시지 않고 그들이 가진 마음의 부끄러운 소원과 의지를 내버려 두시는 방식이다. 선과 악의 출처에 대한 아우구스티누스의 고백이다. "선은 어떠한 것이든 그에게서 나온 것이며 악은 어떠한 것이든 나에게서 나온 것입니다. 죄 이외에는 우리의 것이 하나도 없습니다."

이 대목에서 비록 나쁜 마음을 가졌어도 끝까지 설득해서 돌이켜야 하는 것 아니냐는 질문이 가능하다. 이는 주께서 진노의 자식들을 내버려 두신다는 것은 사랑이 아니라 미움의 표현이기 때문이다. 그러나 사람들은 놀랍게도 자신의 상실한 마음에 하나님이 개입하는 것을 싫어하고 거부한다. 자신의 부끄러운 소원과 의지를 끝까지 고수하며 바꾸지 않으려고 몸부림을 친다. 모세의 시대에 이스라엘 백성의 입술에 나온 뚜렷한 증언이다. "우리를 내버려 두라 우리가 애굽 사람을 섬길 것이라 하지 않았느냐 애굽 사람을 섬기는 것이 광야에서 죽는 것보다 낫겠노라"(출 14:12). 앞에는 바다가, 뒤에는 애굽의 군사들이 위협하는 상황에서 이스라엘 백성은 하나님을 섬기며 자유로운 국가의 선택된 백성으로 살아가는 광야의 삶보다 애굽 사람을 섬기는 종의 삶을 더 소원하던 과거를 상기하며 자신들의 운명에 끼어든 모세에게 한 무더기의 원망을 쏟아낸다. 죄에서 그들을 건져낼 때에도 싫어하고 건져낸 이후에도 원망한다. 인간의 심성은 대체로 이러하다. 말로는 마음의 부끄러운 기호와 의지를 돌이켜 달라면서 속으로는 원망과 불평을 쏟아낼 계기를 기다린다.

부끄러운 정욕에 마음이 사로잡힌 자들이 보이는 타락의 양상은 "본성을 거스르는"(παρὰ φύσιν) 성적인 타락이다. 바울은 아담과 하와가 타락한 이후로 모든 인류의 상태를 "본질상 진노의 자녀"(τέκνα φύσει ὀργῆς, 엡 2:3)라는 표현으로 규정한다. 하나님의 진노가 합당한 인간이 범하는 죄의 심각성은 단순히 겉으로 드러나는 행위가 아니라 본성(φύσις)과 연관되어 있다. 이러한 인간의 본성적인 타락은 본성을 거스르는 성적 타락으로 표출되고, 이후에 언급되는 20가지의 모든 죄악들도 동일하게 본성을 거스른다. 이처럼 인간은 하나님의 창조를 부정하고 창조의 질서를 왜곡하고 역행하며 스스로 형벌과 파멸을 자초한다.

성적인 타락에 관해, 부끄러운 열정을 소유한 자들의 아내들은 "본성적인 성적 관계"(τὴν φυσικὴν χρῆσιν)를 "본성에 반대되는 관계로"(εἰς τὴν παρὰ φύσιν) 바꾸었다. "본성"은 자연의 다른 표현이고 하나님이 정하신 만물의 질서를 의미한다. 신적인 순리를 인간적인 역리로 교체하여 여성은 남성을 성적 파트너로 간주하지 않고 여성끼리 관계를 맺어 본성을 거스르는 죄를 저지른다. 여자들만 동성애에 빠진 것이 아니라 남성들도 그러하다. 남성은 여성과 더불어 성적 관계를 가지는 것이 본성에 어울리는 행위인데 그런 관계를 내버리고 남성이 남성과 더불어 동성애를 갈구한다. 이는 하나님이 태초부터 정하신 창조의 질서와 대치된다. 태초에 하나님은 인간을 남자와 여자로 만드시고 둘이 한 몸을 이루도록 정하셨다. "남자가 부모를 떠나 그의 아내와 합하여 둘이 한 몸을 이룰지로다"(창 2:24). 여기에서 "아내"로 번역된 히브리어 단어는 "여자"(אִשָּׁה)이다. 즉 합하여 한 몸을 이루는 두 주체는 여성과 여성이 아니고 남성과 남성이 아니고 남성과 여성이다. 이것은 창조의 질서이며, 남성과 여성이 이러한 연합의 질서에서 벗어날 때 바울이 설명한 모든 부패의 내용들이 고스란히 그들에게 적용된다. 즉 동성애 추구는 사람을 남자와 여자로 창조하신 하나님께 거역의 죄를 저지르게 된다. 남자와 남자, 여자와 여자가 더불어 성적인 관계를 맺으면 하나님을 경외하지 않고 그 동성애 행위를 하나의 신념처럼 고수하는 종교적 타락이 발생한다. 그리고 동성애의 지적인 합리화를 위해 지성인의 무리를 형성하고 그들의 입술로 동성애를 두둔하게 만드는 지성적 타락이 이어진다. 심지어 동성애는 정상적인 것이고 다양한 성적 관계들 중의 하나이기 때문에 교과서에 넣어서 분별력과 판단력이 없는 아이들도 배우게 하는 지성의 제도적인 타락도 수반한다. 나아가 몸을 더럽히고 서로를 부끄럽게 하는 신체적 타락의 단계로 접어든다. 이 타락은 개인만이 아니라 공교육을 통해 공동체로 확산된다.

바울은 남성과 남성, 여성과 여성 사이의 부정한 성적 관계에는 그것에 상응하는 보응이 있다고 지적한다. 그 보응의 원인은 그러한 부정을 저지르는 당사자다. 놀라운 것은 너무도 무서운 보응을 알면서도 서로가 서로를 향해 여전히 자신의 욕정을 불태우고 있다는 사실이다. 본성에 반대되는 모든 종류의 성적 관계는 비록 스스로 원하고 의지해서 이루어진 죄이지만 그 욕망의 전차에서 내리지도 못하고 그 전차를 멈추지도 못하고 고스란히 그 욕정의 희생자가 되는 사람의 운명은 너무도 안타깝다. 이 운명의 배에는 혼자 탑승하지 않고 서로에게 탑승을 권유하며 집단으로 죽을 때까지 고삐 풀린 욕정의 노예로 살아간다. 자신의 몸에 무질서와 더러움이 침투해도 돌이키지 못하는 인간의 비참한 상황을 볼 때 비록 인간이 자초한 죄이지만 동시에 이런 방식으로 주어진 하나님의 벌이라고 생각된다. 그러나 그럼에도 불구하고 형벌의 끝자락에 은총이 나부낀다.

스스로 해결하지 못하는 이 문제의 열쇠는 과연 무엇인가? 창조의 본래적인 질서로 돌아가게 하시는 창조주 하나님 자신이다. 그분에게 돌아가야 한다. 기도해야 한다. 다윗은 죄를 죄로 여기지 않고 당연한 일상으로 여겨 결국 숨어버린 죄와 허물을 깨닫고 벗어나게 해 달라고 하나님 앞에 엎드렸다. 나아가 알고도 짓는 고범죄도 스스로 멈추거나 중단할 수 없어서 그는 하나님께 그 죄가 자신을 주장하지 못하게 해 달라고 기도했다(시 19:12-13). 이는 알게 모르게 짓는 모든 죄악들에 대응하는 우리의 지혜는 바로 하나님께 도움을 구하는 기도임을 가르친다. 우리가 아무것도 못하는 전적인 무기력의 절망적인 상태는 파멸의 경고인 동시에 오직 하나님만 찾아야 한다는 신적인 배려의 마지막 메시지다. 이처럼 그런 절망의 상태조차 그 끝에는 놀랍게도 하나님의 사랑과 자비라는 기회가 기다리고 있다. 이 세상에 완전한 절망이 없는 이유는 살아있는 동안에는 아직 기도가 남아있기 때문이다.

[28]또한 그들이 하나님을 살펴 인지의 차원에서 모시고자 하지 않음을 따라 하나님이 그들을 인정받지 못한 지성으로 넘기시고 합당하지 않은 일을 행하게 하시므로, [29]그들은 모든 불의, 추악, 탐욕, 악의가 가득하고, 살인, 분쟁, 사기, 악독, 험담, [30]비방, 하나님 증오, 능욕, 교만, 자랑, 악의 도모, 부모에 대한 불순종, [31]우매함, 언약의 파괴, 무지와 무자비로 가득하게 된 자입니다

이제 바울은 타락의 다른 양상과 더불어 그 이유를 소개한다. 즉 사람들은 하나님을 지성과 인지 속으로 모시기를 싫어한다. 오히려 많은 사람들은 하나님이 없다고 하거나 죽었다고 한다. 혹시 하나님이 있다고 하더라도 자연의 질서나 인간의 삶에는 관여하지 않는다고 한다. 어떤 식으로든 하나님의 존재를 지우거나 하나님의 섭리를 거부하려 한다. 알 필요도 없는 존재라고 무시한다. 이는 무지함 때문에 하나님을 몰라서 발생하는 것이 아니라 모든 피조물 안에 분명히 나타난 하나님의 존재를 알고 있음에도 불구하고 그 하나님 인정하는 것을 애써 싫어하는 적극적인 행위이다. 하나님을 자신의 인식과 지각의 테두리 밖으로 차갑게 밀어내는 인간의 의도적인 거부에 대해 하나님은 그들을 인정받지 못한, 미덥지 못한 지성으로 넘기시고 합당하지 않은 일을 행하게 놔두신다.

하나님은 선악을 판단하는 주체이고 기준이다. 이런 하나님을 인식의 중심에 모시지 않으면 마음의 보좌는 결국 승인되지 않은 지성이 차지한

다. 그런 지성은 인간에게 올바른 정보를 제공하지 못하기 때문에 분별력과 판단력의 작용은 마비된다. 그릇된 것을 옳다고 하고 옳은 것을 그릇된 것이라고 매도하게 된다. 신뢰할 수 없는 지성을 신뢰하고 그 지성의 지시를 따라 결국 합당하지 않은 악을 저지르게 된다. 지성도 진리의 하나님을 주인으로 모시지 않으면 거짓의 아비인 마귀의 아지트가 된다.

하나님의 형상을 따라 지음을 받은 사람들이 하나님의 진리를 의식과 지성의 중심에 모시지 않으면 진리의 역방향을 질주한다. 사람들의 왜곡된 기호와 판단을 따라 저질러진 부당한 일들을 바울은 조목조목 열거한다. 바울이 말하는 합당한 일과 합당하지 않은 일의 기준은 무엇인가? 하나님을 우리의 지성에 두느냐 두지 않느냐의 여부가 기준이다. 하나님을 중심으로 생각하면 합당한 일을 행하고 하나님을 꺼려하는 마음이 지성을 차지하면 합당하지 않은 일에 매달리게 된다.

"모든 불의"(πᾶσ ἀδικία). 하나님을 마음에 두기를 싫어하는 사람의 마음에는 모든 불의로 가득하게 된다. 여기에서 "가득함"은 차고 넘치는 상태를 가리킨다. 일시적인 마음의 일탈이 아니라 지속적인 상태라는 사실이 심각하다. 하지만 하나님은 무엇을 행하든지 의로운 분이시고 의를 행하신다. 그러나 그런 하나님을 지성에서 제외하면 창조자에 대해 가져야 할 마땅한 마음의 자세는 무너진다. 그런 마음의 상태에서 무엇을 하더라도 의롭지 않기 때문에 모든 종류의 불의를 저지르게 된다.

"추악"(πονηρία). 추악은 자신과 타인을 해치고자 하는 적극적인 마음의 상태를 가리킨다. 하나님은 행복과 기쁨을 주시는 선한 분이시다. 그의 형상대로 지음을 받은 인간의 인격과 삶도 그런 아름다운 선함으로 물들어야 한다. 그러나 그런 선의 근원이신 하나님을 떠난 사람은 불행을 추구하고 재난을 일으키고 사회를 위태롭게 한다. 비난을 받아 마땅한 부도덕의 대명사가 된다.

"탐욕"(πλεονεξία) 하나님은 늘 베푸는 분이시다. 인간의 본래 본성도 베푸는 것을 좋아한다. 그러나 하나님을 등지면 탐욕의 노예로 전락한다. 무엇이든 더 많이 취하려는 의욕이 의식을 지배한다. 나누지 않고 취하려는 의욕의 출처는 타락한 본성이다.

"악의"(κακία). 하나님은 유일하게 선한 분이시다. 그 하나님을 마음에 모시면 선으로 가득하나 배척하면 악한 의지로 가득하게 된다. 자신을 선하게 할 의도도 없고 타인에게 고통을 주려는 악의 화신으로 전락한다.

"시기"(φθόνος). 시기는 타인이 가진 것을 자신도 가지고 싶어서 타인을 미워하는 마음의 표정이다. 칼뱅이 말한 것처럼, 이런 시기의 마음을 가진 사람은 가지지 못한 것에 대해서는 불평하고 그것을 가지면 자랑하고 떠벌리며 가지지 못한 자들을 무시한다.

"살인"(φόνος). 하나님은 생명을 주시고 죽은 자도 살리는 분이시다. 그런 하나님을 중심으로 생각하지 않으면 영원한 생명을 소중하게 여기지 않고 타인의 생명을 빼앗는 살인도 저지르게 된다.

"분쟁"(ἔρις). 하나님은 삼위일체 속에 완전한 사랑의 연합을 이루는 분이시다. 그 하나님을 의식의 중심에 모시면 우리는 서로를 사랑하며 늘 화목하게 된다. 그러나 우리 자신을 생각의 기준으로 삼으면 반드시 갈등과 대립이 발생하고 급기야 다투고 분열한다.

"사기"(δόλος). 사기는 합당하지 않은 방법으로 유익을 취하려는 마음의 작용이다. 하나님은 정직한 분이시다. 그러나 그런 하나님 앞에서의 의식이 흐려지면 타인을 속여서 무언가를 부당하게 갈취하는 사기를 저지른다.

"악독"(κακοήθεια). 악독은 모든 것을 나쁘게 해석하고 부정적인 반응을 보이려는 마음의 태도를 가리킨다. 하나님은 우리가 잘 되기를 바라신다. 그러나 그런 하나님 대신에 인간의 부패한 본성이 마음을 다스리면 타인이 잘 되는 것을 싫어하고 아파한다. 오히려 타인이 고통과 아픔과 실패와 절망으로 아파하는 것을 은근히 바라고 부추긴다.

"수근수근"(ψιθυριστής). 하나님은 모든 이에게 진실하다. 그러나 하나님을 마음에 두기를 싫어하면 개개인에 대해 직접 대면하여 소통하지 않고 은밀하게 타인의 단점을 다른 타인에게 노출하고 때로는 왜곡하고 부풀린다. 발설한 자의 신분이 드러나지 않으면서 타인에게 고통과 수치와 불이익이 돌아가게 하는 비겁한 죄를 저지른다.

"비방"(κατάλαλος). 하나님은 겉과 속이 같고 앞과 뒤가 같으시다. 그런 하나님을 떠난 사람은 비록 앞에서는 친구와 동역자와 섬김의 태도를 취하지만 보이지 않는 곳에서는 뒤통수를 친다. 헐뜯고 비방하고 공격한다.

"하나님에 대한 미움"(θεοστυγής). 하나님은 사랑이다. 그런 하나님을 싫어하면 사랑도 배척하게 된다. 하나님을 증오하게 되고 타인도 증오하게 된다. 결국 그런 식으로 자기 자신도 미워하게 된다. 모든 미움은 하나님에 대한 미움의 파생이다.

"능욕"(ὑβριστής). 하나님을 인정하지 않는 사람은 타인을 쉽게 모욕한다. 하나님도 죽었다고 말하는데 인간에 대해 조롱과 멸시를 가하는 것은 식은 죽 먹기다. 그러나 하나님은 자긍심의 근원이다. 하나님을 인정하고 자신의 마음에 모신 사람은 모욕을 당하지도 않고 타인을 모욕하는 일도 경계한다.

"교만"(ὑπερήφανος). 하나님은 창조자의 자리에서 내려와 피조물의 허름한 옷을 입고 사랑을 베푸는 분이시다. 그러나 그 하나님을 멀리하면 인간은 자신을 높이고 타인을 낮추려는 성향이 발동한다. 나아가 하나님도 자기보다 낮추려고 한다. 그러나 하나님을 주인으로 모실 때에 인간은 비로소 자신의 자리를 이탈하지 않고 자신의 주제와 본분을 파악한다. 나보다 남을 낮게 여기는 겸손의 주인공이 된다.

"자랑"(ἀλαζών). 우리의 존재와 삶은 은혜의 결과이기 때문에 하나님을 인정하는 자는 자랑하지 않는다. 그러나 하나님을 인정하지 않으면 모든 성취의 공로를 자신에게 돌리며 자랑한다. 무엇을 하든 자신을 드러내고 자신의 증인으로 살아간다.

"악들의 도모"(ἐφευρετὰς κακῶν). 선하신 하나님을 떠난 인간은 아무것도 모르는 어린 시절부터 악을 도모한다(창 8:21). 그러나 악조차도 선으로 능히 바꾸시는 하나님을 마음에 모시면 악의 공작이 중단된다.

"부모 거역"(γονεῦσιν ἀπειθεῖς). 존재의 근원이신 하나님을 인정하지 않으면 육신의 부모에 대해서도 순종하지 않고 부모의 권위를 무시하며 거역한다.

"우매함"(ἀσύνετος). 여호와를 경외함이 지혜의 근원인데 그 하나님을 인정하지 않는 사람은 당연히 지혜와 결별한다. 그의 성품과 삶에는 우매함이 가득하다.

"배약"(ἀσύνθετος). 우리에게 사랑의 약속을 주신 하나님을 거부하면 인간의 약속도 쉽게 파기한다.

"무지"(ἄστρογος). 진리의 빛이신 하나님을 인정하지 않고 그의 가르침을 거부하면 사람들의 지성은 마비된다.

"무자비"(ἀνελεήμων). 자비와 긍휼의 하나님을 인정하지 않으면 타인에게 자비를 베풀지 않는 냉혈한이 된다.

사회에 만연한 이러한 죄악들을 기독교는 이렇게 해석한다. 즉 바울이 열거한 이 모든 죄악들은 하나님을 자신의 시성에 모시지 않은 자들에게 나타나는 죄악이며 형벌이다. 하나님의 속성들과 성품들의 부재가 바로 죄악이고 형벌이다. 이 죄악들은 일종의 형벌이기 때문에 그 형벌을 초래한 원인을 제거해야 궁극적인 문제가 해결된다. 즉 하나님을 경외의 유일한 대상으로 삼아 그에게 영광과 감사를 돌리고 그분의 뜻을 인생의 질서로 삼아 살아갈 때에 이 모든 인간의 죄악들이 해결된다. 이런 해결책의 다른 대체물은 없다.

2장 하나님의 공의로운 심판

³²그들이 이같은 일을 행하는 자는 사형에 해당한다고 하나님께서 정하심을 알고도 자기들만 행할 뿐 아니라 또한 그런 일을 행하는 자들을 옳다 하느니라 ¹그러므로 남을 판단하는 사람아, 누구를 막론하고 네가 핑계하지 못할 것은 남을 판단하는 것으로 네가 너를 정죄함이니 판단하는 네가 같은 일을 행함이니라 ²이런 일을 행하는 자에게 하나님의 심판이 진리대로 되는 줄 우리가 아노라 ³이런 일을 행하는 자를 판단하고도 같은 일을 행하는 사람아, 네가 하나님의 심판을 피할 줄로 생각하느냐 ⁴혹 네가 하나님의 인자하심이 너를 인도하여 회개하게 하심을 알지 못하여 그의 인자하심과 용납하심과 길이 참으심이 풍성함을 멸시하느냐 ⁵다만 네 고집과 회개하지 아니한 마음을 따라 진노의 날 곧 하나님의 의로우신 심판이 나타나는 그 날에 임할 진노를 네게 쌓는도다

❖ ❖ ❖

³²그들은 이러한 일들을 행하는 자들에게 죽임이 합당한 것이라는 하나님의 의로운 정하심을 알고도 그들이 그 일들을 행하는 것만이 아니라 또한 그것을 행하는 자들과 더불어 기뻐하고 있습니다 ¹그러므로 오 판단하는 모든 이들이여! 그대는 변론의 여지가 없습니다 이는 남을 판단하는 것으로써 당신 자신을 정죄하기 때문인데 판단하는 자가 동일한 짓을 저지르고 있는 탓입니다 ²이러한 일을 행하는 자들에게 하나님의 심판이 진리를 따라 된다는 것을 우리는 알고 있습니다 ³오 그러한 일들을 행하는 자들을 비판하고 동일한 일을 저지르는 자들이여! 당신은 하나님의 심판을 모면할 것이라고 생각하고 있습니까? ⁴혹시 당신은 하나님의 인자가 당신을 회개로 이끈다는 것에 무지한 채 그의 인자와 관용과 인내의 풍성함을 멸시하고 계십니까? ⁵그러나 당신은 자신의 완고함과 회개하지 아니한 마음을 따라 하나님의 의로우신 심판이 나타나는 진노의 날에 자신에게 임할 진노를 쌓고 있는 것입니다

09 죄인에 대한 두 종류의 평가

하나님을 경외하지 않고 영광과 감사를 돌리지 않은 인간은 그 거짓되고 부패한 마음을 따라 스스로 종교적인 타락과 감성적인 타락과 의지적인 타락과 지성적인 타락에 빠져 온갖 죄악들을 저지른다. 본문에서 바울은 죄를 저지르는 사람들에 대한 두 종류의 평가를 소개하고 마지막 진노의 날에 하나님의 심판이 그들 모두에게 임할 것이라고 경고한다. 하나는 자신이 저지르는 죄를 동일하게 저지르는 사람들을 옳다고 말하며 그들을 두둔하고 기뻐하며 반기는 자들이다. 다른 하나는 죄악을 저지르는 자들에게 비판을 가하면서 자신들도 동일한 죄를 저지르는 자들이다.

> [32]그들은 이러한 일들을 행하는 자들에게 죽임이 합당한 것이라는
> 하나님의 의로운 정하심을 알고도 그들이 그 일들을 행하는 것만이 아니라
> 또한 그것을 행하는 자들과 더불어 기뻐하고 있습니다

바울은 하나님의 법을 거역하는 죄악들을 저지르는 사람들의 행위를 옳

다고 두둔하는 심지어 기뻐하며 반기는 사람들을 먼저 소개한다. 진실로 죄악을 저지르는 사람들은 사형에 해당한다. 이것이 하나님의 의로운 정하심에 따른 결과라는 사실은 사람들도 안다. 이 세상에는 사람들의 합의와 노력을 가지고도 변경할 수 없는 절대적인 질서들이 있다. 사회법을 바꾼다고 해서 바뀌는 것이 아닌 질서들이 있다. 물은 높은 곳에서 낮은 곳으로 흐르고, 빛은 어둠을 몰아내고, 진실이 거짓을 반드시 이기고, 태어난 모든 사람은 때가 이르러 죽음을 맞이한다. 죄와 죽음의 관계도 그러하다. 죄의 대가는 사망이다. 이것은 하나님의 의로운 결정이다. 누구도 변경하지 못하고 누구도 모르지 않다는 게 바울의 선언이다. 지금도 세상에는 1초에 두 명의 사람이 죽어간다. 죽음이 하나님께 지은 죄의 결과라는 사실을 초 단위로 온 인류에게 증거하고 있다. 죽음이 없는 가정은 없고, 죽음이 없는 마을도 없고, 죽음이 없는 민족도 없고, 죽음이 없는 나라도 없고, 죽음이 없는 시대도 없기에 모든 사람이 죄와 죽음의 관계성을 무의식중에라도 인지할 수밖에 없는 현상들이 이 세상에는 즐비하다.

그럼에도 불구하고 사람들은 죄를 저지른다. 죄를 저지르면 자신의 부끄러운 정욕과 하나님을 싫어하고 인정하지 않는 마음의 정당화를 위해 타인으로 하여금 이 동일한 죄악을 범하도록 부추긴다. 타인이 자신의 죄와 동일한 죄를 저지르면 범죄한 어깨를 두드리며 칭찬한다. 최고의 동료요 파트너인 것처럼 반갑게 맞이한다. 사회에서 어떤 사람의 죄악이 드러나면 그는 유사한 죄를 저지른 사람과 연대하여 그 죄의 합리화를 그런 식으로 도모한다. 자신의 죄를 옳게 만들려고 타인과 협력하여 불법의 합법화를 시도한다. 처음에는 동일한 범죄자의 수를 늘이다가 급기야는 법을 바꾸어 다수결의 단계를 넘어 법적인 지지까지 획득한다. 모든 것을 벌거벗은 것처럼 보고 계시는 하나님의 눈동자는 무시하고 법과 여론의 눈만 덮으려고 한다. 아우구스티누스는 정의가 없는 왕국을 강도떼와 비교한다. 불의가 합법화된 왕국은 마치 "두목 한 사람의 지배를 받고 공동체의 규약에 의해 조직되며 약탈물은 일정한 원칙에 따라 분배"하는 강도떼와 유사하기 때문이다(*De civitate Dei*, IV, iv). 알렉산더 대왕의 문초에 반응하는 어느 해적의 답변처럼, 배 한 척으로 바다를 괴롭히는 해적과 큰 함대로 세계를 괴롭히는 황제는 피차일반이다. 약탈의 합법화와 약탈하는 수단의 규모에 있어서의 차이일 뿐 죄의 내용은 동일하기 때문이다.

자신을 가리려는 의도가 없더라도 죄는 보편화나 합법화를 통해 강한 전염성을 나타낸다. 죄 지은 사람을 가까이 하면 죄를 저지르게 된다. 친구들 사이에는 취미라는 이름으로, 공동체 안에서는 내규를 세우는 방식으로, 국가는 법제화를 통해 각 기관에 속한 구성원들 모두에게 죄를 자극한다. 죄에 전염되지 않기 위해서는 그런 집단에 속하지 않는 게 상책이다. 그래서 다윗은 "악인들의 꾀를 따르지 아니하며 죄인들의 길에 서지 아니하며 오만한 자들의 자리에 앉지 아니하는" 자가 되라고 권고한다(시 1:1). 이는 악인에 대해서는 그가 사용한 전략과 지나간 길과 머문 자리도 가까이 하지 말라는 교훈이다. 같은 맥락에서 악은 흉내도 내지 말라고 바울은 강조한다(살전 5:22).

믿음의 선배들은 예수께서 이 세상에 오신 이유가 죄를 없애려는 것이라는 사실을 분명히 인식하고 그 죄와 싸우기 위해 죄의 속성들에 집요한 관심을 기울였다. 죄악을 저지른 자들은 하나님의 정하심을 알고도 무시하며 동일한 범죄자를 두둔하고 기뻐한다. 어떻게 죄를 두둔하고 심지어 기뻐할까? 도대체 왜? 잠잠하지 않는 죄의 적극성 때문이다. 죄를 더 이상 죄가 아니라 정상적인 삶이라고 인식하게 만드는 죄의 적극적인 설득 때문이다. 동일한 범죄자를 옳다고 함으로써 자기도 계속 저질러도 되는 명분을 쌓으려는 죄의 반복성 때문이다. 앞으로도 죄를 짓지 아니할 수 없기 때문에 이왕 그렇게 된 거 두둔하고 기뻐하는 게 좋다고 여기게 만드는 죄의 중독성 때문이다. 동일한 범죄자를 두둔하고 기뻐하여 사람들로 하여금 죄를 가볍게 여기고 오히려 이끌리게 만들어서 결국 자신과 타인의 인생 모두를 파괴하는 죄의 폭력성 때문이다. 자신이 죄인으로 드러나지 않도록 타인의 동일한 죄를 두둔하고 기뻐하며 죄인의 거대한 무리 속으로 숨으려는 죄의 은닉성 때문이다. 더 많은 타인들이 자기와 동일한 죄를 짓도록 자극하는 죄의 전염성 때문이다. 보다 많은 사람들을 죄의 노예로 부리려는 죄의 보편성 때문이다. 동일한 범죄자를 두둔하고 기뻐하는 것은 사실 이해할 수 없는 히스테리 같다. 미친 사람, 미친 사회가 아니고서 어떻게 그러한 일이 가능할까? 그러나 정치와 경제와 사회와 교육 등 모든 분야에서 이러한 일들은 지금도 목격된다. 이는 바울이 2000년 전부터 지적한 일들이다. 그것은 모든 역사 속에서의 진행형 현상이다.

죄라는 것은 특이하다. 기준치를 넘어가도 죄이고 기준치에 미치지 못하여도 죄로 분류된다. 즉 하나님의 명령에 대한 반응의 과잉과 결핍은 모두 죄로 간주된다. 그래서 죄를 해결하기 위해서는 적정선의 유지가 중요하다. 신적인 명령의 적정선을 벗어나는 모든 존재는 죄를 저지르고 사망의 문턱을 넘어서게 된다. 적정선의 유지는 우리의 능력이나 노력이 아니라 성령의 도우심에 있다. 그것은 성령의 도우심을 바라며 늘 주님을 의지해야 가능하다.

[1]그러므로 오 판단하는 모든 이들이여! 그대는 변론의 여지가 없습니다
이는 남을 판단하는 것으로써 당신 자신을 정죄하기 때문인데
판단하는 자가 동일한 짓을 저지르고 있는 탓입니다

죄는 미워해야 한다. 그러나 죄를 저지른 사람에 대한 태도는 사랑과 긍휼이다. 바울은 우리가 미워해야 할 다양한 죄의 종류를 언급한 이후에 범법자를 비판하되 자신들도 동일한 죄를 범하는 자들에게 경고한다. 판단하는 모든 자는 재판관과 같은 고위직의 사람들일 가능성이 높다. 그러

나 이 판단은 모든 사람들이 행하는 일이기 때문에 소수의 특권층에 국한하지 않지 않고 모든 사람에게 해당된다. 자, 바울은 그들이 변론의 여지가 없는 명백한 유죄라고 선언한다. 이는 남을 판단하는 근거가 된 그 죄를 판단자도 동일하게 저지르기 때문이다. 처음에 판단은 타인을 겨냥한 것이지만 결국 그것은 부메랑이 되어 자신에게 돌아온다. 여기에서 우리는 모든 사람들의 행위에 대해 동일한 기준이 적용되고 있음을 확인한다. 사람들은 남이 나쁜 짓을 하면 불륜이라 하고 자기가 동일한 짓을 저지르면 로맨스라 한다. 이는 자신과 타인에게 다른 기준을 적용하기 때문이다. 그래서 인간은 어떤 사람에 대해서도 심판자가 될 자격이 없으며 그 자격은 오직 전혀 변함이 없으신 하나님께 있다. 심지어 주님도 이 세상에 계실 때에는 아무도 판단하지 않으셨다(요 8:15). 이는 판단하는 분이 하늘에 계시기 때문이다(요 8:50). 이러한 가르침에 따라 바울도 주께서 다시 오실 때까지 "아무것도 판단하지 말라"(고전 4:5)고 권면한다. 혹시 타인에게 판단을 받더라도 바울은 그것을 "매우 작은 일"로 여겼으며 심지어 자신도 자기를 판단하지 않는다고 한다(고전 4:3). 내가 타인을 판단하는 것, 타인이 타인을 판단하는 것, 타인이 나를 판단하는 것, 내가 나를 판단하는 것은 모두 부당하다. 그러면서 바울은 이렇게 고백한다. "나를 심판하실 이는 주시니라"(고전 4:4).

이 세상에 존재하는 모든 죄는 나도 저지를 가능성이 있다. 그렇다면 죄를 저지른 사람에게 비판의 돌을 던질 자격의 소유자는 과연 누구인가? 다른 사람이 저지른 죄를 나도 저지르고 있는데 누가 누구를 판단할 수 있겠는가? 그런데도 판단을 하니 변명할 수 없다는 점을 바울은 분명히 못 박았다. 죄악을 저지르는 사람들을 판단하지 않는다면 과연 우리가 할 수 있는 일은 무엇인가? 죄악을 저지르는 사람들을 긍휼히 여기며 그들에 대해 세상의 빛과 소금의 사명을 삶으로 완수해야 한다. 어둠 가운데에 있었지만 이제 빛 가운데로 이끌림을 받은 사람들은 이제 세상의 편만한 풍조를 따르지 말고 육체의 욕심을 따라 살아가지 말고 육체와 마음의 소원에 너무 충실하지 말라. 진리에서 나오는 의로움과 거룩함 안에서 지으심을 받은 새 사람으로 살아가야 한다. 새 사람은 진리에 기초한 의로움과 거룩함을 추구한다. 이로써 거짓에 기초한 불의함과 불경함을 판단한다. 여기에는 입술이 아니라 진리의 의로움과 거룩함을 나타내는 삶이 세상에 대한 판단의 방식이다. 이러한 판단의 원형은 하나님께 있다. 거룩하신 하나님은 의로 세계를 심판하고 진리로 백성을 심판하는 분이라고 시인은 고백한다(시 96:13). 이처럼 궁극적인 판단은 우리에게 있지 않고 하나님의 고유한 권한이다.

²이러한 일을 행하는 자들에게 하나님의 심판이 진리를 따라 된다는 것을
우리는 알고 있습니다

바울에 따르면, 하나님의 심판은 악을 행하는 모든 자들에게 절대적인 진리의 기준을 따라 내려진다. 여기에서 우리가 주목해야 할 부분은 하나님의 심판이 과거나 미래가 아니라 지금 진행되고 있다는 사실이다. 즉 현재진행형 심판이다. 물론 주께서 다시 오실 때에 모든 인생을 결산하는 종말의 심판도 있지만 일상의 심판도 엄연히 존재한다. 종말의 심판은 5절에서 언급된다. 그러나 하나님은 아침마다 우리를 찾으시고 매 순간마다 우리를 시험하는 분이시다(욥 7:18). 그의 공정한 시선은 침을 삼키는 동안에도 우리를 떠나지 않으신다(욥 7:19). 집요한 관심과 사랑에 감사를 드리지만 두렵기도 하다. 이는 하나님의 사랑과 정의가 동시에 매 순간마다 우리에게 임하기 때문이다.

바울은 하나님의 심판이 모든 죄인에게 주어짐을 분명히 알고 있으며 우리도 알아야 할 것이라고 강조한다. 심판의 현재성을 망각하면 사람들

은 방자하게 행할 가능성이 높아지기 때문이다.

하나님의 심판은 진리를 따라 공정하게 집행된다. 진리는 말씀이다. 즉 구약에 기록된 하나님의 모든 약속이 심판의 기준이다. 심판에 있어서 하나님은 선지자를 통해 약속한 그대로 행하신다. 그 말씀은 단 하나도 땅에 헛되이 떨어짐이 없다. 하나님의 입에서 나온 모든 말씀은 결코 헛되이 돌아가지 않고 그의 기뻐하는 뜻을 이룬다고 이사야는 기록한다(사 55:11). 예수의 증거도 동일하다. "진실로 너희에게 이르노니 천지가 없어지기 전에는 율법의 일점일획도 결코 없어지지 아니하고 다 이루리라"(마 5:18). 진리를 주신 분과 진리를 이루시는 분이 동일하다. 주어진 진리는 계시이고 이루어진 진리는 심판이다. 계시와 심판은 결코 어긋남이 없다. 정확히 일치한다. 하나님의 진리 이외에 심판의 다른 기준은 없으며 다른 기준이 개입하는 순간 심판의 정의는 무너진다. 하나님은 오직 진리 자체이신 그리스도 예수에게 심판의 기준과 주권을 맡기셨다. 즉 진리에 따른 하나님의 심판은 그리스도 예수에 의한 심판을 의미한다.

우리는 하나님의 심판이 지금도 진행되고 있다는 사실을 깨달아야 한다. 심판의 하나님이 계시다는 사실을 알고 범사에 인정해야 한다. 그렇지 않으면 해괴한 착각이 우리의 의식을 지배하고 우리의 삶을 조정한다.

³오 그러한 일들을 행하는 자들을 비판하고 동일한 일을 저지르는 자들이여!
당신은 하나님의 심판을 모면할 것이라고 생각하고 있습니까?

죄인을 비판하며 자신도 동일한 죄를 저지르는 자들은 대체로 하나님의 심판을 모면할 것이라고 생각한다. 하나님의 심판이 자신에게 지금도 내려지고 있다는 사실을 인정하지 않으면 현상을 기준으로 혹은 외모를 기준으로 삼아 판단한다. 눈에 보이는 가시적인 형벌이 즉각 주어지지 않으니까 하나님은 없고 하나님의 현재적인 심판도 없다는 착각에 휩싸인다. 이는 심판도 없고 심판자도 없다는 착각이다. 그러니까 동일한 죄를 계속해서 저지른다. 전도자의 관찰이다. "악한 일에 관한 징벌이 속히 실행되지 않으므로 인생들이 악을 행하는 데에 마음이 담대하다"(전 8:11). 하나님을 모르는 사람들은 가시적인 징벌이 없다는 확신 때문에 죄를 담대하게 저지른다. 그러나 하나님을 아는 사람들도 징벌이 즉각 주어지지 않거나 더디다고 판단되면 죄를 범하는 데에 마음이 동일하게 담대하다. 이에 대해 바울은 이렇게 표현한다. "그들이 하나님을 시인하나 행위로는 부인하니 가증한 자요 복종하지 아니하는 자요 모든 선한 일을 버리는 자니라"(딛 1:16). 신학자는 이런 자들을 "실천적 무신론의 옹호자"라 한다. 그들이 입으로는 하나님을 시인하여 마치 구원을 받은 자인 것처럼 여기지만 삶의 실천에 있어서는 하나님이 없다. 말과 행동이 다르니 가증하다. 입술로만 하나님의 명령에 순종하고 삶으로는 그것을 거부한다. 행하지 않으므로 그들은 하나님의 명령에 담긴 모든 선한 일을 모조리 외면한다. 이는 모두 하나님의 심판을 피할 수 있다는 착각이 시킨 일들이다. 하지만 하나님의 심판은 깨닫지 못하여 오해하고 인정하지 않아도 매 순간마다 내려진다.

이제 바울은 하나님의 심판을 피할 수 있다고 생각하여 대범하게 죄악을 저지르는 자들의 보이지 않는 은밀한 문제 두 가지 즉 하나님에 관한 것과 인간에 관한 것을 지적한다. 첫째 문제는 하나님의 성품과 섭리를 인간이 멸시하는 문제이고, 둘째 문제는 인간이 마지막 심판의 날에 임할 하나님의 진노를 축적하는 문제이다.

⁴혹시 당신은 하나님의 인자가 당신을 회개로 이끈다는 것에 무지한 채 그의 인자와 관용과 인내의 풍성함을 멸시하고 계십니까?

첫째 문제는 하나님의 성품과 관계한다. 죄를 저질러도 하나님의 즉각적인 형벌이 주어지지 않는 것은 하나님의 성품과 섭리 때문이다. 예레미야 선지자의 고백처럼, 하나님의 인자와 긍휼은 무궁하다. 그래서 우리가 극악한 죄를 저질러도 우리의 부패한 기호를 철퇴로 응징하지 않으시고 관용을 베푸시며 그 관용의 길이를 무궁하게 만드신다. 그래서 인간이 당장 진멸되지 않는 호사를 누리는 게 가능하다(애 3:22). 인자와 긍휼을 따라 관용을 베푸시고 길이 참으시는 이유는 죄인이 하나님께 돌아오는 회개를 위함이다. 그런데 사람들은 하나님의 인자한 성품에 근거한 관용과 인내를 징벌의 없음으로 해석하고 계속해서 죄악을 저지른다. 그렇게 함으로써 그들은 하나님을 비웃는다. 하나님의 인자한 성품과 자비로운 섭리를 모독한다. 이는 마치 선을 악으로 갚는 형국이다. 이는 하나님이 베푸시는 은혜를 망각하는 정도가 아니라 은혜의 하나님을 배신하고 대적하는 수준이다.

⁵그러나 당신은 자신의 완고함과 회개하지 아니한 마음을 따라 하나님의 의로우신 심판이 나타나는 진노의 날에 자신에게 임할 진노를 쌓고 있는 것입니다

둘째 문제는 범죄자 자신의 심판과 관계한다. 하나님께 돌이킬 기회가 주어져도 회개하지 않고 타락한 본성에 충실하고 죄악 행하려는 고집을 꺾지 않는 자에게는 심각한 어려움이 발생한다. 즉 당장 하나님의 징계가 주어지지 않아서 더욱 담대하게 지속적인 죄를 저지르면 하나님의 의로운 심판이 나타나는 진노의 날에 자신에게 임한 진노의 종류는 많아지고 분량은 늘어나고 정도는 심해진다. 자비로운 하나님은 동시에 의로운 분이시다. 구원을 베푸시는 동시에 심판도 내리신다. 자비로운 사랑을 베푸실 때에 돌이켜 감사하지 않으면 인생을 결산하는 진노의 날에 하나님의

의로운 심판이 무섭게 내려진다. 하나님의 형벌이 주어지지 않는다고 안심하며 실컷 저지른 죄악의 분량은 고스란히 진노의 땔감으로 비축된다. 하나님의 심판을 기억하고 늘 그분을 경외해야 한다.

하나님을 떠나 자신의 타락한 본성을 따라 살아가는 사람들은 두 종류로 구분된다. 즉 죄악을 저지른 죄인들의 행위를 옳다고 두둔하며 그것을 기뻐하는 자들과 죄인의 행위를 비판하는 동시에 자기도 동일한 죄를 저지르는 자들이다. 이들은 모두 하나님의 공의로운 심판을 따라 죽음을 당하는 것이 합당하다. 비판을 하면서도 동일한 죄를 저지르는 자들에 대해 하나님은 그들이 행한 그대로 갚지 않으시는 인자와 관용과 인내의 신이시며, 동시에 인간이 행한 그대로 갚으시는 정의와 공의와 심판의 신이시다. 그런 하나님 앞에서 우리는 속히 회개해야 한다. 만약 죄를 뉘우치고 죄를 돌이키고 하나님의 뜻을 따라 살아가는 회개가 없으면 끔찍한 일이 발생한다. 그러나 회개하면 하늘과 땅의 놀라운 기쁨으로 충만하게 된다. 하나님은 지금도 무궁한 긍휼로 관용을 베푸시고 길이 참으신다. 이런 하나님을 멸시하지 말고 경외하자.

6하나님께서 각 사람에게 그 행한 대로 보응하시되 **7**참고 선을 행하여 영광과 존귀와 썩지 아니함을 구하는 자에게는 영생으로 하시고 **8**오직 당을 지어 진리를 따르지 아니하고 불의를 따르는 자에게는 진노와 분노로 하시리라 **9**악을 행하는 각 사람의 영에는 환난과 곤고가 있으리니 먼저는 유대인에게요 그리고 헬라인에게며 **10**선을 행하는 각 사람에게는 영광과 존귀와 평강이 있으리니 먼저는 유대인에게요 그리고 헬라인에게라 **11**이는 하나님께서 외모로 사람을 취하지 아니하심이라

❖ ❖ ❖

6하나님은 각 사람에게 그의 행위를 따라 보응을 내리시되 **7**선행의 인내를 가지고 영광과 존귀와 썩지 아니함을 구하는 자에게는 영원한 생명으로 하시지만 **8**사사로운 욕망으로 진리에 순종하지 않고 불의를 따르는 자에게는 진노와 분노로 하실 것입니다 **9**악을 실행하는 사람의 모든 영에게는 환난과 곤고가 먼저는 유대 사람에게 그리고 헬라 사람에게 있을 것입니다 **10**선을 행하는 모든 이에게는 영광과 존귀와 평강이 먼저는 유대 사람에게 그리고 헬라 사람에게 있을 것입니다 **11**이는 하나님께 어떠한 치우침도 없는 탓입니다

10

하나님의 의로운 심판

하나님은 모든 사람에게 의로운 심판을 내리시는 분이시다. 그분은 신분이나 민족이나 계층이나 성별이나 노소나 빈부를 따라 어떠한 치우침도 없는 공정한 판결과 심판을 내리신다. 이러한 하나님의 섭리는 공의와 정의라는 신적인 속성의 표출이다. 우리는 믿음의 눈으로 하나님의 공의와 정의를 온 세상에서 목격하고 고백하는 증인으로 살아가야 한다.

> [6]하나님은 각 사람에게 그의 행위를 따라 보응을 내리시되

하나님은 각 사람에게 그의 행위를 따라 합당한 보응을 내리는 분이시다. 보응(ἀποδίδωμι)은 어떤 상태나 행위에 상응하는 것을 돌려주는 신적인 섭리를 의미한다. 하나님이 친히 정하신 이 보응의 섭리를 없애거나 변경할 피조물은 없다. 모든 피조물은 섭리의 변수가 아니라 섭리의 대상이다. 우리가 삶 속에서 경험하는 인과응보, 권선징악 등의 현상은 우연히 이루어진 일이 아니라 보응의 섭리가 인간의 의식에 감지된 내용이다. 그

러나 그러한 현상의 배후에는 우리가 의식하지 못한 보응의 내용도 존재한다. 그러므로 보이는 보응이 전부가 아니기에 현상이 보이지 않는 때에라도 하나님의 정의로운 보응은 진행되고 있음을 의식해야 한다.

보응의 기준은 각 사람의 행위라고 바울은 명시한다. 하나님은 각 사람이 행한 그대로 갚으신다. 이것은 바울만의 새로운 가르침이 아니라 구약에서 늘 가르치던 섭리였다(삿 1:7, 겔 16:59, 33:20, 렘 25:14, 51:24, 욥 1:15). 우리가 행한 그대로가 우리에게 대가로 돌아오는 것은 이 보응의 섭리 때문이다. 보응의 기준이 되는 행위의 개념은 무엇인가? 눈에 보이는 외적인 행위만을 의미하는 것이 아니라는 사실을 바울은 이렇게 설명한다. "사람이 무엇으로 심든지 그대로 거두리라"(갈 6:7). 여기에서 심는다는 말은 단순히 몸의 행위에만 국한되지 않고 인간이 산출하는 모든 유형과 무형의 행위를 포괄한다. 눈에 보이는 행위만이 아니라 보이지 않는 행위도 포함하고, 시간이 걸리는 몸의 동적인 행위만이 아니라 정지된 시간에 취하여진 마음의 정적인 상태까지 포함한다. 하나님이 보시는 인간의 행위는 사람이 보는 것과 다른데, 이는 그가 외모를 보지 않고 중심을 보시기 때문이다.

대표적인 예가 이스라엘 백성의 멸망이다. "땅이여 들으라 내가 이 백성에게 재앙을 내리리니 이것이 그들의 생각(מַחְשְׁבוֹתָם)의 결과라"(렘 6:19). 물론 이스라엘 백성은 눈으로도 확인되는 다양한 범죄를 저질렀다. 그런데 이 모든 것들의 배후에는 내면적인 생각, 도모, 혹은 의도의 죄가 있음을 선지자는 지적한다. 이는 한 민족의 멸망이 외적인 행위의 결과가 아님을 가르친다. 외적으로 나타나든 나타나지 않든 중심의 상태가 심판의 종류를 좌우한다. 이것은 이스라엘 백성에게 국한된 섭리가 아니라 모든 민족에게 적용되는 보편적인 섭리이다. 그래서 "땅이여 들으라"고 명하신다. 온 땅의 모든 족속이 듣고 존중해야 할 하나님의 섭리이기 때문이다.

보이는 행위에는 눈빛과 시선과 표정과 말과 손발의 움직임과 움직이는 속도와 행위의 강도와 행위의 시점과 길이 등이 포함되어 있고, 보이지 않는 행위에는 마음의 상태 즉 미움과 분노와 불평과 원망과 탄식과 시기와 질투와 악의와 탐욕과 음욕과 교만과 자만 등이 포함되어 있다. 보이지 않는 마음의 행위는 인격이나 성품에 심고 보이는 몸의 행위는 삶에 심는데, 하나님은 이 모든 심겨진 내용에 정확히 대응되는 보응을 모든 사람에게 공정하게 내리신다. 그래서 때로는 우리를 당황하게 만드는 불행한 일들이 발생한다. 즉 내가 외부로 드러난 잘못이 없는데도 어떤 재앙이나 역경이나 손해나 억울함을 경험한다. 그때마다 우리는 우리의 내면적인 문제를 고려하지 않고 하나님께 원망부터 쏟아낸다. 하나님의 보응은 다양한 차원에서 집행된다. 때로는 사안별로, 때로는 혼재된 보응이 주어진다. 단번에 보응하는 경우도 있고 여러 차례 나누어서 보응하는 경우도 있고, 짧은 기간에 보응하는 경우도 있고 보응의 길이가 일평생이 되는 경우도 있기 때문에 획일적인 공식을 매 사안마다 적용하는 것은 부당하다.

왜 보응의 원인을 모르는가? 첫째, 사람이 미련하여 자기 길을 굽게 만든 일인데도 하나님 원망에 급급하여 자신을 성찰하지 않아서다(잠 19:3). 둘째, 악인의 길은 어두워서 무언가에 걸려 넘어져도 알지 못하는 무지 때문이다(잠 4:19). 이 두 가르침에 의하면, 자신의 길에 굴곡이 생기고 어둠이 드리워서 넘어지게 된 이유는 자신의 미련함 때문이다. 그런데도 다른 원인을 탓하며 그 원인을 하나님께 돌리는 게 인간이다. 행한 그대로 갚으시는 하나님의 계산은 무서울 정도로 정확하다. 그러나 우리는 그 계산에 포함된 항목들 중에 보이지 않는 것들을 제외하고 계산하기 때문에 하나님의 정의로운 판단을 부당하고 편파적인 것이라고 생각한다. 심지어 예레미야 선지자도 "내가 주와 변론할 때에는" 주께서 의로우신 분이지만 "악한 자의 길이 형통하며 반역한 자가 다 평안함은 무슨 까닭"(렘 12:1)인지 물어야만 했다. 같은 맥락에서 하박국 선지자는 악과 패역을 결코 간과하지 않으시는 하나님이 "어찌하여 거짓된 자들을 방관"하고 "악인이 자기보다 의로운 사람을 삼키는 데도 잠잠"히 계시냐고 항변했다(합

1:13). 사실 하나님은 보지만 인간은 보지 못하는 것들이 있기 때문에 하나님의 판단에 대한 인간의 오판은 어쩌면 당연하다. 그러나 선지자들 모두가 나중에 이해한 것처럼 믿음의 사람들은 이 세상이 감추어진 부분과 나타난 부분, 즉 하나님께 속한 부분과 우리에게 속한 부분으로 구성되어 있다(신 29:29)는 사실을 인정해야 한다. 나타난 부분만 가지고 이해하기 때문에 편파적일 가능성이 높은 것은 모든 부분을 다 아시는 하나님의 판단이 아니라 우리의 판단이다. 그러므로 하나님의 판단에 근거하여 우리의 판단을 평가하고 수정함이 마땅하다.

어떠한 행위에 따라 그것에 상응하는 상벌을 내리시는 보응의 근거는 모든 자들에게 모든 것을 공평하게 행하시는 공의와 정의라는 하나님의 성품이다. 행한 그대로 갚으시는 섭리는 하나님의 정의와 공의 때문에 유지되고 있다. 인간의 정의로운 행동은 다양한 이유로 쉽게 무너진다. 그러나 하나님의 정의는 항상 믿을 만하고 스스로를 부인하실 수 없기 때문에 언제나 확고하다(딤후 2:13). 그래서 이 땅에서 영원토록 정의만 행하신다.

하나님이 정하신 보응의 대상은 모든 사람이다. 이 세상에 태어난 사람은 그 누구도 이 보응에서 배제됨이 없다. 왕의 자녀나 노비의 자녀나 유대 사람이나 헬라 사람이나 부자나 거지나 어떠한 예외도 없이 모든 사람에게 동일한 보응의 법칙이 적용된다. 이는 심판의 보편성을 의미한다. 많은 사람들이 세상의 법망을 요리조리 잘도 회피한다. 그러나 하나님의 보응에는 그런 인간의 잔머리가 통하지 않기에 이 세상에서 하나님의 공의는 결코 소멸되지 않고 지금도 지극히 공정하게 실행되고 있다.

7선행의 인내를 가지고 영광과 존귀와 썩지 아니함을 구하는 자에게는
영원한 생명으로 하시지만

하나님의 보응이 나타나는 두 가지의 대표적인 양상을 바울은 소개한다. 먼저 7절에는 어떠한 저항 속에서도 꾸준히 선을 행하면서 영광과 존귀와 썩지 아니함을 추구하는 자의 보응이 소개된다. 즉 그에게는 하나님이 영원한 생명으로 갚으신다. 우리가 선을 행하면 악의 저항도 만만치가 않다. 이는 선행이 많을수록 악은 더 부끄럽게 드러나고 배척의 궁지로 내몰리기 때문이다. "선행의 인내"(ὑπομονὴν ἔργου ἀγαθοῦ)라는 것은 악의 지속적인 방해와 위협 속에서도 인내하며 선 행하기를 고집하는 태도를 가리킨다. 주변에 약간의 저항만 있어도 사람들은 쉽게 선행을 중단한다. 그러나 어떠한 악의 위협에도 굴하지 않고 선행을 고집하는 사람들이 있다. 비결이 무엇일까? 선행을 끝까지 고수하는 삶의 태도를 유지하기 위해서는 영광과 존귀와 썩지 아니함을 추구해야 한다. 세상에는 선을 행하면서 은근히 부의 축적과 권력의 상승과 육신의 일시적인 쾌락을 기대하는 사람들도 있다. 그런 사람들은 주변에 악이 미세한 눈치만 보내도, 약간의 위협만 느껴도 선행을 중단하고 악의 무리와 적당히 타협한다.

추구하는 목적이 어떤 것이냐에 따라 삶의 태도가 달라진다. 인생의 목적이 우리의 성품을 지배하고 삶의 태도를 결정한다. 영광과 존귀와 썩지 아니함을 추구하는 자는 선행을 사모하고 어려움이 있어도 그 선행의 지속을 고수한다. 목적의 선택에 대한 지혜자의 권면이다. "많은 재물보다 명예를 택할 것이요 은이나 금보다 은총을 더욱 택할 것이니라"(잠 22:1). 은이나 금과 같은 많은 재물을 생의 목표로 설정하면 우리의 인격은 재물과 관련된 신경이 더 자극되고 그것과 관련된 의식의 부위가 비대해진 모습으로 조율된다. 우리의 성격은 부의 증대와 감소에 민감하게 반응하고 과도하게 처신하며 주변의 관계와 환경도 부의 증대를 촉진하는 기여도의 순위를 따라 변경한다. 그러나 명예를 택하면 겉으로 덧입혀진 외부의 도구적인 가치에 치중하지 않고 내면의 인격적인 가치를 높이는 방향으로 인격과 성격과 관계와 환경이 적절하게 조율된다. 나아가 은총 혹은 호의를 선택하면 자기 중심적인 사고의 늪에 매몰되지 않고 상대방을 기준으로 생각하고 판단하고 처신한다. 상대방의 호의를 얻기 위해 타인의 기쁨과 행복과 만족의 증대를 추구하게 된다.

바울은 "영광과 존귀와 썩지 아니함"을 추구하는 사람을 칭찬하고 그것들을 인생의 목적으로 삼으라고 제안한다. 여기에서 "영광"은 이 세상에서 선을 행하면서 당하는 일시적인 고통의 크기나 길이와는 비교할 수 없는 하늘의 너무나도 위대한 영광(롬 8:18), 즉 그리스도 예수에게 모든 이름 위에 뛰어난 이름을 주신 그 영광(빌 2:9)을 의미한다. "존귀"는 선을 행한 자들에게 주어지는 내적인 성품의 고귀함을 의미한다. "썩지 아니함"은 죽음으로 소멸되지 아니하는 것을 의미한다. 죽어도 썩지 아니하는 것은 무엇인가? 이 세상에는 없다. 인생의 종착지는 죽음이다. 이 땅에서 주어지는 모든 만물과 호흡과 생명은 모두 죽음과 더불어 소멸된다.

이 영광과 존귀와 썩지 아니함은 이 땅의 피조물이 주는 것이 아니라 창조주 하나님이 예수님의 보혈을 의지하여 죽을 때까지 인내하며 선을 행한 자들에게 주시는 하나님의 선물이다. 바울은 "영원하신 왕 곧 썩지 아니하고 보이지 아니하고 홀로 하나이신 하나님께 존귀와 영광이" 영원토록 있을 것이라고 고백한다(딤전 1:17). 썩어지지 아니하는 하나님의 영광과 존귀를 추구하는 자는 사람에게 잘 보이려고 외모를 치장하는 일에 집착하지 않고 하나님이 보기에 심히 선하고 의롭고 거룩하고 영원한 뜻을 추구한다. 그리하면 그 뜻에 어울리는 신경이 자극되고 그 뜻을 이루는 의식과 지성과 의지와 감정의 근육이 발달된다. 인격과 성품의 균형이 잘 갖추어진 사람으로 변모된다. 타인과 더불어 하늘의 영광과 존귀를 해치지 않고 오히려 위하는 관계를 형성하고 그런 환경을 구축한다. 썩어 없어지는 것들에 미련을 두지 아니하고 영원토록 썩지 아니하는 하나님 자신을 추구한다. 바울의 이러한 생각은 베드로의 것과 동일하다. "썩지 않고 더럽지 않고 쇠하지 아니하는 유업을 잇게 하시나니 곧 너희를 위하여 하늘에 간직하신 것이라"(벧전 1:4). 우리를 위해 하늘에 간직되어 있는 영광과 존귀와 썩지 아니함을 갖춘 유업은 하나님과 영원토록 연합하고 동거하는 영원한 생명이다.

⁸사사로운 욕망으로 진리에 순종하지 않고 불의를 따르는 자에게는 진노와 분노로 하실 것입니다

하나님의 보응이 나타나는 둘째 유형을 바울은 8절에서 소개한다. 즉 사사로운 욕망을 따라 자신을 두둔해 줄 파당을 짓고 진리에 순종하지 않고 불의에 무릎을 꿇는 자들에게 하나님은 진노와 분노(ὀργὴ καὶ θυμός)를 내리신다. 진노는 하나님의 엄중한 심판을 의미하고, 분노는 그런 심판을 내리시는 하나님의 더 강한 격분을 의미한다. 사사로운 욕망은 영광과 존귀와 썩지 아니함의 대척점에 있는 개념이다. 이 욕망은 눈앞의 이익을 취하려는 이기적인 야심을 의미하며 그 욕망의 소유자는 그것을 성취하기 위해 진리를 헌 신짝처럼 버리고 불의와 끈적한 동업자가 된다. 그에게 진리는 불편하고 불의는 유용하다. 그러나 자신의 욕망에 사로잡힌 사람의 순차적인 운명에 대해 야고보는 이렇게 진술한다. "욕심이 잉태한즉 죄를 낳고 죄가 장성한즉 사망을 낳느니라"(약 1:15).

야고보가 말하는 "욕심"은 단순한 욕구 자체가 아니라 자신을 향하고 위하는 이기적인 욕구 혹은 믿음의 선배들이 인간에게 가장 큰 불행과 비참의 원흉으로 지목한 "자기애"(amor sui)를 의미한다. 자신이 고삐를 쥐고 있는 이 욕구는 하나님이 우리의 마음에 두신 소원이 아니라 거짓되고 부패한 인간의 깊은 본성에서 나오는 욕구이기 때문에 진리를 싫어하고 거짓을 좋아하며 정의를 멀리하고 불의와 결탁한다. 거짓과 불의로 가득한 인간의 마음이 몸의 행위로 표출되면 그것은 죄의 출산이다. 그 죄는 장성하여 하나님의 진노와 분노를 계속 축적하다 결국 돌이킬 수 없는 영원한 무덤으로 들어간다. 이는 자신의 이기적인 야망에 이끌리는 사람의 거부할 수 없는 운명이다. 왜냐하면 이기적인 야망의 성취를 인생의 목적으로 설정하는 순간 누구도 스스로 이 운명의 궤도에서 벗어나지 못하기 때문이다. 자신의 이기적인 욕망이 우리의 마음을 차지하면, 의지와 감성과 지성은 그 욕망의 충성된 일꾼으로 변질된다. 그 욕망을 생각만 해도 의욕이 솟구치고 심장이 뛰고 머리가 팍팍 돌아간다. 체질 전체가 그 욕망의 성취를 향해 불나방과 같이 전력으로 질주하며 그 욕망을 떠받드는 집단적인 노예로 전락한다. 반면 자신의 욕망과 대립되는 모든 사람들과 주장들과 상황들은 다 원수로 분류된다. 욕망에 장애물이 포착되면 그것을 제거하기 위해 폭력과 속임수와 배신과 간음과 뇌물의 사용도 불사한다. 이러한 행위에 합당한 하나님의 진노와 분노가 그들에게 주어진다.

7-8절에서 또 하나 주목해야 하는 것은 사람에게 저지른 죄악들이 모두 인간과 직접적인 관계를 가진 것이지만 궁극적인 면에서는 하나님과 관계되어 있다는 사실이다. 이는 금지된 선악과를 따먹은 아담과 하와의 죄는 선악을 알게 하는 나무라는 식물과 관계된 것이지만 궁극적인 면에서는 하나님께 저지른 죄라는 사실과 동일하다. 사람들과 관계된 모든 죄들은 십계명 안에 요약되어 있다. 그런데 그 계명들은 모두 사람들의 합의에 의한 것이 아니라 하나님에 의해 제정된 율법이다. 그 법을 범하면 위법의 내용은 보이는 사람들과 관계된 것이지만 율법의 제정자를 거역한 것이기 때문에 하나님에 의한 심판과 징벌이 내려진다. 이 세상에서 어느 누구를 대하든지 우리는 그 뒤에 하나님이 계시다는 사실을 기억해야 한다. 사람의 눈가림이 아니라 하나님을 존중할 때에 비로소 우리의 죄악은 억제된다. 그렇지 않고 사람을 기준으로 사람을 대한다면 필히 하나님의 법을 무시하는 죄악을 저지르게 된다. 연약하고 가난하고 무지하고 비천하고 어리고 곤고하고 외로운 사람들을 대할 때에 자칫 그들이 가

진 초라한 부와 권력과 이름과 상태에 근거하여 우리가 함부로 대한다면 그것은 그 모든 자들을 포함한 이웃을 내 몸처럼 사랑하고 섬기라고 하신 하나님의 계명을 어긴 범법으로 간주된다.

⁹악을 실행하는 사람의 모든 영에게는 환난과 곤고가
먼저는 유대 사람에게 그리고 헬라 사람에게 있을 것입니다

이제 바울은 선악에 대한 하나님의 보응이 임하는 대상들에 관해 언급한다. 즉 행위를 따라 갚으시는 하나님의 정의는 유대인과 헬라인을 불문하고 모든 자들에게 공평하게 적용된다. 먼저 악을 행하는 사람의 영에게는 환난과 곤고가 주어진다. 이 환난과 곤고는 하나님의 분노와 진노의 결과라고 보아도 무방하다. 여기에서 주목하고 싶은 것은 보응의 차원이다. 악을 행하는 사람이 당하는 환난과 곤고의 직접적인 의미는 경제적, 심리적, 정치적, 신체적, 관계적 어려움이 아니라는 영적인 차원이다. 이는 환난과 곤고의 대상이 "악을 행하는 사람의 모든 영"이라고 명시되어 있기 때문이다. 여기에서 "파산 푸쉬켄"(πᾶσαν ψυχὴν)은 "모든 영"이 아니라 "영 전체"로도 번역된다. 그렇게 본다면, 악인이 경험하게 될 보응은 그의 영 전체를 관통하는 환난과 곤고가 될 것이라는 해석이 가능하다. 이 보응은 시간이 흐르면 아물 신체의 상처나, 있다가도 없는 돈의 손실이나, 수시로 뒤바뀌는 인기의 등락이 아니라 죄와 사망과 어둠과 거짓과 마귀의 권세에 우리의 영혼이 결박되는 환난과 곤고를 의미한다. 이것이 보응의 핵심이다. 물론 악인에게 가시적인 환난과 곤고도 때때로 주어진다. 그러나 혹시 이 세상에서 "죄인은 백 번이나 악을 행하고도 장수"(전 8:12)하는 부조리를 우리가 보더라도 실족하지 말자. 물론 만만치가 않다. 사실 경건한 예배자 아삽도 악인들의 형통함 즉 소득의 많음과 평안한 죽음

때문에 실족의 문턱까지 갔다. 그러나 결국에는 하나님을 찬양했다. 이는 말라기 선지자의 기록처럼 하나님의 의로운 보응을 따라 "악을 행하는 자는 다 지푸라기 같을 것"(말 4:1)임을 성전에서 깨달았기 때문이다.

우리가 악을 실행하면 다른 무엇보다 우리의 영혼에 문제가 발생한다. 모든 영적인 문제는 하나님과 관계되어 있다. 신명기의 가르침에 따르면, "악을 행하는 모든 자는 네 하나님 여호와께 가증"하다(신 25:16). 하나님이 싫어하고 가증한 것으로 여기는 대상이 영적인 차원에서 피폐해질 것은 너무도 자명하다. 하나님은 악을 행하는 모든 사람들을 미워하고 싫어한다. 그래서 시인의 입술을 통해 하나님은 "악을 행하는 너희는 다 나를 떠나라"고 명하신다(시 6:8). 이러한 명령을 악인 편에서 보면, "악을 행하는 자마다 빛을 미워하여 빛으로 오지 아니"(요 3:20)한다. 악을 행하는 사람은 자신의 악행이 드러나지 않도록 빛이신 하나님께 나아가지 않고 어둠 속으로 달아난다. 이렇게 악을 행하면 하나님이 영혼의 시야에서 사라진다(요삼 1:11). 하나님과 악인 사이의 이런 분리는 악인의 영혼에게 주어지는 하늘의 보응이다.

환난과 곤고의 내용에 대해서는 지혜자의 관찰이 중요하다. "악을 행하는 자는 사악한 입술이 하는 말을 잘 듣고 거짓말을 하는 자는 악한 혀가 하는 말에 귀를 기울"(잠 17:4)인다. 악을 행하면 마음의 기호가 변질된다. 즉 악을 행하는 자의 귀는 사악한 입술에서 나오는 말을 달콤한 것으로 여기고 그래서 기다리게 되고 귀에 들리면 곧장 그 사악한 언어를 환대한다. 악을 행하는 자는 더 거짓되고 거짓된 자도 더 사악하게 된다. 이렇게 죄악은 죽음 직전까지 계속해서 장성하게 된다. 이는 다 하나님께 범죄하고 하나님을 멀리한 자들에게 나타나는 영혼의 환난과 곤고의 내용이다. 오늘날 타인의 명예를 훼손하고 비방과 파괴의 탄알로 작용하는 가짜뉴스 혹은 검증되지 않은 기사를 유난히 좋아하는 사람들은 영혼의 중병을 의심해야 한다. 그런 사람들을 목격할 때면 미워하지 말고 불쌍히 여기는 마음으로 위중한 영혼의 치유를 위해 기도해야 한다.

¹⁰선을 행하는 모든 이에게는 영광과 존귀와 평강이 먼저는 유대 사람에게 그리고 헬라 사람에게 있을 것입니다

10절에서 바울은 선을 행하는 모든 이에게 임하는 하나님의 보응을 소개한다. 그들에게 주어지는 보응은 영광과 존귀와 평강이다. 이것은 영원한 생명과 더불어 주어지는 하나님의 보응이다. 이 보응은 선을 행하는 자들이 인내로써 선행을 지속할 때에 맺어지는 삶의 결실이다. "평강"과 "썩지 아니함"이 다르지만 이것은 서로 대응된다. 그 이유는 썩지 아니하는 불멸의 생명을 추구하면 다른 모든 사람과의 화목을 선물로 받기 때문이다.

선을 행하면 하나님의 영광이 주어진다. 존귀한 사람으로 변모된다. 하나님과 이웃과 나 자신과 화목하게 된다. 신기하다. 악을 행하는 자가 받는 하나님의 보응과 동일하게 선을 행하는 자에게 주어지는 보응도 신체적, 경제적, 심리적, 신분적 차원이 아니라 영적 차원이다. 선을 행하고서 이 땅에서의 보상을 기대하는 것은 성경의 본질적인 교훈을 벗어난다. 하나님의 사람들은 이 땅의 썩어 없어지는 보상과 관계된 인간적인 인과응보 개념을 극복해야 한다. 선을 행하는 자에게 주어지는 영광과 존귀와 평강은 이 세상이 주지 못하는 하늘의 보응이다. 우리는 이러한 보응을 흠모해야 한다. 사실 선행에 영광과 존귀와 평강이 주어지는 것은 결코 당연하지 않다. 그것은 저절로 당연하지 않고 하나님이 정한 보응의 질서이기 때문에 당연하다. 그래서 선을 행하고 이런 보응의 주어짐을 경험할 때마다 우리는 하나님의 존재와 섭리를 체험한다.

그리고 영광과 존귀와 평강의 소유자가 되기를 원한다면 실제로 선을 행해야 한다. 우리의 영혼을 영광과 존귀와 평강으로 보호하는 유일한 방법은 선의 실천이다. 주변에 나의 영혼을 위협하는 사람들이 보일 때 최선의 방어는 그들을 위한 선행이다. 이에 대한 베드로의 확신이다. "너희가 열심으로 선을 행하면 누가 너희를 해하리요"(벧전 3:13). 선을 행하면 우리의 영혼을 건드리지 못함은 물론이고 물리적인 몸의 보호와 이 땅에서의 생명이 보존되는 일도 때때로 일어난다. 그러나 선행의 결과가 육신적인 복이 아니라 영적인 복이라고 생각하는 이유는 "선을 행함으로 고난받는 것이 하나님의 뜻"(벧전 3:17)이라는 베드로의 교훈과 "무릇 그리스도 예수 안에서 경건하게 살고자 하는 자는 박해"(딤후 3:12)를 받는다는 바울의 교훈 때문이다. 그러므로 우리는 비록 핍박과 고난으로 인해 "우리의 겉사람은 낡아지나 우리의 속사람은 날로"(고후 4:16) 새롭게 된다는 진리를 붙들어야 한다.

특별히 9절과 10절에서 바울은 신적인 보응의 대상을 주목한다. 그 대상은 민족을 불문한다. 유대인과 헬라인 모두가 악에 대한 보응과 선에 대한 보응의 대상이다. 간단히 순서를 살펴보면 악에 대한 심판이든 선에 대한 보상이든 모두 유대 사람에게 우선성이 부여된다. 여기에는 어떠한 편파성도 없다. 왜냐하면 헬라인에 대한 유대인의 우선성은 가치나 권위나 존엄의 우선성이 아니라 시간의 우선성을 의미하기 때문이다. 유대인이 복음을 먼저 받아서 복음의 수혜자도 되었지만 먼저 거부해서 형벌의 희생물도 되었다는 것은 역사적인 사실이다. 하나님의 의로운 심판이 모든 사람에게 동등하게 적용되는 이유는 무엇인가?

¹¹이는 하나님께 어떠한 치우침도 없는 탓입니다

유대인과 헬라인 모두에게 선과 악에 따라 하나님의 공평한 보응이 주어지는 이유는 하나님의 공평하심 혹은 치우침의 없으심 때문이다. 여기에서 "치우침 혹은 편파성"(προσωπολημψία)은 한 사람이 가지고 있는 내면의 본질이 아니라 겉으로 드러난 외적인 요소에 근거한 판단을 의미한다. 외적인 판단은 내적인 속성의 표출이다. 하나님의 심판도 하나님의 속성에 근거한다. 그분은 진실로 민족이나 성별이나 나이나 지위나 신분이나 빈부나 귀천이나 동서나 고금이나 어떠한 외모를 따라 사람을 평가하지 않으신다. 그 평가의 근거는 중심이다. 이는 외적인 요소를 배제하는 것이 아니라 오히려 중심을 기준으로 삼아 외적인 요소의 본질적인 의미까지 다 파악하고 내리는 평가이기 때문에 어느 것도 고려되지 않음이 없는 가장 정확하고 객관적인 평가를 의미한다. 하나님은 심판의 기준인 동시에 심판의 주체시다. 어디에도 치우치지 않는 절대자의 신적인 속성은 공평하고 공정한 심판의 근거로 작용한다. 바울은 이렇게 모든 사회적인 현상과 영적인 보응을 하나님의 속성과 결부시켜 이해하고 설명한다. 이 세상의 만물과 역사는 이러한 섭리로 인해 하나님의 속성을 드러낸다. 많은 학자들이 역사를 하나님의 계시로 간주한 것은 결코 터무니없는 주장이 아니었다. 문제는 하나님을 거부하는 사람들이 역사 속에 나타난 하나님의 섭리를 부인하고 가리고 왜곡하여 하나님의 존재와 개입을 무마하고 있다는 사실이다. 아무리 그분을 지우려고 해도 하나님은 천지에 충만한 분이시다(렘 23:24).

우리가 이러한 공평과 정의의 하나님을 믿는다면 우리도 사람들을 대할 때에 어떠한 편파성도 없어야 한다고 야고보는 가르친다(약 2:1). 내가 좋아하는 사람과 싫어하는 사람, 내가 사랑하는 사람과 미워하는 사람, 내가 기뻐하는 사람과 슬퍼하는 사람 사이에 평가의 기울기가 어느 한 쪽으로 치우치지 않도록 늘 주의해야 한다. 타인과 다른 타인 사이만이 아니라 나와 타인 사이에도 차별과 치우침이 없는 공의를 유지해야 한다. 이에 대한 야고보의 비결은 그리스도 예수에 대한 믿음이다(약 2:1). "내 형제들아 영광의 주 곧 우리 주 예수 그리스도에 대한 믿음을 너희가 가졌으니 사람을 차별하여 대하지 말라"(약 2:1). 모든 사람을 예수에 대한 믿음으로 보면 모두가 동등하다. 그러므로 믿음은 타인과 다른 타인을 관계의 친밀도 혹은 유익의 정도에 따라 차별하는 경향을 극복하는 비결이다. 나아가 나와 타인을 다르게 대하는 차별 혹은 편파성 문제는 나보다 나를 더 사랑하신 예수의 사랑을 믿고 나도 내 이웃을 내 몸과 같이 사랑하면 해결된다.

롬 2:12-16

¹²무릇 율법 없이 범죄한 자는 또한 율법 없이 망하고 무릇 율법이 있고 범죄한 자는 율법으로 말미암아 심판을 받으리라 ¹³하나님 앞에서는 율법을 듣는 자가 의인이 아니요 오직 율법을 행하는 자라야 의롭다 하심을 얻으리니 ¹⁴(율법 없는 이방인이 본성으로 율법의 일을 행할 때에는 이 사람은 율법이 없어도 자기가 자기에게 율법이 되나니 ¹⁵이런 이들은 그 양심이 증거가 되어 그 생각들이 서로 혹은 고발하며 혹은 변명하여 그 마음에 새긴 율법의 행위를 나타내느니라) ¹⁶곧 나의 복음에 이른 바와 같이 하나님이 예수 그리스도로 말미암아 사람들의 은밀한 것을 심판하시는 그 날이라

❖ ❖ ❖

¹²누구든지 율법 없이 범죄한 자는 율법 없이 멸망하고 누구든지 율법 아래에서 범죄한 자는 율법으로 말미암아 심판을 받을 것입니다 ¹³하나님 앞에서는 율법을 듣는 자가 의로운 것이 아니라 율법을 행하는 자가 의롭다 여김을 받습니다 ¹⁴율법 없는 이방인이 본성으로 율법에 속한 일들을 행할 때에는 율법 없는 이 사람들은 자기가 자신에게 율법이 되는 것입니다 ¹⁵이들은 자신의 양심이 증거하고 자신의 생각들이 서로 고발하고 혹은 변명하며 그 마음에 기록된 율법의 행위를 드러내 보입니다 ¹⁶즉 나의 복음을 따라 하나님이 그리스도 예수로 말미암아 사람들의 은밀한 것들을 판단하실 그 날에 말입니다

11   율법과 양심

앞에서 바울은 유대인과 헬라인에 대한 하나님의 심판에 어떠한 차별이나 편파성도 없다는 이야기를 나누었다. 심판의 근거는 각 사람의 행위였다. 이러한 논증의 기조를 유지하며, 이제 바울은 행위의 무게를 다는 기준인 율법과 양심에 대해 설명한다. 이러한 설명으로 하나님은 유대인과 이방인 모두에게 정의와 공평의 신이라는 사실을 변증한다.

   유대인은 율법을 가졌고 헬라인은 율법을 가지고 있지 않은데 하나님의 심판이 어떻게 공평할 수 있느냐는 질문이 제기된다. 즉 율법을 알아서 하나님의 뜻을 이해한 유대인과 율법이 없어서 하나님의 뜻을 알지 못한 헬라인을 동일한 기준으로 심판하는 것은 부당하게 보이기 때문이다. 이 문제는 유대인과 이방인이 공존하는 로마교회 안에서도 민감하고 다른 곳에서도 상황은 동일하다. 이미 기울어진 운동장 위에서는 아무리 부수적인 공평의 조건을 다듬는다 할지라도 차별의 교묘한 합리화 혹은 은닉으로 비쳐진다. 그럼에도 불구하고 바울은 왜 유대인과 헬라인에 대한 하나님의 심판에 차별이 없다고 말하는가? 이러한 의문을 예상한 듯 바울은 행위를 심판의 동일한 기준으로 삼되 행위의 어떠함을 구분하는 기준은 동일하지 않다고 지적한다. 그 기준의 구체적인 내용을 바울은 다음과 같이 정교하게 제시한다.

¹²누구든지 율법 없이 범죄한 자는 율법 없이 멸망하고
누구든지 율법 아래에서 범죄한 자는 율법으로 말미암아 심판을 받을 것입니다

바울은 율법이 있거나 없거나 모든 사람에게 내리시는 하나님의 심판에는 차별이 없다는 입장을 고수한다. 그 이유는 각 사람의 행위를 따라 심판하되 율법이 없는 자가 범죄하면 율법 없이 멸망하게 하고 율법 아래에서 범죄하면 율법으로 말미암아 멸망하게 하는 판결을 내리시기 때문이다. 여기에서 바울은 율법에 대한 지식의 유무에 따라 평가의 다른 기준을 적용하여 설명한다. 율법이 없는 이방인의 경우에는 율법이 아닌 그 무언가를 기준으로 평가하고 율법이 있는 유대인의 경우에는 율법을 기준으로 평가한다. 이처럼 율법에 대한 지식과 무지의 여부는 평가 자체를 좌우하지 않고 행위에 대한 평가의 기준을 결정한다. 율법이 있든 없든 죄로 말미암는 멸망은 동일하다. 유대인이 율법을 알았다는 것은 하나님께 자랑이 되지 않고, 헬라인이 율법을 몰랐다는 것도 하나님께 변명이 되지 못한다는 사실을 여기에서 확인한다.

¹³하나님 앞에서는 율법을 듣는 자가 의로운 것이 아니라
율법을 행하는 자가 의롭다 여김을 받습니다

유대인과 헬라인에 대한 평가를 포괄하는 행위의 기준을 제시한 이후에 바울은 유대인의 경우를 먼저 설명한다. 유대인은 율법을 아는 민족이다.

그러나 하나님 앞에서 의롭다 여김을 받는 근거는 율법에 대한 들음이 아니라 율법에 대한 순종이다. 즉 율법 있는 자의 행위는 율법으로 말미암아 평가를 받되 그 평가는 들음의 여부가 아니라 순종의 여부에 근거한다. 율법의 가치는 정보의 취득에서 산출되지 않고 삶의 실천에서 결실한다. 살아내지 못한 율법의 화려한 지식은 공허하다. 이스라엘 백성은 비록 율법을 알고 있었지만 순종에 있어서는 실패했다.

순종에 실패한 대표적인 인물들은 율법에 가장 박학한 서기관들 및 바리새파 무리였다. 그들의 머리와 입술은 화려한 율법으로 장식되어 있었지만 그들의 행실은 율법과 무관했다. 이들의 모순적인 삶은 예수님에 의해 율법의 가치를 교훈하는 역설적인 반례로 채택된다. "무엇이든 그들이 말하는 바는 행하고 지키되 그들이 하는 행위는 본받지 말라 그들은 말만 하고 행하지 아니한다"(마 23:3). 듣기만 하고 행하지 않는 그들의 가식적인 경건은 급기야 예수님의 이런 격분까지 촉발한다. "이 백성이 입술로는 나를 공경하되 마음은 내게서 멀도다"(마 15:8). 마음 속으로 스며들고 삶으로 결실해야 될 율법은 머리와 입술에만 출입하지 않고 당연히 심장과 몸을 관통해야 한다. 그러할 때에 율법은 경건의 양식으로 작용한다.

이러한 본래의 취지를 무시하고 율법을 그저 생각과 입술의 종교적 노리개로 삼는 사람들은 자신의 영혼과 삶을 풍요롭게 하지 않고 타인을 비판하고 정죄하기 위해 필히 율법을 오용한다. 무거운 짐을 사람의 어깨에 지우고 정작 자신들은 실천을 위해 손가락 하나도 움직이지 아니한다. 그들은 율법을 머리에 넣고 자신의 종교적 몸값을 높이기 위해 적시에 입술로 출고하며 "잔치의 윗자리와 회당의 높은 자리와 시장에서 문안 받는 것과 사람에게 랍비라 칭함을 받는 것"을 좋아한다(마 23:4-7).

율법은 머리라는 정거장을 지나 심장에 이르고 범람해서 삶이라는 종착지에 이르러야 비로소 참된 복이 되는 영혼의 양식이다. "너희는 이 언약의 말씀을 지켜 행하라 그리하면 너희가 하는 모든 일이 형통하게 되리라"(신 29:9). 행함이 없어서 삶으로 결실하지 못한 율법은 정죄와 저주의 근원이다. "내가 오늘 네게 명령하는 그의 모든 명령과 규례를 지켜 행하지 아니하면 이 모든 저주가 네게 임하며 네게 이를 것이니라"(신 28:15). 이 저주는 자신만이 아니라 그 몸의 소생과 토지의 소산과 소와 양의 새끼까지 저주를 받는 대상으로 확대된다. 불순종의 사람과 관계된 것들만이 아니라 그들이 출입하는 모든 곳까지도 저주의 대상으로 물들인다. "네가 들어와도 저주를 받고 나가도 저주를 받으리라"(신 28:19).

게다가 순종하지 않으면 하나님의 말씀을 변경하는 불경까지 저지르게 된다. "내가 너희에게 명령하는 이 모든 말을 너희는 지켜 행하고 그것에 가감하지 말지니라"(신 12:32). 순종의 여부와 말씀의 가감이 연결되어 있다. 하나님의 말씀을 언어의 차원에서 더하거나 빼는 것은 당연히 가감의 죄에 해당한다. 하지만 하나님의 명령을 귀로 듣고 알기만 하고 행하지 않는다면 그것도 그 명령을 가감하는 죄로 간주된다. 하나 더 주목해야 할 것은 하나님의 명령에 반대되는 것을 행하는 적극적인 죄만이 아니라 그 명령에 행동으로 반응하지 않고 가만히 있는 죄까지도 불순종에 속한다는 사실이다.

¹⁴율법 없는 이방인이 본성으로 율법에 속한 일들을 행할 때에는
율법 없는 이 사람들은 자기가 자신에게 율법이 되는 것입니다

이제 바울은 14절과 15절에서 이방인의 경우를 언급한다. 이방인은 율법이 없어서 율법을 알지 못하는 사람이다. 그렇지만 율법에 속한 일들을 행하기도 한다. 이에 대해 바울은 그들 자신이 자신에게 율법이 되는 경우라고 한다. 그리고 그들이 율법을 알지 못해도 율법의 일들을 행하는 것은 인간의 본성으로(φύσει) 말미암은 일이라고 설명한다. 율법을 몰라

도 그것을 행한다면 그들은 하나님에 의해 어떠한 평가를 받는가? 하나님은 율법을 몰랐다는 것에 근거하지 않고 율법의 일들을 행했다는 사실에 근거하여 평가를 내리실 것이 분명하다. 즉 율법을 아는 자에게는 율법을 기준으로 삼고, 율법을 모르는 자에게는 본성을 기준으로 삼아 평가를 받는다는 것이 바울의 생각이다.

이방인은 율법에 대해 무지함이 분명하다. 그런데도 율법에 속한 일들을 행한다는 것은 그 일들에 대한 앎이 없어도 행위가 가능함을 뜻하는가? 아니면 율법 외의 다른 방식으로 율법의 일들을 알고 난 이후에 나타난 행위인가? 앎이라는 것은 행위의 필수적인 과정인가? 아니면 앎이 없어도 행위는 가능한가? 바울은 "율법으로 말미암지 않고는 내가 죄를 알지 못한다"고 고백한다(롬 7:7). 그러므로 나는 율법에 속한 일들을 행하는 것 이전에 앎이 있었으며 그 앎은 본성으로 말미암은 것이라고 생각한다. 인간의 본성은 율법에 속한 일들을 인지하고 있다. 십계명의 후반부를 보라. 부모에 대한 공경과 생명에 대한 존중과 소유에 대한 인정과 거룩함에 대한 추구와 명예의 고결함과 마음의 순수한 상태를 추구해야 함은 율법을 알지 못하는 사람들도 인지하고 동의한다. 물론 본성은 죄로 말미암아 타락했다. 본성에는 거짓과 어둠이 있고 탐욕과 자랑이 있고 죄와 무질서가 있다. 그럼에도 불구하고 하나님은 그들의 본성에 하나님을 알만한 것을 남겨 두셨다고 생각한다. 그래서 바울은 다음 구절에서 이렇게 설명한다.

15이들은 자신의 양심이 증거하고 자신의 생각들이 서로 고발하고 혹은 변명하며
그 마음에 기록된 율법의 행위를 드러내 보입니다

바울은 15절에서 율법 없는 평가의 양상을 설명한다. 이방인의 경우 율법은 양심(συμνείδησις)이 증거하고 있다. 그리고 그들의 생각(λογισμός)들이 서로 고발하고 변명하는 방식으로 율법이 그들의 마음(καρδία)에 기록되어 있음을 나타낸다. 인간의 본성에는 이처럼 양심의 증거만이 아니라 생각의 고발과 변명과 같은 활동들도 있다. 여기에서 바울은 율법이 마음에 기록되어 있다고 단언한다. 그 정신적인 증거는 이방인의 생각들이 때로는 충돌하고 때로는 합의하며 어떠한 기준을 따라 움직이고 있다는 사실이다. 마음에 기록된 율법의 존재를 나타내는 증인은 여러 생각들이 최종적인 판결을 구하는 양심이다. 이러한 양심의 기준을 따라 다양한 생각들은 마음 속에서 고발의 이유도 대고 변명의 근거도 제시한다. 이는 타락 이후에도 인간에게 율법의 내용과 양심의 증거가 서로 겹치는 부분들이 있다는 이야기다.

양심은 마음의 법정이다. 이러한 양심의 기능이 시작된 시점은 타락 이전인가 아니면 타락 이후인가? 양심 자체는 타락 이전에도 있었지만 실질적인 기능은 타락 이후라고 나는 생각한다. 타락 이전에는 양심의 증거와 마음의 상태가 일치하여 양심의 존재조차 어쩌면 인지하지 못했을 가능성이 높다. 그러나 마음의 상태가 죄로 인하여 타락하고 부패하자 이제 마음에 이질적인 양심의 존재는 그 자체로 증거의 기능을 수행하게 된다. 양심은 과연 신뢰해도 되는 존재인가? 만약 그렇다면 어느 정도까지 신뢰하는 것이 적정한가? 양심은 고정되어 있지 않고 좋든 나쁘든 외부의 환경에 노출되어 있다. 양심은 어떠한 영향을 받아 약해지고 강해지고 선해지고 악해지며 깨끗하게 되기도 하고 지저분해 지기도 하고 수용하는 것만이 아니라 거절하는 기능도 발휘한다. 심지어 뜨거운 인두로 사기꾼의 표가 양심에 찍히는 일도 가능하다(딤전 4:2). 우리는 선하고 깨끗한 양심을 유지하기 위해 노력해야 하고(행 23:1), 양심을 더럽히지 않도록 외부의 환경보다 강해야 하고(고전 8:7), 선한 양심은 수용하고 나쁜 양심은 거절해야 하고(딤전 1:19), 그릇된 일에 양심이 담대하지 못하도록 절제하며 통제해야 한다(고전 8:10).

인간의 마음은 마치 율법이 각인된 내면의 비석이다. 타락 이전에는 율법과 마음은 동일했다. 마음은 계명의 내면화, 계명은 마음의 성문화다. 마음은 인간의 모든 활동들을 관장하는 중추이며, 그 마음을 따라 인생을 살아가는 존재가 바로 인간이다. 그러나 타락으로 인해 마음은 만물보다 심히 부패하고 거짓된 인생의 주범으로 전락했다. 만약 그런 마음이 회복되어 정상적인 본래의 상태를 보여주는 율법과 일치하면, 율법을 따라 살아가는 것은 인간의 존재론적 회복을 의미한다. 그래서 전도자는 인간을 이렇게 규정한다. "하나님을 경외하고 그의 명령들을 지키는 것이 인간 전부 혹은 전 인간이다"(전 12:13 사역). 마음을 따라 살아가는 것이 본래의 인간인 것처럼, 타락 이전의 마음과 일치한 율법을 따라 살아가는 것은 당연히 진정한 인간의 원형이다.

율법과 마음의 이러한 관계에 근거하여 나는 율법 없는 이방인이 율법의 행위를 한다는 것은 하나님의 은혜라고 생각한다. 하지만 구원을 베푸시는 은혜와는 다른 일반적인 은혜라고 생각한다. 이렇게 생각하는 근거는 예수님의 말씀이다. "하나님은 그 해를 악인과 선인에게 비추시며 비를 의로운 자와 불의한 자에게 내려 주심이라"(마 5:45). 해와 비는 모든 사람에게 차별 없이 주어지는 보편적인 은혜의 상징이다. 율법이 없음에도 불구하고 이방인이 율법의 일들을 행하는 것은 부패하고 거짓된 마음에 하늘의 빛과 비가 내려진 결과임에 분명하다. 이렇게 악하고 불의한 자에게도 이러한 은혜를 주시는 이유는 무엇인가? 그것은 하나님의 구원이 우리처럼 악하고 불의한 죄인과 원수에게 주어지는 것을 가르치기 위한 시청각 교재이다. 나아가 지금은 불의하고 악하지만 나중에는 하나님의 택한 사람으로 확인될 가능성이 있기 때문에 원수라도 존중해야 함을 가르치기 위함이다.

이상에서 본 것처럼 율법에 대한 지식의 유무는 평가에 차별의 인자로 관여하지 않는다는 것이 너무도 분명하다. 그럼에도 불구하고 율법을 알았다는 것과 알지 못했다는 것의 차이는 평가에 작용한다. 첫째, 앞서 다루었던 것처럼 잘못을 저지른 경우에 그 잘못을 모르고 저지른 것과 알고 저지른 것 사이에는 형벌에 있어서 경중의 차이가 발생한다. 알고 죄를 저지르면 고의적인 죄로 분류되고 모르고 죄를 저지르면 부지중에 지은 죄로 분류된다. "율법이 없었을 때에는 죄를 죄로"(롬 5:13) 여기지 아니한 것처럼, 헬라인 같은 이방인은 율법이 없기 때문에 죄를 죄로 알지 못했다는 사실이 인정된다. 부지중에 죄를 지었기 때문에 형벌은 보다 가벼워야 한다. 같은 맥락에서 히브리서 기자는 무지로 말미암아 죄를 지은 사람과는 달리 "진리를 아는 지식을 받은 후 짐짓 죄를 범한 즉 다시 속죄하는 제사가 없다"(히 10:26)는 평가의 차등을 주장한다. 같은 맥락에서 하신 예수님의 말씀이다. "주인의 뜻을 알고도 준비하지 아니하고 그 뜻대로 행하지 아니한 종은 많이 맞을 것이요 알지 못하고 맞을 일을 행한 종은 적게 맞으리라"(눅 12:47-48). 주인의 뜻을 행하지 아니한 종들이라 할지라도 주인의 뜻을 알고 있느냐의 여부에 따라 각자에게 부과되는 곤장의 분량은 달라진다.

둘째, 율법의 일들을 행한 경우 모르고 행한 자와 알고 행한 자 사이에는 상급에 있어서도 차이가 발생한다. 율법을 보고 알아서 선을 행하는 것보다 율법을 보지 않고 모른 채 선을 행하는 것이 더 복되다고 예수님은 가르친다. 도마에게 하신 예수님의 말씀이다. "예수께서 이르시되 너는 나를 본 고로 믿느냐 보지 못하고 믿는 자들은 복되도다 하시니라"(요 20:29). 물론 보지 못하여 믿지 않는 것보다는 보고 믿는 것이 우수하다. 그래서 예수님은 도마를 향해 "네 손가락을 이리 내밀어 내 손을 보고 네 손을 내밀어 내 옆구리에 넣어 보라 그리하여 믿음 없는 자가 되지 말고 믿는 자가 되라"(요 20:27)는 권면을 건네셨다.

율법을 보고 선을 행하는 것보다 율법을 보지 않고 선을 행하는 것이 복된 이유는 무엇인가? 선한 양심은 마음에 새겨진 말씀이고, 율법은 돌판에 새겨진 말씀이기 때문이다. 내면의 율법이 나를 움직이는 자율적인 행위는 외면의 율법에 의해 움직이는 타율적인 행위보다 더 우월하고 유익하다. 하나님의 말씀이 밖에서 나에게 관여하는 것보다 내 안에서 관여하는 것은 하나님과 나 사이의 보다 농밀한 관계성을 나타낸다. 율법이 돌판에 머물러 있을 때에는 진정한 순종이 가능하지 않다. 그래서 자발적인 순종을 위해서는 율법의 내면화가 필요하다. 그래서 하나님은 새 마음과 새 영을 우리 안에 두셔서 굳은 마음을 제하고 부드러운 마음을 주시는 방식을 취하셨다(겔 36:26-27). 이는 우리의 마음에 소원과 준행의 은총을 베푸신 것이라고 바울은 해석한다(빌 2:13). 이렇게 함으로써 순종하는 이유가 복 때문이 아니라 순종 자체가 기쁨과 행복이 되게 만드셨다.

율법을 보아서 알고도 선을 행하지 아니하는 것이 최악이고, 율법을 보지 않아 몰라서 선을 행하지 아니하는 것이 차악이고, 율법을 보고 알아서 선을 행하는 것이 차선이고, 율법을 보지 않아서 율법을 모르지만 그럼에도 불구하고 선을 행하는 것은 최선이다. 이처럼 하나님의 평가는 율법에 대한 지식의 유무에 따르지 않고 행위를 따라 내려지며 그 행위를 평가하는 기준은 유대인의 율법과 이방인의 양심이다. 이러한 하나님의 평가에는 어떠한 차별도 없다는 것이 성경의 선언이다. 나중에 3장에서 밝혀질 것이지만, 율법을 알든 모르든 모든 사람들이 죄를 범했고 모든 사람이 죄인으로 선언된다. 율법에 대한 지식의 여부는 순종을 보증하지 않음이 분명하다.

¹⁶즉 나의 복음을 따라 하나님이 그리스도 예수로 말미암아
사람들의 은밀한 것들을 판단하실 그 날에 말입니다

바울은 자신의 복음을 따라 하나님의 판단이 이루어질 것이라고 단언한

다. "판단하다"(κρίμνει) 라는 동사의 형태를 보건대, 여기에서 판단의 시점은 현재와 미래가 모두 가능하다. 즉 하나님은 지금도 판단을 내리시고 장차 시간의 역사가 종결되는 때에도 종합적인 판단을 내리신다. 율법의 고발과 양심의 증거는 지금도 율법을 아는 자들과 모르는 자들 모두에게 작용하고 있다. 이러한 작용은 마지막 날에도 동일하다. 즉 마지막 날에 모세가 유대인을 고발할 것이고(요 5:45), 이방인을 포함한 모든 사람들은 자신에 대해 하나님께 직고하게 될 것이기 때문이다(롬 14:12).

판단의 대상은 사람들의 은밀한 것들이다. 중심을 보시는 하나님은 사람들의 보이지 않는 중심의 은밀한 것들을 판단의 대상으로 삼으신다. 어떠한 것도 가려지지 않고 모든 것이 하나님 앞에서 드러난다. 이러한 드러남은 말씀이신 그리스도 예수로 말미암아 일어난다. 즉 하나님의 말씀이 사람들의 은밀한 것들을 드러낸다. 이에 대해서는 히브리서 기자가 증언한다. "하나님의 말씀은 살아 있고 활력이 있어 좌우에 날선 어떤 검보다도 예리하여 혼과 영과 및 관절과 골수를 찔러 쪼개기까지 하며 또 마음의 생각과 뜻을 판단하기 때문에 지으신 것이 하나도 그 앞에 나타나지 않음이 없고 우리의 결산을 받으실 이의 눈앞에 만물이 벌거벗은 것 같이 드러난다"(히 4:12-13). 이것은 종말의 현상만이 아니라 지금도 일어나고 있는 현실이다. 하나님의 말씀은 지금도 사람들의 마음에서 일어나는 은밀한 생각과 뜻을 드러내고 판단한다. 영과 혼의 차원까지 예리하게 구분하고 고발한다. 하나님의 말씀에 의한 판단을 피할 수 있는 피조물은 없다. 그래서 만물이 벌거벗은 것처럼 드러난다. 어떠한 비밀도 말씀 앞에서는 알몸을 드러낸다.

바울은 "나의 복음"을 따라 이 판단이 이루어질 것이라고 한다. 하나님의 심판은 모든 사람에게 어떠한 차별도 없이 내려진다. 행위의 평가는 율법이나 양심에 의해서 이루어질 것인데 율법이든 양심이든 마음의 모든 은밀한 것들은 하나님의 말씀 즉 그리스도 예수를 통해 저울질을 받게 될 것이라고 바울은 확신한다. 이것이 그의 복음이다. 이것이 왜 바울 자신에게 복음인가? 그리스도 예수가 모든 기준들의 기준이기 때문이다. 율법과 양심은 기준의 권위를 가지지만 여전히 왜곡과 변질이 가능하다. 율법도 잘못 해석되고 양심도 잘못 해석될 수 있지만 예수님은 하나님의 말씀 자체이기 때문에 왜곡과 왜곡 가능성이 전혀 없으시다. 이는 예수님이 양심의 원형이며 동시에 율법의 완전한 성취, 완전한 마침, 완전한 해석이기 때문이다.

진실로 그리스도 예수는 모든 "산 자와 죽은 자를 심판하실 분"이시다 (딤후 4:1). 내가 죽고 그리스도 예수가 내 안에서 살면 그리스도 예수가 기준인 심판대 앞에서 누구도 정죄를 당하지 않을 것은 자명하다. 기준이 동일한 기준을 평가의 대상으로 삼은 심판보다 더 안전한 무죄의 상황이 이 세상에는 그 어떤 법정에도 없다. 그래서 유대인과 헬라인 모두에 대해 그리스도 예수를 기준으로 삼아 내려지는 심판은 그분이 인생의 주인이 된 사람에게 복음이다. 이는 지금까지 설명된 심판의 원리가 우리 각자에게 자신의 복음이 되어야 한다는 바울의 역설이다. 이 세상에서 그 어떤 시대에 어느 민족에 의해서도 그리스도 예수가 심판의 기준과 주체인 것보다 더 참되고 공정한 법이나 법정이 마련된 적이 없었다는 것이 나의 생각이다. 율법과 양심의 절대적인 기준 즉 그리스도 예수에 의해 그로 말미암아 유대인과 헬라인, 율법 있는 사람과 율법 없는 사람이 공정한 평가를 받는다는 심판의 이 원리는 우리 각자에게 "나의" 복음이다.

17유대인이라 불리는 네가 율법을 의지하며 하나님을 자랑하며 **18**율법의 교훈을 받아 하나님의 뜻을 알고 지극히 선한 것을 분간하며 **19**맹인의 길을 인도하는 자요 어둠에 있는 자의 빛이요 **20**율법에 있는 지식과 진리의 모본을 가진 자로서 어리석은 자의 교사요 어린 아이의 선생이라고 스스로 믿으니 **21**그러면 다른 사람을 가르치는 네가 네 자신은 가르치지 아니하느냐 도둑질하지 말라 선포하는 네가 도둑질하느냐 **22**간음하지 말라 말하는 네가 간음하느냐 우상을 가증히 여기는 네가 신전 물건을 도둑질하느냐 **23**율법을 자랑하는 네가 율법을 범함으로 하나님을 욕되게 하느냐 **24**기록된 바와 같이 하나님의 이름이 너희 때문에 이방인 중에서 모독을 받는도다

❖ ❖ ❖

17만약 당신이 유대 사람으로 불리고 율법을 의지하고 하나님 안에 있다고 자랑하고 **18**율법에 의해 교훈을 받아 그 뜻을 알고 지극히 뛰어난 것들을 식별하며 **19**맹인들의 인도요 어둠에 있는 사람들의 빛이며 **20**율법에 있는 지식과 진리의 모본을 가진 자로서 우둔한 자의 교육자요 어린 아이의 교사라고 한다면 **21**당연히 타인을 가르치는 당신이 왜 당신 자신은 가르치지 않습니까? 훔치지 말라고 선포하는 당신은 왜 훔칩니까? **22**음행을 저지르지 말라고 말하는 당신은 왜 음행을 저지르고 우상을 가증하게 여기는 당신은 왜 신전의 도둑이 되십니까? **23**율법을 자랑하는 당신은 왜 율법의 위반으로 하나님의 이름을 욕되게 하십니까? **24**기록된 것처럼 하나님의 이름이 여러분 때문에 이방인 중에서 모독을 받고 있습니다

앎과 삶

본문에서 바울은 하나님의 뜻을 알면서도 순종하지 않는 최악의 죄인 즉 유대인을 꾸짖는다. 유대인이 가진 네 가지의 특권은 선택을 받은 민족, 율법에 의지하고 안도감을 얻음, 하나님 안에 거함에 대한 자랑, 그리고 진리에 대한 지식을 가지고 최고의 가치를 아는 영적인 안목이다. 이 특권은 하나님의 선물이다. 그런데 하나님이 이스라엘 백성을 이러한 특권 수혜자로 택한 이유는 무엇인가? "너는 여호와 네 하나님의 성민이라⋯ 너희를 택하심은 너희가 다른 민족보다 수효가 많기 때문이 아니니라 너희는 오히려 모든 민족 중에 가장 적으니라"(신 7:6-7). 즉 선택의 이유는 그들에게 있지 않고 하나님 자신에게 있다. 그 백성을 향한 하나님의 무조건적 사랑하심 때문이다(신 7:8). 그러나 이러한 선택과 선물이 무조건 최고의 복을 보증하는 것은 아니었다. 하나님을 사랑하고 그의 계명을 지켜 행하는 자에게만 복을 베푸신다. 사랑 때문에 우리를 선택하신 하나님의 뜻은 우리가 동사의 사랑을 지나 존재의 사랑까지 이르러야 한다. 하나님은 사랑이다. 그 사랑에 이르지 못한 사랑의 동사는 행함과 진실함을 구비해도 여전히 세속적인 사랑이다. 사랑 자체이신 하나님께 이르는 사랑을 시도하라. 그러나 사도는 이러한 사랑의 특권이 주어진 하나님의 뜻과 전혀 어울리지 않는 삶을 살아가는 유대인의 모순적인 실상을 도둑질과 음행과 우상숭배 등의 사례들을 들며 폭로한다. 바울의 이러한 논증은 유대인이 보여준 앎과 삶, 이론과 실천, 신앙과 선행, 말과 행동, 겉과 속의 불일치에 근거한다.

> [17] 만약 당신이 유대 사람으로 불리고 율법을 의지하고
> 하나님 안에 있다고 자랑하고

유대인은 누구인가? "유대인"의 삼중적인 의미에 대해서는 4세기의 교부 암브로시우스(Ambrosius, d.397)의 설명이 유익하다. 첫째, "유대인"은 믿는 모든 자들의 아버지가 된 믿음의 조상 아브라함 자손을 의미한다. 즉 언약의 후손을 가리킨다. 둘째, "유대인"은 약속의 자녀인 이삭의 둘째 아들 야곱의 이름이 바뀌면서 정체성을 확보하게 된 이스라엘 백성 즉 하나님의 백성을 가리킨다. 즉 혈통에 따른 민족을 의미한다. 셋째, "유대인"은 유다 지파의 혈통을 따라 메시아가 오신다는 사실에 근거하여 메시아로 말미암아 구성된 사람들의 무리를 가리킨다. 무려 메시아가 그들에게 자신과 동기동창, 동문, 동향, 동족 출신이다. 그들은 이런 의미의 유대 사람으로 불리는 것을 좋아했다. 언약의 자손, 하나님의 백성, 자국 출신의 메시아와 그의 백성 개념이 골고루 버무려진 호칭을 좋아하는 것은 당연하다. 그러나 호칭의 유익을 누리는 것과 그 호칭에 상응하는 됨됨이와 삶의 구비는 구분해야 한다. 바울은 유대인이 과분한 호칭을 가졌다는 사실을 지적하고 그것이 가식이 되지 않도록 그 호칭에 어울리는 인격과 행실을 갖추라고 촉구한다.

그리고 유대인은 율법을 의지한다. 즉 율법을 가지고 있으면 재앙과

멸망이 임하지 않을 것이라는 생각으로 율법을 의지한다. 그러나 율법은 그 자체가 유대인의 보호를 보증하는 부적이 아니라 하나님의 뜻을 행하라고 가르치는 삶의 거울이다. 그런데도 유대인은 행하기를 거부한다. 유대인이 이렇게 율법을 의지하는 미신적인 태도의 근원은 홉니와 비느하스 시대로 소급된다. 이스라엘 백성이 블레셋 사람들과 싸우다가 군사 4,000명의 목숨을 잃고 패하자 그 원인을 언약궤의 부재에서 찾고 승리를 위해 하나님의 언약궤를 가지고 전쟁터로 돌아갔다. 그러나 이번에는 30,000명의 보병이 목숨을 빼앗기는 참패를 당하였다. 자신을 지켜줄 것이라고 믿은 언약궤가 결코 지켜주지 않은 일이었다. 이런 역사가 있음에도 불구하고 유대인은 역사의 교훈보다 어리석은 지도자의 언약궤 맹신을 택하였다. 율법을 의지하는 것은 그 율법을 온전히 준행할 때에만 효력이 발생한다. 그런데 유대인은 순종으로 율법을 의지하지 않고 그 율법에 대한 지식 혹은 보관을 주술적인 복의 방편으로 이해했다.

유대인은 하나님을 자랑한다. 즉 하나님과 특별한 관계성을 가졌다는 자랑이다. 유대인은 하나님의 백성이고 하나님은 유대인의 신이라고 생각한다. 이러한 소유격의 관계에 근거하여 자신은 결코 재앙이나 멸망을 당하지 않을 것이라고 확신한다. 하나님을 자랑하는 것은 잘못된 것이 아니라 피조물의 마땅한 도리이며 정상적인 의식이다. 그러나 중요한 것은 자랑의 방식과 목적이다. 유대인의 하나님 자랑은 지식적인 것이었고 이론적인 것이었고 언어적인 것이었다. 인격적인 것, 실천적인 것, 실질적인 것이 아니었다. 자랑의 목적은 하나님께 영광을 돌리는 것이 아니었다. 그 자랑은 그저 자신의 유익을 위한 겉치레의 종교적인 도구였다. 이와는 달리 바울은 "나를 위하여는 약한 것들 외에 자랑하지 아니"할 것이라고 한다(고후 12:5). 이러한 바울의 지적을 알고도 오늘날 선민의식 혹은 성경에 대한 지식 자랑에 안달이 난 교회들이 있다. 자랑의 종류와 목적을 고민해야 한다.

¹⁸율법에 의해 교훈을 받아 그 뜻을 알고 지극히 뛰어난 것들을 식별하며

유대인은 율법에 의한 가르침을 받아 그 뜻을 인식하고 있다. 율법은 하나님의 뜻을 가르친다. 율법이 가르치는 하나님의 뜻을 알면 지극히 뛰어난 것들을 식별하게 된다. 율법의 "보다 중요한"(βαρύτερα) 의미는 예수님이 가르치신 하나님의 정의와 하나님의 긍휼과 하나님에 대한 신앙이다(마 23:23). 율법의 가장 중요한 것, 즉 최고의 계명은 하나님과 이웃 사랑이다(막 12:30-31). 그 안에는 정의와 자비와 신앙이 포괄되어 있다. 사랑과 구약에 있는 613가지의 율법 조항들 전체는 그 무게가 동일하다.

인간에게 가장 중요한 것은 무엇인가? 윌리엄 매슬로우(William Maslow)의 5단계 욕구설에 의하면, 1) 생명을 유지하는 의식주와 성욕 같은 생리적 욕구, 2) 위험과 위협에서 자신을 보호하는 안전의 욕구, 3) 가족을 비롯한 공동체에 귀속되고 싶어하는 애정 혹은 소속의 욕구, 4) 사람들의 인정과 칭찬을 받고 싶어하는 존경의 욕구, 그리고 끝으로 5) 자신의 잠재력을 최대한 발휘하고 싶어하는 자아실현 욕구라고 말할 가능성이 높다. 어떤 사람들은 건강과 장수와 재물과 명예와 쾌락과 행복과 인기라고 대답한다. 보다 고상한 답으로는 진선미가 있다. 진리와 선함과 아름다움, 이것들을 추구하는 것이 학문이고 구현하는 것이 이상적인 인생이다. 그러나 여기에서 공통적인 특징은 지극히 뛰어난 것들의 식별이 자기 자신을 기준으로 삼는다는 사실이다. 그러나 만약 이 세상 모든 사람들의 기호가 왜곡되어 있다면 아무리 많은 사람들 사이에서 합의된 것이라고 할지라도 지극히 뛰어난 것들과는 무관하게 된다.

사실 인간은 지극히 뛰어난 것들에 대해 무지하다. 왜냐하면 모든 사람들이 다 치우쳐 있기 때문이다. 시인의 고백이다. "여호와가 하늘에서 인생을 감찰하며 지각이 있어 하나님을 찾는 자가 있는가 보려 하시는데 모두 치우쳐서 함께 더러운 자가 되고 선을 행하는 자가 없으니 하나도 없도다"(시 14:2-3). 아무리 진선미를 추구해도 그 기준이 올바르지 않다면 진선미(眞善美)와 무관한 위악추(僞惡醜)를 추구하게 된다. 그러나 하나님의 계명은 지극히 뛰어난 것을 가르치고 우리로 하여금 알고 분별하게 한다. 그러나 유대인은 율법이 가르친 하나님의 뜻을 알고 지극히 뛰어난 것을 식별하는 자이지만 그것에 어울리는 인격과 삶을 구비하지 않았다고 바울은 책망한다. 성경이 가르치는 지극히 뛰어난 것들 중에서도 가장 뛰어난 것은 바로 하나님 자신이다. 그러나 그들은 하나님이 육신을 입고 이 땅에 오셨을 때에 그를 영접하지 않고 외면하고 무시했다.

¹⁹맹인들의 인도자요 어둠에 있는 사람들의 빛이며

유대인은 스스로를 맹인들의 인도자로 간주한다. 맹인은 자신에게 있는 시각적인 기능의 문제로 빛을 보지 못하는 사람을 가리킨다. 그는 보지 못하기 때문에 이해하지 못하고 분별하지 못하는 사람이다. 어디에서 왔으며 어디로 가야 하는지를 모르기 때문에 인도자가 필요하다. 그들에게 눈이 되어줄 사람이 필요하다. 세상은 눈이 없기 때문에 인도자 즉 교회가 필요하다. 교회는 보지 못하는 세상의 눈과 같아서 늘 올바른 기준에 시선을 맞추지 않으면 세상을 그릇된 곳으로 인도한다. 올바른 기준은 하나님의 말씀이다. 교회가 성경을 응시하고 있으면 세상은 스스로 보지 못해도 안전하다. 교회가 세상의 인도자가 될 것이기 때문이다.

유대인은 자신을 어둠에 있는 사람들의 빛이라고 생각한다. 어둠에 있는 사람들은 비록 시각적인 기능에 아무런 문제가 없지만 환경이 어두워서 보지 못하는 자들을 가리킨다. 사실 세상은 어둠이다. 빛이 그 어둠을 비추어도 어둠이 깨닫지 못하였다(요 1:5). 이 세상에 사는 이들에게 필요한 것은 눈이 아니라 빛이라는 환경이다. 어두운 가치관, 어두운 기준, 어두운 문화, 어두운 관계, 어두운 공동체 안에서 살아가는 사람들의 빛이 된다는 것은 대단한 영광이다. 그런데 유대인은 어두운 세상에 밝은 빛의 환경을 제공하지 못하였다. 요한의 증언이다. 예수님은 빛이시다. 그런데 어둠 가운데에 있는 세상 사람만이 아니라 그의 백성도 그 빛을 깨닫지 못하였다. 오히려 그 빛을 배척하고 멀리했다. 이유가 무엇인가? "빛이 세상에 왔으되 사람들이 자기 행위가 악하므로 빛보다 어둠을 더 사랑한 것이니라"(요 3:19). 스스로 어둠 가운데에 있던 유대인은 빛을 환영하지 않고 오히려 빛의 제거를 선동했다. 그 빛을 십자가에 못 박으라고 했다.

나 자신과 교회는 어떠한가? 교회는 세상의 빛이라는 소명을 받았지만 그런 기능에 얼마나 충실한가? 교회가 있기 때문에 우리 마을이, 우리 사회가, 우리 나라가, 온 세상이 더 좋은 환경의 수혜자가 되었는가? 교회가 유대인의 어두운 행보를 답습하고 있지는 않은지를 늘 성찰해야 한다. 스스로 맹인들의 인도자요 어둠에 있는 사람들의 빛이라고 여기면서 실제로는 교회가 맹인들을 비참과 고통의 도랑에 빠뜨리고 캄캄함이 뒤덮은 세상을 더 어둡게 만들고 있지는 않은지를! 교회는 사람들의 내적인 상태와 외적인 환경의 문제를 해결해야 한다. 세상에 대해 내적인 빛과 외적인 빛의 기능을 모두 감당해야 한다.

[20]율법에 있는 지식과 진리의 모본을 가진 자로서
우둔한 자의 교육자요 어린 아이의 교사라고 한다면

유대인은 율법에 있는 지식과 진리의 모본을 가진 자라고 스스로 생각한다. 여기에서 지식은 율법의 각 조항에 대한 인식을 의미하고 진리는 그 조항의 의미를 가리킨다. 하나님의 진리를 거짓으로 바꾼 이방인의 상황과는 달리 유대인은 그 진리를 율법의 형태로 이미 소유하고 있다. 하나님의 율법 즉 모든 계명들은 진리라고 시인은 증거한다(시 119:142, 151, 160). 진리의 규범인 율법과 대립하는 모든 것은 당연히 거짓이다. 유대인은 자신의 자녀로 하여금 4살 때부터 하루에 3시간씩 진리의 규범인 하나님의 말씀을 암송하게 한다. 그렇게 종이가 아니라 의식에 박힌 율법은 그들에게 지식과 진리를 선물로 제공한다. 모든 선물에는 사명 혹은 책임이 수반된다. 지식을 가진 자는 무지를 제거하고 진리를 가진 자는 거짓을 몰아내야 한다. 즉 우둔한 자의 교육자가 되고 어린 아이의 교사가 되어서 현재의 세대와 미래의 세대를 모두 섬기는 사명을 완수해야 한다.

그런데 율법에 대한 유대인의 지식과 진리의 모본은 과연 올바른가? 디모데의 경우 어릴 때부터 성경을 알았다고 한다. 그는 어떠한 진리의 지식에 이르렀나? "성경은 능히 너로 하여금 그리스도 예수 안에 있는 믿음으로 말미암아 구원에 이르는 지혜가 있게 하느니라"(딤후 3:15). 진리 자체이신 그리스도 예수에게 이르지 않은 율법의 지식은 거짓이며 진리의 왜곡이다. 디모데의 경우와는 달리 유대인은 진리를 깨닫지 못하였다. 율법의 전문가인 바리새파 및 서기관의 무리를 향한 예수님의 평가에 대한 요한의 기록이다. "어찌하여 내 말을 깨닫지 못하느냐 이는 내 말을 들을 줄 알지 못함이라"(요 8:43). 모든 율법은 그리스도 예수를 가리켜 기록된 말씀이다. 그런데 율법의 실체이신 주님의 말씀을 깨닫지 못한다면 율법에 대해서도 무지한 자임에 분명하다.

심지어 제자들의 경우도 동일하다. 놀라운 기적을 보이시고 그 의미를 수차례 가르쳐 주셨지만 그래도 여전히 깨닫지 못하는 제자들을 향한 예수님의 반응이다. "아직도 알지 못하며 깨닫지 못하느냐"(막 8:17). 심지어 바울도 예수님을 만나 알기 이전의 때를 "율법을 깨닫지 못했을 때"라고 고백한다(롬 7:9). 이는 이사야의 예언이 성취된 결과라고 예수님은 평가한다. "너희가 듣기는 들어도 깨닫지 못할 것이요 보기는 보아도 알지 못하리라"(마 13:14). 유대인은 비록 율법을 가졌고 보았고 들었지만 알지 못하였다. 이는 그리스도 예수를 알아보지 못한 것에서 확인된다. 그리고 예수님을 만나서 알지 못하면 율법의 진리에 이르지를 못한다는 사실도 유대인의 무지가 잘 증명한다. 그러한 상태에 있는 유대인이 어떻게 맹인들의 인도자 혹은 어둠에 있는 자의 빛이 되겠는가! 특별히 바리새파 무리를 향하여 예수님은 이렇게 평가한다. "그들은 맹인이 되어 맹인을 인도하는 자로다 만일 맹인이 맹인을 인도하면 둘이 다 구덩이에 빠지리라"(마 15:14). 교회는 어떠한가? 오늘날의 교회를 보면 맹인을 인도하는 맹인이 아닌지가 궁금하다. 교회는 세상의 눈이어야 한다. 빛이어야 한다. 교사여야 한다. 독생자를 아끼지 않고 내어주실 정도로 사랑하는 세상에 대해 하나님이 교회에게 주신 책임의 크기는 실로 막대하다.

²¹당연히 타인을 가르치는 당신이 왜 당신 자신은 가르치지 않습니까?
훔치지 말라고 선포하는 당신은 왜 훔칩니까?

지금까지 바울이 유대인의 특권들을 열거한 이유는 지금부터 시작되는 책망을 위함이다. 유대인은 분명히 유대인이라는 뿌듯한 호칭을 가졌고, 율법을 의지하고, 하나님을 자랑하고, 하나님의 뜻을 알고, 율법의 지식과 진리의 모본을 가지고 있어서 지극히 뛰어난 것들을 분별하기 때문에 맹인들의 인도자, 어둠에 있는 사람들의 빛, 우둔한 자의 교육자, 어린 아이의 교사라고 스스로 여기지만 그들의 문제는 그렇게 긍정적인 자의식을 가졌고 타인을 가르치는 자이면서 정작 자기 자신은 가르치지 않는다는 사실이다.

하나님의 말씀은 입술의 언어로 가르치지 않고 행함으로 가르쳐야 한다. "누구든지 이 계명 중의 지극히 작은 것 하나라도 버리고 또 그같이 사람을 가르치는 자는 천국에서 지극히 작다 일컬음을 받을 것이요 누구든지 이를 행하며 가르치는 자는 천국에서 크다 일컬음을 받으리라"(마 5:19). 행함의 여부가 존재의 크기를 좌우한다. 행함이 가르침의 여부를 결정한다. 하나님의 말씀을 버린다는 것은 말씀대로 행하지 않는 것을 의미한다. 불순종과 가르침은 결코 어울릴 수 없는 단어의 조합이다. 그러나 행함과 가르침은 어울린다. 행함은 가르침의 전제이며 준비이며 방법이다. 이 땅에서는 입술이 요란한 자가 크다고 말하지만 하늘의 질서를 따라서는 행하며 가르치는 자가 가장 위대하다. 심지어 페르시아 제국의 아닥사스다 왕도 에스라에 대해 "하나님의 율법에 완전한 학자"(에 7:12)라고 불렀는데 이는 그가 행하며 가르치는 학자였기 때문이다(에 7:10). 하나님의 말씀을 듣는 자가 아니라 삶으로 살아내는 준행자가 바로 하나님과 사람 앞에서 칭찬과 존경을 받는 큰 사람이다.

율법에 언급된 모든 진리는 타인을 위한 것이기 이전에 나 자신에게 주어진 하나님의 말씀이다. 누구보다 나 자신이 율법에 담긴 가르침의 일순위 대상이다. 우리는 가르침을 듣고 이해하고 행하는 방식으로 율법에 반응해야 한다. 그러나 유대인은 율법을 자신에게 적용하지 않고 오로지 타인에게 적용한다. 예수님은 유대인이 율법의 무거운 짐을 묶어서 타인의 어깨에 지우지만 정작 자신은 율법의 순종에 대해 손가락 하나라도 움직이려 하지 않는다고 지적한다(마 23:3). 율법에 온전히 순종하는 것은 불가능한 일이며 그것을 자신은 감당하지 못하면서 타인에게 요구하는 것은 비열하고 부당하다. 그런데 교회도 이러한 비열함과 부당함을 드러낸다. 심지어 초대교회 당시의 상황도 이 문제로 인해 예루살렘 공의회를 개최할 정도였다. 그때 사도들은 교회의 형제들을 엄중한 목소리로 꾸짖었다. "지금 너희가 어찌하여 하나님을 시험하여 우리 조상과 우리도 능히 메지 못하던 멍에를 제자들의 목에 두려느냐"(행 15:10).

이러한 유대인의 태도와는 달리, 율법에 적시된 피조물의 의무를 타인에게 지우지 않고 자신의 어깨에 짊어지신 유일한 사람은 바로 주님이다.

율법의 모든 짐을 스스로 짊어지신 예수님은 스스로 짊어질 능력이 없는 자들에게 따뜻한 사랑의 손길을 내미신다. "수고하고 무거운 짐 진 자들아 다 내게로 오라 내가 너희를 쉬게 하리라"(마 11:28). 예수님은 타인에게 짐을 지우지 않고 오히려 안식을 제공한다. 교회는 율법의 짐을 감당하지 못하는 온 세상을 향하여 안식을 제공하는 처소여야 한다. 안식을 제공하는 방식은 무엇인가? 주님처럼 행함으로 가르쳐야 한다. 죄에 익숙한 사람이 선의 길을 개척하는 것은 대단히 지난하다. 그러나 선의 길을 걸어간 의인의 발자국이 있으면 그 길을 걸어가는 발걸음은 가볍게 되고 그 길은 쉬워진다(마 11:29-30). 교회는 의인의 발자국을 세상에 공급해야 한다. 세상의 손을 잡고 그 길로 이끌어야 한다. 그런데 지금은 세상이 교회의 손을 잡으며 걱정한다. 무엇 때문일까? 교회가 부패하고 타락하고 거짓되고 음란하고 사악하고 야비하기 때문이다. 교회 안에서 세상의 모든 문제들이 다 발생하기 때문이다. 세상보다 교회가 더 심각한 타락의 더 은밀한 온상이기 때문이다.

바울은 유대인이 저지르는 네 가지의 대표적인 타락을 지적한다. 먼저 훔치지 말라고 가르치는 그들이 도둑질을 한다. 율법은 분명히 도둑질을 금지한다. 구약에서 대표적인 도둑질은 십일조와 헌물의 미납이다. 그러나 말라기 선지자는 십일조와 헌물의 도둑질을 "하나님의 것을 도둑질한 것"이라고 한다(말 3:8). 즉 하나님께 드려진 것을 훔치는 것은 하나님 자신을 훔친 것으로 간주된다. 하나님의 것 중에서도 가장 중요한 것은 하나님의 백성이다. 그런데 그들의 마음을 도적질한 사람까지 있다. "이스라엘 무리 중에 왕께 재판을 청하러 오는 자들마다 압살롬의 행함이 이와 같아서 이스라엘 사람의 마음을 압살롬이 훔치니라"(삼하 15:6). 결국 백성의 마음을 훔친 압살롬은 비참한 최후를 맞이한다. 신약에는 예수님을 훔친 사람이 등장한다. 예수님의 몸값으로 대제사장 손에서 건네진 은 삼십을 취한 유다가 바로 그 도둑이다(마 26:15-16). 유대인은 하나님의 것으로서 헌금과 헌물도 훔쳤지만 길과 진리와 생명 되시는 예수님도 십자가의 형틀에 넘기는 불법적인 권한 행사로 도둑질을 했다. 우리도 도둑의 혐의에서 자유롭지 않다. 우리 자신은 우리의 것이 아니라 예수의 피 값이 지불된 하나님의 것이라고 바울은 고백한다. 우리에게 있는 모든 소유물도 받지 아니한 것이 하나도 없기에 주신 분의 의도가 결부되어 있다(고전 4:7). 우리의 생명과 소유는 그 모든 것들을 베푸신 하나님의 뜻을 이루기 위해 주어졌다. 그 뜻과 무관하게 사용하면 도둑질에 해당된다. 성도의 마음을 미혹하여 하나님을 멀리하게 만드는 것은 압살롬의 도둑질과 동일하다.

> [22] 음행을 저지르지 말라고 말하는 당신은 왜 음행을 하십니까?
> 우상을 가증하게 여기는 당신은 왜 신전의 도둑이 되십니까?

둘째, 음행을 저지르지 말라고 가르치는 유대인은 음행을 저질렀다. 음행의 대표적인 것은 창녀와 몸을 섞는 것이었다(고전 6:16). 그리고 믿음의 자녀들이 믿지 않는 사람들과 몸을 합하는 것이었다. 이러한 음행은 에베소 지역과 고린도 지역에서 가장 심각했다. 특별히 고린도는 교회에서 가장 심각한 문제가 일어났다. "너희 중에 심지어 음행이 있다 함을 들으니 그런 음행은 이방인 중에서도 없는 것이라 누가 그 아버지의 아내를 취하였다 하는도다"(고전 5:1). 고린도 교회에 있는 어느 유대인의 끔찍한 음행에 대한 지적이다. 아들이 아버지의 아내 즉 자신의 어머니를 취하는 음행의 하극상이 고린도 교회에서 발생했다. 이러한 음행은 계속해서 이어져 우리 기독교의 역사에서 특별히 중세와 종교개혁 시대에는 예배당 옆에 성직자를 위한 성직자 전용 창녀촌이 있을 정도였다. 지금도 교회는 성직자에 의한 성추행과 성폭력의 온상이란 의혹에서 자유롭지 않다.

셋째, 우상을 가증하게 여기는 유대인은 이방 신전의 물건을 탐하는 도둑으로 전락했다. 우상숭배 문제는 이스라엘 백성이 저지른 죄들 중에서 하나님께 가장 가증한 범죄였다. 율법은 우상숭배 문제에 대해 대단히 엄격하게 금했고 이방 신사의 물건도 탐하지 말 것을 명하였다. "너는 그들이 조각한 신상들을 불사르고 그것에 입힌 은이나 금을 탐하지 말며 취하지 말라…너는 가증한 것을 네 집에 들이지 말라"(신 7:25-26). 바울도 이방 신전의 물건들은 건드리지 말라고 가르쳤다. 이는 그와 동행한 가이오와 아리스다고가 아데미 여신을 섬기는 자들에게 고발을 당했을 때에 그들이 "신전의 물건을 도둑질"한 적이 없다는 무죄 판결을 받았다는 사실에서 확인된다(행 19:37). 교회는 세상이 사랑하여 영혼을 바치는 우상적인 것에 탐욕의 군침을 흘리지 말아야 하고 도둑질의 손을 뻗지 말아야 하고 그것을 집으로 가져오는 것도 금하여야 한다. 세상의 권력과 돈과 명예와 인기와 칭찬을 흠모하고 그것에 휘둘리는 순간 택하심을 받은 하나님의 자녀라는 정체성의 기반은 필히 흔들린다. 하나님 이외에 다른 어떠한 것도 사랑하지 말고 숭배하지 말라. 돈으로 대표되는 세상을 사랑하면 그 사랑은 우리에게 일만 악의 뿌리로 작용한다.

[23]율법을 자랑하는 당신은 왜 율법의 위반으로 하나님의 이름을 욕되게 하십니까?

유대인은 진실로 율법을 자랑한다. 율법은 사람들 사이의 합의라는 인간적인 방식으로 제정된 땅의 헌법이 아니라 하나님의 백성임을 증명하는 하늘의 헌법이기 때문이다. 그 율법은 이스라엘 백성을 모든 민족 위에 뛰어나게 만들었다. 율법은 세상 그 어디서도 발견할 수 없고 산출될 수 없고 공급되지 않는 하나님의 지혜와 지식이다. 그 율법을 경험한 세상의 모든 사람들은 이스라엘 백성을 향해 "이 큰 나라 사람은 과연 지혜와 지식이 있는 백성"(신 4:6)임을 인정할 것이라고 한다. 이 율법의 뛰어남에 대해 모세는 이렇게 묘사한다. "오늘 내가 너희에게 선포하는 이 율법과 같이 그 규례와 법도가 공의로운 큰 나라가 어디 있느냐"(신 4:8). 그러나 이러한 율법을 선물로 받은 이스라엘 백성은 하나의 중요한 단서를 외면했다. "너희는 지켜 행하라 이것이 여러 민족 앞에서 너희의 지혜요 너희의 지식이라"(신 4:6). 이는 율법이 아무리 탁월해도 그 율법을 살아내야 우리에게 지혜와 지식이 된다는 메시지다. 그런데 유대인은 그 율법을 위반했다. 하늘의 특권을 스스로 차버렸다. 주어진 하나님의 선물에는 반드시 책임이 뒤따른다. 즉 그 선물을 독식하지 않고 실천의 방식으로 타인과 나누어야 한다. 타인으로 하여금 그 선물을 누리도록 하는 복의 통로여야 한다. 이방인도 하나님의 선물을 누리고 하나님을 영화롭게 하고 감사와 찬송을 드리는 최고의 영광의 수혜자가 되도록 나누어야 한다. 그런데 유대인은 그 선물을 인격과 삶의 향기로 나누지 않아 타인으로 하여금 하나님께 영광과 감사를 돌리게 만들지 못했고 오히려 하나님의 이름을 그들 가운데서 욕되게 만들었다. 구약 시대에 그들의 조상들이 저지른 죄를 동일하게 저질렀다.

이방인의 일반적인 이해는 신을 섬기는 백성은 인격과 성품과 삶에 있어서 그 신을 닮는다고 생각했다. 이에 대해 바울은 이렇게 이해한다. "주와 합하는 자는 한 영이니라"(고전 6:17). 하나님의 백성이 된다는 것은 참으로 놀라운 비밀을 수반한다. 백성으로 택함을 받은 사람은 하나님과 한 영이 되는 차원까지 높아진다. 하나님의 부르심은 너무나도 고귀하다. 그러나 뒤집어서 보면, 그 백성의 타락은 그들이 섬기는 여호와의 이름을 바닥에 내던져서 이방인에 의해 능욕을 당하게 만드는 결과를 초래한다. 그런데 놀라운 것은 주께서 그런 것까지도 각오를 하셨다는 사실이다. 전지하신 하나님은 능욕을 감수하고 우리를 택하시고 백성으로 삼으셨다. 우리처럼 연약하고 무지한 자들을 택하신 하나님의 사랑은 이처럼 무한

하다.

[24] 기록된 것처럼 하나님의 이름이 여러분 때문에
이방인 중에서 모독을 받고 있습니다

그러한 사랑에도 불구하고 하나님의 이름을 이방인 중에서 욕되게 만드는 것은 이미 구약 시대의 이스라엘 백성에게 편만한 일이었다. 그래서 바울은 당시의 유대인도 조상과 동일한 죄를 저지르고 있다는 사실에 대한 그들의 자숙을 촉구하기 위해 구약의 기록을 인용한다. 그러나 하나님의 이름은 이스라엘 백성이 더럽혀도 더럽혀진 상태로 있을 이름이 아니라는 사실을 에스겔은 이렇게 기록한다. "여러 나라 가운데서 더럽혀진 이름 곧 너희가 그들 가운데서 더럽힌 나의 큰 이름을 내가 거룩하게 할지라"(겔 36:23). 하나님은 반드시 당신의 이름을 직접 거룩하게 만드신다. 자기 백성의 죄악으로 말미암아 모독을 당하여 바닥에 떨어진 당신의 이름을 하나님은 친히 높이신다. 그리스도 예수는 하나님의 이름을 거룩하게 높이시는 하나님의 비밀이다. 오직 주님만이 하나님의 이름을 영화롭게 하며 거룩하게 하며 높임을 받게 만드신다.

우리도 그 주님으로 말미암아 하나님의 이름을 모독이 아니라 거룩하게 여김을 받도록 그분 안에서 말씀에 순종해야 한다. 그러나 교회로 말미암아 하나님의 이름이 세상에서 모독을 받고 있는 지금의 현실이 안타깝다. 우리는 과연 그 모독의 유발에 일조하고 있지는 않은가? 나를 본 자는 하나님 아버지를 보았다는 말을 당당하게 할 수 있겠는가? 우리는 과연 예수님의 다음 명령에 얼마나 충실한 사람인가? "너희 빛이 사람 앞에 비치게 하여 그들로 너희 착한 행실을 보고 하늘에 계신 너희 아버지께 영광을 돌리게 하라"(마 5:16). 우리를 보고 과연 사람들이 하나님의 이름에 삿대질을 하는지, 아니면 하나님께 영광을 돌리고 있는지 살펴보라.

롬 2:25-29

²⁵네가 율법을 행하면 할례가 유익하나 만일 율법을 범하면 네 할례는 무할례가 되느니라 ²⁶그런즉 무할례자가 율법의 규례를 지키면 그 무할례를 할례와 같이 여길 것이 아니냐 ²⁷또한 본래 무할례자가 율법을 온전히 지키면 율법 조문과 할례를 가지고 율법을 범하는 너를 정죄하지 아니하겠느냐 ²⁸무릇 표면적 유대인이 유대인이 아니요 표면적 육신의 할례가 할례가 아니니라 ²⁹오직 이면적 유대인이 유대인이며 할례는 마음에 할지니 영에 있고 율법 조문에 있지 아니한 것이라 그 칭찬이 사람에게서가 아니요 다만 하나님에게서니라

❖ ❖ ❖

²⁵진실로 당신이 율법을 행하면 할례가 유익할 것이지만 당신이 율법의 위반자가 되면 당신의 할례는 무할례가 되는 것입니다 ²⁶그렇다면 할례를 받지 않은 사람이 율법의 규례를 지키면 그의 무할례가 할례로 간주될 것이 아닙니까? ²⁷그리고 육체적인 할례를 받지 않은 사람이 율법을 지키면 그가 율법의 조문과 할례를 가지고도 율법의 위반자가 된 당신을 정죄할 것이 아닙니까? ²⁸무릇 표면적인 유대인은 유대인이 아니며 표면적인 할례도 할례가 아닙니다 ²⁹반면 유대인은 이면적인 것이며 마음의 할례는 영에 있고 법조문에 있지 않습니다 그런 사람의 칭찬은 사람으로부터 오는 것이 아니라 하나님으로부터 오는 것입니다

13   표면적 유대인과 이면적 유대인

유대인의 종교적 정체성을 규정하는 가장 대표적인 것은 율법과 할례였다. 율법을 제공한 모세는 그들에게 신분적인 자존심의 근거였다. 그러나 율법을 준수하지 않으면 자랑의 근거였던 모세가 정죄의 주체로 돌변한다. "내가 너희를 아버지께 고발할까 생각하지 말라 너희를 고발하는 이가 있으니 곧 너희가 바라는 자 모세니라"(요 5:45). 이는 유대인이 기댄 존재의 언덕을 허무는 예수님의 발언이다. 이는 또한 율법의 효용은 들음이 아니라 행함에서 나온다는 사실의 다른 표현이다. 이제 바울은 본문에서 할례도 유대인의 자랑이 아니라 정죄의 근거로 작용할 수 있음을 가르친다.

할례(מוּל, περιτομή, circumcisio)는 신체적인 면에서 남성의 성기에서 귀두를 덮은 표피의 제거를 의미한다. 세속적인 의미에서 본다면, 할례는 결혼을 앞둔 남성의 위생적인 이유로 시행하는 의식 혹은 사회의 한 구성원의 자격을 얻는다는 의미를 부여하는 의식이다. 종교적인 의미에서 할례는 바울의 시대에 유대인의 정체성을 판단하는 가장 중요한 표징이며, 지옥으로 들어가지 않고 천국의 입성을 보증하는 명확한 자격으로 여겨졌다. 이러한 사상의 중심지인 유대 지역에서 온 사람들이 이방인에 대해 내세우는 주장에 관해 누가는 이렇게 기록한다. "너희가 모세의 법대로 할례를 받지 아니하면 능히 구원을 받지 못하리라"(행 15:1). 이러한 이해의 구약적 근거는 창세기가 제공한다. "너희 중 남자는 다 할례를 받으라 이것이 나와 너희와 너희 후손 사이에 지킬 내 언약이라"(창 17:10). 이처럼 할례는 하나님과 아브라함 및 그의 모든 후손 사이의 관계성 즉 그들이 하나님의 백성이 되고 하나님은 그들의 하나님이 되신다는 언약의 신체적인 증표이다. 만약 이 할례의 언약을 준수하지 않는다면 백성 중에서 끊어질 것이라고 한다(창 17:14).

그렇기 때문에 언약을 몸에 새기는 이 할례는 유대인이 어떠한 상황 속에서도 목숨까지 걸고 지키고자 한 의식이다. 심지어 가장 엄격한 율법을 적용하는 안식일 준수도 후순위로 밀어낼 정도의 중요성을 할례의 시행에 부여한다. 그래서 남자 아이가 태어난 지 8일째가 안식일일 경우에 유대인은 안식일 준수보다 할례를 선택한다(요 7:23). 이처럼 성경적인 근거가 분명한 할례의 중요성은 믿는 유대인의 생각도 흔들었다. 특별히 바리새파 출신의 신자들이 그러했다. "바리새파 중에 어떤 믿는 사람들이 일어나 말하되 이방인에게 할례를 행하고 모세의 율법을 지키라 명하는 것이 마땅하다 하니라"(행 15:5). 이러한 분위기 속에서, 더군다나 창세기의 든든한 후원을 받고 있는 할례의 전통적인 의미를 건드리는 것은 바울의 시대에 대단히 곤란한 논쟁의 뜨거운 감자였다.

²⁵진실로 당신이 율법을 행하면 할례가 유익할 것이지만
당신이 율법의 위반자가 되면 당신의 할례는 무할례가 되는 것입니다

그러나 바울은 할례에 관한 진실을 거론한다. 할례가 너무나도 중요한 주제이기 때문에 피하지 않고 오히려 작심한 듯 할례를 변증의 테이블로 소

환한다. 먼저 바울은 할례가 유익하게 되는 조건을 설명한다. 그에 의하면, 하나님과 언약의 관계를 가진다는 징표인 할례가 유익하게 되는 조건은 율법의 준행이다. 그러므로 율법을 귀로 듣는 것과 언약을 몸에 새기는 것은 그 자체로 효력을 발휘하지 않는다는 이야기다. 율법의 수여나 할례의 시행은 하나님의 계명을 준수할 때에 비로소 의미가 되는 조건부 언약이다. 만약에 할례자가 율법의 위반자가 되면 태어난 지 정확히 팔 일만에 할례를 받았어도 그것은 무할례로 간주된다. 율법의 준수라는 상위법을 위반하면 하위법인 할례의 효력과 유익도 정지된다.

할례에 대한 하나님의 말씀을 분명히 알고 있는 바울은 보다 대범하게 할례 자체의 무용성도 주장한다. "할례 받는 것도 아무것도 아니요 할례 받지 아니하는 것도 아무것도 아니로되 오직 하나님의 계명을 지킬 뿐이니라"(고전 7:19). 이는 신체적인 할례를 받으나 받지 않으나 둘 다 동일하게 무익한 것이라는 주장이다. 오직 하나님의 계명을 온전히 지키는 것만이 하나님의 부르심에 합당하게 되는 비결이다. 하나님의 계명을 지키지도 않으면서 추구하는 외형적인 할례는 할례를 유대교의 핵심으로 여기는 자들의 핍박을 면하려는 겁쟁이 신앙의 비겁한 가식일 뿐이라고 바울은 꼬집는다(갈 6:12). 나아가 육체의 모양을 꾸미고 자랑하기 위한 종교적 장신구의 착용에 불과한 것이라고 일갈한다(갈 6:13).

²⁶그렇다면 할례를 받지 않은 사람이 율법의 규례를 지키면
그의 무할례가 할례로 간주될 것이 아닙니까?

율법의 온전한 준행이 없는 할례가 무할례인 것처럼, 바울은 같은 논리를 따라 율법의 온전한 준행이 있는 무할례는 할례로 간주될 것이라고 설명한다. 이는 할례의 판별이 율법의 온전한 준행에 있기 때문이다. 즉 율법

을 온전히 준행하면 할례도 할례이고 무할례도 할례이며, 율법을 온전히 준행하지 않으면 할례도 무할례요 무할례도 무할례로 간주된다. 이는 율법의 규례를 행하면 율법을 따라 준행하든 본성을 따라 준행하든 의롭다 함을 얻을 것이지만 율법의 규례를 거역하면 율법을 따라 거역하든 본성을 따라 거역하든 모두 의롭다 함을 얻지 못한다는 것과 일반이다.

[27]그리고 육체적인 할례를 받지 않은 사람이 율법을 지키면 그가 율법의 조문과 할례를 가지고도 율법의 위반자가 된 당신을 정죄할 것이 아닙니까?

율법의 순종과 관련하여 할례자와 무할례자 사이에 이루어질 경우의 수는 네 가지이다. 할례자와 무할례자 모두의 순종, 할례자와 무할례자 모두의 불순종, 할례자의 순종과 무할례자의 불순종, 그리고 할례자의 불순종과 무할례자의 순종이다. 여기에서 바울은 육체적인 할례를 받은 사람이 율법을 지키지 않고 육체적인 할례를 받지 않은 사람이 율법을 지킨 마지막 경우를 사례로 제시한다. 이것이 사람들 사이에 가장 빈번하게 발생하는 경우이기 때문이다. 할례를 받은 사람은 이미 자신이 천국에 들어갈 자격자가 되었다는 안도감에 율법을 무시하고 영적 게으름과 나태에 빠지기 쉽지만, 할례를 받지 않은 사람은 오히려 천국에 합당한 자격자가 되려고 최선을 다해 살아간다.

사람들은 천국에 들어갈 조건의 구비에 집착한다. 그리고 조건이 구비되면 안심한다. 그러나 복음은 정반대의 교훈을 가르친다. 천국에 들어갈 조건의 구비는 하나님의 몫이라고 한다. 그 조건의 구비는 인간의 손으로 마련되는 것이 아니라 값없이 주어진 하나님의 선물이다. 그 조건이 구비된 사람은 안심하지 않고 그 선물을 주신 하나님의 무한한 은혜에 합당한 삶을 살아간다. 선한 사람이 되어 선을 행하는 하나님의 자녀로 살아간다. 성경은 선행의 지침서다(딤후 3:17). 모든 선한 일들을 행하기에 조금도 부족함이 없도록 가르치고 지도한다. 그리고는 정의와 공평과 정직과 자비와 긍휼을 기대한다. 성령의 열매를 기대한다. 그런데 하나님의 은혜로 천국의 입장권을 받은 교회가 값없이 하나님의 택하심을 받은 유대인의 오만한 행보를 답습한다. 타락하여 은혜의 역방향을 질주한다. 화평이 아니라 분열을, 사랑이 아니라 미움을, 정직이 아니라 거짓을, 공평이 아니라 불공평을, 공의가 아니라 불의를, 용서가 아니라 보복을, 온유가 아니라 격분을, 대화가 아니라 폭력을 조장한다. 오히려 교회 바깥에 있는 사람들의 삶이 더 아름답다. 가진 자들이 더하다는 말처럼, 천국을 따놓은 당상으로 여기는 교회의 죄악과 부패가 더 심각하다. 이로 보건대, 먼저 된 자가 나중 되고 나중 된 자가 먼저 될 자가 많을 것이라는 예수님의 말씀은 진실이다(마 19:30). 바울은 유대인을 향해 그런 사태의 심각성을 지적하며 논증을 이어간다.

사실 육체적인 할례를 받지 않은 이방인은 율법의 조문도 없고 할례의 언약도 없기 때문에 두 가지의 어려움이 있다. 첫째, 율법의 명시적인 조문이 없기 때문에 하나님의 뜻이 무엇인지 정확히 알지 못한다는 사실이다. 둘째, 하나님의 뜻을 알더라도 할례라는 외적인 표징이 없기 때문에 후손에게 전달하는 것도 어렵다는 사실이다. 이와는 달리 유대인은 율법의 조문도 가지고 있고 할례의 언약도 준수하고 있어서 하나님의 명확한 뜻에도 해박하고 그 뜻의 전수도 용이한 상황이다. 자신의 세대와 다음 세대가 모두 하나님의 뜻을 준행할 가능성이 높다. 그럼에도 불구하고 전자는 율법을 지키고 후자는 율법을 지키지 않는다면 전자가 후자를 정죄하지 않겠는가!

바로 이 정죄가 27절의 핵심이다. 이는 유대인을 대단히 화나게 만드는 주장이다. 무(Douglas Moo)의 지적처럼 유대인의 전통은 유대인이 언제나 의인의 자리에서 원고의 역할을 맡았고 이방인은 언제나 악인의 자리에서 피고의 역할을 맡았었다. 그런데 바울은 고발하는 주체와 객체, 원고와 피고의 배역을 바꾸었다. 바울의 이러한 논법은 이전에 예수님이 서기관과 바리새인 몇 사람을 책망할 때에 사용한 것이었다. "심판 때에 니느웨 사람들이 일어나 이 세대 사람을 정죄하리니 이는 그들이 요나의 전도를 듣고 회개를 하였지만 요나보다 더 큰 이가 여기 있으며 심판 때에 남방 여왕이 일어나 이 세대 사람을 정죄하리니 이는 그가 솔로몬의 지혜로운 말을 들으려고 땅 끝에서 왔지만 솔로몬보다 더 큰 이가 여기 있느니라"(마 12:41-42). 심판의 날에 예수님의 세대 사람들이 니느웨 사람들과 남방 여왕에 의해 정죄를 당할 것이라고 한다. 이유는 니느웨 사람들은 요나의 전도를 듣고도 회개를 했는데 요나보다 더 큰 예수님이 있어도 회개하지 않았기 때문이며, 남방 여왕은 솔로몬의 지혜로운 말을 들으려고 땅 끝에서 왔지만 그보다 더 큰 예수님이 여기에 있어도 지혜에 귀를 기울이지 않기 때문이다. 같은 논리로 바울은 이방인이 율법의 조문과 할례의 언약 없이도 율법의 일을 지켰지만 유대인은 그것을 모두 가지고도 율법의 일을 거부했기 때문에 자기 시대의 유대인이 이방인에 의해 정죄를 당할 것이라고 주장한다.

이러한 주장의 칼끝은 유대인 사회만이 아니라 오늘날의 교회를 겨냥하고 있다. 교회가 세상에 의해 정죄를 당하는 일이 얼마든지 가능하다. 나는 예수님을 믿고 하나님의 자녀이고 교회에 출석하고 천국에 갈 것이라고 말하지만 하나님의 말씀에 순종하지 않아서 도덕의 평균치가 세상의 보편적인 윤리의 수준보다 떨어지면 세상은 교회를 정죄하게 된다. 제도와 법을 통해서 유죄의 판결을 내리지 않는다고 할지라도 도덕의 측면에서 이미 세상은 교회를 정죄하는 셈이고 교회는 세상의 실질적인 정죄를 받아 마땅하다.

바울은 지금 여기에서 이방인의 정죄를 받지 않기 위해 율법을 온전히 지키고 할례를 유익하게 만들자는 주장을 펼치는 게 아니다. 율법을 행하면 할례가 유익하게 된다는 말의 의미와 유대인이 강조하고 강요하는 할례의 위험한 실체에 대해 바울은 다른 곳에서 이렇게 설명한다. "내가 할례를 받는 각 사람에게 다시 증언하노니 그는 율법 전체를 행할 의무를 가진 자라 율법 안에서 의롭다 함을 얻으려 하는 너희는 그리스도에게서 끊어지고 은혜에서 떨어진 자로다"(갈 5:3-4). 하나님의 백성이 되려면 이방인도 할례를 받아야 한다는 주장을 접으라는 이야기다. 할례를 받아야 한다는 주장은 모든 율법을 다 지켜야 한다는 과중한 멍에를 그 이방인의 어깨에 부과하는 것이며 동시에 율법 안에서 의롭다 함을 얻으라고 명령하는 것과 동일하다. 이는 이방인이 그리스도 예수의 은혜에서 떨어지게 하는 첩경이다. 하나님 앞에서 할례가 무할례로, 무할례가 할례로 간주되는 사태의 기준은 율법의 온전한 준행이다. 그런데 문제는 모든 율법을 항상 행하는 것은 불가능한 일이라는 사실이다. 행하지 못하면 저주를 받는다고 바울은 선언한다(갈 3:10). 이처럼 육신적인 할례의 언약과 율법의 육신적인 준행과 불가피한 저주는 서로 연동되어 있다. 지금까지 바울이 말하고자 하는 논지는 육신적인 할례를 요구하지 말라는 것, 요구하면 모든 율법을 항상 지켜야 한다는 것, 그렇지 못하면 필히 저주를 받는다는 것이었다. 그러므로 할례를 자랑하지 말고 할례를 강요하지 말아야 한다고 말하면서 그리스도 예수를 믿지 않으면 해답이 없다는 진실의 코너로 유대인을 몰아가고 있다. 하나님이 믿음의 조상에게 명령하신 할례의 진정한 의미는 무엇이고 그 할례로써 확인되는 그 후손의 정체성은 어떤 것인지에 대한 궁금증과 호기심이 그들의 이성에 올라탄다.

[28]무릇 표면적인 유대인은 유대인이 아니며 표면적인 할례도 할례가 아닙니다 [29] 반면 유대인은 이면적인 것이며 마음의 할례는 영에 있고 법조문에 있지 않습니다 그런 사람의 칭찬은 사람으로부터 오는 것이 아니라 하나님으로부터 오는 것입니다

유대인이 생각한 자신의 정체성과 할례의 의미는 모두 표면적인 것이었다. 겉으로 드러나는 현상에 관한 것이었다. 할례는 표피와 관계된 것이라고 생각했다. 표피에서 관찰되는 표징의 유무가 유대인의 정체성을 좌우하는 것이라고 확신했다. 그러나 바울은 유대인의 참된 정체성이 보이는 신체적인 할례의 표피적인 현상에 근거하지 않는다는 반론을 제기한다. 유대인은 자신의 정체성을 가시적인 현상에 두기를 즐겨했다. 대표적인 현상은 유대인 부모의 출생(어머니가 반드시 유대인일 것), 할례(출생 후 8일, 마취제 없이 랍비의 시술, 50여명의 하객, 25달러의 사례비), 유대인 작명(할례 시 랍비의 기도로 첫 호명, 작고한 할아버지/아버지 이름 계승), 성인식(만 13세), 안식일, 월삭, 그리고 절기(유월절, 초막절, 오순절)의 준수였다.

신분의 유지를 위해 유대인은 이러한 요소들에 집착한다. 이러한 것들을 고수할 때에 유대인의 외적인 신분은 유지된다. 그러나 이 모든 외적인 요소들은 하나님 앞에서 의로운 삶을 살겠다는 고백이다. 그런데 삶은 없고 고백만 무화과 잎처럼 무성하면 하나님의 진노를 촉발한다. "헛된 제물을 다시 가져오지 말라 분향은 내가 가증히 여기는 바요 월삭과 안식일과 대회로 모이는 것도 그러하니 성회와 아울러 악을 행하는 것을 내가 견디지 못하겠노라 내 마음이 너희의 월삭과 정한 절기를 싫어하노라"(사 1:13-14). 여기에는 보이는 외적인 월삭과 안식일과 대회라는 성회와 악을 행하는 것이 나란히 열거되어 있다. 성회와 악행의 공존은 하나님을 견디지 못하게 만드는 일이기에 선행이 수반되지 않은 월삭과 절기는 하나님의 영광은 고사하고 그분의 불쾌함과 진노만 부추긴다. 비록 외적인 의식법의 준수가 유대인의 표면적인 정체성을 보존할 수는 있어도 이면적인 정체성 확보에는 실패한다. 인용된 이사야의 구절에는 율법을 준수하는 선행이 유대인의 정체성을 회복하는 문제의 해법으로 제시되어 있다. 그러나 선행의 뿌리는 마음이다. 마음에 쌓인 선이 몸으로 이동하면 선행이 되기 때문이다. 그러므로 단순한 행동의 변화가 아니라 마음의 변화가 진정한 해답이다. 그래서 바울도 마음을 새롭게 함으로 변화를 받아야 하나님께 합당한 예배가 드려질 것이라고 했다(롬 12:3).

할례도 표피의 제거로는 표면적인 할례만 가능하고 그것이 이면적인 할례를 보증하는 것은 아니었다. 바울은 할례의 이면적인 본질 즉 마음의 할례가 율법의 조문에 기초하지 않고 성령에 기초한 것이라고 주장한다. 이것은 과연 바울의 새로운 주장인가? 이 주장은 전혀 새롭지가 않다. 멸망의 벼랑 끝에 서 있는 이스라엘 백성을 향한 하나님의 판결에서 우리는 하나님이 본래 의도하신 할례의 이면적인 의미를 발견한다. "유다인과 예루살렘 주민들아 너희는 스스로 할례를 행하여 너희 마음 가죽을 베고 나 여호와께 속하라 그리하지 아니하면 너희 악행으로 말미암아 나의 분노가 불 같이 일어나 사르리니 그것을 끌 자가 없으리라"(렘 4:4). 유대인은 할례가 표피를 자르는 것이라고 여겼으나 하나님은 마음의 가죽을 베는 것이라는 입장을 밝히신다. "너희는 마음에 할례를 행하고 다시는 목을 곧게 하지 말라"(신 10:16). 유대인이 믿는 구석 즉 율법의 전달자 모세도 동일한 것을 가르친다. 바울의 주장은 이성의 작위적인 고안물이 아니라 이처럼 선지자의 글에 뿌리를 둔 것이었다. 바뀌거나 새로운 교리가 아니라 할례의 언약에 대한 하나님의 일관된 뜻이었다. 진정한 유대인은 이면적인 존재였고 그것을 보증하는 할례는 문자에 뿌리를 둔 육체적인 표피의 제거가 아니라 마음의 가죽을 베는 이면적인 것이었다. 하나님의 심판을 받아 지옥으로 가고 하나님의 은택을 입어 천국으로 가는 심판의 기준은 표면적인 할례가 아니라 마음의 할례라고 예레미야 선지자는 기록한다(렘 9:25-26).

마음의 가죽을 제거하는 이면적인 할례를 가능하게 만드는 분은 누구인가? 인간이 아니라 하나님 자신이다. 그렇기 때문에 바울은 마음의 할례가 성령에게 속한 것이라고 증언한다. 다른 곳에서 바울은 할례가 성령에게 속한 것인 동시에 그리스도 예수에게 속한 것이라고 증거한다(골 2:11). 이처럼 마음의 할례는 인간의 손으로 시행하는 것이 아니라 오직 주님의 은혜와 능력에 의해서만 가능하다. 할례의 주체에 대한 바울의 주장도 새로운 것이 아니라 기록된 말씀에 근거한 선지자적 주장의 계승이다. "네 하나님 여호와께서 네 마음과 네 자손의 마음에 할례를 베푸사 너로 마음을 다하며 뜻을 다하여 네 하나님 여호와를 사랑하게 하사 너로 생명을 얻게 하실 것이니라"(신 30:6). 이처럼 모세의 글에도 이스라엘 백성의 마음과 그 후손의 마음에 할례를 베푸시는 주체는 인간이 아니라 하나님 자신으로 명시되어 있다. 이를 종합하면, 마음의 할례는 아버지 하나님이 성령 안에서 성자를 통해 이루시는 삼위일체 하나님의 공통적인 사역이다.

하나님이 우리에게 마음의 할례를 행하시는 도구는 무엇인가? 하나님의 말씀이다. 그래서 바울은 진정한 하나님의 사람을 증명하는 마음의 할례를 "그리스도의 할례"라고 했다(골 2:11). 그렇게 규정한 이유도 마음의 영적인 할례에 대한 성경의 기록 때문이다. "내가 이스라엘 집과 맺을 언약은 이러하니 곧 내가 나의 법을 그들의 속에 두며 그들의 마음에 기록하여 나는 그들의 하나님이 되고 그들은 내 백성이 될 것이라"(렘 31:33). 진정한 이스라엘 백성과 하나님의 언약은 그들의 마음에 하나님의 법을 기록하는 방식으로 맺어진다. 육신의 할례가 표피를 베는 것이라면 마음의 할례는 마음의 가죽을 베는 것이라고 했다. 마음의 가죽을 베는 도구는 무엇인가? 표피를 베는 것은 칼이지만 마음을 베는 것은 성령의 검 즉 하나님의 말씀이다. 살아있는 하나님의 말씀만이 영과 혼을 찔러 쪼개는 마음의 할례를 가능하게 한다(히 4:12). 즉 말씀이 육신이 되셔서 우리 가운데에 거하시는 예수님에 의해서만 마음의 할례가 가능하다.

마음의 할례를 주시는 하나님의 의도는 무엇인가? 물론 하나님은 우리의 하나님이 되시고 우리는 하나님의 백성이 된다는 메시지의 전달이다. 그러나 신명기 30장 6절에서 모세는 하나님의 의도가 우리로 하여금 마음을 다하고 뜻을 다하여 우리의 하나님 여호와를 사랑하는 것이고 우리에게 생명을 베푸시는 것이라고 가르친다. 마음의 할례를 받은 사람은 하나님을 사랑하고 영원한 생명을 소유하게 된다. 할례에 대한 모세의 이러한 가르침을 바울은 다음과 같이 해석한다. "하나님의 성령으로 봉사하며 그리스도 예수로 자랑하고 육체를 신뢰하지 아니하는 우리가 곧 할례파라"(빌 3:3). 즉 마음의 할례를 받은 진정한 할례파는 세 가지의 특성을 드러낸다. 첫째, 하나님의 성령으로 봉사한다. 자신의 힘과 능력으로 자기를 위해 살아가지 않고 오직 성령의 능력과 도우심을 따라 타인을 사랑하고 섬기는 삶을 살아간다. 터질듯한 성령의 감동으로 이루어진 사랑과 섬김은 사람들이 주체하지 못하며 이해할 수도 없는 특성이다. 둘째, 그리스도 예수만이 자랑의 유일한 대상이다. 바울은 그리스도 예수와 그가 달리신 십자가 외에는 알지 않기로, 자랑하지 않기로 작정한 사람이다(고전 2:2, 갈 6:14). 자신을 자랑하는 자는 마음의 할례파가 아니라는 사실을 스스로 떠벌리고 다니는 사람이다. 셋째, 육체를 신뢰하지 않고 오직 하나님만 신뢰한다(사 2:22). 돈이 많거나 지위가 높거나 권력이 크거나 힘이 세거나 오래 살더라도 호흡이 코에 있다는 사실은 결코 변경하지 못하는 연약한 존재가 바로 인생이다. 진정한 할례파는 나 자신도 신뢰하지 않은 사람이다. 하나님은 유일한 믿음의 대상이고, 모든 사람은 신뢰의 대상이 아니라 사랑의 대상이다.

기록된 성경에 근거하여 바울이 강조하는 마음의 할례는 그래서 믿음으로 나타난다. "그리스도 예수 안에서는 할례나 무할례나 효력이 없으되 사랑으로 역사하는 믿음뿐이니라"(갈 5:6). 그리스도 안에서는 신체적인 할례가 더 이상 필요하지 않다. 마음의 할례를 받은 사람에게 필요한 것은 사랑으로 역사하는 믿음이다. 사랑의 방식으로 표출되는 믿음은 바로 마음의 할례를 드러내는 표징이다. 마음의 할례가 밖으로 표출되는 사랑의 다른 표현은 예수의 흔적이다. "이 후로는 누구든지 나를 괴롭게 하지 말라 내가 내 몸에 예수의 흔적을 지니고 있노라"(갈 6:17). 유대인 중의 유대인 바울은 육신적인 할례의 흔적을 내세우지 않고 그리스도 예수의 흔적을 지녔다고 자랑한다. 이 흔적은 바로 십자가의 고난과 희생으로 구성된 사랑이다.

표피가 아니라 마음의 가죽을 벤 할례의 영향력은 전인격에 나타난다. 대표적인 것으로서 귀의 들음이다. "내가 누구에게 말하며 누구에게 경책하여 듣게 할꼬 보라 그 귀가 할례를 받지 못하였으므로 듣지 못하는도다"(렘 6:10). 마음의 할례를 받은 사람은 모든 상황 속에서 모든 존재의 입술을 통해서 전하시는 하나님의 교훈과 책망을 듣는 귀를 소유하게 된다. 고통과 절망에 빠진 사람들의 신음을 듣고 긍휼히 여기며 자비를 베푸는 귀를 소유한다. 하나님의 뜻을 경청하는 귀의 할례만이 아니라 복음을 증거하는 입술의 할례, 하나님의 진리를 탐구하는 이성의 할례, 하나님의 뜻을 추구하는 의지의 할례, 하나님의 부르신 곳으로 움직이는 발의 할례, 하나님의 명령을 수행하는 손의 할례도 모두 마음의 할례에서 비롯된다.

바울은 성령에게 속한 마음의 할례를 받은 사람에 대한 칭찬의 출처를 언급한다. 그 칭찬의 출처는 사람이 아니라 하나님 자신이다. 유대인의 경우 생후 8일이 된 아이에게 할례를 시행할 때 50여명의 사람들이 참여하여 할례를 축하한다. 그러나 마음의 할례는 하늘의 모든 천군과 천사와 의인의 영들이 증인으로 참여하여 칭찬한다. 위로부터 오는 하나님의 칭찬이 없는 할례는 무할례와 같다. 할례를 받았다고 아무리 많은 사람들이 칭찬해도 그것은 무익하다. 물론 하나님의 칭찬을 받는 마음의 할례에는 사람의 칭찬도 주어진다. 그러나 사람의 칭찬이 수반되지 않더라도 진정한 칭찬은 주님께서 주신다는 사실을 기억해야 한다. 이면적인 유대인, 이면적인 할례, 이면적인 하나님의 칭찬은 서로 결부되어 있다.

이제 본문의 내용을 정리하자. 할례는 육신의 할례가 아니라 마음의 할례가 그 본질이다. 마음의 할례는 칼로 표피를 제거하는 것이 아니라 하나님의 말씀으로 마음의 가죽을 제거하는 영적 의식이다. 여기에서 하나님의 말씀은 율법의 조문이 아니라 그 조문으로 표시된 하나님의 인격적인 말씀 즉 그리스도 예수를 가리킨다. 이 말씀은 오직 진리의 영이신 성령에 의해서만 역사한다. 그래서 율법의 조문에 속한 것이 아니라 성령에게 속한 의식이다. 당연히 마음의 할례를 행하시는 주체는 인간이 아니라 하나님 자신이다. 이 할례의 언약은 사람의 손으로 이루어진 것이 아니라 하나님의 말씀으로 이루어진 언약이다.

그런데도 율법의 조문을 따라 사람의 손으로 이루어진 육신의 할례를 고집하는 유대인의 어리석은 집착이 오늘날의 교회에도 나타난다. 진정한 하나님의 사람은 표면적인 성도가 아니라 이면적인 성도이며 외적인 표징의 소유자가 아니라 내적인 할례의 소유자를 의미한다. 그런데 많은 하나님의 사람들이 표면적인 성도의 정체성에 집착한다. 세례를 받고, 성찬식에 참여하고, 십일조를 드리고, 주일을 성수하고, 교회의 공적인 모임에 충실히 참석하고, 전도와 봉사에 힘쓰고, 찬송을 부르고, 기도를 드리지만 정작 선한 마음을 가지고 선을 행하는 것에는 인색하다. 삶터와 일터에서 마음의 할례를 받은 사람의 거듭난 본성과 무관하게 행동한다. 비록 성도들 사이에는 칭찬을 나누지만 하나님의 칭찬은 빈곤하다. 성령에게 속한 할례를 받은 사람은 성령으로 말하고 성령으로 행동하며 성령으로 살아간다. 그러한 삶은 예수님의 흔적 즉 십자가의 고난과 희생으로 얼룩진 인생이다. 전인격에 할례를 받아 따뜻한 표정, 진지한 경청, 부드러운 눈빛, 친절한 손길, 평화로운 발걸음, 진실한 언사를 날마다 매 순간마다 나타내는 인생이다. 이로써 성령의 열매가 풍성하게 맺어지는 인생이다. 그런 인생은 표면적인 할례파가 아니라 이면적인 할례파다.

R

3장 하나님의 새로운 의, 예수 그리스도

롬 3:1-8

[1]그런즉 유대인의 나음이 무엇이며 할례의 유익이 무엇이냐 [2]범사에 많으니 우선은 그들이 하나님의 말씀을 맡았음이니라 [3]어떤 자들이 믿지 아니하였으면 어찌하리요 그 믿지 아니함이 하나님의 미쁘심을 폐하겠느냐 [4]그럴 수 없느니라 사람은 다 거짓되되 오직 하나님은 참되시다 할지어다 기록된 바 주께서 주의 말씀에 의롭다 함을 얻으시고 판단 받으실 때에 이기려 하심이라 함과 같으니라 [5]그러나 우리 불의가 하나님의 의를 드러나게 하면 무슨 말 하리요 내가 사람의 말하는 대로 말하노니 진노를 내리시는 하나님이 불의하시냐 [6]결코 그렇지 아니하니라 만일 그러하면 하나님께서 어찌 세상을 심판하시리요 [7]그러나 나의 거짓말로 하나님의 참되심이 더 풍성하여 그의 영광이 되었다면 어찌 내가 죄인처럼 심판을 받으리요 [8]또는 그러면 선을 이루기 위하여 악을 행하자 하지 않겠느냐 어떤 이들이 이렇게 비방하여 우리가 이런 말을 한다고 하니 그들은 정죄 받는 것이 마땅하니라

❖ ❖ ❖

[1]그러면 유대인의 나음은 무엇이며 할례의 유익은 어떤 것입니까? [2]모든 면에서 많습니다 진실로 그 중에서도 최고는 그들이 하나님의 말씀을 맡았다는 것입니다 [3]어떤 사람들이 믿지 않는다면 그것은 어떤 것일까요? 그들의 불신이 하나님의 미쁘심을 폐하지는 않을까요? [4]결코 그렇게 되지 않습니다 모든 인간은 거짓되나 오직 하나님은 참되신 분이라는 것은 이렇게 기록되어 있습니다 "그러므로 당신은 당신의 그 말씀들 안에서 의롭다 함을 얻으시고 그 안에서 판단 받으실 때에 이기실 것입니다" [5]그러나 만약 우리의 불의가 하나님의 의를 드러내면 우리는 무엇을 말할 것입니까? 내가 사람의 어법을 따라 말한다면 진노를 내리시는 하나님은 불의한 분이 되는 것 아닙니까? [6]결코 그렇지 않습니다 만약 그렇다면 하나님이 세상을 어떻게 심판하실 수 있을까요? [7][사람의 어법을 따라 말합니다] 더군다나 하나님의 진리가 나의 거짓 속에서 더욱 뛰어나게 되어 그의 영광이 된다면 그래도 나 역시 죄인으로 정죄를 당하는 것일까요? [8]하지만 우리가 선에 이르기 위해 악을 행하자고 말한다는 어떤 사람들의 비방과 폭로는 사실이 아닙니다 그들에게 정죄는 정당한 것입니다

14 유대인의 반론

앞에서 언급한 유대인에 대한 바울의 지적과 평가는 아프도록 뾰족했다. 특별히 마지막에 언급한 할례 이야기는 하나님의 영원한 언약과 특별한 선택을 받은 유대인의 근원적인 정체성을 뒤흔드는 논제였다. 유대인의 민족성과 할례가 아무것도 아니라니! 이에 유대인은 논증의 대립각을 세우고 반론을 개진한다. 바울이 경험한 그들의 반론은 다섯 가지로 요약된다. 1) 도대체 유대인과 할례의 나음은 무엇인가? 2) 어떤 사람들의 불신은 과연 하나님의 미쁘심을 폐하는가? 3) 우리의 불의가 하나님의 의로움을 드러내면 보상을 해야지 왜 진노를 쏟으시나? 4) 우리의 거짓으로 하나님의 진리가 더 드러나면 좋은 일인데 왜 우리를 죄인으로 취급하나? 5) 너희는 지금 선을 행하기 위해 악을 행하자고 부추긴다! 바울은 이러한 반론들에 대한 자신의 답변을 조목조목 제시한다. 하나씩 살펴보면, 마치 오늘날의 교회는 유대인의 잘못된 사상과 처신을 답습하고 있는 듯하여 마음이 씁쓸하다.

¹그러면 유대인의 나음은 무엇이며 할례의 유익은 어떤 것입니까?

유대인이 하나님의 택하심을 받았다는 것은 역사적인 사실이다. 이러한 선택에 대한 유대인의 자부심은 대단했다. 그런데도 유대인이 그런 택하심을 받지 않은 이방인과 전혀 다르지 않고 심지어 그들보다 못하다는 뉘앙스로 자신을 정죄하는 바울의 태도와 논증은 같은 민족인 그들에게 상당히 불쾌했고 당연히 야속했다. 그래서 그들이 바울에게 가장 먼저 따지고 싶은 주제는 유대인의 나음에 대한 것이었다. 유대인은 자신을 다른 어떠한 민족보다 뛰어난 존재라고 생각했다. 하나님의 택하심에 근거한 그들의 민족적인 특권의식 때문에 그들은 하나님의 특혜를 받고 이 세상에서 그 특혜를 누리는 것이 마땅한 일이라고 생각했다.

이런 유대인에 대해 나는 반문하고 싶다. 남들보다 내가 더 낫다는 평가와 더 나아야 한다는 욕구는 과연 올바른가? 왜 남들보다 더 나으려고 하나? 같아지면 안 되는가? 보다 못하면 안 되는가? 상대적인 관점에서 보면, 내가 나아지면 타인은 다른 누구보다 못하게 되는 결과가 초래된다. 그것을 진정으로 원하는가? 바울은 오히려 "오직 겸손한 마음으로 각각 자기보다 남을 낫게 여기라"(빌 2:3)고 가르친다. 누구든지 남들보다 더 뛰어나고 싶어하는 마음은 교만이다. 사람들 사이에 높음과 낮음 혹은 우등과 열등을 따지는 것 자체가 월권이다. 이는 모든 사람들 개개인에 대한 평가의 권한이 오직 그리스도 예수에게 있기 때문이다. 사람들 사이의 높낮이 대결은 접으시라.

자신이 타인보다 뛰어난 존재라는 의식은 신적인 기원을 추구한다. 이는 스스로 잘난 척하거나 스스로 잘났다고 평가하는 주관성의 민망함을 제거하고 객관성의 당당함을 확보하는 최고의 방안이 바로 하나님의 뜻이라는 신적인 기원이기 때문이다. 그런데 유대인의 경우에는 신적인 기원이 너무도 분명하다. 유대인이 다른 민족보다 낫다는 의식은 어쩌면 당연하다. 그러나 하나님의 선택은 우월감의 근거가 아니라 감사의 근거이며 이방인을 향한 사랑과 섬김의 근거여야 한다. 그런데 이방인을 향한 유대인의 태도는 뻣뻣하고 오만했다. 하나님의 택하심을 타인에 대해 더 큰 사랑과 배려와 관용과 용서와 자비와 긍휼과 섬김을 실천하기 위한 나음으로 해석하는 것이 마땅한데, 유대인은 하나님의 나라와 영원한 생명을 자신만의 배타적인 전유물로 여기는 이기적인 뛰어남 즉 하나님에 의한 차별적인 우대를 기대했다. 바울은 유대인의 그러한 태도 때문에 발생하는 질문 즉 유대인의 나음에 대해 거론한다. 할례의 유익도 이와 같은 맥락에서 거론된다. 유대인은 유대인의 호칭을 마치 열방 중에서도 민족적인 성골 혹은 귀족의 간판으로 여겼고 자신의 몸에 할례 받았다는 것을 구원의 명확한 징표이며 이방인에 대한 유대인의 뛰어남을 보여주는 신체적인 물증으로 간주했다. 그런데 그렇게도 중요한 것을 바울은 아무것도 아니라고 한다. 그래서 그들은 격하게 항변하고 싶다. 바울은 그들의 애타는 속마음을 질문으로 끌어내어 자신의 답변으로 교정을 시도한다.

<blockquote>
²모든 면에서 많습니다 진실로 그 중에서도 최고는
그들이 하나님의 말씀을 맡았다는 것입니다
</blockquote>

유대인의 나음은 무엇인가? 모든 면에서 많다고 바울은 대답한다. 충격적인 답변이다. 유대인과 이방인 사이에 아무런 차이가 없다는 앞에서의 언급을 바울은 유대인에 대해 나음의 없음이 아니라 나음의 많음으로 해석하기 때문이다. 로마서 2장에 유대인이 자신에게 나음이 없다고 생각한 바로 그 지점에서 바울은 완전히 상반된 의미를 제공한다. 바울의 눈에는 분명하게 보이는 유대인의 많은 나음 혹은 할례의 많은 유익을 유대인은 보지도 듣지도 알지도 못하였다. 여기에서 우리는 두 가지 교훈을 확인하

고 넘어가야 한다.

첫째, "하나님이 자기를 사랑하는 자들을 위하여 예비하신 모든 것은 눈으로 보지 못하고 귀로 듣지 못하고 사람의 마음으로 생각하지 못하였다 함과 같으니라"(고전 2:9). 유대인은 분명히 정상적인 눈과 정상적인 귀와 정상적인 마음을 가지고 있었지만 하나님이 그들을 위해 예비하신 모든 것을 하나도 보거나 듣거나 알지 못하였다. 이와는 달리 바울은 모든 면에서 하나님의 선물을 보았다고 주장한다. 진정한 나음의 발견은 눈과 귀와 마음의 기능과 작용을 넘어선 은총이다. 이 은총의 관점에서 나음을 발견하고 분별해야 한다. 나의 나음, 가정의 나음, 민족과 국가의 나음을 판단하는 기준을 바꾸어라. 주님께서 은총으로 주신 나음을 기준으로 나와 가정과 사회와 국가를 바라볼 때에 정확한 나음의 실상이 발견된다.

둘째, 하나님이 예비하신 모든 것의 내용에 대해 바울은 아테네의 지성인을 향해 이렇게 설명한다. "이는 만민에게 생명과 호흡과 만물을 친히 주시는 이심이라"(행 17:25). 이는 대부분의 사람들이 선물의 항목으로 분류하지 않는 것들이다. 생명은 우리에게 너무 가까워서, 호흡은 우리에게 너무 빈번해서, 만물은 너무나도 그 수효가 많아서, 이 모든 것이 모든 사람에게 주어지는 너무나도 평범한 것이어서 선물이 아니라 자연적인 현상일 뿐이라고 생각한다. 그런데도 바울은 생명과 호흡과 만물까지 다 하나님에 의해서 주어진 것이라고 주장한다. 나아가 바울은 이렇게 반문한다. "네게 있는 것 중에 받지 아니한 것이 무엇이냐"(고전 4:7). 의식에 의해 구별되는 종류만이 아니라 우리에게 있는 모든 것들 즉 점과 선과 빛과 색과 흙과 물과 공기와 생각과 사랑과 기쁨과 영예와 행복과 만족과 설렘과 평강과 안정과 관계와 가족과 동료와 친구와 언어와 국가와 음식과 의복과 주택을 만드는 지혜와 재능과 기술과 에너지가 다 선물에 포함된다.

이 수많은 선물을 선물로 알아볼 수 있다면 그것은 범사에 유익이 되기 때문에 바울은 모든 면에서 많다고 대답한다. 교회도 고난과 역경을 경험할 때에 교회의 나음이 어디에 있냐고, 도대체 교회의 나음이 뭐냐고 하나님께 따지거나 불평하지 말라. 모든 방면에서 범사에 나음이 너무나도 많기 때문이다. 그러나 잠깐 있다가 사라지는 일시적인 것들을 나음의 근거로 삼는 것은 어리석다. 이 세상에 있는 모든 땅의 선물은 나음의 기준이 아니며, 이 세상의 모든 사람은 나음을 평가하는 주체가 아니다. 나음의 기준은 하나님의 말씀이며, 나음을 평가하는 주체는 하나님 자신이다. 그래서 바울은 무수히 많은 나음 중에서도 하나님의 영원한 말씀을 맡았다는 것이 가장 뛰어난 것이라고 설명한다. 유대인의 나음, 진정한 유대인인 교회의 나음은 하나님의 말씀에 근거한다. 하나님의 이 말씀은 모든 나음의 처음과 나중이고, 다른 모든 것들은 파생적인 나음이다. 유대인이 하나님의 말씀을 맡았다는 것은 두 가지의 의미로 구성된다.

첫째, 하나님의 말씀이 모세를 통해 이스라엘 백성에게 율법의 형태로 주어졌다. 어떤 사람은 자신의 나음을 금의 분량으로 증명하려 한다. 그러나 하나님의 말씀은 정금보다 고귀하다(시 19:10). 어떤 사람은 자신의 나음을 자기가 섭취하는 최고의 양식으로 증명하려 한다. 그러나 하나님의 말씀은 최고의 지상적인 양식인 꿀보다도 더 달콤하다(시 19:10). 어떤 사람은 자신의 나음을 미모에서 찾으려고 한다. 그러나 하나님의 말씀은 최고의 미모를 자랑하는 잠시 피다가 시드는 꽃보다도 영원하고 아름답다(시 40:8). 어떤 사람은 자신의 나음을 쾌락의 크기에서 찾으려고 한다. 그러나 하나님의 말씀은 이 세상의 그 무엇도 주지 못하는 영혼의 기쁨과 즐거움을 선사한다(렘 15:16). 어떤 사람은 자신의 나음을 내면의 깨끗한 도덕과 도덕적인 행위에서 찾으려고 한다. 그러나 하나님의 말씀은 흙 도가니에 일곱 번 정련한 은보다도 더 희고 순수하고 깨끗하다(시 12:6). 어떤 사람은 자신의 나음을 정의로운 법의 제정과 집행에서 찾으려고 한다. 그러나 하나님의 말씀은 이 세상 그 어디에도 없는 최고의 규례와 법도로서 가장 공의롭다(신 4:8).

이처럼 하나님의 말씀은 이스라엘 백성에게 최고의 특권이요 선물이다. 그렇기 때문에 다윗은 그 말씀을 즐거움의 대상으로 여기며 주야로 묵상했다. 온전한 마음으로 사랑했고 온전한 마음으로 하루에도 일곱 번씩 찬양했다(시 119:164). 시인의 고백에 의하면, 하나님은 자신의 말씀을 자신의 모든 이름들 위에 높이신다. "이는 주께서 주의 말씀을 주의 모든 이름보다 높게 하셨음이라"(시 138:2). 물론 이 구절은 주께서 당신의 모든 이름을 걸고 언약의 말씀을 지킬 것이라는 의미가 함축되어 있지만 말씀을 자신의 이름보다 높이신 것은 분명한 사실이다. 그 말씀의 실체는 과연 무엇인가?

둘째, 유대인의 나음은 말씀의 실체이신 그리스도 예수의 출생에 근거한다. 하나님의 말씀 자체이신 그리스도 예수께서 유대인의 혈통을 따라 육신을 입으셨다. 유대인의 한 사람으로 태어나신 예수를 유대인은 혈통적인 차원에서 소유했다. 예수님은 그런 방식으로 그들에게 위탁된 하나님의 말씀이다. 당연히 예수님을 구주로 소유하는 것은 최고의 나음이다. 이는 주 예수보다 더 귀한 것이 없기 때문이다. 그 무엇과도 바꿀 수 없기 때문이다. 그분과 바꿀 대체물이 이 세상에는 아예 없기 때문이다. 말씀이신 예수의 이름은 모든 이름 위에 뛰어나다. 더 이상 나아질 수 없는 최고의 궁극적인 나음이다. 그런데 유대인은 그리스도 예수를 영접하여 자신의 나음으로 삼지 않았으며 어리석게 무지했고 싫어했고 배척했다. 예수님에 대해 때로는 그 선지자, 때로는 의사, 때로는 임금, 때로는 예레미야, 때로는 엘리야, 때로는 랍비라는 해석을 가했으나 그를 살아계신 하나님의 아들로 알지는 못하였다. 귀신의 입술을 통해서도 충분한 힌트를 주었으나 다른 유대인은 물론이고 제자들도 예수님의 신적인 정체성에 무심했고 무지했다. 그래서 아버지 하나님은 친히 베드로의 입술을 빌어 예수의 본질을 알리셨다. 살아계신 하나님의 아들과 백성을 구원할 메시아가 바로 예수라는 고백을 듣고서도 유대인의 대부분은 예수에 대해 여전히 무지했고 그를 완고하게 거부했다.

하나님의 말씀을 맡았다는 유대인의 나음이 교회에 주어졌다. 이면적인 유대인에 해당하는 이 교회에도 표면적인 유대인이 맡았던 하나님의 말씀이 맡겨졌다. 맡겨진 자에게는 전파의 충성이 요구된다. 그러므로 교회는 과거의 유대인이 범한 오류와는 달리 하나님의 말씀을 하나님의 말씀으로 알고 증거해야 한다. 하나님의 말씀이신 그리스도 예수의 복음이 우리에게 위탁된 것을 최고의 나음으로 알고 즐거운 마음으로 최고의 관심과 노력을 기울여야 한다. 바울은 말씀의 위탁을 최고의 나음으로 여겼기 때문에 말씀을 누리고 전파하는 사명에 생명을 초개처럼 내던졌다(행 20:24).

하나님은 우리나라 교회의 손에도 말씀을 맡기셨다. 성경을 일점이나 일획도 가감하지 말아야 할 하나님의 거룩한 말씀으로 인정한다. 서양의 많은 교회들이 성경을 사람의 가공물 혹은 역사의 배설물일 뿐이라고 폄하하는 반면 한국의 교회들은 성경이 하나님의 절대적 진리라는 신앙을 고수한다. 그런데 문제는 살아있는 말씀의 역동성에 우리 자신을 맡기지 않고 진열장 속에 두고 구경하는 것으로써 흐뭇한 만족을 누린다는 사실이다. 사실 하나님의 말씀이 어디든 들어가면 놀라운 변화를 일으킨다. 20세기 초에 성경이 한국어로 번역되어 여인과 서민과 청소년의 손에 주어졌을 때에 어떠한 일들이 생겼는가? 삼일절 독립만세 운동을 주도한 민족대표 33인 중에 기독교인 수는 가장 많은 16명이었다. 당시 기독교가 한반도 인구의 1%에 불과한 규모를 가졌지만 삼일운동 때문에 수감된 사람들 중에 무려 22%에 달하였다.

어느 화가는 보이지 않는 하나님의 은혜와 개입이 배제된 삼일운동 해석의 역사에 새로운 재해석을 그림으로 시도했다. 그가 보기에 삼일운동 사건은 10대의 고사리 손에 잡힌 태극기에 생명의 피를 묻히며 거리로 뛰어나온 소녀들과 소년들의 자유에 대한 열망이 불태운 운동이다. 어떻게 무지한 서민과 어린 아이들이 자신의 생명보다 자유를 더 소중하게 여기며 나라의 독립을 외쳤을까? 그들을 움직인 근원은 무엇일까? 그 화가는 그 근원이 성경과 국어라고 주장한다. 당시의 아이들과 서민은 선교사의 가르침을 받았으며 그 선교사의 가르침은 성경에 뿌리를 둔 것이었고 그 성경은 한글로 번역되어 누구든지 읽을 수 있게 되었기 때문이다. 성경이 한글이 되어 민족의 마음을 움직였다. 하나님의 말씀은 살아 민족의 가슴에서 역동했고 나라의 역사를 움직였다. 하나님의 말씀이 주어지면 이렇게 놀라운 변화가 생기지만 오늘날 한국의 교회에는 그 역동성이 사라졌다. 회복이 절실하다.

> ³어떤 사람들이 믿지 않는다면 그것은 어떤 것일까요? 그들의 불신이
> 하나님의 미쁘심을 폐하지는 않을까요? ⁴결코 그렇게 되지 않습니다
> 모든 인간은 거짓되나 오직 하나님은 참되신 분이라는 것은
> 이렇게 기록되어 있습니다 "그러므로 당신은 당신의 그 말씀들 안에서
> 의롭다 함을 얻으시고 그 안에서 판단 받으실 때에 이기실 것입니다"

유대인의 두 번째 질문이다. 어떤 사람들의 불신이 하나님의 미쁘심을 폐하지는 않겠는가? 이는 그들 중에 어떤 사람이 말씀을 신뢰하지 않는다면 주님께서 맡기신 하나님의 말씀, 언약의 말씀, 복음의 말씀이 취소될 것이냐에 대한 물음이다. 이에 바울은 말도 안 되는 소리라고 일축한다. 모든 인간은 거짓되기 때문에 쉽게 변하고 신뢰를 가볍게 파괴한다. 그러나 하나님은 언제나 미쁘시다. 비록 당신의 백성은 언약을 파기하고 불법을 저질러도 하나님은 당신의 약속을 접지 않으시고 항상 언제나 지키신다. 하나님의 미쁘심에 대한 야고보의 고백이다. "그는 변함도 없으시고 회전하는 그림자도 없으시니라"(약 1:17). 하나님은 변함이 없으시고 회전하는 그림자와 같은 변화의 흔적도 없으시다. 회전하는 그림자는 태양의 이동에 의해 발생되는 현상이다. 태양의 이동은 시간의 흐름이다. 회전하는 그림

자가 없다는 말은 시간이 흘러도 하나님은 변함이 없으심을 가리킨다. 시간이 하나님을 바꾸지 못한다는 것은 시간 속에 있는 어떠한 사물과 사건과 사태와 상황도 하나님께 변경을 가하지는 못함을 의미한다. 그런데 하나님은 스스로 변하실 수 있으신가? 이에 대해서도 변하지 않는다는 바울의 입장은 단호하다. "우리는 미쁨이 없을지라도 주는 항상 미쁘시니 자기를 부인하실 수 없으시리라"(딤후 2:13). 이는 하나님을 변화시킬 외부의 변수가 없는 동시에 하나님 스스로도 변할 의향이 없다는 주장이다.

바울은 인간의 불신이 거짓에서 기인한 것이라고 분석한다. 거짓은 본래의 것과 달라진 차이를 의미한다. 하나님의 형상을 따라 창조된 인간에게 본래의 기준은 하나님의 형상이다. 하나님의 형상에서 멀어지면 거짓과의 밀착이 일어난다. 달리 말한다면, 하나님의 성품을 나의 인격으로 품고, 하나님이 보는 것을 보고, 하나님이 듣는 것을 듣고, 하나님이 생각하는 것을 생각하고, 하나님이 원하시는 것을 추구하고, 하나님이 기뻐하는 것을 기뻐하고, 하나님이 싫어하는 것을 싫어하고, 하나님의 시선이 머무는 곳을 주목해야 인간은 거짓에서 멀어진다. 하나님은 참되시다. 그렇기 때문에 참되신 하나님께 가까이 다가가면 그만큼 우리는 참되게 되고, 그에게서 멀어지고 달라지면 그만큼 거짓되게 된다. 하나님의 참되심과 무관하게 인간이 스스로 참될 방법과 가능성은 없다. 그런데 모든 인간은 죄를 짓고 하나님을 떠나 부패하게 되고 자신의 밝아진 눈으로 보고 귀로 듣고 머리로 생각하고 마음으로 욕망한다. 그래서 바울은 모든 사람이 거짓에 속한다고 단언한다.

이러한 인간의 거짓됨과 하나님의 참되심을 확인하기 위해 바울은 시편의 한 문장을 인용한다. "그러므로 당신은 당신의 그 말씀들 안에서 의롭다 함을 얻으시고 그 안에서 판단 받으실 때에 이기실 것입니다." 하나님은 당신의 말씀 속에서 의롭다 함을 얻으신다. 그 말씀에 비추어서 평가가 이루어질 때에 하나님은 한 번도 약속을 어기지 않으시고 언제나 미쁘셨기 때문에 어떤 사람과 관련된 어떠한 종류의 재판에도 패소가 없으시다.

하나님은 어제나 오늘이나 영원토록 변함이 없으시고 우리는 모두 거짓되기 때문에 우리는 거짓된 우리 자신을 신뢰하지 않고 참되신 하나님을 신뢰한다. 우리의 신뢰는 하나님의 불변적인 신실함에 근거한다. 그 신실함 때문에 우리는 하나님의 말씀을 신뢰하고 그분의 언약을 신뢰한다. 하나님의 사랑과 하나님의 통치와 하나님의 심판을 신뢰한다. 하나님의 미쁘심을 인정하고 신뢰하는 것은 결코 쉽거나 단순하지 않다. 욥의 경우가 이를 잘 설명한다. 그는 으뜸가는 동방의 의인이다. 일평생 평탄과 형통의 길을 걸어갈 것 같았으나 욥은 자신이 원인도 제공하지 않은 끔찍한 재앙들을 만나 모든 것을 상실하고 몸은 악창과 구더기 차림으로 변하고 온 육신을 뒤덮은 고통을 기왓장 조각으로 긁어낸다. 이것을 본 아내의 반응이다. "자기의 온전함을 굳게 지키느냐 하나님을 욕하고 죽으라"(욥 2:9). 그러나 욥은 하나님을 신뢰하고 경배하며 이렇게 고백한다. "그대의 말이 한 어리석은 여자의 말 같도다 우리가 하나님께 복을 받았은즉 화도 받지 않겠느냐"(욥 2:10). 자신의 빼앗긴 재산, 찢어진 건강, 파괴된 행복, 망가진 인생, 무너진 가정과 친구의 관계와 무관하게 하나님은 여전히 찬양을 받으시기 합당한 분이라고 욥은 고백한다. 이러한 고백은 주시고 거두시는 하나님의 뜻을 따라 알몸으로 왔다가 알몸으로 돌아가는 인생이 하나님의 미쁘심을 폐하지 못한다는 확신에 근거한다(욥 1:21). 하나님의 불변적인 미쁘심을 인정하고 증명하는 인생이 지불해야 하는 비용은 실로 막대하다. 목숨과 마음과 뜻과 힘과 재물과 시간과 재능이 다 동원된다.

[5]그러나 만약 우리의 불의가 하나님의 의를 드러내면 우리는 무엇을 말할 것입니까? 내가 사람의 어법을 따라 말한다면 진노를 내리시는 하나님은 불의한 분이 되는 것 아닙니까? [6]결코 그렇지 않습니다 만약 그렇다면

하나님이 세상을 어떻게 심판하실 수 있을까요?

유대인의 세 번째 질문이다. 인간의 불의가 하나님의 의를 더욱 선명하게 드러낼 때 이에 대해 하나님이 진노를 내리시면 불의한 분으로 간주되지 않겠는가? 이는 너무도 터무니가 없는 질문이다. 불의를 저지른 놈이 보상을 달라는 논리를 펼치고 있기 때문이다. 이는 옛말에 미안하고 부끄러운 마음으로 잠잠해야 할 "방귀 뀐 놈이 성낸다"는 격언이나 용서를 빌고 맞아야 할 "도둑놈이 회초리를 든다"는 적반하장(賊反荷杖) 같은 사자성어 상황과 유사하다. 그러나 바울이 언급한 것처럼 이것은 뭇 사람들의 일반적인 의문이며 보편화된 어법이다.

이러한 질문에 대해서도 바울은 단호한 반대를 표명한다. 이 질문에는 몇 가지의 오류들이 있다. 첫째, 인간의 불의는 하나님의 의를 드러낼 것이라는 전제가 잘못되어 있다. 물론 인간의 불의가 하나님의 의를 드러내는 계기를 제공한다. 그래서 사람들은 그런 계기 제공의 대가를 당당하게 청구한다. 이는 어이없는 요청이다. 이런 자들에게 천근의 진노를 쏟으시는 것은 불의가 아니라 하나님의 의가 드러나는 최고의 방식이다. 그리고 하나님은 불의를 의로, 악을 선으로, 어둠을 빛으로, 거짓을 진리로 능히 바꾸시는 분이시다. 그렇지만 이러한 바꿈의 기적적인 공로는 불의나 악이나 어둠이나 거짓이 아니라 하나님 자신에게 돌려진다. 불의에 대해서는 하나님의 진노가 내려져야 하나님의 의가 확립되고 드러난다. 불의에 대해 진노를 내리시지 않고 보상을 베푸시면 하나님의 의는 드러나지 않고 오히려 실종된다.

둘째, 하나님이 진노를 내리시는 것은 인간에 의한 판단의 대상이 아니라 인간에 대한 하나님의 공의 집행이다. 하나님은 행한 그대로 갚으신다. 사람들은 행함의 내용도 정확히 모르고 정확히 집행할 능력도 없기 때문에 인간사에 대해서도 공의로운 심판자가 아니고 하나님의 섭리에 대해서는 더더욱 그러하다. 그러나 하나님은 인간의 모든 행위를 지극히 은밀하고 심지어 본인조차 모르는 것까지도 다 아시고 가장 정밀한 공의의 판단을 내리시고 나노세계 이하의 마음이나 영혼의 섬세한 단위까지 능히 보응하실 수 있는 분이시다.

하나님의 진노는 온 세상의 심판자가 행하시는 두 가지의 보응 중에 하나이다. 의를 행하는 자에게는 하나님의 긍휼을 베푸시며 자신의 사랑을 보이시고, 불의를 행하는 자에게는 진노를 쏟으셔서 자신의 정의를 보이신다. 하나님의 섭리는 불의에 대한 정의와 의에 대한 사랑의 적절한 배합이다. 문제는 의를 알고 행하는 사람이 하나도 없고 모든 사람이 불의를 행한다는 사실이다. 인간의 불의와 하나님의 의를 하나의 인과율로 결부시킨 유대인의 질문은 불의한 인류의 머리에 고인 보편적인 물음이다. 우리가 거짓되고 불의하고 사악하고 더러우면 하나님의 진리와 의와 선과 거룩함의 표출에 일조한 것이라는 사고에 근거하여 하나님께 일조한 딱 그만큼의 보상을 청구하는 이 기막힌 논법이 주먹만한 전두엽에 꼬인 이성을 장악한다. 바울의 시대에 그런 사상이 있었고 지금도 뭇 사람들의 생각 언저리를 서성인다. 바울은 불의를 행하는 자들에게 이렇게 선포한다. "불의를 행하는 자는 불의의 보응을 받으리니 주는 사람을 외모로 취하심이 없느니라"(골 3:25). 지금도 이 선언은 유효하다. 이는 하나님의 변하지 않는 섭리이기 때문이다.

7[사람의 어법을 따라 말합니다] 더군다나 하나님의 진리가
나의 거짓 속에서 더욱 뛰어나게 되어 그의 영광이 된다면
그래도 나 역시 죄인으로 정죄를 당하는 것일까요?

유대인이 제기하는 네 번째 질문이다. 나의 거짓 때문에 하나님의 진리가

더욱 뛰어나게 된다면 하나님께 영광이 되는 일인데 어찌하여 그 영광의 원인을 제공한 나를 죄인 취급하며 유죄의 판결을 내리는가? 진실로 거짓은 진리의 대척점에 있다. 어둠이 짙을수록 빛의 밝기가 더욱 분명하게 드러나는 것처럼 거짓도 심할수록 진리는 더 강하게 드러난다. 분명한 사실이다. 그러나 이것은 거짓의 공로가 아니라 거짓조차 하나님의 영광을 드러내는 방편으로 참되게 쓰시는 하나님의 역설적인 섭리 때문이다. 이는 하나님의 자비와 오래 참으심을 드러낸다. 거짓은 거짓의 주체에게 보상해야 할 근거가 아니라 죄인으로 정죄하고 유죄의 형벌을 부과해야 할 근거이다. 하나님의 진리를 거짓으로 바꾼 자들은 진리의 유공자가 아니라 거짓을 유포하고 강화하고 조장한 죄인이다.

[8]하지만 우리가 선에 이르기 위해 악을 행하자고 말한다는
어떤 사람들의 비방과 폭로는 사실이 아닙니다 그들에게 정죄는 정당한 것입니다

유대인의 마지막 질문이다. 그들은 사도들이 선에 이르기 위해 악을 행하자고 말한다며 비방과 폭로의 방식으로 자신의 속마음을 드러낸다. 이 비방과 폭로는 사실이 아니며 그들의 마음에 쌓인 자신의 질문이다. 물론 사도들은 그리스도 예수의 죽음과 부활을 증거했다. 인간의 죄악 때문에 발생한 예수님의 죽음과 하나님의 선하심에 근거한 예수님의 부활은 마치 악과 선의 인과율을 주장하는 이들에게 명백한 공로의 증거처럼 보이는 게 사실이다. 부활에 이르기 위해서는 죽어야만 한다. 그래서 바울은 예수님의 죽으심을 본받기 원했고 날마다 죽는 것을 자랑했다. 그러나 사람들은 사도들이 부활의 선에 이르기 위해 죽음의 악을 저질러야 한다는 주장을 했다고 곡해했다. 이에 바울은 이런 주장이 사실이 아니라고 강하게 반박한다. 바울이 보기에는 그런 주장을 하는 사람들이 정죄를 받아

마땅하다. 왜냐하면 바울은 선을 이루기 위해 악을 행하자고 한 것이 아니라 악에 대해 선으로 싸워 이겨야 한다고 주장했기 때문이다(롬 12:21, 악에게 지지 말고 선으로 악을 이기라).

이렇게 유대인의 변론을 다섯 가지의 질문으로 확인한 결과, 불신을 보이든 신앙을 보이든 불의를 저지르든 의를 행하든 거짓을 말하든 진리를 말하든 선을 행하든 악을 행하든 인간은 하나님의 의와 진리와 선에 보탬이 되었다는 착각에 근거하여 자신에게 공로를 돌리고 그 공로에 합당한 보상을 청구하는 성향을 나타낸다. 그러나 인간의 불신은 하나님의 미쁘심에, 인간의 불의는 하나님의 의에, 인간의 거짓은 하나님의 진리에, 인간의 악은 하나님의 선에 아무런 영향도 주지 않는다는 것이 바울의 결론이다. 하나님은 그런 인간에 대한 보상의 책임이 전혀 없으시다. 오히려 그들은 죄인으로 정죄를 받고 심판과 형벌을 받아 마땅하다.

인간의 공로와 관련하여 욥기는 다음과 같은 입장을 표명한다. "사람이 어찌 하나님께 유익하게 하겠느냐 지혜로운 자도 자기에게 유익할 따름이니라 네가 의로운들 전능자에게 무슨 기쁨이 있겠으며 네 행위가 온전한들 그에게 무슨 이익이 되겠느냐"(욥 22:2-3). 욥기는 엘리바스의 입술을 통해 인간이 심지어 지혜와 의로움과 온전한 행위를 보였다 할지라도 전능하신 분에게는 아무런 유익이나 기쁨이나 이익이 없다고 천명한다. 오히려 우리가 만약 지혜롭고 의로운 자가 되고 온전한 행위를 했다면 그것은 우리의 힘과 능력이 아니라 하나님의 은혜로 말미암아 주어진 선물이다. 바울은 다른 모든 사도보다 더 많이 수고하고 더 놀라운 일들을 많이 행했으나 그것의 공로는 오직 하나님의 은혜에 있다고 고백한다(고전 15:10). 이처럼 인간의 지혜와 온전함과 의로움도 하나님의 영광과 기쁨에 보탬이 되지 않았는데, 인간의 불신과 불의와 거짓과 악이 어떻게 보탬이 되겠는가!

본문에서 살펴본 유대인의 나음과 할례의 유익이 하나님의 말씀이 위탁된 것에 있다는 것, 인간의 불신이 하나님의 미쁘심을 변경하지 못한다는 것, 인간의 불의가 하나님의 의를 드러내지 못한다는 것, 인간의 거짓이 하나님의 진리를 더 선명하게 밝히지 못한다는 것, 인간의 죄가 하나님의 선에 이르는 길이 아니라는 것은 인간의 보편적인 사고와 어법에 대한 바울의 거절이다. 이것은 또한 교회가 직면한 세상의 현실이다. 우리는 교회에 맡겨진 말씀의 나음을 온 세상에 나누어 공유해야 한다. 하나님의 말씀을 신뢰하고 말씀에 따른 우리의 역동적인 됨됨이와 삶으로 인해 세상으로 하여금 진리의 믿음에 이르도록 인도해야 한다. 하나님의 의를 보여 인간의 불의를 드러내야 한다. 진리의 빛으로 거짓의 어둠을 거두어야 한다. 악을 선으로 바꾸시는 하나님의 섭리를 따라 선으로 악을이기는 용서와 사랑의 삶을 살아가야 한다. 교회의 나음은 이러한 처신에서 확인된다.

⁹그러면 어떠하냐 우리는 나으냐 결코 아니라 유대인이나 헬라인이나 다 죄 아래에 있다고 우리가 이미 선언하였느니라 ¹⁰기록된 바 의인은 없나니 하나도 없으며 ¹¹깨닫는 자도 없고 하나님을 찾는 자도 없고 ¹²다 치우쳐 함께 무익하게 되고 선을 행하는 자는 없나니 하나도 없도다 ¹³그들의 목구멍은 열린 무덤이요 그 혀로는 속임을 일삼으며 그 입술에는 독사의 독이 있고 ¹⁴그 입에는 저주와 악독이 가득하고 ¹⁵그 발은 피 흘리는 데 빠른지라 ¹⁶파멸과 고생이 그 길에 있어 ¹⁷평강의 길을 알지 못하였고 ¹⁸그들의 눈 앞에 하나님을 두려워함이 없느니라 함과 같으니라

❖ ❖ ❖

⁹그러면 어떤가요? 우리는 낫습니까? 결코 아닙니다 우리는 유대인과 모든 헬라인 모두가 죄 아래에 있다고 이미 정죄를 했습니다 ¹⁰기록된 것처럼 의인은 없습니다 심지어 하나도 없습니다 ¹¹하나님을 이해하는 자도 없고 찾는 자도 없습니다 ¹²모두가 벗어났고 함께 무익하게 되었으며 선을 행하는 자도 없습니다 심지어 하나도 없습니다 ¹³그들의 목구멍은 열린 무덤이며 그들의 혀로는 속임을 일삼으며 그들의 입술에는 독사의 독이 있습니다 ¹⁴그들의 입에는 저주와 악독이 가득하고 ¹⁵그들의 발은 피를 흘리는 일에 빠릅니다 ¹⁶그들의 길에는 파멸과 고생이 있습니다 ¹⁷그들은 평화의 길을 알지 못합니다 ¹⁸그들의 눈 앞에는 하나님에 대한 경외심이 없습니다

15   인간의 죄악된 실상

지금까지 바울은 더 나음을 가진 유대인의 더 심각한 문제를 지적했다. 그래서 사람들은 유대인이 인류의 골칫거리 같은 존재라고 생각하기 쉽다. 그러나 바울은 하나님을 떠난 삶이 유대인을 포함한 모든 인간의 보편적인 문제임을 주장한다. 본문은 그 구체적인 내용을 소개한다.

> [9]그러면 어떤가요? 우리는 낫습니까? 결코 아닙니다
> 우리는 유대인과 모든 헬라인 모두가 죄 아래에 있다고 이미 정죄를 했습니다

인간은 대체로 탐탁지 않은 타인을 특정한 부류의 부정적인 인간으로 분류하고 자신은 그 부류와 무관한 것처럼 생각한다. 누군가를 악한 사람으로 구분하며 자신은 선인으로 간주한다. 누군가를 거짓된 사람으로 단정하며 자신은 정직한 사람의 이미지를 차지한다. 누군가를 경솔한 사람으로 규정하며 자신은 신중한 사람으로 은밀하게 분류하려 한다. 누군가를 정신 이상자로 지목하여 자신은 정신이 멀쩡한 사람으로 보이려고 한다.

물론 고립과 격리를 해답으로 여기는 감옥이나 정신병원 같은 기관들의 존재는 인류가 사회의 정상적인 질서를 유지하기 위해 취하는 노력의 흔적이다. 그러나 그 뒷면에는 그러한 기관들의 테두리 밖에 있는 우리는 선하고 괜찮은 존재라는 간접적인 정당화의 구린내가 난다.

이 세상의 문제에 대한 예수님의 접근법은 이러하다. "어찌하여 형제의 눈 속에 있는 티는 보고 네 눈 속에 있는 들보는 깨닫지 못하느냐"(마 7:3). 이 말씀에서 예수님은 타인의 눈에 있는 티를 제거하기 이전에 자신의 눈에 있는 들보를 먼저 제거해야 한다는 해결의 마땅한 수순을 제시한다. 그런데 사람들은 타인의 잘못은 지극히 조그마한 것이라도 쉽게 찾지만 자신의 잘못에 대해서는 지극히 큰 들보의 크기도 감지하지 못하는 경향을 나타낸다. "티"나 "들보"라는 말은 서로를 인지할 때에 각자의 시선이 처음으로 접지하는 곳이 눈이어서 그 눈에 티나 들보가 있다면 당연히 일 순위로 인지해야 할 것인데도 깨닫지 못하는 인간의 인지적인 문제가 본성의 차원에 있음을 꼬집는다. 내 눈에 있는 들보를 제거하지 않은 상태에서 관찰된 타인의 티는 정확한가? 자신의 눈에는 티도 없다고 생각하는 사람이 타인의 티를 없애려고 할 때 과연 그는 얼마나 올바른 태도를 간직할까? 자신의 들보를 먼저 발견하고 제거해야 한다. 들보 수준의 문제가 자신에게 있고 그것을 제거하는 것이 얼마나 어려운 것인지를 알면 사람은 겸손하게 된다. 이 겸손은 타인의 티에 대해 오만한 비난의 죄를 범하지 않게 만드는 제어력을 발휘한다. 그 겸손한 마음과 태도로 타인의 티를 제거할 때에 비로소 또 다른 상처나 비하를 수반하지 않는 진정한 치유가 일어난다.

유대인의 문제는 진실로 심각하다. 그러나 누가 그들에게 돌을 던지며 그들이 가진 문제의 티를 제거할 수 있겠는가? 대부분의 사람들은 문제가 발견되면 공격적인 태도로, 타인을 아프게 하는 방식으로, 타인의 자율적인 회복을 기다리지 않고 강압적인 태도로 제거하려 한다. 이러한 현상이 발생하는 이유는 자신의 죄성이 타인에게 투영될 때 형성되는 찔림과 거북함 때문이다. 타인의 안타까운 상태를 존중하지 않고 나의 불쾌하고 언짢은 기분에 충실하기 때문이다. 바울이 유대인의 문제를 전면에 내세운 이유는 계시적인 이유 때문이다. 유대인은 주께서 모든 인간에게 당신의 존재와 뜻을 전달하기 위해 택하신 민족이다. 그들의 선함과 악함, 그들의 공의와 불의, 그들의 사랑과 증오, 그들의 진실과 거짓은 모두 인류의 본성을 드러내는 표본이다.

유대인의 잘못은 모든 이방인의 잘못과 무관하지 않다. 하나님의 율법과 언약과 예수의 혈통이 없다는 이유로 이방인이 자신의 잘못이 작다고 말하는 것은 과연 정당한가? 만약 유대인의 상황을 동일하게 가졌다면 과연 이방인은 그들보다 더 훌륭하게 처신 했었을까? 나는 그렇지 않다고 생각한다. 이방인도 유대인의 상황에 처해 있었다면 동일한 죄를 저질렀을 것이라고 나는 확신한다. 유대인은 잘못의 현실태(現實態)로 있고, 이방인은 잘못의 가능태(可能態)로 있다는 상태의 차이는 있지만 잘못의 내용은 동일하다. 그러하기 때문에 바울은 유대인에 비해 우리는 괜찮은 존재라고 생각하는 이방인의 잠재적 착각을 본문에서 꼼꼼하게 차단한다.

앞에서 바울은 유대인과 이방인의 현상적인 차이를 언급한 이후에 인간의 악한 본성과 관련하여 이제는 나음이나 못함의 비교급 적용 자체를 거부한다. 즉 유대인과 헬라인 모두가 죄 아래에 있다고 선언한다. 이는 아담의 죄로 말미암아 초래된, 민족들 사이의 비교가 무의미한 인류의 어두운 실상이다. "죄 아래에 있다"는 말의 의미는 죄의 지배력과 영향력을 의미한다. 즉 죄가 모든 사람들을 다스리고 있다. 이는 죄의 결박에서 자유로운 사람이 없고, 죄로 물들어 있지 않은 사람도 없음을 의미한다. 죄는 마치 인격체인 것처럼 우리에 대한 지배를 소원하고 있다. 죄의 이러한 행태를 파악하기 위해서는 창세기를 탐구해야 한다. 태초에 아담과 하와의 가정에 죄가 들어오고 그 죄는 그들의 장남 가인에게 강력한 지배력을 행사했다. 이는 가인이 하나님께 믿음으로 예배를 드리지 않아서 발생된 일이었다. 이 일과 관련하여 가인에게 주어진 하나님의 해석은 이러하다. "선을 행하지 아니하면 죄가 문에 엎드려 있느니라 죄가 너를 원하나 너는 죄를 다스릴 것이니라"(창 4:7). 믿음으로 말미암는 올바른 관계를 하나님과 형성하지 못하면 죄는 우리가 출입하는 모든 곳에 엎드리고 우리에 대한 지배를 소원한다. 즉 죄는 우리로 하여금 죄를 범하여 죄의 권세 아래에 있도록 지속적인 영향력을 행사한다. 그러나 하나님은 우리에 대한 죄의 지배가 아니라 죄에 대한 우리의 지배를 원하신다. 그것은 우리가 하나님의 뜻을 따를 때에만 가능하다. 그런데 바울은 모든 사람이 하나님의 명령에 부응할 능력이 없어서 죄의 지배력 아래에 있다고 선언한다.

[10]기록된 것처럼 의인은 없습니다 심지어 하나도 없습니다

모든 사람이 죄 아래에 있다는 말의 구체적인 내용에 대해 바울은 시편의 다양한 글귀들을 편집하여 인용한다. 이 글귀는 어리석은 자에 대한 시인의 설명이다. 그런데 바울은 이 설명을 모든 사람 즉 유대인과 이방인 모두에게 적용한다. 바울은 시인의 입술을 빌려 이 세상에 단 한 명의 의인도 없다는 사실을 지적한다. 의인은 누구인가? 어떠한 의로움을 갖추어야 의인인가? 이 세상에서 의로움 혹은 정의는 대체로 사람들 사이의 올바른 관계와 행동을 의미한다. 올바름의 의미는 무엇인가? 아리스토텔레스는 정의가 "각자에게 합당한 몫이 그 자신에게 돌아가는 것"이라고 했고, 존 롤스는 "정당화될 수 없는 불평등이 존재하지 않는 상태를 추구하는 것"이라고 했고, 마이클 샌델은 "미덕과 공공의 선을 장려하는 것"이라고 했다. 이는 모두 결과에 초점을 둔 정의의 개념이다. 이러한 개념에 따르면, 정의의 여부를 판단하는 주체는 사람이다.

모세는 인간의 의로움 혹은 올바름에 대해 다음과 같이 기록한다. "우리가 그 명령하신 대로 이 모든 명령을 우리 하나님 여호와 앞에서 삼가 지키면 그것이 곧 우리의 의이니라"(신 6:25). 여기에서 우리는 두 가지에 주목해야 한다. 첫째, 명령의 일부가 아니라 모든 명령에 대한 순종만이 우리의 의로움이 된다. 이는 우리가 성경에 명시된 613가지의 명령들을 하나도 빠뜨리지 않고 모두 순종해야 의인이 됨을 의미한다. 둘째, 사람 앞에서가 아니라 하나님 앞에서의 순종만이 우리에게 의로움이 된다. 하나님 앞에서의 순종은 하나님이 원하시는 수준까지 이르는 명령의 준행을 의미한다. 그리고 중심을 보시는 하나님은 눈에 보이는 외적인 순종만이 아니라 보이지 않는 내적인 순종까지 원하신다. 하나님이 원하시는 순종은 외적인 행함과 내적인 진실함이 구비된 순종이다.

모든 명령의 요약이요 핵심이요 절정이요 결론인 사랑도 그러하다. "자녀들아 우리가 말이나 혀로 사랑하지 말고 행함과 진실로써 하자"(요일 3:18). 외적인 행함만이 아니라 내적인 진실도 구비한 사랑이 우리에게 의로움이 된다. 행함과 진실은 양자택일 문제가 아니라 불가분의 관계로서 함께 사랑의 순종을 가능하게 한다. 말과 혀에 매달린 사랑은 진실하지 않고 쉽게 소멸된다. 진정한 사랑은 말과 혀가 아니라 마음과 몸이 보여 준다. 마음의 진실에서 시작되어 몸의 섬김으로 나타난 사랑은 우리에게 의로움이 된다. (물론 세상에는 몸을 사용하지 못하는 사람들도 있다. 과연 그들은 진정한 사랑의 의로움과 무관한 분들인가? 그렇지가 않다. 눈의 사용이 불가능한 분들은 입술이 몸이고, 입술을 사용하지 못하는 사람은 눈이 몸이기 때문이다. 모든 지체가 다 마비되어 어느 것도 사용하지 못하는 사람은 그의 존재 자체가 하나님의 입술이다. 몸의 매개체를 통하지 않는 하나님의 직접적인 메시지를 전달하는 신의 입술이다.) 몸의 진실하고 실천적인 사랑은 하나님 앞에서의 옳음이다. 이런 정의의 여부를 판단하는 주체는 사람이 아니라 하나님 자신이다. 이런 관점에서 평가할 때 이 세상에 의인은 하나도 없다는 것이 바울의 결론이다.

[11]하나님을 이해하는 자도 없고 찾는 자도 없습니다

이어서 바울은 하나님에 대한 인간의 무지와 무관심을 지적한다. 무지는 지성의 영역이고, 무관심은 의지의 영역이다. 즉 바울은 시편을 통해 인간의 총체적인 타락과 부패를 주장하고 있다. 하나님에 대한 인간의 보편적인 무지에 대해 요한은 이렇게 기록한다. "그가 세상에 계셨으며 세상은 그로 말미암아 지은 바 되었으되 세상이 그를 알지 못하였고"(요 1:10). 말씀은 세상의 기원이다. 그 말씀이 세상 속으로 들어와 계셔도 온 세상은 알지 못하였다. 세상의 기원도 모르는데 그 결과인 세상 자체는 어떻게 알겠는가? 피조물이 창조자를 모르면 피조물 자신에 대해서도 알지 못하는 건 당연하다. 그러므로 만물의 근원이신 하나님을 이해하는 자가 없다는 바울의 말은 하나님에 대한 무지만이 아니라 인간 자신에 대한 무지도 지적한다. 이런 상황에 대해 요한은 이렇게도 표현한다. "빛이 어둠에 비치되 어둠이 깨닫지 못하더라"(요 1:5). 죄 아래에 있는 이 세상은 어둠이다. 거기에 너무나도 이질적인 빛이 들어온다. 자신과 겹치는 부분이 전혀 없는 빛을 깨닫지 못함 또한 당연하다.

무지의 캄캄함이 뒤덮은 세상이 빛이신 하나님을 찾을 리 만무하다. 오히려 하나님을 멀리한다. 어둠이 자기를 지키려면 빛을 멀리해야 한다. 그래서 어둠에 속한 사람들은 빛이신 예수님을 멀리한다. 빛이신 예수님을 멀리하는 것은 자신의 어둠을 지키는 방법이다. 그러나 하나님을 찾는 자는 어떠한 운명과 상황 속에서도 회복되고 살아난다. 하나님의 말씀이다. "너희는 여호와를 찾으라 그리하면 살리라"(암 5:6). 여호와를 찾는 것은 생명이고 찾지 않음은 죽음이다. 그러나 하나님은 당신을 찾는 자들에게 절망에는 소망을, 파괴에서 재건을, 상처에는 치유를, 분열에는 화목을 베푸신다(대하 7:14).

하나님은 결코 우리의 죽음을 원하지 않으신다. 우리만이 아니라 악인들을 포함한 모든 사람들에 대해서도 그러하다. "나는 악인이 죽는 것을 기뻐하지 아니하고 악인이 그의 길에서 돌이켜 떠나 사는 것을 기뻐하노라"(겔 33:11). 하나님은 악인의 죽음을 기뻐하지 않으시고 악한 길에서 떠나 선한 길을 가도록 그에게 길을 보내셨다. 독생자의 생명으로 그 길을 닦으셨다. 하나님을 찾아올 수 있는 인간이 없음을 아시고 친히 인간을 찾으시고 부르신다. 먼저 찾으시고 먼저 택하시고 사랑도 먼저 행하신다. 그런데도 하나님을 찾는 자가 하나도 없다고 바울은 평가한다.

여기에서 우리는 하나님에 대한 인간의 무지와 무관심 혹은 이해와 추구의 연관성을 생각해야 한다. 하나님을 알지 못하는 자는 하나님을 찾지 않고 하나님을 이해하는 자는 반드시 그를 추구한다. 우리가 만일 하나님을 찾지 않는다면 하나님을 이해하지 못하고 있다는 증거이고 하나님을 찾는다면 하나님을 제대로 이해하고 있음을 나타낸다. 그런데 하나님을 알고 찾아도 만나지 못하는 사람들이 있다. 하나님을 찾는 방법에 대한 모세의 조언이다. "만일 마음을 다하고 뜻을 다하여 그를 찾으면 만나리라"(신 4:29). 즉 두 마음을 품지 말고 오직 하나님을 향한 마음만 품고, 나의 뜻을 다 부인하고 하나님의 뜻을 나의 뜻으로 삼는 방식으로 하나님을 찾으면 필히 만난다고 한다.

[12]모두가 벗어났고 함께 무익하게 되었으며 선을 행하는 자도 없습니다
심지어 하나도 없습니다

바울의 시편 인용문에 의하면, 모든 사람은 벗어났다. 삶의 정상적인 궤도,

올바르고 합리적인 생각과 판단, 선하고 아름다운 언어와 행실, 인간다운 됨됨이와 도리, 공동체의 질서와 문화가 하나님의 형상에서 이탈했다. 창조의 원리로서 인간에게 세워진 신적인 규정의 테두리를 다 벗어났다. 기준을 벗어난 모든 사람은 각자가 무익하고 서로에게 무익하다. 나아가 우리의 존재 자체가 타인에게 아픔이고 슬픔이고 고통이다. 그런데도 우리는 착각한다. 스스로도 유익하고 서로에게 유익한 존재라고 생각한다. 앞에서 살펴본 것처럼, 심지어 하나님에 대해서도 영광과 의와 진리의 드러남을 위해 보탬이 되는 존재라고 주장한다. 대단히 어리석은 착각이다. 모든 소원을 이루고 모든 것을 소유하고 모든 곳에 출입하고 모든 것을 관람한 전도자가 자신의 인생에 대해 내린 솔직하고 겸손한 결론이다. "내 손으로 한 모든 일과 내가 수고한 모든 것이 다 헛되어 바람을 잡는 것이며 해 아래에서 무익한 것이로다"(전 2:11). 이러한 생각이 정상이다.

선을 행하는 자는 하나도 없다고 바울은 선언한다. 여기에서 사용된 "선"이라는 단어는 선의 추상적인 의미를 전달하는 "아가쏘스"(ἀγαθός)와는 달리 선의 실천적인 의미를 나타내는 "크레스토테스"(χρηστότης)이다. 선한 자가 없기 때문에 선을 행하는 자가 없고 선을 행할 능력이 아무도 없기 때문에 선을 행하는 자가 하나도 없다는 것은 당연하다. 선을 행하기 위해서는 선한 사람이 되어야 하고 선을 행할 능력을 구비해야 하고 선을 행할 의지가 있어야만 한다. 선행을 가능하게 만드는 것은 성령과 성경이다. "모든 성경은 하나님의 감동으로 된 것으로 교훈과 책망과 바르게 함과 의로 교육하기에 유익하니 이는 하나님의 사람으로 온전하게 하며 모든 선한 일을 행할 능력을 갖추게 하려 함이라"(딤후 3:16-17). 모든 성경은 하나님의 감동으로 된 것이기에 성령의 감동과 더불어 성경의 진리는 우리를 온전한 하나님의 사람으로 만들고 모든 선행의 능력을 구비하게 한다. 정말 선행을 원한다면 성경 속에 파묻혀야 하고 성령에 사로잡힌 사람이 되도록 힘써 기도해야 한다. 선에 대해서는 너무나도 이질적인 악의 체질을 가진 우리가 저절로 선을 행할 것이라는 기대는 망상이다.

¹³그들의 목구멍은 열린 무덤이며 그들의 혀로는 속임을 일삼으며
그들의 입술에는 독사의 독이 있습니다

바울은 불의하고 무지하고 무익하고 사악한 모든 사람들의 모든 지체들을 하나님의 뜻을 거스르고 하나님의 나라를 파괴하는 흉기로 묘사한다. 그들의 목구멍은 열린 무덤이다. 무덤은 사람들의 생명을 삼키는 죽음의 입술이다. 이런 사람들의 도모에 대한 지혜자의 증언이다. "스올 같이 그들을 산 채로 삼키며 무덤에 내려가는 자들 같이 통으로 삼키자"(잠 1:12). 이러한 자들에 대한 다윗의 경험이다. "내 원수가 종일 나를 삼키려 하며 나를 교만하게 치는 자들이 많사오니"(시 56:2). 우리 주변에는 열린 무덤들이 많다. 이상하지 않다. 이는 예나 지금이나 변하지 않은 세상의 실상이다. 에스겔 선지자는 제사장들 중에도 그런 무덤이 있다고 고발한다(겔 22:27). 단순히 일반적인 제사장이 아니라 고위급 제사장이 사람들의 영혼을 삼키는 목구멍일 수 있다는 선지자의 고발은 참으로 섬뜩하다. 이는 사회와 교회에서 존경을 받는 신학자나 목회자나 다른 직분들도 무덤의 혐의에서 자유롭지 않다는 말이기 때문이다. 오히려 의심을 덜 받는 자리이기 때문에 더 은밀한 무덤일 수 있다는 점도 주목해야 한다.

모든 사람의 혀는 속임을 일삼는다. 이 세상에서 정직한 자를 만나기가 하늘의 별따기다. 속임은 악의적인 거짓만이 아니라 하나님과 이웃 사랑에 반대되는 혀의 모든 놀림도 의미한다. 하나님을 사랑하지 않고 이웃을 사랑하지 않는 마음이 조정하는 혀에는 속임수가 가득하다. 사랑을 떠난 거짓된 혀는 무익하고 유해하다. 야고보의 증언이다. "혀는 능히 길들일 사람이 없나니 쉬지 아니하는 악이요 죽이는 독이 가득한 것이라"(약

3:8). 속임으로 물든 혀는 길들일 사람이 없을 정도로 위험하다. 쉬지 아니하는 진행형 악이면서 움직이면 사람을 죽이는 독의 저장고다. 그러니 우리는 혀의 사용을 얼마나 조심해야 하겠는가! 다시 야고보의 조언이다. "우리가 다 실수가 많으니 만일 말에 실수가 없는 자라면 곧 온전한 사람이라 능히 온 몸도 굴레 씌우리라"(약 3:2). 혀의 모든 말은 전인격의 외출이다. 말에 실수가 없다는 것은 인격이 온전한 사람임을 증명한다. 그러나 역으로 실수가 있으면 온 몸을 결박하는 족쇄로 작용한다.

혀는 속임이 아니라 진실 혹은 정직을 일삼아야 한다. 진실이나 정직은 내면과 외면이 다르지 않은 표리부동 상태를 의미한다. 그러나 두 가지의 경우를 생각해야 한다. 즉 악한 사람은 악을 혀로 쏟아내는 것이 정직이고, 선한 사람은 선을 혀로 쏟아내는 것이 정직이다. 어떤 사람은 정직이 최고의 가치라고 주장한다. 그래서 정직하게 지적하고 평가하고 비판하고 정죄한다. 그러나 그런 정직은 타인에게 고통과 상처를 준다는 의미에서 악의 표출이다. 정직과 진실은 정의의 절반이다. 나머지 절반은 사랑의 제어를 받을 때에 채워진다.

모든 사람의 입술에는 독사의 독이 가득하다. 시인의 원문에 의하면, "그 입술 아래에는 독사의 독이 있다"고 기록한다(시 140:3). 입술 아래에 감추어진 독사의 독이 있다는 말을 지혜자의 어법으로 표현하면 이러하다. "온유한 입술에 악한 마음은 낮은 은을 입힌 토기니라 원수는 입으로는 꾸미고 속으로는 속임을 품느니라"(잠 26:23-24). 이 말씀은 인간들을 향한 입술의 문제를 고발한다. 입술 아래에 있는 독이 하나님을 향할 때에는 이렇게 나타난다. "이 백성이 입술로는 나를 공경하되 마음은 내게서 멀도다"(마 15:8). 사람을 향하든지 하나님을 향하든지 우리의 입술은 진실해야 한다. 속에 있는 악하고 독한 내용을 은폐하는 화려한 덮개가 되지 않도록 속의 진실이 있는 그대로 보이도록 투명해야 한다. 진실하고 투명하지 않은 입술 아래에는 독사의 독이 가득하여 자신과 타인을 위태롭게 한다. 이런 입술의 소유자가 누리는 명예나 부귀의 수명은 짧아진다. 이에 대한 지혜자의 교훈은 정확하다. "진실한 입술은 영원히 보존되나 거짓 혀는 잠시 동안만 있을 뿐이니라"(잠 12:19).

<h2 style="text-align:center">¹⁴그들의 입에는 저주와 악독이 가득하고</h2>

모든 사람의 입에는 저주와 악독이 가득하다. 말로 표출된 저주와 악독만이 아니라 입에 고인 저주와 악독의 분량도 만만치가 않다. 인간의 본성은 타인이 잘되는 것을 싫어한다. 반면 타인이 절망하고 실패하는 모습을 보면 좋아한다. 그래서 잘되는 타인의 화려한 모습을 보든 못되는 타인의 초라한 모습을 보든 우리의 부패한 신경은 호불호(好不好)의 방식으로 저주와 악독을 분비한다. 그러나 우리는 타인의 기쁨을 타인보다 더 기뻐하고 타인의 슬픔을 타인보다 더 슬퍼해야 한다. 이것이 아름다운 공동체의 생리라고 바울은 설명한다. "만일 한 지체가 고통을 받으면 모든 지체가 함께 고통을 받고 한 지체가 영광을 얻으면 모든 지체가 함께 즐거워하느니라"(고전 12:26). 그리해야 우리의 입에는 저주가 아니라 축복이 가득하고 악독이 아니라 자비가 가득하게 된다.

<h2 style="text-align:center">¹⁵그들의 발은 피를 흘리는 일에 빠릅니다</h2>

발은 의지와 행위의 순발력을 의미한다. 죄 아래에 있는 모든 사람의 발은 타인의 피를 흘리는 일에 민첩하다. 타인에게 피해를 가하는 일에 신속한 사람의 발은 결코 아름답지 않고 잔혹하다. 타인을 죽이는 일이 아니라 타인을 살리는 일에 신속한 발이 아름답다. 이사야의 기록이다. "좋

은 소식을 전하며 평화를 공포하며 복된 좋은 소식을 가져오며 구원을 공포하며 시온을 향하여 이르기를 네 하나님이 통치하신다 하는 자의 산을 넘는 발이 어찌 그리 아름다운가"(사 52:7). 복음과 평화와 구원을 전파하는 자의 발에는 아름다움 때문에 탄성이 쏟아진다. 과연 우리의 모든 출입은 복음을 위함인가? 어디를 가고 누구를 만나는 모든 일이 평화의 복음을 전하는 것과 무관하지 않아야 한다는 의미에서 바울은 "평안의 복음이 준비한 것으로 신"을 신으라고 권면한다(엡 6:15).

¹⁶그들의 길에는 파멸과 고생이 있습니다

죄 아래에 있는 모든 사람들이 출입하는 길은 파멸과 고생이 차지한다. 이사야의 기록처럼, 이는 특별히 악을 행하기에 발이 민첩한 사람들의 결국이다. "그 발은 행악하기에 빠르고 무죄한 피를 흘리기에 신속하며 그 생각은 악한 생각이라 황폐와 파멸이 그 길에 있으며"(사 59:7). 파멸은 산산이 부서짐을 의미한다. 이는 자신과 타인의 존재와 삶을 파괴하는 사람들의 폭력적인 행보를 가리킨다. 그 파멸은 양날을 가지고 있어서 타인에게 비참과 고통을 제공하는 동시에 자신의 비참과 고통도 자초한다. 이처럼 죄의 파괴성은 피아를 구분하지 않고 공격한다.

사람들은 이 비참한 고통의 원인과 결과를 알지도 못하고 대처할 능력도 없다고 이사야는 기록한다. "재앙이 네게 임하리라 그러나 네가 그 근원을 알지 못할 것이며 손해가 네게 이르리라 그러나 이를 물리칠 능력이 없을 것이며 파멸이 홀연히 네게 임하리라 그러나 네가 알지 못할 것이니라"(사 47:11). 이는 재앙과 손해와 파멸이 맥락도 없이 우리의 인생을 방문하기 때문이다. 지혜자는 죄 아래에서 파괴를 도모하는 사람들의 행태를 고발한다. "자기 문을 높이는 자는 파괴를 구하는 자니라"(잠 17:19). 이는 자기만의 부를 추구하고 그것을 나누거나 빼앗기지 않으려고 소유의 문턱을 높이는 자는 파괴를 추구하는 자가 된다는 교훈이다. 같은 내용을 바울은 이렇게 묘사한다. "부하려 하는 자들은 시험과 올무와 여러 가지 어리석고 해로운 욕심에 떨어지나니 곧 사람으로 파멸과 멸망에 빠지게 하는 것이라"(딤전 6:9). 부에 대한 추구와 욕심과 파멸은 이렇게 서로의 꼬리를 물고 자멸을 초래한다. 우리는 과연 지나간 길에 타인이나 나 자신에게 파멸과 고생이란 분비물을 남기는 사람은 아닌지 늘 자신의 욕심을 점검해야 한다. 탐욕은 죄의 자궁이고 베풂은 선의 자궁이다. 우리 모두는 죄의 절망과 고통과 슬픔을 남기는 탐욕적인 인생은 아닌지 스스로를 검토해야 한다.

¹⁷그들은 평화의 길을 알지 못합니다

죄 아래에 있는 사람들은 평화의 길에 대해 무지하다. 이는 모든 죄인이 자신의 욕심에 사로잡혀 있기 때문이다. 자신을 위하고 자신의 유익을 추구하는 일에 몰두하기 때문이다. 죄인은 지극히 사소한 손해나 침해나 상처나 억울함에 대해서도 예민하게 반응한다. 곧장 자기를 보호하고 자신을 두둔하고 스스로 칭찬하되 타인에 대해서는 폄하하고 비방하고 정죄하고 흠결을 드러내는 방식으로 신속하게 대처하며 이미지를 관리한다. 이기심 혹은 탐욕은 평화를 파괴하는 불화의 원흉이다. 함께 기뻐하고 함께 슬퍼하고 함께 유익하고 함께 번영해야 평화의 새가 공동체에 깃드는데, 이기심과 욕심은 우리로 하여금 타인의 유익은 안중에도 없고 오직 자신의 일방적인 유익에만 골몰하게 만들기 때문이다.

　　죄 아래에 있으면 평화의 길에 무지하나 은혜 아래에 있으면 그 길을 이해한다. 평화의 어머니는 무엇인가? "공의의 열매는 화평이요 공의의 결과는 영원한 평안과 안전이라"(사 32:17). 공의는 서로를 하나님의 형상대로 지음을 받은 최고의 존재로 존중한다. 그 공의는 문제를 공정하게 판결하고 처신할 때에 확보되고 사회적인 평화와 안정의 기반으로 작용한다. 그렇게 공의는 평화의 어머니다.

평화의 길을 도모하는 이유는 무엇인가? 그것이 진정한 기쁨이기 때문이다. "악을 꾀하는 자의 마음에는 속임이 있고 화평을 의논하는 자에게는 희락이 있느니라"(잠 12:20). 악을 도모하는 자의 마음은 속임이 차지하고 평화를 도모하는 자의 마음은 희락이 차지하는 것은 창조자가 정한 인간의 내면적인 질서이다. 평화가 깨어지면 제일 먼저 희락이 사라진다. 희락의 유무는 평화의 신호등과 같다. 평화가 깨어지면 발생하는 가장 심각한 문제는 하나님에 대한 감지력의 상실이다. 이러한 사실 때문에 바울은 우리에게 모든 사람들과 더불어 평화를 추구해야 한다고 가르친다. "모든 사람과 더불어 화평함과 거룩함을 따르라 이것이 없이는 아무도 주를 보지 못하리라"(히 12:14). 평화는 하나님을 보여주는 안경이다.

평화를 추구하는 방법은 무엇인가? 바울이 가르치는 방법이다. "그는 우리의 화평이신지라 둘로 하나를 만드사 원수 된 것 곧 중간에 막힌 담을 자기 육체로 허시고"(엡 2:14). 희생의 십자가는 평화의 비용이다. 주님께서 자신의 몸으로 중간에 막힌 담을 허무신 것처럼 우리도 우리 자신의 몸을 희생하여 불화의 담을 허물어야 한다. 희생의 피가 묻어있지 않은 평화는 없기 때문에 평화를 추구하는 모든 사람은 십자가의 길을 걸어가야 한다. 서로 다른 두 주체가 평화롭게 공존하기 위해서는 희생을 감수해야 한다. 차이가 발생하면 당사자 두 사람은 그 차이를 없애려고 상대방을 제거하는 전쟁을 일으킨다. 자기가 살고자 하면 평화는 질식된다. 서로를 위해 절제하고 인내하고 포용하고 오래 기다려야 평화는 호흡한다. 이는 주님께서 우리 가운데에 계셔야만 가능하다. 주님께서 육신으로 우리 가운데에 거하실 때에 천사들이 부른 노래는 이러하다. "지극히 높은 곳에서는 하나님께 영광이요 땅에서는 하나님이 기뻐하신 사람들 중에 평화로다"(눅 2:14). 자신을 낮추어 죽기까지 희생하신 그분은 평화의 근원이다. 평화는 십자가의 뜨락에 깃드는 하늘의 햇살이다.

[18]그들의 눈 앞에는 하나님에 대한 경외심이 없습니다

죄 아래에 있는 사람들의 가장 두드러진 특징은 하나님에 대한 경외심 혹은 두려움의 결핍이다. 죄 아래에 있는 자들의 눈빛에는 신에 대한 경외심이 없다. 그들의 눈에는 자신이 하나님인 것처럼 교만과 자만으로 가득하다. 두려움은 두 가지로 구분된다. 하나님을 향한 두려움이 있고 세상을 향한 두려움이 있다. 죄 아래에 있으면 전자는 망각하고 후자만 의식한다. 그러나 은혜 아래에 있으면 전자만 의식하고 후자는 망각한다. 하나님을 유일한 대상으로 여기면 세상에 대한 두려움은 사라진다. 시인은 온 세상이 여호와를 경외해야 한다고 강조한다. "온 땅은 여호와를 두려워하며 세상의 모든 거민들은 그를 경외할지어다"(시 33:8). 하나님에 대한 경외심은 그 누구의 예외도 없이 온 인류에게 주어진 본분이다. 이 경외심은 또한 축복이다. 하나님은 우리에게 복 주시기를 원하시고 주시기 원하시는 복을 명하신다. 주의 명령은 어떤 것이 너무나도 좋은 것이기 때문에 반드시 주시려는 신적인 의지의 표명이다.

그런데 문제는 하나님에 대한 두려움의 정확한 크기를 아무도 모른다는 사실이다. 율법을 받을 때에 하나님의 임재로 땅의 진동까지 경험한 모세의 고백이다. "누가 주의 노여움의 능력을 알며 누가 주의 진노의 두려움을 알리이까"(시 90:11). 모세는 하나님의 두려움이 얼마나 큰 것인지를 살짝 감지한 사람이다. 그 살짝은 신적인 두려움의 본색을 가늠할 수 없는 크기라는 사실을 느낄 정도의 크기였다. 땅의 진동으로 몸이 떨리는 두려움을 경험한 모세의 고백이 이러한데, 우리의 몸만이 아니라 영혼도 능히 지옥에 던지시는 하나님의 진노와 능력에 대한 두려움은 어떠해야 할까? 죄 아래에 있으면 온 인류를 물속에 산 채로 묻으시는 진노의 크기는 얼마일까? 심지어 성자께서 이 세상에 오셔서 아버지의 버림을 받아 십자가의 죽음을 맞이해야 할 정도로 큰 진노의 두려움을 측량할 사람은 누구인가? 그리스도 예수가 그 두려움의 유일한 증인이다. 신적인 진노의 마지막 단계를 체험한 예수의 고백, "할 수만 있다면 지나가게 해 달라"(마 26:39)는 그 솔직한 고백에서 우리는 그 두려움의 크기를 겨우 더듬는다. 예수께서 보이신 그 두려움은 모든 교회의 감정을 차지해야 한다.

온 인류는 죄 아래에 있다고 바울은 시편을 인용하며 설명했다. 죄 아래에 있는 자들은 성향이 부패하여 불의하고, 지성이 마비되어 하나님에 대해 무지하고, 의지가 무력하여 하나님을 찾지 아니하고, 인생의 기준을 상실하고, 존재가 자신과 타인 모두에게 무익하고, 행실은 선행과 무관하고, 목구멍은 죽음을 먹는 무덤이고, 혀는 속임의 공장이고, 입술은 독사의 독을 숨기는 덮개이고, 입에는 타인에 대한 저주와 악독으로 가득하고, 발은 폭력의 행사에 민첩하고, 그들이 걸어가는 길에는 파멸과 고생이 가득하고, 더불어 살아가는 공동체 의식이 전무하고, 그들의 눈에는 하나님에 대한 경외심이 없다. 이처럼 죄는 우리의 존재 전체에 막강한 지배력을 행사한다. 이것은 또한 우리가 죄 아래에 있는지의 여부를 확인하는 검증의 목록이다. 죄 아래에 있음을 알리는 신호등과 같다. 하나라도 걸리는 게 있으면 회개하고 속히 죄에서 벗어나야 한다. 그리고 은혜 아래에 머물러야 한다. 은혜 아래에 머물기 위해서는 율법이 아닌 하나님의 다른 한 의가 나타나야 하고 그 의가 우리에게 주어져야 한다.

롬 3:19-24

¹⁹우리가 알거니와 무릇 율법이 말하는 바는 율법 아래에 있는 자들에게 말하는 것이니 이는 모든 입을 막고 온 세상으로 하나님의 심판 아래에 있게 하려 함이라 ²⁰그러므로 율법의 행위로 그의 앞에 의롭다 하심을 얻을 육체가 없나니 율법으로는 죄를 깨달음이니라 ²¹이제는 율법 외에 하나님의 한 의가 나타났으니 율법과 선지자들에게 증거를 받은 것이라 ²²곧 예수 그리스도를 믿음으로 말미암아 모든 믿는 자에게 미치는 하나님의 의니 차별이 없느니라 ²³모든 사람이 죄를 범하였으매 하나님의 영광에 이르지 못하더니 ²⁴그리스도 예수 안에 있는 속량으로 말미암아 하나님의 은혜로 값 없이 의롭다 하심을 얻은 자 되었느니라

❖ ❖ ❖

¹⁹이제 우리는 알고 있습니다 율법이 언급하는 모든 것이 율법 아래에 있는 자들에게 말하여 모든 입으로 하여금 침묵하게 하고 온 세상으로 하나님의 심판 아래에 있게 하려는 것임을 말입니다 ²⁰이는 법의 행위로써 그분 앞에서 의롭다는 판결을 받을 육체가 하나도 없는 탓입니다 사실 율법을 통해서는 죄를 깨달을 뿐입니다 ²¹그러나 이제는 율법 이외에 하나님의 의가 나타나게 되었는데 이는 율법과 선지자에 의해 증거된 것입니다 ²²곧 그리스도 예수의 믿음으로 말미암는 하나님의 의로서 차별이 없기 때문에 모든 자들에게 미치는 것입니다 ²³모든 사람이 죄를 범했고 하나님의 영광에 이르지 못하다가 ²⁴그들은 그의 은혜로 그리스도 예수 안에 있는 속량으로 말미암아 값없이 의롭다 하심을 얻는 것입니다

16   하나님의 의

인간의 실상에 대한 이야기를 마치고 바울은 율법의 한 기능을 소개한다. 율법의 계명들을 준수할 수 없는 인간의 무능력을 지적하고 죄를 깨닫게 하는 율법의 기능을 언급한다. 그리고 율법의 기준에 근거한 인류의 심판과 그 심판의 결과를 뒤집는 율법이 아닌 하나님의 의를 소개한다. 그 의는 그리스도 예수의 속량으로 말미암아 하나님의 은혜로 값없이 주어지는 것이며, 차별이 없기 때문에 유대인과 이방인 모두에게 적용되는 의라고 바울은 설명한다. 이 의의 목적은 하나님의 의로움과 예수를 믿는 자들의 의로움을 확증하고 우리로 하나님의 영광에 이르게 하기 위함이다.

> [19]이제 우리는 알고 있습니다 율법이 언급하는 모든 것이
> 율법 아래에 있는 자들에게 말하여 모든 입으로 하여금 침묵하게 하고
> 온 세상으로 하나님의 심판 아래에 있게 하려는 것임을 말입니다

바울은 교회가 공유하고 있는 지식의 내용을 설명한다. 먼저 율법이 언급

하는 모든 계명들은 율법 아래에 있는 자들에게 해당되는 것이라고 한다. "율법이 언급하는 모든 것"은 모세를 통해 이스라엘 백성에게 주어진 계명들을 의미한다. "율법 아래에 있는 자들"은 유대인을 가리킨다. 그러나 유대인을 통해 그 율법을 듣고 알아야 할 이방인도 포함한다. 이는 이 세상의 모든 사람들이 법조문의 형식이든 양심의 형식이든 하나님의 동일한 율법 아래에 있음을 가리킨다. 그러므로 "율법 아래에 있는 자들"의 범위는 율법의 내면화인 양심을 따라 살아가는 이방인과 양심의 성문화인 율법을 따라 살아가는 유대인 모두를 포괄한다. 여기에서 유대인의 책임은 막중하다. 양심은 일그러져 있고 변화와 변덕을 부리지만 율법은 온전한 양심이기 때문이다. 율법 아래에 있는 모든 민족에게 율법을 공급하여 자신이 누구인지 깨닫게 할 책임이 유대인의 어깨에 주어졌기 때문이다.

교회도 그러하다. 그리스도 예수의 복음을 모든 민족에게 알려야 할 책임이 주어졌다. 복음은 교회의 전유물이 아니라 모든 사람으로 하여금 알고 누리도록 땅 끝까지 이르러 전파해야 할 의무를 교회에 부과한다. 그런데 교회가 복음의 본질을 왜곡한다. 복음의 핵심을 인격과 삶이라는 그릇에 담아 전달해야 하는데 인격과 삶은 복음과 무관하고 입으로만 시끄럽게 떠들기 때문이다. 세상 사람들은 헛갈린다. 어느 것이 진짜 복음인지! 복음을 몰랐다고 그 누구도 변명하지 못하도록 온전한 복음을 전달해야 할 사명을 교회가 망각하고 있다.

사람이 "율법 아래에 있다"는 말은 그가 율법을 준행해야 하고 그 준행의 여부에 대해 율법의 심판을 받고 율법에 명시된 보상이나 형벌 받음을 의미한다. 즉 율법에 대한 준행의 책임, 준행의 여부에 대한 심판, 그 심판의 결과에 따른 상벌 모두를 가리킨다. 율법 아래에 있는 모든 사람 중에서 자신은 율법을 잘 지켰다며 항변의 입을 열 사람이 하나도 없다고 바울은 주장한다. 율법에 의한 정죄에 이의나 반론을 제기할 입이 하나도 없는 온 세상에는 결국 유죄가 선고된다. 이 판결은 모든 사람에게 적용된다. 강대국과 약소국, 선진국과 후진국, 문명국과 문맹국, 명문가와 무명한 가문, 유식한 사람과 무식한 사람, 유능한 사람과 무능한 사람, 유력한 사람과 무력한 사람, 잘생긴 사람과 못생긴 사람, 경상도 사람과 전라도 사람, 지혜로운 사람과 어리석은 사람, 고대인과 현대인, 서양인과 동양인, 남성과 여성, 노인과 아이, 주인과 종, 사주와 직원 모두에게 어떠한 차별도 없이 적용되는 판결이다. 이렇게 바울은 죄와 관련된 하나님의 공평을 선포하고 이 사실을 교회가 안다고 주장한다. 그런데 과연 교회가 만인이 유죄라는 바울의 선언을 아는가? 동의하고 있는가? 유죄를 무죄로 만드는 복음의 능력을 믿는가? 그 복음을 땅 끝까지 전파해야 한다는 사명감은 불타는가?

[20]이는 법의 행위로써 그분 앞에서 의롭다는 판결을 받을 육체가 하나도 없는 탓입니다 사실 율법을 통해서는 죄를 깨달을 뿐입니다

이 구절에서 바울은 모든 사람들이 항변하지 못하고 하늘의 법정에서 내려진 유죄의 판결을 수용해야 하는 이유를 설명한다. 즉 율법에 순종하는 행위에 근거하여 하나님 앞에서 의롭다는 평가를 받을 육체가 하나도 없기 때문이다. 앞에서 살펴본 것처럼 율법의 행위로써 의롭다는 판결을 받으려면 모든 율법을 준수하되 하나님 앞에서 신적인 수준의 순종까지 이르러야 한다. 그런데 타락한 인간에게 그 수준은 이르기에 너무도 아득하다. 물론 율법의 행위에 대한 유대인의 열심은 실로 대단하다. 바울도 유대인이 하나님께 남다른 열심이 있다는 것을 인정한다(롬 10:2). 그러나 그들의 열심은 "올바른 지식을 따른 것"이 아니라 "하나님의 의를 모르고 자기 의를 세우려고 힘써 하나님의 의에 복종하지" 않은 것이었다(롬 10:2). 그래서 예수님은 유대인을 심지어 이렇게 평하신다. "너희 중에 율법을 지키는 자가 없도다"(요 7:19).

율법의 행위로 의롭다는 하나님의 판결을 받아낼 사람이 없는 이유는 율법의 기능 때문이다. 즉 인간에게 주어진 율법의 중요한 기능은 죄의 인식이다. 율법은 죄에 대한 깨달음을 모든 사람에게 제공한다. 바울은 인간이 하나님의 법을 깨뜨렸기 때문에 그 범법을 깨닫게 하기 위해 율법이 주어진 것이라고 주장한다(갈 3:19). 물론 율법이 주어지기 이전에도 사람들은 죄를 범했고 깨달았다. 그러나 그 이해의 기준은 자신의 생각 혹은 사람들 사이의 합의였다. 사람의 기준을 따라서는 동일한 죄가 죄로 간주되는 경우도 있고 죄로 여겨지지 아니하는 경우도 발생한다. 이런 맥락에서 바울은 "죄가 율법 있기 전에도 세상에 있었으나 율법이 없었을 때에는 죄를 죄로 여기지 않았다"(롬 5:13)고 주장한다. 세상만이 아니라 바울 자신도 그런 오류를 범했다고 고백한다. "율법으로 말미암지 않고는 내가 죄를 알지 못하였다"(롬 7:7).

하나님의 율법만이 우리에게 죄의 정확한 깨달음을 제공한다. 사람들의 법에 기초한 죄의 인간적인 개념은 외형적인 행위와 관계한다. 그러나 율법은 인간의 전인격 즉 몸의 행위만이 아니라 보이지 않는 영혼의 내면적인 차원까지 관계한다. 그래서 밖으로 표출되지 않고 마음에 웅크리고 있는 탐욕과 음란과 분노와 미움이 사람의 기준을 따라서는 무죄이고 어떠한 제재나 형벌도 받지 않지만, 율법을 따라서는 심각한 죄로 분류되고 형벌의 급수로는 사형에 해당된다. 죄는 외형적인 것만이 아니라 내면적인 것도 포함한다. 둘의 관계에 있어서는 내면적인 죄가 외형적인 죄의 원인이다. 세상의 법은 외형적인 죄를 감지하고 그것에 대해서만 제재를 가하고 교정을 시도한다. 그러나 하나님의 법은 겉으로 드러나기 이전의 내면적인 죄를 고발하고 그것을 제거하기 위해 합당한 형벌을 가하면서 내면의 회복을 시도한다. 율법은 이러한 목적을 위해 주어졌다. 인간의 상대적인 법이 아니라 하나님의 절대적인 법인 율법에 의해서만 모든 사람들은 자신의 죄를 제대로 깨닫는다.

율법은 죄로 일그러진 인간의 악한 본성을 그대로 보여주는 거울이다. 그러나 이 세상의 모든 사람은 그런 본성의 일그러짐 때문에 인간의 본질에 대해 아무리 좋은 판단의 기준을 가지고 아무리 객관적인 판단을 내려도 일그러진 결론에 필히 도달한다. 나는 과연 누구인가? 이 질문에 객관적인 답을 제공하는 것은 무엇인가? 바로 율법이다. 율법은 내가 본성적인 차원에서 죄인임을 고발한다. 동시에 죄인 이전의 상태인 온전한 하나님의 형상이 어떤 것인지도 가르친다. 그래서 죄로 말미암아 파괴된 인간의 본성을 정확하게 진단하고 파괴된 하나님의 형상을 회복하는 유일한 방법을 제안하는 것은 율법이다. 율법의 이러한 중요성에 대한 전도자의 고백을 다시 인용한다. "하나님을 경외하고 그의 명령들을 지키라 이것이 전 인간이다"(전 12:13). 여호와 경외가 인간다운 인간의 본질이다. 성경에 기록된 모든 하나님의 명령들은 인간으로 하여금 정체성의 토대인 하나님의 형상이 무엇임을 가르치고 그 형상을 회복하게 만드는 은혜의 지침이다. 그런데 그 지침을 알고 있어도 의롭다는 하나님의 판결을 받을 육체는 하나도 없다는 것이 바울의 선언이다. 하나님 사랑과 이웃 사랑을 요구하는 율법 앞에서 인간은 전적으로 무능하다. 그래서 모든 사람에게 대책이 필요하다.

²¹그러나 이제는 율법 이외에 하나님의 의가 나타나게 되었는데
이는 율법과 선지자에 의해 증거된 것입니다

율법 이외의 대책은 바로 하나님의 의라고 바울은 증거한다. 그리고 이 의는 율법과 선지자에 의해 증거된 것이라고 한다. 이것은 바울의 구약 해석학이 엿보이는 대목이다. 율법과 선지자는 구약을 의미한다. 즉 구약이 증거하는 것은 하나님의 의라는 주장이다. 율법은 죄를 깨닫게 하고 인간을 죄인으로 정죄한다. 그러나 죄의 깨달음과 정죄는 율법의 궁극적인 기능과 목적이 아니라고 바울은 해석한다. 죄의 깨달음과 정죄 이후에 하나님의 의라는 증거로 넘어가야 한다. 하나님의 의는 바울의 새로운 사견이 아니라 구약의 모든 율법과 선지자의 핵심적인 증거였다. 구약을 제대로 읽었다면 하나님의 의가 무엇인지 알았어야 하고 율법의 행위로는 의롭다는 하나님의 판결을 받을 사람이 아무도 없다는 사실을 알았어야 했다. 그런데 유대인은 무지했다. 외형적인 것만 중시했다. 가시적인 행위만 중시했다. 하나님의 의라는 율법과 선지자의 본질적인 증거는 외면했다. 이것은 예수님도 서기관들 및 바리새파 무리에게 가르치신 내용이다. "너희가 박하와 회향과 근채의 십일조는 드리되 율법의 더 중한 바 정의와 긍휼과 믿음은 버렸도다"(마 23:23). 보다 중요한 율법의 진심은 종교적인 의식이나 행위가 아니라 하나님의 정의와 하나님의 긍휼과 하나님의 신실이다. 하나님은 정의로운 분이시다. 그래서 모든 사람에게 행한 대로 갚으신다. 하나님의 이러한 정의에는 예외가 없고 에누리가 없다. 율법은 이런 하나님의 정의를 증거한다. 이 정의를 모르고 행하지 않는다면 율법을 읽지 않은 것이며 읽더라도 이해하지 못한 것으로 간주된다. 이 정의의 성취와 완성은 그리스도 예수의 십자가다.

그리고 하나님은 자비로운 분이시다. 그래서 모든 사람에게 긍휼을 베푸신다. 의로운 자와 불의한 자, 악한 자와 선한 자, 거짓된 자와 정직한 자 모두에게 빛을 비추시고 비를 내리신다(마 5:45). 만민에게 생명과 호흡과 만물을 베푸신다(행 17:25). 긍휼의 하나님은 모든 사람이 구원을 받고 진리를 아는 데에 이르기를 원하신다(딤전 2:4). 율법은 이러한 하나님의 긍휼을 가르친다. 율법이 시간에 뿌려진 이스라엘 역사의 심장은 하나님의 긍휼이다. 그런데도 유대인은 하나님의 이러한 긍휼을 증거하는 율법에 대한 무지와 무시를 줄기차게 고집했다. 긍휼이 없는 율법의 외적인 행위로 그 치부를 가리고 대체하려 했다. 이 긍휼의 성취와 완성도 그리스도 예수의 죽음이다.

그리고 하나님은 언약을 지키시는 신실한 분이시다. 율법은 그런 하나님의 신실을 가르친다. 율법과 인류의 역사는 포개어질 정도로 일치한다. 이는 율법의 수여자와 역사의 주관자가 동일한 분이시며 그분은 말과 일이 동일한 분이시기 때문이다. 하나님의 선언이다. "나 여호와가 말한 것이니 이루리라"(겔 36:36). 율법에 대한 예수님의 가르침도 동일하다. "진실로 너희에게 이르노니 천지가 없어지기 전에는 율법의 일점일획도 결코 없어지지 아니하고 다 이루리라"(마 5:18). 율법의 모든 계명들은 하나님의 입에서 나간 말씀이다. 단 한 마디라도 헛되이 돌아오지 않고 반드시 결실한다. "내 입에서 나가는 말도 이와 같이 헛되이 내게로 되돌아오지 아니하고 나의 기뻐하는 뜻을 이루며 내가 보낸 일에 형통함이니라"(사 55:11). 율법의 모든 계명들과 약속들의 신실한 성취와 완성도 그리스도 예수의 죽음과 부활이다.

그런데 유대인은 율법에 대해 행위의 겉모양은 취했으나 율법의 보다 중요한 증거인 정의와 긍휼과 믿음은 내버렸다. 율법이 증거하는 하나님의 정의와 긍휼과 신실은 사실 인간이 취하기가 불가능한 것이었다. 이 정의와 긍휼과 신실의 성취는 하나님의 의에 의해서만 가능하다. 여기에서 주목할 것은 이 의가 인간의 의가 아니라 하나님의 의라는 사실이다. 즉 인간은 의의 저자도 아니고 원인도 아니고 공로자도 아니고 운영자도 아님을 의미한다.

²²곧 그리스도 예수의 믿음으로 말미암는 하나님의 의로서
차별이 없기 때문에 모든 자들에게 미치는 것입니다

하나님의 의는 무엇인가? 바울은 하나님의 의가 그리스도 예수를 믿음으로 말미암는 것이라고 한다. 즉 율법은 그리스도 예수를 믿음으로 말미암는 하나님의 의를 증거하고 있다. 이러한 이의 가장 중요한 특징은 차별의 없음이다. 즉 하나님의 의는 모든 자에게 적용된다. 그러나 그리스도 예수를 믿을 기회와 가능성에 대해 사람들은 유대인이 이방인에 비해 낫고, 서양인이 동양인에 비해 낫고, 예수님 당시의 고대 사람들이 후대 사람들에 비해 낫고, 부자가 빈자에 비해 낫고, 귀족이 평민에 비해 낫고, 남자가 여자에 비해 낫고, 어른이 아이에 비해 낫다고 생각하기 쉽다. 그러나 그리스도 예수에 대한 신앙은 동서고금 빈부귀천 남녀노소 모두에게 어떠한 차별도 없이 동등하다. 자격도 동일하고 조건도 동일하고 결과도 동일하다. 하나님의 의에는 이 세상에 그 무엇도 차별의 변수로 개입할 수 없는 하늘의 절대적인 공평성과 공정성이 있다. 죄가 모든 사람에게 차별이 없이 적용되어 모든 사람이 죄인이 되는 것처럼, 의도 모든 사람에게 차별이 없이 적용되어 누구든지 의인이 될 수 있음을 바울은 강조한다.

²³모든 사람이 죄를 범했고 하나님의 영광에 이르지 못하다가

바울은 조금 다른 뉘앙스로 인간의 비참한 실상을 다시 언급한다. 즉 모든 사람이 죄를 범했고 그 범죄의 결과들 중에 가장 절망적인 것은 하나님의 영광에 이르지 못하게 되었다는 부분이다. 인간의 존재 이유와 목적은 무엇인가? 하나님의 영광이다. "내 이름으로 불려지는 모든 자 곧 내가 내 영광을 위하여 창조한 자를 오게 하라"(사 43:7). 인간은 하나님의 영광을 위해 지어졌다. 그런데 그 이유와 목적을 상실했다. 여기에서 죄를 범했다는 것의 의미는 성경 전체에 비추어 볼 때에 두 가지, 즉 아담과 하와가 죄를 범할 때에 온 인류가 그의 허리에서 범한 원죄와 온 인류의 모든 개개인이 범하는 실질적인 죄를 포괄한다.

하나님의 영광에 이르지 못한다는 것은 그런 영광을 알지도 못하고 원하지도 않고 하나님께 돌리지도 않고 돌릴 수도 없음을 의미한다. 범죄 때문에 하나님께 영광에 이르지 못하는 인간은 허망한 영광에 이르려고 한다. 앞에서 살핀 것처럼 썩어지지 아니하는 하나님의 영광을 썩어질 사람과 새와 짐승과 버러지 모양의 우상으로 바꾸고 피조물을 주님보다 더 경배한다(롬 1:23-24). 인간은 헛되고 헛된 영광에 이르려고 한다. 인간이 추구하는 영광에 대한 요한의 고발이다. "그들은 사람의 영광을 하나님의 영광보다 더 사랑하였더라"(요 12:43).

바울의 이 언급에 근거하여, 나는 인간이 죄를 범하지 않았다면 주어졌을 최고의 복은 하나님의 영광에 이르는 것이라고 확신한다. 이는 웨스트민스터 소요리문답 제1항의 질문과 답변이 명확하게 가르치는 바다. "사람의 제일 되는 목적은 무엇인가? 사람의 제일 되는 목적은 하나님을 영화롭게 하고 그를 영원토록 향유하는 것입니다"(What is the chief end of man? Man's chief end is to glorify God, and to enjoy him forever). 아무리 높여도 교만이 되지 아니하고 썩지 아니하고 헛되지 아니하고 그 어떠한 부작용과 역기능도 없는 하나님의 영광, 우리의 모든 에너지와 모든 시간과 모든 정성과 마음과 재능과 재물과 건강과 목숨까지 기꺼이 쏟아서 높여도 될 그 영광을 최고의 목적으로 삼은 인생보다 더 아름다운 것이 어디에 있겠는가! 많은 사람들이 승진의 영광을, 합격의 영광을, 건강한 신체의 영광을, 막대한 재물의 영광을, 하늘을 찌르는 명성과 인기의 영광을, 막강한 권력의 영광을, 수다한 업적의 영광을 추구한다. 대체로 바울이 배설물로 분류한 것들이기 때문에 참으로 안타깝다.

흙 속에 거주하는 방어력 제로인 지렁이의 비천한 인생에게, 떨어지는 태양에 부풀다가 사라지는 그림자의 허무한 인생에게, 존재의 지문도 남기지 않고 순식간에 사라지는 안개 같은 덧없는 인생에게, 썩은 시체를 밥상으로 보는 구더기와 같은 인생에게, 온갖 악의 공작소인 죄인들 중에서도 가장 악한 괴수의 인생에게, 만물보다 거짓되고 부패한 마음을 가진 인생에게, 그래서 셈할 가치조차 없는 인생에게 하나님의 영원한 영광을 추구해도 되는 것보다 더 놀라운 다른 무슨 특권이 있겠는가! 이러한 특권 때문에 바울은 "하나님의 영광을 바라고 즐거워" 한다고 고백한다(롬 5:2). 하나님의 영광 이외에는 그 어떠한 것도 구할 마음이 없어야 정상이다. 하나님의 영광에 이른다는 것은 인생이 추구할 수 있는 최고의 목적이다.

하나님의 영광은 무엇인가? 하나님의 뜻이 실현되어 여호와를 인정하는 것이 온 세상에 가득하게 되는 것을 의미한다. 예수님은 하나님의 뜻이 성취되는 죽음의 때를 인자가 영광을 얻을 때로 해석한다(요12:23). 우리에게 하나님의 뜻이 성취되는 것은 예수님의 성품을 닮아 예수님이 이미 성취하신 하나님의 뜻을 우리 안에서 이루는 것, 즉 하나님과 이웃 사랑을 의미한다. 주님께서 우리를 사랑하신 것처럼, 하나님 때문에 하나님을 위해 내 이웃을 사랑하여 예수님을 드러내는 것이 하나님께 영광을 돌리는 최고의 방법이다.

> [24]그들은 그의 은혜로 그리스도 예수 안에 있는 속량으로 말미암아
> 값없이 의롭다 하심을 얻는 것입니다

죄를 범해서 하나님의 영광에 이르지 못하는 모든 사람이 그 영광에 이르는 방법은 무엇인가? 바울은 그리스도 예수 안에 있는 속죄로 말미암아 값없이 주어진 의롭다 하심의 은혜라고 대답한다. 여기에서 그리스도 안에 있는 속량이란 그리스도 예수께서 우리를 대신하여 죄의 삯인 생명을 몸값으로 지불해 주셔서 죄에 사로잡혀 있는 죄의 노예인 우리를 해방시켜 주셨음을 의미한다. 율법은 우리로 하여금 죄를 깨닫게 하고 그 죄에

합당한 형벌을 부과하는 근거이다. 그런데 그 형벌을 대신 받으신 예수의 속량으로 말미암아 우리는 더 이상 그런 율법의 지배력 아래에 있지 않고 자유롭게 된다. 우리를 의롭다고 하신다는 것은 우리가 더 이상 죄인으로 간주되지 않고 율법에 의한 정죄도 없고 부과되는 형벌도 없음을 의미한다. 그리고 우리의 의롭다 하심을 가능하게 하는 우리의 공로나 노력이 전혀 없었기 때문에 그 의를 하나님의 값없는 은혜라고 바울은 설명한다.

칼뱅의 고백처럼, 이상의 구절은 하나님의 의를 가장 잘 요약한 문장이다. 의의 저자와 출처와 근원은 하나님, 의의 효력을 일으키는 것은 하나님의 값없는 은혜, 의의 기반은 그리스도, 의의 내용물은 그 그리스도 안에 있는 속량, 의가 주어지는 방식은 믿음, 의의 목적은 하나님의 영광이다.

이 문장의 문맥적인 핵심은 하나님의 은혜로 그리스도 예수의 속죄로 말미암아 우리가 값없이 의롭다 하심을 얻어서 드디어 하나님의 영광에 이르는 것이 가능하게 되었다는 사실이다. 예수님은 누구인가? "하나님이 우리의 영광을 위하여 만세 전에 미리 정하신"(고전 2:7) 분이시다. 그를 정하신 이유는 "우리 기업의 보증이 되사 그 얻으신 것을 속량하시고 그의 영광을 찬송하게 하려 하심"(엡 1:14)이다. 인간이 스스로는 하나님께 영광을 결코 돌리지 못하지만 그리스도 예수의 속죄로 말미암아 의롭다 하심을 얻은 이후에는 인간이 하나님께 영광을 돌리는 특권의 수혜자가 된다. 성경은 곳곳에서 인간이 스스로 하나님께 영광을 돌리지 못하고 오직 그리스도 예수로 말미암아 영광을 돌릴 수 있다는 사실에 다양한 증거를 제시한다(요 13:31, 32, 14:13, 고후 1:20, 벧전 4:11, 롬 16:27, 빌 1:11, 유 1:25, 히 13:21). 그 중에서도 대표적인 구절은 유다의 고백이다. "하나님께 우리 주 예수 그리스도로 말미암아 영광과 위엄과 권력과 권세가 영원 전부터 이제와 영원토록 있을지어다 아멘"(유 1:25). 이는 그리스도 예수로 말미암아 하나님께 돌려지는 영광과 위엄과 권력과 권세는 영원 전부터 시작되어 지금도 지속되고 있으며 앞으로도 영원토록 있을 것이라는 유다의 고백이다. 하나님의 영광을 위해 창조된 인간은 모두 죄를 범하여서 하나님의 영광에 이르지 못하게 되었으나 그리스도 안에 있는 구속으로 말미암아 인간은 값없는 하나님의 은혜로 의롭다 하심을 얻어 하나님께 영광의 찬송이 되는 특권을 회복하게 된다. 이것이 복음이다. 영광을 상실한 자에게 영광에 이르는 권한을 제공하는 것이 바로 복음이다.

그러나 교회의 현실을 보면 너무나도 안타깝다. 하나님의 아들이 생명을 수단으로 삼아 우리에게 주신 하늘의 의롭다 하심을 우리는 어떻게 사용하고 있나? 잠시 살다가 없어지는 안개가 아니라 영원토록 하나님과 함께 살아가는 하나님의 자녀가 되었는데 우리는 과연 어떤 목적을 추구하는 인생인가? 우리는 하나님의 의로움과 영원한 생명에 어울리는 하나님의 영원한 영광을 추구하고 있는가? 아니면 여전히 땅의 썩어 없어지는 일시적인 영광에게 마구 유린을 당하는 인생인가? 우리에게 옥쇄를 주었는데 그것을 호두 까는 도구로 사용하고 있지는 않은가? 우리에게 왕의 직분을 주었는데 마당만 쓸고 있지는 않은가? 우리에게 땅 끝까지 이르러 모든 족속에게 주님의 증인이 되라고 하셨는데 오로지 내 자식과 내 가족과 내 회사만 챙기고 있지는 않은가? 하늘과 땅의 모든 권세를 가지신 분의 명령을 받았는데 계산할 가치도 없는 사람(사 2:22)의 명령에 인생을 걸고 있지는 않은가? 우리에게 그리스도 예수의 생명까지 주신 이유는 그 어떠한 가치나 의미와도 비교할 수 없는 하나님의 영원한 영광을 위함이다. 그 영광에 이르라고 주신 하나님의 선물이요 은총이다. 우리가 죄 사함을 받고 의롭다 하심을 얻은 이유는 바로 하나님의 영광이다. 그것을 망각하는 인생은 어리석다.

롬 3:25-31

²⁵이 예수를 하나님이 그의 피로써 믿음으로 말미암는 화목제물로 세우셨으니 이는 하나님께서 길이 참으시는 중에 전에 지은 죄를 간과하심으로 자기의 의로우심을 나타내려 하심이니 ²⁶곧 이 때에 자기의 의로우심을 나타내사 자기도 의로우시며 또한 예수 믿는 자를 의롭다 하려 하심이라 ²⁷그런즉 자랑할 데가 어디냐 있을 수가 없느니라 무슨 법으로냐 행위로냐 아니라 오직 믿음의 법으로니라 ²⁸그러므로 사람이 의롭다 하심을 얻는 것은 율법의 행위에 있지 않고 믿음으로 되는 줄 우리가 인정하노라 ²⁹하나님은 다만 유대인의 하나님이시냐 또한 이방인의 하나님은 아니시냐 진실로 이방인의 하나님도 되시느니라 ³⁰할례자도 믿음으로 말미암아 또한 무할례자도 믿음으로 말미암아 의롭다 하실 하나님은 한 분이시니라 ³¹그런즉 우리가 믿음으로 말미암아 율법을 파기하느냐 그럴 수 없느니라 도리어 율법을 굳게 세우느니라

❖ ❖ ❖

²⁵이 예수를 하나님이 그의 피에 대한 믿음으로 말미암는 화목의 제물로 세우시고 결국 하나님의 오랜 참으심 속에서 이전에 저질러진 죄들의 간과를 통해 자신의 의로움을 증거하려 하셨는데 ²⁶곧 지금의 때에 자신의 의로움을 나타내기 위함인데 이로써 자신도 의롭게 되시고 예수를 믿음으로 말미암아 거듭난 자들도 의롭다고 하시려는 것입니다 ²⁷그러므로 자랑할 게 어디에 있습니까? 전혀 없습니다 어떤 종류의 법을 통한 것입니까? 행위의 법? 아닙니다 믿음의 법을 통한 것입니다 ²⁸그래서 우리는 사람이 의롭다 하심을 얻는 것이 율법의 행위에 의해서가 아니라 믿음으로 되는 것이라고 여깁니다 ²⁹하나님은 오직 유대인의 하나님일 뿐입니까? 이방인의 하나님은 아닙니까? 진실로 이방인의 하나님도 되십니다 ³⁰하나님은 한 분이시기 때문에 할례를 받은 사람도 믿음으로 말미암아, 할례를 받지 아니한 사람도 믿음으로 말미암아 의롭다고 하실 것입니다 ³¹그렇다면 우리는 그 믿음으로 율법을 파기하는 것입니까? 전혀 아닙니다 오히려 율법을 굳게 세웁니다

믿음의 법

앞에서 바울은 그리스도 예수를 믿음으로 말미암아 하나님의 은혜로 값 없이 우리를 의롭다 하시는 하나님의 의를 우리에게 베푸신 목적 즉 하나 님의 영광에 이르는 것을 먼저 언급했다. 그리고 여기에서 사도는 하나님 의 의에 대한 구체적인 의미를 설명하되 그것은 하나님의 전적인 은혜로 말미암은 것이기 때문에 누구도 자랑하지 못한다는 사실과 하나님의 의 는 유대인과 이방인 모두에게 적용되기 때문에 주님은 유대인과 이방인 모두의 하나님이 되신다는 사실을 강조한다. 나아가 하나님의 의가 율법 을 파한다는 오해 하나도 해소한다.

[25]이 예수를 하나님이 그의 피에 대한 믿음으로 말미암는 화목의 제물로 세우시고 결국 하나님의 오랜 참으심 속에서 이전에 저질러진 죄들의 간과를 통해 자신의 의로움을 증거하려 하셨는데

바울이 가르치는 하나님의 의는 그 내용에 있어서 두 가지의 상반된 개념

즉 희생을 통한 정의와 용서를 통한 사랑이 맞물린 하나님의 은총이다. 첫째, 하나님은 예수를 그의 피로써 믿음으로 말미암는 화목의 제물로 세우신다. 둘째, 하나님은 이전에 자신의 오랜 참으심 속에서 저질러진 신자들의 죄를 없는 것으로 여기신다. 나아가 하나님의 이 의로움이 표출될 때에는 하나님 자신의 고유한 의와 우리의 파생적인 의라는 이중적인 모습으로 나타난다.

먼저, 하나님은 자신과 우리의 화해를 위한 화목의 제물(ἱλαστήριον)로서 예수님을 세우셨다. 이는 아담의 죄로 말미암아 하나님과 원수가 된 모든 사람들은 하나님과 스스로 화목하지 못하고 다른 무엇에 의해서도 화목하지 못함을 의미한다. 여기에서 "화목"은 "만족"(satisfactio)을 뜻하기도 한다. 그렇다면 인간 자신이나 다른 타인이나 이 세상의 어떠한 피조물도 하나님의 신적인 진노를 만족하게 하는 제물이 될 수는 없다는 주장이 가능하다. 앞에서 언급한 것처럼 하나님의 진노는 그 크기가 가늠되지 않고 당연히 그 진노를 경험한 사람과 아는 사람이 하나도 없을 정도로 그 크기가 무한하다(시 90:11). 그런 하나님의 무한한 진노를 달래고 만족시킬 피조물이 과연 세상에 있겠는가?

예수께서 화목의 유일한 제물이 되신다는 주장에는 다음과 같은 반박이 예상된다. 이미 구약에 하나님과 타락한 인간의 화목을 가능하게 하는 짐승의 제사가 있었다는 반박이다. 실제로 구약에는 화목제의 제물로서 암수와 무관하게 흠 없는 소나 양이나 염소가 하나님의 명령을 따라 바쳐졌다(레 3:1-17). 이 제물을 히브리서 기자는 "죄를 위한 짐승의 피"라고도 했다(히 13:11). 그러나 이 땅에서 제사장을 통해 드려지는 모든 짐승의 제사는 "하늘에 있는 것의 모형과 그림자"(히 8:5)다. 모형이나 그림자와 그 실체는 비록 정도의 차이는 있지만 내용은 동일하다. 정도의 차이에 있어서 예수는 짐승을 잡아서 드리는 제사장에 비해 "더 좋은 약속으로 세우신 더 좋은 언약의 중보자"(히 8:6)다. 내용에 있어서는 모세에게 주어진 하나님의 말씀, "삼가 모든 것을 산에서 네게 보이던 본을 따라 지으라"(히 8:5)는 말씀처럼 짐승을 잡는 구약의 제사는 하늘의 본을 그대로 따라온 것이기 때문에 하늘에서 내려온 신약의 제사와 내용이 동일하다. 그러므로 화목의 제물은 구약에서 짐승의 피라는 모형과 그림자의 형태로 있었지만 그것은 실체로서 그리스도 예수라는 화목의 본질적인 제물을 가리키는 것이었다.

바울에 의하면, 하나님은 예수님을 그의 피로써 화목의 제물로 삼으셨다. 피는 죽음을 의미한다. 왜 하필이면 피로써 하셨는가? 이는 모형과 그림자에 해당하는 화목제를 비롯한 구약의 죄 관련 제사가 다 짐승의 피로써 드려진 것과 무관하지 않다. 구약에서 속죄의 제사를 드릴 때에 제물로 드려지는 짐승은 흠이 없어야 하고 제물을 바치는 사람과 바쳐진 짐승은 동일하게 여겨야 하고 짐승을 바치는 사람이 그 짐승을 죽여야만 했다. 피는 생명을 의미하고, 짐승을 죽이는 이유는 죄의 삯이 사망이기 때문이며(롬 6:23), 생명의 피 흘림 즉 죽음이 없이는 죄 사함이 없기 때문이다(히 9:22). 이는 태초부터 시작된 교훈이다. 아담과 하와가 죄를 범하고 타락하여 두려움과 수치에 사로잡혀 있을 때에 하나님은 그들에게 짐승을 잡아 만든 가죽옷을 주셔서 죄를 가리시고 두려움을 쫓으시고 수치는 덮으셨다(창 3:21). 아담과 하와의 아들 아벨도 "양의 첫 새끼"(창 4:4-5)를 제물로 드렸고 노아도 홍수가 끝난 직후에 짐승의 피로써 제사를 드리는 전통을 고수했다(창 8:20-21). 율법이 주어진 모세의 시대 이후로는 짐승의 피를 흘려서 제사를 드리는 전통은 하나의 제도로서 굳어졌다.

이 모든 그림자의 원형이신 예수님은 누구신가? "보라 세상 죄를 지고 가는 하나님의 어린 양이로다"(요 1:29). 죄가 전혀 없으신 흠 없는 양이시다. 예수님 이전에 제물로 드려진 모든 짐승들은 모두 예수님의 모형이요 비유였다. 그런데 예수님은 구약에서 매번 짐승의 피로 제사를 드려서 일시적인 속죄를 이루는 것과는 달리 온 세상의 죄에 대해 "오직 자신의 피로 영원한 속죄"를 "단번에"(ἐφάπαξ) 이루셨다(히 9:12). 생명의 피로써 제사를 드리는 전통은 이처럼 태초부터 시작되어 율법의 모형과 그림자의 시대를 지나 그리스도 안에서 완성된다. 이처럼 제사의 면에서도 성경과 모든 역사의 의미는 그리스도 안에서 수렴된다.

그런데 피의 제사가 그리스도 안에서 완성되기 이전의 구약에서 드려진 소나 양이나 염소의 피는 능히 죄를 없이하지 못하였다(히 10:4). 그렇다면 어떻게 구약의 사람들은 의롭다 하심을 받았는가? 어떤 사람들은 구약의 사람들이 예수의 피로써 드려지는 온전한 제사의 시대가 도래하기 이전이기 때문에 불완전한 용서와 불완전한 죄 사함과 불완전한 의롭다 하심과 불완전한 구원을 받았다고 주장한다. 그러나 이러한 주장의 증거는 성경 그 어디에도 없다. 성경은 짐승의 피로 드리는 제사라도 그리스도 예수를 멀리서 바라보는 믿음으로 말미암아 하나님의 의롭다 하심을 받았다고 가르친다.

그래서 바울은 피로써 드려지는 예수님을 믿음으로 말미암는 화목의 제물이라 한다. 구약의 모든 제사가 그리스도 예수에 대한 믿음 없이 드려질 경우에는 아무런 효력이 없었다는 이야기다. 제사에는 반드시 눈에 보이는 피의 죽음이 있어야 하지만 동시에 눈에 보이지 않는 믿음도 요청된다. 믿음은 모든 것을 그리스도 예수와 묶어주는 의미의 끈이었다. 믿음으로 드려지지 않은 모든 피의 제사는 헛되고 무효하다. 최초의 제사였던 아벨의 제사는 분명히 짐승의 피를 흘려서 드리는 제사였다. 그러나 피 흘림만 있는 제사가 아니라 "믿음으로" 드렸기 때문에 주님께서 받으시는 "더 나은 제사"였다(히 11:4).

믿음 없이 드려지는 짐승의 피 자체가 하나님께 무슨 의미가 있겠는가? 이사야의 기록이다. "너희의 무수한 제물이 내게 무엇이 유익하뇨"(사 1:11). 진실로 하나님은 짐승의 피를 원하지 않으신다. 당신이 창조하신 수송아지, 어린 양, 숫염소의 죽음을 하나님은 기뻐하지 않으신다. 믿음이 없는 피의 제사를 하나님은 요구하신 적도 없다고 말씀한다. 나아가 "헛된 제물을 다시는 가져오지 말라"(사 1:13)고 엄히 명하신다. 하나님이 받으시는 제사는 피의 제사만이 아니라 믿음으로 드리는 제사여야 한다. 주님께서 원하시는 믿음으로 드리는 피의 제사는 무엇인가? 바로 "상한 심령"이다(시 51:17). 주께서는 상하고 통회하는 심령을 결코 멸시하지 않으신다. 죄의 삯이 사망이고 죄인인 나는 마땅히 죽어야 한다는 인정과 자복의 제사, 나아가 죽어야 할 나를 대신하여 죽는 짐승의 피를 보면서 나도 죽는다는 처절하게 상한 심령으로 드려지는 제사가 바로 하나님이 구하시는 올바른 피의 제사라는 이야기다. 짐승의 피가 가리키는 실체인 그리스도 예수의 피로 드려지는 완전한 제사도 믿음이 없으면 나와 무관하다.

우리는 과연 어떠한 예배를 드리는가? 우리가 마땅히 드려야 할 믿음의 제사는 바로 우리 자신을 하나님께 온전히 구별된 산 제물로 드리는 것이어야 한다. 우리의 예배는 올바른가? 과연 우리의 죄를 대신하여 죽으신 그리스도 예수의 피를 기억하며 나는 날마다 죽어야 한다는 사실을 통회하고 자복하는 마음으로 인정하는 예배인가? 예배의 시간만이 아니라 삶의 모든 현장에서 내가 죽는 그런 믿음의 예배가 드려져야 한다. "믿음을 따라 하지 아니하는 모든 것이 죄"(롬 14:23)라는 바울의 선언은 믿음으로 드려지지 않은 예배는 죄임을 경고한다.

둘째, 예수를 화목의 제물로 세우신 하나님의 은혜를 믿는 자들에게 주어지는 결과는 하나님의 오랜 참으심 속에서 이전에 저질러진 그들의 모든 죄들을 없는 것으로 간주하는 것이었다. 이전에 저질러진 모든 죄는 이전의 법적인 기준 즉 율법 혹은 건강한 양심에 어긋난 모든 행위를 의미한다. 율법 아래에서 유죄로 간주되는 모든 죄는 하나님의 오랜 참으심 속에서 저질러진 것들이다. 하나님의 참으심은 구약의 시대에 죄의 권면이나 승인이나 두둔을 의미하는 것이 아니었다. 회개하고 돌이킬 때까지 기다리는 신적인 사랑의 표시였다.

그러나 인간은 돌이키지 않고 지속적인 불순종을 고집했다. 이들을 돌이키기 위해 수많은 하나님의 사람들을 보냈고 마지막 날에 아들까지 보냈지만 그들은 빛보다 어둠을 더 사랑했고 진리보다 거짓을 더 신봉했다. 한 사람도 예외가 없이 다 그러했다. 이러한 태도의 원인은 모두 죄 때문이다. 그래서 하나님은 그들의 죄를 속량하고 그들과 화목을 이루기 위해 예수를 화목의 제물로 세우셨다. 죄의 흠이 전혀 없으신 예수를 화목의 제물로 삼아 우리의 죄를 대신하신 이유는 무엇인가? 사랑 때문이다. 사랑하기 때문에 아들의 생명을 조금도 귀한 것으로 여기지 않으시고 우리의 죄를 해결하기 위해 화목의 제물로 세우셨다. 이러한 정의와 사랑은 하나님의 의로움을 나타내기 위함이다.

[26]곧 지금의 때에 자신의 의로움을 나타내기 위함인데 이로써 자신도 의롭게 되시고 예수를 믿음으로 말미암아 거듭난 자들도 의롭다고 하시려는 것입니다

바울에 의하면, 하나님의 의(義)는 두 가지 즉 독생자 예수의 생명을 속죄의 제물로 삼으신 정의의 실천과 그 정의로써 모든 신자들의 죄를 용서하고 없던 것으로 간주하기 위해 예수를 화목의 제물로 삼으신 사랑의 실천으로 구성되어 있다. 이것이 하나님의 "주도적인 의" 개념이다. 나아가 바울은 하나님의 의가 나타나면 하나님을 의로운 분이라고 생각하게 될 뿐만 아니라 예수를 믿음으로 말미암아 거듭난 자들도 의롭게 된다는 하나님의 "파생적인 의" 개념도 소개한다. 죄의 삯은 사망이라는 기준에 맞추어서 흠 없는 아들의 생명을 내어주는 정의를 이루셨기 때문에 하나님은 의로운 분이시며(하나님의 주도적인 의), 그 정의에 근거하여 예수를 믿는 모든 사람은 죄 문제가 해결되어 의롭다 하심을 받는다(하나님의 파생적인 의)고 바울은 가르친다. 예수님의 죽음은 이렇게 하나님의 의를

이루었고 그 의를 우리에게 공급했다. 주님은 자신의 생명을 희생하여 하나님의 정의를 이루셨고 그 정의의 결과를 우리에게 베푸시는 하나님의 사랑을 이루셨다. 이것이 바로 하나님의 의이며 우리도 따라야 하는 의의 모범이다. 루터는 교회의 사활(死活)이 하나님의 의에 관한 이 조항에 달렸다고 생각하여 이렇게 단언한다. "그 조항이 서면 교회도 서고, 무너지면 교회도 무너진다"(isto articulo stante stat Ecclesia, ruente ruit Ecclesia, WA 40:3,352.3). 진실로 교회는 하나님의 의를 확고히 붙들어야 한다. 하나님의 의는 교회의 심장이다. 교회는 정의와 사랑을 구현해야 산다. 그런데 지금은 불의와 증오가 적잖은 교회의 감정을 지배하고 있다. 벽이 헐리고 지붕이 내려앉고 분열의 비명이 낭자하다. 교회의 귀퉁이에 나뒹굴고 있는 하나님의 의에는 무관심의 먼지만 수북하다.

바울은 하나님의 의를 나타내고 믿는 모든 자에게 그 의를 베푸신 보다 적극적인 목적을 다음과 같이 표현한다. "하나님이 죄를 알지도 못하신 이를 우리를 대신하여 죄로 삼으신 것은 우리로 하여금 그 안에서 하나님의 의가 되게 하려 하심이라"(고후 5:21). 우리의 죄를 사하시고 화목하게 하신 하나님의 의도는 우리를 하나님의 의가 되게 하기 위함이다. 하나님의 의가 된다는 것은 우리가 흠 없는 예수처럼 화목의 제물로서 죽어야 한다는 것이 아니라 그 죽음을 기념하고 증거하는 증인이 되라는 것을 의미한다. 즉 주님처럼 우리도 타인의 죄에 대해 그들의 죄를 내 죄인 것처럼 품고 죄의 삯을 내가 지불하는 희생적인 정의를 이루면서 동시에 그 정의의 결과를 타인에게 주어서 결국 하나님의 의를 발견하고 소유하고 누리게 하는 너그러운 사랑을 실천하는 것을 의미한다. 같은 의미에서, 하나님은 그리스도 예수로 말미암아 "우리를 자기와 화목하게 하시고 또 우리에게 화목하게 하는 직분"을 베푸셨다(고후 5:18). 화목의 직분은 그리스도 안에서 새로운 피조물이 된 모든 자들에게 주어진 공통의 직분이다(고후 5:17). 새로운 피조물의 참 모습은 이 직분의 수행에서 나타난다. 그래서 주님은 화목하게 하는 자가 하나님의 아들이라 일컬음을 받는다고 했다(마 5:9).

> [27]그러므로 자랑할 게 어디에 있습니까? 전혀 없습니다 어떤 종류의 법을
> 통한 것입니까? 행위의 법? 아닙니다 믿음의 법을 통한 것입니다

그러므로 바울은 우리가 의롭게 되고 화목의 직분을 가지게 된 것은 하나님의 전적인 은혜라고 가르친다. 하나님의 의에는 인간이 자신의 공로나 기여라고 주장할 아무것도 없기 때문에 어떠한 자랑도 합당하지 않다고 사도는 선언한다. 그러나 사람들은 자신이 의롭게 되어 하나님과 화목하게 된 일에 마치 자신의 공로나 기여가 있는 것처럼 자랑한다. 그 자랑은 행위의 원리에 의거한다. 유대인의 경우에는 모세가 준 계명 준행한 것을 자랑하고, 이방인의 경우에는 양심에 어떠한 거리낌도 없이 행한 것을 자랑한다. 율법이나 양심의 행위를 자랑하는 자들은 누구인가? 지혜로운 자들, 유능한 자들, 문벌이 좋은 자들, 강한 자들, 부한 자들, 높은 자들이다(잠 28:11). 그러나 이런 자들은 대체로 하나님과 화목하지 않다. 연약한 사람들에 대하는 그들의 태도는 무례하다. 이는 그릇된 자랑이 산출한 교만의 추한 모습이다.

자랑의 입을 막으시는 하나님의 방법이 특이하다. "하나님은 세상의 미련한 것들을 택하사 지혜 있는 자들을 부끄럽게 하려 하시고 세상의 약한 것들을 택하사 강한 것들을 부끄럽게 하려 하시며 하나님은 세상의 천한 것들과 멸시 받는 것들과 없는 것들을 택하사 있는 것들을 폐하려 하시나니 이는 아무 육체도 하나님 앞에서 자랑하지 못하게 하려 하심이라"(고전 1:27-29). 하나님은 사람들 앞에서 자랑할 것이 하나도 없는 사람들을 택하시고 자기와 화목하게 하시는 방식으로 사람에게 자랑할 것이

많은 자들의 허망한 입을 막으신다.

바울은 행위의 법을 통해서는 자랑할 사람이 아무도 없다고 선언한다. 그런데도 사람들은 심지어 사망의 길조차도 자랑한다. 이는 인간의 행위가 사람들의 눈에는 선하게 보이지만 하나님의 눈에는 인간의 어떠한 행위도 선하지 않고 오히려 악하기 때문이다. 사람들의 어리석은 자랑은 어리석은 관점과 기준의 사생아다. "어떤 길은 사람이 보기에 바르나 필경은 사망의 길이니라"(잠 14:12). 사람의 안목을 신뢰하지 말라. 타인이 나를 칭찬해도 준동하지 말라. 스스로 칭찬하는 일은 더더욱 경계하라(잠 3:7). 혹시 스스로를 잘났다고 자랑하는 자들과 만나거든 친해지지 말라. 지혜자의 조언이다. "네가 스스로 지혜롭게 여기는 자를 보느냐 그보다 미련한 자에게 오히려 희망이 있느니라"(잠 26:12). 이는 곡물과 함께 절구에 넣고 공이로 찧어도 벗겨지지 않는 미련함의 소유자가 스스로 지혜롭게 여기는 자보다 낫다는 교훈이다.

바울은 행위의 법을 따라서는 자랑할 것이 하나도 없지만 믿음의 법을 따라서는 자랑할 것이 있다고 선언한다. 믿음의 법에 의한 자랑의 내용은 무엇인가? 행위의 대상인 율법이 아니라 믿음의 대상인 그리스도 예수가 바로 우리에게 자랑의 본질적인 내용이다. "자랑하는 자는 주 안에서 자랑하라"(고전 1:31). 그리스도 예수는 우리의 자랑이다. 이것은 구약에 기록되어 있다고 바울은 지적한다. "자랑하는 자는 이것으로 자랑하라 곧 명철하여 나를 아는 것과 나 여호와는 사랑과 정의와 공의를 땅에 행하는 자인 줄 깨닫는 것이라"(렘 9:24). 여기에서 자랑의 내용은 "나를 아는 것" 즉 하나님의 존재에 대한 것과 "나 여호와는 사랑과 정의와 공의를 땅에 행하는 자인 줄 깨닫는 것" 즉 하나님의 사역에 대한 것으로 구성되어 있다. 우리가 자랑해야 할 것은 우리의 지혜나 용맹이나 부함이 아니라 하나님의 존재와 사역이다. 우리는 그리스도 예수로 말미암지 않고서는 아버지 하나님께 나아갈 수 없고 그리스도 예수를 모르면 우리에게 행하신 하나님의 일에 전적으로 무지하게 된다. 그러므로 그리스도 예수는 하나님을 알고 하나님의 사역을 아는 유일한 방법이다. 그리스도 안에서만 우리는 하나님을 창조자와 구원자와 통치자와 심판자와 아버지로 알고 그리스도 안에서만 하나님의 사랑과 정의와 공의의 일을 깨닫는다. 그래서 우리는 그리스도 안에서만 자랑한다.

²⁸그래서 우리는 사람이 의롭다 하심을 얻는 것이
율법의 행위에 의해서가 아니라 믿음으로 되는 것이라고 여깁니다

여기에서 바울은 행위의 법이 아니라 믿음의 법으로 자랑해야 하는 이유를 다시 언급한다. 하나님의 의롭다 하심(칭의, justificatio)에 대해 누구도 자랑할 수 없는 이유는 그 칭의가 율법의 행위에 의해서가 아니라 믿음에 의한 것이기 때문이다. 이 사실을 안다면 누구도 자랑할 수 없어야 마땅하다. 그런데 사람들은 비록 행위에 대해서는 자랑하지 않지만 자신의 믿음에 대해서는 자랑한다. 이러한 자랑의 이유는 칭의에 있어서 믿음이 자신의 행위라는 그들의 그릇된 인식 때문이다. 믿음은 그들의 것이 아니며 자랑의 대상도 아니라는 사실에 대해 바울은 구원과 관련하여 이렇게 진술한다. "너희는 그 은혜에 의하여 믿음으로 말미암아 구원을 받았으니 이것은 너희에게서 난 것이 아니요 하나님의 선물이라 행위에서 난 것이 아니니 이는 누구든지 자랑하지 못하게 함이니라"(엡 2:8-9). 여기에서 바울은 믿음이든 믿음으로 말미암는 구원이든 하나님의 은혜로 인하여 주어진 선물이며 인간은 그 어떠한 것의 근원이나 출처도 아니라고 설명한다. 이로써 인간은 누구도 자랑하지 못한다고 한다. 만약 여기에서 믿음을 자신의 행위로 여긴다면 당연히 자랑이 가능하다. 그런데 그 믿음에 은혜가 선행한다. 그 "은혜로 인하여" 바울은 믿음조차 우리가 자랑해도

되는 인간의 공로로 분류되지 않는다고 한다. 진실로 그리스도 예수를 믿는다는 고백은 사람의 능력이나 지식이나 지혜나 판단이나 의지의 결과물이 아니라 성령의 은총이다. 그래서 바울은 확신한다. "성령으로 말미암지 않고서는 누구도 예수를 주시라고 말할 수 없느니라"(고전 12:3). 이와는 반대로, 성령의 은총이 주어지면 누구든지 그리스도 예수를 주시라고 고백하는 것이 가능하다. 우리가 예수를 믿고 주시라고 고백할 수 있는 것은 성령의 은총 때문이다.

²⁹하나님은 오직 유대인의 하나님일 뿐입니까? 이방인의 하나님은 아닙니까? 진실로 이방인의 하나님도 되십니다

유대인은 자신들만 하나님의 택하신 백성이며 하나님은 그들만의 하나님이 되신다고 생각한다. 그러나 바울은 이의를 제기한다. 하나님은 유대인의 하나님도 되시지만 이방인의 하나님도 되신다고 선포한다. 하나님이 유대인과 이방인 모두의 하나님이 되신다는 선언은 의롭다 하심이 율법의 행위에 의해서가 아니라 믿음의 법에 의한 것이라는 사실에 근거한다. 믿음의 법이 아닌 다른 방법으로 하나님의 의롭다 하심을 얻는다면 하나님은 제한적인 하나님이 되신다는 주장이 가능하다. 돈에 의한다면 부자들의 하나님, 권력에 의한다면 유력자의 하나님, 외모나 인기에 의한다면 연예인의 하나님, 지식에 의한다면 학자들의 하나님, 힘에 의한다면 근육들의 하나님이 되시기 때문이다. 그러나 바울은 하나님의 의롭다 하심이 오직 믿음으로 말미암은 것이라고 선언한다. 예수를 주의 이름으로 부르는 모든 믿음의 사람들은 누구든지 어떠한 제한도 없이 하나님의 백성이다. 유대인의 사도 베드로도 유대인과 이방인을 불문하고 "누구든지 주의 이름을 부르는 자는 구원"을 받는다(행 2:21)는 말로 바울의 입장을 지지

한다. 바울과 베드로의 확신은 호세아의 입술에서 선포된 예언과도 일치한다. "긍휼히 여김을 받지 못하였던 자를 긍휼히 여기며 내 백성 아니었던 자에게 향하여 이르기를 너는 내 백성이라 말하리니 그들은 이르기를 주는 내 하나님이시라 말하리라"(호 2:23). 이는 하나님이 이방인을 자신의 백성이라 하시고, 이방인은 하나님을 나의 하나님이 되신다고 고백하게 된다는 예언이다. 이렇게 구약과 신약은 모두 유대인과 이방인의 구원을 공언하고 있다.

30하나님은 한 분이시기 때문에 할례를 받은 사람도 믿음으로 말미암아,
할례를 받지 아니한 사람도 믿음으로 말미암아 의롭다고 하실 것입니다

사람들은 하나님이 자기의 백성을 부르시는 근거나 방식이 다양할 것이라고 생각한다. 오늘날 종교 다원주의 사상은 이러한 사고에 근거한다. 구원 혹은 칭의라는 결과가 다양한 원인에 의한다는 것은 마치 산의 정상에 도달하는 것은 동일하나 도달하는 방법(비행기, 자동차, 자전거, 도보)이나 경로(동서남북)는 다양한 것과 같은 이치라고 주장한다. 그러나 바울은 이러한 종교 다원주의 사상을 거부한다. 하나님의 의롭다 하심과 구원과 백성 삼으심의 방법은 다양하지 않고 유일하기 때문이다. 그 방법은 구약이든 신약이든 동일한 믿음이다.

　30절에 의하면, 할례를 받은 유대인과 할례를 받지 아니한 이방인 모두 동일한 믿음으로 말미암아 의롭게 되는 것은 하나님이 한 분이시기 때문이다. 이방인과 유대인 모두를 믿음의 동일한 방법으로 동일하게 의롭다고 하시는 하나님은 동일한 분이시다. 믿음에 의한 칭의의 통일성은 하나님의 유일성에 근거한다. 하나님은 한 분이시기 때문에 모든 사람에게 차별이 없으시다. 만약 유대인과 이방인이 의롭다 하심을 얻는 근거나 방

식이 다르다면 차별이 없다는 말은 거짓이다. 그러나 하나님은 진실로 차별이 전혀 없으시다. 물론 구약의 시대에 율법과 할례의 유무는 당시에 하나님의 백성을 구별하는 중요한 요소였다. 그러나 율법과 할례는 모두 믿음의 표현이고 그것 자체가 백성의 여부를 결정하는 본질은 아니었다. 율법과 할례의 행위는 외적인 요소이고 믿음은 내적인 요소이며, 진정한 백성을 결정하는 인자는 외모의 율법이나 할례의 행위가 아니라 중심의 믿음이다. 구약이든 신약이든 믿음의 근원과 대상과 사도이신 그리스도 예수만이 하나님의 백성을 결정하는 단 하나의 본질적인 인자였다.

[31]그렇다면 우리는 그 믿음으로 율법을 파기하는 것입니까?
전혀 아닙니다 오히려 율법을 굳게 세웁니다

믿음에 의해 의롭다 하심을 받고 하나님의 백성이 된다고 주장하면 사람들은 마치 그 믿음으로 율법을 파기하는 것이라고 오해한다. 그러나 바울은 그런 오해를 예상하고 오히려 믿음은 율법을 굳게 세운다는 답변으로 변증한다. 이는 믿음과 율법이 대립이나 갈등의 관계가 아니라 불가분의 보완적인 관계라는 이야기다. 믿음과 율법의 관계에 대한 오해들 중에는 1) 율법 폐기론, 2) 율법주의, 3) 신율주의, 4) 도덕 폐기론 등이 거론된다.

첫째(율법폐기론)는 믿음으로 의롭다 하심을 받은 사람은 율법이 전혀 필요하지 않다는 주장이다. 이는 율법이 죄인을 그리스도 예수께로 인도하는 몽학선생 혹은 그림자의 기능에만 충실하면 된다는 주장이다. 이런 주장은 대체로 구약을 신약보다 못하다는 위태로운 성경론을 부추긴다. 심지어 구약은 유대인의 헌법과 역사에 불과하기 때문에 믿음으로 거듭난 이방인과 무관하고 거듭난 이성으로 확립한 이방인의 개별적인 헌법이 구약을 대체해도 된다고 생각한다. 그러나 이런 주장은 구약도 신약과 동일한 하나님의 말씀이며 그 말씀은 영원히 있을 것이라는 성경 자체의 증거와 상충된다.

둘째(율법주의)는 율법을 지키지 않으면 의롭다 하심을 얻지 못한다는 주장이다. 이 주장은 율법의 온전한 실천을 구원의 절대적인 조건으로 간주한다. 이것도 율법의 행위에 의해서가 아니라 믿음으로 말미암아 하나님의 의롭다 하심을 얻는다는 사도의 가르침과 대립된다.

셋째(신율주의)는 비록 믿음으로 의롭다 하심을 얻은 사람들도 율법을 지키지 않으면 의롭다 하심이 취소될 것이라는 주장이다. 이것은 사도행전 15장에서 유대인 자신도 감당하지 못한 율법의 멍에를 이방인 성도에게 씌우지 말라는 예루살렘 공의회의 결론과 상충된다. 시간과 공간을 포함한 이 세상의 그 무엇도 우리를 그리스도 예수의 사랑에서 끊지 못한다는 성도의 궁극적인 견인 교리와도 어긋난다.

넷째(도덕폐기론)는 믿음으로 말미암아 의롭다 하심을 얻으면 결코 상실되지 않기 때문에 윤리나 도덕과 무관하게 살아도 된다는 주장이다. 성경은 구원에 이르는 지혜도 주지만 모든 선한 일들을 행할 능력을 구비하기 위한 목적도 명시하고 있다. 의롭다 하심을 받은 사람들의 삶은 하나님의 의가 "되어야" 한다는 것 즉 하나님 사랑과 이웃 사랑을 추구해야 한다. 이러한 추구는 의롭다 하심을 얻기 위함이 아니라 의롭다 하심을 얻은 사람이 하나님의 은혜에 대해 감사를 표하고 삶의 경배를 드리는 자발적인 의지의 선택이다.

믿음과 율법의 올바른 관계는 바울이 정확하게 말한 것처럼 믿음이 율법을 굳게 세울 때에 비로소 확립된다. 믿음을 가진 사람은 구약과 신약으로 이루어진 하나님의 말씀을 사랑한다. 그 말씀을 꿀보다도 달고 금보다도 귀하게 여기며 주야로 묵상한다. 일점일획도 버리지 않고 온전히 이루려고 기쁨과 자발적인 의지로 노력한다. 자신의 인격과 삶에 그 말씀을 굳게 세우려고 기꺼이 노력한다. 하나님의 모든 율법을 다 이루신 예수께서 믿음의 사람 안에 사시기 때문에 그런 사람이 율법을 무시하고 거부하는 것은 모순이다. 만약 율법을 무시하고 거부하는 자라면 그는 진정한 믿음의 소유자가 아닐 가능성이 높다.

R

4장 차별이 없는 구원의 복음

롬 4:1-8

¹그런즉 육신으로 우리 조상인 아브라함이 무엇을 얻었다 하리요 ²만일 아브라함이 행위로써 의롭다 하심을 받았으면 자랑할 것이 있으려니와 하나님 앞에서는 없느니라 ³성경이 무엇을 말하느냐 아브라함이 하나님을 믿으매 그것이 그에게 의로 여겨진 바 되었느니라 ⁴일하는 자에게는 그 삯이 은혜로 여겨지지 아니하고 보수로 여겨지거니와 ⁵일을 아니할지라도 경건하지 아니한 자를 의롭다 하시는 이를 믿는 자에게는 그의 믿음을 의로 여기시나니 ⁶일한 것이 없이 하나님께 의로 여기심을 받는 사람의 복에 대하여 다윗이 말한 바 ⁷불법이 사함을 받고 죄가 가리어짐을 받는 사람들은 복이 있고 ⁸주께서 그 죄를 인정하지 아니하실 사람은 복이 있도다 함과 같으니라

❖ ❖ ❖

¹그런즉 육신에 따른 우리의 선조 아브라함이 무엇을 깨닫게 되었다고 우리는 말합니까? ²만일 아브라함이 행위로 말미암아 의롭다 하심을 받았으면 자랑할 것이 있겠지만 하나님 앞에서는 없습니다 ³성경은 어떻게 말합니까 "아브라함이 하나님을 믿었고 그것이 그에게 의로 여겨졌다" ⁴일하는 자에게는 보상이 은혜에 따른 것으로 여겨지지 아니하고 의무에 따른 것으로 여겨지나 ⁵일하지 않는다고 할지라도 경건하지 않은 자를 의롭다고 하시는 분을 믿는 자에게는 그의 믿음을 의로 여깁니다 ⁶이는 일함도 없이 하나님께 의로 여기심을 받는 사람의 복에 대해 다윗이 말한 것처럼 ⁷"불법의 간과와 죄의 가려짐을 받은 사람들은 복이 있고 ⁸주께서 그 죄를 인정하지 않으실 사람은 복이 있다"고 함과 같습니다

18

은혜에 따른 의로움
: 아브라함과 다윗

바울은 할례자나 무할례자 모두가 의롭게 되는 유일한 방법이 믿음으로 말미암는 것이라고 설명한 이후에 믿는 모든 사람들의 선조인 아브라함 신앙을 그 근거로 제시한다. 할례의 언약이 최초로 도입된 아브라함 시대에 부여된 할례의 진정한 의미는 어떤 것인지를 설명하여 유대인의 오해를 교정하고 은혜에 따른 믿음의 의로 초청한다. 그리고 메시아를 기다리는 유대인의 영속적인 왕 다윗 이야기를 소개한다. 이로써 일이나 행위라는 인간의 공로와 무관하게 하나님의 은혜로 주어진 믿음의 의로움이 어떻게 다윗에 의해 예언되어 왔는지를 설명한다. 바울은 복음의 진리를 설명하고 변증함에 있어 대단히 지혜롭다. 이는 유대인이 가장 존경하는 최고의 영웅들을 증인으로 세우고 그들의 직접적인 증언을 소개하면 유대인의 모든 반론을 잠재울 것이기 때문이다. "아브라함 가라사대, 다윗 가라사대" 같은 말은 유대인 사회에서 모든 논쟁의 마침표와 같다. 반론을 제기하면 최고의 위인들과 맞짱을 뜨겠다는 의미이기 때문이다. 신학에 있어서는 "아우구스티누스 가라사대," 철학에 있어서는 "플라톤 가라사대," 충성에 있어서는 "이순신 가라사대," 인내에 있어서는 "모세 가라사대," 지혜에 있어서는 "솔로몬 가라사대," 용기에 있어서는 "유관순 가라사대," 복음에 있어서는 "예수님 가라사대," 전도에 있어서는 "바울 가라사대" 같은 수준의 영향력이 본문에서 바울이 인용하는 두 사람에게 있다. 과연 바울은 논박의 달인이다.

> ¹그런즉 육신에 따른 우리의 선조 아브라함이
> 무엇을 깨닫게 되었다고 우리는 말합니까?

바울은 아브라함을 "육신에 따른 우리의 선조"라고 규정한다. 여기에서 "선조"(πατήρ)라는 단어는 "시조"라는 의미를 포함하고 있고, "우리"는 바울을 포함한 유대인 신자를 가리키는 대명사다. "우리" 유대인은 육신에 따른 아브라함 후손이다. 유대인은 아브라함이 최초로 할례의 언약을 받은 사람이고 그는 하나님의 의롭다 하심을 받았기 때문에 할례와 행위와 의로움이 연관된 것이라고 생각한다. 바울은 유대인의 이런 오해를 풀고자 족보의 꼭대기에 있는 시조의 이름을 거명하며 논증한다. 논적의 조상이 발견한 진리를 그들에게 들려주는 것보다 더 강력한 논증이 어디에 있겠는가!

아브라함, 그는 누구인가? 그는 과연 행위로써 혹은 할례로써 하나님의 의롭다 하심을 받은 사람인가? 그것이 과연 자신의 주장인가? 그는 노아의 12대손으로 갈대아 우르에서 데라의 막내로 태어났고 향년 175세로 인생을 마감했다. 그의 아내는 자기보다 10살 어린 사라였다. 결혼의 연대는 정확하지 않다. 남편은 75세, 아내는 65세일 때 두 사람은 하나님의 부르심을 받고 하란에서 가나안 땅으로 이주했다. 부르심의 내용은 1) 큰 민족, 2) 이름의 창대함, 3) 땅의 모든 족속이 그로 말미암아 복을 얻음이다(창 12). 이 부부는 가는 곳마다 여호와께 제단을 쌓으며 여호와의 이름을 부르는 한결 같은 경건의 소유자다. 하나님은 싹수가 다른 경건의 거인을 택하시고 부르신 것처럼 이해하기 쉽다. 그러나 가나안에 기근이 들어 애굽으로 내려갔을 때에 부끄러운 일이 발생했다. 남편은 환갑이 지나서도 여전히 빼어난 아내의 미모 때문에 그곳 사람들이 자신을 죽일 것이라는 생존의 위협을 느껴서 사라와의 부부 관계를 숨기고 남매의 관계로 위장했다. 예상대로 모든 사람들이 사라의 미모를 칭찬했고 왕은 신하들의 권유를 따라 사라를 자신의 궁으로 데려갔다. 이처럼 우리가 아는 믿음의 조상은 대단히 비겁하고 찌질하고 이기적인 사람이다. 이 대목에서 우리는 그가 믿음의 조상감이 아니라는 사실을 직감한다.

사라와 아브라함 사이에는 자식이 없으니 상속자도 없다. 출산의 능력과 가능성이 없어 미래가 끊어진 그들에게 하나님은 언약의 말씀을 건네신다. "하늘을 우러러 뭇별을 셀 수 있나 보라 또 그에게 이르시되 네 자손이 이와 같으리라"(창 15:5). 이 언약은 두 사람의 선행이나 공로에 근거하지 않고 특정한 문맥도 없이 은혜로 주어진 것이었다. 두 사람은 이 언약을 믿었으며 하나님은 이것을 그들의 의로 여기셨다(창 15:6). 그러나 두 사람은 가나안에 거주한 지 10년이 지나도록 후손에 대한 약속이 성취될 기미도 보이지 않자 믿음이 흔들린다. 결국 아브람은 86세에 사라의 권유로 하갈과 잠자리를 가지고 하갈은 그의 아들을 출산한다. 이에 가정에는 분란이 발생하고 하갈과 그의 아들은 집에서 쫓겨난다. 아브라함은 비록 믿음의 조상 호칭을 가졌지만 하나님의 언약 제안을 이끌어낼 정도의 대단한 행위를 한 것도 없고, 비록 하나님의 언약을 믿었다고 하지만 그것은 아브라함 자신의 고유한 믿음이 아니라는 사실이 약속 성취의 더딤에 대한 그의 어정쩡한 반응으로 증명이 된 셈이었다. 이처럼 믿음의 조상은 자랑할 것이 하나도 없는 사람이다.

사라가 죽은 이후에 믿음의 조상은 어떠한 삶을 살았을까? 창세기 25

장에는 그의 후처 그두라 이야기가 등장한다. 사라는 127세를 일기로 생을 마감했다. 이때 아브라함 나이는 137세였다. 아내를 사별한 그는 노년에 새로운 장가를 들었으며(사랑에는 은퇴가 없다는 말은 진실이다) 더군다나 새로운 아내와 함께 무려 6명의 아들들(시므란과 욕산과 므단과 미디안과 이스박과 수아)을 더 출산했다(창 25:1-2). 사실 언약의 역사에서 그두라는 배제된다. 아브라함 역시 약속의 자녀가 사라의 몸에서 나온 이삭임을 알고 그두라를 통해 낳은 아들들을 이삭의 거주지가 아닌 동방으로 가게 만들었다. 여기에서 우리는 비록 믿음의 조상이라 할지라도 자녀들을 믿음으로 양육하고 하나님의 나라를 건설하는 일에 전념하는 믿음의 거인다운 모습과는 다른 모습을 발견한다. 이는 아브라함 자신이 부르심을 받을 때부터 죽을 때까지 의롭다고 할 만한 어떤 자랑할 것이 행위에 있어서나 믿음에 있어서나 그에게는 하나도 없음을 암시한다. 그렇다면 바울이 제기한 질문처럼 믿음의 선조가 깨달은 것은 무엇인가?

²만일 아브라함이 행위로 말미암아 의롭다 하심을 받았으면
자랑할 것이 있겠지만 하나님 앞에서는 없습니다

첫째 깨달음은, 믿음의 조상은 행위로 말미암아 의롭다 하심을 받지 않았다는 사실이다. 만약 행위로써 의롭다 하심을 받았다면 자랑할 것이 있겠지만 그것은 기껏해야 사람들 앞에서의 자랑이다. 아브라함은 하나님이 지시하실 땅으로 가라는 명령에 순종했다. 100세에 얻은 떡두꺼비 같은 아들 이삭을 바치라는 명령에 순종했다. 비록 이러한 행위로 의롭다 하심을 받았다고 할지라도 하나님 앞에서는 자랑하지 못한다는 점을 그는 깨달았다. 인간은 자신이 어떤 행위로 의로운 모습을 보이면 대단히 뿌듯하게 여기며 자랑함이 마땅한 것이라고 생각한다. 그리고 사람의 기준과 하

나님의 기준이 같을 것이라는 전제 위에서 사람의 칭찬을 받은 행위에 대해서는 하나님 앞에서도 칭찬 받아 마땅한 것이라고 생각한다.

평가자에 따라 동일한 행동의 의미도 달라진다. 동일한 행위라도 기준이 낮은 사람들의 눈에는 자랑으로 보이지만 기준이 높은 사람들의 눈에는 부끄러운 것으로 분류된다. 물건을 살 때에 제시된 가격보다 저렴하게 구입하면 어떤 사람들은 소비자가 돈을 아꼈기 때문에 좋게 생각하나 국가의 경제를 생각하는 관료들은 판매자의 소득과 경제의 원활한 순환에 도움이 되지 않는 처신으로 이해한다. 열심히 일해서 돈을 벌었다면 소득이 없는 분들 앞에서는 자랑하고 싶겠지만 재벌들 앞에서는 무슨 자랑이 되겠는가? 깡패의 주먹을 피했다고 해서 핵폭탄을 피한 사람 앞에서 무슨 자랑이 되겠는가? 평가자가 누구냐에 따라 행위의 의미가 다르지만 행위자가 누구냐에 따라서도 평가는 달라진다. "예수께서 제자들을 불러다가 이르시되 내가 진실로 너희에게 이르노니 이 가난한 과부는 헌금함에 넣는 모든 사람보다 많이 넣었도다"(막 12:43). 부자들이 훨씬 더 많은 헌금을 했겠지만 예수님은 가난한 과부의 두 렙돈(가장 낮은 단위의 그리스 화폐로서 액수의 작음을 상징한다)을 모든 사람의 헌금보다 더 큰 것이라고 평가한다.

하물며 측량할 수도 없는 하늘과 땅의 격차보다 큰 하나님과 인간의 규범적인 차이를 고려하면 인간적인 자랑이 어떻게 가능할 수 있겠는가! 이사야는 그 기준의 격차를 이렇게 설명한다. "내 생각은 너희 생각과 다르며 내 길은 너희 길과 달라서 하늘이 땅보다 높음 같이 내 길은 너희 길보다 높으며 내 생각은 너희 생각보다 높으니라"(사 55:8-9). 생각에 있어서 하나님과 인간의 무한한 격차는 측량을 불허한다. 하나님 앞에서는 인간의 모든 자랑이 소멸된다. 우리의 의로움과 선한 행위도 하나님에 대해서는 어떠한 기쁨이나 유익의 근거도 되지 못한다고 욥기를 기록한다(욥 22:3). 내면과 외면이 아무리 온전한 사람이라 할지라도, 사람들 사이에서 칭찬과 존경을 받는 행위라고 할지라도 하나님 앞에서는 전혀 온전하지 않다.

³성경은 어떻게 말합니까 "아브라함이 하나님을 믿었고
그것이 그에게 의로 여겨졌다"

둘째 깨달음은, 믿음의 조상은 하나님을 믿었고 하나님은 그것을 그에게 의로 여겼다는 사실이다. 아브라함은 진실로 믿음의 사람이다. 그는 바랄 수 없는 절망의 상황에서 하나님을 소망하며 믿음을 붙들었다. 이 믿음은 일회적인 현상이 아니라 지속적인 삶이었다. "믿음으로 그는 이방의 땅에 있는 것 같이 약속의 땅에 거류하여 동일한 약속을 유업으로 함께 받은 이삭 및 야곱과 더불어 장막에 있었으니 이는 그가 하나님이 뜻하시고 지으실 터가 있는 성을 바랐기 때문이라"(히 11:9-10). 믿음의 조상은 이 세상에는 바랄 것이 없다는 사실을 깨닫고 하늘의 도성을 소망했다. 비록 약속의 땅에 거했지만 이방의 땅에 있는 것처럼 나그네 정신을 삶의 모든 영역에서 유지했다. 참으로 대단한 믿음이다. 이러한 삶을 그의 아들인 이삭도 보았고 그의 손자인 야곱도 같은 집에서 목격하게 했다. 믿음의 조상은 후손에게 참된 신앙을 삶으로 가르쳤다. 천대를 이어갈 믿음의 모습이다.

그런데 이 믿음은 아브라함 자신에게 뿌리를 둔 인간적인 자랑의 근거가 아니라 하나님께 근원을 둔 선물이다. 믿음으로 하나님 앞에서 의롭다 하심을 얻는 것은 자랑해도 된다. 그러나 자랑의 내용을 분별해야 한다. 비록 믿음으로 의롭다 하심을 얻는다고 할지라도 그 믿음이 하나님께 근거를 둔 것이라면 믿음에 대한 자랑은 곧 그 믿음을 선물로 주신 하나님에 대한 자랑이지 인간에 대한 자랑은 아니라는 사실이다. 믿음으로 말미암은 하나님의 의롭다 하심에 대한 자랑은 인간에게 근거하지 않고 하나님의 사랑에 근거한다.

바울은 믿음으로 말미암는 의의 역사적인 논증을 성경에 근거하여 전개한다. 사람의 다양한 견해들 사이의 다수결이 아니라 성경에 명백히 기록된 사실에 근거하여 복음의 진리를 이해한다. 유대인은 성경의 기록된 사실 자체보다 장로들에 의한 그 사실의 해석을 더 존중한다. 바울은 유대인의 종교관에 있어서 독보적인 권위를 차지하는 아브라함 신앙의 핵심인 믿음으로 말미암는 하나님의 의롭다 하심을 소개하며 율법의 행위로 말미암는 의를 강조하는 유대인의 견해를 반박한다. 성경의 명백한 기록에 근거한 바울의 이러한 논증 앞에서 유대인은 자신들의 최고 선조와 교리적인 대립각을 세울 것인지, 인생의 헌법인 성경의 입장을 거부할 것인지 아니면 그대로 수용할 것인지를 결정해야 한다. 자신의 견해를 성경에 굴복시킨 사람은 지혜롭다. 성경을 신앙과 삶의 기준과 규범으로 받아들인 사람의 생각과 분별과 판단과 처신과 반응과 행실은 참으로 반듯하다. 성경은 하나님의 말씀이고 뜻이며 계획이며 섭리이며 기준이고 역사이기 때문이다. 최고의 권위를 신뢰하는 인생은 안전하다.

[4]일하는 자에게는 보상이 은혜에 따른 것으로 여겨지지 아니하고 의무에 따른 것으로 여겨지나 [5]일하지 않는다고 할지라도 경건하지 않은 자를 의롭다고 하시는 분을 믿는 자에게는 그의 믿음을 의로 여깁니다

믿음의 의가 인간의 행위에 의하지 않고 하나님의 은혜에 기초한 것임을 설명하기 위해 바울은 일하는 자와 일하지 아니하는 자의 보상 문제를 예증으로 제시한다. 첫째, 일을 했다고 자부하는 사람은 자신이 받는 보상을 은혜로 말미암아 주어진 것으로 여기지 않고 보상 수여자가 의무를 따라 마땅히 주는 것이어야 한다고 생각한다. 이 세상의 일에서는 수긍할 수 있는 생각이다. 그러나 구원의 문제에는 적용되기 어려운 생각이다.

그런데도 유대인은 구원의 문제를 이런 방식으로 사고한다. 그들은 구원을 율법에 대한 순종의 결과로서 하나님이 마땅히 주셔야 할 빚이라고 생각한다. 이는 자신의 순종이 구원에 상응하는 크기의 공로라는 유대인의 심각한 착각이다. 거래라는 것은 노동과 임금 사이에 가치의 비율이 맞아야 성사된다. 인간의 순종은 구원의 지극히 작은 조각 하나를 얻기에도 전혀 합당하지 않을 정도로 지극히 미미하다. 앞에서 살펴본 것처럼 온전한 행위조차 하나님 앞에서 전혀 무익한데, 어찌 불완전한 순종의 행위가 하나님 앞에서 의롭다 하심을 얻겠는가!

둘째, 일하지 않았다고 생각하는 자는 보상을 마땅히 받아야 할 빚이라고 생각하지 않고 값없이 주어진 선물로 간주한다. 이런 사람들은 구원을 거저 주어지는 하나님의 은혜로 이해한다. 일을 하지도 않았는데 하나님의 의롭다 하심을 마땅히 얻을 자격의 소유자는 하나도 없다고 생각한다. 혹여 일을 했다고 할지라도 하나님의 의롭다 하심이 주어지는 것은 일과 보수의 공정한 거래와는 무관한 것이라고 생각한다. 이처럼 자격이 없음에도 불구하고 의롭다 하심을 얻는 유일한 방법은 경건하지 않은 사람을 의롭다고 하시는 하나님을 신뢰하는 믿음이다.

여기에서 경건하지 않음과 의롭다 하심은 결코 공존할 수 없다고 대부분의 사람들은 생각한다. 동의한다. 그러나 여기에는 하나님이 친히 구비하신 의롭다 하심의 조건과 자격이 생략되어 있다. 즉 그리스도 예수의 완전한 순종과 대속적인 죽음의 공로가 믿음으로 말미암아 믿는 자에게 주어지기 때문에 경건하지 않은 자에게도 하나님의 의롭다 하심이 주어진다. 인간 편에서는 은혜로 주어진 것이지만 그 은혜를 베푸시기 위해 하나님이 지불하신 비용은 측량할 수 없을 정도로 막대하다.

하나님이 행하신 모든 일들은 지극히 경이롭다. 그런데 이에 비하여 모든 사람은 자신의 일 혹은 행위에 대해 대체로 과장하여 생각한다. 행위 자체는 무엇인가? 행위의 의미는 무엇인가? 이 두 가지의 질문을 검토해야 한다. 먼저, 행위 자체는 에너지를 소비하는 몸의 활동이다. 그 에너지의 출처는 어디인가? 에너지는 각 세포에 저장되어 있다. 이 에너지가 생성되기 위해서는 산소가 필요하다. 산소가 공급되지 않으면 인간은 활동도 못하지만 곧장 사망한다. 산소를 공급하는 인간의 가시적인 활동은 호흡이다. 가장 기본적인 행위라고 간주되는 호흡 혹은 숨쉬기 혹은 산소의 공급은 인간의 행위인가? 아니면 하나님의 은혜인가?

호흡을 위해 필요한 산소는 식물이 햇빛을 받아 광합성 작용을 통해서 생산한다. 빛 에너지를 화학 에너지로 바꾸는 일과 우리는 무관하다. 생산된 산소는 코로 들어와야 한다. 그런데 산소가 들어올 수 있도록 코의 문을 개폐하는 일은 우리의 행위와 무관하다. 코로 들어온 산소는 허파로 이동한다. 이동하는 이 일도 우리의 행위와 무관하다. 허파로 들어간 산소는 모세혈관 속으로 들어간다. 이 일도 우리의 행위와 무관하다. 모세혈관 속의 피는 심장의 펌프질로 인해 모든 세포로 배달된다. 이 배달도 우리의 행위와 무관하다. 모든 세포로 배달된 산소는 포도당과 물과 더불어 에너지와 불순물을 생산한다. 에너지를 생산하는 일도 우리의 행위와 무관하다. 불순물은 몸 밖으로 배출하고 에너지는 체온의 유지, 몸의 성장, 그리고 근육의 수축과 이완에 사용된다. 에너지를 적당하게 분배하는 일도 우리의 행위와 무관하다. 이 에너지는 인간의 활동 에너지로 전환되고 몸의 각 지체들을 움직인다. 이 전환도 우리의 행위와 무관하다. 우리가 관여하는 것은 숨쉬기와 활동이다. 숨쉬기는 하나님이 만드시고 제공하신 산소의 소비와 누림이고, 활동은 하나님이 만드시고 제공하신 에너지의 소비와 누림이다. 숨쉬기와 활동 사이의 모든 과정들은 인간의 명령이나 부탁이나 조정에 의해서 발생하지 않고 나의 일과 무관하게 발생한다. 이 모든 과정들은 겉으로 보기에 저절로 일어나는 듯하지만 사실은 하나님의 보이지 않는 섭리에 의해 발생되는 일들이다.

여기에 언급되지 않은 보다 세부적인 과정들의 수효에 비하면 우리가 하는 행위 자체도 우리의 행위가 아니라 하나님의 은택이다. 그래서 바울은 이렇게 고백한다. "나는 심었고 아볼로는 물을 주었으되 오직 하나님께서 자라나게 하셨나니 그런즉 심는 이나 물 주는 이는 아무 것도 아니로되 오직 자라게 하시는 이는 하나님 뿐이니라"(고전 3:6-7). 심는 행위와 물주는 행위는 단회적인 일이지만 자라게 하는 성장의 일은 무수히 많은 행위들로 구성되어 있다. 그래서 심고 물주는 행위는 아무것도 아니고 그것을 행하는 사람도 아무것도 아니라고 한다. 무수한 행위의 과정들을 통해 자라게 하시는 하나님만 유의미한 존재라고 바울은 고백한다. 같은 맥락에서 바울은 사람들이 보기에는 다른 어떤 사도보다 더 많이 수고하고 죽을 고비도 더 많이 넘겼지만 자신의 일대기가 오직 하나님의 은혜로 말미암은 결과라고 고백한다(고전 15:10).

둘째, 인간에게 행위의 의미는 무엇인가? 이렇게 행하라는 명령과 함께 행위의 방향과 목적과 결을 잡아주신 하나님의 명령에 그 답이 제시되어 있다. "하나님이 그들에게 복을 주시며 하나님이 그들에게 이르시되 생육하고 번성하여 땅에 충만하라, 땅을 정복하라, 바다의 물고기와 하늘의 새와 땅에 움직이는 모든 생물을 다스리라 하시니라"(창 1:28). 하나님은 인생이 마땅히 행하여야 할 모든 활동을 언급하고 있다. 그런데 그 모든 행위들을 하나님이 주시는 복이라고 한다. 행위는 원래 돈이라는 화폐로 그 의미가 규정되는 인간의 투자나 거래의 대상이 아니라 인간에게 주어진 하나님의 복이었다. 하나님이 인간의 행위 혹은 일에 부여하신 의미는 복이었다. 일을 하면서 나는 다른 존재와는 달리 하나님의 형상을 따라 지음을 받은 최고의 존재라는 사실을 확인한다. 일이라는 것은 나에게 주어진 고유한 특성을 최고의 상태로 발휘하여 자아를 실현하는 현장이다. 최고의 상태로 실현된 나를 타인에게 선물로 나누는 가장 고급한 사랑의 실천이다. 타락 이전에 일은 자아를 실현하고 사랑을 실천하는 복의 동의어다.

⁶이는 일함도 없이 하나님께 의로 여기심을 받는 사람의 복에 대해
다윗이 말한 것처럼 ⁷"불법의 간과와 죄의 가려짐을 받은 사람들은 복이 있고
⁸주께서 그 죄를 인정하지 않으실 사람은 복이 있다"고 함과 같습니다

일은 원래 복이었다. 그런데 인간은 타락하여 일의 방향과 목적이 바뀌었다. 하나님의 형상이란 이정표와 신호등을 무시하고 인간이 일의 방향과 목적을 스스로 결정하고 인위적인 의미를 부여했다. 무언가를 행하는 일에 사람들의 합의된 의미를 부여하기 시작했다. 이 땅에서의 유익을 제공하는 방식으로 일의 의미를 해석했다. 그러나 유익이나 돈이라는 해석의 기준에 따른 일의 평가는 올바르지 않다. 방향이 어긋나고 부패한 의미가 부여된 일은 행하는 것보다 행하지 아니하는 것이 오히려 유익이다. 이는 잘못된 방향으로 일이 진행된 만큼 본래의 의미에서 멀어지기 때문이다. 타락한 인간의 일은 행할수록 복에서 멀어진다. 일하지 않아도 복의 수혜자 즉 하나님 앞에서 의롭다 하심을 받는 자가 되는 방법을 바울은 소개한다.

바울은 일하지 아니한 자가 하나님의 의롭다 하심을 받는 것은 다윗의 생각과 상통하는 것임을 논증한다. 다윗은 불법의 간과와 죄의 가려짐을 받은 사람들이 복되다고 주장한다. 다윗이 주목한 복은 일반 사람들이 생각하는 복과 동일하지 않다. 일반적인 인간의 복은 무엇인가? 남들보다 더 오래 살아가는 장수, 아프지 않고 몸의 정상적인 활동을 가능하게 하는 건강, 선한 행위를 통해 받는 사람들의 칭찬과 존경, 생각에 넘치도록 들어오는 소득, 보다 큰 제도적인 권력이 부여되는 직위로의 승진, 내가 죽어도 좋을 사랑의 대상을 만나는 것 등을 사람들은 복이라고 생각한다. 그러나 다윗은 다른 견해의 소유자다. 가장 뛰어난 왕, 가장 용감하고 유능한 용사, 일상적인 구술이 시가 되는 언어의 연금술사, 몸과 영혼에 예술의 피가 흐르는 음악가, 아름다운 아내들을 취한 사랑꾼, 부족함이 전

혀 없는 최고의 재력가인 다윗은 일반인이 추구하는 모든 복을 다 누렸지만 그것들 중에 어떠한 것도 복으로 분류하지 않고 사람들이 생각지도 않은 것을 복으로 제시한다. 즉 불법을 저지르고 죄를 범했지만 그것을 고려하지 않으시고 인정하지 않으시고 그냥 덮으시는 하나님의 은혜를 복이라고 한다. 다윗에 의하면, 인간은 죄악 중에서 태어난 죄인이다(시51:5). 다윗처럼 인간을 만물보다 심히 부패하고 거짓된 최악의 피조물로 알고 죄인의 주제를 파악하면 누구든지 하나님의 죄사함을 최고의 복이라고 인정하게 된다.

인간은 죄를 저질렀다. 이로 인하여 전인격이 부패했다. 부패한 전인격이 행하는 모든 일들은 죄악이다. 그러므로 부패한 인간의 모든 일에는 보상이 따르는 게 아니라 심판과 형벌이 뒤따른다. 이러한 사실을 모른다는 무지는 이미 형벌이다. 그런데도 하나님은 그들의 죄를 없는 것으로 여기시고 덮으시고 죄를 죄로 인정하지 않으신다. 다시 말하지만, 이 은혜가 주어지는 이유는 우리를 대신하여 죽으신 그리스도 예수의 속죄 때문이다. 이러한 속죄 없이 은혜만 주어지면 사랑을 명분으로 정의의 파괴라는 불의가 발생한다. 이 속죄를 믿는 자는 비록 그가 일하지 않고 경건하지 않더라도 하나님의 의롭다 하심을 은혜로 소유한다. 그러나 사람들은 이 은혜를 거부하고 자신이 일해야 구원을 받고 율법에 순종해야 의롭다 하심을 얻는다는 논리의 착고를 인생의 발목에 채우는 일에 급급하다. 그러나 아브라함 및 다윗은 하나님의 의롭다 하심을 행위로써 받지 않고 죄를 덮으시고 인정하지 않으시는 하나님의 은혜로써 받았다고 주장한다. 이러한 주장의 연장선 위에서 바울은 은혜로 말미암는 믿음의 의를 주장한다.

롬 4:9-16

9그런즉 이 복이 할례자에게냐 혹은 무할례자에게도냐 무릇 우리가 말하기를 아브라함에게는 그 믿음이 의로 여겨졌다 하노라 10그런즉 그것이 어떻게 여겨졌느냐 할례시냐 무할례시냐 할례시가 아니요 무할례시니라 11그가 할례의 표를 받은 것은 무할례시에 믿음으로 된 의를 인친 것이니 이는 무할례자로서 믿는 모든 자의 조상이 되어 그들도 의로 여기심을 얻게 하려 하심이라 12또한 할례자의 조상이 되었나니 곧 할례 받을 자에게뿐 아니라 우리 조상 아브라함이 무할례시에 가졌던 믿음의 자취를 따르는 자들에게도 그러하니라 13아브라함이나 그 후손에게 세상의 상속자가 되리라고 하신 언약은 율법으로 말미암은 것이 아니요 오직 믿음의 의로 말미암은 것이니라 14만일 율법에 속한 자들이 상속자이면 믿음은 헛것이 되고 약속은 파기되었느니라 15율법은 진노를 이루게 하나니 율법이 없는 곳에는 범법도 없느니라 16그러므로 상속자가 되는 그것이 은혜에 속하기 위하여 믿음으로 되나니 이는 그 약속을 그 모든 후손에게 굳게 하려 하심이라 율법에 속한 자에게뿐만 아니라 아브라함의 믿음에 속한 자에게도 그러하니 아브라함은 우리 모든 사람의 조상이라

◆ ◆ ◆

9그렇다면 이 복은 할례에 관한 것입니까? 혹은 무할례에 관한 것입니까? 아브라함 경우에는 믿음이 의로 여겨진 것이라고 우리는 말합니다 10그러면 어떤 상황에서 의로 여겨진 것입니까? 할례의 상태에서? 아니면 무할례의 상태에서? 할례의 상태가 아니라 무할례의 상태에서 [의로] 여겨진 것입니다 11그리고 그는 할례의 표 즉 그가 무할례 중에 가진 믿음의 의에 대한 날인을 받았으며 이로써 무할례 중에 믿는 모든 자들의 조상이 되어 그들도 의로 여기심을 받게 된 것입니다 12그리고 할례의 조상이 되어서 결국 할례에 속한 자들만이 아니라 우리의 조상 아브라함이 무할례 중에 가진 믿음의 발자취를 따르는 자들에 대해서도 조상이 된 것입니다 13아브라함 혹은 그 후손에게 세상의 상속자가 되라고 한 약속은 율법으로 말미암은 것이 아니라 믿음의 의로 말미암은 것입니다 14만일 율법에 속한 자들이 상속자라 한다면 믿음은 허무하게 되고 약속도 파기되는 것입니다 15이는 율법이 진노를 이루는 탓입니다 율법이 없는 곳에는 범법도 없습니다 16이러한 이유로 [그 약속은] 은혜에 따른 것이기 위해 믿음에 속한 것입니다 이로써 그 약속은 모든 후손에게 확실하게 되었는데 율법에 속한 자들과 "내가 너를 많은 민족의 조상으로 세웠다"고 기록된 것처럼 우리 모두의 조상이 된 아브라함 신앙에 속한 자들 모두에게 확고히 세워진 것입니다

19 세상의 상속자

불법을 저지른 자가 용서를 받고 주께서 죄를 덮어 주고 의롭다 하시는 복의 수혜자는 누구인가? 유대인은 할례를 받은 사람만이 하나님의 복을 받는다고 생각한다. 그러나 본문에서 바울은 그 수혜자가 할례를 받은 신자와 받지 않은 신자 모두라고 대답한다. 이러한 대답은 역사적인 사실에 근거한다. 믿음의 조상은 처음으로 믿음에 근거하여 하나님의 의롭다 하심을 받았으며 또한 처음으로 할례를 받은 사람이다. 믿음의 의는 할례 이전이고 할례는 그 의를 낳인한 증표였다. 이처럼 역사는 믿음의 조상이 할례를 받은 자나 할례를 받지 않은 자 모두에게 믿음으로 말미암아 의롭게 되는 자들의 조상이 되도록 준비되어 왔다. 본문에서 바울은 믿음의 사람으로 하여금 온 세상을 상속하게 하시는 하나님의 섭리를 가르친다.

[9]그렇다면 이 복은 할례에 관한 것입니까? 혹은 무할례에 관한 것입니까? 아브라함 경우에는 믿음이 의로 여겨진 것이라고 우리는 말합니다

죄를 사하시고 의롭다 하시는 하나님의 복은 할례와 관계된 것인지 무할례와 관계된 것인지를 바울은 질문한다. 이에 대한 답변을 위해 "우리"라고 일컫는 교회는 아브라함 경우를 주목한다. 그에게는 믿음이 의로 여겨진 경우였다. 할례와 무할례에 관한 질문에 왜 동문서답 같은 믿음의 의로 답하는가? 이는 할례와 무할례가 하나님의 복과 직접적인 관계가 없기 때문이다. 형식은 내용을 생산하는 도구가 아니라 담는 그릇이다. 지혜로운 바울은 하나님의 복을 할례와 무할례 중 하나와 연결하여 이해하는 모든 사람들의 주장을 믿음의 조상 아브라함 이야기로 가볍게 반박한다. 이는 할례의 혈통적인 계보를 따라 난 사람들이 하나님의 복을 무조건 받는 것은 아니라는 역사적 반박이다.

할례와 무할례의 비본질적 틀 속에서는 어떠한 최고의 결론을 내려도 하나님의 복 개념을 필히 왜곡하게 된다. 비본질과 연결된 논리의 바구니에 신앙의 본질을 담으려고 하다가 기독교를 비판하고 거부하게 된 사람들이 많다. 목사의 어떠함, 교회 분위기의 어떠함, 교회의 재정상태, 교회의 크기, 교회의 구성원 등은 모두 기독교의 본질에 있어서 주변적인 것들이다. 그런데 세상은 그런 비본질을 주목한다. 인간의 어떠한 논리도 진리를 담기에는 턱없이 부족한 그릇인데, 더군다나 많은 사람들이 두둔하는 논리의 대부분은 학문적인 정교함과 일관성도 부실하다. 논리라는 것은 원인과 결과의 다양한 연쇄로 이루어져 있다. 그런데 원인과 결과의 틈이 촘촘하지 않고 느슨하다. 그 느슨한 틈새를 대체로 무수히 많은 비약들이 차지한다. 그런데 비약이라 할지라도 많은 사람이 당연한 것으로 여기면 더 이상 비약이 아닌 논리나 합리로 둔갑한다.

할례와 하나님의 복을 원인과 결과로 이해한 유대인의 사고도 이러한 비약과 무관하지 않다. 유대인은 아무런 의심도 없이 할례를 받은 사람만이 하나님의 용서를 받고 죄 문제를 해결할 수 있다고 생각한다. 이 생각은 서서히 전통으로 굳어진다. 유대인 전체가 이 전통을 인정하고 계승한다. 이러한 민족의 집단적인 체면에 이의를 제기하면 유대인 사회에서 존재가 제거되는 위험도 감수해야 한다. 바울은 그러한 희생을 각오하고 진리를 주장한다. 하나님의 의롭다 하심에 있어서 할례와 무할례는 아무것도 아니고 오직 믿음의 문제라고 한다(갈 5:6).

당시 유대인의 의식에 익숙한 할례와 무할례의 틀을 신앙과 불신의 틀로 바꾼 바울의 개혁적인 모델은 기독교의 역사에서 가장 중요한 사상의 변곡점이 이루어질 때 등장한다. 아우구스티누스는 4세기말 사상과 사회의 격변기에 선과 악의 이분법, 악의 신과 선의 신이라는 이분법의 틀을 거부하고 유일하신 하나님 안에서의 선과 선의 부재라는 통일된 틀을 제시했다. 루터와 칼뱅은 16세기 중반 종교의 격변기에 전통 의존적인 진리의 이해를 거부하고 계시 중심적인 진리의 이해를 강조하며 신앙과 삶에 있어서 성경의 절대적인 규범성을 확립했다. 바빙크는 19세기말 자연과 은총 혹은 자연과 초자연의 이분법적 틀을 거부하고 자연과 초자연 모두가 하나님의 통치 아래에서 계시의 도구로 사용되고 있기 때문에 둘 다 초자연적 근거를 가졌으며 자연과 초자연의 유기적인 관계는 그리스도 예수 안에서 절정에 이른다는 사상의 틀을 확립했다. 이처럼 기독교는 가치관과 세계관과 인생관의 틀과 전제를 바꾸는 진리의 역사적인 공동체다. 이런 혁신은 본질에 충실하고 근본으로 돌아갈 때마다 일어나는 현상이다.

¹⁰그러면 어떤 상황에서 의로 여겨진 것입니까? 할례의 상태에서? 아니면 무할례의 상태에서? 할례의 상태가 아니라 무할례의 상태에서 [의로] 여겨진 것입니다

바울은 믿음의 조상이 의롭다 하심을 받은 상황을 설명한다. 바울은 특별히 믿음의 조상이 의롭다 하심을 받은 시점을 주목한다. 그 시점은 할례를 받은 때가 아니었다. 그가 의롭다 하심을 받은 것은 창세기 15장 6절

의 일이었고 할례는 창세기 17장 10절에서 비로소 등장한다. 즉 아브라함은 최소한 85세 이전에 의롭다 하심을 받고 99세에 할례를 받았기 때문에 무려 14년 이상의 시차가 발생한다. 그런데도 할례를 의롭다 하심의 원인으로 주장하는 것은 시대착오적인 해석이다. 그러므로 시간의 전과 후라는 인과율의 관점에서 보더라도 할례를 의롭다 하심의 원인으로 주장할 일말의 개연성도 없음이 분명하다. 오히려 의롭다 하심의 시점이 먼저이고 할례의 때가 나중이면, 의롭다 하심은 할례의 원인이고 할례는 의롭다 하심의 결과라는 이야기다. 여기에서 주목하고 싶은 것은 시간 속에서 일어난 사건의 순서도 하나님의 은밀한 섭리라는 사실이다. 믿음과 할례의 순차적인 발생이 아무것도 아닌 듯하지만, 바울은 그 순서에서 섭리적인 의미를 예리하게 읽어낸다.

시간은 어떠한 사건이 일어나는 정하여진 때 혹은 시점을 의미하는 카이로스(καιρός)와 시간의 일반적인 흐름을 나타내는 크로노스(χρόνος)로 구분된다. 이 세상에서 발생하는 모든 일은 모두 카이로스 사건이다. 때로는 선명한 인과율을 따라 사건이 발생하고 어떤 경우에는 원인을 도무지 추적할 수 없는 운명이나 우연의 옷을 입고 일어난다. 이것을 전도자는 이렇게 가르친다. "범사에 기한이 있고 천하 만사가 다 때가 있나니"(전 3:1). 출생과 죽음, 파종과 추수, 투병과 치유, 헐음과 세움, 울음과 웃음, 슬픔과 춤, 맞이함과 보냄, 찾음과 잃음, 지킴과 버림, 찢음과 꿰맴, 침묵과 발언, 사랑과 미움, 전쟁과 평화, 입학과 졸업, 취임과 퇴임, 취직과 퇴사 등을 비롯한 세상의 모든 일들은 사람이 주관하는 것이 아니라 "때를 따라 아름답게" 하신 하나님의 섭리라고 전도자는 고백한다(전 3:11). 긍정적인 때들만이 아니라 사람이 보기에 부정적인 때들도 하나님 편에서는 역사의 매 시점에서 최상으로 아름답다. 이 세상의 일들 중에 어떠한 것도 하나님의 섭리에서 배제됨이 없다. 그래서 우리는 비록 하나님이 행하시는 일의 처음과 나중(始終)을 측량할 수 없지만 범사에 그분을 인정해야 한다(전 3:11). 이는 태양이 날마다 뜨고 지는 것도 단순한 행성의 이동이나 무의미한 반복이 아니라는 사실이다. 그래서 어떠한 일도 지루하지 않다. 매 순간 반복되는 호흡도 그것을 주시는 하나님의 진행형 사랑을 체험하는 수단이다(행 17:25). 보지 못하는 하나님의 지문을 모든 사건에서 읽어내는 믿음의 사람에게 인생은 새롭고 설레는 것 투성이다.

믿음의 조상이 할례를 받기 이전에 하나님의 의롭다 하심을 받은 것은 너무도 명백한 역사적 사실이다. 바울은 이 사실을 당연한 것으로 여기지 않고 복음의 진리를 설명하는 아주 중요한 논거로 제시한다. 이는 칭의의 시점이 할례의 시점보다 앞서는 것은 하나님의 정교한 섭리의 결과임을 바울이 감지했기 때문이다. 사건의 순서가 가진 중요성에 대한 바울의 감지력은 아마도 그가 복음의 일꾼으로 사역을 시작할 무렵 환상 중에 "우리를 도우라"는 마게도냐 사람의 요청을 듣고 하나님이 그를 부르신 것으로 인정한 순간부터 그의 지각에 강하게 새겨졌을 가능성이 높다(행 16:9-10). 바울은 이 요청에 부응했고 복음은 아시아가 아니라 유럽으로 흘러갔다. 바울의 생각에는 복음이 전파되는 지리적인 순서도 성령 하나님의 뜻이었다(행 16:6). 그렇다면 이러한 경험을 가진 사도가 믿음의 조상이 의롭다 하심을 받은 시점도 하나님의 뜻과 무관하지 않다고 생각할 여지는 충분하다. 물론 로마서는 성령의 감동으로 기록되었다. 그러나 바울의 지각도 로마서의 기록을 위해 쓰였기에 우리가 생각하고 본받아야 한다.

¹¹그리고 그는 할례의 표 즉 그가 무할례 중에 가진 믿음의 의에 대한 날인을 받았으며 이로써 무할례 중에 믿는 모든 자들의 조상이 되어 그들도 의로 여기심을 받게 된 것입니다

이제 바울은 의롭다 하심과 할례의 관계를 규정하고 둘의 시간적인 순서

가 가지는 의미를 설명한다. 바울에 의하면, 할례는 믿음의 조상이 무할례 중에 가진 믿음의 의에 대한 신체적인 날인이고 의의 사후적인 표식이다. 즉 할례는 내가 믿음으로 말미암아 하나님의 의롭다 하심을 받았다는 공적인 고백이다. 이는 물세례가 예수님을 믿고 하나님의 자녀가 되었다는 공적인 고백인 것과 동일하다. 할례는 결코 하나님의 의롭다 하심에 원인으로 관여하지 못하고 이미 이루어진 일의 보고서와 같다. 그러므로 할례가 비록 의롭다 하심에는 관여하지 못하지만 결코 무익하지 않고 최소한 두 가지의 유익한 기능들은 있다. 첫째, 할례는 우리가 하나님의 택하심을 받은 약속의 자손 즉 아브라함 가문에 속했다는 사실을 상기시켜 준다. 이 세상을 닮아가고 세상 사람들과 동일하게 살아가 하나님께 구별된 삶을 살아가지 못할 때마다 할례는 우리의 영적인 소속을 깨우치고 꾸짖는다. 둘째, 할례는 우리가 죄 사함을 받았고 의롭다 하심을 얻었다는 사실을 확인시켜 준다. 그러므로 우리가 죄 가운데에 거하며 불의한 존재로 침몰할 때에도 우리로 하여금 위태로운 현실을 파악하게 하고 주께로 돌이켜 회개하게 하고 은혜로 된 의로운 존재라는 사실을 일깨운다.

믿음의 의가 주어진 것은 왜 할례 이전인가? 믿음의 조상이 할례 이전에 믿음으로 말미암아 의롭다 하심을 얻는 섭리적인 이유는 두 가지 즉 할례 이전에 믿는 모든 사람의 조상이 되게 하기 위함이고, 그들도 믿음의 조상처럼 하나님의 의롭다 하심을 받게 하기 위함이다. 아브라함은 할례 이전에 믿음의 의를 가진 최초의 사람이기 때문에 할례 이전에 믿음의 의를 가지는 모든 사람의 조상이다. 그들이 하나님의 의롭다 하심을 받는 방법은 믿음의 조상과 동일하다. 믿음의 조상에게 그의 믿음을 의로 여기신 것처럼 모든 믿는 사람의 믿음도 하나님에 의해 의로 여겨진다. 이것은 주님께서 믿음의 조상에게 주신 언약의 실행이다. "땅의 모든 족속이 너로 말미암아 복을 얻을 것이라"(창 12:3). 믿음의 조상으로 말미암아 땅의 모든 족속이 복을 얻을 것이라는 말은 그가 모든 족속에게 복의 저자나 근원이기 때문이 아니라 의롭다 하시는 하나님의 복을 받는 수혜자의 시조이며 받는 방법의 모델이기 때문이다.

> ¹²그리고 할례의 조상이 되어서 결국 할례에 속한 자들만이 아니라
> 우리의 조상 아브라함이 무할례 중에 가진 믿음의 발자취를 따르는
> 자들에 대해서도 조상이 된 것입니다

할례를 받은 자들과 아브라함 사이의 관계는 어떠한가? 바울은 그가 할례의 조상이 된다고 가르친다. 기독교의 역사에서 믿음의 조상은 언약의 할례를 받은 최초의 사람이다. 그러므로 당연히 할례의 조상이다. "할례의 조상"(πατέρα περιτομῆς)이 의미하는 바는 무엇인가? 이스라엘 백성의 모든 남성 및 남종은 아브라함 자손의 표시로서 할례를 행해야 했고(창 17:12), 이 할례는 이스라엘 민족을 이방인과 구별하는 표시였다(삿 14:3, 삼상 17:26). 그러나 할례가 믿음의 의에 대한 표라면 믿음의 의가 없는 신체의 표면적인 할례는 결코 아브라함 자손의 표가 되지 못한다는 결론이 도출된다. 할례는 마음에 하여야 한다는 신명기의 주장(신 10:16)도 그 의미가 이와 동일하다. 신체가 아니라 마음에 할례를 행할 때에 비로소 할례의 조상 아브라함 후손의 표를 획득한다. 마음의 할례는 유대인과 이방인, 지혜자와 야만인, 남성과 여성, 아이와 어른 모두에게 차별이 없고 동일하게 가능하다. 그러므로 아브라함은 할례 이전에 믿음으로 말미암아 하나님의 의롭다 하심을 받고 언약의 할례를 받음으로 할례에 속한 신자들과 그가 무할례 중에 가진 신앙의 발자취를 따르는 신자들 모두에게 믿음의 조상이 되었다고 바울은 정리한다.

¹³아브라함 혹은 그 후손에게 세상의 상속자가 되라고 한 약속은
율법으로 말미암은 것이 아니라 믿음의 의로 말미암은 것입니다

아브라함 및 그의 후손이 된다는 것의 의미는 무엇인가? 이는 "세상의 상속자"(τὸ κληρονόμον κόσμου)가 되라는 약속의 수혜자가 됨을 의미한다. 마음의 할례 즉 믿음으로 말미암아 하나님의 의롭다 하심을 받은 아브라함 및 그를 믿음의 조상이라 부르는 모든 신자들은 하나님의 약속을 따라 세상을 상속한다. 즉 "세상의 상속자"는 땅의 모든 족속이 믿음의 조상으로 말미암아 복을 얻는다는 의미도 있지만 믿음의 모든 후손을 통해서도 땅의 모든 족속이 복을 받는다는 의미를 포함한다. 이처럼 믿음의 조상에게 주어진 약속은 믿음의 모든 후손에게 주신 약속이다. 교회는 믿음의 조상처럼 모든 민족에게 복을 제공하여 세상을 상속해야 한다.

사실 "세상의 상속자"가 된다는 것은 이미 온 인류의 조상인 아담과 하와에게 주어진 약속이다. "생육하고 번성하여 땅에 충만하라, 땅을 정복하라, 바다의 물고기와 하늘의 새와 땅에 움직이는 모든 생물을 다스리라"(창 1:28). 이 명령의 형태로 주어진 약속은 "세상의 상속자"가 가진 의미를 가장 잘 보여준다. 세상을 상속하는 방법은 생육하는 것, 번성하는 것, 땅에 충만한 것, 땅을 정복하는 것, 모든 생물을 다스리는 것 등 다섯 가지로 구성되어 있다. 여기에서 정복과 통치는 무엇에 의한 것이냐가 중요하다. 하나님의 형상을 따라 창조된 만물의 영장이요 최고의 피조물인 인간은 온 세상에 가장 선한 영향력을 끼칠 것이기 때문에 주어진 약속이다. 즉 인간은 온 세상을 사랑으로 정복하고 정의로 다스려야 한다. 그러나 죄로 말미암아 인간은 최악의 피조물로 전락했고 세상에 선한 영향력의 공급자가 아니라 증오와 불의로 가득한 가장 위험한 존재로 추락했다. 그래서 세상은 인간에게 상속의 대상이 아니라 인간의 대적으로 바뀌었다. 땅은 가시와 엉겅퀴를 내었고 하늘과 땅과 바다에 있는 생물은 인간과 더불어 죽고 죽이는 살육의 관계로 전락했다. 태초에 주어진 약속은 인간의 죄로 말미암아 파기되는 듯하였다.

그러나 믿음의 의로 말미암아 "세상의 상속자"가 된다는 약속은 그리스도 안에서 갱신되어 우리에게 다시 주어졌다. 예수님은 하나님에 의해 "만유의 상속자"(κληρονόμον πάντων)로 지목된 분이시다(히 1:2). 나아가 예수를 믿음으로 말미암아 하나님의 자녀가 되는 권세를 가진 우리도 상속자 곧 하나님의 상속자, 그리스도 예수와 함께 한 상속자다(롬 8:17). 즉 우리는 온 천하에 다니며 만민에게 복음을 전파하고 모든 족속으로 제자를 삼아 세례를 주고 하나님의 진리를 가르치고 순종하게 하여 그들로 하여금 하나님의 백성으로 살아가게 하는 복을 보여주며 전파하는 온 "세상의 상속자"다. 여기에서 상속자는 지배하고 독점하고 명령하고 지시하고 통제하는 권력자가 아니라 섬김을 받기보다 섬기며 사랑을 받기보다 사랑하며 군림보다 그들의 종이 되며 이로써 예수님의 정의와 사랑을 전파하는 십자가의 상속자를 의미한다. 세상의 상속자는 율법의 명령적인 의가 아니라 믿음의 자비로운 의로 말미암아 되기 때문이다. 그리고 해 아래에서 헛되고 헛된 세상을 십자가 아래로 데려오는 상속자의 이 사명은 율법의 행위로 말미암지 않고 믿음의 의로 말미암아 성취된다.

[14]만일 율법에 속한 자들이 상속자라 한다면 믿음은 허무하게 되고
약속도 파기되는 것입니다 [15]이는 율법이 진노를 이루는 탓입니다
율법이 없는 곳에는 범법도 없습니다

율법에 속한 자들이 세상의 상속자가 된다면, 이런 터무니가 없는 가정이 실재라면, 믿음은 의미가 없어지고 세상의 상속자가 될 것이라는 약속도 파기된다. 율법에 속한 자들은 율법의 모든 조항을 항상 행하여야 한다(갈

3:10, 5:3). 그런데 율법에 속한 자들이 온전한 순종을 통해 상속자의 자격을 취득하지 못하고 불순종을 통해 하나님의 진노만 촉발했다. 율법은 그 성취와 완성을 인간에게 기대하지 않고 인간의 범법을 고발하고 그것이 하나님의 진노가 되었다고 꾸짖는다. 이는 인간이 율법으로 말미암아 세상의 상속자가 될 것을 기대하지 않고 율법의 행위로는 이루어질 수 없는 약속임을 가르친다. 그럼에도 불구하고 율법에 속한 자들이 세상의 상속자가 된다고 주장하는 것은 터무니가 없는 고집이다. 나아가 그들이 세상의 상속자가 되지 못한다면 하나님의 약속이 파기되는 셈인데 이것도 터무니없다. 율법에 의한 약속의 파기를 거부하는 바울은 다른 곳에서 연대기적 이유를 이렇게 제시한다. "미리 정하신 언약을 사백삼십 년 후에 생긴 율법이 폐기하지 못하고 그 약속을 헛되게 하지 못하리라"(갈 3:17). 하나님의 언약은 율법이 주어지기 이전에 맺어졌다. 이는 율법이 전혀 고려되지 않은 약속의 성취 여부에 있어서 훨씬 늦게 주어진 율법은 변수가 되지 못함을 의미한다. 그러므로 세상의 상속자가 되라는 하나님의 약속은 율법으로 말미암아 주어진 것이 아니기 때문에 율법으로 말미암아 파기되지 못한다는 바울의 논리는 타당하다.

[16]이러한 이유로 [그 약속은] 은혜에 따른 것이기 위해 믿음에 속한 것입니다
이로써 그 약속은 모든 후손에게 확실하게 되었는데 율법에 속한 자들과
"내가 너를 많은 민족의 조상으로 세웠다"고 기록된 것처럼 우리 모두의
조상이 된 아브라함 신앙에 속한 자들 모두에게 확고히 세워진 것입니다

이 약속이 율법으로 말미암지 않고 믿음에 속한 이유는 바로 그 약속이 은혜에 따라 주어진 약속이기 위함이다. 하나님의 모든 약속은 은혜로 말미암아 주어진다. 창조자가 피조물인 인간에게 약속을 주신다는 것 자체

가 하나님의 은총이다. 이는 하나님과 인간이 율법을 기준으로 각각 성취와 보상, 미성취와 형벌의 의무를 가진 계약의 대등한 파트너가 아니기 때문이다. 하나님은 전능하신 분이고 우리는 연약하다. 하나님은 영원하신 분이고 우리는 잠시 있다가 사라지는 안개와 같은 인생이다. 하나님은 무한한 분이시고 인간은 유한하다. 하나님은 선하지만 인간은 사악하다. 하나님은 정직하나 인간은 거짓되다. 이러한데 어떻게 계약의 대등한 파트너가 될 수 있겠는가!

하나님의 약속은 은혜에 따른 것이며 이 은혜가 은혜 되게 하기 위해 세상의 상속자가 되는 약속의 성취는 믿음에 속하였다. 믿음의 의로 말미암아 세워지는 은혜의 약속은 믿음의 조상에게 주어질 때부터 믿음에 속하였고 그의 후손에게 계승될 때에도 믿음에 속하였다. 믿음으로 말미암아 하나님의 은혜로운 약속은 율법에 속한 신자들과 아브라함 신앙의 발자취를 따르는 신자들 모두에게 확고히 세워졌다.

"내가 너를 많은 민족의 조상(Πατέρα πολλῶν ἐθνῶν)으로 세웠다"는 기록에서 "많은 민족"은 이스라엘 민족과 땅의 모든 족속 모두를 의미한다. 바울에 의하면, 믿음의 조상은 하나님의 약속을 따라 유대인과 이방인 모두를 포괄하는 세상의 상속자가 되었으며, 동시에 이 약속은 그의 모든 후손에게 확고히 세워진 약속이다. 그러므로 이 약속을 받은 우리 모두는 그리스도 안에서 세상의 상속자가 된 자로서 땅 끝까지 이르러 모든 족속에게 복음의 복을 전파하여 그들을 제자로 삼고 진리의 교훈을 가르쳐 지키게 하는 증인의 삶을 살아가야 한다. 세상의 상속자가 된다는 영광의 크기는 온 세상에 사랑과 진리와 정의와 선함과 거룩함의 영향력을 끼치며 땅 끝까지 복음의 증인이 된다는 동일한 크기의 책임을 요구한다.

롬 4:17-25

¹⁷기록된 바 내가 너를 많은 민족의 조상으로 세웠다 하심과 같으니 그가 믿은 바 하나님은 죽은 자를 살리시며 없는 것을 있는 것으로 부르시는 이시니라 ¹⁸아브라함이 바랄 수 없는 중에 바라고 믿었으니 이는 네 후손이 이같으리라 하신 말씀대로 많은 민족의 조상이 되게 하려 하심이라 ¹⁹그가 백 세나 되어 자기 몸이 죽은 것 같고 사라의 태가 죽은 것 같음을 알고도 믿음이 약하여지지 아니하고 ²⁰믿음이 없어 하나님의 약속을 의심하지 않고 믿음으로 견고하여져서 하나님께 영광을 돌리며 ²¹약속하신 그것을 또한 능히 이루실 줄을 확신하였으니 ²²그러므로 그것이 그에게 의로 여겨졌느니라 ²³그에게 의로 여겨졌다 기록된 것은 아브라함만 위한 것이 아니요 ²⁴의로 여기심을 받을 우리도 위함이니 곧 예수 우리 주를 죽은 자 가운데서 살리신 이를 믿는 자니라 ²⁵예수는 우리가 범죄한 것 때문에 내줌이 되고 또한 우리를 의롭다 하시기 위하여 살아나셨느니라

◆ ◆ ◆

¹⁷그가 믿은 하나님은 죽은 자들을 살리시며 존재하지 않는 것을 존재하는 것처럼 부르시는 분입니다 ¹⁸그(아브라함)는 바랄 수 없는 중에 바라며 너의 후손이 그러할 것이라는 말씀을 따라 자신이 많은 민족들의 조상이 된다는 것을 믿은 분입니다 ¹⁹그리고 거의 백 세가 되었기에 자기의 몸이 죽었다는 것과 사라의 태가 죽었다는 것을 알면서도 믿음으로 인해 약해지지 않고 ²⁰하나님의 약속에 대해 불신으로 위축됨이 없이 오히려 믿음으로 강해져서 하나님께 영광을 돌리고 ²¹약속하신 것을 능히 이루실 분이라는 사실에 대한 확신을 갖습니다 ²²그것이 결국 그에게 의로 여겨진 것입니다 ²³그것이 그에게 의로 여겨졌다 기록된 것은 그만을 위한 것이 아니라 ²⁴예수 우리의 주를 죽은 자들 가운데서 살리신 이를 믿는 자들로서 의로 여겨질 우리도 위한 것입니다 ²⁵그는 우리의 범죄함 때문에 내줌이 되셨고 우리의 의를 위해 살아나신 분입니다

믿음의 본질

믿음의 조상은 무엇을 믿었는가? 하나님 자신이다. 하나님을 믿는다는 말의 의미를 알기 위해서는 믿음의 대상인 하나님이 어떤 분인지를 이해해야 한다. 하나님은 누구신가? 올바른 신앙은 하나님을 막연한 절대자로아는 것이 아니라 성경에 계시된 그대로의 하나님을 신뢰한다. 바울은 아브라함 신앙의 구체적인 내용을 소개하되 그것이 우리와도 결부되어 있다고 설명한다. 그러므로 우리도 믿음의 조상이 믿은 하나님을 동일하게알고 그가 하나님에 대해 가진 동일한 믿음으로 하나님을 신뢰해야 의롭다고 여겨진다.

> [17]그가 믿은 하나님은 죽은 자들을 살리시며
> 존재하지 않는 것을 존재하는 것처럼 부르시는 분입니다

아브라함 신앙의 핵심은 믿음의 대상인 하나님 자신이다. 바울은 믿음의조상이 믿은 하나님은 죽은 자들을 살리시고 존재하지 않는 것을 존재하

는 것처럼 부르시는 분이라고 소개한다. 이는 하나님은 구원자인 동시에 창조자가 되신다는 신앙이다. 먼저 구원자 하나님은 죽은 자도 살리신다. 죽음을 생명으로 바꾸시는 하나님은 당연히 절망도 희망으로, 슬픔도 기쁨으로, 어둠도 빛으로, 악도 선으로 능히 바꾸신다. 생명과 희망과 기쁨과 빛과 선의 소유권은 하나님께 있다. 진실로 하나님 앞에서는 죽음이 인생의 마침표가 아니며 무덤이 인생의 종착지가 아니다. 이는 죽음 너머의 삶이 있고 무덤 너머의 세상이 있기 때문이다. 이러한 사실의 명확한 증거는 부활이다. 믿음의 조상이 가진 신앙은 바로 부활 신앙이다. 오직 하나님만 죽은 자를 살리신다. 그래서 하나님은 시인의 고백처럼 "생명의 원천"이다(시 36:9).

이러한 생각을 가진 이스라엘 백성의 눈앞에 그런 하나님을 방불하는 존재가 등장했다. 예수였다. 그는 죽은 나사로(요 11:43-44)와 나인 성 과부의 죽은 아들(눅 7:13-15)과 백부장 야이로의 죽은 딸(막 5:40-42)도 살리셨다. 죽은 자들을 살리신 이 사건은 예수님의 신적인 속성을 증거한다. 진실로 예수님은 타인의 죽음을 생명으로 바꿀 뿐만 아니라 자신의 생명을 "버릴 권세도 있고 다시 얻을 권세"도 있는데 이 권세는 아버지께 받은 것이라고 고백한다(요 10:18). 이런 권세에 있어 예수님은 아버지와 동등하다. 죽은 자를 살린다는 것은 단순히 이 땅에서 죽은 자들의 물리적인 회생만 의미하지 않고 영원한 사망에서 영원한 생명으로 옮긴다는 의미도 내포하고 있다.

죽은 자를 살리는 이 권세와 동일한 것은 바로 죄를 사하는 권한이다. 죄의 삯은 사망이다. 영원한 하나님께 저질러진 죄의 대가는 영원한 사망이다. 이 죄가 없어지면 영원한 사망도 사라진다. 즉 죄를 사하는 권세는 영원한 사망이 마땅한 죄인을 의인으로 만들어 그 사망에 이르지 않게 만드는 권한이기 때문에 죽은 자를 영원히 살리는 권세와 동일하다. 죄를 사하는 이러한 권세가 예수님께 있다(마 9:6)는 것도 그의 신성을 증거한다. 그래서 이 권세를 가졌다는 예수님의 주장을 유대인은 신성을 모독하는 행위로 간주했고 죽이려고 했다. 진실로 예수님을 믿는다는 것은 그가 죽을 수밖에 없는 죄인의 죄를 사하여 영원한 죽음에서 영원한 생명으로 옮기시는 분이라고 믿는 믿음을 의미한다. 이는 죽은 자를 살리시는 하나님을 믿는 아브라함 신앙의 핵심이다.

신약에서 이러한 아브라함 신앙의 대표적인 소유자는 바로 아브라함 신앙의 본질과 내용을 소개하고 있는 바울 자신이다. 바울은 어떻게 이러한 신앙을 가졌는가? "우리는 우리 자신이 사형 선고를 받은 줄 알았으니 이는 우리로 자기를 의지하지 말고 오직 죽은 자를 다시 살리시는 하나님만 의지하게 하심이라"(고후 1:9). 바울은 아브라함 신앙을 온전히 소유하기 위해 사형 선고라는 죽음의 강을 건너가야 했다. 특별히 아시아 지역에서 그는 "힘에 겹도록 심한 고난을 당하여 살 소망까지" 끊어졌다(고후 1:8). 삶의 소망까지 끊어지는 상황을 허락하신 하나님은 우리의 눈으로 보기에는 참으로 야속한 분이시다. 그러나 소망의 끊어짐은 끝이 아니라는 사실을 바울은 깨달았다. 인간적인 소망의 끊어짐은 오히려 죽은 자를 다시 살리시는 하나님에 대한 신앙의 준비였다. 믿음의 선물은 절망의 표정을 짓고 찾아온다. 그래서 바울은 살 소망의 끊어짐을 기다리지 않고 침노한다. 수단과 방법을 가리지 않고 예수님의 죽으심을 본받으려 했고 주님처럼 죽은 자 가운데서 부활에 이르려고 했다(빌 3:10-11). 단순한 고백과 다짐만이 아니라 그는 교회 앞에서 자랑할 정도로 부활의 하나님을 체험하기 위해 날마다 죽는 삶을 실제로 살아냈다(고전 15:31).

죽은 자를 살리시는 하나님을 믿으면 잃을 것이 없어진다. 오히려 그리스도 예수를 소유함에 있어서는 소유물이 무익한 것으로 혹은 해로 작용함을 고백한다. 가장 큰 상실은 죽음인데 심지어 죽음도 두렵지가 않다. 죽음에 대한 두려움의 종식은 예수님이 이 땅에 오신 목적이다. "혈과 육을 함께 지니심은 죽음을 통하여 죽음의 세력을 잡은 자 곧 마귀를 멸하시며 또 죽기를 무서워하므로 한평생 매여 종노릇하는 모든 자들을 놓아 주려 하심"(히 2:14-15)이다. 사람들은 죽음을 두려움의 대상으로 여기며 죽지 않으려고 죽음을 멀리하는 방향으로 살아간다. 그런 방식으로 그들은 죽음을 돌쩌귀와 같이 맴도는 죽음의 노예로 전락한다. 이러한 죽음에의 종노릇을 멈추기 위해서는 몸은 죽여도 영혼은 능히 죽이지 못하는 자들에 대한 두려움을 접고 오직 몸과 영혼을 모두 지옥에 멸하실 수 있는 하나님을 경외해야 한다(마 10:28).

구약에서 하나님을 죽은 자 살리시는 분으로 믿는 아브라함 신앙의 대표적인 모델은 사무엘의 모친이다. 사무엘의 어머니 한나의 고백이다. "여호와는 죽이기도 하시고 살리기도 하시며 스올에 내리게도 하시고 거기에서 올리기도 하시는도다"(삼상 2:6). 한나는 하나님이 그녀로 하여금 임신하지 못하게 하셔서 고통과 조롱을 당하였다. 이에 한나는 통곡하며 기도했다. 죽음 같은 통곡의 기도를 하나님은 들으시고 그녀에게 하나님의 사람 사무엘을 베푸셨다. 이런 하나님을 경험한 그녀는 하나님이 어떤 분이심을 깨달았다. 과연 하나님은 죽임과 살림의 주이시며 지옥에 내리기도 하고 하늘로 올리기도 하는 분이시다.

믿음의 조상이 믿는 하나님은 또한 존재하지 않는 것을 존재하는 것처럼 부르는 분이시다. 여기에서 믿음의 선진들은 무에서의 창조(creatio ex nihilo)를 깨달았다. 하나님은 있음과 없음을 결정하고 주관하는 분이시다. 하나님 앞에서는 있음과 없음이 동일하다. 그는 자유롭게 있음을 없음으로 여기시고 없음을 있음으로 여기신다. 있음을 없음으로 여기시는 경우는 이사야가 증언한다. "그의 앞에는 모든 열방이 아무것도 아니라 그는 그들을 없는 것 같이, 빈 것 같이 여기"(사 40:17)신다. 열방에 아무리 강하고 아름답고 귀한 것이 있다고 할지라도 무한히 강하고 무한히 아름답고 무한히 존귀한 하나님 앞에서는 그것이 없음으로 여겨진다. 이런 하나님을 믿는다면 무언가가 있다고 자랑하지 말라. 사람들 사이의 자랑은 도토리 키 재기에 불과하다. 그러므로 "지혜로운 자는 그의 지혜를 자랑하지 말라 용사는 그의 용맹을 자랑하지 말라 부자는 그의 부함을 자랑하지 말라"(렘 9:23). 하나님은 우리에게 인간 사회에서 자랑의 일 순위를 차지하는 지혜와 용기와 부의 자랑을 금하신다.

하나님 앞에서는 없음도 있음이다. 하나님은 만물을 무에서 존재로 부르셨다. 있음도 하나님이 없으면 없음이고 없음도 하나님이 있으면 있음이다. 하나님은 진정한 없음과 진정한 있음의 기준이다. 없어 보이는 마른 막대기도 주님께서 쓰시면 홍해도 가르는 기적의 멋진 수단이다. 지렁이 같고 사기꾼 같은 야곱도 주님께서 함께 계시면 하나님의 백성인 "이스라엘" 국호를 제공하는 멋진 인물로 간주된다. 가시적인 없음은 진정한 없음이 아니기 때문에 우리에게 무언가가 없다고 실망하지 말라. 무언가가 있다는 것은 가시적인 있음에서 비롯되는 것이 아니기 때문이다. 있음의 근원은 모두 보이지 않는 하나님의 말씀이다. "믿음으로 모든 세계가 하나님의 말씀으로 지어진 줄을 우리가 아나니 보이는 것은 나타난 것으로 말미암아 된 것이 아니니라"(히 11:3). 사람들은 눈에 보이지 않으면 없다고 생각한다. 그러나 이 세상의 모든 있음은 없음에서 나온 것이라고 히브리서 기자는 고백한다. 동일한 관점에서 바울은 가시적인 있음이 아니라 보이지 않는 말씀의 있음을 기준으로 교회의 현실을 이렇게 해석한다. "무명한 자 같으나 유명한 자요 죽은 자 같으나 보라 우리가 살아 있고 징계를 받는 자 같으나 죽임을 당하지 아니하고 근심하는 자 같으나 항상 기뻐하고 가난한 자 같으나 많은 사람을 부요하게 하고 아무것도 없는 자 같으나 모든 것을 가진 자로다"(고후 6:9-10).

[18]그(아브라함)는 바랄 수 없는 중에 바라며 너의 후손이 그러할 것이라는
말씀을 따라 자신이 많은 민족들의 조상이 된다는 것을 믿은 분입니다

"너의 후손이 그러할 것이라"는 말씀은 창세기 15장에서 믿음의 조상에게 주어진 약속이다. 아브라함은 많은 민족의 조상이 될 것이라는 하나님의 약속을 받았으나 아무런 징조도 없이 약속의 땅에서 무려 10여년의 시간이 흘러가자 낙심하여 주께서 자신에게 씨를 주지 않으셨기 때문에 자기 집에서 거주하는 종 엘리에셀이 자신의 상속자가 될 것이라는 푸념을 내뱉었다. 이에 하나님은 그를 데리고 밖으로 나가셨다. "하늘을 우러러 뭇별을 셀 수 있나 보라 또 그에게 이르시되 네 자손이 이와 같으리라"(창 15:5). 이 이야기를 듣고 믿음의 조상은 바랄 수 없는 중에 바라며 하나님의 약속을 믿었다고 바울은 해석한다. 이는 땅에서의 인간적인 소망이 전혀 없는 절망의 상황 속에서도 하나님의 약속을 소망으로 붙잡고 믿었다는 이야기다. 이게 무슨 역설인가! 절망과 희망의 구분은 그저 인간에게 있다. 빛과 어둠의 구분도 그러하다. 주님께는 밤도 낮과 같이 환하고 절망도 희망과 같이 유쾌하다. 이것을 믿을 수 있겠는가?

죽음과 없음에 대한 우리의 태도는 어떠해야 합당한가? 대부분의 사람들은 죽으면 바랄 수 없고, 없으면 바랄 수 없다고 생각한다. 그러나 믿음의 조상에게 이 땅에서의 소망은 진정한 소망이 아니었고, 이 땅에서의 절망도 진정한 절망이 아니었다. 물론 몸의 죽음과 자녀의 없음은 믿음의 조상에게 절망적인 실재였다. 그러나 하나님의 약속은 그에게 어떠한 절망의 실재보다 더 확실한 실재였다. 왜냐하면 하나님의 약속은 이 땅에서의 어떠한 절망에 의해서도 폐하여 질 수 없기 때문이다. 죽은 자를 살리시고 존재하지 않는 것을 존재하는 것처럼 부르시는 전능하신 하나님은 어떠한 방해물도 없이, 어떠한 실패함도 없이 자신의 약속을 반드시 이루신다. 아브라함 신앙의 근거는 바로 이러한 하나님 자신이다. 만약 믿음의 조상이 바랄 수 있는 소망으로 가득한 상황에서 하나님의 약속을 믿었다면 그 믿음의 근거는 하나님 자신이 아니라 상황일 가능성이 높다. 그러나 그의 현실은 하나님의 말씀이 이루어질 수 있겠다는 소망의 상황이 전혀 아니었다. 이런 상황을 보았다면 절망의 반응을 보였을 것이지만 하나님을 보았기 때문에 그는 약속의 성취를 굳게 소망했다.

> ¹⁹그리고 거의 백 세가 되었기에 자기의 몸이 죽었다는 것과
> 사라의 태가 죽었다는 것을 알면서도 믿음으로 인해 약해지지 않고

바울은 이제 아브라함 신앙의 배경 즉 믿음의 조상이 처한 절망적인 상황을 설명한다. 많은 민족의 조상이 될 것이라는 하나님의 약속이 주어진 당시의 아브라함 나이는 거의 100 살이었고 사라는 90세에 가까웠다. 그들도 약속의 말씀을 들은 순간에는 실화가 아니라고 생각했다. 약속이 결코 이루어질 수 없는 절망의 상황을 그들은 인지했다. 그렇기 때문에 믿음의 조상이 고개를 아래로 떨구며 속으로 이렇게 반응했다. "백 세 된 사람이 어찌 자식을 낳을까 사라는 구십 세니 어찌 출산을 하리요"(창 17:17). 늙어서 생식(生殖)의 능력이 사라진 사라와 아브라함 모두 자녀를 출산할 수 있는 상황이 전혀 아니었다. (물론 오늘날 최고령 출산의 기록은 남성의 경우 96살의 램지라는 분이, 여성의 경우에는 72살의 카우어라는 분이 보유하고 있다. 그러나 믿음의 조상은 이삭이 결혼한 이후에 재혼한 그두라와 함께 175세가 되도록 6명의 아들들을 출산했다. 그렇다면 175세까지 생식의 가능성이 있었다고 보아도 무방하다.) 이것은 이 부부의 불신앙을 보여 주기 위함이 아니었다. 약속을 받은 당사자도 아무것도 바랄 수 없는 절망의 상황에 있었다는 사실을 알리기 위함이다.

진실로 하나님의 약속은 당시의 현실에서 결코 이루어질 수 없는 것이었다. 그런 현실에 무지하지 않고 분명하게 알면서도 사라와 아브라함 두 사람은 그런 절망 앞에서 무릎을 꿇지 않았다고 바울은 증거한다. 그들이 약해지지 않은 이유는 믿음 때문이다. 믿음은 절망도 제거하여 연약한 사

람을 능히 일으킨다. 믿음은 증거가 보이지 않을 때에도 확고한 증거를 붙드는 무형의 손이며, 이루어질 수 없는 소망의 실상도 취하는 신비한 능력이다(히 11:1). 이러한 믿음의 소유자는 결코 약해질 수 없는 사람이다. 믿음은 약함을 해결하는 최고의 대안이다. 믿음을 가지면 약함의 문제가 해결된다.

[20]하나님의 약속에 대해 불신으로 위축됨이 없이
오히려 믿음으로 강해져서 하나님께 영광을 돌리고

믿음은 약함을 제거하는 것만이 아니라 강함도 선사한다. 이 구절에서 바울은 믿음의 사람이 하나님의 약속에 대해 불신으로 위축되지 않고 믿음으로 강하게 되었다고 설명한다. 하나님의 약속에 대해 인간이 사용할 수 있는 반응의 카드는 두 가지로 구분된다. 하나는 불신이고 다른 하나는 믿음이다. 바울에 의하면 하나님의 약속에 대한 불신은 위축을 초래하고 믿음은 강함을 제공한다. 믿음의 사람은 불신이 아니라 믿음을 붙들었고 강하게 되었다고 바울은 분석한다. 사람은 믿는 구석이 있으면 강해진다. 그런데 믿는 구석의 실체가 중요하다. 불안정한 것을 믿으면 믿어도 약해지고 흔들린다. 그러나 견고한 것을 믿으면 진실로 강해진다.

믿음의 조상에게 믿는 구석은 약속을 주신 하나님 자신이지 자기가 처한 절망적인 상황의 호전이 아니었다. 그의 믿음은 절망의 흙더미 속에서 핀 꽃이었다. 진정한 믿음은 이렇게 캄캄한 절망 속에서 확인되고 길러진다. 믿음의 믿음다운 면모를 드러낸다. 믿음의 조상처럼 우리도 때때로 소망의 빛이라곤 단 한 줄기도 없는 상황에 내몰린다. 그때 대부분은 약해지고 흔들린다. 그러나 믿는 구석이 있는 사람, 하나님을 비빌 마지막 언덕으로 삼은 사람, 상황이 아니라 그 하나님을 신뢰하는 사람은 여전히 강하고 당당하다. 이는 하나님의 뜻이 반드시 이루어질 것이라고 믿기 때문이다. 자연적인 상황이든 사람이 짜 놓은 인위적인 상황이든 하나님의 사랑과 정의라는 뜻은 반드시 실현된다. 만약 실현되지 않는다면 그것은 그 공동체에 주시는 하나님의 형벌이요 재앙이다. 이는 증오와 불의가 구현되는 공동체는 이미 그 자체로 지옥이기 때문이다.

절망의 상황이라 할지라도 하나님의 약속을 불신하고 의심하면 약해지고 신뢰하면 강해진다. 불신으로 약해진 사람은 절망에 빠지고 원망과 불평을 내뱉지만 믿음으로 강해진 사람은 하나님께 영광을 돌리게 된다고 바울은 해석한다. 상황을 주목하면 절망의 현실이 크게 보이지만 하나님을 주목하면 그분이 더 크게 보이고 상황의 판도는 달라진다. 그분의 약속이 이미 그에게는 진정한 실상이기 때문에 경배의 손이 올라가는 것은 당연하다. 어떠한 상황 속에서도 하나님께 영광을 돌리고 있는지의 여부를 확인하면 우리가 가진 믿음의 상태가 어떠함이 진단된다. 모든 상황에서 하나님께 영광을 돌리는 것은 참된 믿음의 본질이다. 캄캄한 절망 속에서 믿음은 더욱 번뜩인다.

모든 것을 잃어버린 절망의 상황에 직면한 욥의 아름다운 고백은 부활 신앙을 가진 모든 사람이 절망을 대하는 태도의 정석을 보여준다. "내가 모태에서 알몸으로 나왔은즉 또한 알몸이 그리로 돌아갈 것이라 주신 이도 여호와요 거두신 이도 여호와니 여호와의 이름이 찬송을 받을지라"(욥 1:21). 알몸을 주신 하나님은 알몸을 거두는 분이시다. 자녀와 가정과 부와 명예를 주시는 하나님은 그것을 또한 거두는 분이시다. 아내와 자녀들과 종들과 집들과 가축들을 비롯해 가진 모든 것들이 아무런 이유도 없이 제거된 상황 속에서도 욥은 여호와의 이름이 찬송을 받아야 한다고 고백한다. 이는 하나님의 이름을 찬양함에 있어서 이 땅에서의 소유와 상실이 결코 변수가 될 수 없다는 아브라함 신앙의 실상이다.

²¹약속하신 것을 능히 이루실 분이라는 사실에 대한 확신을 갖습니다

바울은 하나님의 약속을 믿는다는 것의 본질 하나를 더 제시한다. 즉 하나님은 당신이 약속하신 것을 능히 이루실 분이라는 사실에 대한 확신이다. 우리가 하나님의 약속을 신뢰하는 근거는 무엇인가? 그 약속이 우리에게 유익하기 때문인가? 우리가 보기에 그 약속이 실현될 환경과 조건이 구비되어 있기 때문인가? 아니면 약속을 하신 하나님의 능력과 신실함 때문인가? 많은 사람이 하나님을 믿는다고 할 때에 주로 나에게 주어지는 유익과 실현될 가능성이 있는 환경을 주목한다. 그러나 믿음의 근거는 약속의 주체이신 하나님께 있다. 하나님은 약속을 주신 분이시고 동시에 그 약속을 친히 이루시는 분이시다. 이루는 방식은 바로 그분의 말씀이다.

아브라함 신앙은 그리스도 예수의 출산에 대한 준비이며 예표였다. 이는 하나님의 약속이 아브라함과 그리스도 예수에게 주어진 것이기 때문이다(갈 3:16). 약속의 자녀 이삭과 예수의 출생은 모두 기적이다. 그러나 예수의 출생은 더 신비로운 기적이다. 그의 어머니 마리아는 남자를 알지 못하는 처녀였다. 남자와 더불어 잠자리도 가지지 않은 여자에게 "보라 네가 잉태하여 아들을 낳으리니 그 이름을 예수라 하라"(눅 1:31)는 황당한 말씀이 주어졌다. 이는 도무지 이루어질 수 없는 말씀이다. 생식의 기능을 상실한 믿음의 조상이 약속의 자녀 이삭을 낳게 된다는 것보다 실현이 더 불가능한 말씀이다. 그럼에도 불구하고 천사는 다음과 같은 이야기로 마리아를 설득한다. "대저 하나님의 모든 말씀은 능하지 못하심이 없느니라"(눅 1:37). 실현되지 않을 것 같은 그 말씀이 능히 이루어질 것이라는 취지에서 천사는 말씀 자체의 완전한 능력을 언급한다.

하나님의 말씀은 무에서 존재를 부르시는 창조와 창조된 피조물의 존속을 가능하게 한다. 진실로 말씀은 전능하다. 말씀 자체이신 예수님의 말씀이다. "할 수 있거든이 무슨 말이냐 믿는 자에게는 능히 하지 못할 일이 없느니라"(막 9:23). 여기에서 전능은 믿는 사람의 능력도 아니고 그 사람이 가진 믿음의 능력도 아니며 하나님의 말씀이신 그리스도 예수의 능력이다. 말씀의 전능과 예수의 전능은 동일한 것이었다. 다음은 예수님이 전능한 분이시기 때문에 하신 말씀이다. "내 이름으로 무엇이든 내게 구하면 내가 행하리라"(요 14:14). 예수님은 하나님의 영광을 위해, 우리의 구원을 위해 실재로 모든 것을 다 이루셨다(요 19:30). 그래서 그는 모든 약속의 완성과 마침이다(롬 10:4, 13:10).

²²그것이 결국 그에게 의로 여겨진 것입니다

지금까지 바울은 믿음의 조상 아브라함이 믿은 하나님의 속성과 하나님의 약속에 대한 아브라함의 반응을 중심으로 믿음의 본질을 설명했다. 이제 사도는 그런 본질적인 믿음이 그에게 의로 여겨진 것이라고 정리한다.

²³그것이 그에게 의로 여겨졌다 기록된 것은 그만을 위한 것이 아니라
²⁴예수 우리의 주를 죽은 자들 가운데서 살리신 이를 믿는 자들로서
의로 여겨질 우리도 위한 것입니다

믿음으로 하나님의 의롭다 하심을 얻는다는 사실의 기록은 아브라함 자신만이 아니라 모든 믿음의 사람들을 위함이다. 우리도 하나님이 예수를 죽은 자들 가운데서 살리시는 구원자가 되신다는 사실을 믿으면 의롭다고 여겨진다. 지금까지 살펴본 믿음의 본질은 무엇인가? 하나님의 의롭다 하심을 얻는 참된 믿음에는 하나님을 아는 지식이 중요하고, 그런 하나님에 대한 우리의 전인적인 반응이 중요하다. 믿음의 조상에게 믿음은 입술의 언어적인 고백이나 자신의 마음에 거는 심리적인 최면이 아니었다. 참된 믿음을 갖는다는 것은 기적이다. 이에 대한 예수님의 말씀이다. "인자가 올 때에 세상에서 믿음을 보겠느냐"(눅 18:8). 이는 참된 믿음의 희귀성을 의미한다. 믿음으로 하나님의 의롭다 하심을 얻는 아브라함 신앙은 하나님의 의롭다 하심을 얻는 우리의 신앙에 유일한 모델이다. 그러므로 바랄 수 없는 중에도 바라고 믿으며 하나님께 영광을 돌리는 신앙을 소유하라. 죽은 자도 살리시고 없는 것을 있는 것처럼 부르시는 하나님이 친히 당신의 약속을 이루실 것이라는 확신에 이르러야 한다.

²⁵그는 우리의 범죄함 때문에 내줌이 되셨고 우리의 의를 위해 살아나신 분입니다

바울은 우리가 믿는 믿음의 사도 그리스도 예수의 죽음과 부활의 의미를 설명한다. 즉 예수님의 죽음은 우리의 범죄함 때문이고 예수님의 부활은 우리의 의로움을 위함이다. 이것을 다르게 표현하면, 우리가 죄를 범한다는 것은 예수님을 죽이는 것과 동일하고 우리가 의로운 삶을 산다는 것은 예수님의 부활을 기념하는 것과 동일하다. 예수 우리의 주님을 믿는다는 것은 바로 우리의 죄를 인정하고 돌이켜서 더 이상 죄를 범하지 않겠다는 것과 의로운 삶을 살겠다는 결의와 다짐이다. 예수님은 자신의 죄 때문에 죽지 않으셨다. 그에게는 하나님 앞에서도 내면적인 죄와 외면적인 죄가 전혀 없으셨기 때문이다. 죽을 이유가 없으신 분이 죽으신 것은 우리의 죄를 대신하여 그 삯인 사망을 지불한 은혜의 베풂이다. 때때로 우리는 타인의 죄 때문에 희생물이 된다. 그때마다 예수를 기억하자. 때로는 예수처럼 타인을 위해 스스로 죄의 멍에를 짊어지는 아름답고 자발적인 희생자도 있다. 그때마다 예수를 목격한다.

　예수님은 죽음에 매여 있지 않으셨다. 그는 자신의 생명을 버리기도

하시고 취하기도 하시는 생명의 주인이다. 예수님의 부활이 없다면 우리는 거듭난 이후에 저지르는 죄에 대한 회개의 근거를 상실하게 된다. 부활하여 하나님의 보좌 우편에서 우리를 위해 간구해 주시는 주님의 은혜 없이는 우리는 비록 그의 죽음으로 죄 사함을 받았으나 의로운 삶이 아니라 불의한 삶으로 곧장 돌아간다. 중생 이후로도 우리는 죄를 저지르고 그 죄에 대해 회개해야 한다. 그렇지 않으면 하나님과 무관하게 된다. 예수님이 제자들의 발을 씻으실 때에 하신 말씀이다. "내가 너를 씻어 주지 아니하면 네가 나와 상관이 없느니라"(요 13:8). 이에 베드로는 발만이 아니라 몸도 다 씻어 달라고 부탁한다. 그러나 예수님은 다음과 같은 이유로 거절한다. "이미 목욕한 자는 발밖에 씻을 필요가 없느니라"(요 13:10). 우리는 중생 이후에도 저지른 죄에 대해 발을 씻는 회개를 지속해야 한다. 우리도 주님처럼 죄에 대해서는 죽고 의에 대해는 사는 의로운 삶을 고수해야 한다.

R

5장 첫째 아담의 불순종과 둘째 아담의 순종

롬 5:1-5

¹그러므로 우리가 믿음으로 의롭다 하심을 받았으니 우리 주 예수 그리스도로 말미암아 하나님과 화평을 누리자 ²또한 그로 말미암아 우리가 믿음으로 서 있는 이 은혜에 들어감을 얻었으며 하나님의 영광을 바라고 즐거워하느니라 ³다만 이뿐 아니라 우리가 환난 중에도 즐거워하나니 이는 환난은 인내를, ⁴인내는 연단을, 연단은 소망을 이루는 줄 앎이로다 ⁵소망이 우리를 부끄럽게 하지 아니함은 우리에게 주신 성령으로 말미암아 하나님의 사랑이 우리 마음에 부은 바 됨이니

❖ ❖ ❖

¹그러므로 믿음으로 의롭다 하심을 받은 우리는 예수 그리스도 우리의 주로 말미암아 하나님과 더불어 평화를 갖습니다 ²또한 그로 말미암아 우리는 믿음으로 은혜에 들어감을 얻고 그 은혜 안에 서 있습니다 그리고 우리는 하나님의 영광에 대한 소망을 즐깁니다 ³이것뿐 아니라 우리는 환난도 자랑으로 여깁니다 이는 환난은 인내를, ⁴인내는 연단을, 연단은 소망을 이루는 줄 아는 탓입니다 ⁵소망이 우리를 부끄럽게 하지 않음은 우리에게 주신 성령으로 말미암아 하나님의 사랑이 우리 마음에 부어졌기 때문입니다

21 의로운 자의 즐거움

하나님은 율법을 행함으로 말미암는 의가 아닌 다른 의를 나타내 보이셨다. 그 의는 그리스도 예수를 믿음으로 말미암아 민족과 성별과 나이와 신분과 계층과 시대를 불문하고 믿는 모든 자들에게 주어지는 선물이다. 이 의가 구약에 뿌리를 둔 것이라는 사실을 바울은 아브라함, 모세, 다윗 등의 이름을 거명하며 논하였다. 그리고 믿음의 조상인 아브라함 신앙의 본질에 대해 설명한 이후에 이제 바울은 믿음으로 의롭다 하심을 받은 자가 누리는 즐거움의 내용을 4가지로 소개한다. 즉 하나님과 더불어 평화를 누리고, 은혜에 들어가고 은혜 안에 세워지며, 하나님의 영광에 대한 소망을 누리고, 심지어 환난도 자랑으로 여긴다고 한다.

> [1]그러므로 믿음으로 의롭다 하심을 받은 우리는
> 예수 그리스도 우리의 주로 말미암아 하나님과 더불어 평화를 갖습니다

믿음으로 하나님의 의롭다 하심을 받은 우리에게 허락된 누림과 즐거움

의 내용을 바울은 본문에서 설명한다. 그 첫 번째 내용은 주님과의 평화이다. 악한 행실로 드러난 우리의 정체성은 하나님을 멀리 떠난 원수였다. 행위의 차원만이 아니라 그 행위의 공작소인 마음의 차원에서 하나님과 불화했다(골 1:21). 불화의 원인을 제공한 것은 우리였다. 불화의 회복을 거부한 것도 우리였다. 이에 대해 하나님은 그런 상태를 방관하지 않으시고 우리와의 화목을 원하셨고 화목을 가능하게 할 원인도 베푸셨다. 그 원인은 우리의 주 그리스도 예수였다. 그로 말미암아 우리는 그분과의 평화라는 하늘의 열매를 향유한다. 그리스도 예수는 평화의 중보자다. 그래서 수많은 하늘의 군대가 천사들과 함께 예수님의 탄생에 "땅에서는 하나님이 기뻐하신 사람들 중에 평화"(눅 2:14)라는 의미를 부여한다. 이와 더불어 이사야의 기록에 "평강의 왕"(사 9:6)이라고 예언된 것처럼 예수 탄생의 핵심적인 의미는 평화였다.

이는 우리가 예수를 믿음으로 말미암아 의롭다 하심을 받기 이전에는 주님과의 평화를 누리지 못했음을 의미한다. 만물의 창조주와 우주의 소유자와 역사의 주관자와 행위의 심판자 되시는 하나님과 불화한 자의 상태는 어떠할까? 의롭다 하심 이전에 우리의 영혼은 다른 존재에 대한 불안함, 소유에 대한 불안함, 미래에 대한 불안함, 심판에 대한 두려움에 휩싸였다. 그래서 인간은 타인을 경계하고 소유에 집착하고 미래를 알아내려 하고 죽음을 멀리하려 했다. 이 세상은 하나님과 화목하지 못하여 불화에 빠졌으며 그런 세상이 일구어 온 문명은 그 불화의 해소를 위한 몸부림의 결과였다. 신과의 불화는 하나님을 떠난 인류가 처한 비참의 등본이다. 이 세상에는 싸움과 다툼과 전쟁의 소문이 곳곳에 쟁쟁하다. 온 세상을 불태우고 있는 무수한 갈등과 대립의 근원은 하나님과 관계된 평화의 없음이다. 우리가 일상에서 경험하는 모든 불화는 신적인 불화의 결과이고 증언이다. 예수를 믿음으로 말미암아 의롭다 하심을 얻어 누리는 주님과의 평화는 이 세상에 존재하는 모든 불화의 종식을 의미한다. 하나님과 화목한 사람은 자신의 원수와도 더불어 화목하게 된다(잠 16:7).

왜 바울은 의롭다 하심을 받은 우리가 하나님과 더불어 평화를 가진 다고 말하는가? 평화가 의롭다 하심의 결과인 이유는 무엇인가? 하나님 에 의해 의롭다 하심을 얻는다는 것은 하나님이 보시기에 "옳다고 여긴 다"(δικαιόω)는 뜻이며 하나님의 기준에 부합한 상태의 승인을 의미한다. 즉 하나님과 의롭다 하심을 받은 자가 다르지 않음을 의미한다. 즉 어떠 한 것이든 모든 옳음의 절대적인 기준 되시는 하나님과 일치하면 옳다는 평가가 내려진다. 서로 다르지 않으면 갈등과 대립으로 불화하지 않고 평 화로운 상태로 들어간다. 평화는 두 당사자의 다르지 않음에서 비롯되기 때문이다. 다름은 평화가 깨어질 가능성의 밑천이다. 의로운 하나님과 불 의한 인간, 선한 하나님과 악한 인간, 공평한 하나님과 불공평한 인간, 자 비로운 하나님과 무자비한 인간, 정직한 하나님과 거짓된 인간, 온유한 하나님과 과격한 인간 사이에서 불화가 발생하는 것은 당연하다. 항상 충 돌한다. 과연 우리는 하나님과 더불어 평화를 누릴 만큼 의롭고 선하고 공평하고 자비롭고 정직하고 온유한 사람인가? 전혀 그렇지 않다.

그래서 바울은 "예수 그리스도 우리의 주로 말미암아"라는 문구를 삽 입한다. 예수님은 완전한 하나님과 완전한 사람이다. 예수님은 기준 되시 는 아버지 하나님과 동일한 본질을 가지셨다. 그리고 그의 삶은 아버지 하나님이 제시하신 기준인 계명들을 완벽하게 순종하여 그 기준과 정확 히 일치한다. 그러므로 예수님은 본성과 삶에서 완벽하게 아버지 하나님 과 동일하고 그래서 의로운 분이시다. 하나님 앞에서 전적으로 옳은 분이 시다. 그분 외에 하나님 앞에서 완벽한 의로움의 소유자는 없다. 그분만 이 유일하게 하나님 아버지와 더불어 온전한 평화의 관계를 유지한다. 그 런데 완벽하게 의로운 그분을 믿는 자에게는 그분의 의로움이 전가된다 (imputatio). 그를 힘입어 하나님의 기준과 일치하게 된다. 이러하기 때문 에 믿는 자는 예수로 말미암아 의롭다 하심을 얻고 하나님과 더불어 평화를 가진다고 바울은 주장한다.

하나님과 더불어 평화를 누리기 위해서는 우리가 그리스도 예수를 닮아 하나님의 형상을 우리 안에 온전히 이루어야 한다. 신적인 평화라는 최고의 은택을 입었으나 그것을 누리지 못하면 심히 어리석다. 그 평화를 누리기 위해서는 우리가 주님과 같아져야 한다. 주님의 거룩하심 같이 거룩해야 하고 주님의 의로우심 같이 의로워야 하고 주님의 선하심 같이 선해야 하고 주님처럼 온유하고 자비롭고 정직해야 한다. 그럴 때 우리는 예수께서 아버지 하나님과 더불어 가지신 평화의 수혜자가 된다. 우리의 이러한 처신은 평화의 근거가 아니라 평화의 누림이다.

하나님과 더불어 평화의 상태에 들어간 자는 세상과의 불화를 각오해야 한다. 하나님과 우리의 화목을 위해 이 땅에 오신 그리스도 예수의 역설적인 증언이다. "내가 세상에 화평을 주러 온 줄로 생각하지 말라 화평이 아니요 검을 주러 왔노라"(마 10:34). 검은 원수와의 싸움을 의미한다. 예수로 말미암아 하나님과 화목한 자가 속한 공동체는 신앙의 혁명과 전쟁의 광풍을 경험하게 된다. 죄인을 향해 정죄와 비난을 쏟아내는 분위기 속에서도 하나님과 화목한 자는 자비와 용서라는 이질적인 카드를 꺼내기 때문이다. 불의를 적당히 덮고 지나가야 한다는 공동체의 합의 속에서도 불의를 묵과할 수 없다는 정의라는 찬물을 끼얹기 때문이다. 그는 주께서 말씀하신 것처럼 심지어 가장 가까운 사람과의 불화도 각오해야 한다. "사람의 원수가 자기 집안 식구리라"(마 10:36). 하나님과 화목한 사람들은 실제로 부모와의 갈등, 남편이나 아내와의 갈등, 형제와의 갈등, 나아가 직장 동료와의 갈등을 경험한다.

주님께서 우리에게 주신 화평이 아닌 검은 무엇을 뜻하는가? 원수를 괴롭히고 상처를 주고 없애는 검이 아니라 오히려 사랑하고 치유하고 돌이키게 하는 성령의 검 곧 하나님의 말씀이다. 우리는 가족이든 학교든 직장이든 모든 원수들과 원수 같은 행위들에 대해 하나님의 말씀으로 저항한다. 그 말씀의 핵심은 하나님과 이웃 사랑이다. 즉 사랑으로 승부한다. 물론 사랑의 검을 꺼내면 분위기의 온도는 급락한다. 비방과 거절의 반응이 봇물처럼 쏟아진다. 그렇지만 성도에게 전쟁의 무기는 변론이나 격투나 미움이나 폭언이 아니라 사랑의 말씀이다. 그 말씀의 검이 닿는 곳마다 상처와 절망과 죽음이 아니라 치유와 회복과 거듭남이 일어난다.

²또한 그로 말미암아 우리는 믿음으로 은혜에 들어감을 얻고 그 은혜 안에
서 있습니다 그리고 우리는 하나님의 영광에 대한 소망을 즐깁니다

두 번째로 의롭다 하심을 얻은 우리가 누리는 것은 하나님의 은혜에 들어감을 얻고 그 은혜 안에 서 있음이다. 하나님과 더불어 화목한 자는 신적인 은혜의 보좌 앞으로 자유롭게 출입하는 것은 당연하다. 그에게는 은혜의 문으로 들어가는 자유로운 출입증이 주어진다. 하나님의 은혜는 일회적인 동정이 아니라 항구적인 선물이다. 그래서 히브리서 기자는 이렇게 권면한다. "그러므로 우리는 긍휼을 얻고 때를 따라 돕는 은혜를 받기 위하여 은혜의 보좌 앞에 담대히 나아갈 것이니라"(히 4:16). 물론 하나님은 의롭지 않은 자에게도 "생명과 호흡과 만물"과 같은 일반적인 은혜를 계속해서 베푸신다(행 17:25). 그러나 의롭다 하심을 얻은 자에게는 하나님의 특별한 은혜가 주어진다. 하나님의 은혜가 그에게는 드물게 출입하는 명소가 아니라 일상적인 거주지다. 그의 삶이 은혜 속에서 펼쳐진다. 은혜 아닌 것이 하나도 없는 인생을 살아가게 된다. 은혜를 먹고 은혜를 마시고 은혜를 보고 은혜를 만나고 은혜를 공유한다.

바울은 인생에 가득한 은혜가 그리스도 예수로 말미암은 것이라고 한다. 세상의 사람들이 좋아하며 누리는 은혜를 기준으로 생각하면 의로운 자의 삶은 은혜와 무관한 인생으로 보일 가능성도 있다. 그러나 의로운

자가 누리는 은혜의 실체는 바울의 언급처럼 그리스도 예수의 관점에서 볼 때에 비로소 확인되고 믿음의 삶이 은혜의 삶이라는 사실이 증명된다. 왜냐하면 우리가 속한 이 은혜의 근거는 그리스도 예수이기 때문이다. 그로 말미암아 우리는 이 은혜에 들어왔다. 그래서 우리에게 주어지는 은혜의 질은 그 은혜의 기반인 예수에 의해 좌우된다.

이 은혜에 대한 요한의 관찰이 특별하다. "우리가 다 그의 충만한 데서 받으니 은혜 위에 은혜러라"(요 1:16). 요한은 그리스도 예수의 충만에서 주어지는 은혜가 은혜 위에 은혜라고 한다. 예수께 근거한 은혜 위에 은혜는 무엇인가? 본문에서 바울은 그 은혜의 상세한 내용에 대해 침묵한다. 그러나 그 내용을 성경 전체에서 유추하는 것은 가능하다. 먼저 예수는 하나님의 아들이다. 그래서 요한이 밝힌 것처럼 그로 말미암아 우리도 "하나님의 자녀가 되는 권세"를 갖는다는 사실이다(요 1:12). 이 은혜를 받으면 족보가 달라진다. 땅에서의 혈통이 하늘의 계보로 교체된다. 자녀이면 상속자가 되기 때문에 아버지 하나님의 기업을 계승한다. 그 기업은 육신적인 기업이 아니라 영적인 기업이다. 땅의 기업이 아니라 하늘의 기업이다.

예수는 하나님의 택하심을 받은 왕이며 하나님의 나라이며 진정한 하나님의 사람이다. 그래서 베드로가 언급한 것처럼 그로 말미암아 우리도 택함을 받은 족속, 왕 같은 제사장들, 거룩한 나라, 하나님의 소유가 된 백성이다(벧전 2:9). 신분이 달라진다. 비록 주권을 상실하고 식민지의 설움 속에서 살아가고 있지만 버림이 아니라 택함을 받았으며, 노예가 아니라 왕이며, 세속적인 국가의 하나가 아니라 하나님께 구별된 유일한 국가이며, 사탄의 권세가 아니라 하나님의 신적인 권세가 주관하는 최고의 시민이다.

예수는 이 땅에 보내심을 받은 아버지 하나님의 증인이다. 예수께서 친히 선포하신 것처럼, 그로 말미암아 우리도 가장 가까운 곳에서 가장 먼 곳까지 이 은혜의 복음을 전파하는 예수의 보내심 받은 증인이다(행

1:8). 이 땅에서는 비록 나그네의 신분으로 복음을 전하지만, 바울이 잘 지적한 것처럼 하나님의 보좌 우편에 계신 예수로 말미암아 우리는 이미 하늘에 계신 그의 곁에 나란히 앉은 본향의 거주자다(엡 2:6). 이처럼 그리스도 예수로 말미암아 우리는 차원이 다른 은혜의 세계로 들어왔다.

세 번째로 의로운 자가 누리는 즐거움은 바로 하나님의 영광에 대한 소망이다. 여기에서 "소망"은 지금은 나타나지 않고 주어지지 않았으나 장차 나타나고 주어질 하나님의 영광을 암시한다. 이 영광의 성격에 대해 바울은 국권과 자유를 상실하고 식민지의 고통에 빠져 살아가는 "현재의 고난"과 비교조차 할 수 없는 것(롬 8:18)이라고 설명한다. 이 영광의 놀라운 실체에 대해서는 그것을 설명한 이 땅에서의 비유나 대체물이 없을 정도라고 한다. 도대체 하나님의 영광은 어떤 것이기에 난민과 포로와 노예와 천민으로 살아가는 가장 비참한 고난과 비교조차 할 수 없는 크기를 가졌는가! 하나님의 영광에 대해 우리가 다 알 수는 없지만 성경에는 희미하고 부분적인 지식을 알려주는 증거들이 등장한다.

먼저 요한의 경험이다. 그는 변화산 위에서 변형되신 그리스도 예수의 영광을 보고 그것에 대해 "아버지의 독생자의 영광이요 은혜와 진리가 충만"함을 목격하고 증언한다(요 1:14). 즉 하나님의 영광은 은혜와 진리로 충만하다. 그러므로 그 영광은 우리에게 은혜와 진리의 분량이 채워질 때 알려지는 영광이다. 같은 것을 목격한 베드로는 이렇게 권면한다. "그리스도 예수의 은혜와 그를 아는 지식에서 자라가라"(벧후 3:18). 이는 예수의 은혜와 진리로 충만하여 하나님의 영광에 이르라는 교훈의 다른 표현이다. 하나님의 영광을 소망하는 자는 은혜 위에 은혜로 충만하고 진리의 지식으로 충만하기 원하는 것이 정상이다. 은혜로 충만한 것과 진리를 아는 지식으로 충만한 것은 하나님의 영광을 사모하고 그 영광에 가까이 이르는 길이기에 그 자체로 최고의 기쁨이다. 지금까지 한 번도 경험하지 못한 은혜와 진리의 지식을 사모하라.

둘째, 베드로의 경험이다. 그는 요한 및 야고보와 함께 예수님을 따라 변화산에 올라가 "지극히 큰 영광"을 목격하고 그 중에서 "이는 내 사랑하는 아들이요 내 기뻐하는 자라"는 소리를 경험한 이후에 "그가 하나님 아버지께 존귀와 영광"을 받은 것이라고 증언한다(벧후 1:17). 이 영광을 경험한 베드로의 반응은 너무나도 좋기 때문에 그 영광이 펼쳐진 산 위에 초막을 짓고 영원히 그곳에서 살자는 것이었다(마 17:4). 하나님의 영광은 다른 모든 것을 제치고 그 영광이 머무는 곳에서 영원히 살고 싶은 마음의 소원을 일으킨다.

셋째, 바울의 경험이다. 바울은 그리스도 안에서 "셋째 하늘'로 이끌려 간 유일한 사람이다(고후 12:2). 여기에서 셋째 하늘은 낙원이다. 그래서 그는 그 하늘에 대한 자신의 경험을 이렇게 표현한다. "그가 낙원으로 이끌려 가서 말로 표현할 수 없는 말을 들었으니 사람이 가히 이르지 못할 말이로다"(고후 12:4). 형언할 수 없는 말이 있다는 모순적인 표현까지 써야 할 정도로 기이한 낙원의 말은 무엇일까? 그러나 이는 언어의 빈곤 때문에 이 땅에서는 비밀이다. 바울도 그 비밀의 자세한 내용에 대해서는 모르지 않지만 침묵을 선택했다.

이 땅과 낙원을 다 경험한 바울은 우리가 아는 지식의 실상에 대해 고린도 교회에게 이런 식의 비교급을 사용하여 표현한다. "우리가 지금은 거울로 보는 것 같이 희미하나 그 때에는 얼굴과 얼굴을 대하여 볼 것이요 지금은 내가 부분으로 아는 그 때에는 주께서 나를 아신 것 같이 내가 온전히 알리라"(고전 13:12). 바울은 낙원에서 등이 아니라 얼굴과 얼굴을 대해 보기 때문에 주님께서 우리를 아는 것처럼 우리도 우리 자신을 온전히 알게 되는 지식이 가능함을 주장한다. 그러나 이 땅에서의 지식은 선명하고 온전한 천상적인 지식의 희미하고 부분적인 조각일 뿐이라고 한다. 하나님의 영광에 대해서도 그러하다. 바울이 낙원에서 경험한 것에 비하여 이 땅에서 우리가 경험하는 하나님의 영광은 천상적인 지식의 희미한 일부에 불과하다.

바울의 경험은 구약과 연결되어 있다. 하나님의 영광에 대한 소망은 구약에도 나타났기 때문이다. 이를 경험한 대표적인 인물이 모세와 엘리야다. 첫째, 모세의 경험이다. "모세가 이르되 원하건대 주의 영광을 내게 보이소서"(출 33:18). 모세는 하나님의 영광 보기를 간절히 원하였다. 이에 대한 하나님의 반응이다. "내 영광이 지나갈 때에 내가 너를 반석 틈에 두고 내가 지나도록 내 손으로 너를 덮었다가 손을 거두리니 네가 내 등을 볼 것이요 얼굴은 보지 못하리라"(출 33:22-23). 이처럼 하나님의 의지를 따라 모세에게 보여진 하나님의 영광은 탁 트인 곳에서 목격되는 선명한 얼굴 전체가 아니었다. 반석의 틈새에서 보인 희미하고 부분적인 그의 등이었다. 이러한 하나님의 조치는 자신을 숨겨 우리와 관계적 거리를 만들려고 함이 아니라 우리를 위함이다. 왜냐하면 영광의 얼굴을 보고 살 자가 없기 때문이다(출 33:20). 이 땅에서는 하나님의 영광에 대한 희미하고 부분적인 경험에 만족해야 한다.

넷째, 엘리야의 경험이다. 엘리야는 이스라엘 자손이 하나님의 언약을 버리고 하나님의 제단을 헐고 하나님의 종들을 칼로 죽이는 상황에서 하나님께 절박한 탄식을 쏟아낸다. "오직 나만 남았거늘 그들이 내 생명도 찾아 빼앗으려 하나이다"(왕상 19:10). 이에 하나님은 모세에게 자신의 영광을 보이시기 위해 그 앞을 지나가신 것처럼 엘리야의 앞을 지나신다. 그런데 방식이 특이하다. 지나시는 여호와 앞에 강한 바람이 산을 가르고 바위를 부수지만 그분은 바람 가운데에 계시지 아니하며, 지진이 있으나 지진 가운데에 계시지 아니하며, 불이 있으나 불 가운데에 계시지 아니했다. 그 이후에 세미한 소리가 엘리야의 귀로 들어온다. 엘리야의 경험에서 하나님의 영광은 태풍이나 지진이나 전쟁의 불바다와 같은 모습으로 나타나지 않고 세미한 말씀으로 나타난다. 죽음의 위협이 사방을 우겨 싸는 상황 속에서 엘리야는 하나님의 영광을 강한 바람이나 지진이나 불로 화끈하게 확인하고 싶었으나 하나님은 세미한 음성으로 자신을 알리셨고 엘리야는 "겉옷으로 얼굴을 가리고" 뒤로 물러섰다(왕상 19:13). 모세의 경우는 하나님이 자신의 얼굴을 가리셨고, 엘리야의 경우는 엘리야가 자신의 얼굴을 가리는 모습이 대조된다. 그러나 모세와 엘리야는 모두 하나님의 영광에 대한 희미하고 부분적인 경험을 통해 그분께서 주신 사명을 회복하고 그 사명자의 고단한 길을 완주했다. 이는 하나님의 영광을 경험하고 그 영광을 더 소망하는 자, 그 영광에 대한 소망을 즐기는 자의 전형적인 모습이다.

> ³이것뿐 아니라 우리는 환난도 자랑으로 여깁니다 이는 환난은 인내를,
> ⁴인내는 연단을, 연단은 소망을 이루는 줄 아는 탓입니다

끝으로 하나님의 영광에 대한 소망을 즐기는 의인은 환난도 자랑으로 여긴다고 바울은 고백한다. 환난은 불편하고 슬프고 아프고 억울하고 답답하고 괴로운 현실을 의미한다. 이런 현실의 차가운 벽 앞에서 대부분의 사람들은 좌절한다. 낙심하고 포기한다. 증오하고 보복한다. 그런데 바울은 환난을 자랑과 즐김의 대상으로 분류한다. 이유는 무엇인가? 환난은 인내를 이루기 때문이다. 인내는 성령의 열매이기 때문에 좋은 것임에 분명하다. 야고보에 의하면, 인내는 온전하고 부족함이 없는 됨됨이의 첩경이다(약 1:4). 이 인내를 길러내는 수단과 준비와 거쳐야 할 과정은 바로 환난이다. 그래서 바울은 환난을 환영한다. 다윗도 환난을 환영했다. "환난 날에 나를 부르라 내가 너를 건지리니 네가 나를 영화롭게 하리로다"(시 50:15). 환난은 하나님의 영광과 관계되어 있기 때문에 환영의 대상이다. 심지어 야고보는 우리를 온전하고 부족함이 없는 사람으로 만드는 인내의 근육을 키우는 여러 시험을 만나거든 온전히 기쁘게 여기라고 권고한

다(약 1:2). 시험이란 도전에 기쁨으로 응전하는 것은 진리의 역설이다.

기쁘고 형통한 날에는 인내의 활동이 중지된다. 그러나 환난은 인내의 작용을 자극한다. 환난을 만날 때 우리는 그것을 분석하지 않고 그것을 회피하지 않고 인내해야 한다. 환난과 인내는 성숙의 짝꿍이다. 환난을 온전히 기뻐하며 인내하지 않고 피하려고 몸부림을 치면 온전하고 부족함이 없는 인격의 형성은 요원하다. 환난은 일종의 수술이다. 마치 지극히 연약한 상태의 환자가 수술대에 올라가는 상황이다. 환난이 환난일 수밖에 없는 우리의 무지와 무능력과 무기력은 마치 마취제와 같다. 이 때 환자는 모든 것을 의사의 손에 맡기고 잠잠해야 한다. 이는 만약 환자가 움직이면 아름다운 인격의 성형을 기대할 수 없기 때문이다. 수술대 위에서의 잠잠한 인내는 의사에 대한 전적인 신뢰를 의미한다. 수술대는 삶의 고단한 현실이고 의사는 하나님 자신이다. 인내는 그 하나님에 대한 믿음이다.

믿음의 인내는 인격의 연단을 가져온다. 하나님에 대한 믿음으로 환난을 인내하지 않은 인격의 연단과 성숙은 없다고 나는 생각한다. 여기에서 연단 혹은 성숙은 단단한 음식을 먹는 장성한 자의 인격을 의미한다. 젖이나 채소가 아니라 단단한 음식이나 고기를 먹는 인격의 소유자가 되기 위해서는 환난 속에서 잠잠히 믿음으로 기다리는 인내를 거쳐야 고기도 너끈히 소화하는 체질로 전환된다. 환난 속에서 인내한 사람은 단단한 진리의 말씀을 섭취한다. "고난 당한 것이 내게 유익이라 이로 인하여 내가 주의 율례를 배우게 되었도다"(시 119:71). 환난을 당하면 우리의 그릇된 행실도 교정된다. "고난 당하기 전에는 내가 그릇 행하더니 이제는 주의 말씀을 지키나이다"(시 119:67). 이처럼 환난을 인내로 견디면서 우리는 인격도 자라고 말씀에 대한 이해력도 커지고 그릇된 삶의 모습도 교정되는 성숙의 수혜자가 된다.

그리고 연단은 소망을 이룬다고 바울은 설명한다. 환난 속에서 인내하다 보면 우리의 인격이 자라면서 이 땅에 보이는 것보다 보이지 않는 하늘의 것을 더욱 소망하게 된다. 이 세상에서 모든 사람들이 헛된 것을 추구하는 모습을 보면서 산전수전 심지어 공중전도 치룬 노련한 시인은 자신의 소망에 대해 이렇게 고백한다. "주여 이제 내가 무엇을 바라리요 나의 소망은 주께 있나이다"(시 39:7). 물질과 명예와 건강과 장수와 권력을 추구하는 이 세상의 헛된 소망을 가졌다가 상실의 곤두박질 경험을 한 사람은 이 세상의 소망이 거품이나 "그림자"와 같을 뿐이라는 사실을 깨닫는다(시 39:6). 그리고는 소망을 오직 하나님께 둔다. 이 세상의 모든 소망은 시드는 꽃과 마르는 풀에 불과하다. 영원하지 않다. 세상의 덧없는 소망을 제거하는 환난을 제대로 경험한 사람은 필히 영원한 소망에 매달리게 된다.

⁵소망이 우리를 부끄럽게 하지 않음은 우리에게 주신 성령으로 말미암아
하나님의 사랑이 우리 마음에 부어졌기 때문입니다

바울은 하나님의 영광에 대한 소망이 우리를 부끄럽게 하지 않을 것이라고 확신한다. 그 이유는 우리에게 주신 성령으로 말미암아 하나님의 사랑이 우리의 마음에 부어졌기 때문이다. 여기에서 우리는 소망과 사랑의 긴밀한 관계성을 확인한다. 하나님의 영광에 대한 소망의 불이 꺼지지 않게 만드는 연료는 하나님의 사랑이다. 하나님의 사랑이 우리의 마음에 소진되지 않는 기름으로 부어지지 않으면 소망의 수명은 곧장 끊어진다. 대부분의 소망은 작은 환난만 당하여도 쉽게 소멸된다. 소망을 품은 마음을 쉽게 배신한다. 그러나 하나님의 소망은 하나님의 사랑 때문에 결코 우리를 수치의 벼랑으로 내밀지 않고 끝까지 보존된다. 여인들 사이에도 사랑하는 동안에는 모든 것을 소망한다. 어떠한 장애물이 둘 사이를 가르려고 해도 갈라지지 않고 오히려 연합의 띠를 더욱 견고하게 한다. 그게 사랑의 속성이다. 사랑은 죽음보다 강하기 때문에 죽음이란 절망 앞에서도 소망

은 여전히 건재하다. 하나님의 영광에 대한 소망은 그분의 견고한 사랑 때문에 피조물이 변경을 가하지 못하는 영역이다(롬 8:39). 이 땅의 피조물이 시도할 수 있는 최고의 방해물은 죽음이다. 그러나 우리를 향한 주님의 사랑은 그의 죽음으로 이룬 사랑이다. 죽음조차 끊어낼 수 없는 사랑이다.

하나님의 사랑이 우리에게 부어지는 통로는 성령이다. 우리 안에 거하시는 성령은 존재의 가장 깊숙한 곳까지 하나님의 사랑을 공급한다. 사랑의 공급은 쉽게 변하는 사람이 아니라 성령이 주관하기 때문에 실패함이 없다. 성령은 세상 끝 날까지 우리의 마음에 항상 거하시기 때문에 하나님의 사랑 공급은 중단되지 않고 영원히 지속된다. 그래서 소망은 우리로 하여금 부끄럽게 하지 않고 당당하게 한다. 우리의 소망은 헛된 소망이 아니라는 사실을 성령이 사랑의 입술로 우리의 마음에 항상 증거하기 때문이다. 오히려 거짓된 소망, 헛된 소망, 겉으로만 화려한 소망이 우리를 배신하고 부끄럽게 한다. 그런 소망들이 우리를 배신하고 부끄럽게 만들기 이전에 환난은 세상의 소망을 어떠한 미련도 없이 깨끗하게 제거한다. 그래서 환난은 참된 소망의 여부를 분별하는 수단이다. 어떤 환난에 의해 수명이 끊어지는 소망은 소망이 아니고, 어떠한 환난 속에서도 보존되는 소망만이 진정한 소망이다.

이처럼 그리스도 예수로 말미암아 의롭다 하심을 얻은 믿음의 사람들은 하나님과 더불어 평화를 가지며, 항구적인 은혜의 강으로 들어가며, 하나님의 영광에 대한 소망을 기뻐하며, 심지어 환난도 슬픔과 불쾌함의 대상이 아니라 기쁨의 대상으로 환영한다. 하나님의 영광에 대한 소망은 영원히 끊어지지 않고 배신과 소멸로 우리를 부끄럽게 하지 않고 어떠한 피조물도, 심지어 죽음조차 없애지 못하는 기쁨으로 기뻐하게 한다.

⁶우리가 아직 연약할 때에 기약대로 그리스도께서 경건하지 않은 자를 위하여 죽으셨도다 ⁷의인을 위하여 죽는 자가 쉽지 않고 선인을 위하여 용감히 죽는 자가 혹 있거니와 ⁸우리가 아직 죄인 되었을 때에 그리스도께서 우리를 위하여 죽으심으로 하나님께서 우리에 대한 자기의 사랑을 확증하셨느니라 ⁹그러면 이제 우리가 그의 피로 말미암아 의롭다 하심을 받았으니 더욱 그로 말미암아 진노하심에서 구원을 받을 것이니 ¹⁰곧 우리가 원수 되었을 때에 그의 아들의 죽으심으로 말미암아 하나님과 화목하게 되었은즉 화목하게 된 자로서는 더욱 그의 살아나심으로 말미암아 구원을 받을 것이니라 ¹¹그뿐 아니라 이제 우리로 화목하게 하신 우리 주 예수 그리스도로 말미암아 하나님 안에서 또한 즐거워하느니라

❖ ❖ ❖

⁶그리스도는 우리가 아직 연약한 상황에서 정해진 때를 따라 아직 경건하지 않은 자를 위해 죽으신 분입니다 ⁷사실 의인을 위해 죽는 자가 드물고 선인을 위해 죽는 자가 아마도 있을 것입니다 ⁸그러나 하나님은 우리가 아직 죄인인 상황에서 그리스도가 우리를 위해 죽으므로 우리를 향한 자신의 사랑을 확증하신 분입니다 ⁹그러므로 이제 우리는 그의 피로 말미암아 의롭다 하심을 받았기 때문에 더더욱 그로 말미암아 그 진노에서 구원을 받을 것입니다 ¹⁰즉 우리가 원수 되었을 때에 그의 아들의 죽음으로 말미암아 하나님과 화목하게 되었다면, 화목하게 된 자로서는 그의 생명 속에서 더더욱 구원을 받을 것입니다 ¹¹그것만이 아니라 우리로 하여금 이 화목을 얻게 한 예수 그리스도 우리의 주로 말미암아 하나님 안에서 또한 즐거워할 것입니다

22

앞에서 바울은 하나님의 영광에 대한 소망이 우리에게 실망을 주지 않는 이유로 하나님의 사랑을 언급했다. 본문은 하나님의 사랑에 대한 구체적인 내용 즉 아버지의 사랑을 설명한다. 그 사랑은 두 가지로 구성되어 있다. 선하고 의로운 위인이 아니라 경건하지 않고 연약하고 적대적인 우리를 위해 하나님이 독생자의 죽음으로 이루신 우리와의 화목이고 그 아들의 생명으로 더 큰 은혜 즉 하나님 안에서 즐거움을 누리게 하신 그 화목의 누림이다.

> [6]그리스도는 우리가 아직 연약한 상황에서 정해진 때를 따라
> 아직 경건하지 않은 자를 위해 죽으신 분입니다

바울은 그리스도 예수의 죽음을 통한 하나님의 사랑을 설명한다. 먼저 사랑의 기원이다. 그리스도 예수의 죽음은 정해진 것이었다. 즉 정해진 아버지의 뜻이 있고 지정된 때(καιρός)가 이르러서 이루어진 죽음이다. 여

22 아버지의 사랑 335

기에서 아버지의 뜻은 시간 속에서 이루어진 것이 아니라 영원 속에서 이루어진 작정이다. 바울은 하나님의 사랑이 오랫동안 준비된 것임을 지적하는 동시에 제때에 그 사랑이 나타난 것이라고 설명한다. 어떤 사람들은 예수의 죽음이 너무 늦게 이루어진 일이라고 생각한다. 만인의 환영을 받는 태평의 시대가 아니라 자유와 국권을 잃어버린 식민지의 시대에 오셨기 때문에 시기를 잘못 택했다고 평가한다. 그러나 하나님의 일정표를 따르면 "때가 차매" 그의 아들을 보내셨기 때문에 그때가 적기였다(갈 4:4). 예수의 죽음과 복음의 전파는 정치적인 차원(로마 제국과 식민지), 경제적인 차원(왕성한 무역), 지리적인 차원(세계로 이어지는 도로), 문화적인 차원(극도로 문란한 상태), 언어적인 차원(헬라어와 라틴어 융성), 종교적인 차원(다양한 종교와 유대교의 타락), 철학적인 차원(고대의 희랍 철학)에서 1세기 초반이 최고의 적기였다. 적시의 사랑을 따라 우리의 사랑도 어느 순간에 촉발된 시간적인 사랑이 아니라 영원 속에서 시작된 하나님의 사랑에 근거해야 하고 그 사랑은 모든 현재라는 제때에 표출되는 것이어야 한다. 우리의 때는 늘 준비되어 있기 때문이다(요 7:6).

사랑의 크기는 어떠한가? 사랑의 크기는 그 사랑을 위해 희생하고 포기한 것과 비례한다. 하나님이 우리를 사랑하기 위해 지불하신 비용은 지극히 거룩한 아들의 죽음이다. 온 인류의 역사에서 이것보다 더 큰 희생은 없기 때문에 하나님의 사랑은 최고의 사랑이다. 하나님은 우리를 사랑하기 위해 자신의 전부를 버리셨다. 자신의 전부를 건 하나님의 사랑 이야기가 바로 성경이다. 다음은 예수께서 친히 요약하신 성경 전체의 핵심이다. "예수께서 이르시되 네 마음을 다하고 목숨을 다하고 뜻을 다하여 주 너의 하나님을 사랑하라 하셨으니 이것이 크고 첫째 되는 계명이요 둘째도 그와 같으니 네 이웃을 네 자신 같이 사랑하라 하셨으니 이 두 계명이 온 율법과 선지자의 강령이라"(마 22:37-40). 성경은 하나님 사랑과 이웃 사랑으로 요약된다. 이 사랑을 위해서는 모든 마음과 모든 영혼과 모든 뜻을 다 동원해야 한다고 성경은 가르친다. 이는 인간에게 다소 가혹해 보이는 명령이다.

그래서 두 가지의 오해 가능성이 있다. 첫째, 이런 사랑은 가능하지 않다는 생각이다. 이런 오해는 우리가 지금까지 그런 사랑을 경험한 적도 없고 그런 사랑을 실천해 본 적도 없기 때문에 발생한다. 요한의 고백이다. "우리가 사랑함은 그가 먼저 우리를 사랑해 주셨기 때문이라"(요일 4:19). 요한은 주께서 말씀하신 사랑을 실천한 사랑의 사도였다. 그 사랑의 실천이 가능했던 이유는 사도를 향한 하나님의 우선적인 사랑 때문이다. 하나님의 선행적인 사랑을 경험하지 못한 자에게는 자신의 전부를 건 사랑이 가능하지 않다. 그러나 우리가 하나님의 사랑을 경험하는 것은 얼마든지 가능하기 때문에 그런 사랑의 실천도 우리에게 얼마든지 가능하다.

둘째, 지극히 연약한 인간에게 목숨과 마음과 뜻을 모두 바치라고 명하시는 하나님은 잔인하고 야박한 독재자다. 잠시 있다가 사라지는 안개와 같은 것이 인생이다. 얼마나 비참하고 허무한 인생인가! 그런데도 그에게서 가장 소중한 것들을 다 바치란다. 얼마나 야박하고 잔인한 주문인가! 이는 사람들의 보편적인 반응이다. 그런데 이런 오해도 하나님의 온전한 사랑을 경험하지 못해서 가지는 생각이다. 우리의 전부를 하나님 사랑에 바치라는 것은 사실 하나님의 온전한 사랑을 깨닫고 누리는 방식이다. 즉 그 명령은 우리가 우리의 전부를 걸고 사랑하지 않으면 아들의 생명도 아끼지 않고 우리에게 주신 하나님의 사랑을 알지도 못하고 누리지도 못하고 타인에게 베풀지도 못하기 때문에 주어졌다.

사랑을 받는 자는 주는 사람의 인간적인 사랑을 누리지만, 사랑을 주는 자는 그 사랑의 원천 되시는 하나님의 신적인 사랑을 향유한다. 주는 자가 받는 자보다 크다는 사실은 이런 사랑의 역학에서 가장 뚜렷하게 확인된다. 그런데 무엇을 주느냐가 이 진리의 관건이다. 하나님은 우리에게 우리의 모든 것을 바치라고 명하신다. 이 명령은 우리에게 최고의 것을 주셨고 그것을 누리라는 은혜의 역설적인 초청이다. 지극히 귀한 것은 지극히 귀한 방법으로 수납해야 그 가치를 알고 온전하게 향유한다. 단호한 명령의 형태로 그 방법을 알리신 이유는 하나님의 전부이신 그리스도 예수를 얻고 그를 향유하는 것이 하늘에서 주어지는 최고의 복이기 때문이다.

사랑의 상태는 어떠한가? 즉 예수의 죽음을 통해 나타난 하나님의 사랑은 소극적인 것인가 아니면 적극적인 것인가? 강요된 것인가 아니면 자발적인 것인가? 그 사랑은 적극적인 것이면서 동시에 자발적인 사랑이다. 6절의 문법적인 요소를 살펴보면, 문장의 주어는 그리스도 예수이고 문장의 서술어는 수동태가 아니라 능동태다. 이처럼 바울은 예수가 연약해서 혹은 당시의 어려운 상황을 극복하지 못해서 강제적인 죽임을 당하신 것이 아니라 스스로 죽으신 것이라고 설명한다. 요한도 동일한 내용을 기록한다. "이를 내게서 빼앗는 자가 있는 것이 아니라 내가 스스로 버리노라 나는 버릴 권세도 있고 다시 얻을 권세도 있으니"(요 10:18). 어떤 사람은 예수의 자발적인 죽음을 자살로 간주한다. 그러나 그리스도 예수는 생명의 주인이며 생명이며 생명의 근원이기 때문에 생명의 처분권을 임의로 행사할 수 있는 유일한 권세자다. 그리고 그에게는 이 땅에서 죽어서 구원을 이루라는 아버지의 명령이 주어졌다. 그래서 예수의 죽음은 살인이나 자살이 아니라 순종이다(빌 2:8).

이처럼 하나님의 사랑은 수동태가 아니라 능동태다. 즉 어떠한 외부의 원인에 의해 촉발된 사랑이 아니라 자신의 내면에서 우러나온 자발적인 사랑이다. 우리의 사랑은 어떠한가? 자녀나 부모에 대한 사랑은 혈육에 근거한 사랑이고, 친구에 대한 사랑은 소통과 공감에 근거한 사랑이고, 동료에 대한 사랑은 서로의 도움에 근거한 사랑이고, 고객에 대한 사랑은 수익에 근거한 사랑이고, 연인에 대한 사랑은 대체로 외모와 쾌락에 근거한 사랑이고, 나라와 민족에 대한 사랑은 출생에 근거한 사랑이다. 이러한 것들은 모두 내면에서 우러나온 사랑이 아니라 외부에 근거를 둔 사랑이다. 물론 이런 사랑들도 존중해야 한다. 그러나 이런 사랑들의 한계는 배타성을 가진다는 사실이다. 이는 혈육과 소통과 도움과 수익과 쾌락과 출생은 모든 사람들을 위한 보편적인 사랑의 근거일 수 없기 때문이다. 이러한 한계를 넘어서기 위해서는 우리의 사랑이 마음의 보좌에 계신 하나님의 영원한 사랑에 근거해야 한다.

사랑의 대상은 누구인가? 하나님의 사랑을 받은 우리는 과연 주님께서 죽으실 정도로 가치가 있는 자였는가? 전혀 그렇지가 않다. 우리는 도무지 신뢰할 수 없는 인간이다. 바울에 따르면, 주님은 자신을 인정하지 않고 존중하지 않고 경외하지 않는 자, 오히려 멸시하고 조롱하고 거부하는 경건하지 않은 자를 위해 죽으셨다. 그 고귀한 생명을 희생할 가치도 없는 자를 위해 죽으셨다. 우리는 사랑을 받을 만한 자가 아니었다. 유다의 기록처럼, 우리는 경건하지 않은 존재였고, 경건하지 않은 일을 행했고, 경건하지 않은 완악한 말을 했기 때문에 심판과 정죄가 합당했다(유 1:15). 8절과 10절에는 우리가 "죄인"과 "원수"로 규정되어 있다. 죄인과 원수는 하나님의 존재를 부인하고 하나님의 뜻을 거역하고 하나님의 권위에 도전하고 공격하여 그의 이름을 능욕하는 막대한 피해를 끼치는 자를 의미한다. 그런데도 주님은 심판과 형벌이 합당한 우리를 위해 죽으셨다.

실제로 주님은 침을 뱉고 채찍으로 때리고 창으로 찌르고 조롱하고 있는 상황 속에서도 그런 지독한 원수를 위해 죽으셨다. 사람들이 자신을 죄인으로 하나님의 원수로 인정하고 통회하고 돌이킨 때가 아니었다. 사랑할 만한 구석이 하나도 없는 상태의 죄인과 원수를 사랑하신 이 사실에서, 우리는 하나님의 사랑이 우리에게 근거한 것이 아님을 확인한다. 나아가 주님은 우리도 해결할 수 있는 문제를 대신 해결하기 위해 죽으신 것이 아니었다. 주님께서 죽으실 때에 우리의 상태는 전적으로 연약했다. 경건하지 않음의 문제를 스스로 해결할 능력이 없는 상태였다. 경건하지 않음은 오직 주님만이 해결하실 수 있는 문제였다. 예수의 죽음이 없는 우리의 운명은 심판과 정죄였다. 그런데 하나님을 알지도 않고 찾지도 않고 구하지도 않은 우리에게 주님의 사랑이 주어졌다. 진실로 이것은 무조건적 사랑이다. 이런 사랑을 받은 우리도 그런 무조건적 사랑을 실천해야 한다. 그러기 위해서는 외부에서 주어진 사랑의 은밀한 조건들 혹은 동기들을 하나씩 찾아서 제거해야 한다. 하나님의 사랑 이외에는 다른 조건이나 동기가 다 없어질 때까지 매 순간 노력해야 한다.

우리가 사랑하는 대상은 누구인가? 혹시 우리가 좋아하는 사람인가? 우리를 사랑하는 사람인가? 우리에게 필요한 사람인가? 우리의 눈에 아름다운 사람인가? 우리에게 도움을 주는 유익한 사람인가? 사랑의 대상에 관해 주님은 이렇게 말씀한다. "너희가 너희를 사랑하는 자를 사랑하면 무슨 상이 있으리요"(마 5:46). 나를 사랑하는 자를 사랑하면 받은 사랑에 근거한 수동적인 사랑이다. 물론 자신을 사랑하는 내 사람들을 아끼고 챙기며 사랑하면 그들이 그 사랑에 대해 어떤 식으로든 보상한다. 그러나 그것은 하늘에서 보상이 주어지는 하나님의 사랑과는 무관하다. 하늘의 보상이 주어지는 사랑의 대상은 누구인가? 우리를 박해하는 현재 진행형 원수가 바로 예수께서 제안하신 사랑의 대상이다(마 5:44). 이러한 사랑의 보상은 "하늘에 계신 너희 아버지의 아들"이 되고 "하늘에 계신 너희 아버지의 온전하심" 같이 온전하게 되는 것이라고 한다(마 5:45, 48). 예수는 이러한 자신의 가르침을 그대로 실천하여 사랑의 본을 보이셨다. 우리도 예수의 본을 따라 사랑의 옹졸한 테두리를 넓혀서 우리를 박해하는 원수까지 사랑해야 한다.

7사실 의인을 위해 죽는 자가 드물고 선인을 위해 죽는 자가 아마도 있을 것입니다

바울은 타인을 위한 죽음의 다양한 사례들을 언급한다. 세상에는 아주 드

물지만 의인을 위해 죽는 사람들이 있다. 선한 사람을 위해서도 죽는 사람이 있을 가능성을 바울은 열어둔다. 그러나 이 구절의 핵심은 타인의 의로움과 타인의 선함에 감격하여 자신의 생명과 맞바꿀 사람이 거의 없다는 주장이다. 이 주장은 예수의 말씀에 근거한다. "사람이 만일 온 천하를 얻고도 제 목숨을 잃으면 무슨 유익이 있으리요"(마 16:26). 온 천하를 준다고 해도 절대로 거래의 대상에서 배제하는 것이 바로 사람의 목숨이다. 타인의 의로움과 선함에 대해서는 사람들이 대체로 박수를 보내고 환호성을 지르고 후원금을 내고 자발적인 봉사를 다짐하는 선에서 반응한다. 혹시라도 의인이나 선인을 위해 죽는다면 괜찮은 명분이 있고 사람들의 감동을 자아내는 결과라도 주어질 것이지만 경건하지 않은 무명의 사람을 위해 죽겠다는 사람이 어디에 있겠는가! 그리스도 예수가 유일하다. 그래서 예수의 죽음은 특이하다. 그 죽음으로 인한 사랑의 수혜자가 연약해서 보답할 수도 없고 주변에 있는 타인이 어떤 감동의 환호성과 칭찬의 박수와 존경의 목례를 표하지 않을 죽음이기 때문이다. 땅에서는 어떠한 보상도 주어지지 않는 죽음이다. 그래서 우리는 질문한다. 도대체 예수의 죽음은 무엇을 위함인가?

[8]그러나 하나님은 우리가 아직 죄인인 상황에서 그리스도가 우리를 위해 죽으므로 우리를 향한 자신의 사랑을 확증하신 분입니다

이 구절에서 바울은 사랑의 목적을 설명한다. 즉 우리를 위한 예수의 죽음은 우리를 향한 하나님의 사랑을 확증하기 위한 것이라고 설명한다. 우리를 위해 목숨까지 버렸으면 자신의 전부를 바친 이 사랑의 위대함을 결코 잊지 말라며 생색을 낼 법도 한데, 자신을 위한 사적인 목적이 하나도 없는 죽음이다. 우리를 위한 죽임이 분명하나 그 궁극적인 목적은 우리를

위한 하나님 사랑의 확증이다. 예수의 죽음은 그 처음과 나중이 하나님의 사랑이다. 그 사랑 때문에 죽으셨고 그 사랑의 증명을 위해 죽으셨다. 하나님의 사랑이 죽음의 동기이기 때문에 인간이 경건하지 않더라도 정해진 죽음을 취소하지 않으셨고, 하나님의 사랑이 죽음의 목적이기 때문에 인간의 배은망덕 반응에 대해서도 실족하지 않으셨다. 사랑의 대상에게 근거를 두었다면 의로운 자와 불의한 자, 경건한 자와 경건하지 않은 자, 선한 자와 악한 자 모두를 동시에 사랑하는 것은 결코 가능하지 않다. 오직 하나님의 사랑에 근거를 둘 때에만 그 사랑이 가능하다. 그리고 사랑을 받은 수혜자의 좋은 반응을 목적으로 삼았다면 예수님도 실족했을 가능성이 높다. 만약 그랬다면 최고의 사랑을 주기 위해 십자가의 죽음을 맞이하는 그 순간에도 자신을 배신하고 거짓말과 저주를 퍼붓는 제자들의 반응에 억장이 무너졌을 게 분명하다.

우리의 사랑은 어떠한가? 무엇 때문에 누구를 사랑하고 무엇을 위한 사랑인가? 중세의 탁월한 신학자 끌레르보(Clairvaux) 출신의 베르나르(Bernard)는 사랑을 네 가지 단계로 구분한다. 제1단계, 자신 때문에 자신을 위해 자신을 사랑한다. 이것은 철저하게 자기 중심적인 사랑이다. 이 단계에서 지구는 나를 중심으로 돌아가고 역사는 자기를 향하여 흘러간다. 이는 아무런 교육이나 학습을 받지 않은 사람의 태생적인 모습이다. 갓 태어난 아기의 모습은 자아 덩어리다. 자신은 자신을 위하고 부모는 자기 때문에 자기를 위해 존재한다. 자신이 만족하면 모든 것이 필요하지 않다.

제2단계, 자신 때문에 자신을 위해 하나님을 사랑한다. 이것은 기만의 탈을 쓴 자기 중심적인 사랑이다. 멍멍이 신학(Dog theology)과 고양이 신학(Cat theology)이 한때 유행했다. 멍멍이가 가만히 생각한다. 배가 고플까 봐 먹여주고 추울까 봐 입혀주고 아플까 봐 함께 산책하고 냄새 날까 봐 씻어주는 분, '나의 주인인가 보다.' 그런데 고양이도 먹여주고 입혀주고 산책하고 씻어주는 분을 보고 곰곰이 생각한다. '나의 하인인가 보다.' 사랑의 제2단계에서 인간은 하나님의 주인이고 하나님은 인간의 하인이다. 필요가 발생하면 언제든지 그 필요를 채우기 위해 하나님을 하인처럼 호출한다. 호출하지 않더라도 알아서 그 필요 채우는 일에 하나님이 게으르지 말아야 한다고 생각한다.

제3단계, 하나님 때문에 하나님을 위해 하나님을 사랑한다. 이는 주변에서 쉽게 관찰하기 힘든 단계의 사랑이다. 나는 이 사랑을 시인의 고백에서 발견한다. "주의 인자가 생명보다 나으므로 내 입술이 주를 찬양할 것이라"(시 63:3). 이 고백에서 찬양의 이유는 하나님의 인자이고, 찬양의 목적은 하나님의 영광이고, 찬양의 대상은 하나님 자신이다. 이 단계는 또한 베드로의 고백에도 잘 나타난다. "주여 우리가 여기 있는 것이 좋사오니 우리가 초막 셋을 짓되 하나는 주를 위해, 하나는 모세를 위해, 하나는 엘리야를 위해 하사이다"(눅 9:33). 베드로는 아름다운 형체로 변화되신 예수의 모습 때문에 감격했다. 그래서 그를 위해 초막을 짓겠다고 한다. 그의 곁에서 영원히 사랑할 것이라고 한다. 그러나 베드로의 이런 바람과는 달리 예수는 그 산에 머물지 않고 하산을 택하셨다. 사랑의 제3단계는 참으로 아름답다. 그러나 주님께서 원하시는 최고의 사랑은 아님이 분명하다. 교회에서 아주 드물게 이런 사랑을 목격한다. 하나님 때문에 하나님을 위해 찬양하고 예배하고 기도한다. 그런데 하나님을 향한 그런 사랑이 반드시 거쳐야 할 테스트가 있다. 바로 이웃 사랑이다. 하나님 앞에서 그렇게도 경건하고 겸손하고 순수한 사람이 타인을 대할 때에는 뾰족하고 과격하고 매정할 수 있기 때문이다. 그래서 사랑의 마지막 단계가 필요하다.

제4단계, 하나님 때문에 하나님을 위해 나 자신과 이웃을 사랑한다. 이런 사랑을 잘 보여주는 사례의 하나는 강물이다. 강물은 어떠한 동물이나 물고기나 나무의 뿌리가 자신을 먹어도 대상을 가리지 않고 흐르는 본분을 지키며 아낌없이 자신을 내어준다. 또 하나는 백합화다. 너무도 사랑하는 술람미 여인에 대한 솔로몬의 고백이다. "여자들 중에 내 사랑은 가시나무 가운데 백합화 같구나"(아 2:2). 백합화는 평소에도 향기롭다. 그런데 꽃잎을 할퀴고 찢으며 더 깊이 파고드는 가시나무 가운데에 있는 백합화는 그 끔찍한 상처에 소금을 뿌리는 듯한 고통 속에서도 오히려 창조주가 맡긴 향기의 극대치를 발산한다.

우리 주변에도 가시나무 같은 원수들이 있다. 험담을 듣고 부당한 대우를 받고 따돌림을 당하는 상황 속에서도 우리는 과연 백합화의 방식으로 원수까지 사랑하는 사람인가? 예수께서 보이신 사랑의 마지막 단계를 증거하는 사람인가? 아니면 보복을 택하는가? 스컹크는 자신을 위협하고 놀라게 하고 상처를 준 모든 대상에게 최고 수위의 악취를 살포하며 보복한다. 그렇게 함으로써 스컹크는 스스로 고립된다. 우리도 매 순간마다 보복한다. 보복은 우리의 일상이다. 싫은 소리를 들으면 인상을 찡그리고, 손해를 보면 거친 독설을 방출하고, 무시를 당하면 차가운 눈빛을 분사하고, 상처를 받으면 감정의 발톱을 드러낸다. 이 모든 반응은 다 보복이다. 보복은 사람에게 행위의 근거를 둘 때에 나타나는 인간의 본성적인 반응이다. 하나님의 사랑에 뿌리를 둔 사랑은 하나님의 사랑이 변하지 않기 때문에 흔들림이 없고, 하나님의 사랑은 조건을 요구하지 않기 때문에 사랑의 대상에게 조건을 요구함도 없다. 예수님의 죽음은 이러한 신적인 사랑의 확증이다.

⁹그러므로 이제 우리는 그의 피로 말미암아 의롭다 하심을 받았기 때문에
더더욱 그로 말미암아 그 진노에서 구원을 받을 것입니다

바울은 9절에서 11절까지 예수의 죽음으로 확증된 하나님의 사랑보다 예수의 삶으로 확증된 하나님의 사랑이 더 크다는 사실을 논증한다. 우리가

예수의 죽음으로 말미암아 하나님의 의롭다 하심을 받은 것은 경건하지 않고 선하지 않고 적대적인 원수의 자리에 있을 때에 이루어진 사랑이다. 이제는 우리가 그 의롭다 하심을 받은 상황이다. 그렇다면 의롭다 하심 이전의 상황보다 이후의 상황이 더 좋아졌다. 바울은 우리가 의롭다 하심을 받은 상태에서 주어지는 더 큰 은혜와 사랑, 즉 하나님의 진노에서 우리가 더 놀라운 구원을 받을 것이라고 한다.

[10]즉 우리가 원수 되었을 때에 그의 아들의 죽음으로 말미암아 하나님과 화목하게 되었다면, 화목하게 된 자로서는 그의 생명 속에서 더더욱 구원을 받을 것입니다

여기에서 바울은 더 놀라운 구원의 근거를 소개한다. 죄인이요 원수였던 우리가 하나님의 의롭다 하심을 받아 하나님과 화목하게 된 근거는 그리스도 예수의 죽음이다. 그 죽음으로 의인과 친구와 자녀의 신분을 가진 우리가 예수의 생명 속에서 누리는 구원은 하나님과 화목하게 된 것보다 더클 것이라는 이야기다. 무에서 존재로 부름을 받는 출생이 은혜라면, 이미 존재하는 우리의 삶은 얼마나 더 큰 은혜일까! 언어를 모르다가 아는 것이 은혜라면, 언어를 아는 상태에서 펼쳐지는 언어의 삶은 얼마나 더 큰 은혜일까! 남자와 여자가 한 몸을 이루는 결혼이 은혜라면, 결혼한 이후의 삶은 얼마나 더 큰 은혜일까! 무직에서 직업을 얻는 취업이 은혜라면, 직업을 가진 상태에서 누리는 삶은 얼마나 더 큰 은혜일까! 죄인이 의롭다 하심을 얻는 것이 은혜라면, 이미 의롭다 하심을 얻은 자의 의로운 삶은 얼마나 더 큰 은혜일까! 하나님의 자녀가 되는 것이 은혜라면, 그 자녀의 권세를 누리는 삶은 얼마나 더 큰 은혜일까! 예수의 죽음으로 말미암은 의롭다 하심은 의로운 삶으로의 초청이다. 의인됨은 의로운 삶의 향유를 위한 준비이며 과정이다. 은혜는 은혜인 동시에 은혜 위에 은혜로 들어가는 관문이다.

¹¹그것만이 아니라 우리로 하여금 이 화목을 얻게 한 예수 그리스도 우리의 주로 말미암아 하나님 안에서 또한 즐거워할 것입니다

바울은 여기에서 더 큰 구원의 구체적인 내용을 소개한다. 예수의 죽음으로 말미암아 우리에게 주어진 사랑은 화목이다. 그러나 예수의 생명으로 말미암아 우리에게 주어진 더 큰 구원의 사랑은 그 화목의 누림이다. 화목을 가지기만 하고 누리지를 못하는 사람은 어리석고 안타깝다. 그래서 바울은 하나님을 즐거움과 누림의 대상으로 삼으라고 강조한다. 그리스도 예수는 화목의 중보자인 동시에 그 화목을 즐기는 누림의 중보자다. 즉 우리는 오직 그리스도 예수 우리의 주로 말미암아 아버지 하나님과 화목하고 그 화목을 향유한다. 우리를 위한 예수의 죽음과 생명은 화목의 상태만이 아니라 화목의 누림도 베푸시기 위함이다.

이에 대해 사도 요한은 이렇게 기록한다. "누구든지 내 음성을 듣고 문을 열면 내가 그에게로 들어가 그와 더불어 먹고 그는 나와 더불어 먹으리라"(계 3:20). 하나님의 음성을 듣고 마음의 문을 여는 것은 은혜의 끝이 아니라 시작이다. 그러므로 문을 열었다는 것에 만족할 것이 아니라 하나님과 더불어 먹고 마시는 본격적인 누림의 단계로 들어가야 한다. 재물을 많이 가졌으면 보관하지 말고 사용하며 향유해야 한다. 냉장고에 음식이 가득하면 꺼내서 먹고 섭취해야 한다. 건강을 가졌으면 자랑하지 말고 가치를 산출하기 위한 섬김의 에너지로 활용해야 한다. 새로운 집을 지었다면 그 속으로 들어가서 안락한 생활을 시작해야 한다. 결혼을 했다면 혼인 신고서만 붙들고 있지 말고 부부에게 허락된 사랑의 아름다운 하나됨을 향유해야 한다. 사명을 받았으면 명함만 파지 말고 사명을 완수하며 향유해야 한다. 성경을 읽었으면 일독의 감격에 만취되지 말고 온전한 사람이 되고 모든 선행을 실천해야 한다. 예배를 드렸으면 그 예배에 활력을 넣어서 역동적인 산 제사의 단계로 들어가야 한다. 설교를 들었으면 몸의 실천으로 그 설교를 씹어서 섭취하며 향유해야 한다.

　하나님 안에서 즐거움을 누리는 자녀의 특권을 마음껏 향유하라. 거기에는 다른 어떠한 것을 통해서도 누리지 못하는 즐거움이 있다. 생명이 없는 사물을 누리는 것보다 살아있는 식물을 누리는 것이 더 행복하고, 움직이지 못하는 식물보다 반응하는 동물을 누리는 것이 더 행복하고, 말하지 못하는 동물보다 소통이 가능한 사람을 누리는 것이 더 행복하고, 모든 것을 다 이해하고 알아주지 못하는 사람보다 모든 것을 아시고 모든 것이 가능하신 하나님을 누리는 것이 더 행복하다. 우리의 진정한 만족은 일시적인 사물과 식물과 동물과 사람의 누림이 아니라 영원한 하나님을 영원히 향유함에 있다. 이는 창조주가 인간에게 "영원을 사모하는 마음"을 주었기 때문이다(전 3:11). 그래서 인간의 눈은 보아도 족함이 없고 귀는 들어도 차지 아니하며 아름다운 보석이나 막대한 재물로도 만족함이 없다(전 5:10). 인간의 본질적인 만족과 하나님 누림은 이렇게 일치한다.

12그러므로 한 사람으로 말미암아 죄가 세상에 들어오고 죄로 말미암아 사망이 들어왔나니 이와 같이 모든 사람이 죄를 지었으므로 사망이 모든 사람에게 이르렀느니라 13죄가 율법 있기 전에도 세상에 있었으나 율법이 없었을 때에는 죄를 죄로 여기지 아니하였느니라 14그러나 아담으로부터 모세까지 아담의 범죄와 같은 죄를 짓지 아니한 자들까지도 사망이 왕 노릇 하였나니 아담은 오실 자의 모형이라 15그러나 이 은사는 그 범죄와 같지 아니하니 곧 한 사람의 범죄를 인하여 많은 사람이 죽었은즉 더욱 하나님의 은혜와 또한 한 사람 예수 그리스도의 은혜로 말미암은 선물은 많은 사람에게 넘쳤느니라 16또 이 선물은 범죄한 한 사람으로 말미암은 것과 같지 아니하니 심판은 한 사람으로 말미암아 정죄에 이르렀으나 은사는 많은 범죄로 말미암아 의롭다 하심에 이름이니라 17한 사람의 범죄로 말미암아 사망이 그 한 사람을 통하여 왕 노릇 하였은즉 더욱 은혜와 의의 선물을 넘치게 받는 자들은 한 분 예수 그리스도를 통하여 생명 안에서 왕 노릇 하리로다 18그런즉 한 범죄로 많은 사람이 정죄에 이른 것 같이 한 의로운 행위로 말미암아 많은 사람이 의롭다 하심을 받아 생명에 이르렀느니라 19한 사람이 순종하지 아니함으로 많은 사람이 죄인 된 것 같이 한 사람이 순종하심으로 많은 사람이 의인이 되리라

❖ ❖ ❖

12그러므로 한 사람으로 말미암아 죄가 세상에 들어오고 죄로 말미암아 사망이 들어온 것입니다 이런 식으로 모든 사람이 죄를 범하여서 모든 사람에게 사망이 이른 것입니다 13율법 이전에도 죄가 세상에 있었으나 율법이 없었을 때에는 죄가 죄로 여겨지지 않았지만 14아담부터 모세까지 사망은 오실 자의 모형인 아담의 죄와 유사한 것에 대해 범죄하지 않은 자에게도 왕 노릇 했습니다 15그러나 이 은총은 그 범죄와 같지 않습니다 즉 한 사람의 범죄로 인하여 많은 사람이 죽는다면 하나님의 은혜와 예수 그리스도 한 사람의 은혜로 말미암은 선물은 많은 자들에게 훨씬 더 많이 넘칩니다 16그리고 이 선물은 범죄한 한 사람으로 말미암은 것과 같지 않습니다 즉 심판은 한 사람으로 인하여 정죄에 이르지만 이 은혜로운 선물은 범죄한 많은 사람들 중에서 의롭다 하심에 이릅니다 17한 사람의 범죄로 말미암아 사망이 그 한 사람을 통해 왕 노릇 했다면 은혜와 의의 선물을 넘치게 받는 자들은 예수 그리스도 한 사람을 통해 삶 속에서 훨씬 더 많이 왕 노릇 할 것입니다 18그러므로 하나의 범죄적 행위로 말미암아 모든 사람이 정죄에 이른 것처럼 하나의 의로운 행위로 말미암아 모든 사람이 생명의 의에 이릅니다 19즉 한 사람의 불순종에 의해 많은 사람들이 범죄자가 된 것처럼 한 사람의 순종으로 인해 많은 사람들이 의인이 될 것입니다

한 사람

이제 바울은 지금까지 언급한 인류의 타락과 부패, 모든 사람들의 죄인 됨, 그리스도 예수의 희생적인 사랑으로 말미암은 하나님의 의롭다 하심, 그리고 그 의롭다 하심의 결과로 누리는 하나님의 놀라운 사랑 이야기를 정리하고 요약한다. 인류의 역사는 첫째 아담과 더불어 시작하고 둘째 아담인 그리스도 예수에 의해 종결된다. 첫째 아담으로 말미암아 인류에 죄가 들어오고 사망이 들어오고 정죄에 이르지만, 둘째 아담으로 말미암아 우리에게 은혜가 들어오고 의의 영원한 생명이 우리에게 주어진다. 인류의 역사는 이렇게 요약된다.

[12]그러므로 한 사람으로 말미암아 죄가 세상에 들어오고 죄로 말미암아
사망이 들어온 것입니다 이런 식으로 모든 사람이 죄를 범하여서
모든 사람에게 사망이 이른 것입니다

바울은 민족이나 성별이나 지역이나 시대라는 제한적인 개념을 제거하고

보편적인 인류를 대상으로 구원에 관한 논의를 이어간다. 이 논의에 나타난 바울의 세계관은 명료하다. 세상에 죄가 들어온 것은 한 사람으로 말미암은 사건이다. 그 죄는 사망이 이 세상에 들어오게 했다. 즉 사망이 이 세상에 들어온 것은 죄 때문이고, 죄가 세상에 들어온 것은 한 사람의 불순종 때문이다. 우리는 사망을 경험할 때마다 죄를 떠올리고 죄를 경험할 때마다 한 사람을 떠올린다. 예나 지금이나 사망은 우리에게 아담과 함께 시작된 인류의 죄를 고발하는 항구적인 제보자다. 무덤은 그 고발의 무거운 입술이다.

여기에서 문법적인 요소를 하나 지적하면, 모든 사람이 죄를 범했다고 할 때에 "범했다"는 동사는 부정과거 시제(ἥμαρτον)로서 이미 죄를 지었다는 것을 의미한다. 이처럼 바울은 현재형과 미래형이 아니라 과거형을 써서 인류 전체가 아담의 허리에서 아담과 더불어 각자가 죄를 지었다고 설명한다. 이는 아담의 죄를 짓지 아니한 사람은 억울해 할 대목이다. 그래서 사람들은 이런 논리를 거부한다. 그러나 규칙은 하나님이 정하신다. 그래서 나는 나의 상식보다 하나님의 규정을 존중한다. 모든 사람이 아담 안에서 죄를 지었다는 바울의 설명에 근거하여 나는 죄와 사망이 들어온 이 "세상"(κόσμος)은 특정한 소수가 아니라 모든 사람을 가리키는 말이라고 생각한다. 동시에 그 단어는 물리적인 시공간 세계도 가리킨다. 즉 아담으로 말미암아 죄가 인간에게 들어왔고 사망이 인간에게 들어왔고 자연계도 장악하고 있다. 그래서 모든 사람이 죄를 범했고 사망이 모든 사람에게 이르렀고 온 세계가 죄와 사망의 캄캄함이 드리웠다.

¹³율법 이전에도 죄가 세상에 있었으나 율법이 없었을 때에는
죄가 죄로 여겨지지 않았지만 ¹⁴아담부터 모세까지 사망은 오실 자의 모형인
아담의 죄와 유사한 것에 대해 범죄하지 않은 자에게도 왕 노릇 했습니다

모세를 통해 주어진 율법 이전에는 죄가 죄로 여겨지지 않았다고 바울은 인정한다. 이는 율법 이후의 사람이라 할지라도 하나님의 그 율법을 읽기 이전에는 죄를 죄로 여기지 않고 자신을 죄인으로 인정하지 않음과 일반이다. 그러나 죄에 대한 인지의 부재가 죄 자체의 부재를 뜻하는 것은 아니었다. 죄는 분명히 있었지만 죄로 여겨지지 않았을 뿐이기 때문이다.

지혜자는 법을 빛이라고 규정한다(잠 6:23). 율법은 이전에 죄로 간주되지 않았던 죄를 죄로 드러낸다. 로마서 3장 20절에서도 바울은 죄의 깨달음이 율법의 용도라고 지적했다. 하나님의 계명을 보면서 우리는 죄를 깨닫는다. 사회법은 사람들 사이의 합의로서 타인에게 손해를 끼치는 것에 대해서만 죄로 규정한다. 자연법은 눈에 보이는 가시적인 무질서에 대해서만 죄로 규정한다. 그러나 율법은 보이는 죄와 보이지 않는 죄 모두에 대한 깨달음을 우리에게 준다. 죄란 무엇인가? 사람들의 합의인가? 아니면 관찰의 결과인가? 죄의 기준을 무엇으로 보느냐에 따라 죄의 인식은 달라진다. 죄의 절대적인 기준은 하나님께 있다. 죄의 여부를 규정하는 기준이 하나님의 율법이다. 죄의 기준인 율법을 볼 때에 비로소 죄가 죄로 인식된다. 그래서 율법이 주어지기 이전에는 비록 사회법이 있었지만 본질적인 죄에 대한 인식은 미약했다.

비록 죄에 대한 인식이 선명하지 않았지만 그럼에도 불구하고 죄를 인식할 방법이 없었던 것은 아니었다. 이에 대해 바울은 아담의 시대부터 모세의 시대까지 율법이 주어지지 않은 때에도 사망이 왕 노릇을 했다고 설명한다. 율법 이전에는 사망이 죄의 존재를 가르치는 교사였다. 그 사망은 아담의 죄와 유사한 것에 대해 범죄하지 않은 자에게도 왕으로 군림했다. 사망이 온 인류에 왕으로 군림하게 된 이유는 하나님의 정하심 때문이다. 태초에 하나님은 선악을 알게 하는 나무의 열매를 먹지 말라고 명하시며 먹는 날에는 반드시 죽을 것이라는 규칙을 정하셨다. 하나님의 명령을 거역하면 누구든지 필연적인 죽음을 맞이한다. 죽는다는 것은 하나님의 명령을 어기는 불순종의 결과였다. 죽음의 원인은 하나님에 대한 불순종의 범죄였다. 불순종의 형태는 다양하다. 아담 이후로 선악과를 따먹는 방식으로 범죄한 사람이 하나도 없었다는 것은 모두가 동의한다. 그러나 범죄의 형태가 달라도 도달하는 결과는 동일한 사망이다. 바울은 바로 이 사망이 율법 이전에도 있었다는 것은 율법 이전에도 죄가 있었다는 사실의 증거라고 설명한다.

이 사망의 왕 노릇이 의미하는 바는 무엇인가? 이는 사람이 죽음에 대한 두려움의 멍에에 묶인 채로 일평생 살아가는 것을 의미한다. 사실 사망은 마귀가 사용하는 왕 노릇의 수단이다. 우리를 마음대로 조정하는 영혼의 코뚜레다. 히브리서 기자는 마귀를 "죽음을 통하여 죽음의 세력을 잡은 자"(히 2:14)로 묘사한다. 죄인의 죽음은 하나님의 섭리임에 분명하다. 그러나 그 죽음을 통해 살인적인 권세를 부리는 마귀의 속임수가 작용한다. 마귀의 일을 저지르기 위해 마귀의 졸개들이 사용하는 수단도 그 죽음이다. 죽음을 인질로 삼아 사람들을 조정한다. 그런 사망의 왕 노릇을 끝장내는 방법은 무엇인가? 사망의 정체를 알면 해결책도 안다. 이에 대해서는 바울의 언급이 결정적인 단서를 제공한다. "사망이 쏘는 것은 죄요 죄의 권능은 율법이라"(고전 15:56). 사망은 죄와 율법에 빌붙어서 산다. 사망의 왕 노릇은 죄와 율법의 문제를 해결하면 종식된다. 어떻게 가능한가? 율법은 그리스도 예수의 완전한 순종으로 완성되고 죄는 그리스도 예수의 온전한 죽음으로 소멸된다. 즉 예수의 순종과 죽음에 의해 사망의 왕 노릇과 우리의 종 노릇은 완전히 종료된다.

14절에서 잠시 주목하고 싶은 것은 바울이 죄가 세상에 들어오게 한 최초의 사람을 하와가 아니라 아담으로 규정하고 있다는 사실이다. 창세기를 보면, 죄의 기원이 뱀으로 표상된 마귀라고 설명한다. 인간 편에서는 아담이 아니라 하와가 죄를 범한 첫 사람이다. 이 사실을 분명히 인지한 바울은 아담이 속은 것이 아니고 여자가 속아서 죄에 빠졌다(딤전 2:14)

고 했다. 그런데도 왜 바울은 마귀나 하와가 아닌 아담으로 말미암아 죄가 세상에 들어온 것이라고 말하는가? 아담이 이의를 제기할 법한 대목이다. 그러나 바울의 주장은 대표성의 원리 때문에 진실이다. 인류의 대표는 하와가 아니라 아담이다. 이는 존재의 순서에 있어서도 아담이 먼저 지음을 받고 하와의 창조는 나중이며(딤전 2:13), 존재의 출처에 있어서도 아담이 하와에게서 난 것이 아니라 하와가 아담에게서 났기 때문이다(고전 11:8). 더 중요한 것은 선악을 알게 하는 나무의 열매를 먹지 말라는 금지령은 아담에게 주어졌다. 명령의 수령자가 책임자다.

인류의 대표라는 것은 긍정적인 일의 영광을 누리는 존재가 아니라 부정적인 일의 책임을 감당하는 존재를 의미한다. 오늘날의 사회는 대표가 생색을 내는 일에는 대표의 명분을 내세우고 취하면서 정작 책임지는 대표성의 영광은 거부한다. 대표는 문제에 직접 관여한 사람에게 책임을 전가하고 그 꼬리만 자르면 된다고 생각한다. 이러한 생각의 배후에는 대표라는 직책에 대한 무지가 도사리고 있다. 한 기관이나 공동체의 대표는 달콤한 영광을 취하는 자리가 아니라 대표의 권위 아래에 있는 모든 사람의 인격과 언어와 행실과 형편을 돌보고 최상의 상태로 유지하여 문제가 발생하지 않도록 섬기다가 혹시라도 문제가 발생하면 다른 누군가가 아니라 자신을 그 문제의 책임자로 인식하는 사람이다. 대표는 영광과 착취와 군림과 독재와 방종의 권한이 있다는 심각한 오해가 사회 곳곳에서 배회하고 있다.

바울은 아담을 인류의 대표자로 이해한다. 그런데 그 아담 자신이 하나의 은유로서 가리키는 인류의 궁극적인 대표자는 바로 그리스도 예수라고 한다. 예수는 인류의 대표성을 가진 아담처럼 하나님의 자녀와 백성에 대한 대표성을 가지고 신분과 인격과 생각과 언어와 행실에 최고의 본을 보이셨다. 예수로 말미암아 모든 인류에 온전한 선이 들어오고 은혜가 들어오고 생명이 들어오고 영광이 들어왔다. 그래서 바울은 아담을 그리스도 예수의 모형이라 했다.

> ¹⁵그러나 이 은총은 그 범죄와 같지 않습니다 즉 한 사람의 범죄로 인하여
> 많은 사람이 죽는다면 하나님의 은혜와 예수 그리스도 한 사람의 은혜로
> 말미암은 선물은 많은 자들에게 훨씬 더 많이 넘칩니다

이제 바울은 그리스도 예수로 말미암은 은총이 범죄와 다르다고 설명한다. 바울은 은총과 선물을 구분하여 설명한다. 즉 15절에서 바울은 은총과 범죄를 비교하고 16절에서 선물과 정죄를 비교한다. 더글라스 무가 잘 설명한 것처럼, "은총"(χάρισμα)은 선물이 아니라 우리에게 주어지는 선물의 근거로서 그리스도 예수의 구속을 가리킨다. 이 은총과 범죄가 다른 이유는 아담의 범죄로 많은 사람들이 죽음에 이르지만 하나님의 은혜와 예수 그리스도 한 사람의 은혜 안에 있는 선물은 많은 자들에게 "훨씬 더 많이"(πολλῷ μᾶλλον) 넘치기 때문이다. 이는 아담의 죄가 가져온 죽음의 권세보다 예수의 은혜가 가져온 생명의 능력이 더 큼을 의미한다. 아담이 우리에게 주는 영향력과 예수가 우리에게 주는 영향력의 차이는 너무도 커서 측량을 불허한다. 이는 아담과 예수의 차이에 근거한다. 바울은 두 사람을 이렇게 비교한다. "첫 사람 아담은 생령이 되었다 함과 같이 마지막 아담은 살려 주는 영이 되었나니 그러나 먼저는 신령한 사람이 아니요 육의 사람이요 그 다음은 신령한 사람이라"(고전 15:45-46). 일시적인 육의 사람이 주는 죄의 결과보다 영원한 영의 사람이 주는 은혜의 결과가 더 위대함은 당연하다.

우리는 이 사실을 중요하게 생각해야 한다. 하나님은 죽음보다 크시고 음부보다 강하시다. 당신의 백성에 대한 하나님의 말씀이다. "내가 저희를 음부의 권세에서 속량하며 사망에서 구속하리니 사망아 네 재앙이 어

디 있느냐 네 멸망이 어디 있느냐"(호 13:14). 이는 사망이 주는 재앙과 멸망은 하나님 앞에서 감히 고개도 들지 못한다는 선언이다. 이 선언의 성취는 예수의 몫이었다. "내가 이 반석 위에 내 교회를 세우리니 음부의 권세가 이기지 못하리라"(마 16:18). 예수는 음부가 감히 권세를 부리지 못하는 자신의 교회를 세우셨다. 요한은 하나님의 아들 예수께서 교회인 우리를 지키시면 악한 자가 만지지도 못한다고 고백한다(요일 5:18). 여호와는 우리를 지키시는 분이시기 때문에 시인은 "낮의 해가 너를 상하게 하지 아니하며 밤의 달도 너를 해치지 않는다"고 선언한다(시 121:6). 어떻게 이런 고백과 선언이 가능할까? 그 누구와도, 그 무엇과도 비교할 수 없는 하나님 자신의 위대하심 때문이다. "하나님은 죽이기도 하시고 살리기도 하시며 스올에 내리게도 하시고 거기에서 올리기도 하시도다"(삼상 2:6). 사무엘의 어머니 한나의 이 신앙은 마귀가 비록 죽음으로 사악한 장난을 치지만 죽음의 주관자는 아니라는 사실과 스올에 빠뜨리는 영원한 사망의 주관자는 더더욱 아니라는 사실을 의미한다.

16그리고 이 선물은 범죄한 한 사람으로 말미암은 것과 같지 않습니다
즉 심판은 한 사람으로 인하여 정죄에 이르지만 이 은혜로운 선물은
범죄한 많은 사람들 중에서 의롭다 하심에 이릅니다

바울은 이제 그리스도 예수로 말미암은 은총의 결과로서 주어진 선물(δώρημα)인 "의롭다 하심"과 한 사람으로 말미암은 범죄의 결과로서 주어진 재앙인 "정죄"를 비교한다. 한 사람 아담의 범죄가 온 인류에게 초래한 결과는 무죄가 아니라 유죄의 판결이다. 그러나 그리스도 예수의 은혜로 말미암아 많은 죄인에게 주어진 선물은 유죄가 아니라 의롭다는 판결이다. 아담의 범죄로 말미암아 온 인류가 유죄의 판결을 받는 것처럼 예

수의 은혜로 말미암아 의롭다는 무죄의 판결은 우리에게 주어진다. 이 것이 아담에 의한 "죄의 전가"(imputatio peccati)와 예수에 의한 "의의 전 가"(imputatio iustitiae)를 의미한다. 인류는 비록 아담과 동일한 죄를 저지 르지 않았지만 모두에게 유죄의 선고가 내려진 것처럼, 우리는 비록 예수 와 동일한 의를 이루지 않았지만 모두에게 무죄의 선고가 내려진다. 아담 의 죄가 나에게로 와 정죄에 이르고, 예수의 은혜가 나에게로 와 의롭다 하심이 된다는 것은 사람의 상식과 동떨어진 주장이다. 그러나 이것이 바 울의 논리이고 하나님의 섭리이고 성경의 상식이다.

그리고 바울은 정죄의 심판과 한 사람을 연결하고 의롭다 하심의 선물 과 많은 사람들을 연결한다. 정죄는 아담처럼 죄를 저지른 사람에게 주어 진다. 모든 사람이 죄를 저질러서 모든 사람에게 정죄의 판결이 내려졌 다. 이 판결은 아담으로 말미암은 것이지만 아담의 죄가 아니라 각자 자 신의 죄 때문에 내려진다. 에스겔의 기록에 의하면 아버지가 신 포도를 먹었기 때문에 아들의 이가 시리다는 이상한 속담이 정죄와 죽음의 문제 에는 적용되지 않는다고 한다(겔 18:2-3). 예레미야 선지자도 동일한 것을 기록한다. "신 포도를 먹는 자마다 그의 이가 신 것 같이 누구나 자기의 죄악으로 말미암아 죽으리라"(렘 31:30). 그러나 정죄의 경우와는 달리 의 롭다 하심은 오직 예수로 말미암은 선물이고 예수의 구속에 근거한다. 우 리 각자가 의롭다는 판결을 받는 이유는 우리 각자의 의로움 때문이 아니 라 그리스도 예수의 의로우심 때문이다. 이처럼 인류의 정죄는 각자의 죄 때문이고 우리의 의롭다 하심은 예수의 의로우심 때문이다.

[17]한 사람의 범죄로 말미암아 사망이 그 한 사람을 통해 왕 노릇 했다면
은혜와 의의 선물을 넘치게 받는 자들은 예수 그리스도 한 사람을 통해
삶 속에서 훨씬 더 많이 왕 노릇 할 것입니다

바울은 앞에서 밝힌 것처럼 한 사람의 범죄로 말미암아 사망이 왕 노릇을 했듯이 은혜와 의의 선물을 풍성하게 받은 자들은 그리스도 예수를 통해 삶 속에서 "훨씬 더 많이"(πολλῷ μᾶλλον) 왕 노릇 할 것이라고 한다. 여기에서 확인되는 것은 1) 우리가 하나님의 은혜와 의의 선물을 풍성하게 받고 있다는 사실이다. 그리고 2) 사망의 왕 노릇보다 우리의 왕 노릇이 훨씬 더 많다는 사실이다. 끝으로 3) 우리의 왕 노릇은 오직 그리스도 예수를 통해서만 가능한 일이라는 사실이다.

1) 무자비와 약탈이 가득한 세상과는 달리 우리가 받은 하나님의 은혜와 의의 선물은 넘치도록 풍성하다. 결코 부족하지 않다. 여기에서 넘친다는 말은 선물의 분량이 측량되지 않음을 의미한다. 측량할 수 없는 이유는 그것이 이 땅에서는 주어질 수 없고 이 땅에서는 측량할 도구가 없는 하늘의 무한한 선물이기 때문이다. 그래서 넘친다는 말은 우리에게 필요한 분량보다 주어진 선물이 더 많음 혹은 초과함을 의미한다. 그래서 우리는 그 선물을 다른 사람에게 나누어야 한다. 이 선물의 넘치는 분량 자체가 나누라는 메시지다. 바울은 에베소 성도에게 보낸 편지에서 자신에게 은혜의 선물이 주어진 것은 측량할 수 없는 그리스도 예수의 풍성함을 이방에 나누기 위한 것이라고 고백한다(엡 3:8-9). 그리고 이 나눔은 필요 이상으로 넘치는 분량 때문에 억지로 마지못해 행하는 강요된 나눔이 아니라 기쁘고 자발적인 나눔이다.

2) 삶에서 사망의 왕 노릇보다 우리의 왕 노릇이 훨씬 더 많다는 것은 우리가 사망의 권세에 짓눌리지 않고 당당하게 은혜의 삶을 살아야 함을 의미한다. 사망은 모든 사람을 정복했다. 사망의 권세에서 벗어난 사람은 아무도 없을 정도로 그 권세는 막강하다. 그러나 주님은 더 막강한 권세로 사망의 권세를 잡은 자 곧 마귀를 멸하셨다(히 2:14). 사망으로 마귀를 멸하시고 부활로 사망을 이기신 그리스도 예수 때문에 우리도 사망의 왕 노릇을 극복한다. "의인은 그의 죽음에도 소망이 있느니라"(잠 14:32). 이는

죽음이 끝이 아니기 때문에 가지는 의인의 소망이다.

극복의 대표적인 대상은 물론 죽음이다. 그러나 왕은 어떠한 것에도 얽매이지 않는 사람이다. 왕은 어떠한 것에 의해서도 위축되지 않고 지배되지 않고 왕 중의 왕이신 그리스도 예수에 의해서만 움직이는 사람이다. 모든 사람에 대해 자유로운 존재이나 그리스도 때문에 그분처럼 모든 사람에게 종으로서 사랑의 종 노릇을 택하여 실행하는 사람이다. 우리가 왕 같은 제사장과 같다고 증언한 베드로는 이렇게 권면한다. "너희는 자유가 있으나 그 자유로 악을 가리는 데 쓰지 말고 오직 하나님의 종과 같이 하라"(벧전 2:16). 동일한 권면을 바울은 이렇게 표현한다. "너희가 자유를 위하여 부르심을 입었으나 그러나 그 자유로 육체의 기회를 삼지 말고 오직 사랑으로 서로 종 노릇 하라"(갈 5:13). 우리에게 자유는 방종이나 육체의 욕구를 불출하는 기회나 죄를 저질러도 되는 권한과는 무관하다. 오히려 자유는 최종적인 목적이 아니라 자발적인 사랑의 필수적인 준비와 수단이다.

3) 우리의 왕 노릇은 그리스도 안에서만 누릴 수 있는 특권이다. 그리스도 안에서 왕 노릇을 하는 것은 이 땅에서 주께서 보이신 왕 노릇의 본을 벗어나지 않고 따르는 것을 의미한다. 그가 보이신 왕 노릇의 본은 지배하고 군림하고 억누르고 위협하고 탈취하는 모습이 아니었다. 진정한 왕은 자기 백성을 사랑으로 섬기는 의무와 책임의 소유자다. 그런 예수의 왕 노릇에 대해 마태는 이렇게 기록한다. "인자가 온 것은 섬김을 받으려 함이 아니라 도리어 섬기려 하고 자기 목숨을 많은 사람의 대속물로 주려 함이니라"(마 20:28). 진실로 만유의 주요 만왕의 왕이신 예수는 목숨과 마음과 뜻과 힘을 다하여 사랑의 종 노릇에 전념했다. 이러한 왕 노릇을 수행하면서 예수는 왕답게 그 어디에도, 그 무엇에 의해서도, 그 누구에 의해서도 얽매이지 않으셨다. 사랑의 종 노릇은 마귀의 왕 노릇을 극복한 자의 최종적인 모습이다.

우리의 왕 노릇도 그러해야 한다. 우리에게 이웃으로 주어진 모든 사람에게 사랑의 종 노릇에 충실한 왕 노릇을 수행해야 한다. 미움이나 분노나 시기나 근심이나 걱정이나 두려움과 같은 감정에 얽매여 죄의 종이 되지 않고 모든 것에서 자유로운 하나님의 종이 될 때에 왕 노릇의 진정한 수혜자와 수행자로 준비된다.

[18]그러므로 하나의 범죄적 행위로 말미암아 모든 사람이 정죄에 이른 것처럼 하나의 의로운 행위로 말미암아 모든 사람이 생명의 의에 이릅니다

바울은 그리스도 예수의 은혜로 말미암은 결과로서 의롭다 하심과 이 땅에서의 왕 노릇을 언급한 이후에 그런 우리가 영원한 생명을 제공하는 의에 이른다는 사실을 거론한다. 아담의 범죄적 행위로 말미암아 모든 사람은 사망의 죄에 이르렀고 예수의 의로운 행위로 말미암아 모든 사람이 생명의 의에 이르렀다. 여기에서 생명은 이 땅에서의 목숨과 생존이 아니라 하나님 앞에서의 영원한 생명을 의미한다. 예수의 은택으로 의롭다 하심을 얻은 모든 사람들은 이 땅에서도 왕 노릇을 하겠지만 장차 하늘에서 사는 영원한 생명을 소유한다.

이 구절에서 많은 사람들이 "모든" 사람의 정죄와 "모든" 사람의 의를 주목하며 바울이 만인의 구원을 주장하고 있다고 오해한다. 모든 사람의 정죄는 그리스도 예수를 믿음으로 말미암은 의롭다 하심을 얻지 못한 사람 전체의 유죄를 가리키고, 모든 사람의 의는 의롭다 하심을 얻은 사람 전체의 무죄를 가리킨다. "모든 사람들"(πάντας ἀνθρώπους)은 인류 전체의 모든 개별적인 사람을 의미하지 않고 특정한 그룹 전체를 가리키는 용어로 신약에서 자주 사용된다. 만인의 구원은 성경에도 맞지 않고, 우리의 경험에도 맞지 않고, 역사의 내용에도 맞지 않은 주장이다. 주님의 구

원이 모든 개인에게 적용되는 것이 아니라고 해서 하나님을 옹졸한 분으로, 무능한 분으로, 잔인한 분으로 간주하는 것은 부당하다. 사망은 인간이 스스로 판 무덤이다. 그 사망은 만민에게 복음을 전하여도 스스로 귀를 닫고 마음을 닫은 자의 선택이다.

> [19]즉 한 사람의 불순종에 의해 많은 사람들이 범죄자가 된 것처럼
> 한 사람의 순종으로 인해 많은 사람들이 의인이 될 것입니다

이제 바울은 불순종과 순종, 그리고 범죄자와 의인을 대비한다. 한 사람의 불순종이 많은 사람을 범죄자로 만들었고, 한 사람의 순종이 많은 사람을 의인으로 만들었다. 여기에서 두 가지를 주목하고 싶다. 첫째, 순종과 불순종의 개념이다. 아담이 하나님께 범한 불순종은 단순히 종이에 명시된 율법 조항의 문구를 위반한 것이 아니었다. "불순종"($\pi\alpha\rho\alpha\kappa\omega\acute{\eta}$)은 어떠한 인격적 대상을 마주 대하며 인격적인 주의를 기울여 상대방의 말에 인격적인 경청의 태도를 취하지 않는 행위를 가리킨다. 아담은 하나님께 기울여야 할 인격적인 호감을 마귀의 입술에 돌리는 방식으로 하나님의 말씀을 거부했다. 이러한 현상은 다윗의 범죄에서 잘 나타난다. 밧세바를 간음하고 그의 남편 우리아를 살해한 다윗에게 찾아온 나단 선지자는 다윗의 범죄가 하나님의 말씀을 조롱하고 하나님 자신을 멸시한 것이라고 평가한다(삼하 12:9-10). 불순종은 법률의 위반 개념을 넘어서 그 율법의 제정자 하나님에 대한 인격적인 모독이다.

본문은 우리에게 한 사람의 중요성을 가르친다. 한 사람이 범죄하면 인류라는 공동체 전체가 위태롭게 되고 한 사람이 순종하면 공동체 전체가 은혜롭게 된다. 이것은 아담과 예수의 고유한 사건이다. 그러나 이 사건의 교훈은 우리 모두에게 적용된다. 지금 우리의 시대에는 한 사람의

의인이 필요하다. 정치계, 경제계, 예술계, 체육계, 종교계, 문화계, 법조계
에 모두 필요하다.

R

6장 예수의 죽음과 부활에 참여한
인간의 거듭남

롬 5:20-6:5

²⁰율법이 들어온 것은 범죄를 더하게 하려 함이라 그러나 죄가 더한 곳에 은혜가 더욱 넘쳤나니 ²¹이는 죄가 사망 안에서 왕 노릇 한 것 같이 은혜도 또한 의로 말미암아 왕 노릇 하여 우리 주 예수 그리스도로 말미암아 영생에 이르게 하려 함이라 ¹그런즉 우리가 무슨 말을 하리요 은혜를 더하게 하려고 죄에 거하겠느냐 ²그럴 수 없느니라 죄에 대하여 죽은 우리가 어찌 그 가운데 더 살리요 ³무릇 그리스도 예수와 합하여 세례를 받은 우리는 그의 죽으심과 합하여 세례를 받은 줄을 알지 못하느냐 ⁴그러므로 우리가 그의 죽으심과 합하여 세례를 받음으로 그와 함께 장사되었나니 이는 아버지의 영광으로 말미암아 그리스도를 죽은 자 가운데서 살리심과 같이 우리로 또한 새 생명 가운데서 행하게 하려 함이라 ⁵만일 우리가 그의 죽으심과 같은 모양으로 연합한 자가 되었으면 또한 그의 부활과 같은 모양으로 연합한 자도 되리라

❖ ❖ ❖

²⁰율법이 들어온 것은 범죄의 증가를 위한 것입니다 그러나 죄가 증가한 곳에 은혜는 더욱 넘칩니다 ²¹그리하여 죄가 사망 안에서 왕 노릇을 한 것처럼 은혜도 또한 예수 그리스도 우리의 주로 말미암아 영원한 생명에 이르는 의를 통해 왕 노릇할 것입니다 ¹그러므로 우리가 무슨 말을 할 것입니까? 은혜의 증가를 위해 우리가 죄와 함께 거하자고 말할 것입니까? ²절대 그럴 수 없습니다 죄에 대해 죽은 우리가 어떻게 그 안에서 여전히 살 수 있습니까? ³무릇 그리스도 예수께로 세례를 받은 우리는 누구든지 세례를 받아 죽음에 이른다는 것을 알지 못합니까? ⁴그러므로 우리는 세례를 통해 그와 함께 죽어서 묻혔으며 이는 아버지의 영광으로 말미암아 그리스도가 죽은 자 가운데서 일어난 것처럼 우리도 생명의 새로움 속에서 행하게 하려 함입니다 ⁵왜냐하면 만약 우리가 그의 죽음의 형상과 연합한 자가 되었다면 진실로 그의 부활의 형상과도 연합한 자가 될 것이기 때문입니다

죽음과 부활

본문에서 바울은 율법이 주어진 두 가지의 이유, 수단적인 이유와 목적적인 이유를 설명한다. 수단적인 이유는 죄의 증가이고 목적적인 이유는 은혜의 넘침이다. 이것을 이해하기 위해 바울은 예수와 우리가 연합하는 세례 이야기를 언급한다. 예수가 주어진 두 가지의 이유, 즉 수단적인 이유는 죽음이고 목적적인 이유는 부활이다. 예수와 연합하는 세례는 죄와의 결별인 동시에 새로운 삶과의 조우라고 바울은 규정한다.

[20]율법이 들어온 것은 범죄의 증가를 위한 것입니다

그러나 죄가 증가한 곳에 은혜는 더욱 넘칩니다

율법이 모세를 통해 주어진 이유는 범죄의 증가를 위함이다. 이 구절을 사람들은 율법으로 인해 인간이 죄를 더 많이 짓는다는 의미로 오해한다. 율법을 몰랐을 때에는 무심코 지나간 것들도 율법을 알면 호기심에 이끌려 더욱 반항하며 위법을 저지르고 싶은 충동이 생긴다는 주장이다. 물론 그

런 충동이 생기는 건 가능하다. 그러나 바울이 의도한 의미는 이러하다. 율법이 우리에게 주어지면 그것이 우리의 의식 속으로, 마음 속으로 파고든다. 그래도 지금까지 살아온 삶의 내용은 변경됨이 없다. 그러나 그 내용 중에 상식으로 볼 때 죄가 아니라고 생각한 것까지도 율법 때문에 죄로 인식하는 변화가 일어난다. 율법 때문에 죄로 분류되는 삶의 내용이 커지면서 죄의 종류와 분량은 저절로 많아진다. 죄를 인식하는 기준이 우리의 상식에서 율법으로 바뀌면 죄의 인식도 달라지는 것은 당연하다. 여기에서 범죄의 인지적 증가는 질적인 증가와 양적인 증가를 포괄한다.

범죄의 질적인 증가를 우리는 인간이 저지르는 모든 죄의 궁극적인 대상은 하나님 자신이며 인간이나 자연이 아니라는 사실에서 확인한다. 물론 죄에는 하나님께, 인간에게, 동물에게, 식물에게, 사물에게 저질러진 다양한 위법들이 있다. 이처럼 죄는 대상에 따라 다양한 위법들이 있지만 모든 위법의 궁극적인 대상은 하나님 자신이다. 이는 죄의 여부가 법의 수령자가 아니라 법의 제정자에 근거하기 때문이다. 이러한 이유로 인해 모든 죄의 경중이나 크기는 실로 막대하다. 이는 비록 인간에게 혹은 동물에게 혹은 사물에게 혹은 자신에게 저질러진 죄라고 할지라도 그 크기는 죄의 행위자나 죄의 희생자에 의해 좌우되지 않고 법의 제정자인 하나님의 크기와 비례하기 때문이다.

다윗은 밧세바 즉 백성 중의 하나에게 성폭력을 행했고 그의 남편인 우리야 즉 자신의 충신을 죽이는 일을 저질렀다. 그러나 이 죄의 크기는 왕과 백성, 주군과 신하의 관계라는 인간적인 문맥에 근거하여 결정되지 않고 간음과 살인 금지법을 제정하신 하나님에 의해 결정된다. 그래서 선지자는 다윗의 죄를 하나님 자신과 그의 말씀을 멸시한 죄라고 규정했고 (삼하 12:9-10) 다윗도 오직 "주께만 범죄하여 주의 목전에 악을 행"한 것이라고 고백했다(시 51:4). 다윗의 죄는 분명 인간에게 저질러진 것이지만 선지자의 판결이나 죄인 다윗의 고백은 모두 하나님을 죄의 궁극적인 대상으로 규정한다. 같은 의미로 삽비라와 아나니아의 경우에도 그들이 소유를 팔아서 그 값에서 얼마를 감추고 나머지만 사도들의 발 앞에 헌금한 행위에 대해 베드로는 사도에게 혹은 사람에게 거짓말을 한 것이 아니라 하나님께 거짓말을 한 것이라고 책망했다(행 5:4). 모든 율법의 의미는 하나님과 이웃 사랑으로 수렴되나 모든 율법의 위반은 하나님 멸시라는 죄로 수렴한다.

범죄의 양적인 증가는 율법이 우리에게 새로운 기준을 제시하기 때문에 죄가 아니라고 생각한 것도 죄로 간주되기 때문에 발생한다. 대표적인 사례가 레위기 19장에 나오는 추수의 계명이다. "너희가 너희의 땅에서 곡식을 거둘 때에 너는 밭 모퉁이까지 다 거두지 말고 네 떨어진 이삭도 줍지 말며 네 포도원의 열매를 다 따지 말며 네 포도원에 떨어진 열매도 줍지 말고 가난한 사람과 거류민을 위하여 버려두라"(레 19:9-10). 레위기에 나타난 추수의 원칙은 1) 모퉁이의 곡식은 거두지 말 것, 2) 떨어진 이삭은 줍지 말 것, 3) 포도원의 열매를 남길 것, 4) 떨어진 포도는 줍지 말 것을 가르친다. 이는 추수할 때에 모퉁이의 곡식까지 남기지 말고 모조리 거두고 운반할 때 떨어진 열매를 하나도 포기하지 않고 주워야 한다는 상식과는 판이하다. 레위기에 의하면, 추수할 때 모든 열매를 거두고 모든 떨어진 열매를 하나라도 줍는 것은 위법이다. 이처럼 율법은 가난한 사람과 거류민을 위한 적극적인 버림과 아름다운 낭비를 가르친다. 이는 3,500여 년 전에 당시 사회의 약자들을 위해 정하여진 대단히 세련된 구약의 사회복지 정책이다. 자비로운 버림과 지혜로운 낭비는 약자들을 위한 배려의 마음을 표현하는 방식이다. 비록 자기의 땅에서 자기의 땀으로 수고한 결과물을 취하면서도 가난한 자와 나그네를 생각하는 의식을 가지라는 것은 당시에 하나님의 엄중한 법이었다. 이로 보건대, 알뜰하고 부지런한 저축이 때로는 불법으로 간주된다. 물론 허리를 숙여 떨어진 열매를 줍는 에너지의 소비가 아깝고 귀찮아서 버리는 것은 가난한 자와 나그네 사랑과는 무관하다. 그러나 우리의 모든 판단과 행동은 이웃 사랑을 고려해야 한다. 그 안에는 언제나 정의와 사랑, 공평과 자비라는 요소가 담겨야만 한다. 범사에 계명의 일상화를 도모해야 한다.

이자에 관한 율법의 가르침도 있다. "가난한 자에게 돈을 꾸어 주면 너는 그에게 채권자 같이 하지 말며 이자를 받지 말 것이며 네가 만일 이웃의 옷을 전당 잡거든 해가 지기 전에 그에게 돌려 보내라"(출 22:25-26). 이 규정에 따르면, 가난한 자가 돈을 빌리면 빌려준 사람은 채권자의 갑질을 금하고 이자를 청구하지 말고 변제의 담보물도 필요에 따라서는 적시에 반납해야 한다. 그렇지 않으면 불법이다. 이러한 기독교적 관점에서 보면 이자를 당연한 것으로 요구하는 오늘날의 은행은 불법적인 기관이다. 빚을 갚지 못한 채무자의 집이나 생필품을 압류하는 것도 불법이다. 물론 시대가 달라졌고 화폐를 거래하는 금융의 제도적인 기준도 달라졌다. 그러나 바뀐 기준에 대해서도 우리는 적법성의 여부를 확인해야 한다. "너희는 재판할 때나 길이나 무게나 양을 잴 때 불의를 행하지 말고 공평한 저울과 공평한 추와 공평한 에바와 공평한 힌을 사용하라"(레 19:35-36). 하나님이 보시기에 공평함을 갖추지 않은 어떠한 기준의 사용도 불법이다. 시대와 장소에 따른 공평의 다른 기준보다 하나님의 기준을 사용하라.

지혜자의 입술을 통해 주어진 하나님의 계명도 죄에 대한 우리의 인식을 넓혀준다. "네게 있거든 이웃에게 이르기를 갔다가 다시 오라 내일 주겠노라 하지 말며"(잠 3:28). 우리에게 무엇이 있고 그것이 필요한 이웃이 찾아오면 베풀어야 한다. 있음에도 불구하고 베풀지 않으면 비록 인간적인 기준을 따라서는 죄가 아니지만 하나님 앞에서는 위법이다. 누구든지 무언가를 가지고 있으면 그것의 올바른 사용에 대한 책임이 뒤따른다. 재물도 권력도 시간도 건강도 인맥도 재능도 그러하다. 우리가 그냥 눈으로 보는 것도 죄로 분류될 수 있음을 예수님은 가르친다. "예수께서 이르시되 너희가 맹인이 되었다면 죄가 없겠지만 본다고 하니 너희 죄가 그대로 있느니라"(요 9:41). 눈이 있어서 보는 것은 너무도 당연하다. 여기에는 보는 사람이 누구냐가 중요하다. 의인이 아니라 죄인이 본다는 게 문제의 핵심이다. 죄인은 눈의 보는 기능을 통해 죄를 저지른다. 죄인은 보면서 어떠한 죄를 저지를까, 사기꾼은 보면서 어떠한 거짓말을 할까, 이기적인 사람은 보면서 어떠한 것을 취할까, 난봉꾼은 보면서 어떠한 쾌락을 누릴까에 골몰한다. 나아가 죄인은 살아서 숨쉬는 것 자체가 위법이다. 이는 하나님이 친히 주시는 생명과 호흡을 하나님의 뜻대로 사용하지 않고 욕망의 제물로 삼기 때문이다. 이는 우리에게 주어진 모든 것들에 대한 용도의 불법적인 변경으로 간주된다.

이처럼 인간의 길들여진 상식이나 그 상식의 제도적인 표출인 사회법에 익숙한 우리가 율법을 기준으로 삼는 순간 범죄에 대한 인식이 달라진다. 율법의 개입은 범죄의 질적인 증가와 양적인 증가를 모두 초래한다. 만약 범죄의 증가가 율법이 들어온 최종적인 결과라면 율법을 혐오할 것이지만 다행히도 그것은 과정이다. 율법이 범죄의 증가라는 과정을 지나 도달하는 목적은 은혜의 넘침이다. 율법을 통해 죄에 대한 올바른 인식에 도달하면 은혜는 더욱 증대된다. 이에 대해서도 사람들은 범죄의 증가가 은혜의 증대를 가져오는 것은 기독교의 이상한 법이라고 오해한다. 사실 범죄의 증가는 형벌의 증가를, 범죄의 감소는 은혜의 증대를 낳는다는 것이 일반적인 법 상식이다. 이런 관점에서 보면, 범죄의 증가와 은혜의 넘침을 원인과 결과의 관계로 본 바울의 이해는 대단히 이상하다. 하지만 그리스도 예수의 속죄를 생각하면 오해가 해소된다. 루터는 이것을 알지 못했다. 그래서 하루에도 여러 차례 고해성사 방으로 들어가 죄를 자백했다. 죄에 대한 의식이 너무나도 강해지고 하나님의 율법 앞에서 그분의 진노만 더욱 선명해져 두렵고 불안한 마음을 달랠 수 없을 정도였다. 기도와 명상과 예배와 봉사만 했는데도 죄의 종류와 분량은 측량할 수 없을 정도였다. 이는 그리스도 예수라는 하나님의 의를 만나기 전의 일이었다.

율법은 우리에게 모든 죄가 그 크기와 엄중함이 하나님께 저질러진 것이며 죄가 아니라고 생각한 것들까지 모두 죄라는 사실을 깨우친다. 그런데 예수는 자신의 몸에 그 모든 죄를 짊어지고 십자가의 죽음으로 그것을 사하셨다. 그렇기 때문에 죄가 크고 많을수록 그리스도 예수로 말미암아 받은 속죄의 은혜에 대한 깨달음도 당연히 커지고 많아진다. 그래서 바울은 죄가 증가한 곳에는 은혜도 더욱 넘친다고 했다. 우리도 죄에 대한 인식의 영역을 한 뼘씩 넓혀가야 한다. 그래서 은혜의 지경을 넓혀가야 한다. 은혜 아닌 것이 완전히 없어질 때까지 그리해야 한다.

[21]그리하여 죄가 사망 안에서 왕 노릇을 한 것처럼 은혜도 또한 예수 그리스도
우리의 주로 말미암아 영원한 생명에 이르는 의를 통해 왕 노릇할 것입니다

율법의 개입, 범죄의 증가, 은혜의 증가라는 인과율의 도식이 여기에도 적용된다. 죄가 사망 안에서 왕 노릇을 한 것처럼 은혜도 예수로 말미암아 영원한 생명에 이르는 의를 통해 왕 노릇한다. 율법이 들어와 범죄가 증가하면 죄의 왕 노릇이 얼마나 광범위한 일인지 사람들은 깨닫는다. 그렇게 죄가 증가하면 죄의 왕 노릇도 증가한다. 의식, 감정, 의지, 생각, 언어, 눈빛, 표정, 손발, 습관, 버릇, 경향 중 어떠한 영역도 죄의 왕 노릇에서 배제됨이 없다. 그런데 바울의 논리에 의하면 죄가 왕처럼 군림하는 영역이 증가하면 속죄로 말미암아 우리에게 주어지는 은혜가 왕처럼 군림하는 영역도 증가한다. 이는 죄의 지배력이 은혜의 지배력에 의해 대체되기 때문이다. 죄의 권세 아래에 있던 우리의 의식과 감정과 의지와 생각과 언어와 눈빛과 표정과 손발과 습관과 버릇과 경향은 은혜로 말미암아 의의 영토로 전환된다. 그러한 은혜의 왕 노릇은 어떠한 영역에도 배제됨이 없다. 그러므로 하나님의 자비로운 의가 삶의 모든 영역에 나타나게 하라.

¹그러므로 우리가 무슨 말을 할 것입니까?
은혜의 증가를 위해 우리가 죄와 함께 거하자고 말할 것입니까?

이제 바울은 사람들의 일반적인 오해를 질문의 형식으로 제시한다. 그 오해는 은혜의 증가를 위해 죄를 범하자는 주장이다. 이는 죄를 많이 범할수록 은혜도 많아질 것이라는 그릇된 사고의 표출이다. 이는 또한 이런 사고에 근거하여 613가지의 율법을 최대한 많이 범하자고 충동하는 사람들도 바울의 시대에 있었음을 암시한다. 그들은 죄를 더 저지르면 은혜도 커지니까 율법에 순종하지 말고 오히려 더욱 범하자고 주장하는 자들이다. 이 주장이 옳다면, 율법에 순종하면 은혜는 줄어들 것이라는 주장도 가능하다. 다시 한 번 강조한다. 죄가 더한 곳에 은혜가 더욱 넘친다는 말은 옳지만 그것을 뒤집어서 은혜를 더욱 넘치게 하려고 죄를 더 많이 더 크게 짓자는 것은 심각한 오석(誤釋)이다. 죄의 증가는 행위의 증가가 아니라 인식의 증가를 의미한다. 즉 죄의 질과 양에 있어서 율법의 개입으로 말미암은 깨달음의 증대를 가리킨다.

지금도 은혜의 증가를 위해 죄를 범하자는 논리로 기독교를 비방하는 사람들이 있다. 그들은 하나님의 가장 큰 은혜를 받은 사람으로 유다를 지목한다. 그는 하나님의 아들을 매매한 사람, 영원한 생명을 돈 몇 푼과 거래한 사람이다. 이 세상에서 유다보다 더 화끈한 범죄의 원흉은 어디에도 없다. 그래서 최고의 죄를 저지른 유다가 최고의 은혜를 소유하는 것은 마땅한 일이라고 주장한다. 심지어 유다를 의인으로 혹은 영웅으로 추앙하고 예수님의 제자들을 예수팔이 하는 악당으로 규정하는 사람들도 있다. 그들에 의하면, 유다는 자신에게 배당된 악역을 거부하지 않고 충실히 완수한 의인이다. 예수의 죽음과 부활로 우리의 구원을 가능하게 한 영웅이다. 그런 유다는 지금 천국의 시민이다. 그러므로 성도가 천국에 가면 다른 사람들은 몰라도 최소한 유다에겐 필히 밥 한번 사라고 그들은 권고한다. 이처럼 예나 지금이나 동일한 오해의 소유자가 있다.

> ²절대 그럴 수 없습니다 죄에 대해 죽은 우리가
> 어떻게 그 안에서 여전히 살 수 있습니까?

바울은 은혜의 증가를 위해 죄를 범하는 것이 결코 올바르지 않다는 단호한 거부를 표명한다. 오히려 우리는 죄에 대해 죽었다는 사실을 지적한다. 죄에 대해 죽었다는 말은 죄와의 단호한 결별이며 죄 안에 머물 수 없음을 의미한다. 그렇기 때문에 바울은 죄와의 의도적인 동거와 동행은 있을 수 없는 불가능한 일이라고 주장한다. 이는 은혜를 키우자고 죄를 짓자는 주장은 가당치도 않다는 외침이다. 죄 안에 거하지 못하는 너무나도 분명한 이유를 바울은 3절 이하에서 제시한다.

> ³무릇 그리스도 예수께로 세례를 받은 우리는
> 누구든지 세례를 받아 죽음에 이른다는 것을 알지 못합니까?

우리는 믿음으로 말미암아 그리스도 예수와 연합했다. 연합의 방식은 세례이고 의미는 죽음이다. 여기에서 세례는 성령세례를 의미하고 물세례는 그 표식이다. 이 구절에서 바울은 특이한 표현을 사용한다. 우리가 "그리스도 예수께로"(εἰς Χριστὸν Ἰησοῦν) 세례를 받았다고 한다. "세례를 받는다"(βαπτίζω)는 말은 "물 속으로 들어간다" 혹은 "물 속에 잠긴다"는 것을 의미한다. 그런데 바울은 물이 아니라 "예수 그리스도 속으로 들어간다" 혹은 "그리스도 예수 속에 잠긴다"고 묘사한다. 이것은 우리가 그리스도 안에 거한다는 것, 그리스도 예수로 옷을 입는다는 것을 의미한다. 나아가 이것은 그리스도 예수와 우리의 완전한 연합을 의미한다. 이 연합은 그 무엇에 의해서도 깨짐이나 취소됨이 없다. 이 연합을 가능하게 만드는 분은 성령이다. 5장에서 바울은 "우리에게 주신 성령으로 말미암아 하나님의 사랑이 우리 마음에 부은 바" 되었다고 언급했다(롬 5:5). 같은 내용을 요한은 이렇게 고백한다. "우리에게 주신 성령으로 말미암아 그가 우리 안에 거하시는 줄을 우리가 아느니라"(요일 3:24). 하나님의 사랑이며 그 사랑을 확증하신 그리스도 예수를 우리의 마음이 흠뻑 젖도록 부으셔서 세례를 주시는 분은 이처럼 성령이다. 그리스도 예수와의 연합 때문에 우리는 그의 모든 삶 즉 그의 죽으심과 사심에 영적으로 참여한다.

성령의 부으심에 의해 예수와 연합된 우리는 예수의 죽으심에 동참한다. 예수는 왜 죽으셨고 무엇에 대해 죽으셨나? 우리의 죄 때문에 죽으셨고 죄에 대해 죽으셨다. 예수와 연합된 우리도 죄 때문에 예수와 함께 죽었고 죄에 대해 예수와 함께 죽은 사람이다. 이것은 연합의 은총이다. 이는 우리와 예수의 연합이 없다면 예수의 죽음은 우리와 무관한 것이기 때문이다. 이 연합이 없다면 우리는 여전히 죄 때문에 죽어야만 한다. 그러나 예수와의 연합으로 인해 우리는 죄 때문에 비록 죽지 않았으나 죽은 것으로 간주된다. 나아가 죄에 따르는 죽음의 형벌이 해결된 것만이 아니라 죄에 대해서도 죽은 자로 간주된다. 이처럼 죄 때문에 죽음에 이르렀고 죄에 대해 죽은 우리가 어떻게 죄 안에 여전히 머물 수 있겠는가? 바울은 죽음을 초래했고 죽음을 초래하는 죄에서 떠나라고 우리에게 강권한다.

4그러므로 우리는 세례를 통해 그와 함께 죽어서 묻혔으며
이는 아버지의 영광으로 말미암아 그리스도가 죽은 자 가운데서 일어난 것처럼
우리도 생명의 새로움 속에서 행하게 하려 함입니다

우리가 그리스도 예수와 함께 세례를 통해 죽고 묻힌 이유는 무엇인가? 죽음은 존재의 소멸이나 삶의 중지가 아니라 새로운 삶의 시작이다. 새로운 삶은 무엇인가? 아버지의 영광으로 말미암아 예수가 죽은 자 가운데서 일어나는 부활의 삶을 의미한다. 예수와 함께 죽고 예수와 함께 살아난 사람은 부활의 새로운 삶 속에서 살아간다. "생명의 새로움"(καινότης ζωῆς)은 거듭난 인생을 의미한다. 거듭난 인생의 내용은 십계명의 실천이다. 그러나 십계명의 표면적인 실천이 아니라 심층적인 실천이다. 즉 하나님 사랑과 이웃 사랑이다. 이것을 다른 말로 표현하면 선한 인생이다. 성경 전체는 선한 인생을 가능하게 만드는 하나님의 말씀이요 선한 삶의 지침서다.

바울은 이 사실을 다른 곳에서 이렇게 표현한다. "모든 성경은 하나님의 감동으로 된 것으로 교훈과 책망과 바르게 함과 의로 교육하기에 유익하니 이는 하나님의 사람으로 온전하게 하며 모든 선한 일을 행할 능력을 갖추게 하려 함이라"(딤후 3:16-17). 성경은 우리에게 교훈과 책망과 올바름과 의로움을 가르친다. 그 이유는 하나님의 사람으로 온전하게 하고 모든 선한 일을 실천하는 능력을 구비하기 위함이다. 성경은 우리에게 온전한 인격과 온전한 인생을 위해 주어졌다. 성경을 올바르게 읽으면 우리의 인격과 행실이 온전하게 된다. 새로운 삶을 가능하게 한다. 기독교는 죽음의 종교인 동시에 그것이 끝이 아닌 생명의 종교이다. 그래서 의로운 죽음과 선한 삶을 동시에 가르친다. 선한 삶은 의로운 죽음의 목적이다. 그리스도 예수와 함께 죽은 이유는 그와 함께 살기 위함이다. 바울이 왜 날마다 죽기를 그렇게도 원했는가? 죽음이 목적이 아니라 부활의 선한 삶을 위함이다.

오늘날 기독교는 옛 사람의 의로운 죽음과 새 사람의 선한 삶이 모두 부실하다. 교회가 죽기를 싫어한다. 악착같이 살아서 존재감을 드러내고 싶어한다. 자신의 존재를 무시하면 증오하고 분노한다. 나에게는 사망이 역사하고 너에게는 생명이 역사하는 부활의 삶에 무지하고 무력하다. 삶으로 본을 보이지 않고 지적과 비판과 논쟁을 일삼는다. 그 과정에서 불필요한 혹은 부당한 혐오감을 드러낸다. 살아내지 못한 진리의 언술은 대체로 무례하고 경박하다. 천하보다 귀한 사람의 가치를 무시하고 인간의 존엄성을 쉽게 짓밟는다. 세상에서 살아내지 못한 말은 모두 거짓으로 간주된다. 세상이 비웃는다. 당나귀도 비웃는다. 인격과 삶의 맛을 잃으면 세상에 버려지고 밟히기만 한다. "너희는 세상의 소금이니 소금이 만일 그 맛을 잃으면 무엇으로 짜게 하리요 후에는 아무 쓸 데 없어 다만 밖에 버려져 사람에게 밟힐 뿐이니라"(마 5:13). 교회가 진리의 기둥과 사랑의 터라는 소금 본연의 기능을 수행하지 않으면 세상이 종교의 무용성, 기독교의 무익성을 주장한다. 교회는 자신의 유익을 구하지 않고 타인의 유익을 구하며, 소유보다 나눔을 실천하고, 해를 입히는 것보다 희생을 선택하며, 이 땅에서의 성공보다 하늘에서 크다 일컬음 받음을 사모해야 한다.

⁵왜냐하면 만약 우리가 그의 죽음의 형상과 연합한 자가 되었다면
진실로 그의 부활의 형상과도 연합한 자가 될 것이기 때문입니다

바울은 새로운 삶이 가능한 이유를 5절에서 설명한다. 즉 성령의 세례를 받으면 우리가 예수님과 연합하여 죽음에도 연합한 자가 되었다면 그의 부활에도 연합한 자가 될 것이기 때문에 새로운 삶이 가능하다. 이로써 바울은 설명의 대칭적인 구조를 완성한다. 즉 율법의 개입으로 범죄가 증가하고 범죄의 증가로 인해 은혜가 더욱 넘치게 된 것처럼, 예수의 개입으로 죽음에 동참하고 예수의 죽음에 동참한 자는 반드시 그의 부활에도 동참한다. 율법이 더해진 것은 범죄의 증가를 통해 은혜의 넘침을 위한 것처럼, 예수가 주어진 것은 그 죽음에의 동참을 통해 그 부활에의 동참

을 위함이다. 여기에서 바울은 율법의 개입과 예수의 개입, 범죄의 증가와 죽음의 동참, 은혜의 증가와 부활의 동참을 대비한다. 죽음이 없으면 부활이 없고 부활이 없으면 죽음은 허무하다. 기독교는 죽음과 부활의 종교이다. 은혜의 넘침은 부활의 삶을 가리킨다. 우리가 그냥 이 땅에서 누리는 삶의 기쁨과는 비교할 수 없는 은혜의 넘침이 부활의 삶에서 주어진다. 부활은 나는 죽고 주님이 사시는 삶, 나에게는 사망이 너에게는 생명이 역사하는 삶을 의미한다.

부활의 삶이 우리에게 주어졌다. 주어진 목적은 무엇인가? 우리가 그 삶을 누리는 것이 일차적인 목적이다. 그러나 우리에게 주어진 모든 것이 하나님의 사명과 결부되어 있다고 한다면 부활의 삶이 주어진 궁극적인 목적을 생각해야 한다. 내가 보기에는, 부활의 증인이 되는 것이 최종적인 목적이다. 우리에게 주어진 모든 재능과 재물과 건강과 시간과 환경도 주께서 우리에게 부탁하신 사명의 수단으로 여기며 다시 주님께 드리듯이 우리에게 주어진 부활의 영광도 하나님과 이웃을 사랑하는 도구로서 하나님께 드려야만 한다. 우리에게 주어진 이 놀라운 부활의 삶을 소유만 하고 땅에 파묻어 둔다면 얼마나 부당한 종의 처신인가? 이 이야기가 이후의 본문에서 이어진다.

롬 6:6-14

⁶우리가 알거니와 우리의 옛 사람이 예수와 함께 십자가에 못 박힌 것은 죄의 몸이 죽어 다시는 우리가 죄에게 종 노릇 하지 아니하려 함이니 ⁷이는 죽은 자가 죄에서 벗어나 의롭다 하심을 얻었음이라 ⁸만일 우리가 그리스도와 함께 죽었으면 또한 그와 함께 살 줄을 믿노니 ⁹이는 그리스도께서 죽은 자 가운데서 살아나셨으매 다시 죽지 아니하시고 사망이 다시 그를 주장하지 못할 줄을 앎이로라 ¹⁰그가 죽으심은 죄에 대하여 단번에 죽으심이요 그가 살아 계심은 하나님께 대하여 살아 계심이니 ¹¹이와 같이 너희도 너희 자신을 죄에 대하여는 죽은 자요 그리스도 예수 안에서 하나님께 대하여는 살아 있는 자로 여길지어다 ¹²그러므로 너희는 죄가 너희 죽을 몸을 지배하지 못하게 하여 몸의 사욕에 순종하지 말고 ¹³또한 너희 지체를 불의의 무기로 죄에게 내주지 말고 오직 너희 자신을 죽은 자 가운데서 다시 살아난 자 같이 하나님께 드리며 너희 지체를 의의 무기로 하나님께 드리라 ¹⁴죄가 너희를 주장하지 못하리니 이는 너희가 법 아래에 있지 아니하고 은혜 아래에 있음이라

❖ ❖ ❖

⁶우리의 옛 사람은 그와 함께 십자가에 못 박혀서 죄의 몸이 활동하지 못하게 되었으며 더 이상 우리를 죄에게 굴복하게 만들지 못하는 것(몸)이라는 이 사실을 우리는 알고 있습니다 ⁷이는 죽은 자가 죄에서 벗어나 의롭게 되었기 때문입니다 ⁸만일 우리가 그리스도와 함께 죽었다면 또한 그와 함께 살 줄을 우리는 믿습니다 ⁹이는 죽은 자들 가운데서 일어나신 그리스도는 더 이상 죽지 아니하는 것과 죽음이 그를 더 이상 주관하지 못하는 것을 아는 탓입니다 ¹⁰그가 죽으신 것은 죄에 대해 단번에 죽으신 것이며 그가 사신 것은 하나님께 대해 사신 것입니다 ¹¹여러분도 이처럼 자신을 죄에 대해서는 죽은 자로 여기고 그리스도 예수 안에서 하나님에 대해서는 산 자로 여기시기 바랍니다 ¹²그러므로 여러분은 그대들로 하여금 몸의 욕망에 순응하게 만들려고 죄가 그대들의 사망할 몸 안에서 왕 노릇하는 것을 좌시하지 마십시오 ¹³또한 여러분의 지체들을 불의의 도구로서 죄에게 건네지 마시고 그대들이 죽은 자들 가운데서 살아난 것처럼 자신을 하나님께 드리고 자신의 지체들을 의의 도구로서 하나님께 드리시기 바랍니다 ¹⁴여러분은 법 아래에 있지 않고 은혜 아래에 있기 때문에 죄가 여러분을 주관하지 못할 것입니다

25 　　　　　　우리는 누구를 위해 사는가?

본문은 그리스도 예수와 함께 세례를 받아 그의 죽으심과 함께 죽고 그의 사심과 함께 산다는 말의 구체적인 의미를 설명한다. 예수와 함께 죽고 산 자는 새로운 피조물의 정체성을 갖고 새로운 삶을 살아간다. 새로운 삶은 우리가 법 아래에 있지 않고 은혜 아래에 있다는 점과, 죄에 대해 죽고 하나님께 대해 산 자라는 점이 핵심이다. 우리는 과연 누구를 위해 사는 사람인가? 삶의 현장에서 우리는 과연 새 사람인가 아니면 옛 사람인가?

> ⁶우리의 옛 사람은 그와 함께 십자가에 못 박혀서 죄의 몸이 활동하지 못하게 되었으며 더 이상 우리를 죄에게 굴복하게 만들지 못하는 것(몸)이라는 이 사실을 우리는 알고 있습니다

예수를 믿기 이전에 우리는 옛 사람이다. 믿은 이후에는 새로운 사람으로 거듭난다. 믿음은 우리가 예수와 함께 십자가에 못 박힌다는 진리의 현실화를 의미한다. 예수는 십자가 위에서 못 박혀 죽으셨다. 우리도 믿음으

로 그와 함께 십자가에 못 박히면 죽음을 맞이한다. 여기에서 우리의 죽음은 호흡의 중단이나 존재의 소멸을 의미하지 않고 "죄의 몸"(τὸ σῶμα τῆς ἁμαρτίας)이 "활동하지 못한다"(καταργέω)는 것을 의미한다. "죄의 몸"은 옛 사람, 즉 죄에 속한 종이면서 죄에 중독되어 있고 죄에 의해 지배를 당하는 몸을 가리킨다. 옛 사람은 태어날 때부터 죄의 몸이었다. 이는 다윗의 고백에서 확인된다. "보소서 내가 죄악 중에서 태어나고 어머니가 죄 중에서 나를 잉태하였나이다"(시 51:5). 다윗의 고백에 의하면, 자신을 잉태한 어머니도 죄인이고 그에게서 태어난 자신도 죄인이다. 모든 사람이 그러하다.

모든 인류의 아버지와 어머니인 아담과 하와가 죄인이고 그들 사이에서 난 온 인류가 아담에게 속한 옛 사람이며 죄인이다. 이것은 출산에 관한 하나님의 규례에서 확인되는 사실이다. 레위기 12장에는 여인이 딸이나 아들을 출산할 때에 피를 흘릴 때 정결하게 하는 규례가 제정되어 있다. 번제를 위해 어린 양을 성막으로 가져가고(양이 없으면 집비둘기 새끼나 산비둘기 한 마리로 대체하고) 속죄제를 위해서는 집비둘기 새끼나 산비둘기 한 마리를 성막으로 가져가야 한다(레 12:8). 출산한 여인을 위해 죄를 해결하는 제사를 드리는 이유는 무엇인가? 다윗의 고백처럼, 모든 여인은 죄 중에서 자녀를 잉태하고 자녀는 죄 중에서 태어나기 때문이다.

모든 사람이 죄를 짓는 이유는 바로 모두가 태생적인 죄인이기 때문이다. 환경은 죄의 원인이 아니라 죄의 성향이 밖으로 표출되는 계기나 장치에 불과하다. 그런데 사람들은 죄 문제를 해결하기 위해 환경의 멱살을 붙잡는다. 문제의 핵심은 인간의 악한 본성이다. 모든 문제는 본성의 문제이고 본성에 돗자리를 깐 죄의 문제이다. 그러므로 그 본성의 회복만이 인류의 소망이다. 이 회복의 유일한 방법은 무엇인가? "누구든지 그리스도 안에 있으면 새로운 피조물이라 이전 것은 지나갔으니 보라 새 것이 되었도다"(고후 5:17). 바울에 의하면, 그리스도 안에 있음이 새로운 사람이 되는 유일한 비결이다. 심리적인 방법, 철학적인 방법, 정치적인 방법, 경제적인 방법, 문화적인 방법, 화학적인 방법, 신체적인 방법, 의학적인 방법, 사회적인 방법은 비록 인간적인 상태의 개선에 약간의 유익이 있지만 옛 사람에서 새 사람으로 바뀌는 본질적인 변화에 있어서는 전적으로 무능하다.

인간의 본성을 만만하게 생각하지 말라. 지독하게 변하지 않는 게 인간이다. 그런데도 본성의 변화를 목격한다. 본성의 불가능한 변화와 실질적인 변화를 다 목격한 자가 내리는 결론은 변화가 하나님의 은혜로 말미암은 결과라는 사실이다. 이 사실은 나이가 들수록 더욱 절실하게 와닿는다. 이따금씩 완고한 자를 만나면서 마음의 뼈가 아프고 결코 변하지 않는 그의 모습에 혀를 내둘렀다. 그런데 어느 순간에 변화된 그의 모습을 보며 경악의 입이 벌어졌다. 경험에 의하면, 그 사이에 까무러칠 수밖에 없는 변화가 있었는데 그것은 사선을 넘는 수준의 극단적인 변화였다. 죽었다가 살아나는 경험 이후에는 대부분의 사람들이 변화를 나타낸다. 이는 진실로 새 사람이 되는 유일한 방법은 죽음임을 가르친다. 개선과 발전과 진보의 방식이 아닌 죽음만이 새 사람이 되는 유일한 비법이다. 그리스도 안에 거한다는 것은 그의 죽으심과 사심에 참여함을 의미한다.

바울은 그의 죽으심에 동참하는 것의 구체적인 결과를 먼저 설명한다. 즉 죄의 몸이 예수와 함께 십자가에 못 박혀서 활동하지 못하게 되었다고 한다. 그 의미는 그 몸이 예수와 연합된 우리를 더 이상 죄에게 굴복하게 만들지 못한다는 거다. 이로 보건대 지금까지 우리를 죄에 굴복하게 만든 것은 바로 옛 사람 즉 죄의 몸이었다. 옛 사람은 죄의 몸이기 때문에 죄를 저지를 수밖에 없고 죄를 실제로 저지른다. 그래서 바울은 유대인과 헬라인 모두가 이런 죄 아래에 있다고 선언했다(롬 3:9). 그러나 우리가 예수와 함께 십자가에 못 박히면, 죽은 우리의 몸은 우리로 하여금 죄를 짓게 만드는 영향력을 상실한다. 죽은 자에게는 죄를 지을 의지도 없고 능력도 없기에 죄의 가능성도 없다.

⁷이는 죽은 자가 죄에서 벗어나 의롭게 되었기 때문입니다

바울은 죄의 몸이 우리를 죄의 늪으로 빠뜨리지 못하는 이유를 7절에서 설명한다. 즉 주님과 함께 십자가에 못 박혀 죽은 자는 죄에서 벗어나 의롭게 되기 때문이다. 왜 그러한가? "나무에 달린 자는 하나님께 저주를 받은 것이기 때문이라"(신 21:23). 즉 나무 십자가에 달려 죽은 자는 하나님의 진노를 이미 받은 자이기 때문에 죄의 굴레에서 벗어나 의롭게 되었음을 뜻하기 때문이다. 이 말을 뒤집어서 보면, 죽지 않으면 죄에서 벗어나지 못하고 의롭게 되지도 못함을 의미한다. 이것은 존재에 있어서도 그러하고 삶에 있어서도 그러하다. 즉 죽지 않으면 새 사람이 되지 못하고 죽지 않으면 새로운 삶도 살아갈 수 없다. 이처럼 죽음은 우리에게 새로운 신분과 새로운 삶을 제공한다.

⁸만일 우리가 그리스도와 함께 죽었다면 또한 그와 함께 살 줄을 우리는 믿습니다
⁹이는 죽은 자들 가운데서 일어나신 그리스도는 더 이상 죽지 아니하는 것과
죽음이 그를 더 이상 주관하지 못하는 것을 아는 탓입니다

바울은 우리가 주님과 함께 죽으면 그와 함께 살 것을 믿는다고 한다. 이는 죽음이 새로운 삶의 문턱이요 관문이요 준비인 이유를 설명하는 바울의 믿음이다. 죽으면 산다는 이 단순한 기독교의 진리를 확신하고 이 진리를 우리 각자의 인생에 도입하면 놀라운 변화가 일어난다. 그러나 이 진리를 외면하면 새로운 삶은 실현될 수 없는 신기루다. 이 진리를 믿고 확신하고 가르치는 바울은 이 새로운 삶을 위해 날마다 죽는다고 했다(고전 15:31). 어떠한 방법을 써서라도 죽음 가운데서 부활에 이르기를 원한다고 고백했다(빌 3:10-11). 바울은 죽고자 하면 살고 살고자 하면 죽는다는

인생의 역설을 믿음으로 실천했다.

죽으면 살고 살면 죽는다는 이 역설은 기독교적 삶의 핵심이다. 그런데 사람들은 죽음이 모든 인생의 끝이라고 생각한다. 그래서 목숨과 마음과 뜻과 힘을 다하여 죽음을 거부하고 죽음을 피하고 멀리한다. 이는 죽음을 대하는 인간의 일반적인 처신이다. 그런데 기독교는 죽으면 산다고 가르친다. 보편적인 상식을 파괴하는 역설이다. 그런데 이 역설이 진실이다. 나아가 죽더라도 내가 주님과 무관하게 죽으면 그냥 죽는 것이고 살더라도 주님과 무관하게 살고자 하면 그냥 내가 살아간다. 대부분의 사람들은 살든지 죽든지 주님과 무관하다. 그러나 우리는 주님과 함께 죽고 주님과 함께 살아간다. 내가 홀로 살아가면 인생 자체가 죄악이다. 그러나 주님과 함께 살아가면 인생이 곧 선행이다. 죄는 내가 살고자 할 때에 살아있는 몸에 올라탄다. 삶과 죄의 이러한 역학을 논리적인 언어로는 설명할 수 없지만 사실이고 현실이다. 내가 살고자 하면 죄는 어떤 식으로든 자신의 존재를 드러낸다. 진실로 생각에서 내가 살고자 하면, 말에서 내가 살고자 하면, 표정에서 내가 살고자 하면, 눈빛에서 내가 살고자 하면, 행동에서 내가 살고자 하면 그것들은 모두 죄악의 무대로 전락한다. 그러나 주님과 함께 사는 그 모든 행위들은 선행이다. 살아 숨 쉬는 매 순간마다 우리는 악행과 선행을 선택해야 한다. 내가 살 것인지 아니면 주님과 함께 살 것인지를!

내가 죄를 저지르는 경우에는 그 죄에 대해 십자가를 지며 책임을 다해야 한다. 타인이 나에게 죄를 저지르는 경우에도 타인의 죄에 대해 십자가의 책임을 다해야 한다. 예수가 내 안에 산다는 것은 십자가의 삶을 사는 것이기 때문이다. 예수가 그 안에 사는 사람은 정의를 위해 자기의 십자가를 기꺼이 짊어지고 사랑을 위해 타인의 십자가도 흔쾌히 짊어진다.

바울의 결단은 단호하다. 갈라디아 교회의 성도에게 전한 바울의 고백이다. "내가 그리스도와 함께 십자가에 못 박혔나니 그런즉 이제는 내가 사는 것이 아니요 오직 내 안에 그리스도께서 사시는 것이라 이제 내가 육체 가운데 사는 것은 나를 사랑하사 나를 위하여 자기 자신을 버리신 하나님의 아들을 믿는 믿음 안에서 사는 것이라"(갈 2:20). 바울은 더 이상 자기 인생은 자기가 사는 게 아니라고 한다. 삶의 주체는 자신이 아니라 예수라고 한다. 이것이 진정한 성도의 모습이다. 바울은 오직 예수를 믿는 이러한 믿음만이 인생의 원리라고 한다. 이처럼 의인이 되는 방법도 믿음이고 의인으로 사는 방법도 믿음이다. 그래서 선지자는 기록하고 바울은 인용한다. "오직 의인은 믿음으로 말미암아 살리라 함과 같으니라"(롬 1:17). 그래서 내가 아니라 예수께서 내 안에 살도록 믿는 믿음으로 행하지 않는 모든 것은 죄로 분류된다(롬 14:23). 이처럼 바울은 살면 죽고 죽으면 산다는 역설적인 진리에 대한 믿음이 확고했다.

바울은 이러한 믿음의 근거를 언급한다. 즉 죽은 자들 가운데서 살아나신 주님은 더 이상 죽지 않으시기 때문에 죽음은 주님을 더 이상 주관하지 못한다는 지식이다. 이는 주께서 다시는 죽지 않으시고 죽음이 그에게 군림하지 못하기에 영원히 사신다는 것을 강조한다. 예수께서 죽지 않고 영원히 사신다면 나도 그러하다. 주님과 우리는 이렇게 연동되어 있다. 만약 내가 살고자 한다면 일시적인 삶을 살다가 영원한 죽음으로 떨어지게 되나 주님과 함께 살면 손해를 보는 듯하지만 이처럼 영원한 삶을 살아가게 된다. 바울은 이렇게 죽음을 이기시고 영원히 사시는 주님을 믿겠다고 한다. 이 세상에 죽음을 이긴 사람은 누구이고 영원히 사는 사람은 누구인가? 예수만이 그런 사람이다. 예수에 대한 믿음 이전의 모든 사람은 죽음의 밥이었다. 영원한 삶은 그림의 떡이었다. 그러나 예수를 믿으면 죽음의 지배에서 해방되고 영원한 삶으로 들어간다.

¹⁰그가 죽으신 것은 죄에 대해 단번에 죽으신 것이며 그가 사신 것은 하나님께 대해 사신 것입니다 ¹¹여러분도 이처럼 자신을 죄에 대해서는 죽은 자로 여기고 그리스도 예수 안에서 하나님에 대해서는 산 자로 여기시기 바랍니다

여기에서 바울은 예수의 죽으심과 사심의 특징에 대해 보다 구체적인 내용을 설명한다. 즉 예수의 죽으심은 죄에 대한 것이고 예수의 사심은 하나님께 대한 것이라고 한다. 이러한 예수의 죽음과 삶은 그를 믿는 자의 죽음과 삶이 어떠해야 함을 가르친다. 바울의 논증은 여기에서 아주 중요한 국면으로 접어든다. 10절까지 그는 그리스도 예수의 죽으심과 사심의 의미와 특징을 설명했다. 그런데 11절에서는 이 사실을 아는 지식에서 멈추지 말고 자신에게 적용해야 한다고 가르친다. 즉 주님이 죄에 대해 죽고 하나님에 대해 산 것처럼 우리도 죄에 대해서는 죽은 자로 여기고 하나님에 대해서는 산 자로 여기라며 명령형의 강한 어조로 지도한다. 여기에서 "여기라"는 말은 인생의 토대와 사고방식 및 가치관의 현격한 전환을 촉구한다.

대부분의 사람은 예수의 죽으심과 사심이 자신과 무관한 것이라고 생각한다. 그저 예수의 죽으심을 통해 죄 사함을 받았고 그의 사심을 통해 의롭다 하심을 받았다는 속죄와 칭의의 사실만 인지하고 인정한다. 나에게 너무나도 좋은 선물을 주신 성인으로 예수를 기억한다. 받은 선물에 대해 구하지도 않은 것을 주시고 생각보다 더 넘치도록 주셨다는 감사의 마음만 부지런히 표현하면 된다고 생각한다. 예수와 나 사이에는 그런 관계만 있다는 의식의 끈만 간신히 붙들며, 정작 예수와는 무관한 삶을 살아간다. 예수를 믿은 이후에도 여전히 내가 삶의 주체가 되고 나의 기호를 고집하고 나의 가치관을 기준으로 삼아 나를 향하여 나에게 유익한 것만 추구하며 살아간다. 예수의 죽으심과 사심이 나에게도 삶의 전부라는 사실에 무지하다. 알아도 외면한다. 죄에 대해서는 죽은 자로 여기고 하나님께 대해서는 산 자로 여겨야 한다는 진리의 적용을 멸시한다. 많은 사람들이 십자가의 의미로서 죄를 사한다는 복음의 부분적인 지식만 과장하고 십자가가 우리에게 요구하는 적용의 부분은 없애거나 축소한다.

예수의 죽으심과 사심을 나의 것으로 간주하는 연합을 망각한 신앙은 마치 치유는 받았지만 예수와의 인격적인 만남을 갖지 않은 유대인 나병환자 아홉 명의 상태와 유사하다. 예수의 능력으로 치유를 받는 것은 그와의 연합에 비해 맛보기 수준의 의미에 불과하다. 예수의 이름으로 질병이 낫고, 예수의 이름으로 취업이 되고, 예수의 이름으로 합격을 하고, 예수의 이름으로 돈벌이를 하고, 예수의 이름으로 병 고침을 받고, 예수의 이름으로 귀신도 쫓아내고, 예수의 이름으로 미래의 일을 맞춘다고 해도 만약 예수와의 연합이 없으면 그 모든 것이 헛되고 무익하다. 떡 먹은 일시적인 배부름에 불과하다. 교회에는 예수의 이름을 언급하고 십자가를 소중하게 여기면서 정작 예수와는 연합되어 있지 않은 그런 사람들이 많다.

다음은 그런 사람들에 대한 예수님의 말씀이다. "그 날에 많은 사람이 나더러 이르되 주여 주여 우리가 주의 이름으로 선지자 노릇 하며 주의 이름을 귀신을 쫓아내며 주의 이름으로 많은 권능을 행하지 않았나이까 하리니 그때에 내가 그들에게 밝히 말하되 내가 너희를 도무지 알지 못하니 불법을 행하는 자들아 내게서 떠나가라 하리라"(마 7:22-23). 진리를 아는 것과 그 진리를 나에게로 수용하는 것은 별개의 사안이다. 앎의 과잉으로 삶의 빈곤을 은닉한다. 교회는 지식의 부족 때문이 아니라 적용의 부재로 몰락한다. 예수와 십자가에 대한 말들은 많지만 그것을 자신의 것으로 간주하는 사람들은 희박하다.

[12] 그러므로 여러분은 그대들로 하여금 몸의 욕망에 순응하게 만들려고 죄가 그대들의 사망할 몸 안에서 왕 노릇하는 것을 좌시하지 마십시오

바울은 예수의 죽으심과 사심을 아는 것에서 만족하지 말고 자신의 것으로 여기라고 명령한 이후에 보다 실천적인 명령문을 쓴다. 즉 죄와 싸우라는 명령이다. 죄와의 싸움은 예수의 죽으심 때문에 죄의 몸이 이미 무력하게 되어서 해볼 만한 싸움이다. 죄는 십자가로 인해 패배한 이후에도 우리의 몸을 지배하려 한다. 우리가 싸우지 않으면 죄는 우리 안에서 필히 군림한다. 그러나 예수와 연합한 자가 몸의 욕망에 순응하지 않으면서 죄와 싸우면 반드시 승리한다.

몸의 욕망은 무엇인가? 바울은 몸의 다양한 욕망들 중에 몇 가지를 다음과 같이 정리한다. "음행과 더러운 것과 호색과 우상 숭배와 주술과 원수 맺는 것과 분쟁과 시기와 분냄과 당 짓는 것과 분열함과 이단과 투기와 술 취함과 방탕함과 또 그와 같은 것들이라"(갈 5:19-21). (음행) 불건전한 성적 욕구에 순응하지 말라. (더러움) 신체적인 불결함과 도덕적인 더러움에 순응하지 말라. (호색) 수치를 모르는 선정적인 눈빛과 말과 동작에 자신의 지체들을 양도하지 말라. (우상숭배) 하나님 이외에 다른 신들을 섬기고자 하는 우상숭배 욕구에 순응하지 말라. (주술) 주술적인 망상에 순응하지 말라. (원수맺음) 적개심이 고개를 들 때에 그런 감정에 순응하지 말라. (분쟁) 다툼이나 분쟁의 욕구에 휘둘리지 말라. (시기) 타인의 장점과 성공을 시기하는 경쟁심에 순응하지 말라. (분냄) 심판하고 보복하는 분노의 욕망에 순응하지 말라. (당 짓는 것) 음모를 꾸미려는 욕망에 순응하지 말라. (분열함) 분열과 대립과 분리의 욕구에 순응하지 말라. (이단) 파벌을 만들고 편 가르기 및 줄서기 문화를 사회의 질서로 만들려는 욕구에 순응하지 말라. (투기) 사람의 생명을 끊으려는 살인의 욕구에 순응하지 말라. (술 취함) 술에 만취되어 현실의 세계 밖으로 벗어나고 싶은 욕망에 순응하지 말라. (방탕함) 술에 만취된 이후에 기존의 규범을 벗어나 방탕하고 싶은 욕구에 순응하지 말라. 이러한 것들이 다 몸의 욕망이며 거기에 순응하지 않도록 우리는 결단해야 하고 저항해야 한다.

교회가 죄 사함의 은총을 입었다는 사실에 감격하되 더 나아가 십자가의 보다 적극적인 의미인 죄와의 전쟁에 돌입하고 죄가 우리 안에서 왕 노릇하지 못하도록 저항해야 한다. 그러한 실천을 망각하면 부패를 방지하는 소금의 기능도 잃고 어두운 세상을 밝히는 빛의 기능도 상실한다. 나아가 교회는 부패와 어둠의 공작소로 전락한다. 죄와의 전쟁은 물론 고단하다. 때로는 눈이 뽑히고 때로는 손이 잘리고 때로는 다리도 부러진다. 그러나 그럼에도 불구하고 온 몸이 지옥에 던져지는 것보다는 낫다. 그래서 믿음의 사람들은 막대한 손실이 발생해도 끝까지 믿음으로 저항했다. "어떤 이들은 조롱과 채찍질뿐 아니라 결박과 옥에 갇히는 시련도 받았으며 돌로 치는 것과 톱으로 켜는 것과 시험과 칼로 죽임을 당하고 양과 염소의 가죽을 입고 유리하여 궁핍과 환난과 학대를 받았으니 이런 사람은 세상이 감당하지 못하느니라"(히 11:36-38).

죄와의 싸움은 사실 왕 노릇의 방지라는 소극적인 유익도 우리에게 있지만 긍정적인 유익도 우리에게 제공한다. 즉 죄와의 싸움을 통해 우리는 거룩하게 된다. 불의와 싸우면서 정의가 우리의 몸을 차지한다. 미움과 싸우면서 사랑이 몸 속으로 파고들고, 거짓과 싸우면서 정직의 근육이 키워진다. 하나님은 악을 선으로 바꾸는 분이시다. 그런 하나님의 섭리를 따라 죄가 이 세상에 왕 노릇하는 것이 허락되고 그 죄와 우리가 싸우는 대상으로 정하여진 것은 결국 우리에게 선을 이루시기 위함이다. 그래서 죄와의 싸움을 소극적인 태도로 피하거나 백기를 들고 투항하면 하나님의 선을 경험하지 못하고 우리의 신앙도 정체 혹은 퇴화된다.

13또한 여러분의 지체들을 불의의 도구로서 죄에게 건네지 마시고
그대들이 죽은 자들 가운데서 살아난 것처럼 자신을 하나님께 드리고
자신의 지체들을 의의 도구로서 하나님께 드리시기 바랍니다

바울은 13절에서 우리 자신을 죄에게 주지 말라는 말의 구체적인 내용으로 우리의 지체들을 불의의 도구로 죄에게 제공하지 말라고 가르친다. 우리의 모든 눈과 귀와 손과 발과 입과 몸이 죄와의 결별을 유지해야 한다는 이야기다. 나아가 보다 적극적인 교훈으로, 자신을 하나님께 드리고 자신의 지체들도 의의 도구로서 하나님께 드리라고 명령한다. 우리를 하나님께 드린다는 것은 그리스도 예수가 나를 다 가지도록 그가 내 안에 사는 것을 의미한다.

바울은 교회의 승리가 예수와의 연합에 있고 예수의 충만에 있다고 가르친다. 예수와 연합하고 예수로 충만하게 된 자는 예수의 죽으심을 따라 죄에 대해서는 죽은 자로 간주해야 한다. 이제는 우리의 모든 지체들을 불의의 도구로서 죄에게 양도하지 않는 소극적인 자세를 넘어 적극적인 자세를 명령한다. 즉 우리 자신을 하나님께 드리고 우리의 지체들을 의의 도구로 하나님께 드리라고 한다. 예수는 자신을 의의 도구로 어떻게 하나님께 드렸는가? 그것은 마태복음 5장에 나오는 팔복의 가르침에 요약되어 있다. 예수가 심령이 가난하면 우리도 심령이 가난해야 하고, 예수가 온 세상의 영혼을 위해 애통하면 우리도 애통해야 하고, 예수가 자신을 죽이려는 원수까지 품으실 정도로 온유하면 우리도 온유해야 하고, 예수가 의에 주리고 목마르면 우리도 의에 대한 열망으로 타올라야 하고, 예수가 모든 사람들을 긍휼히 여긴다면 우리도 긍휼히 여김이 마땅하고, 예수가 마음이 정결하면 우리의 마음도 정결해야 하고, 예수가 하나님과 인간, 인간과 인간 사이를 화목하게 한다면 우리도 화목하게 해야 하고, 예수가 의로 인하여 박해를 받는다면 우리도 박해의 길을 묵묵히 걸어가야 한다. 이것이 예수의 죽으심을 나의 것으로 간주하는 자의 모습이다. 나의 눈을 하나님의 관점으로 채우고, 나의 귀를 하나님의 귀로 대체하고, 나의 입술로 하나님의 진리와 감사와 축복과 찬양만 쏟아내고, 나의 손이 하나님의 사랑과 위로와 치유의 손길로 사용되고, 나의 코가 하나님의 숨결을 느끼고 그 숨결을 타인에게 공급하고, 나의 몸은 하나님의 노동력이 되어 하나님의 땀으로 축축하게 되어야 우리의 모든 지체들이 하나님께 드려진다.

¹⁴여러분은 법 아래에 있지 않고 은혜 아래에 있기 때문에 죄가 여러분을 주관하지 못할 것입니다

바울은 우리가 죄에 대해 죽고 하나님께 대해 산 자로 여기고 실천하는 것의 배후에는 우리가 율법 아래에 있지 않고 은혜 아래에 있기 때문임을 지적한다. 우리가 진리를 알고 그 진리를 나에게 적용하고 삶의 현장에서 실천하는 것은 우리의 실력이 아니라 하나님의 은혜로 인해 가능한 것임을 가르친다. 모든 것이 하나님의 은혜라는 사실을 망각하면 또 다른 교만이 마음에서 피어난다.

롬 6:15-23

¹⁵그런즉 어찌하리요 우리가 법 아래에 있지 아니하고 은혜 아래에 있으니 죄를 지으리요 그럴 수 없느니라 ¹⁶너희 자신을 종으로 내주어 누구에게 순종하든지 그 순종함을 받는 자의 종이 되는 줄을 너희가 알지 못하느냐 혹은 죄의 종으로 사망에 이르고 혹은 순종의 종으로 의에 이르느니라 ¹⁷하나님께 감사하리로다 너희가 본래 죄의 종이더니 너희에게 전하여 준 바 교훈의 본을 마음으로 순종하여 ¹⁸죄로부터 해방되어 의에게 종이 되었느니라 ¹⁹너희 육신이 연약하므로 내가 사람의 예대로 말하노니 전에 너희가 너희 지체를 부정과 불법에 내주어 불법에 이른 것 같이 이제는 너희 지체를 의에게 종으로 내주어 거룩함에 이르라 ²⁰너희가 죄의 종이 되었을 때에는 의에 대하여 자유로웠느니라 ²¹너희가 그 때에 무슨 열매를 얻었느냐 이제는 너희가 그 일을 부끄러워하나니 이는 그 마지막이 사망임이라 ²²그러나 이제는 너희가 죄로부터 해방되고 하나님께 종이 되어 거룩함에 이르는 열매를 맺었으니 그 마지막은 영생이라 ²³죄의 삯은 사망이요 하나님의 은사는 그리스도 예수 우리 주 안에 있는 영생이니라

❖ ❖ ❖

¹⁵그러면 어떻게 할까요? 우리가 법 아래에 있지 아니하고 은혜 아래에 있으므로 죄를 지을까요? 그럴 수 없습니다 ¹⁶여러분은 순종하는 종으로 자신을 어떤 이에게 내어주면 사망에 이르는 죄의 종이든지 의에 이르는 순종의 종이든지 여러분이 순종하는 그것에게 종이 된다는 것을 알지 못합니까? ¹⁷⁻¹⁸여러분이 본래 죄의 종이다가 여러분께 전해진 교훈의 본을 마음으로 순종하여 죄로부터 해방되고 의에게 종이 되었기 때문에 저는 하나님께 감사를 드립니다 ¹⁹여러분의 육신의 연약함 때문에 인간적인 방식으로 저는 말합니다 이전에 여러분이 여러분의 지체들을 불결함과 불법에게 종으로 내주어서 불법에 이른 것처럼 여러분의 지체들을 거룩함에 이르도록 의에게 종으로 내어 주십시오 ²⁰여러분이 죄의 종이었을 때에는 의에 대해 자유로운 때입니다 ²¹그 끝이 사망이기 때문에 지금은 부끄럽게 여기는 것들로부터 그 때에 여러분이 얻은 열매는 어떤 것입니까? ²²그러나 죄로부터 해방되고 하나님께 종이 된 여러분은 이제 그 끝이 영원한 생명인 거룩함에 이르는 여러분의 열매를 얻습니다 ²³이는 죄의 품삯은 사망이고 하나님의 선물은 그리스도 예수 우리 주 안에 있는 영원한 생명이기 때문입니다

26   누구에게 순종할 것인가?

> ¹⁵그러면 어떻게 할까요? 우리가 법 아래에 있지 아니하고
> 은혜 아래에 있으므로 죄를 지을까요? 그럴 수 없습니다

앞에서 바울은 은혜를 더하게 하려고 죄를 더 짓자고 주장하는 거듭나지 않은 사람들에 대해 결코 그럴 수 없다고 응수했다(롬 6:1). 은혜의 크기는 죄의 크기가 좌우하는 것이기 때문에 은혜를 키우기 위해 죄를 키우자는 해괴한 논리를 거부했다. 유사한 맥락에서 이제 바울은 우리가 법 아래에 있지 아니하고 은혜 아래에 있으니 자유롭게 죄를 짓자고 주장하는 거듭난 사람들을 상대한다. 바울은 분명히 우리가 법 아래에 있지 아니하고 은혜 아래에 있다고 주장한다. 이런 바울의 말을 논쟁의 꼬투리로 삼아 사람들은 이상한 논리를 내세운다. 즉 법 아래에 있지 않으니 범법이나 탈법이나 위법을 저지르는 일이 없으므로 죄를 저질러도 결코 정죄나 형벌을 받지 않을 것이라고 주장하며 죄를 실컷 범하자고 다그친다. 은혜 아래에 있는 사람은 죄를 지어도 죄가 아니며 죄인이 되지 않는다는 생각으로 어떤 사이비 이단은 실제로 죄를 마음껏 자유롭게 저지른다. 혹은

비록 죄를 짓더라도 주님의 은혜로 얼마든지 덮어지고 심판과 형벌도 주어지지 않는다는 생각으로 저지른다.

처벌이 따르지 않는 법에 대한 사람들의 자유로운 선택은 무엇일까? 불법일까 아니면 준법일까? 대부분의 사람은 처벌 때문에 불법을 망설이고 주저한다. 나를 억울하게 만든 원수의 명예에 구정물을 끼얹고 싶어도 명예훼손 문제로 고발을 당하고 처벌을 받을 수 있기 때문에 자제한다. 이처럼 처벌에 대한 두려움이 불법의 본능을 억누르고 거북한 준법을 강요한다. 이런 종류의 준법은 두려움이 만든 인간의 왜곡된 모습이다. 그런데 만약 처벌이 없다면 그 처벌에 따른 왜곡이 없어지고 법을 대하는 인간의 기호는 고스란히 드러난다. 연출과 조작의 무장이 해제되기 때문이다. "악한 일에 관한 징벌이 속히 실행되지 아니하므로 인생들이 악을 행하는 데에 마음이 담대하도다"(전 8:11). 형벌이 없다고 판단되면 사람들은 악을 아주 대담하게 저지른다. 죄인의 본색이 유감없이 드러난다.

과거에 이런 질문이 유행했다. "아무도 없을 때에 나는 누구인가?" 이는 누군가가 곁에 있으면 그를 의식하여 있는 그대로의 내가 노출되지 않도록 감추려고 꾸미기 때문에 더불어 있을 때의 나는 진짜가 아니며 혼자 있을 때에 진짜 나를 경험하게 된다는 사실을 교훈하는 질문이다. 지금 바울의 논증은 처벌이 없다면 죄를 짓자는 인간의 가공되지 않은 내면을 주목한다. 인간의 진짜 모습은 그에게 외적인 변수가 작용하지 않을 때에 고스란히 드러난다. 법 아래 있으면 법이라는 변수가 인간의 있는 그대로에 변경을 가하지만 은혜 아래 있으면 그 변수가 제거되어 본래의 모습을 드러내기 때문이다. 은혜 아래에서 진짜 나는 누구인가?

은혜의 상황에서 바울의 논적들은 죄를 짓자는 입장을 표명한다. 이처럼 처벌에 대한 두려움 때문에 불법에 대한 욕구가 억제를 받다가 두려움이 없어지니 그 욕구가 본색을 드러낸다. 이러한 현상을 부정적인 시선으로 보면, 은혜가 불법을 조장하는 것 아니냐는 의구심이 촉발된다. 심한 경우에는 은혜가 불법의 원흉이나 촉매인 것처럼 은혜에 대한 거부감과 반감까지 든다. 이는 자격이 없는 자에게 은혜가 주어지면 나타나는 부정적인 현상이다. 은혜라는 것은 인간의 성정에 아주 낯선 개념이다. 우리는 권선징악, 인과응보, 사필귀정 같은 개념에 더 익숙하다. 매사에 이에는 이, 눈에는 눈으로 갚아야 직성이 풀리고 속이 후련하다. 또 우리는 우리에게 발생하는 일들을 그런 관점으로 해석한다. 대표적인 사례가 욥기에 등장한다.

욥이 당한 고난을 해석하는 친구들의 사고는 "눈에는 눈, 이에는 이"라는 틀에 사로잡혀 있다. 즉 죄악에 상응하는 형벌과 선행에 상응하는 보상이 이 세상의 질서라고 생각한다. 실제로 이러한 응보는 대한민국 형법의 첫째 목적이다. 엘리바스는 "죄 없이 망한 자가 누구인가 정직한 자의 끊어짐이 어디 있느냐"(욥 4:7)는 하나님의 형법을 따라 욥의 고난을 분석한다. 욥의 처참한 멸망에서 그는 "네 악이 크지 아니하냐 네 죄악이 극하다"(욥 22:5)는 결론에 도달한다. 의로우신 하나님이 욥의 지극히 큰 죄에 상응하는 지극히 끔찍한 멸망을 내리신 결과라고 정리한다. 소발의 생각도 다르지 않다. 그에 의하면, 욥의 고난은 "악인이 하나님께 받을 분깃이요 하나님이 그에게 정하신 기업"(욥 20:29)이다. 빌닷은 정의와 공의의 하나님을 강조하며 욥의 자녀들이 자신들의 죄 때문에 급사한 것이라고 진단한다(욥 8:4). 나아가 하나님이 순전한 사람은 버리지 않으시고 악한 자는 붙들지 않으시는 분임을 강조한다(욥 8:20). 예나 지금이나 사람들은 은혜보다 법의 관점을 고수한다. 은혜를 모르기 때문이다.

그러나 바울은 우리가 은혜 아래에 있음을 강조한다. 그럼에도 불구하고 은혜가 낯설고 법의 관점에만 친숙한 사람들은 여전히 바울의 말이 옳다면 즉 우리가 은혜 아래에서 산다면 하나님의 법을 어기는 죄를 저질러도 죄가 우리를 주관하지 못하니까 죄를 실컷 범하자고 주장한다. 그러나 바울은 그런 주장이 가당치도 않다고 응수한다. 앞에서도 바울은 믿음이 율법을 파기하는 것이 아니라 오히려 굳게 세운다고 했다(롬 3:31). 은혜도 율법을 파기하지 않고 더욱 견고하게 확립한다. 우리도 바울처럼 우리의 영적 신분이 은혜로 말미암아 하나님의 자녀가 되었다는 확신 속에서 은혜와 죄는 공존할 수 없다는 사실을 단호한 자세로 고수해야 한다.

> [16]여러분은 순종하는 종으로 자신을 어떤 이에게 내어주면
> 사망에 이르는 죄의 종이든지 의에 이르는 순종의 종이든지
> 여러분이 순종하는 그것에게 종이 된다는 것을 알지 못합니까?

바울은 은혜 아래에 있으니까 죄를 짓자는 주장이 터무니없는 것임을 드러내기 위해 다음과 같은 사실을 지적한다. 즉 누구에게 순종하든 순종하는 대상에게 종이 된다는 사실이다. 이 원리는 모든 것에 통용된다. 내가 순종하는 대상은 누구인가? 평소에 순종의 대상을 정하는 것은 대단히 중요한 선택이다. 순종하는 순간 나는 순종하는 대상에게 종이 되고 그 대상은 나에게 주인이 되기 때문이다. 부모에게 순종하면 부모의 종이 되고, 선배에게 순종하면 선배의 종이 되고, 스승에게 순종하면 스승의 종이 되고, 경찰에게 순종하면 경찰의 종이 되고, 회장에게 순종하면 회장의 종이 되고, 대통령께 순종하면 대통령의 종이 되고, 하나님께 순종하면 하나님의 종이 된다고 바울은 주장한다. 우리는 하나님의 종이라는 사실을 명심하자. 삶 속에서도 우리는 하나님의 종이어야 한다. 그렇다면 범사에 하나님께 순종함이 마땅하다.

이것은 하나님의 종이 하나님 이외의 다른 권위자에 대해서는 순종하지 말아야 한다는 이야기인가? 그렇지가 않다. 이 질문은 한 사람이 두 주인을 섬기지 못한다는 사실에 근거한다. 우리가 주님께 순종하면 다른 모든 권위에 대해서도 주님이 정하신 최고의 방식으로 순종하게 된다. 자녀

들이 부모에게 순종하는 방식은 이러하다. "자녀들아 주 안에서 너희 부모에게 순종하라"(엡 6:1). 종들이 상전에게 순종하는 방식은 이러하다. "기쁜 마음으로 섬기기를 주께 하듯 하고"(엡 6:7). 피차 순종해야 하기 때문에 부모도 자녀를 하나님의 자녀로 여기며 분노하게 만들지 말아야 하고 상전도 종에게 주님을 대하듯이 하고 위협을 가하지 말라는 추가적인 조항까지 준수해야 한다(엡 6:9). 나는 예전에 옷을 선물로 받았는데 마음에 쏙 들어서 너무너무 좋다는 감사의 말을 선물하신 분에게 전하였다. 그런데 그분께서 옷을 세 벌이나 더 사오셨다. 상전의 경우에는 (비록 상전이 아니라도 영향을 끼치는 사람의 경우에는 타인에게 주는) 눈길의 방향과 응시의 길이도 폭력이나 위협으로 해석된다. 주님은 우리에게 절대적인 분이시다. 그분께서 우리를 불꽃같은 눈동자로 보시되 졸지도 않고 주무심도 없이 항상 보시면서 보시기에 심히 좋다고 평하셨다. 무슨 의미일까? 나의 전부를 가질 것이라는 메시지다. 하나님은 우리를 당신의 자녀로, 종으로, 친구로 삼기 원하신다. 이것은 결코 폭력이나 협박이 아니라 피조물인 우리에게 주어지는 최고의 영광이다. 최고의 절대적 존재에게 속했다는!

이 세상의 모든 관계성은 생물이다. 끊임없이 변화한다. 관계성이 바뀔 때마다 비록 순종하는 직접적인 대상은 바뀌지만 궁극적인 순종의 대상인 하나님은 여전하다. 그러므로 하나님의 종은 비록 살면서 다양한 대상에게 순종할 것이지만 어떠한 상황 속에서도 어떠한 때에라도 순종의 성경적인 방식을 존중하면 하나님께 순종하는 것으로 간주된다. 우리가 모든 사람에 대해 순종하되 하나님께 순종하는 이유는 무엇인가? "이는 각 사람이 무슨 선을 행하든지 종이나 자유인이나 주께로부터 그대로 받을 줄을 앎이라"(엡 6:8). 선행에 따르는 보상의 출처가 주님이기 때문이다. 하나님께 순종하지 않으면 비록 땅에서는 일시적인 보상을 받겠지만 하늘에서 주어지는 영원한 보상은 없기 때문이다.

본문에서 바울은 순종의 대상으로 하나님 혹은 인간 등의 인격체가 아니라 하나님의 법을 주목한다. 이 법에 대해 순종하지 않으면 죄의 종이 되어서 사망에 이르고 순종하면 순종의 종이 되어서 의에 이른다고 한다. 우리는 동시에 죄의 종과 의의 종일 수 없는 사람이다. 한 사람이 두 주인을 섬기는 것은 가능하지 않기 때문이다(마 6:24). 종(δοῦλος)의 고대적인 특징에 대해 케네스 우에스트(Kenneth Wuest)는 4가지로 정리한다. 1) 종은 종의 상태로 태어난다. 2) 종의 의지는 주인의 의지에 함몰된다. 3) 주인에게 묶여 있는 종의 신분은 죽음에 의해서만 소멸된다. 4) 종은 자신의 뜻과 무관하게 주인의 뜻에만 순응한다. 이것을 죄의 종에게 적용하면 그는 죄의 종으로 태어나고 자신의 의지는 없고 죄의 뜻에만 순응하며 죽기 전까지는 죄의 종이라는 신분이다. 이와는 달리 의의 종은 의의 종으로 다시 태어나며 자신의 의지는 하나님의 뜻 속에 함몰되고 오직 하나님의 뜻에만 순응하며 영원한 생명을 가지고 있기 때문에 죽음도 없고 죽지 않기 때문에 신분의 중단도 없는 사람이다.

[17-18]여러분이 본래 죄의 종이다가 여러분께 전해진 교훈의 본을 마음으로 순종하여 죄로부터 해방되고 의에게 종이 되었기 때문에 저는 하나님께 감사를 드립니다

여기에서 바울은 편지의 수신자에 대해 하나님께 드리는 감사의 이유를 설명한다. 즉 로마의 성도들은 비록 죄의 종이다가 바울이 전파한 "교훈의 본"을 "마음에서 우러나온" 순종으로 인해 죄로부터 해방되고 의의 종이 되었기 때문이다. 바울은 그들이 복음을 듣고 믿음으로 의롭게 되고 교훈의 본을 마음으로 순종하여 의의 종이 되었다고 말하면서 믿음과 순종 사이에는 불가분의 관계가 있음을 암시한다. 이처럼 그는 믿음만이 아니라 순종의 행위도 동일하게 강조한다. 순종하지 않으면 의의 종이 아니라 불법으로 인해 죄의 종이 된다고 선언한다.

그런데도 많은 사람들이 믿음의 교리는 바울에게 돌리고 행함의 교리는 야고보의 전유물인 것처럼 생각하여 두 사람을 교리적 상극인 것처럼 대조한다. 이러한 생각을 입증하기 위해 주로 두 구절을 인용한다. "사람이 의롭게 되는 것은 율법의 행위로 말미암은 것이 아니요 오직 그리스도 예수를 믿음으로 말미암는 줄 알므로"(갈 2:16). "사람이 행함으로 의롭다 하심을 받고 믿음에 의한 것만은 아니니라"(약 2:24). 그러나 성경에는 바울과 야고보가 교리적인 갈등을 겪으며 싸웠다는 기록이 전무하다. 오히려 사도행전 15장을 보면 이방인의 사도인 바울을 두둔하며 이방인 선교의 정당성과 율법으로 그들을 억압하지 말 것을 강조했다(행 15:14-21). 바울과 야고보는 교리에 있어서 다른 사도들과 더불어 일치했다.

바울은 순종의 중요성 강조를 넘어 의의 종이 되게 하는 온전한 순종의 독특성, 즉 "마음에서 나온"(ἐκ καρδίας) 순종을 강조한다. 몸과 마음이 불일치한 순종도 가능하다. 즉 몸은 순종하고 마음은 순종을 거부하는 경우와, 마음은 순종하려 하나 몸이 거부하는 경우가 가능하다. 그런데 바울은 로마 성도들이 몸과 마음이 일치하는 순종으로 의의 종이 되었다고 가르친다. 이 순종은 마음에서 시작된 순종이 몸에서 결실한 순종을 의미한다. 마음의 자발성이 없는 신체적인 순종은 비록 사람들의 눈에는 순종의 모양을 가졌으나 하나님 앞에서는 불순종의 행위로 간주된다. 이러한 행위는 회 칠한 무덤이다. 유대교의 종교 리더들이 그러했다. 그들은 입술과 몸으로 하나님을 존경하나 마음은 하나님을 떠난 자들이다(마 15:8). 이와는 달리 마음은 순종을 원하지만 행하지 않는다면 죽은 순종으로 간주된다. 이는 마음에는 원이로되 육신이 약한 제자들의 모습과 유사하다(마 26:41). 우리의 순종은 어떠한가? 순종은 마음에서 시작되어 몸까지 이르러야 한다. 매 순간 우리는 몸과 마음으로 이루어진 순종의 건강 상태를 검진해야 한다.

우리가 은혜 아래에 있어서 죄가 우리에게 왕 노릇을 하지 못하고 우리를 주관할 수 없기 때문에 순종과 불순종의 결정은 형벌의 두려움에 근거하지 않고 자발적인 선택에 근거한다. 만약 하나님의 법을 지키면 상을 받는다는 포상이나, 하나님의 법을 어기면 벌을 받는다는 처벌이 우리로 하여금 순종하게 만든다면 그것은 외부에 근거를 둔 순종이기 때문에 바울이 강조하는 자발적인 순종에서 멀다. 기쁨과 즐거움을 수반한 마음의 자발적인 순종이 온전한 순종이다. 바울은 그렇게 순종했다. "나는 이제 너희를 위하여 받는 괴로움을 기뻐하고 그리스도의 남은 고난을 그의 몸 된 교회를 위하여 내 육체에 채우노라"(골 1:24). 복음의 일꾼으로 말씀을 전하면서 행복하고 형통할 때만이 아니라 아프고 괴로운 때에도 그는 기뻐했다. 하나님의 복음을 전파하는 것만이 아니라 이를 위해 자신의 목숨을 바치는 것도 기뻐했다(살전 2:8). 생명은 타인에게 역사하고 사망은 자신에게 역사하는 진실한 순종을 기뻐했다(고후 4:12).

이제 "교훈의 본"(τύπον διδαχῆς)이라는 표현을 주목하고 싶다. 여기에서 "본"은 액체로 된 물질을 넣어서 어떠한 모양을 가지게 만드는 틀 혹은 거푸집을 의미한다. 교훈의 본은 하나님의 자녀가 가지는 가치관과 인격과 신앙과 삶의 골격이며 정형(定型)이다. 로마 성도들이 받은 교훈의 본을 마음으로 순종하면 그들은 그 교훈의 틀 속으로 들어가 하나님의 형상을 따라 지음을 받은 타락 전 존재로 빚어진다. 그들에게 전해진 교훈의 본은 예수님이 가진 형상의 성문화다. 그래서 그 본을 따르면 예수님을 닮아간다. 교훈의 본을 마음으로 순종하면 예수님의 겉모양이 아니라 중심을 닮아간다. 나아가 교훈의 본을 읽고 묵상하고 연구하고 암송하고 자발적인 마음으로 실천하면 우리의 지성과 감성과 의지와 몸이 그리스도 예수의 전인격을 닮아간다. 신앙과 인격이 인간 스스로는 도달할 수 있는 형상의 극치에 도달한다. 이처럼 교훈의 본에 순종하면 하나님의 형상이 우리 안에서 온전하게 된다. 이것이 의의 온전한 종에게서 확인되는 모습이다. 바울은 이에 대해 감사하고 있다.

¹⁹여러분의 육신의 연약함 때문에 인간적인 방식으로 저는 말합니다
이전에 여러분이 여러분의 지체들을 불결함과 불법에게 종으로 내주어서 불법에
이른 것처럼 여러분의 지체들을 거룩함에 이르도록 의에게 종으로 내어 주십시오

바울은 "종"이라는 개념을 가지고 성도의 영적 상태를 설명하는 자신의 인간적인 어법이 사실 불편하다. 그러나 바울의 어법은 성령의 감동을 받은 것이기도 하지만 수신자가 가진 육신의 연약함 때문에 구사할 수 있는 최고의 어법이다. 로마서의 수신자는 대부분 종들이다. 바울의 논증은 수신자로 하여금 복음의 진리를 피부로 느끼게 하는 방식이다. 청중의 상태에 따라 나도 설교나 강의안에 거부감을 유발하지 않는 범위 내에서 드물게 비속어나 비문을 동원한다. 이는 청중의 공감대와 현실감을 높이기 위함이다. 그러나 그것이 복음의 본질에 대한 이해도를 높이기 위함이 아니라 단순히 감정적인 자극이나 언어적인 유희를 위한다면 설교의 독소가 될 것이기에 마땅히 지양해야 한다.

바울은 이전에 로마 성도들이 그들의 지체들을 불결함과 불법의 종으로 내주어서 불법을 저지른 것처럼 이제는 의의 종으로 내주어서 거룩함에 이르라고 명령한다. 이전에 자신을 불법의 종으로 내어준 것도 자발적인 선택이고, 이제 의의 종으로 자신을 내어주는 것도 자발적인 선택이다. 바울은 결단을 촉구한다. 의의 종이 된다는 것은 의로운 법에 자신을 맡기는 것을 의미한다. 시인은 하나님의 모든 규례가 의롭다고 한다(시 119:160). 바울도 하나님의 법은 의롭다고 한다(롬 7:12). 의의 종으로서 의의 말씀에 순종하면 거룩함에 도달한다. 거룩하게 되고 흠이 없어지는 성화(聖化)는 만세 전에 하나님이 뜻하신 작정의 내용이다(엡 1:4). 그러므로 우리는 거룩함을 지향해야 한다. 공의와 정의의 말씀을 행하는 사람은 거룩하게 된다.

의로운 말씀에 대한 다윗의 고백이다. "주의 의로운 규례들로 말미암

아 내가 하루 일곱 번씩 주를 찬양하나이다"(시 119:164). 그에게는 하나님의 의로운 말씀이 온전한 찬양과 예배와 기쁨과 감사의 근거였다. 다윗과 바울이 의의 말씀에 순종한 것은 외부의 어떤 동기나 자극에 의한 것이 아니라 순종 자체가 거룩함에 이르는 기쁨이기 때문이다. 의의 종으로 자신을 내주라는 바울의 명령은 우리를 괴롭히는 것이 아니라 기쁨을 누리라는 강력한 권면이다. 이 권면을 따라서 우리는 우리의 모든 지체들을 의의 종으로 드리는 일에 매 순간 관심을 기울여야 한다. 하나님이 기뻐하지 않으시는 일에 우리의 지체들이 동원되고 있지는 않은지를 늘 점검해야 한다.

²⁰여러분이 죄의 종이었을 때에는 의에 대해 자유로운 때입니다

바울은 한 사람이 죄의 종과 의의 종이 된다는 것은 동시적일 수 없음을 여기에서 강조한다. 죄와 의는 서로 배타적인 관계를 가지기 때문이다. 우리가 죄의 종이었을 때에는 의와 무관했다. 같은 논리로, 우리가 의의 종이 되었다면 죄에게서 자유롭다. 죄와 무관해야 한다. 죄로부터 해방이 되었지만 여전히 죄의 종으로 자신을 기꺼이 내어주는 것은 심히 어리석다. 의의 종이라면 죄에서 자유롭게 살고 의롭게 사는 것이 합당하다.

²¹그 끝이 사망이기 때문에 지금은 부끄럽게 여기는 것들로부터
그때에 여러분이 얻은 열매는 어떤 것입니까? ²²그러나 죄로부터 해방되고
하나님께 종이 된 여러분은 이제 그 끝이 영원한 생명인 거룩함에 이르는
여러분의 열매를 얻습니다 ²³이는 죄의 품삯은 사망이고 하나님의 선물은
그리스도 예수 우리 주 안에 있는 영원한 생명이기 때문입니다

이제 바울은 죄의 종이 얻는 열매와 의의 종이 얻는 열매를 설명한다. 죄의 열매는 불결함의 종말인 사망이다. 그러나 의의 열매는 거룩함의 결국인 영원한 생명이다. 지금까지 이루어진 바울의 논의를 종합하면, 죄는 불결함에 이르고 사망에 이르지만, 의는 거룩함에 이르고 영원한 생명에 이른다는 이야기다. 모든 인생은 이렇게 두 종류의 길 중에서 하나를 선택해야 한다. 예수를 믿고 의의 길을 가든지 자신을 믿고 죄의 길을 가든지 결정해야 한다. 그리고 예수를 믿은 이후에도 자신에게 익숙한 죄의 길을 여전히 고집할 것인지, 비록 새롭지만 의의 길을 가면서 거룩함에 이르고 영원한 생명의 수혜자가 될 것인지를 선택해야 한다. 자신을 내어줄 때에 그 끝이 사망인지 영원한 생명인지 고려하고 선택해야 한다.

사망과 생명의 특징을 주목하라. 바울에 의하면, 사망은 죄의 품삯이고 영원한 생명은 선물이다. 죄를 지으면 반드시 사망한다. 사망은 우리가 마땅히 지불해야 할 죄의 합당한 비용이다. 사망은 죄인이 필히 도달하는 인생의 결론이다. 그러나 영원한 생명은 의의 종으로 거룩함에 이른 자에게 하나님이 마땅히 지불해야 할 의의 보상이 아니고 은혜의 선물이다. 품삯은 받을 자격과 조건을 갖춘 자에게 주어지는 것이지만 선물은 받을 자격과 조건을 갖추지 않은 자에게도 주고자 하는 자의 기뻐하신 의지를 따라 주어진다.

"정의는 네가 받기에 합당한 것을 가지는 것, 자비는 네가 받기에 합당한 것을 받지 않는 것, 은혜는 네가 받기에 합당하지 않은 것을 가지는 것"(Justice is getting what you deserve. Mercy is not getting what you deserve. Grace is getting what you don't deserve)을 의미한다. 사망은 받기에 합당한 품삯으로 죄인에게 돌려지는 하나님의 정의이고, 죄인이 그 사망에 이르지 않음은 그 죄인이 마땅히 받아야 할 사망이란 품삯을 받지 않는다는 하나님의 자비이고, 영원한 생명은 죄인이 받기에 결코 합당하지 않은 것이지만 그에게 주어지는 하나님의 은총이다. 죄인이 받아 마땅한 사망은 예수님이 받아서 하나님의 정의가 성취되고, 예수님이 받아 마땅한 영생은 우리가 받아서 하나님의 자비와 은혜가 성취된다.

　나는 누구인가? 죄의 종인가 의의 종인가? 사망의 품삯을 받을 사람인가 영생의 선물을 받을 사람인가? 만약 하나님의 자비와 은혜로 말미암아 후자가 되었다면 우리는 죄로부터 해방되어 은혜 아래에서 자유롭다. 이제 선택해야 한다. 우리의 선택은 의의 말씀에 순종하는 의의 종이어야 한다. 자발적인 마음으로 순종하고 실천적인 몸의 행실로 순종해야 한다. 그렇게 선택한 로마의 성도들에 대해 바울은 감사했다.

R

7장 벗어날 수 없는 인간의 곤고함

롬 7:1-6

¹형제들아 내가 법 아는 자들에게 말하노니 너희는 그 법이 사람이 살 동안만 그를 주관하는 줄 알지 못하느냐 ²남편 있는 여인이 그 남편 생전에는 법으로 그에게 매인 바 되나 만일 그 남편이 죽으면 남편의 법에서 벗어나느니라 ³그러므로 만일 그 남편 생전에 다른 남자에게 가면 음녀라 그러나 만일 남편이 죽으면 그 법에서 자유롭게 되나니 다른 남자에게 갈지라도 음녀가 되지 아니하느니라 ⁴그러므로 내 형제들아 너희도 그리스도의 몸으로 말미암아 율법에 대하여 죽임을 당하였으니 이는 다른 이 곧 죽은 자 가운데서 살아나신 이에게 가서 우리가 하나님을 위하여 열매를 맺게 하려 함이라 ⁵우리가 육신에 있을 때에는 율법으로 말미암는 죄의 정욕이 우리 지체 중에 역사하여 우리로 사망을 위하여 열매를 맺게 하였더니 ⁶이제는 우리가 얽매였던 것에 대하여 죽었으므로 율법에서 벗어났으니 이러므로 우리가 영의 새로운 것으로 섬길 것이요 율법 조문의 묵은 것으로 아니할지니라

◆ ◆ ◆

¹형제들이여, 제가 법 아는 이들에게 말합니다 여러분은 그 법이 사람이 사는 기간 동안에만 그를 주관하는 줄 알지 못합니까? ²남편 있는 여인이 그 남편의 생전에는 법적으로 그에게 매이지만 만일 그 남편이 죽으면 남편의 법에 매이지 않습니다 ³그래서 만일 그 남편의 생전에 다른 남자에게 가면 음녀로 불립니다 그러나 만일 남편이 죽으면 그 법에서 자유롭게 되므로 다른 남자에게 갈지라도 음녀가 되지 않습니다 ⁴그러므로 나의 형제들이여 여러분도 그리스도의 몸으로 말미암아 율법에 대해 죽은 것이어서 우리는 하나님께 열매를 맺기 위해 다른 분 곧 죽은 자들 가운데서 살아나신 분에게 갈 수 있습니다 ⁵우리가 육신에 있을 때에는 율법으로 말미암는 죄의 욕구가 우리 지체 중에 작용하여 우리로 사망을 위해 열매를 맺게 했으나 ⁶이제는 우리가 얽매였던 것에 대해 죽어 율법에서 자유롭게 되었으니 이러므로 우리는 문자의 묵은 것으로 섬기지 않고 영의 새로운 것으로 섬기는 것입니다

27 　　　　　　　　성령으로 사는 새로운 삶

바울은 우리가 죄에 대해 그리스도 예수와 함께 죽었다고 선언했다. 죄에 대한 죽음의 결과로서 이제 우리는 율법에서 자유롭게 되었음을 바울은 옛 남편의 법에서 벗어난 아내 이야기로 설명한다. 우리가 그리스도 안에서 율법에 대해 죽었기 때문에 그 법에서 자유롭게 되어 이제는 율법의 케케묵은 문자에 결박되지 않고 성령의 새로운 것으로 살아서 죽음에 기여하지 말고 하나님께 기쁨의 열매가 되라고 바울은 권면한다.

> [1]형제들이여, 제가 법 아는 이들에게 말합니다 여러분은 그 법이
> 사람이 사는 기간 동안에만 그를 주관하는 줄 알지 못합니까?

여기에서 형제들은 누구를 칭하는가? 유대인일 가능성이 높다. 이는 바울이 그들을 법 아는 이들이라 칭했기 때문이다. 물론 여기에서 "법"은 하나님의 율법만이 아니라 일반적인 세속의 법까지 포함하는 말이기 때문에 유대인이 아닐 가능성도 있다. 그러나 이야기의 문맥은 유대인일 가능성

을 지지한다. 사람에게 적용되는 법은 사람이 사는 기간 동안에만 그 사람을 주관한다. 즉 사람이 죽으면 법의 효력과 지배력은 사라진다. 죽은 사람을 제어하는 법은 없기 때문이다. 뒤집어서 말하면 사는 자는 법의 제어를 감수해야 한다. 그래서 이러한 역설이 발생한다. 즉 삶은 구속이고 죽음은 해방이다. 이순신의 〈난중일기〉 안에 등장하는 유사한 표현으로 "필사즉생 필생즉사"(必死則生 必生則死) 즉 살고자 하면 죽고 죽고자 하면 산다는 말도 인생의 이치를 아는 자들의 상식이다. 이순신의 이 말보다 1500년 전에 요한이 기록한 예수님의 말씀이다. "자기의 생명을 사랑하는 자는 잃어버릴 것이요 이 세상에서 자기의 생명을 미워하는 자는 영생하도록 보전하리라"(요 12:25). 삶과 죽음의 역설은 아무리 들어도 수용하기 어려운 것이 사실이다. 그러나 이 역설을 진리로 믿고 따르면 인생이 달라진다.

²남편 있는 여인이 그 남편의 생전에는 법적으로 그에게 매이지만
만일 그 남편이 죽으면 남편의 법에 매이지 않습니다

바울은 죽음이 법의 지배력을 없앤다는 법률적인 상식의 한 사례를 제시한다. 즉 결혼한 여인이 남편이 생존해 있는 동안에는 법적으로 그에게 매이지만 남편이 죽으면 남편의 법에서 자유롭게 된다. 물론 남편의 법에서 벗어나는 두 가지의 방법은 사별과 이혼이다. 여기에서 바울은 사별을 주목한다. 아내가 남편의 법에 매여야 하는 이유는 무엇인가? 여기에서 남편의 법은 힘들고 딱딱하고 엄격하고 경직된 남편의 부정적인 법을 의미한다. 우리는 아내에 대한 남편의 이러한 법적 지배력을 이해하기 위해 아담과 하와의 타락 이후에 부부의 일그러진 관계를 상기해야 한다. "내가 네게 임신하는 고통을 크게 더하리니 네가 수고하고 자식을 낳을 것이

며 너는 남편을 원하고 남편은 너를 다스릴 것이니라"(창 3:16). 이처럼 하와가 먼저 죄를 범했기 때문에 해산의 고통과 남편의 다스림이 하와에게 형벌로 주어졌다.

남편이 제정하고 주관하는 법 이야기는 우리에게 대단히 불쾌하다. 그러나 인류의 조상이 저지른 죄의 결과로서 온 세상과 역사에서 남편은 아내에게 지배력을 행사한다. 타락 이전에는 없었던 이 불균형한 부부의 질서는 지금도 세상 곳곳에서 목격된다. 남편의 법에 얽매인 아내들의 한숨과 탄식은 온 세상에 수북하고 그들의 눈물은 남은 육지를 다 덮을 정도의 분량이다. 이러한 현상을 허락하신 하나님의 섭리적인 목적이 있다면, 그것은 태초의 죄에 대한 우리의 기억을 돕기 위함이다. 또한 죄 문제의 해결과 더불어 새로운 부부의 질서를 갈망하게 한다. 특별히 이러한 갈망은 남성보다 여성에게 더 강렬하다. 결혼하지 않은 여성보다 결혼한 여성이 더 절박하다. 이런 이유 때문인지 한국교회 상황만이 아니라 세계의 교회들을 보더라도 남성보다 여성 출석자가 대체로 더 많고 남성보다 여성이 교회에서 더 왕성하게 활동한다. 항간에는 여자 성도에게 영적 감동을 일으키지 못하는 목회자는 목회에 성공하지 못할 것이라는 표현까지 회자된다.

³그래서 만일 그 남편의 생전에 다른 남자에게 가면 음녀로 불립니다
그러나 만일 남편이 죽으면 그 법에서 자유롭게 되므로
다른 남자에게 갈지라도 음녀가 되지 않습니다

남편의 법과 관련하여 바울은 문제점을 하나 지적한다. 남편의 생전에 다른 남자에게 가면 음녀가 된다는 사실이다. 즉 아내가 남편이 죽은 이후에 다른 남자에게 가야만 음녀의 혐의를 모면한다. 타이밍이 중요하다.

사별 이전에는 재혼하면 음녀가 되는 불법이다. 그 이후에만 음녀가 되지 아니하는 합법이다. 그런데 문제는 사별의 방식이다. 일반적인 부부의 관계에서 아내는 남편과의 사별을 의도하지 않고 수동적인 사별을 경험한다. 물론 남편과의 적극적인 사별을 악의적인 태도로 도모한 아내 이야기도 있다. 하지만 모든 생명은 하나님의 것이기에 부부의 사별에 아내이든 남편이든 사람이 관여하면 불법이다. 바울이 이런 부부의 관계라는 비유를 통해 말하고자 하는 것은 영적인 사안이다. 즉 남편은 죄이고 아내는 하나님의 백성이고 그 백성을 옭아매는 남편의 법은 하나님의 율법을 상징한다. 남편과 아내의 사별 즉 하나님의 백성과 죄의 사별은 죄가 죽어야만 가능하다. 죄가 인간에게 남편 노릇을 하는 근거인 율법의 지배력을 제거해야 가능하다. 그러나 하나님의 백성은 자기 스스로 죄의 권능과 율법의 억압적인 효력을 제거하지 못한다는 난관에 봉착한다.

> [4]그러므로 나의 형제들이여 여러분도 그리스도의 몸으로 말미암아
> 율법에 대해 죽은 것이어서 우리는 하나님께 열매를 맺기 위해
> 다른 분 곧 죽은 자들 가운데서 살아나신 분에게 갈 수 있습니다

여기에서 바울은 남편의 법이라는 비유가 가리키는 실체를 설명한다. 즉 하나님의 백성은 그리스도 예수의 몸으로 말미암아 율법에 대해 죽었다고 한다. 이는 우리가 예수의 죽음에 믿음으로 동참하여 우리도 율법에 대해 죽어 죄에서 자유롭게 되었다는 이야기다. 이것의 명료한 이해를 위해 바울의 다른 말을 인용하자. "사망이 쏘는 것은 죄요 죄의 권능은 율법이라"(고전 15:56). 사망은 죄 때문에 우리를 지배한다. 그런데 죄의 지배력은 율법에 의존한다. 역으로 말한다면, 우리가 율법을 범하면 죄가 우리에게 지배력을 적법하게 행사하고 우리는 평생 죽음의 채무자로 살아가

야 한다. 그런데 예수님이 우리의 죄를 짊어지고 우리 대신 죽으셨다. 우리는 그리스도 안에서 죄와 율법에 대해 죽은 채무자다. 그러므로 죽음의 채무가 끝났고 죄의 지배력은 사라졌다. 동시에 예수님은 율법을 다 이루셨다. 예수님에 의한 율법의 완성과 성취와 마침은 우리에게 의로운 삶을 가능하게 한다. 즉 예수님의 대속적인 죽음은 우리의 죄를 제거했고 예수님의 온전한 순종은 우리에게 의로움을 제공했다.

죄라는 남편과의 사별이 그리스도 예수의 죽음으로 말미암아 우리에게 일어났다. 그러므로 우리는 이제 영적인 재혼이 가능하다. 새로운 남편을 맞이하는 새로운 결혼의 준비는 주님께서 다 이루셨다. 예수의 죽음으로 말미암아 이루어진 율법의 완성 때문에 율법과는 다른 남자인 부활의 예수와 우리의 새로운 결혼이 이제는 합법이다. 주님과의 새로운 결혼을 위해 주님께서 친히 지불하신 비용은 무엇일까? 호세아의 기록에 잘 설명되어 있다. "내가 네게 장가 들어 영원히 살되 공의와 정의와 은총과 긍휼히 여김으로 네게 장가 들며 진실함으로 네게 장가 들리니 네가 여호와를 알리라"(호 2:19-20). 여기에서 호세아는 마치 결혼 지참금과 같은 내용을 언급한다. 그것은 바로 공의와 정의와 은총과 긍휼히 여김이다. 그리스도 예수는 우리와의 결혼을 위해 자신의 생명을 바쳐 공의와 정의와 은총과 자비라는 결혼 비용을 지불하신 우리의 새로운 신랑이다. 주님과 우리의 새로운 결혼은 너무도 확실하고 확고하다. 주님께서 그렇게 하실 것이기 때문이다. 그리고 주님과의 결혼을 통해서만 우리는 하나님을 아는 온전한 지식에 도달한다. 예수의 십자가 죽음과 부활은 바로 이 호세아가 기록한 예언의 성취였다.

그런데 우리가 예수께로 나아가 새로운 결혼의 세계로 들어가는 목적은 무엇인가? 그것은 우리가 하나님께 열매를 맺기 위함이다. 하나님께 열매를 맺는다는 것은 무엇을 뜻하는가? 하나님에 대해 맺는 열매는 사랑이다. "너희가 나를 택한 것이 아니요 내가 너희를 택하여 세웠나니 이는 너희로 가서 열매를 맺게 하고 또 너희 열매가 항상 있게 하여 내 이름으로 아버지께 무엇을 구하든지 다 받게 하려 함이라 내가 이것을 너희에게 명함은 너희로 서로 사랑하게 하려 함이라"(요 15:16-17). 주님과 우리의 결혼은 주님의 주권적인 택하심에 근거한다. 결혼의 목적은 사랑의 열매를 맺게 하기 위함이다. 이 사랑에는 예수께서 비용으로 지불하신 공의와 정의와 은총과 긍휼히 여김이 스며들어 있다. 그래서 그 사랑은 공의로운 사랑, 정의로운 사랑, 친절한 사랑, 자비로운 사랑을 의미한다. 새로운 남편과의 새로운 결혼에서 요구되는 남편의 새로운 법은 바로 이 사랑이다. 그리스도 예수가 스스로 밝힌 새로운 남편의 법을 들어보자. "내 계명은 곧 내가 너희를 사랑한 것 같이 너희도 서로 사랑하라 하는 것이니라"(요 15:12). 이것은 세상에서 가장 아름다운 남편의 법이며 인류의 역사에서 가장 높은 윤리의 기준이다.

사람들은 죄의 법 아래에서 각자가 심판자의 자리에 앉아 타인에게 반응한다. 반응의 단계가 다양하다. 먼저는 과도한 보복이다. 사람들은 자신의 뺨을 맞으면 타인의 뺨을 없어질 때까지 때려서 보복한다. 그래서 하나님은 그런 보복을 방지하고 구약의 사법적인 질서를 유지하기 위해 "이에는 이, 눈에는 눈"이라는 적응적인 기준을 만드셨다. "사람이 만일 그의 이웃에게 상해를 입혔으면 그가 행한 대로 그에게 행할 것이니 상처에는 상처로, 눈에는 눈으로, 이에는 이로 갚을지라 남에게 상해를 입힌 그대로 그에게 그렇게 할 것이니라"(레 24:19-20). 그러나 그것은 행위의 제도적인 하한선일 뿐이었고 하나님은 원수를 스스로 갚지 말고 원망하지 말고 타인을 나 자신처럼 사랑해야 한다는 도덕적 기준을 율법으로 정하셨다. "원수를 갚지 말며 동포를 원망하지 말며 네 이웃 사랑하기를 네 자신과 같이 사랑하라"(레 19:18).

그러나 주님께서 제시하신 남편의 새로운 법에 따르면, 아내 된 우리는 주님께서 우리를 사랑하신 것처럼 사랑해야 한다. 주님은 자신보다 우리를 더 위하셨다. 우리에게 영원한 생명을 주시려고 자신의 생명을 스스로 버리셨다. 이는 이웃을 자기 자신처럼 사랑하신 것이 아니라 자신보다 더 사랑하신 사랑이다. 이는 그가 우리를 자신의 뼈 중의 뼈요 살 중의 살로 여기셨기 때문에 가능한 사랑이다. 우리도 하나님께 이러한 사랑의 열매를 맺기 위해 새로운 남편 되신 예수께로 간다. 사실 이런 사랑의 열매는 우리가 결코 맺을 수 없는 그림의 떡처럼 여겨진다. 물론 이것이 스스로의 힘으로는 가능하지 않다. 불가능을 경험할 때마다 나는 하나님의 전능에 대한 체험의 세계로 초청된다. "예수께서 저희를 보시며 가라사대 사람으로는 할 수 없으되 하나님으로서는 다 할 수 있느니라"(마 19:26). 불가능을 만날 때마다 우리는 모든 것이 가능하신 하나님께 나아가야 한다. 우리의 새로운 남편 되시는 예수님의 친절한 비법에 따르면 우리에게 불가능한 사랑도 실천이 가능하다. "그가 내 안에, 내가 그 안에 거하면 사람이 열매를 많이 맺나니 나를 떠나서는 너희가 아무 것도 할 수 없음이라"(요 15:5). 새로운 남편과의 온전한 연합에 의해서만 가능하다. 남편이 아내 안에, 아내가 남편에 안에 머물러야 한다. 이러한 사랑의 열매를 맺는 사람 만나기가 하늘의 별 따기 수준이다. 주님의 사랑이 하나님께 맺어야 할 열매라는 사실을 알기는 하지만 맺지 못하는 영적 불임의 상태가 너무나도 안타깝다. 사실 주님은 우리에게 최고의 배려를 이미 베푸셨다. 남편의 약속이다. "내가 세상 끝 날까지 너희와 항상 함께 있으리라"(마 28:20). 이 약속은 그가 보내신 성령에 의해 친히 이루신다. 성령으로 말미암아 사랑이 가능하게 되었고, 사랑하지 못한다는 변명의 여지는 사라졌다.

하나님께 맺어야 할 열매는 과연 사랑인가? 바울은 6장에서 죄의 열매는 죽음이고 의의 열매는 영원한 생명이라 했다. 영원한 생명과 사랑은 동일한가? 일치하는 것은 아니지만 연결되어 있다. 바울은 다른 곳에서 모든 지식과 학문과 비밀에 능통하고 천사의 언변을 가졌고 몸을 불사르는 헌신과 구제의 삶을 산다고 할지라도 사랑이 없으면 아무것도 아니라고 한다(고전 13:1-3). 사랑이 없는 삶은 아무리 화려하고 풍성해도 죽음이다. 영원한 생명의 삶은 사랑할 때에만 가능하다. 사랑은 영원하기 때문이다. 영원한 생명은 그 자체로 가치가 있는 것이 아니라 영원한 사랑을 산출하기 위한 준비이며 배경이다. 상대방을 용서하고 이해하고 배려하고 포용하는 사랑이 영원히 지속되기 위해서는 영원한 생명이 필요하다. 사랑이 아니라 미워하고 시기하고 분노하는 상태로 영원히 산다는 것은 우리에게 복이 아니라 가장 끔찍한 저주가 분명하다.

> ⁵우리가 육신에 있을 때에는 율법으로 말미암는 죄의 욕구가
> 우리 지체 중에 작용하여 우리로 사망을 위해 열매를 맺게 했으나

우리가 새로운 남편을 만나기 이전에 죄와 율법에 대해 죽지 않고 육신으로 살 때에는 율법으로 말미암는 죄의 광기가 우리의 지체들 중에 작용하여 사망을 위해 열매를 맺었다는 사실을 바울은 다시 언급한다. 여기에서 육신은 사람의 육체가 아니라 타락한 아담의 본성을 의미한다. 그 본성의 찌꺼기가 우리 안에서 우리로 범죄하게 한다. 죄는 율법을 믿고 우리를 구박한다. 죄는 무수한 고통과 박해를 수반하며 우리를 그 삯인 사망으로 데려간다. 우리가 만약 아담의 타락한 본성에게 먹이를 주고 덩치를 키운다면 사망을 위해 열매를 맺는 인생을 살아가게 된다. 바울은 그러지 말라고 권고한다. 지금 우리는 과거에 우리를 얽매였던 것에 대해 죽었으며 이로써 율법에서 자유롭게 되었기 때문에 다른 차원의 삶을 살아가야 한다.

⁶이제는 우리가 얽매였던 것에 대해 죽어 율법에서 자유롭게 되었으니 이러므로 우리는 문자의 묵은 것으로 섬기지 않고 영의 새로운 것으로 섬기는 것입니다

바울이 권하는 다른 차원의 삶은 문자의 묵은 것으로 섬기지 않고 영의 새로운 것으로 섬기는 인생이다. 문자의 묵은 것으로 섬긴다는 말은 율법의 외적인 강요에 따라 순응하는 종 노릇을 의미한다. 내 안에 있는 자발적인 동기가 아니라 외부의 강압적인 요구에 순응하는 인생은 참으로 고달프고 피곤하다. 그러나 성령의 새로운 것으로 섬기면 행복하고 유쾌하다. 술에 취하면 슬픔과 고통이 마비된다. 성령에 취하여도 동일하다. 성령으로 충만하게 되면 새로운 인생이 가능하다. "오직 성령으로 충만함을 받으라 시와 찬송과 신령한 노래들로 서로 화답하며 너희의 마음으로 주께 노래하며 찬송하며 범사에 우리 주 예수 그리스도의 이름으로 항상 아버지 하나님께 감사하며 그리스도를 경외함으로 피차 복종하라"(엡 5:18-20). 성령으로 충만하면 노래가 쏟아진다. 성령으로 충만하면 사람들은 시와 찬송과 신령한 노래들을 매개물로 삼아 대화한다. 타인의 말이 귓가에 아름다운 음악이고 감미로운 시로 들려진다. 어떠한 상황 속에서도 성령으로 충만하여 주님께 감사의 노래와 찬송을 돌리고 피차 복종하게 된다. 성령으로 충만한 사람은 이처럼 율법의 강압적인 명령에 따라 숙제를 하듯이 억지로 하지 않고 성령의 새로운 감동을 따라 기쁜 마음으로 살아가게 된다.

롬 7:7-12

⁷그런즉 우리가 무슨 말을 하리요 율법이 죄냐 그럴 수 없느니라 율법으로 말미암지 않고는 내가 죄를 알지 못하였으니 곧 율법이 탐내지 말라 하지 아니하였더라면 내가 탐심을 알지 못하였으리라 ⁸그러나 죄가 기회를 타서 계명으로 말미암아 내 속에서 온갖 탐심을 이루었나니 이는 율법이 없으면 죄가 죽은 것임이라 ⁹전에 율법을 깨닫지 못했을 때에는 내가 살았더니 계명이 이르매 죄는 살아나고 나는 죽었도다 ¹⁰생명에 이르게 할 그 계명이 내게 대하여 도리어 사망에 이르게 하는 것이 되었도다 ¹¹죄가 기회를 타서 계명으로 말미암아 나를 속이고 그것으로 나를 죽였는지라 ¹²이로 보건대 율법은 거룩하고 계명도 거룩하고 의로우며 선하도다

❖ ❖ ❖

⁷그렇다면 우리가 무슨 말을 할 것입니까? 율법이 죄입니까? 결코 그럴 수 없습니다 율법으로 말미암지 않았다면 저는 죄를 알지도 못했을 것입니다 즉 율법이 "너희는 탐내지 말라"고 말하지 않았다면 제가 탐심을 몰랐을 것입니다 ⁸게다가 율법이 없으면 죄가 죽은 것이기 때문에 죄가 계명으로 말미암아 기회를 얻어 내 안에서 온갖 탐심을 이룹니다 ⁹한때 율법이 없이는 내가 살았지만 율법이 옴으로써 죄는 살아나고 나는 죽습니다 ¹⁰나에게 발견된 것은 생명에 이르는 그 계명이 사망을 향한다는 것입니다 ¹¹왜냐하면 죄가 계명으로 말미암아 기회를 타서 나를 속이고 그 계명으로 나를 죽였기 때문입니다 ¹²이로 보건대 율법은 진실로 거룩하고 의로우며 선한 것입니다

율법은 무엇인가?

예수의 죽음과 부활을 통해 죄인이 의인으로 거듭나는 것은 하나님의 전적인 은혜이다. 이 은혜와 관련하여 바울은 은혜의 증대를 위해 죄를 짓자는 주장과 은혜 아래에 있으니까 죄를 지어도 된다는 주장을 터무니가 없는 것이라며 단호히 거부했다. 이제 바울은 율법 자체가 죄라는 해괴한 주장을 거론한다. 그는 율법이 결코 죄가 아니라는 점을 강조하며 오히려 죄를 깨닫게 하는 기능을 설명하며 탐심의 사례를 제시한다. 나아가 독자로 하여금 율법이 거룩하고 의롭고 선한 것이라는 자신의 결론에 이르도록 논지를 전개한다.

7그렇다면 우리가 무슨 말을 할 것입니까? 율법이 죄입니까? 결코 그럴 수 없습니다 율법으로 말미암지 않았다면 저는 죄를 알지도 못했을 것입니다 즉 율법이 "너희는 탐내지 말라"고 말하지 않았다면 제가 탐심을 몰랐을 것입니다

바울이 전한 은혜의 복음은 율법을 부정하는 듯한 인상을 제공한다. 다

음은 그런 인상을 주는 바울의 대표적인 언급이다. "율법은 진노를 이루게 하나니 율법이 없는 곳에는 범법도 없느니라"(롬 4:15). 이는 율법만 제거되면 진노와 범법과 같은 인생의 모든 문제들이 다 해결될 듯한 인상을 제공하는 언급이다. 그래서 교회는 헛갈린다. 율법에 대한 교회의 부정적인 인상은 급기야 율법이 곧 죄라는 이상한 등식에 도달한다. 이에 바울은 율법이 죄냐는 가상의 질문을 던지고 강력한 부정과 더불어 율법은 죄를 깨닫게 하는 유익을 제공하는 것이라고 해명한다. 죄가 없지는 않았지만 죄를 알지 못했던 우리는 오직 율법을 통해 죄의 실상을 깨닫는다.

예비적인 지식으로 율법의 종류와 기능에 대한 이해가 필요하다. 하나님의 말씀은 영원하다. 하나님의 말씀인 율법에는 의식법과 시민법과 도덕법이 있다. 의식법(lex ceremonialis)은 제사와 관련된 율법이며, 우리를 위한 참된 대제사장 및 제물이 되신 그리스도 예수를 가리키는 임시적인 그림자 율법이다(골 2:16-17). 그러나 영원하신 예수를 가리키는 기능 때문에 이 율법의 기능적인 의미는 영원하다. 시민법(lex civilis)은 사회의 질서를 유지하는 율법이다. 이 율법은 구약의 시대에 하나님의 나라에 해당되는 신정국 이스라엘 민족에게 적용된 것이어서 시간과 대상의 한계를 가지지만 이 법이 의도하는 사회적 질서로서 정의와 공의의 구현은 모든 사회법의 목적이기 때문에 이 시민법의 목적적인 의미는 영원하다. 도덕법(lex moralis)은 신앙과 삶의 보편적인 규범을 제시하는 율법을 의미한다. 이 도덕법은 하나님 사랑과 이웃 사랑으로 구성된 십계명 안에 가장 잘 요약되어 있다. 이 도덕법은 영원하다. 이처럼 의식법과 시민법과 도덕법을 포함하는 모든 하나님의 율법은 그 율법의 완성과 마침과 성취이신 그리스도 예수의 인격과 삶 속에서 영원하다.

율법에 의한 죄의 깨달음 자체는 궁극적인 목적이 아니라 하나의 과정이다. 율법은 분명히 몽학선생 수준의 가르침을 제공한다. 그 가르침의 목적은 율법의 3가지 기능들 즉 1) 사회 속에서 죄를 범하지 않도록 억제하는 기능, 2) 자신이 죄인임을 깨닫고 회개하며 율법을 온전히 성취하신 그리스도 예수께로 나아가게 하는 기능, 3) 거듭난 이후 내 안에 사시는 그리스도 예수로 말미암아 믿고 따라야 할 신앙과 삶의 규범을 제공하는 기능으로 구성되어 있다. 율법은 비록 이러한 깨달음의 유익들을 주지만 존재의 근원적인 변화를 줌에 있어서는 전적으로 무능하다. 그런 면에서 바울은 율법의 연약함을 지금까지 언급했다. 이런 언급이 결코 율법을 죄악시한 것은 아니었다.

율법은 죄의 도입이나 제거가 아니라 죄의 인식을 가능하게 한다. 바울은 율법이 제공하는 깨달음의 유익에 대한 하나의 사례로서 "너희는 탐내지 말라"는 계명을 제시한다. 그는 율법으로 말미암지 않았다면 탐심이 죄라는 사실을 깨닫지 못했을 것이라고 한다. 율법은 인간에게 탐내지 말라고 분명히 가르친다. 이 율법은 십계명 중에서도 마지막 계명이다. 탐심은 5계명에서 9계명까지 언급된 불효와 살인과 간음과 도둑질과 거짓 증언의 은밀한 원흉이다. "욕심($\epsilon\pi\iota\theta\upsilon\mu\iota\alpha$)이 잉태한즉 죄를 낳고 죄가 장성한즉 사망을 낳느니라"(약 1:15). 이웃과 관계된 십계명의 다른 죄들은 다 보여도 탐심은 보이지 않는 죄악이며 보이는 그 죄들의 원인이다. 불효와 살인과 간음과 도둑질과 거짓 증거는 보이지 않는 탐심의 보이는 표출이다.

그런데 살아있는 모든 인간이 무언가를 가지려는 욕구 즉 보이지 않는 마음의 성향을 소유하고 있어서 탐심은 어느 누구도 죄라고 생각하지 않는 항목이다. 그런데 율법은 소유욕이 영혼의 질병이며 툭하면 걸리는 마음의 감기라고 가르친다. 그래서 탐심이 죄라고 선언하며 엄중히 금지한다. 도대체 탐심은 무엇인가? "무언가를 가지고자 혹은 가고자 혹은 행하고자 하는 욕구"를 의미한다. 탐하는 행위($\epsilon\pi\iota\theta\upsilon\mu\epsilon\omega$)가 같아도 올바른 것을 탐하면 긍정적인 소원이라 하고 그릇된 것을 탐하면 부정적인 탐심이라 한다. 올바른 것의 사례로는, 예수님이 제자들과 함께 고난 당하기 이전에 유월절 먹기를 원한다는 구절이다(눅 22:15). 그는 자신이 친히 음료와 양식이 된 만찬으로 구원의 복음을 유월절에 전하기를 원하셨다. 그릇된 것의 사례로는, 누구든지 음욕을 품고 남성이나 여성을 보는 자는 이미 마음에 간음을 저지른 것이라는 구절이다(마 5:28). 음탕한 성적 욕구는 부정적인 탐심이다.

탐심의 대상은 종류와 분량으로 구분된다. 소유의 종류에 있어서, 하나님이 주신 것에 만족하지 않고 하나님이 주기를 원하지 않으시는 것을 가지려고 하는 마음은 탐심이다. 예를 들어 하나님은 인간의 영광과 칭찬을 추구하지 말라(요 5:41)고 했는데 금지된 그것을 구하면 탐심이다. 때로는 건강을 추구해도 탐심이다. 바울은 육체에 박힌 사단의 뾰족한 가시를 제거해 달라고 하나님께 세 번이나 기도를 드렸지만 돌아온 하나님의 답변은 "내 은혜가 네게 족하다"는 거절이다(고후 12:8). 건강의 적당한 연약함이 어떤 이에게는 하나님의 뜻이기도 하다. 예수님은 영생의 양식인 하나님의 입에서 나오는 말씀이 아닌 "썩을 양식" 추구하는 것을 금하신다(요 6:27). 그런데도 썩어 없어지는 것을 추구하면 그것은 탐심이다. 주님의 교훈을 따라 바울은 모든 사람이 추구하는 자신의 뛰어난 혈통과 높은 신분과 출중한 학력과 열정적인 활동과 종교적인 무흠을 배설물로 여기고 해로 간주하며 다 버렸다고 한다(빌 3:5-8). 만약 우리가 그러한 바울의 배설물과 해로움을 추구하면 그것은 위태로운 탐심이다.

소유의 분량에 있어서, 필요한 것 이상의 것을 가지려는 마음은 탐심이다. 일례로서, 일용할 액수나 필요한 금액 이상의 돈 혹은 재물을 가지려는 마음은 탐심으로 분류된다. 성경은 물질만이 아니라 보이지 않는 정신적인 요소에 대해서도 필요 이상의 것을 추구하는 탐심을 경계한다. "지나치게 의인이 되지도 말며 지나치게 지혜자도 되지 말라 어찌하여 스스로 패망하게 하겠느냐"(전 7:16). 인간의 탐심에는 성역이 없고 모든 것들이 탐심의 대상이다. 지나친 착함, 지나친 친절, 지나친 배려, 지나친 구제, 지나친 용기, 지나친 정의, 지나친 칭찬, 지나친 소유처럼 그 자체로는 좋은 것이어도 정도에 있어서 지나치면 그것들도 탐심으로 간주된다.

이러한 탐심은 왜 생기는가? 기독교는 이렇게 너무나도 기본적인 질문에 각별한 주의를 기울인다. 사람은 왜 늙는가? 사람은 왜 죽는가? 왜 날개가 없는가? 왜 물 속에서 살아가지 못하는가? 인간은 무수히 많은 영역을 질문하며 태초의 명령을 수행하고 있다. 생육하고 번성하고 땅에 충만하고 정복하고 다스리는 사명을 수행한다. 땅만이 아니라 하늘과 바다도 정복하고 삶의 세계만이 아니라 보이지도 않는 극미시 세계와 출입할 수 없는 극거시 세계, 나아가 하나님의 영역까지 정복과 다스림의 대상으로 삼으려고 한다. 이처럼 명령의 선을 넘어간 이 탐심을 사람들은 하나님의 명령에 근거한 것이기 때문에 당연한 인간의 욕구라고 생각한다. 그러나 하나님의 명령에 근거한 것이라도 반응이 지나치면 탐심의 죄로 간주된다.

성경에 의하면, 탐심의 발생은 죄가 작용하기 때문이다. 죄가 인간에게 들어와 본성을 교란시켜 허탄한 것을 추구하게 만들었기 때문이다. 인간이 만족하지 않는 이유는 스스로의 힘으로는 만족할 수 없기 때문이다. "눈은 보아도 족함이 없고 귀는 들어도 차지 않는도다"(전 1:8). 눈이 막대한 부를 보는 만족을 추구하고 귀가 칭찬을 듣는 만족을 추구해도 만족하지 못하는 것은 마음의 불만 때문이다. 왜 그러할까? 짐승은 배가 부르면 두 다리를 쭉 뻗고 안식의 수면을 취하지만 인간의 마음은 이 세상의 그 무엇에 의해서도 만족함 혹은 자족함이 없다. 이는 인간이 오직 하나님에 의해서만 만족하기 때문이다. 이러한 이유에 대해 바울은 이렇게 설명한다. "우리가 무슨 일이든지 우리에게서 난 것처럼 스스로 만족할 것이 아니니 우리의 만족은 오직 하나님으로부터 나느니라"(고후 3:5).

자연이나 동물이나 사람에게 만족을 추구하는 것은 어리석다. 만족의 기대감을 사람이나 짐승에게 두면 반드시 실망한다. 그칠 줄 모르는 탐심의 노예로 전락한다. 그러나 하나님은 모든 만족의 유일한 샘이시다. 다윗의 고백이다. "그가 사모하는 영혼에게 만족을 주시며 주린 영혼에게 좋은 것으로 채워 주심이라"(시 107:9). 영혼의 기근과 주림을 어떻게 피조물이 해결할 수 있겠는가! 영혼은 물질로 채워질 수 없는 영역이다. 영혼을 지으신 창조자 이외에는 만족의 내용도 모르고 만족의 공급도 가능하지 않다. 이처럼 탐심의 종결은 영혼의 만족이고 그 만족의 유일한 공급자는 하나님 자신이다.

하나님에 의해 영혼의 만족을 누리는 자가 세상의 물질을 대하는 태도는 어떠해야 하나? 부하지도 않고 가난하지도 않은 적정한 분량의 재물에 스스로 만족할 때에 탐심은 극복된다. 그래서 바울은 이러한 탐심의 극복을 위해 자족하는 경건을 권면한다(딤전 6:6). 이 말은 경건이 어떤 이익의 수단이 되어서는 안 됨을 의미한다. 나아가 이것은 추구하는 것 자체가 문제일 수 있음을 암시한다. 자족하는 것 자체가 이미 큰 유익이다. 이와 관련하여 바울은 무언가를 탐하지 않는 삶의 유익을 이렇게 표현한다. "나는 비천에 처할 줄도 알고 풍부에 처할 줄 알아 모든 일 곧 배부름과 배고픔과 풍부와 궁핍에도 처할 줄 아는 일체의 비결을 배웠노라"(빌 4:12). 모든 사람들이 경험하는 인생의 사계절이 있다. 배부름과 배고픔과 풍부와 궁핍이다. 많은 사람들이 배부름의 봄과 풍부의 가을을 선호하고 배고픔의 여름과 궁핍의 겨울이 되면 한 바가지의 불평을 쏟아낸다. 그러나 어떠한 계절도 극복하는 인생의 달인이 되는 일체의 비결은 모든 상황 속에서도 그 상황에 맞게 만족하며 살아가는 거다. 가난하고 배고플 때에는 도움을 받고 풍부하고 배부를 때에는 도움을 제공하는 것이 인생의 역학이다. 이러한 계절의 절묘한 순환이 인생에게 복이라는 사실을 알면 매 순간 안식하고 만족하며 인생의 표면에서 일렁이는 탐심의 파도에 휘둘리지 않고 안락하게 산다.

⁸게다가 율법이 없으면 죄가 죽은 것이기 때문에 죄가 계명으로 말미암아 기회를 얻어 내 안에서 온갖 탐심을 이룹니다 ⁹한때 율법이 없이는 내가 살았지만 율법이 옴으로써 죄는 살아나고 나는 죽게 됐습니다 ¹⁰나에게 발견된 것은 생명에 이르는 그 계명이 사망을 향한다는 것입니다 ¹¹왜냐하면 죄가 계명으로 말미암아 기회를 타서 나를 속이고 그 계명으로 나를 죽였기 때문입니다

바울은 율법이 없으면 죄가 죽은 것이라고 한다. 이는 율법이 죄의 여부를 가늠하는 기준이기 때문이다. 율법과 죄는 단짝이다. 율법이 있기 때문에 죄라는 것이 성립하고 죄가 있기 때문에 율법은 죄인에게 사형을 언도한다. 율법이 없으면 죄가 무엇인지 모르고 죄의식도 무뎌지고 죄인이 아니라고 생각해서 잘 살았지만 율법이 옴으로써 죄는 죄로 드러나고 그 죄의 결과 혹은 삯으로서 죄인은 율법의 판결을 따라 죽게 되었다고 바울은 논증한다. 그런데 8절에는 특이한 내용이 등장한다. 즉 죄가 계명으로 말미암아 기회를 얻어 내 안에서 온갖 탐심을 만든다는 내용이다.

탐심은 어떻게 생기는가? 사회적인 분석에 의하면, 탐심은 타인의 소유에서 촉발된다. 인간은 타인의 소유물을 볼 때 자신도 가지고 싶어하는 욕망이 작동한다. 언제나 나의 떡보다 남의 떡이 커 보이기 때문이다. 그래서 자신의 소유에 만족하지 않고 타인의 것을 취하려고 한다. 이러한 탐심의 끝은 어디인가? 남의 떡 중에서도 가장 큰 남의 떡은 무엇인가? 어떠한 피조물의 소유물도 비교할 수 없는 역대급 남의 떡은 하나님의 떡 즉 하나님의 소유이다. 죄가 계명으로 말미암아 기회를 타서 우리 안에서 온갖 탐심을 만드는 것도 하나님의 소유에 대한 탐심과 무관하지 않다. 그런 탐심의 구체적인 양상은 아담과 하와의 탐심에서 발견된다. 하나님은 그들에게 선악을 알게 하는 나무의 열매를 따먹지 말라고 명하셨다. 이 명령 자체는 아담과 하와에게 탐심을 이루지 않았으나 사단의 속임수가 개입했다. 그래서 11절에서 바울은 속임수를 일컬어 죄가 계명으로 말미암아 우리 안에 탐심을 이루는 도구라고 지적한다. 사단은 율법에 근거하여 우리 안에서 탐심을 자극한다. "하나님이 참으로 너희에게 동산 모든 나무의 열매를 먹지 말라 하시더냐?"(창 3:1).

하나님의 계명은 사탄에게 속임수의 발판이다. 논지의 교묘한 변경으로 인간에게 의심을 자극하고 탐심을 유발한다. 그런 속임수가 하와의 마음에 들어간 이후에 탐심이 발생했다. "여자가 그 나무를 본즉 먹음직도 하고 보암직도 하고 지혜롭게 할 만큼 탐스러운 나무더라"(창 3:6). 마음에 속임수가 들어가면 탐심이 잉태된다. 아담과 하와가 하나님의 자리가 탐나서 그와 같아지고 싶어한 탐심에 빠진 것과 유사하게 그의 장남인 가인도 탐심의 죄를 저질렀다. 가인이 취하고자 한 것은 동생의 의로운 예배였다. "가인 같이 하지 말라 그는 악한 자에게 속하여 그 아우를 죽였으니 어떤 이유로 죽였느냐 자기의 행위는 악하고 그의 아우의 행위는 의로움이라"(요일 3:12). 가인은 자신이 안 좋은 제사를 드렸으나 동생의 의로운 제사를 본 이후에 비로소 자신의 문제를 깨달았고 동생의 의로움을 취하고자 하는 탐심이 발동했고 급기야 살인까지 저질렀다.

지금도 사탄은 율법을 발판으로 삼아 거짓의 독이 잔뜩 묻은 질문을 매 순간 우리의 귀에 주입한다. "하나님이 참으로 탐내지 말라고 하시더냐?" 사단은 기회의 빈틈이 조금만 생겨도 613개의 모든 계명으로 말미암아 인간이 가질 수 있는 모든 탐심을 인간의 마음에서 제조한다. 사단은 하나님의 말씀을 너무나도 싫어한다. 인간이 그 말씀에 순종하는 것을 너무나도 싫어한다. 그래서 수단과 방법을 가리지 않고 하나님의 말씀 빼앗기에 골몰한다. 말씀을 빼앗기 위한 사단의 주특기는 속임수다. 이는 거짓의 아비다운 특징이다.

속임수가 참으로 교묘하다. 사단은 우리 인간을 높여주는 듯한 태도와 말투로 자신을 위장한다. 우리로 하여금 스스로가 사유의 주체가 되고 인생의 주인이 되라고 부추긴다. 하나님과 동등하게 되라고 자극한다. 하나님의 존재와 하나님의 신분과 하나님의 지위와 하나님의 소유를 다 취하여 하나님과 같아지고 싶어하는 인간의 탐심, 그것은 아담과 하와에게 던져진 사단의 의도적인 미끼였다. "너희가 그것을 먹는 날에는 너희 눈이 밝아져 하나님과 같이 되어 선악을 알 줄 하나님이 아심이라"(창 3:5). 사단은 여전히 전략을 바꾸지 않고 인류의 역사 속에서 동일한 전략을 계속해서 구사한다. 하나님과 같아지고 싶어하는 사단의 탐심과 전략의 핵심은 다음 구절에서 확인된다. "네가 네 마음에 이르기를 내가 하늘에 올라 하나님의 뭇 별 위에 내 자리를 높이리라 내가 북극 집회의 산 위에 앉으리라 가장 높은 구름에 올라가 지극히 높은 이와 같아질 것이라 하는도다"(사 14:13-14).

계명을 어긴다는 것은 계명을 내신 하나님과 인간이 동등한 지위를 가져서 그 계명의 수락과 거절이 자유로운 관계에 있음을 의미한다. 하나님의 계명을 어기는 것은 하나님의 유일성을 거부하는 적극적인 행동이다. 사단의 속임수를 진리로 여기고 자신을 하나님의 자리로 높이는 행동이다. 하나님이 될 수 없는 인간이 자신을 신으로 여기는 것은 곧 죽음을 의미한다. 하나님의 모든 계명은 인간으로 하여금 죽지 말라는 생명의 교훈이다. 선악을 알게 하는 나무의 열매를 먹으면 반드시 죽을 것이기 때문에 먹지 말라고 금하셨다. 이처럼 하나님의 명령은 바울이 10절에서 언급한 것처럼 "생명에 이르러야 할 그 계명"이다. 계명은 생명의 안내자다. 그 안내자를 무시하고 자기 멋대로 움직일 때 도달하는 종착지는 사망이다. 생명에 이르러야 할 계명이 사망에 이르게 된 이유는 죄 때문이다. 사단의 속임수 때문이다. 이처럼 율법과 죄는 구별된다. 죄는 속이는 주체이고 속이는 수단은 율법이며 율법은 생명에 이르게 하는 것이지만 죄의 속임수 때문에 사망에 이르는 대로가 되었다는 것이 바울의 설명이다. 율법도 사탄의 도구가 될 수 있다는 사실, 우리는 늘 의식해야 한다. 예수를 시험할 때에도 사탄은 하나님의 말씀을 인용했다. 그는 지극히 거룩한 것을 지극히 악한 수단으로 마음껏 활용한다. 하나님의 이름으로, 예수의 이름으로, 성경의 이름으로 다가오는 사탄의 속임수를 주의해야 한다.

¹²이로 보건대 율법은 진실로 거룩하고 의로우며 선한 것입니다

바울은 이제 율법의 결론적인 의미에 대해 거룩하고 의로우며 선한 것이라고 판단한다. 율법은 죄의 여부를 판단하는 절대적인 기준이다. 바울은 율법이 진실로 거룩하고 의로우며 선한 것이라고 옹호한다. 율법에 순종하는 것은 하나님을 창조자로 존중하는 것이며 피조물 본연의 자리에서 거룩하고 의롭고 선한 삶을 살아가는 비결이다. 율법의 세 번째 기능으로 신앙과 삶의 절대적인 규범을 따르는 사람은 거룩함과 의로움과 선함에 이르는 인생이다.

롬 7:13-18

¹³그런즉 선한 것이 내게 사망이 되었느냐 그럴 수 없느니라 오직 죄가 죄로 드러나기 위하여 선한 그것으로 말미암아 나를 죽게 만들었으니 이는 계명으로 말미암아 죄로 심히 죄 되게 하려 함이라 ¹⁴우리가 율법은 신령한 줄 알거니와 나는 육신에 속하여 죄 아래에 팔렸도다 ¹⁵내가 행하는 것을 내가 알지 못하노니 곧 내가 원하는 것은 행하지 아니하고 도리어 미워하는 것을 행함이라 ¹⁶만일 내가 원하지 아니하는 그것을 행하면 내가 이로써 율법이 선한 것을 시인하노니 ¹⁷이제는 그것을 행하는 자가 내가 아니요 내 속에 거하는 죄니라 ¹⁸내 속 곧 내 육신에 선한 것이 거하지 아니하는 줄을 아노니 원함은 내게 있으나 선을 행하는 것은 없노라

❖ ❖ ❖

¹³그럼 선한 것이 나에게 사망이 된 것입니까? 그렇지 않습니다 그러나 죄가 선한 그것으로 말미암아 죄로서 밝히 드러나기 위해 죄가 나에게 죽음을 이룬 것입니다 이는 계명으로 말미암아 그 죄가 심히 죄 되게 하려 함입니다 ¹⁴우리가 율법은 영적인 것인 줄 알지만 나는 육적인 것이어서 죄 아래에 팔린 것입니다 ¹⁵내가 원하는 이것은 행하지 아니하고 오히려 내가 미워하는 것을 행하기 때문에 나는 내가 행하는 것을 잘 모릅니다 ¹⁶만일 내가 원하지 않는 그것을 행하면 나는 율법이 옳다는 것을 인정하는 셈입니다 ¹⁷이제 그것(원하지 않는 것)을 행하는 자는 내가 아니요 내 속에 거하는 죄입니다 ¹⁸내 속 곧 내 육신 안에 선한 것이 하나도 없음을 알고 있습니다 선을 행하고자 함은 나에게 있지만 행함은 없습니다

죄의 민낯

은혜의 증대를 위해 죄를 더 짓자는 주장, 율법이 아니라 은혜 아래에 있기에 죄를 지어도 괜찮다는 주장, 율법이 죄라는 주장을 바울은 지금까지 반박했다. 이제 바울은 율법이 사망의 원인이 되었다는 논적들의 억지를 상대한다. 바로 앞 본문에서 바울은 죄가 율법으로 말미암아 틈을 타서 우리를 속이고 사망에 이르게 했다고 했다. 율법의 본래적인 기능은 생명에 이르게 하는 것인데 결국 사망에 이르게 한 뒤바뀐 현실을 언급했다. 이에 사람들은 죄가 아니라 율법이 우리로 하여금 사망에 이르게 한 원인이 되었다고 주장한다. 그러나 바울은 그러한 사람들의 오해를 교정한다. 율법은 죄가 아니며 사망에 이르게 한 원인도 아니라고 항변한다. 오히려 율법은 죄의 은밀한 속성을 드러내고 그 죄에 속지 말 것을 당부하고 그 죄를 이기지 못하는 인간의 연약함을 지적하며 도움을 구하러 은혜의 보좌 앞으로 나아갈 것을 촉구한다.

¹³그럼 선한 것이 나에게 사망이 된 것입니까? 그렇지 않습니다
그러나 죄가 선한 그것으로 말미암아 죄로서 밝히 드러나기 위해
죄가 나에게 죽음을 이룬 것입니다 이는 계명으로 말미암아
그 죄가 심히 죄 되게 하려 함입니다

선한 율법은 인간으로 하여금 생명에 이르게 하는 하나님의 말씀이다. 그런데 율법으로 말미암아 사망에 이르게 되었다는 현실을 어떻게 이해해야 하나? 율법을 사망의 원인으로 여긴다는 것은 사망의 원인이 인간이나 마귀가 아니라 율법의 저자이신 하나님께 있다는 주장이다. 이러한 주장의 역사는 장구하다. 이 주장을 아담과 하와가 저지른 태초의 죄에도 적용하기 때문이다. 즉 아담과 하와가 죄를 저지르고 사망이 세상에 들어온 것은 하나님이 선악을 알게 하는 나무를 괜히 만들어 에덴동산 중앙에 두셨고 그것을 먹지 말라는 명령을 내리셨기 때문에 발생한 일이라고 한다. 선악과만 없었어도, 그것을 먹지 말라는 쫀쫀한 명령만 없었어도, 그것을 먹더라도 그냥 덮어만 주셨어도, 이 세상에 이렇게도 많은 종류의 끔찍한 죄들과 이렇게도 비참하고 슬픈 죽음들은 없었을 것이라고 한다.

그러나 죄는 사단의 속임수와 인간의 자발적인 선택이 빚은 결과이고 사망은 그 죄의 보응이다. 태초의 두 율법은 인간의 가치와 본분을 가르친다. 첫째, 생육과 번성과 충만과 정복과 통치라는 하나님의 계명은 인간이 천하보다 귀하며 천하를 다스리는 하나님의 통치를 구현하는 최고의 존재임을 가르친다. 둘째, 선악과 금지령은 인간이 비록 온 세상 위에 있지만 하나님의 권위에 대해서는 그 아래에 있기 때문에 그 권위에 도전하지 말아야 하고 도전하면 죽는다는 피조물의 본분을 가르친다. 이러한 존재의 질서와 권위의 구조를 가르치는 것이 태초의 두 계명이다.

이후에 모세를 통해 주어진 율법은 타락한 인간의 죄와 그 죄의 심각성을 가르친다. 바울이 본문에서 말하는 "선한 것"(Τὸ ἀγαθὸν)은 바로 모

세의 법을 의미한다. 이 율법은 사람의 몸에 있는 질병과 그 질병의 심각성을 알려주고 적절한 처방을 내리는 의사와 유사하다. 즉 모세의 율법은 인간의 영혼에 있는 죄라는 질병을 가르치며 반드시 죽는다는 그 질병의 치명적인 심각성을 가르치고 그렇게 심각한 질병의 치유책은 그리스도 예수 밖에 없음을 가르친다. 사람들은 죄의 존재를 무시하고 죄의 심각성에 대해 무지하다. 이러한 상황에 율법이 등장하여 죄를 죄라고 고발하고 죽음에 필히 이르는 질병임을 가르치는 것을 사단은 몹시 싫어한다.

죄는 자신의 정체가 드러나지 않는 음습한 곳을 좋아한다. 사람들의 캄캄한 무지와 무관심 속에 숨어서 몰래 조용히 활동한다. 죄는 죽음이 자신 때문에 초래된 것이 아니라 하나님의 고약한 계명 때문에 발생한 결과라는 의식과 여론을 조장하며 자신을 교묘하게 은닉한다. 들키지 않으면서 한 사람을 지배하고 그 인생 위에 군림한다. 하나님의 계명은 이러한 죄의 교활한 호의호식 속에 개입했다. 지혜자는 "명령은 등불이요 법은 빛"이라고 했다(잠 6:23). 진실로 하나님의 말씀은 보이는 세계와 보이지 않는 세계 모두를 드러내는 빛이고, 땅의 빛이 출입하지 못하는 어둠의 세계도 그 말씀 앞에서는 벌거벗은 것처럼 밝히 드러내는 등불이다(히 4:13). 선한 율법은 악한 죄를 죄로서 밝히 드러낸다.

그런데 바울은 죄가 자신에게 사망을 이룬 것이 죄로 심히(ὑπερβολή) 죄 되게 하려 함이라고 한다. 비록 사람들이 죄를 어느 정도는 알지만 죄의 심히 죄스러운 성격에 대해서는 무지하다. 그래서 율법은 죄가 인간에게 가장 큰 슬픔과 고통과 저주인 사망을 초래하는 것이라는 사실을 지적한다. 죄의 심각성에 무지한 이유는 그것에 따른 적정한 형벌의 크기를 모르기 때문이다. 인간의 죄에 대한 신적인 진노의 강도와 그 진노에 따른 합당한 두려움을 인간은 아무도 모른다고 모세는 증언한다(시 90:11). 그러나 우리는 율법을 다 이루신 그리스도 예수의 죽음을 통해 죄의 심히 죄스러운 심각성을 안다. 하나님의 아들이요 완전한 사람이신 예수님도 죽음에 이르게 만들 정도의 심각성이 죄에 있음을 깨닫는다. 이것은 노아의 시대에 온 세상 사람들을 물 속에 빠뜨린 홍수보다 죄의 심각성을 더 정확하고 강력하게 가르친다.

율법을 통해 죄와 그 죄의 심각성을 인지한 자의 태도는 어떠해야 마땅한가? 알리는 게 마땅하다. 심각한 질병이 있음에도 불구하고 그것을 질병으로 여기지 않고 심지어 사망의 원인이 된다는 사실도 모른다면 얼마나 위태로운 상황인가. 이처럼 세상에 편만한 죄의 실체를 드러내기 위해서는 우리가 탐정이나 수사관이 되는 것보다 하나님의 말씀을 전파하는 것이 더 중요하고 시급하다. 그런 긴박감을 가지고 때를 얻든지 못 얻든지 우리는 하나님의 말씀을 전파해야 한다. 모든 사람이 죄인인데 그것을 인정하지 않는 세상은 심히 캄캄하다. 계명의 횃불을 들고 어둠이 뒤덮은 온 세상의 땅 끝까지 이르러 천하를 구석구석 다니면서 선포해야 한다. 만인에게 죄를 가르치고 죄인임을 깨닫게 하고 죄의 심각성을 경고해야 한다. 이것은 세상의 빛으로 부르심을 받은 모든 성도의 마땅한 사명이다.

에스겔은 이 사명을 저버리는 자에게 경고한다. "내가 악인에게 이르기를 악인아 너는 반드시 죽으리라 하였다 하자 네가 그 악인에게 말로 경고하여 그의 길에서 떠나게 하지 아니하면 그 악인은 자기 죄악으로 말미암아 죽겠지만 내가 그의 피를 네 손에서 찾으리라"(겔 33:8). 악인은 반드시 영원히 죽는다는 사실에 대해 우리가 침묵하면 악인은 자신의 죄악으로 인해 죽겠지만 그 죽음의 피에 대한 책임은 우리의 손에서 찾겠다는 경고의 말씀이다. 이런 경고에 대한 반응은 둘로 갈라진다. 하나는 악인이 잘못한 것의 책임을 왜 나에게 찾느냐는 불만이고, 다른 하나는 악인의 죽음에 대한 피의 책임을 스스로 짊어지신 예수님도 아닌데 그런 주님의 소명을 어떻게 무지하고 무능력한 우리에게 맡겨 주신 것이냐는 감격이다. 복음의 전파는 불만의 근거가 아니라 감격해야 할 소명이다.

¹⁴우리가 율법은 영적인 것인 줄 알지만
나는 육적인 것이어서 죄 아래에 팔린 것입니다

바울은 율법이 영적인 것이라고 한다. "율법이 영적인 것"(πνευματικός)이라는 말은 그 기원과 기준과 목적이 하나님께 있음을 의미한다. 율법은 하나님의 속성을 따라 제정된 것이고 하나님의 뜻을 기준으로 삼고 하나님의 영광에 이르도록 인간을 생명으로 인도하는 목적을 가지고 있기에 영적이다. 이에 반하여 바울은 자신을 "육신적인 것"(σάρκινός)이라고 한다. 육신적인 것은 그 기원과 기준과 목적이 인간 자신에게 있음을 의미한다. 악한 본성에서 나온 생각과 행동, 그 본성을 기준으로 삼은 생각과 행동, 나 자신을 위한 생각과 행동은 모두 육신적인 것이어서 육신적인 행동과 생각을 하면 죄의 노예로 살아가게 된다. 타락한 인간의 본성은 건강하지 않아서 하늘이 아니라 땅에 집착한다. 영적인 율법은 우리에게 영적인 것을 향하라고 말하지만 육적인 우리는 율법의 영적인 권고를 외면하고 육적인 것을 지향한다.

율법이 우리에게 주어져도 여전히 우리는 영적인 것과 육적인 것의 차이로 말미암아 혼돈과 갈등을 경험한다. 율법이 영적인 질서와 기준과 목적을 제시해도 우리는 죄에 팔린 노예로서 하늘의 것보다 땅의 것을 선택한다. 예수를 믿고 하나님의 자녀가 된 이후에도 우리의 육신은 여전히 땅의 것을 추구한다. 이는 율법을 성취하고 완성한 자는 우리가 아니라 그리스도 예수이며 이로써 의롭게 되신 분도 우리가 아니라 예수이기 때문이다. 비록 예수의 육신으로 말미암아 우리의 영혼은 새 사람이 되어 죄의 지배에서 자유롭게 되었지만 우리의 육신 즉 옛 사람은 여전히 죄에게 노예처럼 사로잡혀 있기 때문이다. 성령을 따라 생각하지 않고, 성령을 따라 말하지 않고, 성령을 따라 행하지 아니하면 우리는 육신을 따라 생각하고 말하고 행동하게 된다. 거듭난 이후에도 성령을 따르지 않고 육신을 따라 사는 것이 얼마든지 가능하다. 거듭난 이후에도 성령의 소욕과 육체의 욕심은 서로를 거스르며 팽팽하게 대립하고 있다(갈 5:17). 그러나 이런 상황에서 우리가 성령을 따라 생각하고 말하고 행하면 육체의 욕심을 이루지 않는다고 바울은 권면한다(갈 5:16).

바울도 자신을 육적인 존재로 이해했다. 자신을 영적인 율법에 비추어 보니 자신은 지극히 육적인 존재라는 것을 깨달았기 때문이다. 이렇게 율법은 육신의 반대편에 서서 우리가 육적인 존재임을 계속해서 가르친다. 자신을 육적인 존재로 이해한 바울은 대단히 영적인 사람이다. 이는 루터가 잘 지적한 것처럼 자신을 육적인 존재로 인식하는 것은 대단히 영적인 일이기 때문이다. 자신을 육적인 존재가 아니라 영적인 존재로 생각하며 자만하는 자가 진실로 육적인 사람이다. 바울과 루터의 주장과는 달리, 거듭난 이후에는 죄를 짓지 않고 죄를 지어도 죄가 아니기에 죄인이 아니고 회개할 필요도 없다는 주장은 육적인 교만이요 교활한 거짓이다.

> [15] 내가 원하는 이것은 행하지 아니하고 오히려 내가 미워하는 것을 행하기 때문에 나는 내가 행하는 것을 잘 모릅니다

자신을 육적인 존재로 인지하고 고백한 바울은 이제 자신의 행동에 대한 자신의 무지를 고백한다. 왜냐하면 자기가 원하는 것을 행하지 않고 자신이 미워하는 것을 행하기 때문이다. 이는 원한다는 기호가 행한다는 실천과 일치하지 않는다는 이야기다. 원함과 행함의 괴리가 발생하기 때문에 바울은 자신이 행하는 것을 잘 모른다고 했다. 바울은 대단히 정직하고 겸손하다. 아는 것을 안다고 하고 모르는 것을 모른다고 한다. 바울이 자신의 행동을 모를 리가 있겠는가? 그러나 바울은 지식에 있어서 대단히 신중하고 엄격하다. 바울의 지식관을 잘 보여주는 구절이다. "만일 누구

든지 무엇을 아는 줄로 생각하면 아직도 마땅히 알 것을 알지 못하는 것이요"(고전 8:2). 사람이 무언가를 안다고 생각하면 알고자 하는 의지의 활동을 중단한다. 안다는 것은 만족이기 때문이다. 만족하면 추구를 중단한다. 그러나 만족하지 않는 자만이 계속해서 추구한다. 만족하지 않고 계속해서 추구하는 바가 선한 것이라면 그 추구는 경건한 불만이다. 지식의 경우가 그러하다. 안다는 착각은 마땅히 알아야 할 것의 추구를 중단하게 하는 원인이기 때문에 지적인 자만은 무지의 첩경이다.

바울은 자신의 행동에 대해서도 모른다고 고백한다. 지식의 속성에 비추어 보면, 이것은 자신의 행동에 대한 무지의 영역을 계속해서 탐구할 것이라는 의지의 표명이다. 이 세상에서 지적으로 완전히 정복되는 대상은 하나도 없기 때문에 어떠한 사물이나 사건에 대해서도 지적으로 우쭐하지 말고 지속적인 탐구의 끈을 붙들어야 한다. 모든 사물이나 사건에 대해 육적인 것의 지식에만 머물면 마땅히 알아야 할 영적인 것의 지식에는 무지하게 된다. 그러므로 하나님의 보이지 않는 신성과 능력을 알 때까지 앎을 추구해야 한다. 그러나 사람들은 조금만 알아도, 껍데기만 알아도 속까지 안다고 착각하며 자만한다. 이러한 착각 때문에 가짜뉴스 문제가 발생한다. 들으면 안다고 생각하여 팩트를 체크함도 없이 급하게 판단하고 비판하고 정죄한다. 거짓된 정보에 냄비뚜껑 수준으로 준동한다.

바울의 고백처럼 인간은 자신의 행동도 잘 모르는데, 타인의 행동에 대해서는 얼마나 무지할까! 그런데도 자신의 행동에 대한 성찰에는 게으르고 타인의 행동에 대한 판단과 비방에는 민첩하다. 원하는 것과 행하는 것이 다를 수 있기 때문에 겉으로 드러난 행위만 보고 판단하는 것은 소원을 고려하지 않은 속단이다. 외모로 판단하지 말라. "사연을 듣기 전에 대답하는 자는 미련하여 욕을 당한다"고 지혜자는 가르친다(잠 18:13). 여기에서 "사연"은 속 이야기다. 속사정을 알지도 못하면서 성급한 답변부터 꺼내는 것은 경솔하다. 타인의 행동도 살펴야 하겠지만 나 자신의 행동도 알지 못하는 무지한 자신을 돌아보는 것이 다른 무엇보다 우선이다.

성도의 소원과 행동의 불일치가 발생하는 이유는 무엇일까? 제자들의 경우가 그 이유를 어느 정도 설명한다. 예수님은 제자들을 향해 기도를 명하셨다. 그래서 제자들에게 기도하기를 원했다. 그런데 기도하지 못하자 예수님은 그 원인을 이렇게 밝히신다. "시험에 들지 않게 깨어 기도하라 마음에는 원이로되 육신이 약하도다"(마 26:41). 즉, 인간이 육적이기 때문에 소원과 행동이 달라진다. 타락한 인간은 모두 육적이다. 인간은 이타적인 존재가 아니라 이기적인 존재이며, 타인의 유불리가 아니라 자신의 유불리(有不利)에 따라 생각하며, 남의 자식보다 내 자식을 먼저 챙기고, 손해보다 이득에 더 민첩하다. "네가 어떻게 나에게 이럴 수가 있어?" "세상에 어떻게 그런 일이 나에게 일어날 수 있지?" 등은 모든 인간이 육적임을 알지 못하기 때문에, 인정하지 않기 때문에 주로 발생하는 원망과 놀람과 탄식과 의문이다. 겉으로는 이타적인 것처럼, 사랑하는 것처럼, 용서하는 것처럼, 배려하는 것처럼 보였으나 속으로는 이기적인 자, 미워하는 자, 분노하는 자, 환심을 사려는 자가 바로 타락한 인간의 본래적인 모습이다.

나아가 소원과 행함의 차이는 육신이 마음의 선한 소원을 담아낼 능력이 없음을 의미한다. 육신은 왜 기도의 실천에 대해 연약한가? 기도를 했다면 그 기도대로 실천해야 마땅한데 그렇게 하지 못하는 이유는 죄의 본성 때문이다. 죄의 노예이기 때문이다. 인간이 자신의 힘과 능력으로 실천할 수 있는 것들은 모두 육적인 것들이다. 영적인 것들은 영적인 것으로만 분별한다(고전 2:13). 영적인 율법은 성령에 의해서 생각하고 성령에 의해서 말하고 성령에 의해서 행할 때에 올바른 해석과 실천이 가능하다. 마음으로 원해도 육신이 약하기 때문에 깨달음과 실천을 위해서는 우리가 필히 성령을 의지해야 한다.

¹⁶만일 내가 원하지 않는 그것을 행하면
나는 율법이 옳다는 것을 인정하는 셈입니다

바울은 자신이 원하지 않는 것을 행하면 율법이 옳다는 것, 율법이 선하다는 것에 동의하는 것이라고 한다. 예수를 믿으면 그의 사랑 안에 거하고 싶어서 하나님의 계명에 순종하고 싶은 소원이 발생한다. "내가 아버지의 계명을 지켜 그의 사랑 안에 거하는 것 같이 너희도 내 계명을 지키면 내 사랑 안에 거하리라"(요 15:10). 그런데 정작 나의 행동은 계명이 아닌 다른 것을 추구한다. 육적인 내가 계명 아닌 것을 추구하는 현상은 영적인 율법이 진실로 영적인 것임을 증명한다. 육적인 인간은 영적인 율법의 역방향을 질주하기 때문이다. 나의 거짓이 율법의 정직을, 나의 불결함이 율법의 거룩함을, 나의 불의가 율법의 공의를 드러낸다. 올바른 율법을 원하는 마음과 그것을 싫어하는 육신의 갈등은 중생 이후에도 지속되는 영적 전쟁이다.

¹⁷이제 그것(원하지 않는 것)을 행하는 자는 내가 아니요 내 속에 거하는 죄입니다

바울은 소원과 행함의 불일치가 발생하는 내면의 상태를 보다 면밀하게 검토한다. 급기야 원하지 않는 그것을 행하는 자는 자신이 아니라 자신 안에 거하는 죄라는 사실에 도달한다. 여기에서 주목할 것은 1) 하나님의 자녀가 된 이후에도 여전히 죄가 우리 안에 거한다는 사실, 2) 그 죄가 내 마음의 소원을 거슬러서 원하지 않는 것을 행하게 만드는 주체라는 사실이다. 이는 타락한 인간의 은밀한 실상을 설명하는 새로운 개념이다. 죄는 모든 육체를 지배하고 있다. 육체를 따라 살면 필히 죄를 짓게 되고 범죄자가 된다. 엄밀하게 말하면 주도적인 범죄자가 아니라 자발적인 공범

자다. 죄가 범죄를 주도하고 우리가 공조한다. 죄의 이러한 양상은 태초에 아담과 하와가 죄를 범할 때와 동일하다. 죄와의 본성적인 동거는 타락한 인류에 대한 바울의 놀라운 발견이다. 우리가 원하는 하나님의 법이 아니라 원하지 않는 위법을 행하면 그것은 우리 안에 죄가 있다는 사실의 증명이다.

18내 속 곧 내 육신 안에 선한 것이 하나도 없음을 알고 있습니다
선을 행하고자 함은 나에게 있지만 행함은 없습니다

육신 안에는 선한 것이 하나도 없다고 바울은 단언한다. 선을 행하고자 하는 마음의 소원이 자신에게 있지만 그것을 실제로 행하는 것은 없다며 바울은 탄식한다. 이것이 성도의 실존이다. 여기에서 선을 행하고자 하는 소원은 우리 자신의 것이 아니라 우리에게 주어진 하나님의 선물이다. 본래 타락한 인간은 마음의 도모하는 바가 모두 악했다. 그러나 거듭난 이후에 하나님은 자신의 기쁘신 뜻을 위해 우리 안에 선한 소원을 두고 행하신다(빌 2:13). 그 소원의 이력은 에스겔 선지자의 예언으로 소급된다. "새 영을 너희 속에 두고 새 마음을 너희에게 주되 너희 육신에서 굳은 마음을 제거하고 부드러운 마음을 줄 것이며"(겔 36:26).

문제는 선을 행하고자 하는 소원은 있지만 실제로 행함은 없다는 사실이다. 이는 원하는 것을 행하지 못하는 소원과 행함의 불일치 문제를 극복할 능력이 인간에게 없다는 현실을 지적한다. 이 문제의 해답은 8장에서 제시된다. 거기에서 바울은 육신을 따르지 않고 성령을 따라 행하는 우리에게 율법의 요구가 이루어질 것이라고 한다. 성령으로 말미암아 소원하는 바를 행함도 가능하게 된다는 이야기로 넘어간다.

인간이 가진 능력의 크기는 다양하다. 그러나 선을 행하고자 하는 마음의 소원과는 달리 원하지 않는 것을 행하는 육신의 한계는 모든 사람에게 동일하다. 이 영적인 사실에 있어서 모든 사람은 차별이 없고 공평하다. 모든 사람이 성령으로 말미암아 선한 소원을 성취한다. 이것도 에스겔 선지자의 입에서 예언된 내용이다. "또 내 영을 너희 속에 두어 너희로 내 율례를 행하게 하리니 너희가 내 규례를 지켜 행할지라"(겔 36:27). 하나님의 선한 뜻을 이루고 싶다면 성령의 이끌림을 받는 성령의 사람이 되어야만 한다. 성령으로 생각하고 성령으로 말하고 성령으로 행하는 성령의 사람이 될 것을 바울은 자신의 영적인 치부, 즉 육적인 본성과 연약한 능력을 밝히며 가르친다. 이는 아름다운 교사의 모습이다. 자신의 연약함도 당당하게 진리의 교재로 삼아 교회를 가르치기 때문이다. 바울은 이렇게 자신의 연약함을 자랑하며 하나님의 강하심을 드러낸다. 우리에게 연약한 것이 발견될 때마다 우리도 바울처럼 역설적인 교재로 삼아 하나님의 강하심을 드러내는 계기로 활용해야 한다.

¹⁹내가 원하는 바 선은 행하지 아니하고 도리어 원하지 아니하는 바 악을 행하는도다 ²⁰만일 내가 원하지 아니하는 그것을 하면 이를 행하는 자는 내가 아니요 내 속에 거하는 죄니라 ²¹그러므로 내가 한 법을 깨달았노니 곧 선을 행하기 원하는 나에게 악이 함께 있는 것이로다 ²²내 속사람으로는 하나님의 법을 즐거워하되 ²³내 지체 속에서 한 다른 법이 내 마음의 법과 싸워 내 지체 속에 있는 죄의 법으로 나를 사로잡는 것을 보는도다 ²⁴오호라 나는 곤고한 사람이로다 이 사망의 몸에서 누가 나를 건져내랴 ²⁵우리 주 예수 그리스도로 말미암아 하나님께 감사하리로다 그런즉 내 자신이 마음으로는 하나님의 법을 육신으로는 죄의 법을 섬기노라

❖ ❖ ❖

¹⁹나는 내 원하는 바 선은 행하지 아니하고 원하지 아니하는 바 악을 행합니다 ²⁰그런데 만일 내가 원하지 아니하는 이것을 내가 행하면 더 이상 내가 행하지 아니하고 내 안에 거하는 죄가 행하는 것입니다 ²¹그러므로 내가 발견한 법은 선을 행하기 원하는 나에게 악이 함께 있다는 것입니다 ²²속 사람을 따라서는 하나님의 법을 나는 기뻐하고 있지만 ²³내 마음의 법과 대립하고 내 지체 속에 있는 죄의 법 속으로 나를 사로잡아 가는 다른 법을 저는 알고 있습니다 ²⁴나는 곤고한 사람, 누가 이 사망의 몸에서 나를 건져낼 것입니까? ²⁵예수 그리스도 우리의 주로 말미암아 하나님께 감사를 드립니다 그러므로 나 자신이 마음을 따라서는 하나님의 법을, 그러나 육신을 따라서는 죄의 법을 섬깁니다

30   곤고한 사람

바울은 거듭난 이후에 자신 안에서 발생하는 속 사람과 겉 사람의 대립 즉 이중적인 자아의 갈등을 소개한다. 선과 악, 하나님의 법과 죄의 법이 서로 대치하는 신자의 삶에 있어서 갈등의 유일한 해결책은 그리스도 예수 우리 주 밖에 없다는 사실을 가르친다.

> ¹⁹나는 내 원하는 바 선은 행하지 아니하고 원하지 아니하는 바 악을 행합니다
> ²⁰그런데 만일 내가 원하지 아니하는 이것을 내가 행하면 더 이상
> 내가 행하지 아니하고 내 안에 거하는 죄가 행하는 것입니다

앞의 본문에 이어서 바울은 자신이 선을 원하는데 악을 행한다는 인생의 갈등을 고백한다. 바울만이 아니라 모든 사람이 이러한 갈등을 경험한다. 정직을 말하고 싶지만 거짓이 입술을 차지하고, 온유하고 싶지만 차갑고 과격한 눈빛이 얼굴을 장악한다. 의롭고 싶지만 행위의 내용물은 불의하고, 타인을 안위하고 싶지만 팔은 자꾸만 안으로 굽으며, 원수도 용서하

고 싶지만 눈앞에 나타나면 온 몸이 분노의 경련을 일으킨다. 이러한 현상의 배후에는 죄가 있다고 바울은 다시 지적한다. 이 사실은 너무도 중요하기 때문에 사도는 동일한 내용을 반복해서 언급한다. 예나 지금이나 중요성을 강조하는 최고의 방법은 반복이다.

우리는 우리 자신의 악행에 대해 바울의 이 가르침을 기억해야 한다. 바울에 의하면, 우리의 악행은 원하는 것과 일치하지 않는 행위에서 발생한다. 불일치가 발생하는 이유는 죄 때문이다. 즉 죄가 소원과 행위의 불일치를 낳고 선의 소원이 악의 행위에 굴복의 백기를 드는 현상을 일으킨다. 그러므로 자신의 악행에 대한 우리의 대응은 자신에 대한 자책이나 자학이 아니라 죄를 미워하는 것이어야 한다. 악행을 저지른 사람들의 적잖은 수가 자책감 속에서 목숨을 끊는 극단적인 자학으로 문제를 해결하려 한다. 그러나 아무리 괴로워도 이런 비극적인 행동은 금물이다. 비록 큰 피해가 사랑하는 사람에게 가지 않도록 방지하는 이타적인 목적을 존중한다 하더라도 목숨을 끊는 것은 범법이다. 이는 자신이 판단의 기준이 되어 스스로 심판자의 월권을 행사하는 것이기 때문이다. 생명의 주권은 하나님께 있음을 늘 기억해야 한다. 악행을 저지를 때마다 우리는 그 악행에 대해 법으로 정해진 적정한 수준의 형벌을 받되 죄를 더욱 미워하는 방식으로 대응해야 한다. 과도한 자책을 한다거나 타인에게 복수를 행하는 것은 악행의 본질을 모르는 영적인 무지의 산물이다.

우리는 타인이 저지른 악을 대할 때에도 선을 원하지만 악을 행한다는 바울의 가르침을 고려해야 한다. 스스로 악이 좋아서 악을 구하다가 악을 행하는 사람이 누가 있겠는가? 대부분의 사람은 선에 대한 소원은 있지만 육신이 약하여 악을 저지른다. 그렇다면 악행을 저지른 타인에 대해서도 무례하고 경박한 반응을 조심해야 한다. "너는 네 형제를 마음으로 미워하지 말며 네 이웃을 반드시 견책하라"(레 19:17). 레위기의 계명처럼 죄는 미워하고 견책하되 사람은 사랑해야 한다. 나에게 아무리 큰 잘못을 저지른 사람도, 극악한 죄인이라 할지라도 하나님의 택하심을 받은 사람일 가능성이 여전히 있음을 존중하며 사랑으로 기도하고 축복해야 한다(마 5:44). 형제나 이웃이나 원수를 마음껏 미워해도 된다는 구절은 성경 어디에도 없다. 성경은 악을 미워하고 죄를 피하라고 한다. 이것을 구현하는 제도적인 장치가 사회의 법률이다. 우리는 모두 서로를 사랑해야 한다. 그러나 죄와 악은 견책해야 한다. 자연인은 사랑을 추구하고 법조인은 견책을 추구한다.

> 21그러므로 내가 발견한 법은 선을 행하기 원하는 나에게
> 악이 함께 있다는 것입니다

소원과 행위의 불일치 현상에서 바울은 선을 행하기 원하는 자신의 곁에 악이 있다는 선악의 미묘한 공존을 깨닫는다. 나에게는 악이 전혀 없고 선만 있다고 생각하는 것은 심각한 착각이다. 모든 사람의 마음에는 선과 악이 공존한다. 매 순간 모든 사안에 대해 우리는 선과 악 중에서 하나를 선택하며 살아간다. 이는 아담과 하와가 맞이한 태초의 상황과 유사하다. 그들은 에덴 동산에서 선악과가 그 중앙에 심겨져 있었기 때문에 그것을 의식하며 살아야만 했다. 그런데 아담과 하와는 선악과 앞에서 하나님의 말씀을 거역하는 악을 택하였다. 우리도 매 순간마다 선택해야 한다. 마음으로 선을 원하는 것이 우선이고, 몸으로도 선을 선택해야 한다. 스스로의 힘으로는 불가능한 일이지만 주 안에서는 가능하다.

> 22속 사람을 따라서는 하나님의 법을 나는 기뻐하고 있지만
> 23내 마음의 법과 대립하고 내 지체 속에 있는

바울은 자신에게 두 가지의 법 즉 "하나님의 법"과 "다른 법"(ἕτερον νόμον)
이 있다고 이해한다. 바울의 속 사람은 하나님의 선하고 거룩하고 의로운
법을 기뻐한다. 바울은 이 하나님의 법을 마음의 법이라고 한다. 이 법의
구체적인 내용은 모세의 율법임에 분명하다. 그러나 그 핵심적인 내용은
신명기에 기록되어 있다. "너는 마음을 다하고 뜻을 다하고 힘을 다하여
네 하나님 여호와를 사랑하라 오늘 내가 네게 명하는 이 말씀을 너는 마음
에 새기고"(신 6:5-6). 바울에게 자신의 전부를 다한 하나님 사랑은 마음이
기뻐하는 법이었다. 마음으로 기뻐하는 대상이 이러한 하나님의 법이라는
것은 아주 큰 경건이다.

　바울은 하나님의 법이 자신의 자유와 선택을 박탈하는 독재자의 포악
한 법이라고 보지 않았으며 오히려 그 법을 기뻐하여 마음의 질서와 규칙
으로 취하였다. 그 이유는 하나님의 법이 거룩하고 선하고 의로운 법임을
깨달았고 체험했기 때문이다. 하나님의 법이 주는 대표적인 유익들은 다
윗의 고백에 촘촘하게 열거되어 있다. "여호와의 율법은 완전하여 영혼을
소성시키며 여호와의 증거는 확실하여 우둔한 자를 지혜롭게 하며 여호
와의 교훈은 정직하여 마음을 기쁘게 하고 여호와의 계명은 순결하여 눈
을 밝게 하시도다 여호와를 경외하는 도는 정결하여 영원까지 이르고 여
호와의 법도 진실하여 다 의로우니 금 곧 많은 순금보다 더 사모할 것이
며 꿀과 송이꿀보다 더 달도다"(시 19:7-10). 무기력한 영혼에 생기를, 우둔
한 자의 판단력에 지혜를, 우울한 마음에 도도한 기쁨을, 어두운 눈에 밝
은 빛을 제공하는 하나님의 법은 많은 순금보다 더 사모할 것이며 꿀보다
더 달콤하기 때문에 하나님의 법을 기뻐하는 것은 당연하다. 기쁨의 대상
이 어떤 것이냐가 경건의 크기와 질을 좌우한다. 그래서 기호는 실력이
다. 기호의 기준과 질을 높이는 훈련이 경건의 연습이다. 기호의 현 상태

를 파악하기 위해 먼저 우리의 관심과 의식과 에너지와 시간을 잠식하는 기호의 내용을 점검해야 한다. 그리고 바울이나 다윗처럼 최고의 가치와 의미를 가진 하나님의 법을 기쁨과 즐거움의 대상으로 삼을 때까지 마음의 기호를 연단해야 한다.

그런데 바울은 이러한 경건에 만족하지 않고 경건의 진보를 추구한다. 이를 위해서는 극복해야 할 장애물이 있다. 자신의 지체 안에 있는 죄의 법 속으로 자신을 사로잡아 가는 "다른 법"이 바로 그것이다. 자신의 지체에 새겨져 있는 죄의 법에게 종으로 사로잡혀 가게 만드는 다른 법은 무엇일까? 의견이 분분하다. 동일한 하나님의 법인데 다른 적용일 뿐이라는 주장도 있고, 탐하는 마음을 뜻한다는 주장도 있지만 내가 생각하는 "다른 법"의 실체는 탐심을 포괄하는 인간의 부패한 본성이다. 이 본성은 죄의 법을 따르려고 한다. 그래서 나를 설득하여 죄의 법 속으로 사로잡아 간다. 즐거움의 대상인 하나님의 법과는 달리 "다른 법"은 우리를 노예처럼 취급하며 죄의 강압적인 법 아래로 사로잡아 가는 불쾌의 대상이다. 우리가 거듭난 자라 할지라도 이 땅에서 사는 동안에는 이 법에서 자유롭지 않다. 우리를 죄라는 감옥으로 끌고 가는 "다른 법"이 일종의 왕처럼 강력한 지배력을 행사하기 때문이다. "공중의 권세 잡은 자"(엡 2:2)라는 말도 하늘까지 장악하고 있는 "다른 법"의 이러한 권세를 잘 표현한다.

바울이 추구하는 참된 경건의 완성은 하나님의 법을 즐거움의 대상으로 여기는 것을 넘어서 불쾌하고 거북한 죄의 법에서 자신을 자유롭게 하는 본성의 부인을 통해 비로소 성취된다. 본성의 차원을 부인하기 위해서는 인간이 경험하는 가장 높은 수위의 저항과 고통을 감수해야 한다. 이는 예수님이 가르치신 경건의 방법과 동일하다. "누구든지 나를 따라 오려거든 자기를 부인하고 자기 십자가를 지고 나를 따를 것이니라"(막 8:34). 자기 자신을 부인하는 것보다 더 큰 본성의 저항은 없고, 자기 십자가를 지는 것보다 더 큰 고통은 없을 것이라고 생각한다. 그럼에도 불구하고 우리는 경건의 절정과 완성 되시는 그리스도 예수에게 이르기 위해 경건의 연습에 매진해야 한다. 그에게 도달하는 것이 최고의 경건이다. 그를 따르고자 하는 모든 자들은 무엇보다 자신을 부인해야 한다. 자기를 부인하는 것은 각자의 십자가다. 그런데 과연 자기를 부인하고 자기 십자가를 지고 예수에게 나아가는 것, 최고의 경건에 도달하는 것이 가능한가? 하나님의 법과 죄의 법이 우리 안에서 충돌하면 어떤 법이 승리의 미소를 지을까?

[24]나는 곤고한 사람, 누가 이 사망의 몸에서 나를 건져낼 것입니까?

바울은 자신을 곤고한 사람으로 규정한다. 이는 하나님의 법을 기뻐하는 마음보다 죄의 법 속으로 자신을 사로잡아 가는 다른 법 즉 자신의 악한 본성이 더 강하기 때문이다. 그래서 하나님의 법보다 죄의 법을 따르기 때문이다. 이 문제를 해결할 방법이 자신에게 없기 때문이다. 우리는 예수님을 믿은 이후에도 바울처럼 곤고하다. 우리는 날마다 죄의 법 아래로 사로잡혀 간다. 하나님의 자녀가 되어 하나님의 법을 기쁨으로 읽고 묵상하고 이해해도 삶의 내용은 본성의 욕망에 사로잡혀 죄의 법에 순응하는 자신을 날마다 목격하는 일은 너무도 참담하다. 늘 동일한 지점에서 동일한 이유로 무너지는 자신의 본성적인 한계를 목도하며 습관적인 절망의 늪에 빠지고 또 빠지는 성도의 심정은 어떠할까?

바울은 이처럼 곤고한 자신을 "사망의 몸"(σώματος τοῦ θανάτου)이라고 한다. "사망의 몸"은 최고의 절망과 비애와 참담을 의미하는 사망으로 가득한 자신, 즉 사망이 동거하는, 사망이 매달린, 사망과 동일한 운명을 가진, 사망을 향해 질주하는, 사망한 것 같은, 사망을 일으키는 존재를 의미한다. 바울의 이 고백은 자신이 육신에 속하여 죄 아래에 팔렸다는 탄식을 떠올리게 한다. 죄의 노예가 되어 죽음이 합당한 사형수의 신세를 바울은 토로했다. 인류의 역사에는 죄인에게 사형을 집행하는 처형의 다양한 방법들이 존재했다. 그러나 죄의 법에 사로잡혀 노예가 된 인간의 지극히 곤고한 상태를 정확하고 충분하게 설명하는 처형법은 없다. 그런데도 "사망의 몸"이라는 인간의 실상을 가장 잘 설명하는 처형의 한 방식을 들자면 사형의 언도가 내려진 살인자를 시체와 묶어서 피해자의 죽음이 죄인의 몸 속으로 파고들게 하는 합시형(合屍刑)이 있다. 자신이 죽인 시체의 코와 자신의 코가, 입과 입이, 손발과 손발이, 몸과 몸이 붙은 채로 시간이 흐르면 각 지체들이 시체와 함께 부위별로 썩어간다. 시간이 흘러서 사형수가 너무나도 목이 마르고 배가 고프면 그 시체를 핥는다고 한다. 그러면 시체의 독소가 입으로 들어가 몸 속에서도 죽음이 지배한다. "사망의 몸"은 이런 처형을 당하는 자의 곤고와 절망의 감정을 잘 드러내는 표현이다.

여기에서 나는 "사망의 몸"에 대한 바울의 인식과 각성을 주목하고 싶다. 대부분의 성도는 예수를 믿고 자신이 하나님의 자녀, 하나님의 백성, 천국의 시민, 하나님의 상속자가 되었다는 사실을 기뻐하며 그런 신분에 어울리는 황홀한 권세를 묵상하고 누리는 일을 좋아한다. 물론 이 일은 성도에게 허락된 권리임에 분명하다. 그러나 이러한 권리를 기뻐하는 동시에 바울이 처절하게 고백하는 "곤고한 사람" 혹은 "사망의 몸"이라는 자신의 어두운 정체성을 인지하지 않으면 죄의 법에 사로잡힐 가능성이 높다. 사망의 몸에 종교의 화려한 장신구만 덮은 회 칠한 무덤이 될 가능성이 높다. 그러므로 하나님의 진실한 사람은 자신을 곤고한 사람으로 이해해야 한다. 죽은 시체와 동거하는 자아의 심각한 상태를 인지해야 한다. 스스로의 힘으로는 썩은 악취가 풍기는 사망의 몸에서 벗어나지 못한다는 자신의 절망적인 무기력을 경험하고 인정해야 한다. 베드로는 예수님을 만나는 은혜를 경험한 직후에 자신이 그와 함께할 수 없어서 자신을 떠나라고 말할 정도의 부패한 죄인임을 깨달았다(눅 5:8). 그런 깨달음이 필요하다. 그런데도 떠나지 않으시고 영원한 동행을 약속하신 것은 하나님의 전적인 은혜이다.

기독교의 진리를 왜곡하고 오해한 이단들은 예수를 믿으면 지옥에서 천국으로 옮겨져서 죄인도 아니고 죄를 짓지도 않으며 죄를 지어도 죄가 아니라고 주장하는 무리들이 역사의 무대에 무수히 등장했다. 그들은 안심하고 죄를 저질렀다. 믿음이 없는 사람보다 더 심각한 죄를 더 많이 저질렀다. 그러나 우리는 "사망의 몸"에서 벗어나야 하는데 스스로는 벗어날 수 없는 곤고한 존재라는 사실을 인지해야 한다. 철학자 중에 키에르케고르는 인간이 처해 있는 존재의 실존적인 절망을 직시했다. 이 절망은 죽음에 이르는 병이라고 했고 짐승과는 달리 인간만이 걸리는 병이라고 했다. 그런데 이 절망의 병에 걸리지 않는 사람은 성실하고 정직한 인간이 아니라고 한다. 인간이 인간답게 제대로 산다면 반드시 절망과 마주하게 된다고 역설한다. 그 누구도 외면하지 말아야 할 인생의 실존은 절망이다. 그러나 죽음에 이르는 병이라는 인간의 절망을 인지하는 것은 그에게 인간다운 인생의 끝이 아니었다. 절망은 인생의 필수적인 전환점일 뿐이라고 한다. 이 절망의 바닥을 경험한 자는 필히 이 절망에서 건져줄 구원자의 필요성을 절감하고 그 구원자를 찾기 때문이다. 이 절망을 경험하지 못하면 결코 찾지 않을 그 구원자는 누구인가? 이 질문은 바로 죄인 중에서도 괴수라는 사실을 깨달은 바울의 절규이며 탄식이다. 희망이 하나도 없는 이 절망적인 사망의 몸에서 나를 건져낼 자는 과연 누구인가?

²⁵예수 그리스도 우리의 주로 말미암아 하나님께 감사를 드립니다
그러므로 나 자신이 마음을 따라서는 하나님의 법을,
그러나 육신을 따라서는 죄의 법을 섬깁니다

바울은 그리스도 예수가 곤고한 자신, 사망의 몸에 결박되어 있는 자신을

구원하는 분이라고 고백한다. 여기에서 바울은 예수를 "주"라고 표현한다. 이 표현은 예수님이 바울의 주인이 되시고 바울은 예수님의 종이 된다는 것을 의미한다. 생명이신 예수께서 우리의 주인이 되신다면 우리는 사망의 몸이 아니라 생명의 몸으로 전환된다. 그리스도 예수를 주인으로 모시는 종은 그의 말씀에 대한 순종이 인생이고 그의 인생이 순종인 신분이다. 곤고한 자가 행복한 자가 되는 비결, 사망의 몸에서 벗어나 생명의 몸으로 살아가는 비결은 바로 그리스도 예수를 자신의 주인으로 삼고 자신을 예수의 종으로 간주함에 있다. 내가 나의 주인이 되면 우리는 죄의 법 아래에 사로잡힌 노예로 전락한다. 그러나 예수님이 나의 주인이 되신다면 우리는 주님의 종으로서 지극히 큰 행복과 만족과 기쁨의 소유자가 된다. 나의 전부가 그리스도 예수에게 순종하는 종의 삶은 경건의 절정이다.

종의 순종은 무엇인가? 주인의 성품과 주인의 지성과 주인의 의지와 주인의 감정과 주인의 목적을 수납하고 나에게로 이식하는 방식이다. 순종을 통해 우리의 몸 안에서는 주인이신 그리스도 예수의 내면화, 예수의 자기화, 예수의 체질화, 예수와의 일체화가 일어난다. 이로써 사망의 몸에서 우리는 해방된다. 이것은 영적인 해방이다. 예수님은 모든 이름 위에 뛰어난 분이시다. 최고의 지성과 최고의 감정과 최고의 의지와 최고의 도덕성과 최고의 사회성과 최고의 지혜와 지식의 모든 보화를 가지셨다. 그런 분과 연합하여 하나 되는 유일한 방법이 바로 순종이다. 이 순종은 우리에게 자신을 최고의 상급으로 주신 하나님을 소유하고 누리는 방식이다. 그래서 순종은 최고의 복이다. 최고의 복을 가르치는 구약과 신약 전체에서 최고의 가르침은 순종이다. 하나님의 가르침을 거스르는 모든 것은 순종의 거절이다.

복과 화, 생명과 사망이 이 순종에서 갈라진다. "보라 내가 오늘 생명과 복과 사망과 화를 네 앞에 두었나니 곧 내가 오늘 네게 명령하여 네 하나님 여호와를 사랑하고 그 모든 길로 행하며 그의 명령과 규례와 법도를 지키라 하는 것이니라"(신 30:15-16). 순종하면 생명과 복이 임하고 순종하지 아니하면 사망과 화가 주어진다. 영원한 생명과 최고의 복은 하나님 자신이며, 사망의 몸과 절망적인 화는 하나님 자신과의 단절이다. 순종의 여부가 이러한 차이를 가져온다.

바울은 우리의 마음이 하나님의 법을 섬기고, 우리의 육신은 죄의 법을 섬긴다고 주장한다. 이 주장은 하나님의 법을 섬기는 마음의 중요성을 강조한다. 바울은 예수의 마음을 품으라고 권면한다. "너희 안에 이 마음을 품으라 곧 그리스도 예수의 마음이니"(빌 2:5). 예수의 대표적인 마음은 온유와 겸손이다. "나는 마음이 온유하고 겸손하니 나의 멍에를 메고 내게 배우라 그리하면 너희 마음이 쉼을 얻으리니"(마 11:29). 예수는 우리에게 마음의 모델이다. 예수로 말미암아 하나님께 감사하기 위해서는 예수를 따라 온유하고 겸손한 마음을 품어야만 한다. 그러면 마음이 쉼을 얻는다고 한다. "쉼"이라는 것은 휴식이다. 최종적인 휴식이 아니라 중간적인 휴식이다. 이 세상에서 살면서 삶의 모든 순간이 휴식의 연속이기 위해서는 예수의 온유와 겸손을 본받아야 한다. 그러할 때에 하나님의 법을 기뻐하고 사모하고 준행하게 된다. 이런 방식으로 예수님은 우리를 사망의 절망적인 몸에서 건지신다. 사망의 몸에서 건지는 구체적인 실행은 성령 하나님의 일이라고 바울은 이어서 논증한다.

R

8장 성령의 능력으로 말미암은 하나님의 자녀

롬 8:1-8

¹그러므로 이제 그리스도 예수 안에 있는 자에게는 결코 정죄함이 없나니 ²이는 그리스도 예수 안에 있는 생명의 성령의 법이 죄와 사망의 법에서 너를 해방하였음이라 ³율법이 육신으로 말미암아 연약하여 할 수 없는 그것을 하나님은 하시나니 곧 죄로 말미암아 자기 아들을 죄 있는 육신의 모양으로 보내어 육신에 죄를 정하사 ⁴육신을 따르지 않고 그 영을 따라 행하는 우리에게 율법의 요구가 이루어지게 하려 하심이니라 ⁵육신을 따르는 자는 육신의 일을, 영을 따르는 자는 영의 일을 생각하나니 ⁶육신의 생각은 사망이요 영의 생각은 생명과 평안이니라 ⁷육신의 생각은 하나님과 원수가 되나니 이는 하나님의 법에 굴복하지 아니할 뿐 아니라 할 수도 없음이라 ⁸육신에 있는 자들은 하나님을 기쁘시게 할 수 없느니라

❖ ❖ ❖

¹그러므로 이제 그리스도 예수 안에 있는 자에게는 어떠한 정죄도 없습니다 ²이는 그리스도 예수 안에 있는 생명의 성령의 법이 죄와 사망의 법에서 당신을 자유롭게 만들었기 때문입니다 ³율법이 육신으로 말미암아 연약하여 할 수 없는 그것을 하나님은 하십니다 즉 죄로 말미암아 자신의 아들을 죄의 육신의 모양으로 보내고 그 육신에서 죄를 정죄하여 ⁴육신을 따르지 않고 영을 따라 행하는 자들에게 율법의 의가 성취되게 하셨습니다 ⁵육신을 따르는 자는 육신의 일에, 영을 따르는 자는 영의 일에 관심을 갖습니다 ⁶육신의 관심은 사망이요 영의 관심은 생명과 평화입니다 ⁷그러므로 육신의 성향은 하나님을 향해 적개심을 가지기 때문에 하나님의 법에 종속되지 않고 종속될 수도 없습니다 ⁸게다가 육신에 거하는 자들은 하나님을 기쁘시게 할 수도 없습니다

31 생각이 인생이다

사람이 곤고한 이유는 스스로 죄에서 벗어날 수 없고 죄를 섬기기 때문이다. 그러나 그리스도 안에 거하는 자에게는 어떠한 정죄함도 없다. 생명을 주는 성령의 법이 죄와 사망의 법에서 해방시켜 주기 때문이다. 율법의 의를 온전히 이루신 그리스도 안에 거하여 죄와 사망의 법에서 해방된 자는 영을 따라 영의 일을 생각하는 사람이다. 그는 생명과 평화에 이르러 하나님을 기쁘시게 한다. 그러나 육신을 따라 육신의 일을 생각하는 자는 하나님의 법에 순응하지 않고 대적한다. 당연히 하나님을 기쁘시게 하지 못하고 오히려 하나님의 진노를 축적하게 된다.

¹그러므로 이제 그리스도 예수 안에 있는 자에게는 어떠한 정죄도 없습니다

법정에서 무기징역 혹은 사형이 언도된 사람에게 유일한 희망은 자신에게 있지 아니하고 특정한 대상에게 유죄 선고의 효력 혹은 형벌의 집행을 중지할 권한의 소유자인 대통령의 사면이다. 대통령은 이 사면에 상응

하는 비용이나 대가를 지불하지 않았기 때문에 사면 이후에는 대체로 불공정성 혹은 편파성에 대한 불만과 비판에 휩싸인다. 보다 큰 권한을 가지신 하나님은 누구도 시비를 걸어올 수 없는 절대적인 사면권을 가지셨다. 그런데도 하나님은 사망의 형벌이 합당한 인간에게 사면을 주시려고 독생자의 생명을 우리에게 베푸셨다. 누구든지 그리스도 예수를 믿고 그 안에 거하면 유죄의 선고가 취소된다. 사형의 형벌도 중지된다. 그에게는 어떠한 정죄함도 없다. 이러한 영적 사면이 이루어진 곳은 최고의 권위를 가져서 더 이상 상고심이 없는 하늘의 법정이다. 그리스도 안에서 새로운 피조물이 된 자는 하나님의 영원한 무죄를 취득한다. 그러므로 시간이 흐르고 정권이 바뀌고 환경이 달라져도 번복될 수 없는 사면이다. 이는 모든 사람에게 적용되는 것이기에 어떠한 편파성도 없는 사면이다.

우리가 사는 세상은 언제나 유죄와 무죄의 엎치락 뒤치락 문제로 시끄럽다. 세상의 법정에서 무죄를 받기 위해 사람들은 양심과 명예와 목숨까지 건다. 자신과 다른 입장을 표명하면 맹렬한 비난과 불만을 표시한다. 자신의 입장이 관철될 때까지 여론도 조작하고 삭발도 하고 단식도 하고 폭력적인 투쟁도 불사하고 법까지도 불법의 도구로 악용한다. 그런데 정작 영원한 운명을 결정하는 하늘의 법정에서 값없는 무죄를 얻는 일에 대해서는 무심하다. 그리스도 안에 있는 자에게는 하늘의 법정에서 정죄함이 없다는 것은 너무나도 놀라운 사건이다. 땅에서도 유의미한 혐의가 있으면 유죄의 판결을 받기 전이라 할지라도 목숨을 끊고 싶을 정도로 괴로운데 하늘의 명확하고 영원한 유죄는 얼마나 두려울까! 그런데 죽음보다 더 무거운 하늘의 그 유죄가 소멸되는 것은 얼마나 놀라운 은총인가! 이는 우리가 노력도 없이, 무죄의 조건이나 자격을 갖추지도 않고 영원한 사면을 받는 것이기에 최고의 은총이다.

하늘의 정죄함이 없는 인생은 너무도 행복하다. 물론 뒤집어질 수 없는 영원한 무죄의 확보가 인생을 방종의 벼랑으로 떠밀 가능성도 있다.

그러나 하나님의 피 묻은 사면의 의미를 아는 자들의 반응은 항구적인 감사와 찬송이다. 나아가 그리스도 안에 있는 사람들은 무죄를 취득하고 입증하기 위해 살아가지 않고 무죄의 자유로운 상태에서 사랑으로 섬기는 삶을 살아간다. 만약 무죄를 취득하기 위해 산다면 그것은 어떠한 선을 행하여도 타인을 위한 것이 아니라 자신의 무죄에 쓰일 증거의 확보라는 이기적인 목적으로 행하여진 조건부 선행이다. 이런 선행은 순수하지 않다. 그러나 하나님의 영원한 무죄를 이미 취득한 자에게는 자신의 유익이 고려되지 않은 순수한 선행이 가능하다.

²이는 그리스도 예수 안에 있는 생명의 성령의 법이
죄와 사망의 법에서 당신을 자유롭게 만들었기 때문입니다

바울은 그리스도 안에 있는 자에게 어떠한 정죄함도 없는 이유를 설명한다. 즉 생명의 성령의 법이 죄와 사망의 법에서 그를 자유롭게 만들기 때문이다. "죄와 사망의 법"은 모든 사람이 죄를 범해서 죄인이며 그 죄의 결과는 사망이기 때문에 죄인은 필히 영원한 죽음을 맞는다는 것을 의미한다. 이것은 사람이나 다른 피조물이 변경할 수 없는 법칙이다. 이 법칙은 모든 사람에게 적용된다. 율법은 이러한 죄의 법을 깨닫도록 우리를 가르친다. "생명의 성령의 법"은 생명의 영이신 성령께서 그리스도 안에 있는 자에게 생명을 주신다는 것을 의미한다. 죄와 사망의 법에 비해 상위법인 "생명의 성령의 법"은 그리스도 안에 있는 자에게만 적용된다. 이 법이 우리를 자유롭게 한다. 성령은 어떠한 일이 있어도 세상 끝 날까지 우리를 떠나지 않고 항상 함께하실 것이기 때문에 성령의 법이 제공한 자유를 취소할 상위법은 없다.

이러한 자유는 성령이 예수님께 주어진 목적이다. "주의 성령이 내게 임

하셨으니 이는 가난한 자에게 복음을 전하게 하시려고 내게 기름을 부으시고 나를 보내사 포로 된 자에게 자유를, 눈 먼 자에게 다시 보게 함을 전파하며 눌린 자를 자유롭게 하고"(눅 4:18). 성령이 예수님께 임하여서 예수님은 가난한 자에게 복음을 전하시고 죄의 포로 된 자에게 자유를 명하시고 눌린 자를 자유롭게 만드셨다. 성령이 우리에게 임하시면 우리 자신이 죄와 사망의 법에서 자유롭게 되는 것은 물론이고 나아가 우리도 주님처럼 권능을 받아 복음을 전파하여 죄에 억눌린 포로들을 자유롭게 한다.

³율법이 육신으로 말미암아 연약하여 할 수 없는 그것을 하나님은 하십니다
즉 죄로 말미암아 자신의 아들을 죄의 육신의 모양으로 보내고
그 육신에서 죄를 정죄하여 ⁴육신을 따르지 않고 영을 따라 행하는 자들에게
율법의 의가 성취되게 하셨습니다

죄에 사로잡힌 포로들의 자유와 해방은 하나님의 선물이다. 율법은 비록 의롭고 거룩하고 선하지만 인간을 의롭고 거룩하고 선하게 만들지 못한다. 이는 율법의 문제가 아니라 육신의 연약함 때문이다. 죄의 법을 따르는 육신의 연약함을 극복하기 위해서는 하나님의 아들이 죄 있는 육신의 모양으로 보내어져 그 육신에서 죄의 문제를 해결해야 한다. 진실로 하나님의 아들 예수는 "세상 죄를 지고 가는 하나님의 어린 양"이 되어 화목제물로서 그 죄에 대한 죽음의 정죄를 우리 대신에 받으셨다(요 1:29, 요일 2:2). 이로써 육신을 따르지 않고 영을 따르는 자들에게 율법의 의를 이루셨다. 육신을 따르는 자와 영을 따르는 자는 어떻게 다른가? 죄와 사망의 법에서 해방된 자, 즉 영을 따르는 자의 특징을 바울은 육신을 따르는 자의 특징과 비교하여 설명한다.

⁵육신을 따르는 자는 육신의 일에, 영을 따르는 자는 영의 일에 관심을 갖습니다

육신을 따르는 자는 육신의 일을, 영을 따르는 자는 영의 일을 생각하고 도모한다. 앞에서 바울은 자신의 마음은 하나님의 법을 섬기고 자신의 육신은 죄의 법을 섬긴다고 했다. 육신의 일은 죄의 법과 연결되고, 영의 일은 하나님의 법과 연결되어 있다. 나는 육신을 따르는가? 아니면 영을 따르는가? 이것을 확인하는 방법은 자신의 관심이 이끌리는 대상을 살펴보면 된다. 음란한 마음이 들고, 깨끗한 것이 싫고 더러운 것에 다가가고 싶어지고, 하나님 이외에 다른 것에 목숨을 걸고 집착하고 싶어지고, 만나는 주변 사람들 중에 원수가 하나 둘 늘어나고, 누군가와 싸우고자 하는 호전성이 있고, 시기심 때문에 누군가가 싫어지고, 편을 가르고 줄을 세우고 싶어지고, 성경을 거부하는 의심과 반감이 차오르고, 술에 만취되고 싶어지고, 질서와 규칙을 깨뜨리고 무질서를 추구하고 싶어지면 나는 육체를 따르는 사람이다(갈 5:19-21).

이와는 달리 싫어하던 사람도 사랑하고 싶고, 원수도 용서하고 싶고, 마음에서 괜한 기쁨이 솟아나고, 마음에 안정감과 잔잔한 평강이 있고, 다른 사람과 화목하고 싶고, 아프고 힘들고 억울해도 증오와 분노의 감정을 분출하지 않고 오래 인내하고, 가난한 사람들을 보면 마음이 불편하지 않고 오히려 긍휼히 여기는 마음으로 돕고 싶고, 차갑고 뾰족하고 뻣뻣한 태도가 아니라 따뜻하고 둥글고 부드러운 자세를 모든 사람에게 취하고 싶고, 나에게 맡겨진 일은 희생이 따른다 할지라도 최선을 다해 성취하고 싶고, 폭력으로 보복하지 않고 아픔을 감내하고 싶고, 무엇이든 과도하지 않고 극단적인 생각이나 말이나 행동을 금하고 적절하고 적당하고 적정한 삶의 수위를 조절하고 싶으면 그는 영을 따르는 사람이다. 우리의 관심과 생각이 영의 일로 채워지기 위해서는 성령으로 충만해야 하고 그 성령에 순응해야 한다. 이처럼 육신의 일이 생각을 차지하고 관심을 장악하면 우리는 육신을 따르는 사람이고, 영의 일이 마음에 떠오르고 관심이 그쪽으로 기울면 영을 따르는 사람이다.

[6]육신의 관심은 사망이요 영의 관심은 생명과 평화입니다

육신의 일을 도모하는 성향의 끝은 사망이다. 영의 일을 도모하는 성향의 종착지는 생명과 평화이다. 육신의 일을 도모하면 영적인 관계가 사망하고, 몸의 건강이 사망하고, 참된 의미가 사망하고, 정확한 분별력과 판단력이 사망하고, 올바른 가치관과 세계관이 사망하고, 믿음과 소망과 사랑이 사망한다. 이와는 달리 영의 일을 도모하면 뭐든지 살아난다. 영혼의 기쁨이 살아나고, 소망이 가슴을 설레게 만들고, 말씀을 사모하게 되고, 믿음의 교제를 갈망하게 되고, 영혼의 면역력이 높아져서 세상의 일로 쉽게 준동하지 않고, 분별과 판단의 예리한 촉이 살아나고, 하나님의 모든 약속들이 믿어지고, 누군가를 사랑하고 싶어진다.

이러한 생명의 결과는 나에게 멈추지 않고 주변으로 확산된다. 이는 성령을 따라 영의 일에 관심을 가지고 영의 일을 도모하면 성령의 권능이 주어져서 예루살렘, 온 유대, 사마리아, 그리고 땅 끝까지 이르러 복음의 증인이 되고 영원한 생명의 확산에 기여할 것이기 때문이다. 그리고 영의 관심은 타인과의 평화를 산출한다. 영적인 일에 관심을 기울이면 종과 주인이, 남자와 여자가, 이방인과 유대인이, 지혜자와 야만인이, 고용자와 노동자가, 대통령과 국민이, 나라와 나라가, 민족과 민족이 서로를 존중하며 평화롭게 더불어 살아가게 된다. 미움을 중단하고, 분노를 중단하고, 불평을 중단하고, 갈등과 대립을 중단하고, 시기와 질투를 중단하고, 억측과 고집을 중단한다.

⁷그러므로 육신의 성향은 하나님을 향해 적개심을 가지기 때문에
하나님의 법에 종속되지 않고 종속될 수도 없습니다

육신의 일을 도모하는 성향은 하나님을 대적한다. 하나님의 권위를 싫어하고, 하나님의 시선을 싫어하고, 하나님의 간섭을 싫어하고, 하나님의 책망을 싫어하고, 하나님의 기준을 싫어하고, 하나님의 존재도 싫어한다. 이러한 증오와 적개심을 가지면 하나님의 법도 당연히 거북하다. 하나님의 법을 존중하지 않고 존중할 수도 없어진다. 지극히 크고 위대하신 하나님을 대적하는 육신의 문제는 인간의 비참한 실존이며 스스로는 벗어날 수 없는 불행이다.

"도를 배반하는 자는 엄한 징계를 받을 것이요 견책을 싫어하는 자는 죽을 것이니라"(잠 15:10). 인간은 하나님의 법을 가장 의롭고 가장 거룩하고 가장 선한 최고의 법이라고 인정하지 않고 그렇게 인지할 능력도 없는 죄인이다. 이런 죄인의 입장에서 보면, 인지할 수도 없고 지킬 수도 없는 하나님의 법을 저급한 규정으로 분류하고 그것을 거부하고 대적하는 것이 최상의 대책이다. 그러나 그런 죄인이 하나님의 법을 인생의 질서로 인정하고 자기 인생의 규범으로 삼는다면 그것은 너무나도 큰 영광이고 더 이상 바랄 것이 없는 최고의 은총이다. 하나님의 법을 최고의 법으로 인지하고 존중하는 것은 진정한 실력이고 참된 경건이다. 육신의 성향은 이 모든 것을 거부한다.

⁸게다가 육신에 거하는 자들은 하나님을 기쁘시게 할 수도 없습니다

인간의 실상을 설명하는 바울은 육신에 속한 자들이 하나님을 기쁘시게 할 수 없다는 사실 하나를 추가한다. 누구를 기쁘게 하느냐가 인생의 가

치와 의미를 결정한다. 도둑을 기쁘게 하는 사람도 있고, 가난한 자를 기쁘게 하는 사람도 있고, 기업가나 정치가를 기쁘게 하는 사람도 있고, 죄수를 기쁘게 하는 사람도 있지만 하나님을 기쁘시게 하는 것이 최고의 인생이다. 바울은 그런 인생을 추구했다. "이제 내가 사람들에게 좋게 하랴 하나님께 좋게 하랴 사람들에게 기쁨을 구하랴 내가 지금까지 사람들의 기쁨을 구하였다면 그리스도의 종이 아니니라"(갈 1:10). 바울이 기쁨을 드리고자 하는 대상은 다른 누구도 아닌 하나님 자신이다.

이것은 자신에 대한 이기적인 자세나 타인에 대한 존중의 배제를 의미하지 않는다. 바울은 타인의 기쁨을 다른 누구보다 더 존중하고 추구한 사도였다. 심지어 이 일에 있어서는 자신을 따르라고 할 정도였다. "나와 같이 모든 일에 모든 사람을 기쁘게 하여 자신의 유익을 구하지 아니하고 많은 사람의 유익을 구하여 그들로 구원을 받게 하라"(고전 10:33). 범사에 만인을 기쁘게 하는 것은 늘 바울의 관심을 사로잡은 주제였다. 우리도 그러해야 한다.

바울은 어떻게 하나님을 기쁘시게 하고 동시에 모든 사람의 기쁨을 추구할 수 있었을까? 나는 그 비밀을 지혜자의 기록에서 발견한다. "사람의 행위가 여호와를 기쁘시게 하면 그 사람의 원수라도 그와 더불어 화목하게 하시느니라"(잠 16:7). 여기에는 두 가지가 중요하다. 첫째, 기쁨의 우선순위 즉 사람보다 하나님을 기쁘시게 하는 것이 우선이다. 이는 사람보다 하나님의 말씀을 듣는 것이 옳다는 사도들의 판단과 연결된다. 둘째, 타인의 기쁨은 하나님이 이루신다. 우리가 하나님을 기쁘시게 하면 우리 원수와의 화목은 하나님의 선물로서 주어진다. 사람은 결코 사람을 만족시킬 수 없는 피조물에 불과하다. 만족을 줄 수 없는 인간에게 만족을 기대하는 것은 허망하다. 인간에게 만족을 요구하는 것은 폭력이다. 인간의 진정한 만족은 배우자나 부모나 자식이나 스승이나 형제나 친구나 동료에게 있지 않고 하나님께 있다.

그럼에도 불구하고 자신이 타인에게 스스로 직접 만족을 줄 수 있다고 생각하는 것은 오만이다. 바울의 말처럼, 하나님은 모든 인간에게 만족의 유일한 근원이다(고후 3:5). 온 천하의 만민에게 복음을 전파하여 구원을 받게 하라는 것은 예수님의 명령이다. 바울은 주님의 그 명령에 순종했다. 그 순종은 범사에 만인에게 구원의 기쁨을 제공했다. 그러나 육신에 거하는 사람은 하나님을 기쁘시게 하지 못하고 사람에게 기쁨을 주지도 못하는 사람이다. 일시적인 기쁨을 줄 수는 있겠지만 그 기쁨의 효력은 곧장 증발된다.

하나님의 사람은 영을 따라서 영의 일을 생각하고 행동해야 한다. 그러면 하나님을 기쁘시게 한다. 하나님의 법이 달콤하게 된다. 하나님의 법이 제공하는 놀라운 유익의 수혜자가 된다. 무엇보다 죄와 사망의 법에서 자유롭게 된다. 더 이상 하늘의 정죄함은 없다.

롬 8:9-17

⁹만일 너희 속에 하나님의 영이 거하시면 너희가 육신에 있지 아니하고 영에 있나니 누구든지 그리스도의 영이 없으면 그리스도의 사람이 아니라 ¹⁰또 그리스도께서 너희 안에 계시면 몸은 죄로 말미암아 죽은 것이나 영은 의로 말미암아 살아 있는 것이니라 ¹¹예수를 죽은 자 가운데서 살리신 이의 영이 너희 안에 거하시면 그리스도 예수를 죽은 자 가운데서 살리신 이가 너희 안에 거하시는 그의 영으로 말미암아 너희 죽을 몸도 살리시리라 ¹²그러므로 형제들아 우리가 빚진 자로되 육신에게 져서 육신대로 살 것이 아니니라 ¹³너희가 육신대로 살면 반드시 죽을 것이로되 영으로써 몸의 행실을 죽이면 살리니 ¹⁴무릇 하나님의 영으로 인도함을 받는 사람은 곧 하나님의 아들이라 ¹⁵너희는 다시 무서워하는 종의 영을 받지 아니하고 양자의 영을 받았으므로 우리가 아빠 아버지라고 부르짖느니라 ¹⁶성령이 친히 우리의 영과 더불어 우리가 하나님의 자녀인 것을 증언하시나니 ¹⁷자녀이면 또한 상속자 곧 하나님의 상속자요 그리스도와 함께 한 상속자니 우리가 그와 함께 영광을 받기 위하여 고난도 함께 받아야 할 것이니라

❖ ❖ ❖

⁹만일 하나님의 영이 당신 안에 거하시면 당신은 육신에 거하지 아니하고 영에 거합니다 누구든지 그리스도의 영을 가지지 않으면 그는 그(그리스도)에게 속하지 않은 것입니다 ¹⁰그러나 그리스도께서 당신 안에 거하시면 몸은 죄로 말미암아 죽은 것이지만 영은 의로 말미암아 살아있는 것입니다 ¹¹예수를 죽은 자들 가운데서 살리신 분의 영이 여러분 안에 거하시면 그리스도 예수를 죽은 자들 가운데서 살리신 분이 여러분 안에 있는 그분의 영으로 말미암아 여러분의 죽을 몸도 살리실 것입니다 ¹²그러므로 형제들이여 우리는 결코 육신에게 빚져서 육신을 따라 살아가는 자가 아닙니다 ¹³만약 여러분이 육신을 따라 살면 반드시 죽을 것이지만 만약 영으로 몸의 행실을 죽이면 살 것입니다 ¹⁴하나님의 영으로 인도함을 받는 사람은 누구든지 하나님의 아들입니다 ¹⁵여러분은 다시 두려움에 이르는 종의 영을 받지 아니하고 양자의 영을 받았기 때문에 우리는 [하나님을] 아바 아버지라 힘껏 부릅니다 ¹⁶성령은 친히 우리의 영과 더불어 우리가 하나님의 자녀라는 것을 증거해 주십니다 ¹⁷자녀이면 또한 상속자 즉 하나님의 상속자요 그리스도와 함께 한 상속자입니다 우리가 그와 함께 고난을 받는다면 그와 함께 영화롭게 될 것입니다

아바 아버지

하나님의 영, 그리스도 예수의 영, 성령이 우리 안에 거하시면 우리는 영
에 거하는 그리스도 소속이다. 그런 우리라 할지라도 육신으로 살면 반드
시 죽고 영으로 몸의 행실을 죽여야 제대로 사는 인생이다. 그러나 결국
에는 죽을 우리의 몸도 다시 살리시는 부활의 은혜가 주어진다. 우리가
하나님의 자녀임을 증거하는 것은 성령이다. 성령으로 인도함을 받는 사
람은 누구든지 하나님의 아들이다. 그 아들은 하나님을 아바 아버지라 부
르는 관계성을 가지며 하나님의 상속자가 된다. 상속의 내용은 하나님의
영광이고 상속의 방식은 고난이다.

⁹만일 하나님의 영이 당신 안에 거하시면 당신은 육신에 거하지 아니하고
영에 거합니다 누구든지 그리스도의 영을 가지지 않으면
그는 그(그리스도)에게 속하지 않은 것입니다

하나님의 영이 우리 안에 거하시면 우리는 영에 거하는 자이고 그리스도

예수에게 속한 사람이다. 우리가 예수 소속임을 증명하는 신분증은 성령이다. 이 신분증은 특정한 기관이나 국가나 이 땅에서 발행되는 것이 아니라 하늘에서 발행된다. 이 신분증을 취득하는 기준의 출처도 이 땅이 아니라 하늘이다. 이런 신분증 취득은 이 땅에서의 어떠한 청탁이나 친인척 비리도 발생할 수 없는 하늘의 기준에 근거한 것이기 때문에 완벽하게 공평하다. 교회는 무엇인가? 땅에서는 결코 위조될 수 없는, 오직 하나님의 은혜를 인하여 믿음으로 말미암아 주어지는 하늘의 신분증 즉 하나님의 영이 거하는 자들의 모임이다.

나는 한 가족의 가장이고, 청주 한가의 후손이고, 대학교회 목사이고, 전주대의 교원이고, 전주의 시민이고, 대한민국 국민이고, 현재라는 시대의 아들이다. 몸의 입장에서 보면, 나는 한 가족에, 한 가문에, 한 교회에, 한 기관에, 한 도시에, 한 국가에, 이 시대에 속한 사람이다. 그러나 나의 궁극적인 신분은 예수 소속이다. 우리는 서로 혈통이 다르고 학교가 다르고 직장이 다르고 지역이 다르고 국적이 다를 수 있지만 하나님의 영이 우리 안에 거하시기 때문에 우리는 동일한 하나님 나라의 소속이다. 하나님의 영이라는 신분증이 없는 사람은 아무리 유능하고 아무리 부하고 아무리 똑똑하고 아무리 지혜롭고 아무리 잘생기고 아무리 지위와 권력이 높고 아무리 착하고 아무리 순수해도 예수에게 속한 교회가 아니라는 이야기다. 하나님의 영이라는 신분증의 궁극적인 확인은 사람이 아니라 하나님의 권한이다. 다만 인간은 그 열매를 보고 하나님의 영이 거하는 사람인지, 예수에게 속한 자인지 확인한다.

여기에서 주목할 것은 "하나님의 영"과 "그리스도의 영"이 다르지 않다는 사실이다. "하나님의 영"이 11절에서는 "예수를 죽은 자들 가운데서 살리신 분의 영"(11절)으로 표현되고 16절에서는 "성령"으로 표현된다. 즉 성령은 하나님의 영, 그리스도의 영, 예수를 죽은 자들 가운데서 살리신 분의 영을 의미한다. 여기에서 우리는 성령이 피조물이 아니라는 사실을 분명히 확인한다(성령을 피조물로 본 마케도니우스를 정죄한 것은 381년 콘스탄티노폴리스 공의회). 기독교의 역사에서 확립된 삼위일체 교리의 성경적인 근거도 확인한다. 삼위일체 하나님의 실체는 하나이기 때문에 성령이 실체를 따라서는 아버지 하나님의 영이면서 아들 하나님의 영이고 위격을 따라서는 고유하게 성령이다. 바울의 이 기록은 삼위일체 하나님의 일체성과 삼위성이 잘 보존된 본문이다.

[10]그러나 그리스도께서 당신 안에 거하시면 몸은 죄로 말미암아 죽은 것이지만 영은 의로 말미암아 살아있는 것입니다

그리스도 예수께서 우리 안에 거하시면 몸은 죄로 말미암아 죽은 것이지만 영은 의로 말미암아 살아난다. 즉 옛 사람은 죽고 새 사람은 살아난다. 여기에서 우리는 그리스도 예수께서 우리 안에 거한다는 말의 의미를 생각해야 한다. 예수께서 우리 안에 거하심은 놀라운 기적이고 대단한 영광이다. 예수께서 우리와 동일한 종의 형체를 입으신 것이 가장 큰 기적이다. 그런데 부활의 형체로 승천하신 이후에도 마치 종의 형체를 다시 입으신 것처럼 우리 안에 거하시는 것은 그 기적의 은밀한 연장이다. 예수님이 이 세상에서 처음 출입한 공간은 마구간의 구유였다(눅 2:7). 마구간은 짐승이 기거하는 불결하고 지저분한 곳의 대명사다. 그런데 우리는 어떠한 존재인가? 만물보다 거짓되고 심히 부패한 죄인이다(렘 17:9). 구유의 상태보다 더 심각하게 나쁜 우리에게 지극히 거룩하신 하나님의 아들이 거하신다. 이것이 왜 기적인가? 시인의 고백이 그 이유를 가르친다. "주는 죄악을 기뻐하는 신이 아니시니 악이 주와 함께 머물지 못하며"(시 5:4). 주는 죄악을 기뻐하지 않으시고 죄와 함께 머물지 못하기에 죄를 제거하지 않고서는 죄인인 우리에게 거하지 못하신다. 우리 스스로는 제거할 수

없는 그 죄를 주님께서 자신의 몸에 짊어지고 죽으심을 통해 율법의 요구를 다 이루시고 죄를 완전히 없애셨다. 주님께서 우리 안에 계시다는 것은 기적이며 설명할 수 없는 은총인 동시에 측량할 수 없는 영광이다. 사람들은 자신이 가장 사랑하는 사람과 헤어지고 싶지 않아서 결혼을 하고 동거한다. 그러나 그 동거는 배우자가 침대에 나란히 눕는 정도의 연합이다. 그런데 미치도록 사랑하면 사랑하는 사람이 바로 곁에 있어도 여전히 그리움이 발동한다. 서로에게 더 가깝고 싶어서다. 서로의 속으로 들어가고 싶어서다. 이런 관계를 가진 부부가 있는지는 모르겠다. 몸은 동거인데 마음은 동거하지 않는 연인과 부부가 많기 때문이다. 그런데 사람과 사람의 사랑은 육신의 공존이 최상이다. 그러나 서로가 서로에게 영혼이 포함되는 공유가 우리와 주님 사이에는 가능하다. 주님께서 우리 안에 거하시는 날에 대한 주님 자신의 설명이다. "그 날에는 내가 아버지 안에, 너희가 내 안에, 내가 너희 안에 있는 것을 너희가 알리라"(요 14:20).

[11]예수를 죽은 자들 가운데서 살리신 분의 영이 여러분 안에 거하시면
그리스도 예수를 죽은 자들 가운데서 살리신 분이 여러분 안에 있는
그분의 영으로 말미암아 여러분의 죽을 몸도 살리실 것입니다

하나님의 영은 예수를 죽은 자들 가운데서 살리신 분의 영이기 때문에 그 영이 우리 안에 거하면 우리의 죽을 몸도 그가 살리신다. 영만 사는 것이 아니라 몸도 산다고 바울은 강조한다. 육신을 따라 내가 살고자 하면 죽을 몸이지만, 하나님의 영이 살리시면 죽을 몸도 살아난다. 이는 우리가 죄의 몸을 가지고 있는 동안에도 죽은 자처럼 살지 않고 산 자처럼 사는 비결이다. 플라톤을 비롯하여 적잖은 사람들이 육신을 영혼의 감옥으로 규정한다. 이는 육신이 영혼의 팔뚝에 죄의 수갑을 채운다고 생각하기 때

문이다. 그러나 이 문제는 하나님의 영으로 말미암아 해결된다. 하나님의 영이 우리 안에 거하시면, 그래서 그리스도 예수께서 우리 안에 거하시면, 죄로 인하여 죽을 몸도 살아나기 때문이다. 이처럼 사람들이 오해하는 것과는 달리 기독교는 육체를 혐오하지 않고 오히려 성령으로 말미암은 육체의 새로운 삶을 강조한다.

하나님의 영으로 말미암아 사는 인생의 구체적인 모습은 어떠한가? 이에 대해 바울은 이렇게 설명한다. "이제는 내가 사는 것이 아니요 오직 내 안에 그리스도께서 사시는 것이라 이제 내가 육체 가운데 사는 것은 나를 사랑하사 나를 위하여 자기 자신을 버리신 하나님의 아들을 믿는 믿음 안에서 사는 것이라"(갈 2:20). 예수는 우리를 사랑하기 때문에 우리를 위해 죽으셨다. 그러한 우리는 그 예수를 믿는 믿음으로 산다. 그분을 믿는 믿음으로 산다는 것은 그분에 대한 전적인 의존을 의미한다. 나 자신을 따르지 않고 예수를 따르는 것이 우리의 인생이다. 육신을 따르지 않고 성령을 따르는 것이 올바른 인생이다.

¹²그러므로 형제들이여 우리는 결코 육신에게 빚져서
육신을 따라 살아가는 자가 아닙니다

우리가 더 이상 육신을 따라 살지 않아도 되는 이유는 육신의 빚쟁이가 아니라는 사실을 바울은 강조한다. 육신의 빚쟁이는 육신에 속한 사람을 가리키고 일반적인 사람의 세속적인 풍조를 따라 행하는 사람을 가리킨다(고전 3:3, 엡 2:2). 그러나 우리가 갚아야 할 육신의 빚은 주님께서 자신의 육신으로 완전히 갚으셨기 때문에 우리는 육신의 빚쟁이 신분에서 자유롭다. 이제 우리는 육신의 소욕에 순응하지 않고 성령에게 빚져서 성령의 소욕에 순응하며 그 영에 걸맞은 채무의 인생을 살아가야 한다. 이런 영의 빚쟁이 인생을 바울은 이렇게 표현한다. "그가 모든 사람을 대신하여 죽으심은 살아 있는 자들로 하여금 다시는 그들 자신을 위하여 살지 않고 오직 그들을 대신하여 죽었다가 다시 살아나신 이를 위하여 살게 하려 함이라"(고후 5:15). 자신의 육신으로 우리의 빚을 갚아 우리의 채권자가 되신 주님께서 채무자인 우리에게 요구하는 변제의 내용은 간단하다. 내 인생을 내 것이 아닌 주님의 것으로 여기며 나 자신을 위해 살지 않고 주님을 위해 사는 것이라고 바울은 설명한다. 육신이 아니라 성령에 빚진 채무 인생의 목적은 주님이다.

<blockquote>
13만약 여러분이 육신을 따라 살면 반드시 죽을 것이지만 만약 영으로 몸의 행실을 죽이면 살 것입니다
</blockquote>

하나님의 영에 어울리는 채무라는 것은 고단하고 괴로운 숙제가 아니라 우리를 살리는 유쾌한 생명이다. 인생을 제대로 살게 만드는 활력이다. 오히려 육신을 따라 살면 반드시 사망한다. 이 사망의 몸에서 우리를 건지는 유일한 방법은 영으로 몸의 행실을 죽임이다. 이것은 죽고자 하면 살고 살고자 하면 죽는다는 죽음과 삶의 역설이다. 그런데 우리의 육신을 주님께 드리고 그분을 위해 산다는 것은 그 의미가 손해나 탈취나 독재가 아니라 영광과 복과 기쁨과 연결된다. 이는 인생의 목적을 주님으로 삼는다는 것이 이 세상에서 가장 고결한 가치를 추구하는 일이기 때문이다. 성령의 채무자 혹은 빚쟁이가 된다는 것은 고단하고 괴로운 신분이 아니라 즐겁고 설레는 신분이다.

이제 영이 몸의 행실을 죽인다는 부분을 주목하자. 이 부분을 오리겐은 이렇게 주석한다. "평화는 성령의 열매이나 불화와 분쟁은 육의 작용이다. 평화는 불화를 확실히 제거한다. 이와 같이 성령의 인내는 육의 성

급함을 이기고, 선은 악을 일소하며, 온유함은 광포함을, 절제는 무절제를, 정결은 방종을 제거한다." 과연 그러하다. 성령의 인도함을 받는 사람은 사랑으로 육신의 미움을 이기고, 희락으로 육신의 슬픔을 이기고, 평화로 육신의 갈등과 분열을 이기고, 인내로 육신의 성급함을 이기고, 자비로 육신의 복수심을 이기고, 양선으로 육신의 과격함을 이기고, 충성으로 육신의 배신을 이기고, 온유로 육신의 분노를 이기고, 절제로 육신의 무절제를 이기고, 질서로 육신의 무질서를 이기고, 선으로 육신의 악을 이기는 사람이다.

[14]하나님의 영으로 인도함을 받는 사람은 누구든지 하나님의 아들입니다

여기에서 바울은 하나님의 영으로 말미암아 죽을 몸이 살아나는 것에 더하여 그 영으로 인도함을 받는 복을 언급한다. 모든 인간은 무언가에 사로잡혀 살아간다. 사람들은 죄의 욕구에 사로잡혀 있고, 부의 욕구에 사로잡혀 있고, 출세욕에 사로잡혀 있다. 이 세상에서 스스로 생각하고 스스로 판단하고 스스로 말하고 스스로 행동하는 자유로운 사람이 어디에 있겠는가? 사람마다 각자의 무언가에 사로잡혀 있으며 생각과 말과 행동도 무언가에 길들여져 있고 그 무언가를 위해 움직이다. 나를 움직이는 그 무언가의 질이 인생의 질을 좌우한다. 그런데 우리는 하나님의 영으로 인도함을 받는 사람이다. 하나님의 영은 생명의 공급자인 동시에 인생의 인도자다. 그것도 우리의 인생을 이끄는 최고의 인도자다. 그런 영의 인도함을 받는다는 것은 답답하고 억압적인 노예의 삶을 의미하지 않고 최고의 인생을 의미한다. 동시에 그 영보다 못한 돈이나 권력이나 명예나 외모나 죄의 결박과 영향력에 휘둘리지 않는다는 것을 의미한다.

특별히 바울은 하나님의 영으로 인도함을 받는 사람은 신분이나 성별이나 나이나 국적이나 인종을 가리지 않고 하나님의 아들이 된다고 선언한다. 하나님의 영이 거하시는 것, 그리스도 예수가 거하시는 것, 하나님의 영으로 말미암아 살아가는 것, 하나님의 영으로 인도함을 받는 것은 모두 경건의 특별한 경지를 의미하는 것이 아니라 성도의 정체성과 직결되어 있다. 하나님의 아들은 필히 하나님의 영으로 인도함을 받고 그 인도함을 받는 사람은 필히 하나님의 아들이다. 이는 신앙의 높낮이나 경건의 강약 문제가 아니라는 이야기다.

성령께서 우리를 이끄시는 곳은 어디인가? "진리의 성령이 오시면 그가 너희를 모든 진리 가운데로 인도하실 것이니라"(요 16:13). 모든 진리는 그리스도 예수와 무관하지 않고 그분 안에서 비로소 안식한다. 진리의 샘과 진리의 내용과 진리의 종착지가 바로 그분이기 때문이다. 그래서 주님은 성령의 사역을 이렇게 설명한다. "보혜사 곧 아버지께서 내 이름으로 보내실 성령 그가 너희에게 모든 것을 가르치고 내가 너희에게 말한 모든 것을 생각나게 하리라"(요 14:26). 여기에는 성령께서 우리를 진리 가운데로 인도하는 두 가지의 방법이 언급되어 있다. 가르침과 기억이다. 이 성령은 사도들의 교사였고 지금도 우리를 가르치는 진리의 선생이다.

**[15]여러분은 다시 두려움에 이르는 종의 영을 받지 아니하고
양자의 영을 받았기 때문에 우리는 [하나님을] 아바 아버지라 힘껏 부릅니다**

성령은 양자의 영으로서 우리로 하여금 하나님을 아바 아버지라 힘껏 부를 자격을 부여한다. 이 세상에는 아바 아버지라 부를 아버지가 없는 사람들도 있고, 아버지가 있어도 아버지를 아버지라 부르지 못하는 딱한 상황에 처한 사람들도 있다. 그 한 마디의 발화가 일평생 소원인 사람들도 있다. 그러나 양자의 영을 받은 사람은 누구든지 공평하게 하나님을 아바

아버지라 부르는 게 영원토록 가능하다. 하나님을 아바 아버지로 부른다는 것은 자녀라는 최고의 신분을 가진 자의 영원한 특권이다. 혈통에 따른 아버지와 자녀의 관계는 영원하지 않다. 이 땅에서만 유효하다. 남편과 아내의 관계, 부모와 자녀의 관계, 나라와 민족의 관계, 고대와 현대라는 개념이 하늘나라에는 없다. 이 땅에서 사람들 사이에 존재하는 모든 상대적인 관계성이 그곳에는 소멸되고 없다. 하나님의 나라를 구한다는 것은 그래서 이 땅의 어떠한 관계에도 제한되지 않고 온 천하의 모든 만민에게 복음을 증거하는 것을 의미한다.

하나님을 아바 아버지라 부르는 특권을 누림과 동시에 우리는 하나님 편에서도 이 사실의 의미를 생각해야 한다. 우리는 과연 하나님의 자녀에게 어울리는 인격과 언어와 행실을 구비한 인생을 살아가고 있는지를 늘 의식해야 한다. 하나님을 아바 아버지라 부르는 자에게 하나님의 자녀 같은 됨됨이와 언행이 뒤따르지 않는다면 아버지의 이름을 욕되게 하는 자식이다(잠29:15). "미련한 아들은 그 아비의 근심이 되고 그 어미의 고통이 되느니라"(잠 17:25). 인간관계 속에서도 가장 가까운 사람이 가장 아프게 한다는 것은 정설이다. 하나님이 우리에게 독생자를 내어 주시고 양자의 영을 보내셔서 독생자에 준하는 자신의 아들로 삼으신 것은 지극히 큰 사랑이다. 그러나 동시에 표현할 수 없는 크기의 근심과 고통과 수치를 각오하신 일이기도 하다.

¹⁶성령은 친히 우리의 영과 더불어
우리가 하나님의 자녀라는 것을 증거해 주십니다

성령은 우리가 하나님의 자녀라는 사실을 증거하는 최고의 증인이다. 성령 이외에 우리가 하나님의 자녀라는 사실을 증거하는 증인의 자격자가 과연 이 세상 어디에 있겠는가? 영원하신 성령, 불변하신 성령, 무한하신 성령, 전능하신 성령은 최고의 증거력을 가진 증인이다. 그래서 바울은 성령이 하나님의 자녀라는 신분, 하나님의 나라라는 기업을 물려받을 상속자의 신분에 대한 "계약금 혹은 보증"(ἀρραβών)이 되신다고 한다(엡 1:14). 그분이 우리의 증인과 보증이 되신다면 어떠한 상황 속에서도 두렵지가 않다. 그러나 사람이 증거하는 하나님의 자녀 됨은 불안하다. 이는 인간의 증거력이 거짓과 변덕에서 자유롭지 않기 때문이다.

> ¹⁷자녀이면 또한 상속자 즉 하나님의 상속자요 그리스도와 함께 한 상속자입니다 우리가 그와 함께 고난을 받는다면 그와 함께 영화롭게 될 것입니다

바울은 여기에서 하나님의 자녀가 가진 특권을 하나 소개한다. 즉 자녀는 상속자가 된다. 상속자의 자격은 선행으로 말미암아 취득되는 것이 아니라 하나님의 자녀라는 신분을 가진 자에게 주어진다. 상속자는 행위에 근거하지 않고 신분에 근거한다. 그래서 하나님의 모든 자녀는 하나님의 상속자다. 나아가 그리스도 예수와 함께 한 상속자다. 여기에서 우리는 하나님의 상속자가 된다는 것의 의미를 발견한다.

예수가 유산으로 받은 상속의 내용은 영광이다. 그런데 그 영광을 얻는 상속의 방법은 고난이다. 먼저 예수께서 유산으로 받은 영광의 내용은 이러하다. "아버지여 창세 전에 내가 아버지와 함께 가졌던 영화로써 지금도 아버지와 함께 나를 영화롭게 하옵소서"(요 17:5). 그리고 창세 전에 아버지와 함께 가진 영화를 상속하는 근거는 이러하다. "아버지께서 내게 하라고 주신 일을 내가 이루어 아버지를 이 세상에서 영화롭게 하였사오니"(요 17:4). 아버지의 명령을 온전히 순종하여 아버지께 영광을 돌린 것이 그에게 주어진 영광의 근거였다. 예수님은 십자가의 죽음으로 순종의 마침표

를 찍으셨다. 그것은 고난이다. 그 고난을 지나 영광에 이르렀다. 우리도 동일하다. 영광의 신학은 십자가의 신학을 지나가야 도달한다. 우리가 하나님을 영화롭게 하는 것을 인생의 제일 되는 목적으로 삼고 하나님께 영광을 돌리는 것은 바로 우리에게 하나님의 영광이 유산으로 주어지는 것을 의미한다. 이 영광을 위해서는 우리도 우리에게 주어진 십자가의 죽음으로 주님께서 주신 사랑의 새 계명을 온전히 준수해야 한다(눅 9:23).

롬 8:18-27

18생각하건대 현재의 고난은 장차 우리에게 나타날 영광과 비교할 수 없도다 **19**피조물이 고대하는 바는 하나님의 아들들이 나타나는 것이니 **20**피조물이 허무한 데 굴복하는 것은 자기 뜻이 아니요 오직 굴복하게 하시는 이로 말미암음이라 **21**그 바라는 것은 피조물도 썩어짐의 종 노릇 한 데서 해방되어 하나님의 자녀들의 영광의 자유에 이르는 것이니라 **22**피조물이 다 이제까지 함께 탄식하며 함께 고통을 겪고 있는 것을 우리가 아느니라 **23**그뿐 아니라 또한 우리 곧 성령의 처음 익은 열매를 받은 우리까지도 속으로 탄식하여 양자 될 것 곧 우리 몸의 속량을 기다리느니라 **24**우리가 소망으로 구원을 얻었으매 보이는 소망이 소망이 아니니 보는 것을 누가 바라리요 **25**만일 우리가 보지 못하는 것을 바라면 참음으로 기다릴지니라 **26**이와 같이 성령도 우리의 연약함을 도우시나니 우리는 마땅히 기도할 바를 알지 못하나 오직 성령이 말할 수 없는 탄식으로 우리를 위하여 친히 간구하시느니라 **27**마음을 살피시는 이가 성령의 생각을 아시나니 이는 성령이 하나님의 뜻대로 성도를 위하여 간구하심이니라

❖ ❖ ❖

18내 생각에 현재의 고난은 장차 우리에게 나타날 영광과 비교할 수 없습니다 **19**피조물의 간절한 기대는 하나님의 아들들의 나타남을 절박하게 기다리는 것입니다 **20**피조물이 허무한 데 굴복하는 것은 자발적인 것이 아니라 오직 굴복하게 하시는 분으로 말미암은 것입니다 **21**그 바라는 것은 피조물 자체가 멸망의 노예 상태에서 해방되어 하나님의 자녀들이 가지는 영광의 자유에 이르는 것입니다 **22**모든 피조물이 지금까지 함께 탄식하며 함께 고통 당하고 있다는 것을 우리는 알고 있습니다 **23**이것만이 아니라 성령의 첫 열매를 받은 우리 자신도 양자가 되는 것 즉 우리 몸의 구속을 갈망하며 속으로 탄식하고 있습니다 **24**우리는 이러한 소망 중에 구원을 받았으며 이제 우리가 소망하는 것은 보이는 것이 아닙니다 보이는 것을 누가 바랍니까? **25**만약 우리가 보이지 않는 것을 바란다면 우리는 인내하며 기다려야 할 것입니다 **26**이와 같이 우리는 마땅히 추구할 바가 무엇인지 알지 못하므로 성령 자신도 우리의 연약함을 도우시되 성령이 형언할 수 없는 탄식으로 우리를 위해 친히 간구해 주십니다 **27**성령은 성도를 위해 하나님을 향하여 간구해 주시므로 마음을 살피시는 분이 성령의 생각을 아십니다

33   만물의 소망

하나님의 섭리는 거대하다. 성도의 인생은 그 거대한 섭리의 바다에 어울려야 한다. 작고 초라한 인생이 아니라 온 우주와 만물과 역사를 품은 인생이다. 바울은 이 사실을 본문에서 깨우친다. 바울은 인간과 피조물이 태초부터 지금까지 모두 고통을 당한다고 지적한다. 인생은 고난이다. 그래서 짧을수록 좋다. 오직 소망이 고난의 인생을 단축시켜 준다. 바울은 지금의 고난을 장차 받을 영광의 비교할 수 없는 크기에 빗대어서 설명한다. 그 영광은 온전한 양자의 상태 즉 몸의 부활이다. 이 세상에서 우리가 고통의 세월을 견디고 이기는 방법은 이 영광을 소망함에 있다. 이러한 인간의 소망과는 달리 다른 피조물이 고대하는 것은 하나님의 아들들이 나타나는 것이라고 한다. 그런데 그 피조물은 멸망에 종속되어 있어서 지금까지 탄식하고 있다. 모든 피조물이 인간을 주목하고 있다. 만물에 대한 인간의 책임은 막중하다. 본문은 피조물의 슬픈 현실과 인간의 막대한 책임과 소망 그리고 소망을 이루고 책임을 완수하기 위한 성령의 도우심을 설명한다.

¹⁸내 생각에 현재의 고난은 장차 우리에게 나타날 영광과 비교할 수 없습니다

여기에서 현재의 고난은 그리스도 예수를 위해 경건하게 살고자 하는 자가 받는 고난을 의미한다. 그리스도 아닌 다른 무엇을 위해서 산다면 그고난은 쉽게 해결된다. 그러나 바울이 제시하는 고난 해결책은 주를 향한삶의 방향을 변경하는 것이 아니라 이 경건의 길을 걷는 우리가 받게 될미래의 영광에 대한 소망이다. 그 영광은 현재의 고난과 비교할 수 없을정도로 막대하다. 주님께서 하나님 아버지와 함께 영원 전부터 누리시던천상의 영원하고 무한한 영광이 이 땅의 작고 일시적인 고난과 어찌 비교될 수 있겠는가!

사람이 과거와 현재와 미래 중에서 어느 시점에 관심의 초점을 두느냐가 삶의 태도와 유형에 영향을 준다는 설문 보고서가 있다. 과거에 중점을 두는 사람은 몸에 좋지 않은 간식을 더 많이 먹는다고 한다. 현재의 행복을 추구하는 사람은 달달한 쾌락을 지금 누리기 위해 당분을 남들보다더 많이 섭취하는 경향을 보인다고 한다. 미래의 희망을 가진 사람은 다른 사람보다 더 긍정적인 마음을 가지고 열정과 자기 통제력에 있어서도더 뛰어남을 나타낸다. 희망이 있는 사람과 없는 사람이 오늘을 살아가는삶의 자세는 이처럼 판이하다. 바울은 하늘의 영광에 대한 미래의 희망이현재의 고난을 능히 이겨내게 하는 힘이라고 강조한다.

¹⁹피조물의 간절한 기대는 하나님의 아들들의 나타남을 절박하게
기다리는 것입니다 ²⁰피조물이 허무한 데 굴복하는 것은 자발적인 것이 아니라
오직 굴복하게 하시는 분으로 말미암은 것입니다

바울은 우리만이 아니라 다른 피조물도 간절한 희망이 있다고 주장한다.

그 희망은 바로 하나님의 자녀들이 나타나는 것이라고 한다. 피조물은 본래 하나님의 형상을 따라 지음을 받은 인간을 위해 존재했다. 그런데 이러한 존재의 목적이 무너졌다. 인간이 하나님을 반역하고 배신하는 죄를 저질러서 피조물에 저주가 임했고 관계의 질서가 깨어졌다. 첫 사람 아담의 죄로 말미암은 피조물의 저주에 대한 하나님의 판결이다. "땅은 너로 말미암아 저주를 받고 너는 네 평생에 수고해야 그 소산을 먹으리라"(창 3:17). 타락 이전에는 땅이 인간에게 열매를 주었는데 타락 이후에는 가시와 엉겅퀴가 땅에서 올라와 그 열매를 대체했다.

땅은 인간을 위해 아름답고 풍요로운 열매를 스스로 산출하지 않고 허망한 것에 굴복한다. 가시와 엉겅퀴가 군림하고 있는 지금 있는 그대로의 땅에서는 인간이 도무지 살아갈 수 없는 황무지의 상태로 전락했기 때문이다. 사람들은 자연의 질서를 찬미하고 추앙하나 그 질서의 실상은 정글의 법칙 혹은 약육강식 법칙이다. 강한 자가 약한 자를 삼키는 것이 질서로 승인되고 약한 자는 생존에 적합하지 않아 도태되고 강한 자는 자연을 차지하는 적자로 간주된다. 자연에서 살아가는 농부들과 어부들과 목동들의 생활상을 보라. 수고의 땀방울로 이마가 늘 축축하다. 이런 수고도 없이 부자가 된다는 것은 특권과 반칙의 산물일 가능성이 높다. 각자에게 주어진 은사를 활용하여 모두가 수고해야 한다. 그런 사회가 아름답다.

바울은 피조물이 허무한 데 굴복하는 이유가 자발적인 의지가 아니라 굴복하게 하시는 분으로 말미암은 것이라고 한다. 즉 피조물의 굴복은 그 자체로 조물주의 메시지다. 피조물의 무질서와 저주의 이유는 인간의 죄에 근거한 하나님의 정의로운 결정이다. 많은 사람들이 왜 자연에 잔혹함과 무질서가 있느냐고 질문한다. 태어날 때부터 목격하고 경험하는 것이어서 아예 질문조차 하지 않는 사람들도 있다. 그러나 자연에서 서로가 서로를 죽이고 자신도 죽는 먹이사슬 혹은 생태계가 정상이 아니라는 것은 분명하다. 이것을 과학은 진화의 한 국면으로 이해한다. 그러나 기독교는 다르게 분석한다. 즉 인간의 죄와 그에 대한 하나님의 심판 때문에 피조물이 허무한 데 굴복하는 것이라고 진단한다.

피조물이 허무한 데 굴복하는 것을 관찰하는 인간은 피조물의 굴복을 허락하신 하나님의 의도 즉 자신의 죄를 깨달아야 한다. 허무한 데 굴복하는 피조물의 저주는 인간의 죄를 온 땅에서 항상 고발하는 항구적인 물증이다. 자연의 부패는 어쩌면 인간의 부패를 드러내는 비유에 불과하다. 온 땅의 부패를 초래한 인간의 실상을 창세기는 이렇게 기록한다. "그 때에 온 땅이 하나님 앞에 부패하여 포악함이 땅에 가득한 지라"(창 6:11). 온 땅의 부패와 포악은 자연의 부패만이 아니라 인간의 부패까지 포함한다. 그래서 하나님은 땅의 총체적인 부패에 대해 멸망의 심판을 명하시되 사람만이 아니라 가축과 기는 벌레와 공중의 새까지도 심판의 목록에 올리셨다(창 6:7).

²¹그 바라는 것은 피조물 자체가 멸망의 노예 상태에서 해방되어
하나님의 자녀들이 가지는 영광의 자유에 이르는 것입니다

저주 아래에서 허무한 데 굴복하고 있는 피조물의 소망은 하나님의 자녀들이 나타나는 것이라고 했다. 여기에서 바울은 보다 구체적인 소망을 설명한다. 먼저 피조물은 지금 멸망의 노예 상태에 있다고 바울은 진단한다. 노예는 허무한 데 굴복하는 저주에서 스스로 벗어나지 못하는 신분이다. 그래서 하나님의 아들들이 나타남을 기다린다. 하나님의 아들들은 죄 문제가 해결된 법정적 의인을 의미한다. 인간에게 유익을 제공하는 것은 피조물 본연의 의무와 도리였다. 하나님의 아들들이 나타나면, 죄인에게 죄의 발산과 촉진에 기여했던 피조물의 서글픈 기능이 하나님을 찬양하고 영광을 돌리는 일의 유쾌한 수단으로 바뀔 가능성이 짙어진다. 하나님

의 아들들이 피조물을 선용하고 피조물이 그 아들들의 선행에 기여하면 이것은 허무한 데 굴복하는 것이 아니라 존재의 유의미한 발현이다. 즉 하나님의 자녀들이 나타나면 그들이 죄에 굴복하지 않고 하나님께 영광을 돌리는 자유의 행위에 피조물도 동참하게 된다. 이로써 피조물은 하나님의 저주에서 벗어난다. 그래서 모든 피조물은 하나님의 아들들이 나타나는 것을 그렇게도 고대한다.

²²모든 피조물이 지금까지 함께 탄식하며 함께 고통 당하고 있다는 것을 우리는 알고 있습니다

지금까지 모든 피조물은 탄식하고 있다. 신음으로 고통을 호소하고 있다. 만물의 탄식과 고통은 이 세상이 정상이 아니라 비정상적 상태에 있음을 고발한다. 약육강식, 승자독식, 적자생존 현상이 어떻게 정상인가! 자연은 정상적인 상태로의 회복이 절실하다. 그런데 우리는 경험한 적이 없어서 탄식과 고통이 사라진 만물의 정상적인 상태에 대해 무지하다. 하지만 이사야는 타락 이전에 자연의 본래적인 질서였을 것으로 추정되는 모습을 이렇게 기록한다. "이리가 어린 양과 함께 살며 표범이 어린 염소와 함께 누우며 송아지와 어린 사자와 살진 짐승이 함께 있어 어린 아이에게 끌리며 암소와 곰이 함께 먹으며 그것들의 새끼가 함께 엎드리며 사자가 소처럼 풀을 먹을 것이며 젖 먹는 아이가 독사의 구멍에서 장난하며 젖 뗀 어린 아이가 독사의 굴에 손을 넣을 것이라"(사 11:6-8). 정상적인 자연 속에서는 연약한 동물과 강한 동물 사이에 화목과 공존이 가능하고 인간과 동물 사이에도 평화로운 동거가 가능하다. 이것은 가축이나 애완동물 키우는 문화와는 현저하게 구별된다. 이사야는 물이 바다를 덮음 같이 하늘의 평화가 모든 피조물을 뒤덮은 상태를 가르친다. 이는 일시적인 것도, 국

부적인 것도 아닌 영원하고 완전하고 전체적인 평화의 상태를 의미한다.

자연의 평화만이 아니라 인간과 인간 사이에도 평화가 심히 절박하다. 흑인에 대한 인종차별 정책의 정점인 1963년 8월 28일에 마르틴 루터 킹 목사가 미국의 워싱턴 D. C. 링컨 기념관 발코니에 서서 워싱턴 기념탑을 바라보며 행한 연설의 한 대목을 인용한다. "나에게는 꿈이 있습니다. 언젠가 이 나라가 모든 인간은 평등하게 태어난 것을 자명한 진실로 수용하고 그 진정한 의미를 신조로 살아가게 되는 날이 속히 오리라는 꿈입니다. / 나에게는 꿈이 있습니다. 언젠가는 조지아의 붉은 언덕 위에 옛 노예의 후손들과 옛 주인의 후손들이 형제애의 식탁에 함께 둘러앉는 날이 오리라는 꿈입니다. / 나에게는 꿈이 있습니다. 나의 네 아이들이 피부색이 아니라 인격에 따라 평가받는 그런 나라에 살게 되는 날이 오리라는 꿈입니다."

이러한 인류의 보편적인 평화가 과연 세상에 오겠는가? 성경은 온다고 가르친다. 이사야는 다음 구절에서 그런 평화의 비결을 소개한다. "내 거룩한 산 모든 곳에서 해 됨도 없고 상함도 없을 것이니 이는 물이 바다를 덮음 같이 여호와를 아는 지식이 세상에 충만할 것임이라"(사 11:9). 여호와를 아는 지식이 바로 인류와 만물의 평화를 가져오는 유일한 비결이다. 하나님의 본체이신 그리스도 예수를 아는 지식 즉 복음이 그 평화의 비결이다. 그 그리스도 안에서는 유대인과 헬라인, 종과 자유인, 남자와 여자가 모두 동등한 하나로 연합한다(갈 3:28). 바울은 사람들을 나누는 모든 차별의 요인들이 녹아서 없어지는 곳이 바로 그리스도 안이라고 한다. 온 천하에 다니며 만민에게 예수를 아는 진리의 지식을 전파하고 모든 족속을 제자로 삼아 가르치는 것은 기독교의 세력을 확대하는 것이 아니라 하나님의 아들들이 나타나게 하는 비결이며, 온 인류의 평화를 가져오는 비결이며, 모든 피조물의 탄식과 고통의 종식을 가져오는 비결이다. 예수를 전파하는 것은 역사와 만물 전체를 대상으로 하는 우주적인 평화의 행동이다.

그러므로 복음을 전파하자. 복음을 살아내자. 그렇게 함으로 지금도 탄식과 고통 속에서 허무한 데 굴복하는 모든 피조물을 자유롭게 하자. 인간 때문에 발생한 자연의 무질서, 피조물의 탄식과 신음, 썩어짐에 대한 만물의 비참한 굴복은 인간이 해결해야 한다. 주님께서 그 가능성의 문을 여셨기에 충분히 가능하다. 이 막중한 책임과 도리에 심장이 뜀박질을 해야 정상이다. 복음의 은혜를 인간의 구원에만 축소시킨 루터의 입장과는 달리 바울은 복음의 영향력을 모든 피조물 즉 온 세상으로 확장한다. 우리는 복음으로 인간만이 아니라 온 세상을 정복하고 다스려야 한다. 복음의 진리에 담긴 거룩한 정의와 사랑으로!

[23]이것만이 아니라 성령의 첫 열매를 받은 우리 자신도 양자가 되는 것 즉 우리 몸의 구속을 갈망하며 속으로 탄식하고 있습니다

바울에 의하면, 복음으로 말미암아 성령의 첫 열매인 구원을 받고 하늘의 평화를 누리는 사람들도 여전히 탄식한다. 아직 몸의 구속에 이르지 못했기 때문이다. 우리의 온전한 구원은 몸의 구속까지 이르러야 한다. 이는 이 세상에서 비록 하나님의 자녀가 되었어도 탄식에서 자유로운 사람은 하나도 없다는 이야기다. 나만 불행한 것처럼 생각하지 말자. 모든 사람들이 다양한 근거와 형태로 탄식하고 있다. 우리는 모두 서로의 탄식을 쓰다듬고 안아 주면서 위로하고 격려해야 한다. 이 탄식 때문에 사랑과 위로의 공동체가 필요하다.

[24]우리는 이러한 소망 중에 구원을 받았으며 이제 우리가 소망하는 것은 보이는 것이 아닙니다 보이는 것을 누가 바랍니까?

바울은 우리가 받은 구원이 소망 중에 이루어진 것이라고 한다. 우리가 소망하는 것은 보이는 것이 아니며, 보이는 것은 아예 소망도 아니라고 한다. 아직 우리에게 주어지지 않은 몸의 구속이 바로 성도의 보이지 않는 소망이다. 지금 우리의 몸에는 질병도 있고 수치도 있고 고통도 있고 슬픔도 있고 억울함도 있고 절망도 있고 두려움도 있다. 이 모든 것들은 몸 때문이다. 몸이 없다면 이러한 탄식의 원흉들도 사라진다. 우리가 바라는 몸의 구속, 보이지 않는 소망에 대해 요한은 이렇게 기록한다. "그들은 하나님의 백성이 되고 하나님은 친히 그들과 함께 계셔서 모든 눈물을 그 눈에서 닦아 주시니 다시는 사망이 없고 애통하는 것이나 곡하는 것이나 아픈 것이 다시 있지 아니하리니 처음 것들이 다 지나갔기 때문이라"(계 21:3-4). 우리는 바로 이것을 소망한다. 성경은 이 소망을 내밀며 우리에게 취하라고 한다.

[25]만약 우리가 보이지 않는 것을 바란다면 우리는 인내하며 기다려야 할 것입니다

몸의 구속을 바라는 사람의 태도에 대해 바울은 인내와 기다림을 권면한다. 몸의 구속에 빨리 도달하고 싶어서 과속하는 제한속도 위반은 금물이다. 주님께서 우리 각자에게 허락하신 인생의 정해진 길이를 인내와 기다림 속에서 다 채우는 것이 인간의 본분이다. 소망은 우리에게 인내와 기다림을 필히 요구한다. 물론 소망을 버리면 인내도 필요하지 않고 기다림도 필요하지 않다. 이런 홀가분한 인생을 위해 소망과의 결별을 추구하는 사람들도 있다. 그러나 바울은 성도가 가진 소망은 보이지 않는 몸의 구속이며 이것을 끝까지 붙들되 인내하며 기다릴 것을 권면한다. 인내와 기다림은 소망의 몸값을 키우고 그 소망을 더욱 설레고 아름답게 만드는 비

결이다. 인내와 기다림의 길이가 길어지면 인생의 향기도 숙성된다.

> ²⁶이와 같이 우리는 마땅히 추구할 바가 무엇인지 알지 못하므로
> 성령 자신도 우리의 연약함을 도우시되 성령이 형언할 수 없는 탄식으로
> 우리를 위해 친히 간구해 주십니다 ²⁷성령은 성도를 위해 하나님을 향하여
> 간구해 주시므로 마음을 살피시는 분이 성령의 생각을 아십니다

바울은 우리가 마땅히 추구할 바가 무엇인지 모른다고 한다. 이러한 무지의 해결책은 성령의 도우심에 있다. 성령은 우리의 연약함을 기꺼이 도우신다. 말할 수 없는 탄식으로 우리를 위해 하나님을 향하여 구하신다. 그래서 하나님은 우리의 마음을 살피시는 분이지만 우리의 생각이 아니라 성령의 생각을 받으신다. 여기에서 우리는 몇 가지의 교훈을 주목해야 한다.

첫째, 성령은 우리의 도움이다. 다양한 연약함을 가진 사람들, 즉 몸이 연약한 사람도, 지식이 부족한 사람도, 재물이 빈궁한 사람도, 신분이 비천한 사람도 두려워할 필요가 없고 위축되지 않아도 되는 근거는 성령의 도우심에 있다. 성령의 도우심은 사람들 사이의 모든 우열과 차별을 제거한다. 성령의 도우심을 따라 살아가는 사람은 모두가 동일하게 기쁘고 행복하다. 그러나 성령의 도우심을 구하지 않으면 세상의 차별이 실질적인 차별로 작용한다.

둘째, 부패한 우리의 기호와 가치관은 일그러져 있다. 정상이 아니라는 이야기다. 마땅히 추구해야 할 것은 각자의 기호와 가치관이 결정한다. 그런데 우리는 마땅히 추구할 대상을 모른다고 바울은 단정한다. 기호와 가치관의 변질은 죄 때문이다. 변질된 기호와 가치관을 가지고 있지만 인간은 여전히 우리의 기호를 따라 무언가를 추구하고 우리의 가치관을 따라 선택한다. 기호가 충족되지 않고 가치관을 벗어나면 분노와 불평을 쏟아

낸다. 자신의 기형적인 뜻이 성취될 때까지 포기하지 않고 그 뜻 추구에 매달린다. 그러나 우리가 마땅히 추구할 바는 성령이 아신다고 한다. 그 성령께서 우리를 위해 하나님을 향해 간구해 주신다고 한다. 간구의 내용이 우리의 기호나 가치관과 충돌하는 때도 있겠지만 그때마다 우리는 우리의 소원을 접고 성령의 소욕을 따라 우리의 인생을 내맡겨야 한다.

셋째, 온 세상은 성령의 이끄심에 따라 움직인다. 이에 발맞추어 우리는 성령께서 우리를 위해 형언할 수 없는 탄식으로 하나님께 간구하는 내용을 중심으로 살아가야 한다. 1543년 코페르니쿠스는 『천구의 회전에 대해』(De revolutionibus orbium coelestium)란 책을 저술했다. 거기에서 저자는 지구가 우주의 중심이고 태양과 달과 별들이 모두 지구를 중심으로 돈다는 생각의 오류를 지적하고 지구가 태양을 중심으로 돈다는 사실을 주장했다. 이것을 코페르니쿠스적 혁명이라 한다. 사람들은 자신을 우주의 중심으로 이해한다. 그래서 자기를 중심으로 살아간다. 이에 대해 성경은 반박한다. 인간이 아니라 하나님이 우주의 중심이고 인생의 중심이라 한다. 이것은 생각의 혁명이다. 이러한 우주의 질서를 인정하고 순응하는 자는 지혜롭다.

넷째, 하나님은 우리의 생각이 아니라 성령의 생각을 완벽하게 아시고 그대로 받으신다. 하나님은 우리의 마음을 살피신다. 그런데 우리의 부패한 생각이 하나님께 알려지면 대단히 곤란하다. 육신의 생각은 사망이기 때문에, 나의 생각을 주님께서 받으시면 나와 이웃에게 무서운 일들이 많이 발생한다. 그러나 성령의 의롭고 선한 생각을 받으시기 때문에 안심해도 된다. 성령의 생각은 무엇인가? 성령이 우리에게 임하시면 나타나는 현상을 관찰하는 그의 생각이 확인된다. "오직 성령이 너희에게 임하시면 너희가 권능을 받고 예루살렘과 온 유대와 사마리아와 땅 끝까지 이르러 내 증인이 되리라 하시니라"(행 1:8). 이 말씀처럼 우리가 온 세상에 복음을 전파하는 증인이 되는 것이 바로 성령의 생각이다. 성령의 생각은 복음의 전파로 말미암아 하나님의 아들들이 나타나는 것이며 이로써 모든 피조물은 탄식과 고통에서 해방되어 영광의 자유에 도달하는 것과 연결되는 생각이다.

롬 8:28-39

²⁸우리가 알거니와 하나님을 사랑하는 자 곧 그의 뜻대로 부르심을 입은 자들에게는 모든 것이 합력하여 선을 이루느니라 ²⁹하나님이 미리 아신 자들을 또한 그 아들의 형상을 본받게 하기 위하여 미리 정하셨으니 이는 그로 많은 형제 중에서 맏아들이 되게 하려 하심이니라 ³⁰또 미리 정하신 그들을 또한 부르시고 부르신 그들을 또한 의롭다 하시고 의롭다 하신 그들을 또한 영화롭게 하셨느니라 ³¹그런즉 이 일에 대하여 우리가 무슨 말 하리요 만일 하나님이 우리를 위하시면 누가 우리를 대적하리요 ³²자기 아들을 아끼지 아니하시고 우리 모든 사람을 위하여 내주신 이가 어찌 그 아들과 함께 모든 것을 우리에게 주시지 아니하겠느냐 ³³누가 능히 하나님께서 택하신 자들을 고발하리요 의롭다 하신 이는 하나님이시니 ³⁴누가 정죄하리요 죽으실 뿐 아니라 다시 살아나신 이는 그리스도 예수시니 그는 하나님 우편에 계신 자요 우리를 위하여 간구하시는 자시니라 ³⁵누가 우리를 그리스도의 사랑에서 끊으리요 환난이나 곤고나 박해나 기근이나 적신이나 위험이나 칼이랴 ³⁶기록된 바 우리가 종일 주를 위하여 죽임을 당하게 되며 도살 당할 양 같이 여김을 받았나이다 함과 같으니라 ³⁷그러나 이 모든 일에 우리를 사랑하시는 이로 말미암아 우리가 넉넉히 이기느니라 ³⁸내가 확신하노니 사망이나 생명이나 천사들이나 권세자들이나 현재 일이나 장래 일이나 능력이나 ³⁹높음이나 깊음이나 다른 어떤 피조물이라도 우리를 우리 주 그리스도 예수 안에 있는 하나님의 사랑에서 끊을 수 없으리라

❖ ❖ ❖

²⁸우리가 아는 것은 모든 것들이 하나님을 사랑하는 자 곧 그의 작정대로 부르심을 받은 자들에게 합력하여 선을 이룬다는 것입니다 ²⁹하나님은 미리 아신 자들로 하여금 자신의 아들의 형상을 본받게 하여 그 아들이 많은 형제들 중에서 맏이가 되게 하시려고 그들을 예정하고 ³⁰예정하신 그들을 또한 부르시고 부르신 그들을 또한 의롭다 하시고 의롭다 하신 그들을 또한 영화롭게 하셨습니다 ³¹그러므로 우리가 이 일들에 대해 무슨 말을 할 것입니까? 만일 하나님이 우리를 위하시면 누가 우리를 대적할 것입니까? ³²진실로 자신의 아들도 아끼지 않으시고 우리 모두를 위해 그를 넘겨주신 분께서 어떻게 그 아들과 함께 모든 것을 우리에게 기꺼이 주시지 않을까요? ³³하나님이 택하신 자들에 대해 누가 고발할 것입니까? 하나님은 의롭다고 하신 분입니다 ³⁴누가 정죄할 것입니까? 그리스도 예수는 죽으셨을 뿐만 아니라 더욱이 다시 살아나신 분입니다 그는 하나님의 우편에 계시면서 우리를 위해 간구하고 계십니다 ³⁵누가 우리를 그리스도의 사랑에서 끊습니까? 환란이나 곤고나 핍박이나 기근이나 헐벗은 상태나 위험이나 칼입니까? ³⁶기록된 것처럼 "우리가 당신을 위해 종일 죽임을 당하고 도살될 양들처럼 여김을 받는다"고 함과 같습니다 ³⁷하지만 이 모든 일에서 우리는 우리를 사랑하고 계신 분으로 말미암아 압도적인 승리를 얻습니다 ³⁸내가 확신하는 것은 사망도 생명도 천사들도 권세들도 현재의 일들도 장래의 일들도 능력도 ³⁹높음도 깊음도 다른 어떠한 피조물도 우리를 우리 주 그리스도 예수 안에 있는 하나님의 사랑에서 분리시킬 수 없다는 것입니다

하나님의 선하심

피조물의 소망은 하나님의 아들들이 나타나고 그들에게 주어지는 영광의 자유에 이르는 것이라고 했다. 피조물은 그런 소망만 가지고 있지 않고 하나님의 아들들이 나타나는 일에 전적으로 협조한다. 바울은 모든 만물과 역사가 하나님을 사랑하는 자들에게 선을 이루는 방향을 따라 합력할 것이라고 한다. 그 협력의 현상은 아들의 생명도 아끼지 않으시고 내어주신 하나님이 계획하신 일이며 그분이 친히 이루시는 것이라고 한다. 나아가 하나님의 아들들이 나타나는 것의 구체적인 내용은 하나님의 작정을 따라 부르심을 받고 하나님을 사랑하는 자들이 하나님의 아들의 형상을 온전히 본받음에 있다. 여기에서 우리는 만물이 고대하는 바 하나님의 아들들이 나타나는 것은 아들들의 숫자만이 아니라 아들다운 아들들의 나타남도 의미함을 확인한다. 이 아들의 형상을 온전히 이루는 일에 모든 것들이 기여한다.

²⁸우리가 아는 것은 모든 것들이 하나님을 사랑하는 자 곧 그의 작정대로 부르심을 받은 자들에게 합력하여 선을 이룬다는 것입니다

바울은 교회 공동체의 공공연한 지식을 소개한다. 즉 모든 것들이 하나님을 사랑하는 자 곧 그의 작정대로 부르심을 받은 자들에게 합력하여 선을 이룬다는 사실이다. 여기에서 "선"의 의미는 무엇인가? 이 선은 사람의 선이 아니라 하나님의 선을 의미한다. 그것은 29절에 언급되어 있는 하나님의 아들 형상 본받기와 39절에 기록된 그리스도 안에 있는 하나님의 사랑이다. 즉 모든 것들은 하나님을 사랑하는 자들에게 하나님의 아들 형상을 닮아가게 하고 그리스도 안에 있는 하나님의 사랑을 이루는 비유이며 준비이며 수단이다.

여기에서 선을 이루는 "모든 것들"의 범위는 천사와 인간과 사물과 사건과 시간과 공간을 포괄한다. 모든 것들의 구체적인 내용은 35절에서 39절까지 열거되어 있다. 대부분의 내용을 보면 사람들이 싫어하고 경계하며 피하고 싶어하는 부정적인 것들이다. 그래서 악과 저주의 내용으로 분류되는 것들조차 하나님을 사랑하는 자에게는 선을 이룬다는 말은 우리가 선뜻 수용하기 어려운 내용이다. 그런데도 바울은 단언한다. 아름다운 것과 추한 것, 의로운 것과 불의한 것, 진실된 것과 거짓된 것, 강한 것과 약한 것, 유쾌한 것과 불쾌한 것, 지나간 것과 지나갈 것, 소득과 손실, 기쁨과 슬픔, 건강과 고통, 빛과 어둠, 선과 악, 친구와 원수를 불문하고 모든 것들이 어떤 식으로든 결국에는 하나님을 사랑하는 자에게 유익이다. 주변의 환경만이 아니라 앞장에서 고백한 사망의 몸에 빠진 "곤고한 사람"의 상태, 즉 자신의 절망적인 본성도 결국에는 선을 이루는 항목에 포함된다. 그러므로 하나님의 사람에게 절망이란 없다. 이는 세상과 인생을 이해함에 있어서 관점의 거대한 전환이다.

여기에서 하나님을 사랑하는 자(28절)와 하나님의 작정대로(κατὰ

$\pi\rho\acute{o}\theta\epsilon\sigma\iota\nu$) 부르심을 받은 자(28절)는 동격으로 이해된다. 하나님의 작정은 하나님의 부르심을 받은 자의 사랑에 선행한다. 하나님의 부르심도 그 사랑에 선행한다. 이는 다른 사도들도 동의하는 내용이다. 요한은 "우리가 하나님을 사랑한 것이 아니요 하나님이 우리를 사랑"하신 것이며(요일 4:10), "너희가 나를 택한 것이 아니요 내가 너희를 택하여 세웠"(요 15:16)다고 했다. 이처럼 사도들은 사랑의 주도성과 우선성을 중요하게 생각했다. 바울은 "하나님을 사랑하는 자"라는 표현 직후에 "그의 작정대로 부르심을 받은 자들"이란 표현을 추가한다. 이로써 그는 우리가 하나님을 사랑하니 하나님이 그 보답 차원에서 모든 것들이 합력하여 선을 이루도록 하신다는 오해를 방지한다. 또한 만물의 협력적인 선은 인간의 공로에 근거하지 않고 하나님의 우선적인 은혜임을 강조한다.

²⁹하나님은 미리 아신 자들로 하여금 자신의 아들의 형상을 본받게 하여
그 아들이 많은 형제들 중에서 맏이가 되게 하시려고 그들을 예정하고
³⁰예정하신 그들을 또한 부르시고 부르신 그들을 또한 의롭다 하시고
의롭다 하신 그들을 또한 영화롭게 하셨습니다

이 구절은 하나님의 작정을 따라 부르심을 받고 하나님을 사랑하는 자들에게 모든 것을 통해 이루시는 신적인 선의 첫 번째 내용 즉 하나님의 아들의 형상 본받음을 언급한다. 앞에서 우리는 만물의 소망이 하나님의 아들들이 나타나는 것이라고 했다. 이것은 예수 믿고 천당 가는 기복적인 요소를 넘어 하나님의 아들다운 아들들의 나타남과 연관되어 있다. 하나님의 아들다운 아들은 그리스도 예수의 형상을 본받은 아들이다. 만물이 고대하는 것은 바로 그런 아들들의 출현이다. 우리 주변에서 경험하는 모든 사건과 사물과 상태는 모두 우리가 하나님의 아들다운 아들로서 그 아

들의 형상을 온전히 이루는 일에 기여한다. 우리에게 주어진 환경과 일어나는 모든 일을 소득과 손해, 성공과 실패, 승진과 강등 등의 관점에서 해석하면 그 모든 것들의 의미와 본질을 필히 오해하고 왜곡하게 된다.

태초에 하나님이 창조하신 모든 만물의 존재와 존속은 인간의 유익을 위함이고 인간이 하나님께 영광의 찬미가 되게 하기 위함이다. 인간을 위해 이루어진 6일간의 창조는 결국 창조주 하나님을 기념하기 위해 거룩하게 구별된 제 칠일의 안식으로 수렴된다. 인간의 진정한 안식은 우리의 안식처 되신 그리스도 안에 거함이다. 이 거함은 물리적인 공간의 거함이 아니라 인격의 닮음이다. 우리의 인격과 신앙이 그리스도 예수의 형상 안에 온전히 거하는 영적인 닮음이 곧 인간의 본질적인 안식이다. 그래서 우리는 이 세상의 모든 만물과 모든 상황이 에덴에 거하는 지리적인 안식이 아니라 에덴보다 더 아늑한 그리스도 안에서의 인격적인 안식을 위한 수단임을 로마서 8장의 문맥에서 확인한다.

하나님의 아들의 형상을 닮아가는 인생의 목적은 급조된 것이 아니라 창세 전부터 계획된 일이었다. 그래서 바울은 그 형상을 닮아갈 사람들을 "미리 아신 자들"(οὓς προέγνω)이라 명명한다. "미리 안다"는 말은 어떤 시점 이전에 인지하고 있었다는 것을 의미한다. 성경에 "안다"는 것은 대체로 사랑의 관계성과 연결된 낱말이다. 이와 더불어 문맥을 고려할 때 "미리 아신 자들"은 하나님이 미리 사랑하신 자들, 그래서 하나님을 사랑하는 자들을 의미할 가능성이 높다. 하나님을 사랑하는 자들 중에 아담이 포함되어 있다면 그 아담도 하나님은 그 이전에 아셨을 것이기 때문에 "미리 아심" 혹은 "사랑"의 기원은 창조 이전으로 소급된다.

하나님은 미리 아신 자들의 인생을 미리 정하셨다. 그 예정의 방향은 그들이 하나님의 아들의 형상을 본받는 것이고 이로써 그 아들은 많은 형제들 중에 맏아들이 되는 것이었다. 아들의 형상 자체는 그리스도 예수이고 그 형상을 본받는 것은 그리스도 예수 본받음을 의미한다. 하나님을 사랑하는 사람들이 추구하는 인생의 방향과 목적은 그리스도 예수 모방이다. 최소한 바울은 그렇게 이해했다. 나아가 그런 인생을 치열하게 추구했다. 그런 인생의 성취도에 대해서는 이렇게 표명한다. "내가 산 것이 아니요 오직 내 안에 그리스도께서 사신 것이라"(갈 2:20). 예수 본받기는 그분이 내 안에 사시는 수준까지 이르러야 한다. 이는 예수님의 지성이나 어법이나 행위의 본받기를 넘어선다. 우리가 예수와 함께 죽고 예수와 함께 살아서 그의 죽음과 부활에 동참하는 차원의 본받기다. 완전한 연합이다. 이는 전인적인 차원에서 이루어진 예수 본받기의 절정이다. 이것이 또한 인간이 누리는 최고의 안식이다. 다른 목표를 정해 놓고 그 방향으로 달려가는 인생은 영원한 불행이다.

하나님의 아들의 형상을 본받도록 예정된 자들의 본격적인 인생은 하나님의 부르심과 함께 시작된다. 여기에서 부르심은 단순히 복음을 귀로 듣는 정도가 아니라 복음에 대한 청자의 긍정적인 반응을 수반한다. 많은 사람이 부르심을 받지만 그들의 상당수는 그 부르심을 거부한다. 이 사실을 예수님은 어떤 비유를 언급하는 중에 지적한다. "청함을 받은 자는 많되 택함을 입은 자는 적으니라"(마 22:14). 이는 유효한 부름이 택함과 연동되어 있음을 의미한다. 즉 복음의 증인을 통한 외적인 부르심을 받은 모든 사람들이 모두 하나님의 택하심을 받은 것은 아님을 암시한다. 부르심을 받은 소수가 택하심을 받은 유효적 부르심(vocatio efficax)의 수혜자다. 부르심은 비록 인간의 반응이 따르는 것이지만 인간의 어떤 공로나 자격이나 조건에 근거하지 않고 하나님의 은혜로운 택하심에 근거한다. 택하심이 없이는 부르심도 없다.

부르심의 방식은 단일하지 않고 다양하다. 하나님은 설교를 통해, 독서를 통해, 삶의 모범을 통해, 기적의 체험을 통해, 구제를 통해, 어떠한 매개물도 없이 하나님의 직접적인 개입을 통해, 절망의 벼랑으로 내몰리는 상황을 통해, 극악한 죄악을 저질러서 생을 마감해야 하는 상황을 통해 예정하신 자들을 부르신다. 만사에서 불필요한 사건은 없고 만물 중에서 무의미한 피조물도 없다. 모든 것들이 부르심의 도구로서 어떤 식으로든 쓰이기 때문이다.

하나님의 부르심에 믿음으로 합한 사람이 받는 하나님의 후속적인 은혜는 의롭다 하심이다. 의롭다 하심은 부르심을 받은 자들의 믿음으로 말미암아 주어지는 선물이다. 여기에서 믿음은 의롭다 하심의 공로나 근거가 아니라 외적인 수단 혹은 형식적인 조건이다. 의롭다 하심의 공로와 근거는 예수의 생명이다. 값없이 의롭다 하시는 하나님의 은혜는 믿음으로 말미암아 의롭다 하시는 방식을 따라 우리에게 주어진다. 인간의 자랑이 끼어들 여지는 전무하다. 욥기에 기록된 수아 사람 빌닷의 증언이다. "하나님 앞에서 사람이 어찌 의롭다 하며 여자에게서 난 자가 어찌 깨끗하다 하랴 보라 그의 눈에는 달이라도 빛을 발하지 못하고 별도 빛나지 못하거든 하물며 구더기 같은 사람, 벌레 같은 인생이랴"(욥 25:4-6). 구더기와 벌레 같은 인생에게 하나님 앞에서의 의로움은 어울리지 않는 장식이다. 그럼에도 불구하고 주님께서 아무런 공로도 조건도 자격도 없는, 오히려 만물보다 거짓되고 심히 부패한 인간을 의롭다고 하시는 것은 너무나도 과분한 은총이다.

의롭다 하신 자들을 하나님은 영화롭게 하신다고 한다. 이것은 장차 우리가 그리스도 예수와 함께 받게 될 영광을 의미한다. 내가 보기에 의롭다 하심과 영화롭게 하심은 하나님의 아들의 형상 본받기의 필수적인 과정이다. 의롭다 하심과 영화롭게 하심 사이의 과정을 대부분의 신학자는 성화 즉 거룩하게 하심의 과정으로 인식한다. 이 과정에서 하나님의 부르심을 받은 모든 사람은 모든 것을 통해 그 아들의 형상을 계속해서 본받는다. 지금까지 언급한 내용을 열거하면, 미리 아시는 예지, 하나님의 아들의 형상을 본받게 하시려는 예정, 성령의 도우심에 따른 유효적 부르심, 예수님의 죽음과 부활에 근거한 의롭다 하심, 하나님의 섭리를 따라 모든 것들이 합력하여 이루시는 거룩하게 하심과 영화롭게 하심은 신학적인 표현을 빌리자면 포괄적인 "구원의 순서 혹은 서정"(ordo salutis)이다. 하나님의 구원은 이런 서정(예지, 예정, 소명, 칭의, 성화, 영화의 과정)을 따라 주어진다. 물론 이 순서들이 사람들의 눈에 가시적인 형태로 다 나타나는 것은 아니라고 생각한다.

[31]그러므로 우리가 이 일들에 대해 무슨 말을 할 것입니까?
만일 하나님이 우리를 위하시면 누가 우리를 대적할 것입니까?

하나님을 사랑하는 자들에 대한 구원의 모든 과정에 대해 바울은 무슨 말을 할 것인지에 대해 고민한다. 이러한 일들의 의미는 무엇인가? 구원은 정해진 일이니까 마음대로 살아도 된다는 의미가 아니었다. 고민 끝에 바울이 꺼낸 말은 하나님이 우리를 위하시기 때문에 누구도 우리를 대적하지 못한다는 사실이다. 이것은 시편의 인용이다. "여호와는 내 편이시라 내가 두려워하지 아니하리니 사람이 내게 어찌할까?"(시 118:6). 하나님은 우리를 미리 아시고 사랑하사 택하시고 부르시고 의롭다고 하시고 영화롭게 하시는 우리의 편이시다. 그런 여호와가 "내 편"이라는 말은 우리가 의지해도 되는 분이시고(시 56:4), 우리를 돕는 분이심을 의미한다(히 13:6). 우리에게 의지할 대상과 도울 원조자가 없으면 대적하는 사람들에 대한 두려움은 당연히 발생한다. 그런데 바울은 아무도 우리를 대적할 수 없고 누구도 두려워할 필요가 없다고 주장한다. 이는 하나님의 도우심을 바라고 하나님을 의지하면 두려움이 사라지기 때문이다.

그러나 하나님이 우리를 위한다는 사실을 망각하는 순간 원수들은 우리를 대적하고 우리는 두려움에 떤다. 그러므로 우리는 하나님에 대한 전적인 신뢰와 의존, 그분만이 우리를 도우시는 분이라는 확신이 필요하다.

이로써 바울은 외부의 적들에 대한 두려움의 문제를 하나님이 우리를 위한다는 사실에 근거하여 해결한다. 그러나 하나님이 우리를 위한다는 말의 의미는 무엇인가? 그 말은 우리가 죄를 지어도 편들어 주신다는 의미가 아니라 하나님이 우리를 그 아들의 형상대로 빚으심을 의미한다. 하나님은 우리가 아들의 형상을 본받는 일에 모든 것을 동원하여 도우신다. 그렇다면 누가 하나님이 도우시는 아들의 형상 본받기를 훼방할 수 있겠는가? 이러한 우리의 영적 전쟁은 하나님에 의해 승리가 보장된 싸움이다.

³²진실로 자신의 아들도 아끼지 않으시고 우리 모두를 위해 그를 넘겨주신 분께서 어떻게 그 아들과 함께 모든 것을 우리에게 기꺼이 주시지 않을까요?

이제 바울은 우리에게 필요한 것의 문제를 거론한다. 하나님은 우리의 의롭다 하심을 위해 자신의 생명보다 소중한 아들을 아끼지 않으셨다. 아들의 생명은 은혜의 마지막 카드인데 그것조차 기꺼이 주신 마당에 무엇이 아까워서 우리에게 주시지 못할 것이 있겠는가? 바울은 하나님이 아들과 함께 모든 것들을 우리에게 기꺼이 주시는 분이라고 한다. 하나님의 사람들 중에는 적잖은 분들이 예배를 드리고 성경을 공부하고 봉사를 하고 전도를 하고 구제를 하고 헌금을 하나님께 드릴 때에 인색하고 아까운 마음으로 한다. 그러한 태도를 가지는 이유는 하나님의 풍성하고 무한한 베풂을 알지도 못하고 경험한 적도 없기 때문이다. 하나님은 우리에게 무엇이든 후히 주는 분이시다. 자기 자신도 지극히 큰 상급으로 우리에게 주는 분이시다.

이런 하나님을 경험하지 못하는 이유는 무엇인가? 우리가 타인에게 베풀지 않기 때문이다. "주라 그리하면 너희에게 줄 것이니 곧 후히 되어 누르고 흔들어 넘치도록 하여 너희에게 안겨 주리라"(눅 6:38). 이 땅에서 베푸는 것은 하늘에서 베푸는 것을 경험하는 은혜의 마중물과 같다. 하나님은 보이는 물질만이 아니라 보이지 않는 지혜도 후히 베푸신다(약 1:5). 하나님이 자신의 아들을 주셨다는 것은 이처럼 보이는 것이든 보이지 않는 것이든 그 어떠한 것도 아끼지 않고 기꺼이 주겠다는 강력한 후원의 표명이다.

이처럼 측량할 수 없도록 막대한 후원의 목적은 무엇인가? 하나님의 이러한 전폭적인 후원은 우리의 부와 명예와 형통이 아니라 앞에서 바울이 언급한 것처럼 하나님의 아들들이 나타나서 우주와 만물의 소망을 성취하는 교회의 숙명적인 책임을 완수하기 위함이다. 이 사명의 완수에 하나님의 후원은 결코 부족함이 없다. 이에 대한 바울의 확신이다. "나의 하나님이 그리스도 예수 안에서 영광 가운데 그 풍성한 대로 너희 모든 필요를 채워 주시리라"(빌 4:19). 여기에서 필요(χρεία)는 위장의 필요가 아니라 사명의 완수를 위한 필요를 의미한다. 복음의 전파와 범우주적 소망의 성취라는 사명의 입을 크게 벌리면 주께서 필요의 어떠한 빈틈도 없이 빼곡하게 채우신다. 물론 하나님은 무엇을 먹을까 무엇을 마실까 무엇을 입을까에 대한 의식주의 필요도 다 아시고 넉넉히 채우신다.

³³하나님이 택하신 자들에 대해 누가 고발할 것입니까?
하나님은 의롭다고 하신 분입니다 ³⁴누가 정죄할 것입니까?
그리스도 예수는 죽으셨을 뿐만 아니라 더욱이 다시 살아나신 분입니다
그는 하나님의 우편에 계시면서 우리를 위해 간구하고 계십니다

이제 바울은 고발과 정죄에 대한 사안을 논의한다. 그의 주장에 의하면, 하나님이 택하신 자들의 죄에 대해 더 이상의 기소와 상고심은 없다. 하늘의 절대적인 심판자가 택하신 자들에 대해 "의롭다"는 판결을 이미 내렸기 때문이다. 비록 고발을 하더라도 유죄의 판결이 내려질 가능성은 없

다. 이는 택하신 자들을 의롭다고 하신 무죄의 근거로서 그들이 죽어 마땅한 죄로 인하여 예수님이 대신 죽으셨기 때문이다. 사형은 죄인에게 내려질 수 있는 최고의 형량이다. 완전한 하나님과 완전한 인간 되시는 예수의 사형은 모든 죄를 제거했다. 이미 집행된 예수의 사형으로 인해 최고의 법인 하나님의 말씀을 따라 최상의 법정인 하나님의 보좌 앞에서 최종적인 판결자인 하나님의 판결봉이 이미 무죄를 두들겨서 종결된 사안을 번복할 다른 상위의 법이나 법정이나 재판관이 이 세상에는 없다.

더군다나 죽임을 당하신 예수님은 다시 사셨으며 지금은 하나님의 우편에 계시면서 우리를 위해 변호사와 증인이 되셔서 우리에게 가해질 어떠한 고발과 정죄도 친히 막으신다. 최고형을 당하신 당사자가 더 이상 죄 문제는 없다고 증언하면 모든 고발과 정죄는 효력을 상실한다. 그러므로 의심하지 말고 근심하지 말라. 죄의 완전한 사하심 때문에 이제는 아무리 탈탈 털어도 하나님 앞에서는 유죄의 먼지가 나오지 않는 상황이다. 그런데 여기에서 한 가지를 경계해야 한다. 그것은 더 이상의 고발과 정죄가 없다는 이유로 이 세상에서 방종과 방탕의 삶을 살아가는 것이다. 이것은 잘못이다. 이 땅에서의 법을 지키지 않으면 세상은 우리를 고발하고 정죄한다. 주님의 교훈이다. "진실로 네게 이르노니 네가 한 푼이라도 남김이 없이 다 갚기 전에는 결코 거기서 나오지 못하리라"(마 5:26). 이처럼 하나님 앞에서의 고발과 정죄가 완전히 해결된 교회라 할지라도 하나님의 뜻과 상충되지 않는 이 땅의 모든 법은 "한 푼"의 차원까지 반드시 온전히 준수해야 한다.

³⁵누가 우리를 그리스도의 사랑에서 끊습니까? 환란이나 곤고나 핍박이나 기근이나 헐벗은 상태나 위험이나 칼입니까? ³⁶기록된 것처럼 "우리가 당신을 위해 종일 죽임을 당하고 도살될 양들처럼 여김을 받는다"고 함과 같습니다

바울은 이제 모든 것이 합력하여 이루는 선으로서 그리스도 예수로 말미암아 주어지는 하나님의 사랑을 언급한다. 그 사랑의 본질과 크기와 무게와 길이와 상태를 상세하게 설명하되 그것을 위협하는 요소들과 결부시켜 한다. 먼저 환란(θλῖψις)이다. 이것은 외적인 환경과 요인에 의해서 주어지는 압박과 고난을 의미한다. 곤고(στενοχωρία)는 스스로 제어할 수 없는 내면의 극심한 걱정과 불안을 의미한다. 기근은 흉년이나 먹을 양식의 약탈로 굶주리는 고통을 의미한다. 핍박(διωγμός)은 삶을 괴롭혀서 고통을 초래하는 원인을 의미한다. 기근(λιμός)은 흉년이나 먹을 양식의 약탈로 굶주리는 고통을 의미한다. 헐벗은 상태(γυμνότης)는 신체적, 사회적, 양심적, 경제적 수치를 가리는 수단이 없는 상태를 의미한다. 위험(κίδυνος)과 칼(μάχαιρα)은 같은 의미로 신체적인 고통과 죽음을 초래하는 외부의 위협을 의미한다. 이러한 위협의 요소들은 구약의 시대에나 신약의 시대에나 동일하게 교회가 경험하고 있는 것들이다. 때로는 하나씩, 때로는 동시에 하나님의 택하신 자들을 위협하는 것들이다. 그런데 이 모든 것은 그리스도 예수의 사랑에서 우리를 끊어내지 못한다고 바울은 단언한다. 그리스도 예수의 사랑은 이러한 요인들이 초래하는 최종적인 결과로서 죽음보다 강력하기 때문이다. 주님과 교회의 사랑을 노래한 아가서의 기록이다. "사랑은 죽음 같이 강하고"(아 8:6). 선지자와 사도들과 기독교의 역사에 등장한 믿음의 선배들을 보면, 사랑은 실재로 죽음보다 더 강력했고 더 위대했다. 이러한 사랑을 증명한 사랑의 거인들 중에 나는 세 사람을 언급하고 싶다. 주님을 사랑하기 때문에 바울은 주님께서 주신 사명의 완수를 위해서는 목숨을 조금도 귀한 것으로 여기지 않았으며(행 20:24), 주님의 영광이 욕되지 않도록 모세는 하나님의 백성이 하나님의 진노에 의해 멸망을 당하는 일이 발생하지 않도록 그들의 죄 용서를 구하며 생명책에 기록된 자신의 이름을 걸었으며(출 32:32), 주님의 성품이 너무나도 귀하여서 다윗은 자신의 생명보다 낫다고 고백했다(시 63:3).

³⁷하지만 이 모든 일에서 우리는 우리를 사랑하고 계신 분으로 말미암아
압도적인 승리를 얻습니다

바울은 이 세상의 어떠한 것들이 하나님의 택하신 자들을 위협해도 결국
에는 그들의 압도적인 승리로 싸움이 종결될 것이라고 확신한다. 그 이유
는 우리를 사랑하고 계신 하나님께 근거한다. 비록 바울과 모세와 다윗이
하나님을 사랑하기 때문에 자신의 생명을 걸었지만 그것 때문에 세상의
위협들을 이기는 것이 아니라 우리를 향한 하나님의 사랑 때문에 이긴다
고 한다. 하나님의 사랑은 그 어떠한 것도 변경하지 못하는 최종적인 결
정이며 절대적인 사실이다. 하나님의 능력이 아니라 하나님의 이러한 사
랑을 차지하는 사람이 승리한다.

³⁸내가 확신하는 것은 사망도 생명도 천사들도 권세들도 현재의 일들도
장래의 일들도 능력도 ³⁹높음도 깊음도 다른 어떠한 피조물도 우리를 우리 주
그리스도 예수 안에 있는 하나님의 사랑에서 분리시킬 수 없다는 것입니다

바울은 어떠한 것에 의해서도 흔들림이 없는 확신의 내용을 소개한다. 즉
그 무엇에 의해서도 우리가 하나님의 사랑에서 분리되지 않는다는 사실
이다. 사랑의 관계성을 위협하는 요인들을 열거한다. 먼저 사망이다. 우리
가 죽더라도 하나님과 우리 사이에 사랑의 관계성은 지속된다. 이 사랑은
죽음에 의해서도 종결되지 않는 영원한 사랑이다. 둘째, 생명이다. 생명은
존재의 기반이다. 이 기반이 확고하면 사람들은 하나님에 대한 의존도 철
회한다. 사람들은 배가 고플 때보다 배가 부를 때에 하나님을 오히려 멀
리한다. 그러나 최고의 생명을 약속해 줄 테니 하나님의 사랑을 접으라고
유혹해도 그 사랑은 이 땅에서의 생명과도 바꿀 수 없기에 우리는 생명보

다 하나님 사랑을 선택한다. 그리고 우리와 하나님의 사랑은 진정한 인생의 본질이기 때문에 일시적인 생명이든 심지어 영원한 생명이든 우리는 그 사랑을 선택한다.

셋째, 천사이다. 인간과 구별된 영적 존재로서 천사들도 하나님과 우리의 사랑에 변수로서 관여할 수 없다고 바울은 확신한다. 넷째, 권세자다. 이 세상에서 하나님과 우리의 사랑을 변경할 권한을 가진 권세자는 없다. 아무리 큰 권세를 가졌다고 할지라도 그 권세의 주관자와 분배자가 하나님인 이상 그 누구도 그 하나님을 대적하지 않고 순응해야 하기 때문이다. 다섯째, 현재의 일들과 장래의 일들이다. 지금 캄캄한 절망의 그림자가 드리워져 있고 앞으로 소망의 기미도 보이지 않는다고 할지라도 마지막 순간까지 흔들림이 없는 것은 바로 하나님의 사랑 때문이다. 현실이 무너지고 미래가 답답해도 그 사랑은 오늘을 살아가는 동력이고 내일을 들뜨게 만드는 희망의 씨앗이다. 여섯째, 능력이다. 하나님은 전능하신 분이시다. 그래서 그 하나님의 능력을 능가하는 능력의 소유자가 이 세상에는 없기 때문에 하나님과 우리의 사랑은 견고하다.

일곱째, 높음과 깊음이다. 하나님의 사랑보다 더 고상하고 고결하고 고매한 것은 없기 때문에 그 사랑은 확고하다. 하나님의 사랑보다 더 깊고 심오하고 든든한 것은 없기 때문에 그 사랑을 뽑아낼 요인이 이 세상에는 없다. 끝으로, 어떠한 피조물도 우리를 하나님의 사랑에서 끊어내지 못한다고 바울은 선언한다. 이것이 바로 그리스도 예수 안에 있는 하나님의 사랑이다. 우리가 이 세상에서 경험하는 모든 슬픔과 아픔과 고통과 절망과 실패와 좌절과 분노와 억울함은 바로 하나님과 우리의 사랑이 어떠함을 깨닫게 하는 특별한 교실이요 수단이다.

이 세상에 존재하는 모든 만물과 일어나는 모든 일과 이어지는 모든 순간과 존재의 모든 차원이 사람들의 눈에는 비록 좋음과 싫음이 갈리지만 하나님을 사랑하는 자 곧 그의 작정을 따라 부르심을 받은 자에게는 모두 선을 이루는 일에 협력한다. 그 선이라는 것은 피조물이 고대하는 바로서 하나님의 아들들이 나타나고 그들과 하나님 사이의 지극히 높고 깊고 견고하고 영원하고 아름다운 사랑의 확증을 의미한다. 아들의 생명도 아끼지 않으시고 우리에게 주신 하나님의 공급은 불변하고 무한하고 영원하다. 파괴되고 왜곡되고 부패한 온 우주의 회복을 이루기에 전혀 부족함이 없다. 이 회복의 사명을 완수하게 하시는 우리의 든든한 후원자는 하나님 자신이다.

R

9장 교회를 다스리시는 하나님의 절대 주권

롬 9:1-8

1-2내가 그리스도 안에서 참말을 하고 거짓말을 아니하노라 나에게 큰 근심이 있는 것과 마음에 그치지 않는 고통이 있는 것을 내 양심이 성령 안에서 나와 더불어 증언하노니 **3**나의 형제 곧 골육의 친척을 위하여 내 자신이 저주를 받아 그리스도에게서 끊어질지라도 원하는 바로라 **4**그들은 이스라엘 사람이라 그들에게는 양자 됨과 영광과 언약들과 율법을 세우신 것과 예배와 약속들이 있고 **5**조상들도 그들의 것이요 육신으로 하면 그리스도가 그들에게서 나셨으니 그는 만물 위에 계셔서 세세에 찬양을 받으실 하나님이시니라 아멘 **6** 그러나 하나님의 말씀이 폐하여진 것 같지 않도다 이스라엘에게서 난 그들이 다 이스라엘이 아니요 **7**또한 아브라함의 씨가 다 그의 자녀가 아니라 오직 이삭으로부터 난 자라야 네 씨라 불리리라 하셨으니 **8**곧 육신의 자녀가 하나님의 자녀가 아니요 오직 약속의 자녀가 씨로 여기심을 받느니라

❖ ❖ ❖

1성령 안에서 내 양심이 나와 더불어 증거하는 진실을 나는 그리스도 안에서 말합니다 이것은 거짓이 아닙니다 **2**즉 나의 마음에 커다란 슬픔과 지속적인 비탄이 있다는 것입니다 **3**이는 나의 형제들 즉 혈통에 따른 친족들을 위해 내가 그리스도로부터 단절되는 것까지도 원하고 있기 때문입니다 **4**그들은 이스라엘 사람이며 아들 삼음과 영광과 언약들과 율법 세우기와 예배와 약속들이 그들에게 있습니다 **5**조상들이 그들에게 속했고 그리스도가 육체를 따라서는 그들로부터 오셨는데, 그는 만물 위에 계시며 세세에 찬양 받으실 하나님이 되십니다 아멘 **6**그러나 하나님의 말씀은 폐하여 진 것 같지 않습니다 왜냐하면 이스라엘 출신이 다 이스라엘 사람인 것은 아니기 때문입니다 **7**즉 모든 자녀가 아브라함의 씨인 것은 아니며 "이삭 안에서 너의 씨가 부름을 받을 것이라"고 했습니다 **8**다시 말하면 육신의 자녀가 하나님의 자녀가 아니며 약속의 자녀가 씨로 여김을 받는다는 것입니다

35   약속의 자녀

바울은 로마서 1장에서 8장까지 기독교의 체계적인 진리, 즉 하나님의 계시, 인간의 죄와 타락, 하나님의 의와 진노, 하나님의 새로운 의, 믿음으로 말미암는 의롭다 하심, 그리스도 예수의 죽음과 부활에의 참여, 의인인 동시에 죄인, 성령의 법, 만물과 온 인류의 회복, 온전한 구원의 로드맵, 하나님의 절대적인 사랑 등을 설명했다. 이제 바울은 9장부터 하나님의 사랑이 뜨거운 눈동자로 주목하는 교회에 대한 논의로 들어간다. 교회의 기원과 본질, 교회의 구성, 교회의 기능, 교회와 국가의 관계, 교회의 확장, 교회의 사랑 등에 대한 논의들이 이어진다. 9장은 그 교회의 기원과 본질에 대한 이야기를 창세기와 말라기 해석으로 풀어간다.

본문에서 바울은 자신의 영혼에 오랫동안 고인 의문과 아픔을 소개한다. 즉 자신의 형제와 친족이 하나님의 백성인데 하나님을 떠나 하나님의 말씀이 실패한 것처럼 보인다는 의문과 하나님께 돌아오는 회복을 위해서는 자신의 영원한 생명이 박탈되는 것도 마다하지 않겠다는 아픔이다. 이에 바울은 하나님의 자녀는 혈통적인 이스라엘 백성이 아니라 약속의 자녀라는 사실을 이해하고 하나님의 말씀이 폐하여진 것이 아니며 앞으로도 취소되지 않을 것이라는 확신을 드러낸다.

> ¹성령 안에서 내 양심이 나와 더불어 증거하는 진실을
> 나는 그리스도 안에서 말합니다 이것은 거짓이 아닙니다

바울은 9장에서 할 이야기가 거짓이 아니라 진실임을 밝히면서 기독교 진리의 새로운 주제로 접어든다. 자신의 이야기가 진실됨을 묘사하는 바울의 어법이 특이하다. 그는 거짓과 진실을 구분하는 두 가지 기준을 제시한다. 첫째, 자신의 진실은 성령 안에 거하는 양심의 증거라고 한다. 양심은 인간의 내면에 있는 작은 법정이다. 이것은 하나님을 떠난 자들에게 주어진 것으로서, 선악에 대한 도덕적 판단을 위해 마치 율법과 같은 법정의 기능을 수행하게 하는 하나님의 선물이다. 그러나 성령 안에 거하는 양심은 죄로 말미암아 거짓과 위선이 각인된 양심과는 구별된다(딤전 4:2). 그런 화인을 맞은 양심의 소유자는 "믿음에서 떠나 미혹하는 영과 귀신의 가르침"을 따르는 자들이다(딤전 4:1). 이들은 아무리 순수한 마음으로 진실을 말하려고 노력해도 거짓과 속임수만 쏟아낸다. 진리의 영이신 성령에 이끌린 양심만이 진실을 증언한다.

둘째, 바울의 진실은 그리스도 안에서의 진실이다. 그리스도 예수는 진리 자체이기 때문에 그분 안에는 어떠한 거짓과 속임수도 없다. 그리스도 안에서의 말은 진리이신 그분 속으로 완전히 들어간 상태 속에서 이루어진 증언이다. 이는 신앙적인 고수만이 할 수 있는 증언이다. 말한다는 것은 무의식적 일상이다. 그리스도 안에서 말한다는 것은 꾸미거나 의식함도 없이 진실을 말하는 화술의 경지를 의미한다. 나아가 바울의 진실은 "자신과 더불어" 증언하는 진실이다. 즉 그 진실은 바울 자신의 의식적인 동의 속에서 나오는 증언이다. 이처럼 바울의 진실은 성령 안에서의 양심과 그

리스도 안에서의 말하기와 자신의 의식적인 동의가 어우러진 진실이다. 이것은 진실한 증언의 성경적인 공식이다. 진리와 진리의 영과 증언자의 동의! 이 공식에 어긋난 진실은 진실의 옷을 입은 거짓일 가능성이 높다.

사실 인간이 진실을 말한다는 것은 인간 자신에 의해 이루어질 수 없는 일이기 때문에 기적이다. 이는 인간의 마음은 만물보다 거짓되고 부패했기 때문이다(렘 17:9). 부패한 마음에서 나오는 말은 부패한 증언이다. 그런데 오직 성령 안에서만 그 썩은 마음이 회복된다. 인간의 마음은 만물보다 심히 거짓되다. 거짓된 마음에서 나오는 모든 말은 거짓된 증언이다. 이토록 심각한 거짓의 얼룩은 그리스도 안에서만 지워진다. 그러므로 만물보다 거짓되고 부패한 인간이 거짓이 없고 부패하지 않은 진실을 말하려면 그 양심이 성령 안에 거하면서 그리스도 안에서 말하여야 한다. 나아가 그것을 우리 각자가 의식하고 동의해야 진실이다.

[2]즉 나의 마음에 커다란 슬픔과 지속적인 비탄이 있다는 것입니다

바울이 고백한 진실은 그의 마음에 커다란 슬픔과 지속적인 고통이 있다는 사실이다. 사실 '그러려니' 반응 이상의 공감대를 얻기 어려운 마음의 슬픔과 고통은 늘 고독하다. 지혜자도 이렇게 기록한다. "마음의 고통은 자기가 알고 마음의 즐거움도 타인이 참여하지 못하도다"(잠 14:10). 타인에게 뭔가 대단한 공감과 위로를 기대하는 것은 부부 사이에도 금물이다. 뭇 사람의 가슴에 깃든 슬픔과 고통의 유일한 위로자는 "마음의 비밀"을 아시는 주님이다(시 44:21). 그래서 바울은 사람이 아니라 하나님이 자신의 마음에 증인이 되신다는 사실에서 충분한 위로를 확보한다(빌 1:8). 사람들이 몰라줘도 하나님이 우리의 마음을 자신의 손바닥 보듯이 훤히 감찰하고 계신다는 사실에 근거하여 늘 기뻐하고 감사하는 것이 올바른 신앙이다.

항상 기뻐하고 범사에 감사할 것(살전 5:16-18)을 가르친 사도가 커다란 슬픔과 지속적인 고통을 마음에 가지고 있다는 모순이 불편한 사람들이 있다. 사실 핍박과 모독 속에서도 기뻐하고 즐거워할 것을 가르치신 예수님도 바울처럼 "슬퍼하사 내 마음이 심히 고민하여 죽게" 되었다는 고민을 쏟으셨다(마 5:11-12, 막 14:34). 올바른 일이라면 슬퍼하고 고민해도 된다. 그러나 그럼에도 불구하고 그 슬픔과 아픔을 기뻐해야 한다. 대립적인 감정들의 공존이 그리스도 안에서는 얼마든지 가능하기 때문이다.

3이는 나의 형제들 즉 혈통에 따른 친족들을 위해
그리스도로부터 단절되는 것까지도 원하고 있기 때문입니다

바울에게 커다란 슬픔과 지속적인 비탄을 제공한 원인은 무엇인가? 그것은 바로 형제들 즉 혈통에 따른 그의 친족들(συγγενῶν μου κατὰ σάρκα)이 하나님을 떠나고 메시아도 거부한 것이었다. 이에 바울은 그런 동족의 영적인 회복만 이루어질 수 있다면 그리스도 예수와의 단절도 필요하면 비용으로 지불할 용의가 있다고 고백한다. 여기에서 우리는 바울이 그렇게도 자신을 핍박하고 40여명은 늘 매복해서 테러를 가하려는 그런 동포를 자신의 형제로 여기고 있다는 사실에 감동한다. 동포를 남으로 여기지 않고 형제로 여긴다는 것은 애국심의 기본이다. 게다가 그 형제가 땅을 사면 배 아픈 관계가 아니라 그 형제의 영적인 회복과 번영을 위해 자신의 목숨도 아끼지 않겠다는 것은 애국심의 절정이다. 진실로 나라와 민족을 사랑하는 애국자는 그리스도 예수와의 연합이 깨어지는 아픔을 겪더라도 동족만은 하나님께 돌아올 때까지 커다란 슬픔과 지속적인 아픔을 기꺼이 감수하는 사람이다. 이런 바울의 심정을 가지고 우리도 북한과 남한을 다 나의 형제로 간주하며 품고 기도해야 한다.

그리스도 예수와의 영적인 단절은 육신적인 죽음과 비교할 수 없을 정도로 끔찍한 저주를 의미한다. 바울은 왜 그런 저주를 언급하며 동족의 영적인 타락과 죽음을 슬퍼하고 아파하며 회복을 갈망하는 것일까? 지금 바울은 예수님을 모방하고 있다. 바울은 저주와 구원의 절묘한 교차를 깨닫고 가르친 사도였다. "그리스도께서 우리를 위하여 저주를 받은 바 되사 율법의 저주에서 우리를 속량하셨으니 기록된 바 나무에 달린 자마다 저주 아래에 있는 자라 하였음이라"(갈 3:13). 예수님은 우리의 구원을 위해 기꺼이 아버지의 버림을 받으셨고 십자가에 매달리는 저주도 마다하지 않으셨다. 이러한 예수님의 행보를 따라 바울도 동포의 구원을 위해 저주까지 각오한다. 이는 관념적인 각오만이 아니었다. 마치 저주를 받은 사람처럼 십자가에 매달린 것 같은 삶의 길을 뚜벅뚜벅 걸어갔다. "바로 이 시각까지 우리가 주리고 목마르며 헐벗고 매 맞으며 정처가 없고 또 수고하여 친히 손으로 일을 하며 모욕을 당한 즉 축복하고 박해를 받은 즉 참고 비방을 받은 즉 권면하니 우리가 지금까지 세상의 더러운 것과 만물의 찌꺼기 같이 되었도다"(고전 4:11-13). 닳아서 너덜너덜 해진 걸레처럼 그의 영혼은 "세계 곧 천사와 사람에게 구경거리"(고전 4:9) 신세가 되었다고 한다.

민족의 영적인 회복에 대한 바울의 비장한 결의는 그의 고유한 태도가 아니라 모세가 본을 보인 것이었다. 이런 점에서 바울은 신약의 모세이며 모세는 구약의 바울이다. 다음 구절은 하나님을 떠나 우상을 숭배하는 민족의 타락과 부패를 보면서 모세가 바울처럼 슬픔 속에서 하나님께 드린 기도의 내용이다. "이 백성이 자기들을 위하여 금 신을 만들어 큰 죄를 범하였나이다 그러나 이제 그들의 죄를 사하여 주옵소서 그렇지 않으시면 원하건대 주께서 기록하신 책에서 내 이름을 지워 버려 주옵소서"(출 32:31-32). 모세는 백성의 죄를 용서해 달라고 하나님께 기도했다. 죄의 용서라는 민족의 영적인 회복을 이루어 주시지 않는다면 자신의 이름을 하나님의 책에 적힌 영원한 생명의 명단에서 지워 달라는 일종의 박애적인 협박을 하나님께 가했다. 이는 사활을 건다는 말의 의미이다. 참으로 대범하고 아름다운 애국자의 모습이다.

하나님을 믿는 사람이든 믿지 않는 사람이든 모든 인간은 불사의 영원한 생명을 소원한다. 그 생명을 위해서는 다른 모든 것을 수단으로 삼아 그 대가로 기꺼이 지불한다. 그런데 모세와 바울은 그리스도 안에서 주어지는 영원한 생명도 민족의 회복을 위한 수단으로 간주하며 기꺼이 반납하려 한다. 물론 평화와 자유라는 사회적인 대의를 위해 육신적인 생명을 던지는 사람들이 있다. 그러나 영원한 생명을 버리려는 사람들은 없다. 그런데 모세와 바울은 저주를 받으신 예수님의 모형과 제자의 길을 당당히 걸어갔다. 주님은 지금도 그런 행보의 주인공을 찾으신다.

⁴그들은 이스라엘 사람이며 아들 삼음과 영광과 언약들과 율법 세우기와
예배와 약속들이 그들에게 있습니다 ⁵조상들이 그들에게 속했고
그리스도가 육체를 따라서는 그들로부터 오셨는데,
그는 만물 위에 계시며 세세에 찬양 받으실 하나님이 되십니다 아멘

자신의 영원한 생명까지 걸고 위하는 동포에 대해 바울은 아홉 가지의 특성을 열거한다. 다른 모든 특성은 첫 번째 특성에 의존한다. 즉 그들은 "이스라엘 사람"('Ισραηλίτης)이다. "이스라엘", 이것은 하나님이 복으로 야곱에게 주신 이름이다. 의미는 무엇인가? "이는 네가 하나님과 및 사람들과 겨루어 이겼기 때문이라"(창 32:28). 이 구절에 근거한 이스라엘의 의미는 "하나님과 겨루어 이기다"로 이해함이 타당하다. 그러나 문자 그대로의 의미는 전능하신 하나님의 속성과 상충한다. 그래서 우리는 이김의 내용을 숙고해야 한다. 야곱이 하나님을 이겼다는 것은 복과 연관되어 있

다. 즉 하나님이 복을 달라는 야곱의 요구를 수용하여 야곱을 복 주신다는 것을 의미한다. 하나님의 복을 받게 되었다는 이김 이후에 야곱은 에서와 그의 사람들을 맞이한다. 그때 야곱은 에서에게 자신이 하나님의 은총을 입었으며 형에게도 은총을 입고 싶다고 간청했고 결국 에서의 은총도 얻어냈다. 은총의 관점에서 야곱은 하나님을 이기고 사람들을 이겨서 그 은총의 수혜자가 됐다. 이것이 이스라엘 이름의 의미였다. 영적인 의미에서, 영적 이스라엘 백성에게 주어질 하나님의 궁극적인 은혜는 그리스도 예수이며 그를 믿는 사람들은 그 은혜의 수혜자가 되고 다른 모든 사람과 더불어, 심지어 원수와 더불어 화목하게 된다.

바울의 동포가 가진 여덟 가지의 특징은 이스라엘 사람에게 주어진 하나님의 은총이다. 그 첫째로, 하나님에 의한 입양의 은총이 그들에게 주어졌다. 이 은총은 조물주와 피조물 사이의 존재론적 관계를 넘어 훨씬 더 복된 아버지와 자녀의 가족적인 관계로 전향되는 은총이다. 둘째로, 하나님의 영광이 그들에게 주어졌다. 모든 사람은 죄를 범해서 하나님의 영광에 이르지 못했다. 그런데 이스라엘 사람에게 그 영광에 이르는 특권이 주어졌다.

셋째로, 하나님의 언약들이 그들에게 주어졌다. 즉 온 세상과 우주를 보존해 주실 것이라는 노아 언약, 큰 민족을 이루고 땅의 모든 족속에게 복을 전달하게 될 것이라는 아브라함 언약, 하나님의 명령에 순종하면 생명과 복을 준다는 모세 언약, 왕의 보좌가 영원토록 보존될 것이라는 다윗 언약, 하나님의 율법을 백성의 마음에 두어 하나님의 말씀을 다 이룰 것이라는 새로운 언약 등이 그들에게 주어졌다. 넷째로, 그들에게 율법이 세워졌다. 이 율법은 믿어야 할 하나님의 말씀이며 이루어야 할 하나님의 뜻이며 따라야 할 하나님의 명령이며 세상을 움직이는 섭리의 기준이다.

다섯째로, 그들에게 하나님을 경배하는 특권이 주어졌다. 다른 사람들은 우상을 섬기며 숭배한다. 이러한 상황에서 인격적인 하나님이 자신을 이스라엘 백성에게 알리시고 그들로 하여금 참된 신을 섬기며 경배하게 하신 것은 놀라운 은총이다. 여섯째로, 약속들이 그들에게 주어졌다. 가장 중요한 것은 구원을 주신다는 메시아에 대한 약속이다. 다른 모든 약속이 여기에 수렴된다. 일곱째로, 조상들이 그들에게 속했다. 즉 하나님의 이름에 수식어로 들어간 아브라함, 이삭, 야곱이 바로 그들의 조상이다. 하나님의 영원한 이름 속에 들어간 조상들이 이스라엘 민족에게 속했다는 것은 큰 영광이다. 여덟째로, 그리스도 예수가 이스라엘 민족의 혈통을 따라 나오셨다. 온 세상을 구원하는 메시아가 속한 민족이 되었다는 것은 최고의 영광이다.

왜 영광인가? 이는 그리스도 예수의 정체성 때문이다. 바울은 그를 만물 위에 계신 분이라고 설명한다. 모든 피조물과 구별되는 분이라는 의미에서 창조자를 의미한다. 그리고 세세토록 찬양을 받으실 하나님이 되신다고 한다. 세세토록 찬양을 받으실 하나님은 성부 하나님을 가리킨다. 그런데 예수를 가리켜 그 성부와 동등하신 분이라고 고백한다. 바울은 예수의 완전한 신성을 이렇게 표현한다. 요한은 예수를 만물보다 먼저 태초에 계신 분, 하나님과 함께 계신 분, 그리고 하나님 자신이라 했다. 그리스도 예수의 신성에 대한 바울과 요한의 이해는 일치한다. 그런 하나님이 이스라엘 민족의 혈통을 따라 오셨다는 것은 그들에게 가문의 영광을 넘어 민족의 무궁한 영광이다. 하나님이 그 민족을 통해 오실 때에 마리아를 향해 이루어진 친족의 고백이다. "여자 중에 네가 복이 있으며 네 태중의 아이도 복이 있도다"(눅 1:42). 만물 위에 계신 하나님의 출입이 이루어진 마리아는 여인들 중에 최고로 복된 여인이고 이스라엘 민족은 땅의 모든 족속들 중에 최고로 복된 민족이다.

⁶그러나 하나님의 말씀은 폐하여 진 것 같지 않습니다
왜냐하면 이스라엘 출신이 다 이스라엘 사람인 것은 아니기 때문입니다

이제 바울은 특이한 뉘앙스를 담아 반전의 접속사 "그러나"(δέ)를 사용한다. 자신의 형제들 즉 그의 동포에게 주어진 하나님의 놀라운 은총 이야기를 마친 이후에 갑자기 말의 분위기를 바꾼 이유는 생략되어 있다. 내가 추정하는 그 이유는 이스라엘 민족이 그렇게도 특별하고 많은 은택을 입었으나 그 은택을 베푸신 하나님을 떠나고 메시아를 배격한 것에 대한 바울의 의문이다. 즉 어떻게 자기 동포가 그렇게도 큰 은총을 받고서도 하나님을 배신할 수 있느냐는 의문이다. 그러나 이 의문은 곧장 해소된다. 그래서 반전의 접속사가 갑자기 등장한다.

바울은 너무나도 특별한 은총을 자기 동포에게 베푸신 하나님의 모든 말씀이 무효화 되었거나 실패로 돌아간 것이 아니라고 단언한다. 다른 모든 것은 폐하여 질 수 있겠으나 하나님의 말씀은 영원하고 영원히 유효하기 때문이다. 단 한 마디도 땅에 떨어짐이 없다. "내 입에서 나가는 말도 이와 같이 헛되이 내게로 되돌아오지 아니하고 나의 기뻐하는 뜻을 이루며 내가 보낸 일에 형통함이니라"(사 55:11). 혹시 우리의 눈에 그 말씀의 효력이 가리어져 있다면 우리의 지적인 무지와 인식의 한계를 성찰해야 한다. 바울은 하나님의 택하심을 받고 놀라운 은총의 수혜자가 된 이스라엘 백성의 대부분이 집단적인 타락과 불경을 보인 것에 대한 오해를 다음과 같이 해소한다. 즉 이스라엘 출신이 다 이스라엘 사람은 아니라는 사실이다. 하나님을 떠나고 메시아를 배격하는 자들은 비록 혈통을 따라서는 이스라엘 민족에 속하지만 다른 기준을 따라서는 속하지 않는다는 사실을 7절과 8절에서 설명한다.

⁷즉 모든 자녀가 아브라함의 씨인 것은 아니며 "이삭 안에서 너의 씨가
부름을 받을 것이라"고 했습니다 ⁸다시 말하면 육신의 자녀가
하나님의 자녀가 아니며 약속의 자녀가 씨로 여김을 받는다는 것입니다

이스라엘 백성은 모두 자신을 아브라함 가문의 후손이라 생각한다. 그러
나 7절에서 바울은 비록 자신을 아브라함 가문의 혈통적인 후손으로 여
기는 사람들이 있지만 아브라함 자손이라 부름을 받는 그의 씨는 사라를
통해 태어난 이삭 안에서만 나온다고 설명한다. 진정한 아브라함 자손은
이삭의 자손이다. 이는 하갈을 통해서 태어난 이삭의 형 이스마엘 자손은
아브라함 자손에게 속하지 않는다는 것을 의미한다. 왜 이러한 일이 생
기는가? 이삭과 이스마엘 사이의 태생적인 차이 때문이다. 즉 이삭은 자
유로운 여인 사라를 통해 약속으로 말미암아 태어났고 이스마엘 경우에
는 종속적인 여인 하갈을 통해 육신으로 말미암아 태어났기 때문이다(갈
4:23). 그래서 전자는 약속의 자녀이고 후자는 육신의 자녀이다. 이것은 역
사적 사실이 계시의 도구로 사용된 대표적인 사례이다.

혈통적인 아브라함 자손 중에 약속의 자녀와 육신의 자녀가 공존한
다. 그런데 바울은 8절에서 육신의 자녀가 하나님의 자녀가 아니며 약속
의 자녀가 하나님의 자녀로 여김을 받는다고 한다. 여기에서 육신의 자녀
는 육신의 할례를 받은 표면적인 유대인을 의미하고, 약속의 자녀는 마음
의 할례를 받은 이면적인 유대인을 의미한다. 하나님을 떠나고 그가 메시
아로 보내신 그리스도 예수를 배격한 자들은 바로 이삭 안에서 부름을 받
은 약속의 자녀가 아니라 약속 바깥에 있는 육신의 자녀이다. 즉 육신의
자녀는 원래 진정한 이스라엘 사람이 아니었다. 그러므로 그들의 불경한
행동은 하나님의 말씀을 폐하는 것이 아니라 오히려 그 말씀의 구현이다.
말씀을 따라 예수님은 배격을 받아 십자가에 달리셨기 때문이다. 유다의
배신으로 체포되실 때에 예수님이 하신 말씀이다. "이렇게 된 것은 다 선

지자들의 글을 이루려 함이니라"(마 26:56).

우리는 누구인가? 바울은 우리가 아브라함 자손이며(갈 3:29) 이삭과 같은 약속의 자녀라고 한다(갈 4:28). 유대인과 이방인이 섞여 있는 갈라디아 여러 교회에게 보낸 서신에서 바울은 이렇게 선언한다. "형제들아 우리는 여종의 자녀가 아니요 자유 있는 여자의 자녀니라"(갈 4:31). 그래서 이스라엘 민족의 혈통적인 후손의 여부를 떠나 하나님의 약속 자체이신 그리스도 예수를 믿는 우리 모두는 약속의 자녀이며 아브라함 후손이며 하나님의 자녀로서 하나님의 말씀이 바울의 시대만이 아니라 지금도 실패한 것이 아님을 입증하는 증인이다.

이스라엘 백성에게 주어진 은총들의 진정한 수혜자는 약속의 자녀이기 때문에 구약의 모든 언약, 아들 삼음, 영광, 율법 세우기, 예배, 약속들, 심지어 아브라함, 이삭, 야곱과 같은 믿음의 조상들도 약속의 자녀인 우리에게 속했다. 그래서 구약은 유대인의 고유한 헌법이나 경전이나 전유물이 아니라 약속의 자녀인 우리에게 주어졌다. 그래서 구약과 우리는 유관하다.

롬 9:9-18

⁹약속의 말씀은 이것이니 명년 이 때에 내가 이르리니 사라에게 아들이 있으리라 하심이라 ¹⁰그뿐 아니라 또한 리브가가 우리 조상 이삭 한 사람으로 말미암아 임신하였는데 ¹¹그 자식들이 아직 나지도 아니하고 무슨 선이나 악을 행하지 아니한 때에 택하심을 따라 되는 하나님의 뜻이 행위로 말미암지 않고 오직 부르시는 이로 말미암아 서게 하려 하사 ¹²리브가에게 이르시되 큰 자가 어린 자를 섬기리라 하셨나니 ¹³기록된 바 내가 야곱은 사랑하고 에서는 미워하였다 하심과 같으니라 ¹⁴그런즉 우리가 무슨 말을 하리요 하나님께 불의가 있느냐 그럴 수 없느니라 ¹⁵모세에게 이르시되 내가 긍휼히 여길 자를 긍휼히 여기고 불쌍히 여길 자를 불쌍히 여기리라 하셨으니 ¹⁶그런즉 원하는 자로 말미암음도 아니요 달음박질하는 자로 말미암음도 아니요 오직 긍휼히 여기시는 하나님으로 말미암음이니라 ¹⁷성경이 바로에게 이르시되 내가 이 일을 위하여 너를 세웠으니 곧 너로 말미암아 내 능력을 보이고 내 이름이 온 땅에 전파되게 하려 함이라 하셨으니 ¹⁸그런즉 하나님께서 하고자 하시는 자를 긍휼히 여기시고 하고자 하시는 자를 완악하게 하시느니라

❖ ❖ ❖

⁹약속의 말씀은 이러합니다 "내년 이 즈음에 내가 올 것인데 사라에게 아들이 있을 것이니라" ¹⁰그것만이 아니라 리브가가 우리의 조상 이삭 한 사람으로 말미암아 임신을 했는데 ¹¹그 자식들이 아직 태어나지 아니하고 무슨 선이나 악을 행하지도 아니한 때에 택하심에 따른 하나님의 정하심이 행위로 말미암지 않고 부르시는 분으로 말미암아 서도록 ¹²그녀에게 말합니다 "큰 자가 어린 자를 섬기리라" ¹³이는 이런 기록과 같습니다 "내가 야곱은 사랑했고 에서는 미워했다" ¹⁴그러므로 우리는 무슨 말을 할 것입니까? 하나님께 불의가 있는 거 아닙니까? 결코 그렇지 않습니다 ¹⁵그는 모세에게 이렇게 말합니다 "내가 긍휼히 여기는 자를 긍휼히 여길 것이고 불쌍히 여기는 자를 불쌍히 여길 것이니라" ¹⁶그러므로 소원하는 자로 말미암는 것도 아니고 노력하는 자로 말미암는 것도 아니며 오직 긍휼히 여기시는 하나님에 의한 것입니다 ¹⁷성경이 바로에게 말합니다 "내가 이 일을 위해 너를 세웠으니 이는 너로 말미암아 내 능력을 보이고 내 이름을 온 땅에 전파하게 하려 함이니라" ¹⁸그러므로 그는 하고자 하시는 자를 긍휼히 여기시고 하고자 하시는 자를 완악하게 하십니다

하나님의 작정

동포에 대한 사랑이 영원한 죽음보다 강한 바울은 그들의 타락에 대해 너무도 큰 슬픔과 오랜 괴로움을 가지고 있었으며 이로써 그는 이스라엘 민족의 영적 정체성 즉 육신의 자녀가 아니라 약속의 자녀가 하나님의 참된 백성이란 사실을 숙고하게 된다. 그렇다면 과연 약속의 자녀는 누구이고 그를 결정하는 주체는 누구인가? 이에 대해 본문은 약속의 핵심적인 내용을 설명한다. 약속은 하나님의 전적인 뜻이며 그 뜻에 의하여 약속의 자녀가 결정된다. 이것 때문에 사람들은 하나님께 불의가 있다고 말하지만 바울은 어떠한 불의도 없다고 항변한다. 여기에서 우리는 성경에 가장 해박한 바울의 탁월한 구약 해석학도 경험한다. 그는 구약의 첫 책인 창세기와 마지막 책인 말라기를 인용한다.

[9]약속의 말씀은 이러합니다 "내년 이 즈음에 내가 올 것인데
사라에게 아들이 있을 것이니라"

먼저 바울은 약속의 말씀을 소개한다. 이는 아브라함 부부에게 주어진 약속이며 그 내용은 일 년 후에 사라가 아들을 낳을 것이라는 사실이다. 자녀에 대한 하나님의 약속은 창세기 15장에서 시작된다. "네 몸에서 날 자가 네 상속자가 되리라…하늘을 우러러 뭇별을 셀 수 있나 보라 또 그에게 이르시되 네 자손이 이와 같으리라"(창 15:4-5). 이는 아브라함 가문의 혈통적 계승에 대한 언급이 아니라 하나님과 아브라함 사이에 맺은 언약의 계승자에 대한 약속이다. 당시 인위적인 불빛이 섞이지 않은 깨끗한 하늘에 고운 가루처럼 뿌려진 별들의 황홀한 빛을 보면서 믿음의 조상은 그 별들을 창조하신 하나님을 전적으로 신뢰한다. 그러나 아무리 많은 자녀를 출산해도 하늘의 은하수 규모의 자손이 생긴다는 것은 과장이다. 그런데도 믿음의 조상이 믿었다는 것은 그 믿음의 내용이 육신의 자녀에 대한 것이 아니라 약속의 자녀에 대한 것임을 나타낸다.

하나님의 약속을 받을 때부터 믿음의 조상은 자식이 없었기 때문에 사실 하나님이 주신다고 약속하신 땅의 상속자는 아마도 자신의 조카 롯, 아니면 집에서 일하는 다메섹 사람 엘리에셀, 아니면 애굽 여인 하갈의 몸에서 태어난 아들 이스마엘 정도가 아닐까를 생각했다. 그런 상황에서 하나님은 사라에게 아들이 있을 것이라고 말씀한다. 이는 분명히 친인척도 아니고, 몸종도 아니고, 육신의 자녀도 아닌 다른 종류의 자녀에 대한 약속이다. 바울은 그 자녀를 "약속의 자녀"라고 명명한다. 진실로 당시 사라의 몸은 여성의 생리가 끊어져 임신이 불가능한 상태였고 아브라함 역시 100세의 노쇠한 몸을 가지고 있어서 아들을 가질 수 없었기에 태어날 아들 이삭은 자연의 질서에 따른 육신의 자녀라고 말하기가 곤란하다. 이삭은 하늘의 질서를 따라 태어난 약속의 자녀였다. 하나님의 자녀는 이삭과 같은 사람이다. 약속을 따라 난 우리 모두가 이삭이다.

자녀와 부모의 관계라는 가족에 대한 기독교의 이해는 특이하다. 아브라함 시대부터 가족은 약속을 따라 태어난 자녀들로 구성된다. 부모 없이 성장해서 혈통적 가족의 끈이 느슨한 나에게는 이런 개념의 가족이 너무나도 좋다. 창세 전부터 약속에 의해 결성되고 종말의 때까지 지속될 가족의 역사는 혈통에 따른 가족의 역사보다 깊다. 그리고 규모에 있어서도 온 땅의 모든 족속을 포괄하는 약속의 가정이 혈통의 가정보다 크다. 나는 혈통에 따른 가족이 약속에 따른 가족의 비유일 뿐이라고 생각한다. 출생한 가족이 한 사람의 운명을 강하게 지배하는 이 세상의 부당함은 가족의 기독교적 개념 앞에서 맥없이 무너진다. 열악한 혈통의 부모와 역기능 가정에 대한 불평과 원망도 사라진다. 가족과 친인척 비리도 사라진다. 약속의 자녀들은 사랑과 정의를 구현하며 불의와 악에 대해서는 의로움과 선으로 싸워 이기는 자들이다. 아무리 가까운 육신의 가족이라 할지라도 약속을 따라 하나님의 가정으로 결성된 가족들은 특권과 특혜를 제공하여 반칙과 불법을 저지를 수 없는 자들이다.

물론 육신의 가족은 가장 가까운 이웃이기 때문에 당연히 사랑해야 한다. "누구든지 자기 친족 특히 자기 가족을 돌보지 아니하면 믿음을 배반한 자요 불신자보다 더 악한 자니라"(딤전 5:8). 그러나 모든 사람 중에서 믿음의 사람에게 선행의 우선권을 두라는 바울의 다른 권고도 기억해야 한다. "우리는 기회 있는 대로 모든 이에게 착한 일을 하되 더욱 믿음의 가정들에게 할지니라"(갈 6:10). 정리하면, 원수를 포함한 모든 사람에게 선한 일을 행해야 하고 그 중에서도 자기의 친족에게 그리해야 하고 그 중에서도 가족에게 그러해야 하되 그보다도 더 우선적인 선행을 믿음의 가족 즉 약속의 가족에게 하라는 것이 바울의 생각이다.

[10]그것만이 아니라 리브가가 우리의 조상 이삭 한 사람으로 말미암아 임신을 했는데 [11]그 자식들이 아직 태어나지 아니하고 무슨 선이나 악을 행하지도 아니한 때에 택하심에 따른 하나님의 정하심이 행위로 말미암지 않고 부르시는

분으로 말미암아 서도록 ¹²그녀에게 말합니다 "큰 자가 어린 자를 섬기리라"

사라에게 아들이 있을 것이라는 말씀처럼 약속의 자녀에 대한 존재의 주권이 하나님께 있다는 사실에 더하여 그 존재가 어떻게 될 것인지에 대한 존속의 주권도 하나님께 있다는 사실을 바울은 리브가와 관련해서 설명한다. 약속의 자녀인 이삭은 아버지와 함께 하늘의 뭇 별들처럼 무수히 많은 자손을 기대했다. 그러나 결혼 이후로 20년이 지나도록 자녀를 가지지 못하자 하나님께 자녀를 구했고 급기야 리브가가 하나님의 응답으로 임신을 한 상황이다. 그런데 출산 이전에 태 중에서 쌍둥이가 서로 싸우자 어찌할 바를 몰라 하나님께 기도할 때 하나님은 특이한 말씀을 그녀에게 건네신다. "큰 자가 어린 자를 섬기리라"(창 25:23). 바울은 이 구절을 인용한다. 사회적인 통념에 따르면 어린 자가 큰 자를 섬기는 것이 정상이다. 그런데 이 말씀은 사회의 일반적인 질서와는 다른 질서의 내용이다. 이는 하나님의 뜻이 출생의 자연적인 순서나 사회적인 통념보다 우위에 있음을 가르친다.

큰 자가 어린 자를 섬긴다는 말은 실제로 형 에서가 동생인 야곱을 섬기는 종이 된다는 것을 의미하지 않고 약속의 자녀를 택하시고 정하시는 하나님의 주권과 관계되어 있다. 이 말이 언급된 때는 이삭의 자식들이 아직 태어나지 아니한 시점이다. 즉 에서가 형으로, 야곱이 동생으로 태어날지 아직 결정되지 않은 출산 이전의 상황이고, 에서와 야곱, 이삭과 리브가는 누가 크고 작은지를 전혀 모르는 상황이다. 형과 동생, 큰 자와 작은 자의 결정은 오직 하나님께 있다. 비록 형으로 혹은 동생으로 태어났다 할지라도 둘 사이에 섬김의 주체와 대상의 결정도 하나님께 있다. 그리고 형과 동생이 결정된 이후 그 자식들이 무슨 선이나 악을 행하지 아니한 시점이다. 이처럼 출생 이전에, 선과 악의 실행 이전에 주어진 하나님의 말씀이 우리에게 가르치는 바는 약속의 자녀로 택하심에 관한 하나님의 결정이 인간의 신분이나 행위로 말미암지 않고 부르시는 하나님 자신에 의해 이루어진 전적인 은혜라는 사실이다.

역사 속에서 많은 사람들이 하나님의 선택은 선을 행하거나 하나님을 믿을 자에게 주어지는 결과적인 것이라고 주장했다. 이 주장에 따르면, 신적인 선택의 원인은 인간의 선행이나 그 선행의 하나로 간주되는 믿음과 그 믿음의 지속이다. 하지만 이런 주장은 성경이 지지하지 않는 진리의 왜곡이다. 바울의 설명에 의하면, 이 세상에는 하나님의 택하심을 좌우하는 원인이나 변수를 제공하는 어떠한 피조물도 없다. 좋은 성품을 가진다고, 높은 신분을 가진다고, 장자가 되었다고, 의롭고 선한 일을 행한다고 하나님의 택하심을 받는 것은 아니라는 사실을 욥기는 이렇게 기록한다. "사람이 어찌 하나님께 유익하게 하겠느냐 지혜로운 자도 자기에게 유익할 따름이라 네가 의로운들 전능하신 분에게 무슨 기쁨이 있겠으며 네 행위가 온전한들 그에게 무슨 이익이 되겠느냐"(욥 22:2-3).

약속의 자녀가 되게 하는 하나님의 택하심은 오직 하나님 자신으로 말미암은 결정이다. 하나님 자신이 선택의 유일하고 최종적인 원인이다. 하나님의 택하심과 부르심의 작정이 선행하고 하나님의 실재적인 부르심에 대한 믿음의 행위는 그 은혜로운 작정의 집행이다. 그래서 바울은 구원의 인과율에 대해 이렇게 설명한다. "하나님이 우리를 구원하사 거룩하신 소명으로 부르심은 우리의 행위대로 하심이 아니요 오직 자기의 뜻과 영원 전부터 그리스도 예수 안에서 우리에게 주신 은혜대로 하심이라"(딤후 1:9). 여기에서 "영원 전부터 그리스도 예수 안에서 우리에게 주신 은혜"는 하나님의 택하심을 의미한다. 그렇다면 우리의 믿음이나 구원의 원인은 인간의 행위가 아니라 하나님의 뜻과 선택이다.

¹³이는 이런 기록과 같습니다 "내가 야곱은 사랑했고 에서는 미워했다"

바울은 큰 자가 어린 자를 섬길 것이라는 창세기의 기록이 의미하는 바를 설명하기 위해 말라기 1장 2-3절을 인용한다. "내가 야곱은 사랑했고 에서는 미워했다." 이처럼 바울은 창세기와 말라기를 선택의 관점에서 연결한다. 큰 에서가 작은 야곱을 섬긴다는 말은 하나님이 미워하는 사람 에서가 하나님이 사랑하는 사람 야곱을 섬긴다는 것을 의미한다. 바울은 앞에서 하나님을 사랑하는 자 곧 그의 작정을 따라 부르심을 받은 자에게는 모든 것이 합력하여 선을 이룬다고 말하였다. 이 말은 하나님이 사랑하여 선택한 사람을 만물이 섬긴다는 말의 다른 표현이다. 여기에서 선을 이루는 모든 것 중에는 사람도 포함된다. 이런 차원에서 보면, 에서는 야곱에게 선을 이루는 섬김의 섭리적인 수단이다. 그래서 에서는 야곱의 종이 아니지만 섬기는 자로 간주된다. 하나님은 에서만이 아니라 온 우주와 역사와 만물을 당신이 사랑하는 자 중심으로 이끄신다. 이러한 하나님 때문에 우리 주변의 모든 사람과 모든 사물과 모든 사건은 하나님의 택하심과 부르심의 사랑을 받은 우리에게 선의 수단이다. 그래서 짧고 표면적인 식견으로 어느 것 하나라도 불평이나 원망으로 반응할 것이 아니라 감사함이 마땅하다.

창세기와 말라기에 대한 바울의 설명에 의하면, 아브라함, 이삭, 야곱과 같은 족장들의 이야기는 하나님의 자비로운 약속과 절대적 주권을 가르친다. 이처럼 구약 전체는 하나님의 계시이며 영원 전부터 시작된 하나님의 무조건적 사랑과 절대적 주 되심을 가르친다. 바울은 비록 구약에서 두 구절을 뽑았지만 그 인용으로 구약의 역사 전체를 아우른다. 구약 전체는 하나님의 역사인 동시에 교회의 역사이다. 그 역사는 창조 이전까지 소급된다. 모든 존재와 그 존재의 보존은 모두 하나님이 사랑하는 자들을 위한 수단이고 결국에는 하나님의 영광에 기여한다. 이런 관점에서 바울은 성경을 해석한다.

¹⁴그러므로 우리는 무슨 말을 할 것입니까? 하나님께 불의가 있는 거 아닙니까? 결코 그렇지 않습니다

이에 대해 우리가 할 수 있는 말은 무엇일까? 사람들은 하나님께 불의가 있다고 지적한다. 그러나 바울은 하나님께 결코 불의가 없다고 항변한다. 하지만 실제로 하나님의 절대적인 주권 이야기를 들으면 사람들의 마음은 불편하다. 나와의 상의도 없이, 나의 동의도 없이, 선과 악이라는 정상을 참작함도 없이 자기 마음대로 독단적인 결정을 내리시는 하나님의 선택이 인간에게 불편한 것은 어쩌면 당연하다. 왜 당연한가? 태초부터 인간이 하나님께 의지하지 않고 스스로 존재할 수 있는 것처럼 존재와 생존의 독립을 선언했기 때문이다. 스스로 존재하지 않는 의존적인 존재이고 사고와 행위에 있어서도 스스로 독립적인 주체가 될 수 없음에도 불구하고 인간은 자신을 하나님과 대등한 의사결정 주체라고 생각한다. 사실 맞다. 하나님은 의존적인 인간이 독립적인 주체로 살도록 배려하는 분이시다. 강요하지 않으시고 위협하지 않으신다. 오히려 하나님은 사랑하는 자들의 자유로운 삶과 행위를 철저하게 지켜 주시려고 다른 피조물을 제어하는 분이시다. 아가서의 한 글귀가 이를 대변한다. "예루살렘 딸들아 내가 노루와 들사슴을 두고 너희에게 부탁한다 사랑하는 자가 원하기 전에는 흔들지 말고 깨우지 말지니라"(아 3:5). 피조물 중에는 이렇게 배려할 인격과 능력의 소유자가 없다. 이러한 배려는 태양과 달과 별들에게 눈을 감으라고 명하시고 딱딱한 발굽의 둔탁한 소리를 내지 못하도록 짐승에게 까치발로 다니라고 명하실 수 있는 전능하신 주님께만 가능하다.

사랑이나 미움에 대한 하나님의 독자적인 결정은 어떠한 불의함도 없다. 그 결정을 사람들이 불의로 규정하는 것이 오히려 불의하다. 왜 그러한가? 어떠한 사안이든 누군가의 뜻에 따라 결정된다. 어떤 경우에는 분별력이 뛰어난 한 개인의 독자적인 판단에 의해 결정되고 어떤 경우에는 공동체의 다양한 뜻이 반영된 판단의 평균치에 따라 결정된다. 개인적인 결정에 의해서든 집단적인 다수결에 의해서든, 나에 의해서든 너에 의해서든 너와 나에 의해서든 인간의 뜻에 의해서 결정되는 것은 언제나 인간의 본성과 무관하지 않다. 그런데 인간은 본성상 진노의 자녀이며 만물보다 거짓되고 심히 부패한 마음의 소유자다. 시인의 고백처럼 사람은 입김이며 인생은 속임수에 불과하다(시 62:9). 악하고 거짓되고 교만하고 완고하고 어리석고 연약하고 무지하고 이기적인 그런 인생이 내리는 결정은 과연 의로울까?

이런 인간과 달리 하나님은 지극히 거룩하고 지극히 의롭고 지극히 자비하고 지극히 선하고 지극히 정직하고 지극히 지혜롭고 지극히 공평하고 지극히 위대한 분이시다. 이 세상의 어떠한 의사결정 방식이 이러한 하나님의 판단을 능가할 수 있겠는가? 가장 완전하신 분이 자신보다 못한 무언가를 고려하여 어떤 결정을 내린다면 질적인 저하가 반드시 초래된다. 우리의 존재나 성품이나 생각이나 언행을 고려하지 않으시고 하나님의 순수한 뜻을 따라 결정하는 것이 최상이다. 오히려 인간의 견해가 반영되지 않은 하나님의 일방적인 결정에 감사하는 것이 마땅하다. 이런 맥락에서 바울은 모세에게 하신 하나님의 말씀(출 33:19)을 인용한다.

[15]그는 모세에게 이렇게 말합니다 "내가 긍휼히 여기는 자를 긍휼히 여길 것이고 불쌍히 여기는 자를 불쌍히 여길 것이니라" [16]그러므로 소원하는 자로 말미암는 것도 아니고 노력하는 자로 말미암는 것도 아니며 오직 긍휼히 여기시는 하나님에 의한 것입니다

대단히 놀라운 말씀이다. 이는 온 우주와 만물과 역사에 대한 하나님의 의지와 행위가 주권적인 것임을 선포하는 말씀이기 때문이다. 작은 자가

큰 자의 섬김을 받는 이유는 무엇인가? 야곱이 사랑을 받은 이유는 무엇인가? 야곱은 인격으로 보나 행실로 보나 속임이 일상인 사기꾼의 대명사다. 오히려 에서가 사람들의 눈에 정직하고 반듯하고 강하게 보이는 매력적인 사람이다. 믿음의 사람들을 논하는 히브리서 11장은 그런 야곱에 대해 삶의 행적은 생략하고 죽을 때의 괜찮은 행보만 기록한다(히 11:21). 그런 야곱이 하나님의 사랑을 받고 형의 섬김을 받는 일이 어떻게 가능할까? 주님께서 뜻하셨기 때문이다. 바울은 모세의 기록을 인용한다. "내가 긍휼히 여기는 자를 긍휼히 여길 것이고 불쌍히 여기는 자를 불쌍히 여길 것이니라." 이 기록에 근거하여 바울은 자신의 논지를 16절에서 다음과 같이 전개한다. 야곱이 섬김과 사랑을 받은 이유는 그가 그런 소원을 가졌기 때문이 아니요 그가 땀을 흘리며 노력하여 자격이나 조건을 구비했기 때문도 아니며 오직 긍휼히 여기시는 하나님의 택하심 때문이다. 택하심의 이유는 택함을 받은 사람에게 있지 아니하고 하나님 자신의 사랑 때문이다(신 7:8). 누군가를 긍휼히 여기시는 이유는 하나님의 자유로운 뜻과 결정이다. 하나님의 긍휼은 하나님 자신 이외에 어떠한 것도 고려됨이 없이 이루어진 하나님의 순수한 뜻과 공평한 결정이다. 그럼에도 불구하고 하나님은 인간의 소원과 행위를 배제하지 않으신다.

[17]성경이 바로에게 말합니다 "내가 이 일을 위해 너를 세웠으니 이는 너로 말미암아 내 능력을 보이고 내 이름을 온 땅에 전파하게 하려 함이니라"

사랑을 입은 야곱만 하나님의 자비로운 정하심에 근거한 것이 아니라 부정적인 인물의 인생도 하나님의 정의로운 정하심에 근거한다. 바울은 그 대표적인 인물로 바로를 언급한다. 바울이 인용한 하나님의 말씀에 의하면, 바로는 하나님이 세우신 인물이다. 목적은 하나님의 능력을 나타내고 하나님의 이름을 온 땅에 전파하게 하기 위함이다. 성경에서 바로는 마음이 완악한 사람이다(출 9:7). 모세와 아론이 바로 앞에서 다양한 기적을 보였으나 바로의 마음은 여전히 완악했다. 이에 대해 성경은 바로가 "다시 범죄하여 마음을 완악하게" 했다고 진단한다(출 9:34). 나아가 성경은 하나님이 "바로의 마음을 완악하게" 하셨다고 한다(출 11:10). 이를 종합하면, 바로의 완강한 마음은 바로 자신이 원인이고 동시에 하나님의 정하심도 원인이다.

궁극적인 면에서 하나님이 바로의 존재와 완악한 마음을 주관하는 분이시다. 이런 하나님에 대해 성경은 이렇게 기록한다. "내가 바로의 마음을 완악하게 하고 내 표징과 내 이적을 애굽 땅에서 많이 행할 것이나 바로가 너희의 말을 듣지 아니할 터인즉 내가 내 손을 애굽에 뻗쳐 여러 큰 심판을 내리고 내 군대, 내 백성 이스라엘 자손을 그 땅에서 인도하여 낼지라"(출 7:3-4). 바로의 완악한 마음은 하나님의 주권 아래에 있으며 그 마음을 계기로 하나님은 많은 권능과 큰 심판을 행하신다. 이로써 애굽으로 대표되는 온 세상이 하나님을 여호와로 인정하게 되는 결과가 도출된다(출 7:5).

선하신 하나님이 계시고 그분의 통치 아래에 있는 이 세상에 악한 사람이 있고 악한 일이 발생하는 것은 모순처럼 보여서 심히 난해하다. 아담과 하와가 하나님의 말씀을 거역하고 죄를 저지르고 타락한 것도 그러하다. 분명히 이 죄는 아담과 하와가 저질렀다. 그들의 교만과 탐욕 때문에 발생한 범죄였다. 하지만 바로의 경우를 생각하면 해석이 달라진다. 하나님의 섭리라는 관점에서 보면 하나님은 아담의 범죄와 무관하지 않으시다. 하나님의 통치 안에서 발생한 사건이기 때문이다. 하나님은 아담의 자유와 바로의 자유를 결코 제한하지 않으셨다. 이러한 자유를 베푸신 결과로 말미암아 지불해야 하는 하나님의 비용은 막대했다. 독생자 그리스도 예수의 생명이 바로 그 비용이다. 하나님은 무한한 자유를 주심으로 사랑을 보이셨고 동시에 그 자유의 무분별한 사용에 대한 비용을 스스로 대심으로 또한 사랑을 보이셨다.

이 세상에 있는 악한 존재와 악한 사건의 비밀은 욥기에서 보다 자세하게 해명된다. 욥기에는 욥, 갈대아 사람, 사탄, 그리고 하나님이 등장한다. 욥은 재난을 당했고 그 재난의 주범은 갈대아 사람이고 그들을 조정한 자는 사탄이며 사탄의 악한 활동을 허락하신 분은 하나님 자신이다. 여기에 등장하는 모든 주체는 자신의 자유로운 판단과 고유한 목적을 따라 이 사건에 개입한다. 욥은 하나님의 테스트를 받는 자로 등장하고, 갈대아 사람은 자신의 탐욕을 채우기 위해 약탈을 일삼는 자로 등장하고, 사탄은 욥의 경건과 경배가 조건부일 뿐이기 때문에 하나님이 기뻐하실 일은 아니라며 하나님을 대적하고 욥을 시험하는 자로 등장하고, 하나님은 욥의 경건과 인격과 삶을 보다 높은 차원으로 이끄시기 위해 사탄과 갈대아 사람의 악조차도 선을 이루시는 수단으로 삼으시며 이 모든 사건 일체를 주관하는 감독이다. 모든 주체는 지극히 자유로운 의지의 선택을 따라 이 사건에 참여하기 때문에 그 행위의 책임은 각자에게 돌아감이 마땅하다.

바로는 스스로 자신의 마음을 완악하게 했다. 이스라엘 백성이 하나님께 나아가 예배하는 것을 원하지 않고 바로 자신이 그들의 섬김과 경배의 대상이 되기를 원하였다. 그래서 완악한 마음으로 모세의 제안을 번번이 거절했다. 그러나 하나님은 바로의 완악한 마음조차 쓰셔서 자신의 능력을 나타내고 자신의 이름을 온 땅에 전하셨다. 그리고 온 땅의 모든 족속 가운데서 하나님의 아들들을 부르시고 그들과 더불어 하늘과 땅의 모든 피조물로 하여금 하나님께 영광을 돌리게 만드셨다. 이로써 피조물 본연의 자리와 기능의 회복을 이루셨다.

¹⁸그러므로 그는 하고자 하시는 자를 긍휼히 여기시고
하고자 하시는 자를 완악하게 하십니다

이것은 모세에게 하신 하나님의 말씀에 대한 바울의 해석이다. 즉 바울은
"긍휼히 여길 자를 긍휼히 여긴다"는 말을 바울은 "하고자 하시는 자를 긍
휼히 여긴다"로 바꾸었다. 긍휼히 여기는 대상이 "긍휼히 여길 자"(ὃν ἂν
ἐλεῶ)가 아니라 "하고자 하시는 자"(ὃν θέλει)로 바뀌었다. 이로써 바울은
하나님이 우리를 택하시고 긍휼히 여기시는 원인이 하나님 자신의 의지
외에는 없다는 사실을 강조한다. 이는 스스로 존재하는 하나님의 뜻과 행
위는 자신 이외에 다른 무엇에 의해서도 결정되지 않는다는 하나님의 절
대적 주권에 대한 선언이다. 이 선언은 하나님의 하나님 되심을 선포한
다. 그러므로 오직 하나님에게만 적용되는 어법이다. 이것을 인간에게 적
용하면 무서운 독재와 폭거가 발생한다. 그러나 하나님은 인간이 아니시
다. 인간의 성정을 기준으로 하나님을 생각하면 그에 대한 오해와 왜곡이
발생한다. "하나님은 사람이 아니시니 거짓말을 하지 않으시고 인생이 아
니시니 후회가 없으시도다 어찌 그 말씀하신 바를 행하지 않으시며 하신
말씀을 실행하지 않으시랴"(민 23:19). 하나님은 거짓도 없으시고 후회도
없으시고 변개함도 없으신 완전한 분이시다. 모든 부분에서 지극히 완전
하신 하나님이 무슨 일이든 하고자 하시는 것을 우리에게 행하시는 것보
다 더 감사한 은혜와 사랑이 어디에 있겠는가?

롬 9:19-29

¹⁹혹 네가 내게 말하기를 그러면 하나님이 어찌하여 허물하시느냐 누가 그 뜻을 대적하느냐 하리니 ²⁰이 사람아 네가 누구이기에 감히 하나님께 반문하느냐 지음을 받은 물건이 지은 자에게 어찌 나를 이같이 만들었느냐 말하겠느냐 ²¹토기장이가 진흙 한 덩이로 하나는 귀히 쓸 그릇을, 하나는 천히 쓸 그릇을 만들 권한이 없느냐 ²²만일 하나님이 그의 진노를 보이시고 그의 능력을 알게 하고자 하사 멸하기로 준비된 진노의 그릇을 오래 참으심으로 관용하시고 ²³또한 영광 받기로 예비하신 바 긍휼의 그릇에 대하여 그 영광의 풍성함을 알게 하고자 하셨을지라도 무슨 말을 하리요 ²⁴이 그릇은 우리니 곧 유대인 중에서뿐 아니라 이방인 중에서도 부르신 자니라 ²⁵호세아의 글에도 이르기를 내가 내 백성 아닌 자를 내 백성이라, 사랑하지 아니한 자를 사랑한 자라 부르리라 ²⁶너희는 내 백성이 아니라 한 그 곳에서 그들이 살아 계신 하나님의 아들이라 일컬음을 받으리라 함과 같으니라 ²⁷또 이사야가 이스라엘에 관하여 외치되 이스라엘 자손들의 수가 비록 바다의 모래 같을지라도 남은 자만 구원을 받으리니 ²⁸주께서 땅 위에서 그 말씀을 이루고 속히 시행하시리라 하셨느니라 ²⁹또한 이사야가 미리 말한 바 만일 만군의 주께서 우리에게 씨를 남겨 두지 아니하셨더라면 우리가 소돔과 같이 되고 고모라와 같았으리로다 함과 같으니라

❖ ❖ ❖

¹⁹그러면 당신은 나에게 말할 것입니다 "그런데도 하나님은 누군가를 책잡고 계십니까? 누가 그의 뜻에 대적을 했다고 그러시는 것입니까?" ²⁰오 인간이여 당신은 누구길래 감히 하나님께 반문을 하십니까? 지어진 자가 지은 자에게 어떻게 나를 이렇게 만든 것이냐고 따집니까? ²¹토기장이는 동일한 진흙 덩어리로 하나는 귀하게 쓸 그릇으로, 다른 하나는 천하게 쓸 그릇으로 만드는 권한을 가지고 있지 않습니까? ²²만일 하나님이 자신의 진노를 보이고 그의 능력을 알리려고 하여 멸하기로 준비된 진노의 그릇을 막대한 인내로써 참으시고 ²³영광 받기로 미리 준비된 긍휼의 그릇들에 대해서는 그 영광의 풍성함을 알리고자 하셨다고 하더라도 어쩔 것입니까? ²⁴이 그릇들은 우리 즉 유대인 중에서만 부른 자가 아니라 이방인 중에서도 부른 자입니다 ²⁵이는 호세아서 안에서 말한 것과 같습니다 "내가 내 백성 아닌 자를 내 백성이라, 사랑 받지 않은 자를 사랑 받은 자라고 부르리라" ²⁶그리고 "너희는 내 백성이 아니라고 한 곳에서 그들이 살아계신 하나님의 아들이라 일컬음을 받으리라" 함과 같습니다 ²⁷또한 이사야도 이스라엘 백성에 대해 외칩니다. "이스라엘 자손들의 수가 바다의 모래와 같다고 할지라도 남은 자들이 구원을 받을 것이니라" ²⁸이는 말씀을 온전히 이루고 속히 시행하실 주님 때문입니다 ²⁹그리고 이사야가 말한 것처럼 만약 만군의 주께서 우리에게 씨를 남겨 두시지 않았다면 우리는 소돔과 같이 되고 고모라와 유사했을 것입니다

두 종류의 그릇

누군가를 사랑하고 미워하는 것은 창조자 하나님의 권한이고 사랑할 자
와 미워할 자를 만드시는 것도 그분의 권한이다. 그리고 택하심을 따라
되는 하나님의 뜻은 사랑과 미움의 대상이 아직 태어나지 아니하고 선악
을 행하기 이전에, 즉 존재와 행위 이전에 세워진다. 하나님의 사랑과 미
움은 하나님의 뜻에 근거한 것이고 창세 전부터 정하신 선택에 따라 펼쳐
진다. 이러한 사실을 거부하는 사람들은 주께 힐문한다. 본문은 그 힐문
의 내용과 바울의 답변을 소개한다.

> [19]그러면 당신은 나에게 말할 것입니다 "그런데도 하나님은 누군가를
> 책잡고 계십니까? 누가 그의 뜻에 대적을 했다고 그러시는 것입니까?"

사랑과 미움의 대상에 대해 어떠한 것도 고려하지 않은 하나님의 작정 이
야기를 듣는 사람들은 반문한다. 하나님이 모든 것을 자신의 뜻대로 정해
놓았다면 인간 편에서는 어떠한 잘못도 없고 하나님은 결코 인간에게 책

임을 물으실 수 없다는 것이 반문의 핵심이다. 어떤 사람이 선을 행한다면 사랑의 대상으로 정하셨기 때문이고, 어떤 사람이 악을 행한다면 미움의 대상으로 정하셨기 때문에 사람에게 선의 공로나 악의 책임을 돌리실수 없다는 것은 인간의 보편적인 상식이다. 진실로 사랑의 대상으로 지음을 받은 사람은 선을 행하는 것이 하나님의 정하심에 순응하는 것이고, 미움의 대상으로 지음을 받은 사람은 악을 행하는 것이 하나님의 정하심에 충실한 것이기 때문에 하나님의 뜻을 대적한 사람이 없다는 반문은 일면 정당하다.

이러한 반문은 3장 5절의 반복이다. "그러나 만약 우리의 불의가 하나님의 의를 드러내면 우리는 무엇을 말할 것입니까? 내가 사람의 어법을 따라 말한다면 진노를 내리시는 하나님은 불의한 분이 되는 것 아닙니까?" 이는 우리의 불의가 하나님의 의를 드러내면 당연한 것이고 만약 그런 우리에게 하나님이 진노를 내리시면 하나님은 불의한 분이 되신다는 반문이다. 그러므로 우리의 거짓말로 하나님의 참되심을 더 풍성하게 하고, 우리의 악으로 하나님의 선을 이룬다면 하나님께 영광을 드리는 것이기에 우리에게 정죄나 심판이 내려지는 것은 합당하지 않다고 주장하며 거짓말을 하고 악을 범하자고 부추긴다. 이것은 하나님의 작정을 대하는 인간의 보편적인 해석이다. 여기에서 우리는 로마서 3장과 9장이 연결되어 있음을 확인한다. 3장에서 9장까지 어쩌면 바울이 하나님의 작정에 대해 불만을 품고 힐문하는 자들에게 답변을 제시하고 있는지도 모르겠다.

[20]오 인간이여 당신은 누구길래 감히 하나님께 반문을 하십니까?
지어진 자가 지은 자에게 어떻게 나를 이렇게 만든 것이냐고 따집니까?
[21]토기장이는 동일한 진흙 덩어리로 하나는 귀하게 쓸 그릇으로,
다른 하나는 천하게 쓸 그릇으로 만드는 권한을 가지고 있지 않습니까?

하나님의 미리 정하심을 거부하는 자들의 반문에 대해 바울은 우리가 "인간"(ἄνθρωπος)임을 지적하며 하나님께 반문하는 것은 가당치도 않은 피조물의 결례이며 그 이유를 토기장이 비유로 하나님의 신적인 권한을 설명한다. 바울이 지적한 것처럼 우리는 하나님이 아닌 인간이다. 지어진 피조물과 지은 창조자는 분명히 구분된다. 이 구분을 알지 못하거나 거부하는 사람에게 하나님의 일방적인 작정은 심히 거북한 것이 사실이다. 그러나 문제의 핵심은 우리가 인간임을 인지하지 못함이다. 우리는 흙으로, 티끌로, 먼지로 지어진 인간이고 호흡이 끊어지면 흙으로, 티끌로, 먼지로 돌아간다(창 2:7, 시 90:3, 103:14). 이러한 존재의 초라한 재료는 우리에게 창조자 앞에서의 겸손을 가르친다.

바울이 여기에서 언급하는 토기장이 이야기는 이스라엘 백성에게 익숙하다. 예레미야 선지자의 기록 때문이다. 이 이야기의 배경은 하나님이 이스라엘 백성의 죄악에 대한 최후의 통첩을 선지자를 통해 전달하는 상황이다. 통첩의 내용은 이러하다. "내가 너희에게 재앙을 내리며 계책을 세워 너희를 치려 하노니 너희는 각기 악한 길에서 돌이키며 너희의 길과 행위를 아름답게 하라"(렘 18:11). 이 말씀에 대한 백성의 반응은 심히 무례하다. "우리는 우리의 계획대로 행하며 우리는 각기 악한 마음이 완악한 대로 행하리라"(렘 18:12). 하나님의 경고를 무시하고 능멸하는 백성의 반응에 합당한 하나님의 조치는 그 그릇을 없애고 다른 그릇을 빚음이다. 이와 관련하여 하나님은 예레미야 선지자를 토기장이 집으로 보내어 그의 일상을 관찰하게 한다. "진흙으로 만든 그릇이 토기장이 손에서 터지매 그가 그것으로 자기 의견에 좋은 대로 다른 그릇을 만들더라"(렘 18:4). 하나님의 말씀에 대한 순종과 불순종의 여부에 따라 그릇을 바꾸시는 방식으로 하나님은 시간 속에서 역사를 이끄신다. 그러나 이 내용만 보면 하나님은 선이든 악이든 이스라엘 백성의 행위에 따라 자신의 계획을 바꾸시는 분인 것처럼 오해하기 쉽다. 하지만 이러한 하나님의 조치도 하나님의 지혜라고 바울은 로마서 11장에서 증거한다.

예레미야 선지자의 기록에 언급된 토기장이 마음의 상황적인 변화에서 더 나아가 바울은 그릇이 빚어지지 아니한 때에, 그리고 그 그릇에게 선하거나 악한 행위가 있기도 전에 토기장이 마음의 자유로운 결정권을 언급한다. 진흙으로 그릇을 만드는 자가 자신의 자유로운 뜻을 따라 어떤 것은 귀하게 사용할 그릇으로, 또 어떤 것은 천하게 사용할 그릇으로 만드는 것은 지극히 당연하다. 같은 업계에 속한 사람이 그에게 왜 그렇게 만드냐고 따지는 것도 이상한데, 그릇 자체가 자신을 만든 자에게 따진다면 얼마나 더 이상한가! 특별한 존재와 특별한 기능 혹은 용도에 관해 지어진 자는 지은 자에게 따지지 않는 것이 정상이다. 어떠한 그릇을 만들든지 만든 자의 마음이기 때문이다. 이것을 악하게 보거나 불의하게 여기는 것은 합당하지 않다. 이러한 바울의 생각은 예수님의 가르침에 의존하고 있다. 포도원의 농부 비유에서 주인이 자신의 뜻대로 각 농부에게 동일한 액수의 품삯을 주는 것과 관계된 예수님의 말씀이다. "나중 온 이 사람에게 너와 같이 주는 것이 내 뜻이니라 내 것을 가지고 내 뜻대로 할 것이 아니냐 내가 선하므로 네가 악하게 보느냐"(마 20:15). 소유권을 가진 주인은 하나님 자신의 뜻을 따라 처분권을 행사하는 것은 정당하다.

구약에는 지어진 자가 지은 자에게 왜 이렇게 만든 것이냐고 따지는 결례를 넘어 지은 자보다 자신이 더 크다고 주장하는 사례가 등장한다. "도끼가 어찌 찍는 자에게 스스로 자랑하며 톱이 어찌 켜는 자에게 스스로 큰 체하겠느냐 이는 막대기가 자기를 드는 자를 움직이려 하며 몽둥이가 나무 아닌 사람을 들려 함과 같음이라"(사 10:15). 이 말씀의 배경은 이스라엘 백성을 멸망시킨 "앗수르 왕의 완악한 마음의 열매와 높은 눈의 자랑"을 하나님이 벌하시는 상황이다(사 10:12). 앗수르 왕은 자신의 힘과 지혜와 총명으로 열국의 경계선을 없애고 그들의 재물을 얻었다고 착각하며 자신을 높이고 자랑했다. 그러나 이사야의 기록에 따르면 앗수르는 하나님께 "진노의 막대기요 그 손의 몽둥이"에 불과하다(사 10:5). 앗수르 왕은 이방의 우상들을 없애시고 이스라엘 백성의 우상들을 제거하신 하나님의 도구에 불과하다. 그러나 그들은 자신들이 도구라는 주제를 파악하지 못하였다.

²²만일 하나님이 자신의 진노를 보이고 그의 능력을 알리려고 하여
멸하기로 준비된 진노의 그릇을 막대한 인내로써 참으시고
²³영광 받기로 미리 준비된 긍휼의 그릇들에 대해서는
그 영광의 풍성함을 알리고자 하셨다고 하더라도 어쩔 것입니까?

바울은 하나님을 토기장이 같은 분이라고 설명한다. 아니 그보다 더 높고 위대하신 하나님은 자신의 자유로운 뜻을 따라 진노의 그릇과 긍휼의 그릇을 만드는 권한을 당연히 가지신다. 진노의 그릇은 하나님의 진노를 나타내어 신적인 정의를 보이시고 신적인 능력을 가지신 심판자가 되신다는 사실을 알리기 위해 빚어진다. 긍휼의 그릇은 신적인 긍휼을 나타내어 측량할 수 없는 하나님의 영광을 알리기 위해 빚어진다. 특별히 사람들의 반문을 촉발시킨 진노의 그릇에 대해서는 "막대한 인내로써 참으시"는 하나님의 배려를 언급한다. 진노의 그릇도 이처럼 인내라는 하나님의 성품을 계시한다.

여기에서 우리가 주의해야 하는 것은 진노의 그릇과 긍휼의 그릇이 누구냐에 대한 인식과 구별이 인간에게 주어지지 않았다는 사실이다. 어떠한 그릇으로 만드는 것과 그 그릇의 용도를 정하는 것은 전적으로 하나님의 권한이고, 그릇의 종류와 용도는 인간에게 알려지지 않고 오직 하나님의 고유한 지식으로 감추어져 있다. 과연 누가 귀하게 쓰이는 긍휼의 그릇이고 누가 천하게 쓰일 진노의 그릇인가? 이에 대해 사람들은 알 수 없

음에도 불구하고 외모로 판단한다. 그래서 오해하고 실수한다. 그러므로 무덤에 들어갈 때까지 우리는 어떠한 사람에 대해서도 그릇의 종류에 대한 평가를 유보해야 한다. 다만 우리 각자는 하나님께 귀하게 쓰임을 받도록 늘 준비해야 한다.

성경에는 분명히 하나님께 귀하게 쓰임을 받는 그릇에 대한 이야기가 언급되어 있다. "큰 집에는 금 그릇과 은 그릇 뿐 아니라 나무 그릇과 질 그릇도 있어 귀하게 쓰는 것도 있고 천하게 쓰는 것도 있나니 그러므로 누구든지 이런 것에서 자기를 깨끗하게 하면 귀히 쓰는 그릇이 되어 거룩하고 주인의 쓰심에 합당하며 모든 선한 일에 준비함이 되리라"(딤후 2:21). 비록 하나님은 이 세상의 모든 그릇을 자신의 뜻대로 만드시고 쓰시지만 인간의 인격적인 참여를 배제하지 않으신다. 비록 인생의 걸음을 인도하는 것은 하나님의 일이지만 인간이 마음으로 자기의 길을 계획하는 것을 막지 않으신다(잠 16:9). 그러므로 우리는 자신을 온갖 불의에서 깨끗하게 되도록 노력하고 하나님의 귀한 쓰심을 준비해야 한다.

깨끗함의 기준은 무엇이며 인간을 더럽히는 원인은 무엇이며 그것을 제거하여 자신을 깨끗하게 하는 방법은 무엇인가? 깨끗함의 기준은 하나님께 있다. 사람들의 눈에 들키지 않으면 깨끗한 것처럼 생각하는 것은 인간의 치명적인 착각이다. 세상은 그런 기준을 따라 흘러간다. 그러나 성경은 이렇게 가르친다. "사람의 행위가 자기 보기에는 모두 깨끗해도 여호와는 심령을 감찰하는 이시니라"(잠 16:2). 그래서 우리는 깨끗함의 여부에 대해 주님께 귀를 기울여야 한다. "입으로 들어가는 것이 사람을 더럽게 하는 것이 아니라 입에서 나오는 그것이 사람을 더럽게 하는 것이니라"(마 15:11). 인간을 더럽히는 원인은 밖에서 들어오지 않고 마음에서 나온다는 말씀이다. 이는 외모의 더러움이 아니라 마음의 더러움을 의미하고 마음을 더럽히는 원인을 제거해야 함을 가르친다. 외모의 더러움은 제거하기 쉽다. 그러나 보이지도 않는 영혼의 내적인 더러움을 제거하는 방법은 무엇인가? 성경은 두 가지를 제시한다. 기도와 말씀이다.

먼저 말씀에 의한 깨끗함에 대해서는 음식물과 관련된 바울의 교훈을 주목하자. "하나님이 지으신 모든 것이 선하기에 감사로 받으면 버릴 것이 없나니 하나님의 말씀과 기도로 거룩하게 됨이라"(딤전 4:4-5). 특정한 대상이 아니라 지어진 모든 것들이 기도와 말씀으로 거룩하게 된다. 인간도 하나님이 지으셨다. 그러므로 인간도 하나님의 말씀과 기도로 말미암아 깨끗하게 된다. 먼저 말씀이 인간을 깨끗하게 하는 이유는 순종 때문이다. 하나님의 말씀을 듣고 순종하면 우리의 영혼과 행실이 깨끗하게 된다. 이는 "너희가 진리를 순종하여 너희 영혼을 깨끗하게 하여"(벧전 1:22)라는 베드로의 말과 "청년이 무엇으로 그의 행실을 깨끗하게 하리이까 주의 말씀만 지킬 뿐이라"(시 119:9)는 시인의 고백에서 확인된다. 하나님의 말씀을 듣기만 하고 행하지 않는다면 죄를 범하는 것이고(약 4:17), 어리석은 사람이 되고(마 7:26), 많은 매를 맞는다(눅 12:47)고 성경은 가르친다. 행하지 않으면 스스로 속이는 자가 된다고 야고보는 경고한다. "너희는 말씀을 행하는 자가 되고 듣기만 하여 자신을 속이는 자가 되지 말라"(약 1:23).

기도에 의한 깨끗함에 대해서는 요한이 잘 가르친다. "만일 우리가 우리 죄를 자백하면 그는 미쁘시고 의로우사 우리 죄를 사하시며 우리를 모든 불의에서 깨끗하게 하실 것이요"(요일 1:9). 하나님께 우리의 죄를 고백하고 돌이키면 우리는 깨끗하게 된다. 이렇게 기도하는 이유는 무엇인가? 스스로 자신의 불의를 다 깨닫거나 제거할 수 없기 때문이다. 그래서 다윗은 죄를 유일하게 해결하실 하나님께 간절히 기도한다. "자기 허물을 능히 깨달을 자 누구리요 나를 숨은 허물에서 벗어나게 하소서"(시 19:12). 우리를 더럽히는 죄가 무엇인지 하나님의 기준으로 관찰해야 하고 그 죄에서 벗어나게 해 달라고 우리도 기도해야 한다.

²⁴이 그릇들은 우리 즉 유대인 중에서만 부른 자가 아니라
이방인 중에서도 부른 자입니다

긍휼의 그릇은 무엇으로 구성되어 있는지를 밝히되 유대인 중에서만 부르지 않았다는 사실을 바울은 강조한다. 긍휼의 그릇은 유대인과 이방인 중에서 부름을 받은 자들로 구성된다. 하나님의 백성이라 일컬음을 받는 것은 유대인의 전유물이 아니라 이방인도 얼마든지 하나님의 백성이라 일컬음을 받고 신적인 사랑의 수혜자가 될 수 있다는 이야기다. 이것은 바울의 개인적인 소견이 아니라 성경에 예언되어 있다는 점을 입증하기 위해 호세아와 이사야의 글을 인용한다. 호세아의 인용문은 이방인이 긍휼의 그릇임을 증명하고, 이사야의 인용문은 유대인이 긍휼의 그릇임을 증명한다.

²⁵이는 호세아서 안에서 말한 것과 같습니다 "내가 내 백성 아닌 자를 내 백성이라, 사랑 받지 않은 자를 사랑 받은 자라고 부르리라" ²⁶그리고 "너희는 내 백성이 아니라고 한 곳에서 그들이 살아계신 하나님의 아들이라 일컬음을 받으리라" 함과 같습니다

첫 번째 인용(호 2:23)은 사람을 강조한다. 하나님은 자신의 백성 아닌 자를 자기 백성이라, 사랑 받지 않은 자를 사랑 받는 자라고 부르신다. 여기에서 자기 백성 아닌 자와 사랑 받지 않은 자는 이스라엘 백성이 아닌 이방인을 가리킨다. 하나님은 자기 백성을 모든 열방에서 부르신다. 이것은 믿음의 조상에게 이미 한 약속에 암시되어 있다. "땅의 모든 족속이 너로 말미암아 복을 얻을 것이라"(창 12:3). 아브라함을 자신의 조상이라 고백하는 유대인이 선민의식을 가지는 것은 합당하지 않다. 오히려 열방을 향해

신적인 복의 통로로 쓰임을 받도록 땅 끝까지 이르러 복음을 전파하고 모든 족속을 하나님의 백성으로 삼겠다는 포부와 각오가 합당하다. 지금의 교회도 그러하다. 현재 교회에 등록된 성도라 할지라도 선민의식을 가지지 말고 오히려 땅 끝까지 이르러 예수의 증인으로 살아가며 모든 족속을 하나님의 백성으로 초청하는 복의 통로여야 한다. 비록 교회의 원수라 할지라도 그에게 저주나 증오나 분노가 아니라 사랑하고 품고 복을 비는 자세와 행위가 마땅하다. 교회에 적대적인 태도와 언행이 있다면 속히 반성하고 돌이켜야 한다. 교회 등록과 출석의 기간이 길다고 유세를 떨고 몽니를 부리는 추태를 멈추어야 한다.

호세아의 두 번째 인용(호 1:10)은 장소를 강조한다. 하나님의 백성이 아니라고 한 그곳에서 하나님의 아들이라 일컬음을 받는다고 한다. 많은 사람들이 하나님의 백성을 특정한 장소에 있는 사람이고 하나님의 나라는 특정한 장소에 세워질 것이라고 주장한다. 그러나 성경은 이러한 주장을 거부한다. 어떤 곳에서도 하나님의 아들이라 일컬음을 받음에 있어서는 제한이 없고 하나님의 나라는 공간적인 테두리가 없다. 공산주의 국가나 이슬람 국가에도 하나님의 아들이라 일컬음 받는 사람들이 있고 하나님의 나라는 얼마든지 거기에도 침투한다. 하나님의 자녀는 인종적인 편견과 지리적인 벽을 넘어 온 땅에 편만하다.

²⁷또한 이사야도 이스라엘 백성에 대해 외칩니다. "이스라엘 자손들의 수가 바다의 모래와 같다고 할지라도 남은 자들이 구원을 받을 것이니라"
²⁸이는 말씀을 온전히 이루시고 속히 시행하실 주님 때문입니다
²⁹그리고 이사야가 말한 것처럼 만약 만군의 주께서 우리에게 씨를 남겨 두시지 않았다면 우리는 소돔과 같이 되고 고모라와 유사했을 것입니다

이사야의 기록(사 10:22)에 의하면, 하나님의 자녀로서 구원을 받는 긍휼의 그릇은 "남은 자들"이다. 이스라엘 자손들의 수가 바다의 모래와 같다고 할지라도 그들이 다 긍휼의 그릇인 것은 아니라는 이야기다. 하나님의 나라는 "바다의 모래"라는 무한한 수가 중요하지 않다. 이스라엘 백성이 열방 중에서 택함을 받은 이유는 무엇인가? "다른 민족보다 수효가 많기 때문이 아니니라 너희는 오히려 모든 민족 중에 가장 적으니라"(신 7:7). 수효 때문에 하나님의 택하심을 받은 것이 아니라 "사랑하심" 때문이다(신 7:8). 하나님의 무조건적 사랑 때문에 택하심을 받았다고 모세는 기록한다. 비록 택하신 이스라엘 백성이 죄로 말미암아 모두 진멸하는 것이 마땅하나 하나님은 일부를 남기셨다. 그들은 후손에게 구원의 씨로 작용한다. 우리에게 남은 자들을 남기신 것은 우리의 공로 때문이 아니라 하나님의 전적인 은총에 근거한다.

10장 율법의 완성이신 예수 그리스도

³⁰그런즉 우리가 무슨 말을 하리요 의를 따르지 아니한 이방인들이 의를 얻었으니 곧 믿음에서 난 의요 ³¹의의 법을 따라간 이스라엘은 율법에 이르지 못하였으니 ³²어찌 그러하냐 이는 그들이 믿음을 의지하지 않고 행위를 의지함이라 부딪칠 돌에 부딪쳤느니라 ³³기록된 바 보라 내가 걸림돌과 거치는 바위를 시온에 두노니 그를 믿는 자는 부끄러움을 당하지 아니하리라 함과 같으니라 ¹형제들아 내 마음에 원하는 바와 하나님께 구하는 바는 이스라엘을 위함이니 곧 그들로 구원을 받게 함이라 ²내가 증언하노니 그들이 하나님께 열심이 있으나 올바른 지식을 따른 것이 아니니라 ³하나님의 의를 모르고 자기 의를 세우려고 힘써 하나님의 의에 복종하지 아니하였느니라

❖ ❖ ❖

³⁰그러므로 우리는 무슨 말을 할 것입니까? 의를 추구하지 않은 이방인이 의를 얻었는데 그것은 믿음에서 난 의입니다 ³¹그러나 의의 법을 추구한 이스라엘은 그 법에 이르지 못합니다 ³²이것이 어찌된 일입니까? 이는 믿음에서 난 것이 아니라 행위에서 난 것으로 추구했기 때문에 그들이 걸리는 돌에 부딪친 것입니다 ³³이는 기록된 바와 같습니다 "보라 내가 시온에 걸리는 돌과 거치는 바위를 두노니 그를 믿는 자는 부끄럽게 되지 않으리라" ¹형제들이여 내 마음의 갈망과 하나님을 향한 기도의 목적은 그들(이스라엘 민족)이 구원에 이르는 것입니다 ²그들에 대해 제가 증언하는 것은 그들이 하나님에 대한 열심을 가지고 있지만 올바른 지식을 따른 것이 아니라는 것입니다 ³왜냐하면 그들은 하나님의 의를 모르고 자신의 의 세우기를 추구하며 하나님의 의에는 순응하지 않았기 때문입니다

두 종류의 의

유대인과 이방인 가운데서 긍휼의 그릇으로 부름을 받는 것은 영원 전부터 하나님의 주권을 따라 정하신 작정의 결과라고 바울은 설명했다. 이제 바울은 유대인의 실패를 주목하며 긍휼의 그릇이 하나님의 부르심을 받는 구체적인 방식을 소개한다. 즉 긍휼의 그릇으로 부르심을 받는 자에게는 행위로 말미암은 율법의 규범적인 의가 아니라 믿음으로 말미암는 예수의 자비로운 의가 주어진다. 주님에 대한 믿음으로 말미암아 의를 추구하는 자들은 하나님의 의를 추구한다. 그러나 율법의 행위로 말미암아 의를 추구하는 자들은 자신의 의를 추구한다. 이 세상에는 의인이 하나도 없다고 이미 선언한 것처럼 바울은 인간 중에서 스스로도 의롭고 우리도 의롭게 하실 분은 오로지 예수 그리스도 밖에 없다고 강조한다.

[30]그러므로 우리는 무슨 말을 할 것입니까?

의를 추구하지 않은 이방인이 의를 얻었는데 그것은 믿음에서 난 의입니다

[31]그러나 의의 법을 추구한 이스라엘은 그 법에 이르지 못합니다

의의 법을 추구하던 이스라엘 백성은 그 법에 이르지 못하고, 의를 추구하지 않던 이방인은 의를 얻는다는 역설 앞에서 무슨 말을 할 수 있겠는가? 이는 상속자가 되려고 노력한 자는 부모의 재산을 물려받지 못하고 상속자에 대해서는 꿈도 꾸지 않았던 자가 부모의 재산을 가져가는 것과 일반이다. 이는 보통 사람들의 상식을 벗어난다. 우리는 고린도 교회에 보낸 바울의 서신에서 이러한 역설을 이해할 하나의 단초를 발견한다. "선 줄로 생각하는 자는 넘어질까 조심하라"(고전 10:12). 사람은 자신이 서 있다고 생각하면 넘어지지 않는다고 생각하여 조심하지 않는 경향을 드러낸다. 섰다는 것은 좋은 것이지만 자칫 방심의 단초로도 작용한다. 이처럼 복이 저주가 되고 저주가 복이 되는 역설이 세상에는 가끔 목격된다. 무언가를 소유하는 것은 좋은 것이지만 이로 인해 자신은 부하다고 간주하며 자신의 실질적인 가난함에 대해서는 무지하게 된다. 무언가를 먹는 것은 좋은 것이지만 그는 배가 부르다고 생각하며 마땅히 섭취해야 할 양식을 거부한다. 본다는 것도 좋은 것이지만 그는 보았기 때문에 마땅히 보아야 할 것까지 보지 않아도 된다고 생각한다. 사람이 무언가를 안다는 것은 좋은 것이지만 그는 자신의 무지를 부인하고 경청의 귀를 닫고 배우기를 중단한다. 사람들의 이러한 경향을 잘 아는 바울은 이렇게 충고한다. "만일 누구든지 무엇을 아는 줄로 생각하면 아직도 마땅히 알 것을 알지 못하는 것이요"(고전 8:2). 잡다한 앎이 아니라 마땅히 알아야 할 것을 아는 것이 온전한 지식이다.

이스라엘 백성은 자신이 좋은 것들을 많이 가졌고 올바른 것을 많이 안다고 생각한다. 앞에서 언급한 것처럼 이는 "양자 됨과 영광과 언약들과 율법 세우신 것과 예배와 약속들"이 그들에게 주어졌기 때문이다. 그런데 유익한 그것이 오히려 그들의 의식을 부풀게 만들었고 그들의 눈을 가려서 그들의 빈곤과 무지와 불의와 불순종과 불경건을 보지 못하게 만들었다. 결국 의의 법을 가지고 있고 알고도 있지만 그 법의 의로움에 이르지는 못하였다. 이스라엘 백성의 이러한 실패는 오늘날 교회를 위한 하나님의 경고이며 애틋한 교훈이다. 라오디게아 교회에 보내진 편지가 이를 입증한다. "네가 말하기를 나는 부자라 부요하여 부족한 것이 없다 하나 네 곤고한 것과 가련한 것과 가난한 것과 눈 먼 것과 벌거벗은 것을 알지 못하도다 내가 너를 권하노니 내게서 불로 연단한 금을 사서 부요하게 하고 흰 옷을 사서 입어 벌거벗은 수치를 보이지 않게 하고 안약을 사서 눈에 발라 보게 하라"(계 3:17-18).

하나님의 의를 가지지도 않았고 알지도 못했고 추구한 적도 없던 이방인은 오히려 하나님의 의를 소유했다. 이는 없다는 것과 모른다는 것과 구하지 않았다는 것이 있음과 앎과 구함에 대한 갈증을 유발한 경우이다. 이방인은 이처럼 없기에 하나님의 공급 없이 살아갈 수 없고, 모르기에 하나님의 계시 없이 깨달을 수도 없고, 구하지 않았기에 하나님의 의를 친히 구하신 그리스도 예수의 의로움 없이 의로울 수 없는 자들이다. 물론 하나님의 의가 그들에게 주어지는 궁극적인 원인은 이방인의 상태가 아니라 하나님의 주권적인 작정이다. 동시에 그 작정이 역사 속에서 실행되는 방식은 하나님의 의를 전혀 기대할 수 없는 이방인이 전적인 은혜로 의의 수혜자가 되는 식이었다. 사실 유대인도 하나님의 전적인 은혜의 방식에 의해서만 의를 소유한다. 그래서 그들도 모두가 죄인이고 오직 그 죄인을 의인으로 만드시는 그리스도 예수를 전적으로 의지해야 했다. 그러나 자신은 의로운 율법의 중재자로 모세를 가졌으며 그 율법의 의에 스스로 도달할 수 있다고 생각했다. 그런 착각이 진정한 구원자에 대한 무지와 배척으로 이어졌다.

여기에서 우리에게 주어지는 실천적인 교훈은 시장이 반찬인 것처럼 없음이 있음의 준비라는 사실이다. 그러므로 지식과 재물과 건강과 인맥과 재능과 신분과 가문과 배경의 빈약함에 위축되지 말라. 이 세상에는 하나님의 오묘한 섭리를 따라 먼저 된 자가 나중 되고 나중 된 자가 먼저 되는 일들이 허다하다. 하나님 안에서는 성공이 실패이고 실패가 성공이다. 살고자 하면 죽고 죽고자 하면 살며, 높아지려 하는 자는 낮아지고 낮아지려 하는 자는 높아진다. 불명예를 당하는 것 같으나 영광이 주어지고, 악한 이름으로 불리나 아름다운 이름으로 기억되고, 속이는 자 같으나 참되고, 무명한 자 같으나 유명하고, 근심하는 자 같으나 항상 기뻐하고, 가난한 자 같으나 자신도 부하고 많은 사람도 부하게 만들고, 아무것도 없는 것 같으나 모든 것을 가진 자라고 바울은 가르친다(고후 6:8-10). 다윗의 고백처럼, 여호와가 나의 목자라고 한다면 아무리 가난해도 부족함이 없다(시 23:1). 진실로 그리스도 안에서는 모든 것이 이렇게 달라진다. 이는 모든 것들이 이 세상의 기준이 아니라 하늘의 기준으로 평가되기 때문이다. 이러한 관점에서 보면 먼저 된 유대인이 나중 되고 나중 된 이방인이 먼저 되는 역설은 11장 33절에서 고백한 것처럼 하나님의 지혜와 지식의 풍성함과 깊이를 드러낸다.

[32]이것이 어찌된 일입니까? 이는 믿음에서 난 것이 아니라
행위에서 난 것으로 추구했기 때문에 그들이 거치는 돌에 부딪친 것입니다

이제 바울은 이방인과 유대인의 역설적인 상황을 초래한 실질적인 원인을 설명한다. 30절에서 바울은 이방인이 의를 가지게 된 것은 믿음으로 말미암은 것이라고 했다. 그런데 이와는 달리 유대인은 믿음에서 난 것이 아니라 행위에서 난 것을 가지고 하나님의 의를 추구했다. 여기에서 "행위"라는 것은 스스로 의로움에 도달하려 하는 모든 시도를 가리킨다. 모세를 알고 율법을 행했기 때문에 그들은 올바르게 섰다고 생각했다. 하나님의 의가 마땅히 주어질 것이라고 기대했다. 그러나 그 기대는 무너졌다. 의의 법은 그들에게 영광의 징표가 아니라 민족의 발에 거치는 돌이

었다. 유대인은 그 돌에 걸려 넘어졌다. 이러한 실족은 예언된 일이었다.

<blockquote>
³³이는 기록된 바와 같습니다 "보라 내가 시온에 걸리는 돌과 거치는 바위를 두노니 그를 믿는 자는 부끄럽게 되지 않으리라"
</blockquote>

이 인용은 이사야 28장 16절에 기초했다. "보라 내가 한 돌을 시온에 두어 기초를 삼았노니 곧 시험한 돌이요 귀하고 견고한 초석이라 그것을 믿는 이는 다급하게 되지 아니하리로다." 이 말씀이 이스라엘 백성에게 주어진 것은 그들의 오만함 때문이다. 이에 대해 이사야는 이렇게 기록한다. "너희가 말하기를 우리는 사망과 언약했고 스올과 맹약을 하였은즉 넘치는 재앙이 밀려온다 할지라도 우리에게 미치지 못하리니 우리는 거짓을 우리의 피난처로 삼았고 허위 아래에 우리를 숨겼기 때문이라 하는도다"(사 28:15). 사망과의 언약, 스올과의 맹약, 거짓과 허위는 당시 이스라엘 백성의 불의하고 거짓되고 부패한 행위를 고발한다. 바울은 이러한 부패성이 과거의 현상만이 아니라 자기 시대의 유대인 안에서도 반복되고 있었기에 이사야의 글을 인용했다. 이스라엘 백성의 부패성에 대한 하나님의 조치는 단호하다. "나는 정의를 측량줄로 삼고 공의를 저울추로 삼으니 우박이 거짓의 피난처를 소탕하며 물이 그 숨는 곳에 넘칠 것인즉 너희가 사망과 더불어 세운 언약이 폐하며 스올과 더불어 맺은 맹약이 서지 못하여 넘치는 재앙이 밀려올 때에 너희가 그것에게 밟힘을 당하리라"(사 28:17-18). 이스라엘 백성을 심판하는 측량줄과 저울추인 정의와 공의의 실체는 바울의 시대에 그리스도 예수였다. 예수는 하나님이 유대인의 발 앞에 두신 "걸리는 돌과 거치는 바위"였다. 그를 믿지 아니하는 유대인이 보기에 예수는 건축자가 쓸모없어서 버린 돌이었다. 그러나 믿는 이방인의 눈에는 이사야의 기록처럼 "귀하고 견고한 기초 돌"이었다. 우리가 이

러한 예수를 믿으면 귀하고 견고한 토대 위에 영예로운 인생이 세워진다. 예수가 아닌 다른 사람을 삶의 기초로 삼으면 부끄러운 인생으로 전락한다. 부끄럽지 않은 인생은 그 토대가 정의와 공의이고 그 위에 사랑과 평화를 꽃피울 때에 실현된다.

예수를 믿는 자는 부끄럽게 되지 않는다는 이사야의 글을 예수는 이렇게 표현한다. "누구든지 나와 내 말을 부끄러워하면 인자도 자기와 아버지와 거룩한 천사들의 영광으로 올 때에 그 사람을 부끄러워 하리라"(눅 9:26). 진실로 부끄러운 자는 누구인가? 사람들이 부끄럽게 여기는 자가 아니라 예수가 부끄럽게 여기는 사람이다. 아내가 남편을 부끄럽게 여긴다면, 자식이 부모를 부끄럽게 여긴다면, 학생이 교수를 부끄럽게 여긴다면, 성도가 목회자를 부끄럽게 여긴다면 삶이 곧 지옥으로 여겨질 것임에 분명하다. 이와 비교할 수 없는 수치는 존재의 근원이신 창조자 하나님이 피조물을 부끄럽게 여긴다는 사실에서 발견된다. 하나님이 부끄럽게 여기는 자에게는 존재 그 자체가 고통이고 삶이 곧 비참이다.

부끄러운 자가 되지 않는 방법은 무엇인가? "여호와여 내가 주께 피하오니 나를 영원히 부끄럽게 하지 마시고 주의 공의로 나를 건지소서"(시 31:1). 하나님 앞에서 부끄러운 자는 죄인이다. 하나님 앞에서의 수치는 무화과 나뭇잎에 의해 가려지는 것이 아니었다. 아담의 시대에 부끄러운 죄의 치부를 가린 것은 하나님이 짐승의 가죽으로 만드신 옷이었다. 그러나 짐승의 가죽 옷이 가리키는 실체는 그리스도 예수였다. 이 예수는 하나님의 공의였다. 그래서 시인은 주님께 피하는 방법 외에는 없고 구체적인 방법은 주님의 공의로 자신을 건져 주시는 것이라고 믿고 하나님께 기도한다. 우리의 부끄러운 죄는 십자가에 달려 죽어서 만든 예수의 공의로운 옷으로 인하여 덮어졌다. 그리스도 자신은 옷을 하나도 걸치지 않은 몸으로 부끄럽게 되고 우리는 그가 마련한 공의의 옷으로 영예롭게 된다. 우리의 명예를 위해 그는 불명예를 택하셨고, 우리의 부함을 위해 그는 가난함을 취하셨고, 우리의 생명을 위해 그는 사망을 당하셨고, 우리의 허물 때문에 그가 상하셨고, 우리의 거짓 때문에 진리이신 그가 모함을 받으셨다.

¹형제들이여 내 마음의 갈망과 하나님을 향한 기도의 목적은 그들(이스라엘 민족)이 구원에 이르는 것입니다 ²그들에 대해 제가 증언하는 것은 그들이 하나님에 대한 열심을 가지고 있지만 올바른 지식을 따른 것이 아니라는 것입니다

앞에서도 살핀 것처럼 바울이 마음으로 갈망하는 것, 하나님께 간절히 기도하는 것은 바로 자기 민족의 구원이다. 민족의 구원을 위해 그는 그리스도 예수와 영적으로 단절되는 것까지도 각오했다. 그런 바울은 이제 민족의 근본적인 문제를 면밀하게 관찰하고 비록 아프지만 정직하게 지적한다. "면책은 숨은 사랑보다 나으니라"(잠 27:5). 이러한 지혜자의 교훈을 따라 바울은 동족에게 "친구의 충성된 권고"(잠 27:9)에 돌입한다. 바울이 생각하는 이스라엘 백성의 문제는 무엇인가? 비록 그들에게 하나님에 대한 열정이 있지만 올바른 지식을 따른 것이 아니라는 사실이다.

"열심"(ζῆλος) 자체는 좋은 것이기에 성경은 열심을 내라고 권고한다. 심지어 예수는 열심의 대명사다. 성전의 부패를 정화시킬 때에 제자들이 떠올린 예언의 말씀이다. "주의 전을 사모하는 열심이 나를 삼키리라"(요 2:17). 열심이 예수의 존재를 잠식했다. 그런 예수는 이후에 "네가 열심을 내라"는 명령까지 교회에게 내리셨다(계 3:19). 그러나 열심은 크기보다 방향이 중요하다. 방향이 어긋나면 열심이 클수록 더 위험하기 때문이다. 유대인의 종교적 열심은 타의 추종을 불허한다. 두 말하면 잔소리다. 그들 중에서도 바울은 더 큰 열심이 그의 존재를 삼켰던 사람이다(갈 1:14). 그런데 열심의 방향이 빗나갔다. 그 맹렬한 열심으로 그는 교회를 핍박했다(빌 3:6). 예수를 괴롭혔다(행 9:4). 하지만 예수를 만난 이후에 바울은 과

거의 맹목적인 열심이 가진 자신의 문제점을 발견했다. 그 문제는 바로 올바른 지식의 부재였다. 어찌 그러한가? 바울은 당대의 석학이고 천재였다. 율법에 있어서는 최고의 해석자 중의 하나였다. 지식의 부재라는 말이 전혀 어울리지 않는 사람이다. 그럼에도 불구하고 바울은 율법에 대해 인간적인 견해를 가지고 있었기 때문에 하나님의 의에 대해서는 무지했다. 율법을 안다는 유대인의 대부분이 그러했다. 그런 유대인과 함께 바울은 동일한 열심을 가졌고 그 열심의 그릇된 방향성을 일찍 깨달은 자의 자격으로 그들에게 열심 자체의 유무나 강약이 아니라 올바른 지식의 결핍이 있고 방향의 이탈이 있음을 꼬집는다. 이는 사랑에서 비롯된 책망의 채찍이다.

올바른 지식은 바로 하나님의 뜻이며 성경의 올바른 해석이다. 이런 맥락에서 바울 자신은 여전히 "하나님의 열심으로"(고후 11:2) 열심을 낸다고 고백한다. 올바른 지식이 제시하는 열심의 방향은 무엇인가? 사도들은 무엇보다 선을 행하며(벧전 3:13) 그리스도 예수를 섬기는 일(롬 12:11)에 열심을 내라고 가르친다. 성도들의 쓸 것을 공급하고 손님을 환대하고(롬 12:13), 타인의 도움에만 의존하지 말고 자신의 손으로 일하고(살전 4:11), 넓은 문이 아니라 좁은 문으로 들어가고(눅 13:21), 때를 얻든지 못 얻든지 말씀을 전파하고(딤후 4:2), 주 앞에서 점과 흠이 없이 평강 가운데서 나타나고(벧후 3:14), 원수가 일상 속에서 화해하고(눅 12:58), 어떻게 하나님을 기쁘시게 할 수 있는지를 배우는 일에 힘쓰라(살전 4:1)고 권고한다. 에스겔 선지자는 무엇보다 하나님의 거룩한 이름을 위해 열심을 내야 한다고 언급한다(겔 39:25).

하나님의 뜻이라는 지식의 제어를 받지 않은 맹목적인 열심은 위태롭다. 올바른 지식이 아니라 아데미 여신상을 만들고 돈벌이를 하는 은장색이 손실의 최소화와 이윤의 극대화를 위해 내뱉은 선동적인 말이 제시하는 방향을 따라 광적인 열심을 쏟아낸 에베소 시민들은 분노가 가득하여 바울과 그 일행을 죽이고자 했다(행 19장). 그런데 누가는 광기에 사로잡힌 그 시민들이 대부분은 모인 이유도 제대로 몰랐다고 고발한다(행 19:32). 이는 사악한 자가 시민들의 열심만 빼앗고 그 열심의 방향을 자기가 마음 대로 조정하며 이득을 얻으려고 민심을 이용한 사건이다.

오늘날 교회에도 이러한 안타까운 모습이 재현된다. 돈벌이와 물리적인 부흥을 위해 선동하는 목회자의 목소리가 제시하는 방향을 따라 열심을 뿜어내는 교회의 집단적인 광기가 곳곳에서 빈번하게 연출된다. 교회에는 그 광기에 뛰어들어 지식 없는 열심의 과도한 분출을 위대한 경건으로 착각하는 성도들이 있다. 지혜자의 예리한 교훈이 떠오른다. "지식 없는 소원은 선하지 못하고 발이 급한 사람은 잘못 가느니라"(잠 19:2). 이 구절은 올바른 지식의 고삐가 풀린 소원은 악하다고 가르친다. 올바른 지식의 구비와 방향설정 이전에 미리 움직이는 발은 성급하고 반드시 잘못된 길로 접어든다. 교회의 발이 지금 대단히 성급하고 잘못된 길로 내딛는다. 교회는 부패한 종교인과 정치인과 기업인과 지식인의 들러리나 노리개가 되지 않도록 늘 깨어 경계해야 한다. 바울의 시대에 지식 없이 열심만 부리던 유대인이 지금의 교회에도 있다.

³왜냐하면 그들은 하나님의 의를 모르고 자신의 의 세우기를 추구하며
하나님의 의에는 순응하지 않았기 때문입니다

유대인이 지식이 없는 열심을 내는 이유는 무엇인가? 바울은 이번에도 아프지만 정직하게 있는 그대로의 쓰라린 이유를 지적한다. 즉 유대인이 하나님의 의를 모르고 자신의 의를 세우려고 하나님의 의에 순응하지 않았기 때문이다. 이기심이 문제였다. 유대인은 하나님의 의에 대해 무지했다. 그저 열심을 내어 의의 법을 행하면 하나님의 의에 이른다고 생각했

다. 그러나 이것은 자신의 의를 세우는 이기적인 일이었다. 그들은 자신들이 인류 가운데서 하나님의 택함을 받은 구별되고 우월한 민족임을 드러내고 자랑하려 했다. 동시에 다른 모든 민족들을 개로 간주할 정도로 무시했다.

하나님의 의에 무지하면 이러한 유대인의 끔찍한 실패를 답습한다. 하나님의 의는 무엇인가? 그리스도 예수를 믿음으로 말미암아 주어지는 하나님의 인정이다. 우리는 죄인이나 하나님은 그리스도 예수의 죽음으로 말미암아 우리를 의인으로 여기신다. 우리는 여전히 하나님의 모든 법을 온전히 준수하지 못하여 여전히 불의한 자이지만 믿는 우리의 의를 위해 율법의 마침이 되신 그리스도 예수로 말미암아 의롭다고 여기신다. 하나님의 의로움은 이것이다. 이러한 하나님의 의 앞에서 겸손해야 한다. 나의 의와 인간의 나라보다 하나님의 의와 하나님의 나라를 추구해야 한다. 자신의 의에 하나님의 의라는 껍데기만 씌워 놓고 자신도, 타인도 속이는 일들이 교회에서 발생하지 않도록 늘 스스로를 성찰해야 한다.

하나님의 의를 모르는 사람들은 모두 자신의 의를 추구한다. 자신의 의를 구한다는 것은 자신이 인생의 주체이며 기준이며 목적임을 의미한다. 삶 속에서 자신의 정치적, 인격적, 심리적, 지성적, 사회적, 문화적, 예술적, 언어적, 경제적, 사교적 우월성을 증명하고 드러내기 위해 애쓰는 분들을 만나면 피곤하다. 그들은 기회의 틈새가 조금만 벌어져도 곧장 파고들어 자랑의 깔대기를 들이댄다. 자기를 자랑하며 자신의 의를 드러내는 사람은 모든 사람이 싫어한다. 물론 자기를 자랑하는 자는 자기를 스스로 홍보하는 현대에 어울리는 사람이다. 그러나 시대의 사회적인 유행에 숨어서 자기에 대한 부끄러운 자랑을 떳떳하게 여기는 것은 시대적인 민망이다.

하나님의 형상을 따라 지음을 받은 인간은 있는 그대로가 아름답다. 꾸미려고 하면 가식의 악취가 발생한다. 자랑의 곰팡이가 핀다. 타인의 이맛살을 찌푸리게 한다. 당연히 하나님의 거대한 이마는 더 많이 구겨진다. 생각과 말과 행동의 매 순간마다 우리는 자신의 의를 구하는지 아니면 하나님의 의를 추구하고 있는지를 냉정하게 점검해야 한다. 날마다 하루치의 삶을 통해 정의는 과연 한 뼘이라도 자랐는지, 사랑의 온도는 1도라도 올랐는지, 진리의 빛은 얼마나 멀리 퍼졌는지, 이웃의 얼굴을 덮은 미소의 면적은 얼마나 커졌는지 등을 관찰하며 하나님의 의를 추구하는 인생을 살아가고 있는지를 계속해서 성찰해야 한다. 우리를 통해 그리스도 예수가 나타나면, 우리가 그의 증인으로 살아가면 이 모든 성찰의 내용이 해결된다. 하나님의 의를 먼저 구하라는 예수님의 명령에 순종하는 것은 하나님께 영광인 동시에 우리에게 가장 큰 유익이다.

롬 10:4-12

⁴그리스도는 모든 믿는 자에게 의를 이루기 위하여 율법의 마침이 되시니라 ⁵모세가 기록하되 율법으로 말미암는 의를 행하는 사람은 그 의로 살리라 하였거니와 ⁶믿음으로 말미암는 의는 이같이 말하되 네 마음에 누가 하늘에 올라가겠느냐 하지 말라 하니 올라가겠느냐 함은 그리스도를 모셔 내리려는 것이요 ⁷혹은 누가 무저갱에 내려가겠느냐 하지 말라 하니 내려가겠느냐 함은 그리스도를 죽은 자 가운데서 모셔 올리려는 것이라 ⁸그러면 무엇을 말하느냐 말씀이 네게 가까워 네 입에 있으며 네 마음에 있다 하였으니 곧 우리가 전파하는 믿음의 말씀이라 ⁹네가 만일 네 입으로 예수를 주로 시인하며 또 하나님께서 그를 죽은 자 가운데서 살리신 것을 네 마음에 믿으면 구원을 받으리라 ¹⁰사람이 마음으로 믿어 의에 이르고 입으로 시인하여 구원에 이르느니라 ¹¹성경에 이르되 누구든지 그를 믿는 자는 부끄러움을 당하지 아니하리라 하니 ¹²유대인이나 헬라인이나 차별이 없음이라 한 분이신 주께서 모든 사람의 주가 되사 그를 부르는 모든 사람에게 부요하시도다

❖ ❖ ❖

⁴그리스도는 모든 믿는 자들의 의를 위해 율법의 마침이 되십니다 ⁵모세는 율법으로 말미암는 의를 행하는 사람이 그 의로 살 것이라고 기록하고 있습니다 ⁶그러나 믿음으로 말미암는 의는 이렇게 말합니다 "너의 마음에서 '누가 하늘에 올라갈 것이냐'고 말하지 말라 이는 그리스도를 모셔 내리려는 것이니라 ⁷혹은 '누가 무저갱에 내려갈 것이냐'고 말하지 말라 이는 그리스도를 죽은 자들 가운데서 모셔 올리려는 것이니라 ⁸그러면 무엇을 말하느냐 '말씀이 네게 가까이 있으며 네 입에 있고 네 마음에 있느니라' 하라 이는 우리가 전파하는 믿음의 말씀이라" ⁹당신이 만일 당신의 입으로 예수를 주라고 시인하며 하나님이 그를 죽은 자들 가운데서 살리신 것을 당신의 마음에 믿으면 당신은 구원을 받습니다 ¹⁰즉 마음으로 믿어지게 되어 의에 이르고 입으로 시인하게 되어 구원에 이릅니다 ¹¹성경은 그를 믿는 모든 자들이 수치를 당하지 않을 것이라고 말합니다 ¹²이는 그를 부르는 모든 자들에게 풍성하신 모두의 주님은 동일한 분이셔서 유대인과 헬라인 사이에 차별이 없기 때문입니다

39   예수 그리스도, 율법의 마침

율법으로 말미암는 의를 추구한 이스라엘 백성은 하나님의 의에 무지했고 자기의 의를 추구했다. 이러한 실패의 원인에 대해 바울은 성경에 대한 그들의 오석이 문제임을 지적한다. 하나님의 율법을 성취하고 완성하는 것이 율법의 수령자가 아니라 그 율법의 궁극적인 수여자인 그리스도 예수라고 바울은 주장한다. 이스라엘 백성이 잘못 이해한 성경 텍스트를 언급하며 바울은 올바른 해석을 제시한다. 이는 예수가 율법의 목적과 끝과 완성이 되신다는 사실을 증명한다.

⁴그리스도는 모든 믿는 자들의 의를 위해 율법의 마침이 되십니다

율법에 대한 올바른 이해는 신앙과 삶에 대단히 중요하다. 이스라엘 백성이 대표적인 사례를 제공한다. 그들은 율법을 심각하게 오해했다. 자기들의 자유로운 의지와 인간적인 능력으로 순종하여 완성해야 한다고 생각했다. 그러나 바울은 그리스도 예수가 율법의 텔로스(τέλος νόμου) 즉 율

법의 목표, 끝, 종료 혹은 완성이 되신다고 주장한다. 예수는 율법의 목표를 이루시고 율법의 끝이면서 율법의 요구를 이루시고 율법의 모든 목적을 완성한 분이시다.

이러한 바울의 주장이 옳다면 명령을 내리시는 분과 명령을 완성하는 분이 동일하다. 즉 하나님은 율법을 통해 우리에게 명하시고 복음을 통해 우리에게 이루신다. 율법과 복음의 관계는 대단히 신비롭다. 이 관계는 종교개혁 주역들의 뇌리를 오랫동안 사로잡은 주제였고 성경이 말하는 구원의 교리를 이해하는 핵심적인 원리였다. 그런데 아무리 생각해도 사람의 일반적인 상식과는 다른 대단히 특이한 주장이다. 인간에게 명령을 주셨으면 왜 당신이 친히 이루시며, 명령을 이루실 거면 왜 인간에게 명령을 내리는가? 그럼에도 불구하고 바울의 주장은 사실이고 성경은 이러한 주장을 곳곳에서 두둔한다.

스데반의 설교가 하나의 사례를 제공한다. 특별히 아브라함 이야기를 나누면서 하나님은 믿음의 조상에게 가정과 집과 고향과 친척을 떠나 약속의 땅으로 가라고 명령하신 분이라고 말하고, 곧 이어서 하나님은 믿음의 조상을 갈대아 사람의 땅에서 하란으로, 거기에서 다시 약속의 땅으로 옮기신 분이라고 설명한다. 또 하나의 사례는 이러하다. 바울은 구원의 역사 전체에서 우리를 택하시는 것과 죄에서 거룩하고 흠이 없도록 죄 사함을 주시는 것과 그 구속을 실제로 우리에게 이루시는 것은 모두 성부와 성자와 성령 하나님의 일이라고 설명한다(엡 1:1-14). 성경은 이렇게 우리를 먼저 사랑하신 하나님, 먼저 택하신 하나님, 먼저 이루시는 하나님을 가르친다. 이런 맥락에서 히포의 주교 아우구스티누스는 이렇게 기도했다. "당신이 명하시는 것을 주시고 당신이 원하시는 것을 명하소서"(da quod iubes et iube quod vis, *Conf.* X. xxxi. 45).

바울은 원하시는 것을 명하시고 명하시는 것을 이루시는 하나님을 정확히 이해하고 그리스도 예수가 율법의 마침이 되신다고 가르친다. 그리스도 자신도 자신에 대해 율법이나 선지자를 폐하러 온 것이 아니라 완전하게 하려고 오셨다고 말하면서 이렇게 고백한다. "진실로 너희에게 이르노니 천지가 없어지기 전에는 율법의 일점일획도 결코 없어지지 아니하고 다 이루리라"(마 5:18). 율법의 전부를 하나도 남김없이 다 이루는 주체는 예수 자신이다. 이처럼 율법의 완성은 그리스도 예수의 몫이었다. 그런데 왜 이스라엘 백성은 이러한 사실에 대해 무지할까? 모세의 기록에 대한 오해 때문이다.

> ⁵모세는 율법으로 말미암는 의를 행하는 사람이
> 그 의로 살 것이라고 기록하고 있습니다

사실 모세는 행함으로 말미암는 의와 믿음으로 말미암는 의를 모두 기록했다. 즉 율법과 복음을 동시에 기록했다. 그런데 이스라엘 백성은 율법만 주목했다. 바울은 먼저 율법의 의를 실천하면 그 의로 말미암아 살 것이라는 모세의 기록을 인용한다. 이 인용문은 레위기와 신명기의 기록에서 편집한 구절이다. 즉 "너희는 내 규례와 법도를 지키라 사람이 이를 행하면 그로 말미암아 살리라"(레 18:5)와 "우리가 그 명령하신 대로 이 모든 명령을 우리 하나님 여호와 앞에서 삼가 지키면 그것이 곧 우리의 의로움이 되리라"(신 6:25)의 조합이다. 이 기록에 의하면 우리가 하나님의 명령을 지키면 그것이 우리에게 의로움이 되어 우리는 의인의 삶을 살아가게 된다. 이스라엘 백성은 텍스트를 그렇게 이해했다. 이러한 이해에서 무엇이 틀렸는가? "네가 네 하나님 여호와의 말씀을 청종하여 이 율법책에 기록된 그의 명령과 규례를 지키고 네 마음을 다하며 뜻을 다하여 여호와 네 하나님께 돌아오면 … 네게 복을 주시리라"(신 30:9). 이 구절도 그들의 해석에 어떠한 오류도 없음을 증거한다. 우리가 복을 받기 위해서는 하나

님의 명령을 행하여야 한다는 생각이 오해인가? 그런데 바울은 이런 생각이 오해라고 주장한다.

이스라엘 백성이 오해한 부분은 무엇인가? 그들은 하나님의 명령을 스스로 순종할 수 없다는 자신의 무능력을 간과했다. 하나님의 명령에 온전히 순종하기 위해서는 두 가지 조건을 갖추어야 한다. 즉 1) 순종의 대상이 "모든 명령"이고 2) 그 명령을 사람 앞에서가 아니라 "여호와 앞에서" 준행해야 한다. 모든 명령을 지킨다는 것도 가능하지 않고 하나님 앞에서 준행하는 것도 가능하지 않다. 이 두 가지의 조항을 갖추려면 졸음과 수면이 없으신 하나님 앞에서 모든 명령을 항상 지켜야 한다. 그래서 바울은 "누구든지 율법 책에 기록된 대로 모든 일을 항상 행하지 아니하는 자는 저주 아래 있는 자"(갈 3:10)라고 기록한다. 이처럼 하나님의 명령이 인간의 의지와 힘으로는 실현이 불가능한 것임을 이스라엘 백성은 깨달아야 했다. 인간에 대한 무지와 자신에 대한 과신이 율법에 대한 오해를 유발했다. 율법에 대한 이스라엘 백성의 오해를 풀어주기 위해 바울은 신명기의 인용문 다음의 구절을 인용하고 설명한다.

[6]그러나 믿음으로 말미암는 의는 이렇게 말합니다
"너의 마음에서 '누가 하늘에 올라갈 것이냐'고 말하지 말라
이는 그리스도를 모셔 내리려는 것이니라 [7]혹은 '누가 무저갱에 내려갈 것이냐'고
말하지 말라 이는 그리스도를 죽은 자들 가운데서 모셔 올리려는 것이니라

율법의 올바른 이해를 위해서는 율법으로 말미암는 의에 귀를 기울이지 말고 믿음으로 말미암는 의의 목소리에 귀를 기울여야 한다. 사람들은 "누가 하늘에 올라갈 것이냐"와 "누가 무저갱에 내려갈 것이냐"고 떠벌린다. 이에 대해 바울은 우리의 마음에서 그런 말을 하는 것이 불경한 일

이라고 경고한다. "누가 하늘에 올라갈 것이냐"는 말의 의미는 무엇인가? "누가 우리를 위하여 하늘에 올라가 그의 명령을 우리에게 가지고 와서 우리에게 들려 행하게 하랴"(신 30:12). 즉 하나님의 명령을 우리에게 가져오기 위한 승천을 의미한다. "누가 무저갱에 내려갈 것이냐"는 말의 의미는 무엇인가? "누가 우리를 위하여 바다를 건너가서 그의 명령을 우리에게 가지고 와서 우리에게 들려 행하게 하랴"(신 30:13). 즉 하나님의 명령을 우리에게 가져오기 위한 하강을 의미한다. 이처럼 하나님의 명령을 하늘과 바다에서 우리에게 가져올 누군가를 찾지 말라는 것, 인간이 주도권을 가지고 하늘이나 바다에 가서 하나님의 말씀을 움직일 수 없다는 것이 모세의 기록이고 바울의 권면이다.

나아가 바울은 특이한 해석을 시도한다. 하늘에 올라가는 것은 메시아를 모셔 내리려는 것이고, 무저갱에 내려가는 것은 메시아를 모셔 올리려는 것이라고 설명한다. 즉 하나님의 명령은 메시아와 관계되어 있다고 그는 해석한다. 메시아는 그리스도 예수이며 그는 사람이 하늘에 올라가서 모셔 내린 분이 아니고 무저갱에 내려가서 모셔 올린 분이 아니시다. 말씀이신 예수는 인간의 의지와 무관하게 스스로 하늘에서 육신으로 왔고 지옥에서 부활하여 왔다. 스스로 하늘에서 내려오신 분이어서 하늘의 기준에 맞도록 하나님 앞에서 모든 명령을 우리 대신에 온전하게 다 행하셨다. 지옥에서 올라오신 분이어서 명령을 행하지 않으면 죽어야 하는 불이행의 삯인 죽음을 우리 대신에 온전하게 다 지불하신 분이시다. 그래서 그는 율법의 마침과 완성이다. 모세의 시대에, 그리고 바울의 시대에 이스라엘 백성은 왜 이것을 몰랐을까? 아주 중요한 부분을 간과했기 때문이다. 그들이 간과한 것은 무엇인가?

⁸그러면 무엇을 말하느냐 '말씀이 네게 가까이 있으며 네 입에 있고
네 마음에 있느니라' 하라 이는 우리가 전파하는 믿음의 말씀이라"

이스라엘 백성이 모세의 기록에서 주목하지 않고 무시한 대목은 바로 이
것이다. "내가 오늘 네게 명령한 이 명령은 네게 어려운 것도 아니요 먼
것도 아니라 … 오직 그 말씀이 네게 매우 가까워서 네 입에 있으며 네 마
음에 있은즉 네가 이를 행할 수 있느니라"(신 30:11, 14). 하나님의 명령에
대한 순종은 어려운 것이 아니라고 한다. 하나님의 명령보다 이 세상에
서 더 준엄하고 그 준행이 어려운 것은 과연 무엇인가? 그런데도 왜 모세
는 어려운 것이 아니라고 말했는가? 이는 그 명령이 우리에게 매우 가까
이에 즉 입술에도 있고 마음에도 있기 때문이다. 바울에 의하면, 우리에
게 가까이 있는 말씀은 바로 믿음의 말씀 즉 복음이다. 베드로도 동일한
것을 고백한다. "모든 육체는 풀과 같고 그 모든 영광은 풀의 꽃과 같으니
풀은 마르고 꽃은 떨어지되 오직 주의 말씀은 세세토록 있도다 하였으니
너희에게 전한 복음이 곧 이 말씀이라"(벧전 1:24-25). 구약에서 모세를 통
해 선포된 하나님의 말씀은 바로 복음이다. 하나님의 명령은 바로 말씀이
육신으로 온 복음 즉 그리스도 예수와 연결되어 있다. 하나님의 말씀이
가까이에 즉 우리의 입술에도 있고 마음에도 있다는 말은 우리가 마음으
로 믿고 입술로 고백하고 전파하는 복음을 의미한다.

만약 이 복음을 얻기 위해 하늘에도 올라가야 하고 바다에도 내려가야
한다면 누가 복음의 수혜자가 될 수 있겠는가? 누가 하나님의 모든 명령
을 하나님 앞에서 항상 준행할 수 있겠는가? 이는 마치 하늘에 올라가고
바다에 내려가는 것과 같은데 그럴 능력의 소유자가 과연 있겠는가? 없
다. 오직 그리스도 예수만이 하늘과 바다를 마음대로 출입하는 분이시다.
하나님의 모든 명령을 신적인 수준으로 하나님 앞에서 항상 성취할 수 있
고 성취하신 분이시다. 그 예수께 나아오면 누구든지 하늘로 올라가고 바

다로 내려가는 것이 가능하다. 이는 인간에게 무슨 조건이나 자격이나 실력이나 재력을 요구하지 않는 초청이다. "오호라 너희 모든 목마른 자들아 물로 나아오라 돈 없는 자도 오라 너희는 와서 사 먹되 돈 없이, 값없이 와서 포도주와 젖을 사라"(사 55:1). 여기에서 하나님은 돈 없이, 값없이 포도주와 젖을 사 먹으라고 한다. 모순이다. 돈이 없으면 사 먹는 것이 아니라 얻어 먹는 것이기 때문이다. 이 말씀이 모순이 아니려면 돈과 값없이 사 먹는 일에 누군가가 대가를 지불해야 한다. 즉 주님께서 사주셨기 때문에 가능한 명령이다. 그런데 사람들은 자신의 유능과 우월이 증명되는 일에 도전하여 자신을 드러내려 싶어한다. 그래서 누구나 취할 수 있는 것, 즉 나 자신의 실력을 과시할 수 없는 사안은 쉽게 무시한다. 그리고 하늘과 바다에서 말씀을 취하는 것은 자신의 우월성을 화끈하게 드러낼 좋은 건수라고 생각하여 도전한다. 그러나 하나님의 말씀을 취하는 것은 오직 말씀 자체이신 예수에 의해서만 가능하다. 이것은 그리스도 예수로 말미암아 하나님의 은혜와 인자만 드러나는 사안이다.

바울은 이렇게 모세의 기록에 적시된 하나님의 말씀 즉 명령에 대한 순종을 그리스도 예수의 복음으로 해석한다. 우리가 마음으로 믿고 입술로 고백하는 예수가 바로 하늘에서 내려오신 말씀이고 지옥에서 부활하신 말씀이다. 하나님 되신 예수는 명령을 내리시고 인간 되신 예수는 그 명령을 이루신다. 이러한 의미에서 바울은 확신한다. "너희 안에서 착한 일을 시작하신 이가 그리스도 예수의 날까지 이루실 줄을 우리는 확신하노라"(빌 1:6). 이것은 명하시고 이루시는 그리스도 예수에 대한 믿음이다. 이러한 명령과 성취의 구조로 바울은 구원에 대한 설명을 이어간다.

[9]당신이 만일 당신의 입으로 예수를 주라고 시인하며 하나님이 그를 죽은 자들 가운데서 살리신 것을 당신의 마음에 믿으면 당신은 구원을 받습니다

우리가 예수를 입으로 시인하고 마음으로 믿으면 구원을 받는다고 한다. 우리가 예수를 우리의 주라고 시인하는 것은 사실이 아닌 것의 부당한 승인이 아니라 예수가 우리의 주라는 사실의 합당한 수용을 의미한다. 여기에서 "주"(κύριος)라는 말은 주인과 신을 가리킬 때에 사용되는 낱말이다. 이는 도마의 고백에서 잘 확인된다. "도마가 대답하여 이르되 나의 주님이시요 나의 하나님이시니이다"(요 20:28). 예수는 우리를 자신의 피 값으로 사셨기 때문에 우리의 주인이다. 그리고 이러한 사실의 인정은 우리가 우리의 주인이 아니라고 자신을 부인하는 것을 의미한다. 자신을 생각과 행동의 주체로 여기지 않고 자신의 뜻과 판단을 따라 살지 않겠다며 자신을 부인하는 고백이다. "주"라는 말은 당시 로마의 황제를 의미하는 말이기도 했다. 즉 예수를 주라고 고백하면 로마의 황제를 부인하는 것이기도 했다. 예수를 주라고 시인하는 것은 당시 목숨을 건 일이었다. 자신의 목숨보다 이 고백이 더 소중한 것이라는 표시였다. 이처럼 예수에 대한 고백과 자신의 전부에 대한 부인은 등을 맞댄 신앙의 양면이다. 그리고 하나님이 예수를 죽은 자들 가운데서 살리신 것을 마음으로 믿는다면 영적으로 이미 죽었고 몸으로도 죽게 될 우리도 살리시는 구원을 받는다고 바울은 강조한다. 믿음은 입술의 현상이 아니라 마음의 작용이다. 나의 믿음은 어떠한가?

바울은 우리의 구원과 관련하여 입의 시인과 마음의 믿음을 동시에 언급한다. 구원은 우리의 내면과 외면의 믿음을 모두 요구한다. 우리가 구원을 받은 자로서 건강한 믿음을 가지고 있는지의 여부는 다음과 같이 확인된다. 첫째, 마음으로 믿고 입으로 시인하면 건강한 신앙이다. 둘째, 마음으로 믿지만 입으로 시인하지 못하면 연약한 신앙이다. 셋째, 입으로는 시인하나 마음으로 믿지는 못한다면 가식적인 신앙이다. 넷째, 입의 시인과 마음의 믿음이 모두 없으면 신앙과 무관하다. 입의 시인과 마음의 믿음은 연동되어 있다. 입의 시인은 타인도 그 사람의 믿음을 확인할 수 있지만 마음의 믿음은 나만 확인할 수 있는 부분이다. 예수와 함께 죽고 예수와 함께 살아난 하나님의 자녀가 되었다는 공적인 의식인 세례는 마음의 믿음과 입술의 고백을 모두 요구한다.

여기에서 우리가 주목할 것은 바울이 입으로 시인하는 것과 마음으로 믿는 것을 능동태로 표현하여 우리의 적극적인 행위를 강조하고 있다는 사실이다. 입의 시인과 마음의 믿음이 우리의 의지와 노력에 달려 있는 것처럼 이해되기 쉽다. 과연 그러한가?

10즉 마음으로 믿어지게 되어 의에 이르고 입으로 시인하게 되어 구원에 이릅니다

바울은 교리적인 면에서 정확하다. 우리의 구원을 인간 편에서의 능동태로 묘사한 이후에 곧장 하나님 편에서의 수동태로 다시 설명한다. 우리가 구원에 이르는 것은 마음으로 믿어지기(πιστεύεται) 때문이고 입으로 시인하게 되기(ὁμολογεῖται) 때문이다. 우리는 하나님의 은혜로 인하여 믿어져서 믿고 시인하게 되어 시인한다. 이는 우리의 구원은 소원하는 자로 말미암은 것도 아니고 노력하는 자로 말미암은 것도 아니며 오직 긍휼히 여기시는 하나님의 은혜로 말미암은 것이라는 말의 다른 표현이다. 마음이든 입이든 우리가 믿음을 가져 구원을 받은 것은 우리를 긍휼히 여기시는 하나님의 은혜로 말미암아 주어진 선물이다(엡 2:8). 믿으라고 명하신 주님께서 우리에게 믿음을 베푸신다. 그래서 우리가 믿고 우리가 시인한다. 이처럼 우리의 구원에는 수동성과 능동성이 절묘하게 공존한다.

11성경은 그를 믿는 모든 자들이 수치를 당하지 않을 것이라고 말합니다
12이는 그를 부르는 모든 자들에게 풍성하신 모두의 주님은 동일한 분이셔서
유대인과 헬라인 사이에 차별이 없기 때문입니다

하나님을 믿는 모든 자들은 수치를 당하지 않을 것이라고 성경은 가르친다. 이것은 이사야 28장 16절의 두 번째 인용이다. 이번에는 그 이유를 설명한다. 즉 예수를 주라고 시인하는 모든 자들에게 예수는 동일한 주인(ὁ αὐτὸς κύριος)이며, 그들 모두에게 동일하게 풍요로운 분이셔서 유대인과 헬라인 사이에 차별이 없으시다. 먼저 예수는 동일한 주인이기 때문에 그를 부르는 모든 자들은 동등한 종들이다. 유대인은 상급 사환이고 헬라인은 하급 사환이지 않다. 예수를 동일한 주인으로 모신 종들은 동등하기 때문에 남자와 여자, 종과 상전, 노예와 자유인, 유대인과 이방인, 헬라인과 야만인은 서로를 형제라고 부르는 것이 합당하다. 같은 맥락에서 바울은 자신과 아볼로를 하나님의 동등한 사환으로 묘사한다(고전 3:8).

그리고 주님은 우리 모두에게 풍요로운 분이시다. 풍요의 의미는 두 가지로 구분된다. 즉 주님의 풍성함은 우리에게 주시고자 하는 것과 우리에게 이미 주신 것과 관계한다. 우리는 주님에 의해 우리에게 주어진 것이 얼마나 풍요로운 것인지를 잘 모르고 누리지도 못하고 주님께 감사를 돌리지도 아니한다. 바울은 자신에게 주신 은혜의 풍성함은 측량할 수 없다고 고백한다(엡 3:8). 그 풍성함은 "하늘에 속한 모든 신령한 복"을 의미한다(엡 1:3). 바울은 은혜의 풍성함을 깨달았고 성도에게 주어지는 유업의 풍성함을 우리가 깨닫게 해 달라고 기도한다(엡 1:18). 우리도 주님께서 우리에게 베푸신 자비의 풍성함을 깨달아야 하고 다음 세대에 전달해야 한다. "이는 그리스도 예수 안에서 우리에게 주신 자비를 통해 그 은혜의 지극한 풍성함을 오는 여러 세대에 나타내려 하심이라"(엡 2:7). 우리의 사명은 막중하다. 은혜의 풍성함은 우리가 독식하는 것이 아니라 다음 세대에 전달해야 한다. 다음 세대가 우리보다 더 큰 은혜의 풍성함을 누리도록 우리는 그 풍성함의 상한선을 갱신해야 한다.

무엇보다 하나님은 우리에게 "우리가 구하거나 생각하는 모든 것에 더 넘치도록 능히 하실 분"이시다(엡 3:20). 그런 하나님은 동시에 우리에게 이렇게 명하신다. "네 입을 크게 열라 내가 채우리라"(시 81:10). 그런데 안타까운 것은 하나님의 이 명령에 대해 하나님의 백성이 경청하지 않고 원하지도 않는다는 사실이다(시 81:11). 이게 교회의 현실이다. 하나님은 작지 않으시고 약하지도 않으시고 구두쇠도 아니신데, 교회의 소망은 너무도 작고 초라하다. 이것은 겸손이 아니라 불신이다. 물론 우리가 마땅히 구해야 할 하나님의 지극한 풍성함을 모르고 구하지 않을 때에는 성령께서 말할 수 없는 탄식으로 우리를 위해 친히 구하신다(롬 8:26). 그러나 우리는 불순종의 죄를 저지른다. 그렇지 않으려면, 하나님께 위대한 것을 구하고 위대한 일을 시도하라.

나아가 이 땅에서 우리가 받은 은혜의 풍성함도 측량할 수 없지만 앞으로 하늘에서 받게 될 영광의 풍성함은 더더욱 측량이 불가하다. 주어진 은혜보다 주어질 은혜가 더 크다는 사실에 대해 시인은 우리에게 증여하실 하나님의 "영광이 하늘보다 높다"(시 113:4)고 했으며 바울은 "현재의 고난은 장차 우리에게 나타난 영광과 비교할 수 없다"(롬 8:18)고 표현한다. 이 땅에서 외적으로 보인 차별의 모든 변동적인 내용들은 하늘에서 유대인과 이방인 모두가 동일하게 받는 지극히 큰 영광으로 인해 완전히 일소된다.

그리스도 예수는 율법의 마침이다. 이로써 율법을 가진 유대인과 가지지 않은 이방인 사이에 차별이 없어졌다. 예수를 주라고 시인하며 마음으로 믿는 모든 자는 동일한 주인 되시는 예수의 동일한 종이며 그 종들에게 예수는 동일하게 풍성한 분이시다. 이 땅에서의 모든 차별이 소멸된다. 이것이 복음이다. 이것이 율법의 올바른 해석이다. 자신의 영원한 생명까지 아끼지 않을 정도로 동포의 구원을 사모한 바울은 율법에 대한 올바른 해석으로 유대인의 오석을 해소하고 동포를 구원의 길로 초청한다. 유대인의 민족적인 테두리에 제한되지 않으시는 하나님은 온 세상의 모든 민족에게 동일하게 풍성하신 주라는 사실을 가르치며!

롬 10:13-21

¹³누구든지 주의 이름을 부르는 자는 구원을 받으리라 ¹⁴그런즉 그들이 믿지 아니하는 이를 어찌 부르리요 듣지도 못한 이를 어찌 믿으리요 전파하는 자가 없이 어찌 들으리요 ¹⁵보내심을 받지 아니하였으면 어찌 전파하리요 기록된 바 아름답도다 좋은 소식을 전하는 자들의 발이여 함과 같으니라 ¹⁶그러나 그들이 다 복음을 순종하지 아니하였도다 이사야가 이르되 주여 우리가 전한 것을 누가 믿었나이까 하였으니 ¹⁷그러므로 믿음은 들음에서 나며 들음은 그리스도의 말씀으로 말미암았느니라 ¹⁸그러나 내가 말하노니 그들이 듣지 아니하였느냐 그렇지 아니하니 그 소리가 온 땅에 퍼졌고 그 말씀이 땅 끝까지 이르렀도다 하였느니라 ¹⁹그러나 내가 말하노니 이스라엘이 알지 못하였느냐 먼저 모세가 이르되 내가 백성 아닌 자로써 너희를 시기하게 하며 미련한 백성으로써 너희를 노엽게 하리라 하였고 ²⁰이사야는 매우 담대하여 내가 나를 찾지 아니한 자들에게 찾은 바 되고 내게 묻지 아니한 자들에게 나타났노라 말하였고 ²¹이스라엘에 대하여 이르되 순종하지 아니하고 거슬러 말하는 백성에게 내가 종일 내 손을 벌렸노라 하였느니라

✦ ✦ ✦

¹³주의 이름을 부르는 모든 자는 구원을 받을 것입니다 ¹⁴그런데 그들이 믿지 아니하는 이를 어떻게 부르며 듣지도 못한 이를 어떻게 믿으며 전파하는 자가 없이 어떻게 들을 것입니까? ¹⁵보냄을 받지 아니하면 어떻게 전파할 것입니까? 이는 기록된 것처럼 "너무도 아름답다 좋은 소식을 전파하는 자들의 발이여" 함과 같습니다 ¹⁶그러나 "주여 우리가 전한 것을 누가 믿었습니까?" 라고 한 이사야의 말을 보면 그들은 모두 복음을 청종하지 않은 것입니다 ¹⁷그러므로 믿음은 들음에서 나며 들음은 그리스도의 말씀 선포를 통한 것입니다 ¹⁸그러나 나는 말합니다 그들이 듣지 않은 것입니까? 그렇지 않습니다 "그들의 소리가 온 땅에 이르렀고 그들의 선포가 땅 끝까지 퍼졌다"고 했습니다 ¹⁹그러나 나는 말합니다 이스라엘이 알지 못한 것입니까? 먼저 모세가 말합니다 "나는 백성 아닌 자들을 통해 너희로 하여금 시기하게 하며 무지한 민족을 통해 너희를 노엽게 하리라" ²⁰이사야는 매우 담대하게 말합니다 "나는 나를 찾지 아니한 자들에게 찾은 바 되고 내가 묻지 아니하는 자들에게 분명히 알려지게 되었노라" ²¹그러나 이스라엘을 위해서는 이렇게 말합니다 "믿지 아니하고 거슬러 말하는 백성에게 종일 나의 손을 뻗었노라"

믿음의 들음
(auditus fidei)

율법에 대한 이스라엘 백성의 무지, 즉 행위로 말미암는 율법의 의만 알고 믿음으로 말미암는 복음의 의를 간과하고 무시한 그들의 문제를 지적한 바울은 이제 복음의 전파 필요성과 이스라엘 백성의 보다 심각한 문제를 꼬집는다. 즉 복음은 우리가 전파해야 하고 듣는 자는 믿음으로 들어야 한다는 것, 그런데 이스라엘 백성은 비록 복음을 들었으나 믿음으로 듣지 않은 잘못을 꾸짖는다. 하나님의 은혜로 말미암아 주어지는 구원의 역사는 또한 복음을 전파하는 자와 믿음으로 듣는 자의 형식적인 합작이다.

13주의 이름을 부르는 모든 자는 구원을 받을 것입니다

이 구절은 요엘 2장 32절의 인용이다. 구원의 수혜자는 누구인가? 구약의 이스라엘 민족은 이방 민족들이 아니라 자신들만 하나님의 구원을 받는다고 생각했다. 그러나 구약의 선지자 요엘은 이스라엘 백성이 아니라 주의 이름을 부르는 모든 자라고 가르친다. 주의 이름을 부르는 자만이 구원을 받는다고 주장하는 신약의 사도 바울은 구원론에 있어서 요엘과 그입장이 동일하다. 즉 신약과 구약은 모두 성별이나, 혈통이나, 지역이나, 시대나, 연령이나, 직위나, 신분을 불문하고 누구든지 주의 이름을 부르는 자라면 무조건 구원을 받는다는 지극히 공평하고 공정한 구원의 교리를 주장한다. 주의 이름을 부르는 자들 중에는 당연히 이스라엘 백성도 포함되어 있다. 요엘은 바울이 인용한 구절인 "누구든지 여호와의 이름을 부르는 자는 구원을 얻는다"고 말한 이후에 이스라엘 백성의 "남은 자 중에 나 여호와의 부름을 받을 자가 있을 것"이라고 했다(욜 2:32). 요엘이 말하는 "남은 자"는 바울이 말한 "이면적인 유대인"에 해당한다(롬 2:29).

이 구절에서 주의 이름을 부른다는 것은 "말이나 행동 따위로 다른 사람의 주의를 끌거나 오라고 하다"는 사전적인 개념을 가리키지 않고 마음으로 믿고 입으로 시인하는 것을 의미한다. 즉 주의 이름을 부른다는 것은 입에서 공기를 밀어내어 소리를 만드는 것이 아니라 주님과 그 이름을 부르는 자 사이의 인격적인 관계를 형성하는 믿음의 부름 혹은 믿음의 고백(confessio fidei)이다.

¹⁴그런데 그들이 믿지 아니하는 이를 어떻게 부르며 듣지도 못한 이를
어떻게 믿으며 전파하는 자가 없이 어떻게 들을 것입니까?
¹⁵보냄을 받지 아니하면 어떻게 전파할 것입니까? 이는 기록된 것처럼
"너무도 아름답다 좋은 소식을 전파하는 자들의 발이여" 함과 같습니다

바울은 믿음의 부름이 있기 위해서 반드시 있어야 할 과정을 설명한다. 믿지 아니하는 이를 어떻게 부르며 듣지도 못한 이를 어떻게 믿으며 전파하는 자가 없으면 어떻게 들으며 보냄을 받지 아니하면 어떻게 전파할 것

인가에 대해 질문한다. 이렇게 의문형을 통해 부름의 과정을 설명하는 것은 우리가 스스로 생각해서 자신의 판단으로 동일한 결론에 이르라는 초청이다. 주의 이름을 부르는 자마다 구원을 받는 일이 발생하기 위한 과정들은 보냄, 전파, 들음, 믿음, 부름이다. 즉 보내야 전파하고, 전파해야 듣고, 들어야 믿고, 믿어야 부른다는 과정이다.

보냄에 있어서 아버지 하나님이 보내는 분이시다. 하나님은 그 아들 그리스도 예수를 보내시기 이전에 선지자들 및 천사들도 보내셨다. 그들을 보내신 이후 "이 모든 일 마지막"에 하나님은 그 아들 그리스도 예수를 보내셨다(히 1:1). 예수는 제자들을 보내셨다. 부활하신 이후에 하신 말씀이다. "아버지께서 나를 보내신 것 같이 나도 너희를 보내노라"(요 20:21). 예수의 보내심을 받은 제자들은 모든 족속으로 예수의 제자를 삼으려고 했고 그렇게 제자가 된 자들을 온 세상에 또 내보냈다. 이렇게 보냄을 받은 예수의 제자들은 이어지고 이어져서 오늘날 우리에게 이르렀다. 예수의 제자가 된 우리도 가정이나 직장이나 학교 등 어떠한 공동체에 있든 궁극적인 면에서는 예수의 보내심을 받은 자들이다.

보내심을 받은 자들에게 요구되는 삶의 핵심은 무엇인가? 그것을 우리는 아버지 하나님의 보내심을 받으신 예수, 우리를 보내신 예수의 인생에서 발견한다. 하늘에서 땅으로 아버지의 보내심을 받은 예수는 왜 오셨는가? 아버지의 뜻을 이루는 것 즉 맡겨진 모든 백성을 복음으로 구원하기 위함이다. "내가 하늘에서 내려온 것은 내 뜻을 행하려 함이 아니요 나를 보내신 이의 뜻을 행하려 함이니라"(요 6:38). 보냄을 받은 자는 자신의 뜻을 포기하고 보내신 이의 뜻을 이루어야 한다. 예수는 자신을 보내신 아버지의 뜻을 이렇게 설명한다. "이와 같이 이 작은 자 중의 하나라도 잃는 것은 하늘에 계신 너희 아버지의 뜻이 아니니라"(마 18:14). 예수의 보내심을 받은 우리는 그의 몸이기도 하다. 그러므로 아버지의 보내심을 받은 예수의 사명, 즉 지극히 작은 자 중의 하나라도 잃지 않는 사명은 또한 그의 몸인 우리의 사명이다. 그래서 우리를 보내신 예수께서 그의 몸인 우리에게 부여하신 사명은 이러하다. "너희는 온 천하에 다니며 만민에게 복음을 전파하라"(막 16:15). 아버지의 택하심을 받은 모든 자들을 하나라도 잃지 않기 위해 우리는 온 천하에 다니며 만민에게 복음을 전파해야 한다. 우리가 전파해야 온 세상이 듣고 믿고 예수의 이름을 부르며 구원을 받는 사명의 성취가 구현된다.

예수는 우리를 세상에 보내셨다. 이제 우리는 그 보내심의 사명을 잘 받들어 복음을 전파해야 한다. 바울은 복음 즉 좋은 소식을 전파하는 자들의 너무도 아름다운 발을 노래한다. 복음을 전파하는 것의 중요성은 이방인의 사도인 바울만의 견해가 아니라 이미 구약에서 강조된 것이었다(나 1:15, 사 52:7). 이사야의 기록에 의하면, 좋은 소식을 전파하는 것은 평화를 공포하고 구원을 공포하고 하나님의 통치를 공포하는 행위이다(사 52:7). 구약의 선지자가 기록한 평화와 구원과 하나님의 통치라는 좋은 소식은 바울의 해석에 의하면 그리스도 예수의 복음이다. 이처럼 예수의 복음을 전파하는 발의 아름다운 행보는 구약과 신약 모두가 칭찬하고 권면하고 강조한다. 여기에서 우리는 복음의 통일성과 국경선을 넘어 모든 차별과 단절의 벽을 지나 그 복음을 전달해야 하는 선포의 통일성을 확인한다. 신약과 구약이 전파하는 복음의 내용은 동일하다. 그리고 그 복음은 하나님의 사람들이 산도 넘고 바다도 건너 땅 끝까지 전파해야 한다는 사실을 구약과 신약은 동일하게 강조한다.

어떤 사람들은 전파하는 사람이 없으면 하나님의 나라가 유지되지 못한다고 주장한다. 이는 마치 인간이 하나님 나라의 흥망을 좌우할 수 있다는 듯한 주장이다. 이 주장에 의하면, 하나님은 인간의 협조가 없으면 아무 일도 못하신다. 그러나 이것은 잘못된 주장이다. 하나님은 당신의 나라를 세우심에 있어서 인간의 필연적인 협조가 필요하지 않으시다. 하나님은 언제든지 원하시면 다수의 아브라함 자손 즉 믿음의 사람을 돌들을 가지고도 능히 만드신다(마 3:9). 그리고 "주의 이름으로 오시는 왕"이라고 찬송하며 예수의 이름을 전파하는 제자들에 대해 바리새파 무리가 예수님께 책망을 종용하자 예수님이 하신 말씀이다. "내가 너희에게 말하노니 만일 이 사람들이 침묵하면 돌들이 소리 지르리라"(눅 19:40). 이는 제자들이 예수를 찬양하며 그 이름을 선포하지 않으면 돌들이 그 일을 대신할 것이라는 말씀이다. 이처럼 주에게는 돌들을 믿음의 사람으로 만드는 것도 가능하고 돌들에 의해 복음을 전파하는 것도 가능하다. 탐욕에 빠진 발람에게 하나님의 진노가 임하는 긴급한 때에는 나귀의 입이 사용되는 사례도 성경에는 등장한다(민 22:30).

우리가 복음을 전파하는 것은 하나님께 협조하는 것이 아니라 우리에게 영광이다. 그래서 복음 전파의 사명은 하나님의 자비로운 선물이다. 이는 복음을 전파하는 것이 하나님께 가장 큰 기쁨을 드리는 일이기 때문이다. "죄인 한 사람이 회개하면 하늘에서 회개할 것이 없는 의인 아흔아홉으로 말미암아 기뻐하는 것보다 더하리라"(눅 15:7). 이는 우리에 의해 전파된 복음을 듣고 한 사람이 회개할 때보다 하나님을 더 기쁘시게 하는 경우는 없다는 이야기다. 창조주 하나님을 기쁘시게 하는 것은 지음을 받은 피조물이 취하고 누리는 최고의 영광이다. 이는 최고의 기능과 역할을 수행한 최고의 영예가 복음을 전파한 자에게 주어지기 때문이다. 우리 모두는 복음을 전파하는 하나님의 입술이다. 어떤 사람은 입으로, 어떤 사람은 손으로, 어떤 사람은 다리로, 어떤 사람은 눈으로, 어떤 사람으로 코로 복음을 전파한다. 우리 모두가 그리스도 예수의 몸으로서 그의 복음을 전파하는 파트너다. 복음을 전파하면 인생의 본질과 비본질 문제가 명료하게 정리된다. 이는 딱 한 번 주어진 우리의 인생을 최고의 의미와 가치로 채우기 위해 정리해야 하는 사안이다.

¹⁶그러나 "주여 우리가 전한 것을 누가 믿었습니까?" 라고 한 이사야의 말을 보면 그들은 모두 복음을 청종하지 않은 것입니다

여기에서 바울은 이사야가 전한 소식을 "복음"(εὐαγγέλιον)이라 한다. 즉 구약에서 전해진 좋은 소식과 신약에서 전해진 좋은 소식은 동일하다. 구약에서 전해진 소식은 정의로운 율법이고 신약에서 전해진 소식은 자비로운 복음이라 하여 구약과 신약의 내용적인 단절과 대립을 주장하는 사람들이 있다. 나아가 구약 시대의 사람들은 복음의 은혜를 받기에 적합한 인간의 성정을 가지지 않았기 때문에 율법이 적합하고, 신약 시대의 사람들은 예수의 성육신 때문에 인간의 성정이 개선되어 복음이 합당한 존재가 되었다는 주장까지 있다. 그러나 바울은 이러한 주장들을 단호히 거부한다. 바울의 이러한 거부는 베드로도 동조한다. 베드로는 구약의 선지자가 전파한 구원의 좋은 소식은 그리스도 예수의 고난과 영광이며 그것은 복음을 전파하는 자들이 성령을 힘입어 신약에서 알려준 것이라고 기록한다(벧전 1:11-12).

평화와 구원을 주는 그리스도 예수의 좋은 복음을 전파하는 것은 예수의 보내심을 받은 모든 제자의 유쾌한 사명이다. 그러나 복음은 그 소식을 들은 자들의 반응도 요구한다. 그것은 바로 믿음이다. 이 믿음의 문제에 대해 바울은 이사야의 글을 다시 인용한다. "우리가 전한 것을 누가 믿었느냐"(사 53:1). 여기에서 이사야는 "믿는다"는 동사를 사용한다. 이 말의 히브리어 단어는 "아멘"(אָמֵן)이고 헬라어 단어는 "피스튜오"(πιστεύω)이다. 복음을 들은 자들에게 요구되는 반응은 이처럼 "아멘"이다. 믿음의 조상이 하나님의 약속을 듣고 취한 반응이 이 "아멘"이다(창 15:6). 그런데 이사야가 전한 약속에 대한 이스라엘 백성의 반응은 냉담했다. 바울은 이사야의 인용된 말을 "그들 모두가 복음을 청종하지 않은 것"이라고 해석한다.

왜 이스라엘 백성은 "아멘"으로 반응하지 않았을까? 우리도 복음을 들고 이스라엘 백성의 실패를 답습하지 않으려면 그 백성이 복음을 청종하지 않은 이유를 이해해야 한다. 바울은 이스라엘 백성이 전파된 복음에 아멘으로 반응하지 않은 이유의 실마리를 다른 곳에서 제공한다. "하나님의 약속은 얼마든지 그리스도 안에서 예가 되니 그런즉 그로 말미암아 우리가 아멘 하여 하나님께 영광을 돌리게 되느니라"(고후 1:20). 바울은 우리가 하나님의 말씀에 "아멘"으로 반응하는 청종의 가능성이 오직 그리스도 안에 있다고 가르친다. 여기에서 우리는 "아멘"이 그리스도 예수와 관계되어 있음을 확인한다. 이에 대해서는 요한의 기록에 정확히 명시되어 있다. 즉 요한은 그리스도 예수를 "하나님의 믿음의 시초"(ἡ ἀρχὴ τῆς κτίσεως τοῦ θεοῦ)라고 말하면서 "아멘"(ἀμήν)으로 규정한다(계 3:14). 하나님의 약속에 아멘으로 반응하는 것은 하나님을 믿는 믿음의 원리 혹은 시초이신 그리스도 예수에 의해서만 가능하다. 그래서 바울은 앞에 인용된 구절처럼 우리의 아멘 반응이 그리스도 안에서 그로 말미암아 가능한 것이라고 했다. 그렇다면 믿음의 조상이 하나님의 약속에 아멘으로 반응한 것은 그리스도 안에서 이루어진 일이라는 해석도 가능하다.

복음과 선포와 믿음에 있어 신구약의 동일성을 주장한 바울의 입장은 히브리서 기자의 입장과 동일하다. "그들과 같이 우리도 복음 전함을 받은 자이나 들은 바 그 말씀이 그들에게 유익하지 못한 것은 듣는 자가 믿음으로 합하지 않음이라"(히 4:2). 구약의 사람들과 신약의 사람들이 동일한 복음을 전파하고 받았으며 그 복음이 듣는 자들에게 요구하는 것은 동일한 믿음이다. 그런데 구약 시대의 이스라엘 백성이 그 복음을 듣고 믿음으로 반응하지 않았다고 히브리서 기자는 지적한다. 이는 로마서 10장 16절의 주장과 완전히 동일하다. 이런 면에서 히브리서 기자는 바울일 가능성이 높다. 이상에서 살펴본 것처럼 구약에서 전파한 좋은 소식은 신약의 복음이며 구약의 복음과 신약의 복음은 듣는 자들에게 동일한 믿음을 요구한다. 구약을 취하고 신약을 버리거나 신약을 취하고 구약을 버리는 자들은 하나님의 온전한 복음을 파괴하는 자들이다. 이처럼 우리는 바울과 베드로와 히브리서 기자의 가르침을 따라 구약과 신약이 동일한 복음을 가르치는 하나님의 동등한 말씀임을 인정해야 한다. 구약에서 믿은 사람들과 신약에서 믿은 사람들은 그리스도 안에서 가족이다. 우리는 그리스도 예수를 형제라고 부르기에 서로에게 형제이다.

¹⁷그러므로 믿음은 들음에서 나며 들음은 그리스도의 말씀 선포를 통한 것입니다 ¹⁸그러나 나는 말합니다 그들이 듣지 않은 것입니까? 그렇지 않습니다 "그들의 소리가 온 땅에 이르렀고 그들의 선포가 땅 끝까지 퍼졌다"고 했습니다

여기에서 바울은 복음과 선포와 들음과 믿음의 인과적인 관계를 요약한다. 복음이 우리에게 임하면 잠잠할 수 없으며, 복음이 선포되면 모든 사람이 들으며, 들으면 믿음이 형성된다. 그런데 이스라엘 백성의 문제는 무엇인가? 선지자의 선포를 통해 그들이 비록 그리스도 예수의 복음을 들었지만 경청하지 않고 믿음으로 수용하지 않았다는 사실이다. 바울은 자기 백성이 분명히 들었다는 사실을 시편에서 발견하고 인용한다. "날은 날에게 말하고 밤은 밤에게 지식을 전하니 언어도 없고 말씀도 없으며 들리는 소리도 없으나 그의 소리가 온 땅에 통하고 그의 말씀이 세상 끝까지 이르도다"(시 19:2-4). 그리스도 예수의 말씀은 세상 끝까지 이르기 때문에 유대인과 이방인 중에 그 누구도 듣지 못했다는 핑계를 대지 못한다고 바울은 선언한다. 비록 말과 언어와 소리의 협조가 없더라도 그리스도 예수의 말씀은 매이지 않는다고 시인은 노래한다. 바울이 인용한 시인의 노래는 특별히 이방인을 겨냥하고 있다.

실제로 언어를 사용하여 소리를 내어 말하는 사람이 없어도 하나님의 말씀은 매이지 않는다고 바울은 이렇게 고백한다. "복음으로 말미암아 내가 죄인과 같이 매이는 데까지 고난을 받았으나 하나님의 말씀은 매이지 아니하니라"(딤후 2:9). 앞에서도 살핀 것처럼 복음의 전파를 위해 전파하는 인간의 절대적인 필요성을 강조하는 것은 가당치도 않다. 하나님은 얼마든지 홀로 복음을 전하신다. 교회의 건물이 무너지고 신학교가 문을 닫고 목회자의 씨가 말라도 복음은 계속해서 전파된다. 그런데도 우리를 복음 전파의 파트너로 택하신 것은 하나님이 우리 없이 아무런 일도 못하시기 때문이 아니라 우리에게 은혜를 베푸시기 위함이다. 우리가 하나님의 동역자가 된다는 것보다 더 놀라운 영광이 어디에 있겠는가? 그래서 이방인의 사도인 바울은 복음이 세상 끝까지 이르도록 자신을 일꾼으로 불러주신 것은 하나님이 베푸신 은혜에 따른 것이라고 고백한다(엡 3:7).

¹⁹그러나 나는 말합니다 이스라엘이 알지 못한 것입니까? 먼저 모세가 말합니다 "나는 백성 아닌 자들을 통해 너희로 하여금 시기하게 하며 무지한 민족을 통해 너희를 노엽게 하리라" ²⁰이사야는 매우 담대하게 말합니다 "나는 나를 찾지 아니한 자들에게 찾은 바 되고 내가 묻지 아니하는 자들에게 분명히 알려지게 되었노라"

바울은 이제 이스라엘 백성의 핑계도 차단한다. 이스라엘 백성은 분명히 복음을 인지했다. 그럼에도 불구하고 이사야의 지적처럼 믿음으로 반응하지 않고 그 복음을 무시하고 거절했다. 은혜를 모르는 백성에 대한 하나님의 반응을 설명하기 위해 바울은 모세의 글과 이사야의 글을 인용한다. "그들이 하나님이 아닌 것으로 내 질투를 일으키며 허무한 것으로 내 진노를 일으켰으니 나도 백성이 아닌 자로 그들에게 시기가 나게 하며 어리석은 민족으로 그들의 분노를 일으키리로다"(신 32:21). 이스라엘 백성은 하나님이 아닌 것으로 하나님의 질투를 촉발하고 허무한 것으로 하나님의 진노를 유발했다. 이에 대해 하나님은 하나님의 백성 아닌 자들로 그들에게 시기와 분노가 촉발되게 만드셨다. 예수님의 시대에 이러한 일은 절정에 이르렀다. 즉 원래 예수님은 이스라엘 집에 보내어진 메시아다. "나는 이스라엘 집의 잃어버린 양 외에는 다른 데로 보내심을 받지 않았노라"(마 15:24). 그러나 이스라엘 백성이 그를 무시하고 거절했다. 가나안 여자 하나가 자비를 구하러 예수님께 왔다. 그러나 예수님은 "자녀의 떡을 취하여 개들에게 던짐이 마땅하지 않다"는 냉담한 반응을 보이셨다. 이에 대해 여인은 "개들도 주인의 상에서 떨어지는 부스러기"(마 15:27) 조각을 먹는다고 하자 "여자여 네 믿음이 크도다"고 하며 자비를 베푸셨다 (마 15:28).

소수의 남은 자들을 제외한 이스라엘 백성은 예수님에 대해 부스러기 정도가 아니라 빵 덩어리 전체를 거절했다. 그래서 이 빵은 고스란히 이방인의 손에 넘겨진다. 그래서 이사야는 매우 담대하게 하나님의 말씀을 대언한다. "나는 나를 구하지 아니하던 자에게 물음을 받았으며 나를 찾지 아니하던 자에게 찾아냄이 되었으며 내 이름을 부르지 아니하던 나라에 내가 여기 있노라 내가 여기 있노라 하였노라"(사 65:1). 이스라엘 백성이 버린 복음이 이방인의 손에 넘겨진 것은 바울의 고유한 신학이 아니라 모세와 이사야의 기록에서 보이는 것처럼 구약이 가르치는 섭리의 내용이다. 열 명의 나병환자 중에서도 사마리아 출신의 사람만이 예수님을 찾았고 나머지 유대인일 가능성이 높은 아홉 명은 예수님의 은혜를 입고서도 은혜를 잊은 채 떠나갔다. 이 사건도 동일한 섭리의 상징적인 조각이다. 지금도 교회가 하나님의 은혜를 망각하고 하나님을 찾지 않는 일이 일어나고 있다는 무거운 두려움이 엄습한다. 이는 교회가 자신의 아름답고 안락한 문화를 즐기며 정작 하나님의 뜻은 외면하고 있기 때문이다. 실제로 복음을 알지 못하는 자들의 입에서 하나님의 이름이 거명되고 있다. 누구에 의해서든 어떤 식으로든 복음이 전파되는 것은 기뻐할 일이지만 교회의 추락은 심히 안타깝다.

²¹그러나 이스라엘을 위해서는 이렇게 말합니다

"믿지 아니하고 거슬러 말하는 백성에게 종일 나의 손을 뻗었노라"

하나님은 이사야의 기록처럼 이스라엘 백성이 돌이킬 기회를 한없이 베풀셨다. "내가 종일 손을 펴서 자기 생각을 따라 옳지 않은 길을 걸어가는 패역한 백성들을 불렀나니 곧 동산에서 제사하며 벽돌 위에서 분향하여 내 앞에서 항상 내 노를 일으키는 백성이라"(사 65:2-3). 여기에서 눈에 띄는 단어는 "종일"과 "항상"이다. 하나님의 자비로운 손길은 종일 뻗어졌고, 이스라엘 백성은 항상 우상을 숭배하며 패역한 죄를 저질렀다. 이는 하나님의 사랑과 그 백성의 죄가 평행선을 이루며 지속되는 상태를 설명한다. 이것을 확인하기 위해 먼 과거의 역사를 소환할 필요가 없음은 우리가 경험하고 있기 때문이다. 지금도 하나님은 항상 자신의 생각을 따라 옳지 않은 길을 걸어가는 우리를 종일 부르신다. 소리가 없어도, 언어가 없어도, 말이 없어도 하나님은 부르신다.

본문의 내용과 무관하게 여기에서 주목하고 싶은 하나는 이사야에 대한 바울의 해석이다. 바울은 로마서 10장 20-21절에서 이사야 65장 1-3절을 인용한다. 그리고 로마서 9장 27-29절에서 이사야 1장 9절과 10장 22절을 인용했다. 이 구절들을 인용하며 바울은 이사야가 말한 것이라고 명시한다. 그런데 적잖은 학자들이 이사야서 중에서 1-39장과 40-54장과 55-66장을 기록한 저자가 다르다고 주장한다. 즉 3명의 저자설을 주장한다. 이사야의 저자가 더 많다고 주장하는 사람들도 있다. 그러나 이 주장은 바울의 이해와 충돌한다. 바울만이 아니라 요한도 이사야서 전체가 이사야의 책이라고 주장한다. 요한복음 12장 38-41절에서 요한은 동일한 이사야의 이름을 거명하며 이사야 6장 10절과 53장 1절을 나란히 인용한다. 이러한 인용에서 볼 때, 바울과 요한은 이사야서에 대한 복수의 저작설을 거부하고 이사야 1인의 저작설을 주장하고 있음에 분명하다.

R

11장 모두가 참여하는 교회의 완성

롬 11:1-12

¹그러므로 내가 말하노니 하나님이 자기 백성을 버리셨느냐 그럴 수 없느니라 나도 이스라엘
인이요 아브라함의 씨에서 난 자요 베냐민 지파라 ²하나님이 그 미리 아신 자기 백성을 버리
지 아니하셨나니 너희가 성경이 엘리야를 가리켜 말한 것을 알지 못하느냐 그가 이스라엘을
하나님께 고발하되 ³주여 그들이 주의 선지자들을 죽였으며 주의 제단들을 헐어 버렸고 나
만 남았는데 내 목숨도 찾나이다 하니 ⁴그에게 하신 대답이 무엇이냐 내가 나를 위하여 바알
에게 무릎을 꿇지 아니한 사람 칠천 명을 남겨 두었다 하셨으니 ⁵그런즉 이와 같이 지금도 은
혜로 택하심을 따라 남은 자가 있느니라 ⁶만일 은혜로 된 것이면 행위로 말미암지 않음이니
그렇지 않으면 은혜가 은혜 되지 못하느니라 ⁷그런즉 어떠하냐 이스라엘이 구하는 그것을 얻
지 못하고 오직 택하심을 입은 자가 얻었고 그 남은 자들은 우둔하여졌느니라 ⁸기록된 바 하
나님이 오늘까지 그들에게 혼미한 심령과 보지 못할 눈과 듣지 못할 귀를 주셨다 함과 같으
니라 ⁹또 다윗이 이르되 그들의 밥상이 올무와 덫과 거치는 것과 보응이 되게 하시옵고 ¹⁰그
들의 눈은 흐려 보지 못하고 그들의 등은 항상 굽게 하옵소서 하였느니라 ¹¹그러므로 내가 말
하노니 그들이 넘어지기까지 실족하였느냐 그럴 수 없느니라 그들이 넘어짐으로 구원이 이
방인에게 이르러 이스라엘로 시기나게 함이니라 ¹²그들의 넘어짐이 세상의 풍성함이 되며
그들의 실패가 이방인의 풍성함이 되거든 하물며 그들의 충만함이리요

◆ ◆ ◆

¹그러므로 나는 말합니다 하나님이 자기 백성을 버리신 것 아닙니까? 버리신 것이 전혀 아닙
니다 왜냐하면 나도 이스라엘 사람이요 아브라함 자손 베냐민의 지파에서 난 자이기 때문입
니다 ²하나님은 미리 아신 자기 백성을 버리시지 않습니다 여러분은 엘리야가 이스라엘에
대해 하나님께 어떤 고발을 했는지에 대한 성경의 기록을 알지 못합니까? ³즉 "주여 그들이
주의 선지자들을 죽였고 주의 제단들을 파괴했고 나만 홀로 남았는데 나의 목숨도 찾습니다"
⁴그러나 그에게 주어진 신적인 반응은 무엇을 말합니까? "내가 나를 위해 그 바알에게 무릎
을 꿇지 아니한 사람 칠천 명을 남겨 두었노라" ⁵그러므로 이와 같이 지금도 은혜의 택하심을
따라 남은 자가 있습니다 ⁶만일 은혜로 된 것이면 행위로 말미암지 않은 것입니다 그렇지 않
다면 은혜는 더 이상 은혜가 되지 않을 것입니다 ⁷그래서 어떻게 됐습니까? 이스라엘이 구한
그것을 얻지 못했고 택하심을 받은 자가 얻었으며 그 남은 자들은 우둔하게 됐습니다 ⁸기록
된 것처럼 "하나님은 오늘까지 그들에게 혼미한 심령과 보지 못할 눈과 듣지 못할 귀를 주셨
다"고 함과 같습니다 ⁹다윗도 말합니다 "그들의 밥상은 그들에게 올무와 함정과 덫과 보응이
되게 하옵시고 ¹⁰그들의 눈은 어두워져 보지 못하게 하옵시고 그들의 등은 영원히 굽게 하옵
소서" ¹¹그렇다면 그들이 실족하여 넘어진 것 아닙니까? 저는 절대 그렇지 않다고 말합니다
오히려 그들의 실족과 함께 구원이 이방인에게 이르러 이스라엘로 하여금 시기가 나게 만든
것입니다 ¹²그런데 만약 그들의 실족이 세상의 풍성함이 되고 그들의 넘어짐이 이방인의 풍
성함이 되었다면 그들의 충만함은 [이방인의 풍성함에] 얼마나 더할까요?

41 하나님의 감추어진 백성

복음은 선포와 들음으로 전파된다. 복음의 말씀은 세계 끝까지 이르렀다. 그러나 대부분의 사람들은 들음에서 실패한다. 대표적인 사람들이 바로 이스라엘 백성이다. 그래도 하나님은 그들에게 자비와 회복의 손을 벌리셨다. 그런데도 그들은 돌이키지 않고 떠나갔다. 이처럼 하나님은 항상 사랑의 팔을 벌리시고 그들은 종일토록 돌이키지 않고 죄를 저지른다. 이러한 양극으로 치닫는 사정을 모르는 사람들은 돌이키지 않는 이스라엘 백성의 불경한 모습을 보고 하나님이 자기 백성을 버리신 것이라고 해석한다. 그러나 바울은 그런 해석을 단호히 거부한다. 남은 자들, 즉 하나님의 감추어진 백성이 있다는 사실을 바울은 구약의 사례를 근거로 제시하며 변증한다.

¹그러므로 나는 말합니다 하나님이 자기 백성을 버리신 것 아닙니까?
버리신 것이 전혀 아닙니다 왜냐하면 나도 이스라엘 사람이요
아브라함 자손 베냐민의 지파에서 난 자이기 때문입니다

이스라엘 백성의 버려짐에 대해 바울은 일반 사람들의 가상적인 질문을 던지고 답하는 방식으로 논지를 전개한다. 사람들의 질문은 이러하다. "하나님이 자기 백성을 버리신 것 아닙니까?" 이에 대한 바울의 반응은 단호한 부정이다. 자신의 부정적인 견해에 대해 바울은 가장 확실한 증거를 제시한다. 즉 바울 자신이 이스라엘 백성이며 아브라함 자손이며 베냐민의 지파 소속이다. 만약 하나님이 이스라엘 백성을 버렸다면 바울 자신도 버림을 받았어야 마땅하다. 그런데 하나님은 바울을 구별하여 택하시고 그리스도 예수의 종으로 부르시고 당신의 나라를 세우는 주역으로 삼으셨다. 이처럼 바울 자신은 하나님이 자기 백성을 버리시지 않았다는 사실의 확실한 증인이다.

²하나님은 미리 아신 자기 백성을 버리시지 않습니다 여러분은 엘리야가 이스라엘에 대해 하나님께 어떤 고발을 했는지에 대한 성경의 기록을 알지 못합니까?

하나님이 버리시지 않은 대상은 과연 누구인가? 바울에 의하면, 이스라엘 백성이 아니라 "미리 아신 자기 백성"(τὸν λαὸν αὐτοῦ ὃν προέγνω)이다. "미리 안다"는 말은 바울의 글에서 두 번 나타난다. 하나는 시간 속에서의 앎과 관계되어 있고(행 26:5), 다른 하나는 영원 속에서의 앎과 관계되어 있다(롬 8:29). 이처럼 "미리 안다"의 이중적인 의미를 수용할 경우, 하나님의 "자기 백성"은 시간 속에서의 백성인 이스라엘 민족과 영원 속에서의 백성인 택함 받은 백성을 동시에 가리킨다. 즉 이스라엘 백성 가운데서 하나님의 영원한 택하심을 받은 자들이다. 하나님이 버리시지 않은 백성은 바로 이들을 의미한다. 바울은 이스라엘 사람인 동시에 하나님의 택하심을 받은 사람이다. 남은 자에 대해서도 바울은 자신이 증인이다.

지금도 하나님은 자기 백성을 결코 버리지 않으신다. 이러한 바울의 확고한 신념은 오래 전 모세의 것이었다. 온 이스라엘 백성을 향해 모세는 하나님이 결코 그들을 떠나시지 않고 버리시지 않을 것이라고 선언한다(신 31:6). 바울과 모세의 확신은 참으로 대단하다. 나아가 그런 확신에만 머물지 않고 그들은 이스라엘 백성이 버려지지 않도록 자신의 영원한 생명도 버리려고 했다. 이들의 이러한 용기에 있어서 모세는 예수님을 예표하고 바울은 예수님을 모방한다. 예수님은 자기 백성이 버림을 당하지 않도록 아버지의 버림을 친히 당하셨다. "엘리 엘리 라마 사박다니 하시니 이는 곧 나의 하나님 나의 하나님 어찌하여 나를 버리신 것입니까 하는 뜻이라"(마 27:46). 예수님은 아버지의 버리심을 받으신 동시에 스스로 버리셨다. "나는 양을 위하여 목숨을 버리노라…이를 내게서 빼앗는 자가 있는 것이 아니라 내가 스스로 버리노라"(요 10:15, 18).

하나님이 자기 백성을 버리시지 않는 것은 하나님의 사랑에 근거한 것이지만 동시에 정의의 값을 지불한 결과이다. 바울과 모세가 예시한 그리스도 예수의 버리심은 우리에게 타인의 버려지지 않음을 위해 우리 자신의 희생적인 버림을 가르친다. "사망은 우리 안에서 역사하고 생명은 너희 안에서 역사 하느니라"(고후 4:12). 이것이 바울과 모세와 예수님이 가르치는 십자가의 인생이다. 이들을 따라 우리도 하나님은 자기 백성을 결코 버리시지 않는다는 확신을 가지고 그 확신에 근거한 십자가의 길을 기꺼이 기쁘게 걸어가야 한다.

바울은 자기 백성을 버리시지 않는 하나님의 사랑에 대한 증인으로 자신만이 아니라 엘리야도 소환한다. 즉 이스라엘 백성에 대해 하나님께 올린 선지자 엘리야의 호소가 담긴 성경의 기록을 인용한다. 이처럼 바울의 논증은 구약을 씨줄로 삼고 신약을 날줄로 삼은 진리의 직물(織物)이다. 이것도 예수님의 모방이다. 바울은 비시디아 안디옥의 한 회당에서 죽기까지 순종하신 예수의 일생을 "성경에 그를 가리켜 기록한 말씀을 다 응하게 한 것이라"(행 13:29)고 해석한다. 바울에게 구약과 예수는 예언과 성취였다. 바울이 전하는 복음은 그 예언과 성취의 종합이다. 그래서 바울은 비록 이방인의 사도라 할지라도 복음을 전할 때에 구약을 인용한다.

³즉 "주여 그들이 주의 선지자들을 죽였고 주의 제단들을 파괴했고
나만 홀로 남았는데 나의 목숨도 찾습니다"
⁴그러나 그에게 주어진 신적인 반응은 무엇을 말합니까?
"내가 나를 위해 그 바알에게 무릎을 꿇지 아니한 사람 칠천 명을 남겨 두었노라"

바울의 인용에 따르면, 엘리야는 하나님의 택하심을 받은 동료 선지자들 모두가 죽임을 당하고 하나님의 제단들도 파괴되고 자신만 홀로 남았는데 자신의 생명마저 위협을 당하고 있는 최악의 상황 속에서 절박한 심정을 하나님께 토로했다(왕상 19:10). 사실 하나님의 사람들을 죽이려는 이세벨의 살기가 극에 달한 엘리야의 시대에 오바댜는 일백 명의 선지자를 굴에 숨겨 죽음에서 건진 이야기도 있다(왕상 18:4). 그러나 엘리야의 눈에는 모든 동료들의 죽음과 제단들의 파괴와 생명의 위협이 너무나도 분명한 실재였다. 그래서 아합의 아내 이세벨이 "네 생명을 저 사람들 중 한 사람의 생명과 같게 하리라"는 공언으로 인해 엘리야는 기겁을 했고 줄행랑을 쳤다. 비록 팔백오십 명의 바알과 아세라 선지자를 여호와의 이름으로 무찌른 천하의 선지자라 할지라도 보이는 대로 보고 들리는 대로 듣고 판단하고 처신했다. 심지어 엘리야는 가시적인 현실의 관찰에 근거하여 "자기의 생명을 위해" 도망을 쳤음에도 불구하고 사는 것이 죽는 것보다 힘들어서 죽기를 원했고 자신의 생명을 지금 거두어 달라는 기도까지 했다(왕상 19:3-4).

그러나 하나님은 그런 겁쟁이 엘리야의 엄살을 책망하지 않으시고 천사를 통해 "구운 떡과 한 병 물"을 그에게 보내셨다. 기운을 차린 그에게 하나님은 이런 말씀을 건네셨다. "내가 이스라엘 가운데에 칠천 명을 남기리니 다 바알에게 무릎을 꿇지 아니하고 다 바알에게 입맞추지 아니한 자니라"(왕상 19:18). 이는 사람이 보지 못하는 것을 하나님은 보시며, 하나님이 보시는 것을 사람은 보지 못한다는 사실을 잘 가르친다. 비록 우리의 눈에는 이스라엘 백성이 나라를 빼앗기고 주권을 상실하고 멸망한 것처럼 보이지만 그럼에도 불구하고 하나님은 그들 중에서 칠천 명의 사람들을 남기신다. 이것은 백성의 무기력한 의지와 무관하게 하나님이 남기실 것이라는 신적인 의지의 표명이다. 사람은 비록 이스라엘 백성을 설득하여 돌이키는 일에 실패해도 모든 것이 가능하신 하나님은 무엇이든 능히 이루신다. 엘리야의 눈에는 비록 이스라엘 백성의 패역이 돌이킬 수 없는 역사의 막장으로 보였지만 하나님은 그런 절망의 거름더미 속에서도 희망의 백합화를 피우신다. 하나님이 접으시기 전까지는 모든 것이 희망이다.

우리가 조금 더 주목해야 할 것은 "그 바알"(τῇ Βάαλ)이 보여주는 문법적인 모순이다. 이 구절이 모순인 이유는 남성형 고유명사 "바알"(Βάαλ)이 여성형 정관사 "그"(τῇ)와 연결되어 있기 때문이다. 이에 대해 학자들은 바울이 비록 히브리어 원문 "그 바알"(הַבַּעַל)에서 정관사를 살리려고 그대로 옮기기는 했으나 바알이 참된 신이 아니라는 사실을 독자들로 하여금 인지할 수 있도록 문법적인 파격을 의도한 것이라고 해석한다. 이것은 합리적인 추정이다. 바알을 잘 모르는 독자들은 여성형 정관사와 남성형 고유명사 사이의 모순적인 결합을 만나면 참된 신을 가리키는 표현(ὁ θεός)과는 달라 이 대목에서 독서의 걸음을 멈추고 바알이 참된 신이 아니라고 생각하게 된다.

또 하나 주목할 것은 원문에 없는 "나를 위해"란 구절이 인용에 추가되어 있다는 사실이다. 바울이 이 구절을 추가한 이유는 무엇일까? 하나님은 자기 자신을 위해 모든 일을 하신다는 구약 전체의 포괄적인 사상 때문이다. 즉 하나님은 "나를 위해" 당신의 백성을 지으셨고(사 43:21), "자기 이름을 위하여" 그들을 의의 길로 이끄시며(시 23:3), "나를 위하여" 백성의 허물을 없애시며(사 43:25), "내 이름을 위하여" 노하기를 더디 하시며, "내 영광을 위하여" 참으시고 그들을 멸절하지 않으신다(사 48:9). 즉 남은 자들은 이스라엘 백성 중에서 자신들이 더 뛰어나기 때문에 남게 된 것이 아니었다. 하나님의 남기심은 인간의 자격이나 조건이나 재능이나 공로와 무관하게 하나님을 위해 이루어진 일이었다.

> ⁵그러므로 이와 같이 지금도 은혜의 택하심을 따라 남은 자가 있습니다

바울은 엘리야를 위로하신 하나님의 섭리, 즉 회생이 불가능해 보이는 이스라엘 백성의 멸망 가운데서 일부의 자기 사람들을 남기시는 섭리가 지금도 동일하게 진행되고 있다고 주장한다. 이는 비록 자신의 시대에 유대인이 예수님을 십자가에 처형하는 일을 주도하고 교회를 향하여 지속적인 적대감과 증오심을 드러내며 박해의 광기를 부리는 상황이라 할지라도 하나님이 그들 중에 남기신 사람들이 있다는 주장이다. 이 주장은 지금도 유효하다. 일제강점기에 비록 온 교회가 신사를 참배하는 듯해도 하나님은 우리의 공로와 무관하게 신사에 무릎을 꿇지 아니한 사람들을 남기셨다. 온 교회가 천박한 세속화의 길을 질주하여 대한민국 사회의 조롱과 멸시를 받고 건강한 교회가 보이지 않는 것 같은 절망적인 지금도 하나님은 우리 시대의 바알에게 무릎을 꿇지 아니하는 사람들을 남기신다. 이런 섭리는 앞으로도 지속된다.

그런데 바울은 이 섭리가 "은혜의 택하심을 따라"(κατ᾽ ἐκλογὴν χάριτος) 이루어진 일이라고 해석한다. 이는 우리의 소원이나 노력과 무관하게 교회를 향한 하나님의 은혜에 근거한 주권적인 택하심의 결과라는 해석이다. 이로써 바울은 구약의 내용에 점진적인 계시의 추가분을 가미해서 구

약의 의미를 보다 선명하게 드러낸다. 즉 하나님이 이스라엘 백성 가운데서 소수를 남기신 것은 그들의 공로 때문이 아니라 창세 전에 이루어진 은혜의 택하심을 따라 시간 속에서 일어난 것이며 다른 누구를 위해서가 아니라 하나님 자신을 위한 일이었다. 이러한 바울의 해석에 의하면, 하나님이 우리를 위해 계시지 않고 우리가 하나님을 위해 존재한다. 하나님을 위한다는 것은 우리의 의지나 능력으로 할 수 있는 것이 아니라 하나님의 전적인 은혜로 말미암아 가능하다.

[6]만일 은혜로 된 것이면 행위로 말미암지 않은 것입니다 그렇지 않다면 은혜는 더 이상 은혜가 되지 않을 것입니다 [7]그래서 어떻게 됐습니까? 이스라엘이 구한 그것을 얻지 못했고 택하심을 받은 자가 얻었으며 그 남은 자들은 우둔하게 됐습니다

하나님을 경외하는 자들이 남아 있다는 것은 하나님의 은혜로 된 것이기 때문에 행위로 말미암은 것이 아니라는 사실을 바울은 거듭 강조한다. 만약 행위로 말미암은 것이라고 한다면 은혜는 설 자리가 없어진다. 만약 행위로 말미암은 것이라면 하나님의 자녀가 되고 백성이 되고 나라를 상속하고 그 나라를 누리는 것은 혈통적인 이스라엘 백성의 고유한 특권임에 분명하다. 그러나 은혜로 말미암은 것이기 때문에 구원의 궁극적인 수혜자는 은혜의 택하심을 받은 자들이다. 이스라엘 중에서도 택하심을 받은 자들만 구원을 받았으며 나머지는 우둔하게 되어 하나님을 떠나갔다. 그러므로 이스라엘 전체가 구원을 받은 것도 아니고 전체가 멸망을 당한 것도 아니라는 사실이 중요하다. 은혜의 제한적인 택하심을 따라 일부의 백성이 구원에 이르렀고 나머지 일부의 백성은 우둔함에 빠져 멸망을 당했다. 그러므로 누구는 구원을 받고 누구는 멸망을 당하는 일이 하나님의 섭리라는 사실을 우리는 인정해야 세상이 읽어진다.

⁸기록된 것처럼 "하나님은 오늘까지 그들에게 혼미한 심령과 보지 못할 눈과 듣지 못할 귀를 주셨다"고 함과 같습니다 ⁹다윗도 말합니다 "그들의 밥상은 그들에게 올무와 함정과 덫과 보응이 되게 하옵시고 ¹⁰그들의 눈은 어두워져 보지 못하게 하옵시고 그들의 등은 영원히 굽게 하옵소서"

멸망 당하는 이스라엘 백성의 일부와 관련하여 바울은 다시 구약의 기록에서 그 근거를 제시한다. 먼저 모세와 이사야와 예레미야 선지자의 글들을 편집하여 인용한다(신 29:4, 사 43:8, 렘 5:21). 핵심은 하나님이 멸망을 당하는 백성의 일부에게 깨닫는 마음과 보는 눈과 듣는 귀를 주시지 않았다는 사실이다. 깨닫는 마음과 보는 눈과 듣는 귀는 하나님의 선물이다. 그것들은 비록 인간의 몸에 생물학적 기관으로 만들어져 있지만 그 기능과 역할에 있어서 하나님의 은혜가 필요한 것들이다. 우리가 무언가를 깨닫고 무언가를 보고 무언가를 듣는다면 은혜의 결과이며 그것에 대해 우리는 하나님께 감사해야 한다. 하나님의 은혜가 없으면 마음이 있어도 깨닫지 못하며 눈이 있어도 보지 못하며 귀가 있어도 듣지 못하기 때문이다. 이스라엘 백성의 일부가 멸망한 것은 하나님의 택하심과 은혜의 부재 때문이다.

이어서 바울은 다윗의 말을 인용한다. 원문을 보면 이러하다. "그들의 밥상이 올무가 되게 하시며 그들의 평안이 덫이 되게 하소서 그들의 눈이 어두워 보지 못하게 하시며 그들의 허리가 항상 떨리게 하소서"(시 69:22-23). 다윗은 자신을 비방하고 대적하는 자들을 대적하며 하나님께 그렇게 기도했다. 이는 다윗 자신의 사사로운 복수가 아니라 우리의 주 그리스도 예수와 관련해서 드려진 예표적인 기도였다. 다윗이 보복성 기도를 드린 이유는 "주를 위하여 비방을" 받았으며 "주의 집을 위하는 열성" 때문에 "주를 비방하는 비방"을 받았기 때문이다(시 69:7, 9). 이러한 기도의 대상이 이스라엘 전체가 아니라 일부라는 사실이 중요하다. 이는 이스라엘 중에 다윗을 대적한 사람들도 있었지만 다윗과 함께 한 사람들도 있었기 때문이다. 이스라엘 역사는 그리스도 예수를 중심으로 이해할 때에 비로소 읽어진다.

다윗의 기도는 하나님의 섭리를 대변한다. 그가 기도한 것처럼, 하나님을 떠난 자들에게 밥상은 올무가 되고 평안은 덫이 되는 모순적인 일들이 발생한다. 그들은 눈이 멀쩡하고 시각의 물리적인 조건이 갖추어져 있더라도 어두워져 보지 못하고 영원토록 인생의 등이 휘어진 채 살아간다. 행한 대로 갚으시는 것을 타인과 자연에 대한 인간의 행위에 대한 원리로 삼으시는 하나님은 하나님에 대한 인간의 행위에 대해서도 그것을 동일한 원리로 삼으신다. 하나님을 향한 태도가 사람과 자연을 향한 태도에 우선한다. 그러므로 하나님을 멸시하고 거부하는 자들은 비록 땅을 부지런히 경작하고 사회적인 활동에 성실해도 밥상이 올무가 되고 평안조차 멸망의 덫으로 작용한다. 이는 세상에서 발생하는 모순들과 역설들의 많은 부분을 해명한다.

¹¹그렇다면 그들이 실족하여 넘어진 것 아닙니까?
저는 절대 그렇지 않다고 말합니다 오히려 그들의 실족과 함께
구원이 이방인에게 이르러 이스라엘로 하여금 시기가 나게 만든 것입니다

사람들은 이스라엘 백성이 실족하여 완전히 넘어진 것이라고 평가할지 모르지만 바울은 이러한 평가도 단호히 거부한다. 이스라엘 백성의 실족은 넘어짐을 위함이 아니라 이방인의 구원을 위함이다. 이것도 쉽게 수용하기 어려운 역설이다. 그러나 예수를 생각하면 이 역설도 쉽게 풀어진다. 나의 불행이 타인의 행복을 초래하는 밑거름이 되는 현상에는 그리스도 예수의 죽음과 그 백성의 회복이 암시되어 있다. 이스라엘 백성은 역

사 속에서 하나님의 택하심을 받은 백성이다. 그런데 그들이 실족하여 넘어졌다. 그러나 이것은 한 민족의 불행한 역사가 아니라 영원 속에서 하나님의 택하심을 받은 감추어진 백성의 비밀을 드러내는 과정이다.

이스라엘 백성의 실족으로 말미암아 이방인이 구원에 이르게 된 사실은 다시 이스라엘 백성의 시기심을 유발한다. 이는 이방인의 구원도 역사의 궁극적인 종착지가 아니라 또 하나의 과정일 뿐이라는 교훈이다. 이렇게 악과 선, 불행과 행복은 서로의 꼬리를 물고 근무를 교대한다. 역사의 굵은 흐름도 그렇지만 한 사람의 일대기도 그러한 역사의 축소판과 같다. 나의 실족이 타인의 위로와 회복에 기여하고 타인의 넘어짐이 나의 성찰과 치유에 기여한다. 위대한 선지자 엘리야는 한 여인이 무서워 민망한 줄행랑을 쳤다. 모세는 주먹으로 쳐서 군인을 살해했다. 노아는 자녀에게 하체를 드러냈고 농락을 당하였다. 아브라함은 자신의 생명을 유지하기 위해 거짓말을 했고 아내를 포기했다. 다윗은 정욕에 눈이 어두워서 부하의 아내를 빼앗고 그 부하를 모살했다. 베드로는 자신이 살려고 예수를 부인하고 거짓말을 내뱉으며 저주까지 퍼부었다. 최고의 사도인 바울은 믿음의 거인 스데반 처형을 도모하고 교회의 뿌리를 뽑으려고 한 죄인 중에 괴수였다. 예수의 최측근인 제자들은 막대한 부와 권력을 누리지 못하고 모두 끔찍한 순교를 당하였다. 우리의 경우에도 절망의 먹구름이 인생을 뒤덮어도 이를 통해 이루시기 원하시는 하나님의 공의롭고 자비로운 뜻이 있음을 기억하며 감사해야 한다. 왜냐하면 나의 죽음이, 나의 실패가, 나의 슬픔이, 나의 좌절이, 나의 억울함이 누군가의 회생과 승리와 기쁨과 소망과 유익을 주는 하나님의 섭리일 수 있기 때문이다.

[12]그런데 만약 그들의 실족이 세상의 풍성함이 되고 그들의 넘어짐이 이방인의 풍성함이 되었다면 그들의 충만함은 [이방인의 풍성함에] 얼마나 더할까요?

바울은 이 구절에서 유대인의 실족과 이방인의 풍성함 사이에 역설적인 인과율이 있다고 설명한다. 이러한 바울의 역사관에 따르면, 유대인의 실족은 이방인의 풍성함을 초래하고 이방인의 풍성함은 다시 유대인의 시기심을 유발한다. 나아가 바울은 유대인의 실족과 넘어짐이 온 세상과 이방인의 풍성함을 가져다 주었다면 유대인의 충만함은 얼마나 큰 풍성함을 온 세상에 줄 것인지를 강조한다. 최고의 선물인 독생자 예수를 우리에게 주신 하나님 아버지가 다른 모든 것들을 선물로 주신다는 것은 너무도 당연하다. 이와 유사한 논리로 유대인의 실족과 넘어짐이 온 세상에게 준 선물이 무려 영원한 생명이라 한다면 그들의 충만함은 더더욱 큰 선물이 될 것임에 분명하다. 그러므로 혈통에 있어서 이방인인 우리가 유대인의 회복과 충만함을 추구하는 것은 지극히 마땅하다.

바울은 점강법을 사용하여 역사의 흐름을 설명한다. 역사의 끝은 영원 속에서 이루어진 하나님의 은혜로운 택하심을 따라 부르심을 받은 유대인과 이방인 모두의 구원이다. 그러므로 하나님의 구원을 받은 이방인은 유대인을 대적해야 할 또 다른 종류의 영적 이방인 혹은 원수로 여기지 말고 선교의 대상으로 간주해야 한다. 역사 속에서 유대인을 비방하고 정죄하며 이 땅에서 그들의 민족적인 존재를 지우려는 시도들이 있었지만 그것은 성경에 대한 무지와 그릇된 해석의 결과였다. 바울은 유대인 중에도 은혜의 택하심을 따라 남은 자들이 있음을 강조한다. 비록 우리의 눈에는 메시아를 거부하고 죽인 실패한 민족이요 최악의 살인자로 보이지만 하나님은 최고의 선지자 엘리야의 눈에도 보이지 않은 칠천 명의 사람들을 분명히 남기셨다. 아무리 절망적인 역사를 가진 민족이라 할지라도 하나님은 여전히 은혜의 택하심을 따라 그 민족의 일부를 남기신다.

¹³내가 이방인인 너희에게 말하노라 내가 이방인의 사도인 만큼 내 직분을 영광스럽게 여기노니 ¹⁴이는 혹 내 골육을 아무쪼록 시기하게 하여 그들 중에서 얼마를 구원하려 함이라 ¹⁵그들을 버리는 것이 세상의 화목이 되거든 그 받아들이는 것이 죽은 자 가운데서 살아나는 것이 아니면 무엇이리요 ¹⁶제사하는 처음 익은 곡식 가루가 거룩한즉 떡덩이도 그러하고 뿌리가 거룩한즉 가지도 그러하니라 ¹⁷또한 가지 얼마가 꺾이었는데 돌감람나무인 네가 그들 중에 접붙임이 되어 참감람나무 뿌리의 진액을 함께 받는 자가 되었은즉 ¹⁸그 가지들을 향하여 자랑하지 말라 자랑할지라도 네가 뿌리를 보전하는 것이 아니요 뿌리가 너를 보전하는 것이니라 ¹⁹그러면 네 말이 가지들이 꺾인 것은 나로 접붙임을 받게 하려 함이라 하리니 ²⁰옳도다 그들은 믿지 아니하므로 꺾이고 너는 믿으므로 섰느니라 높은 마음을 품지 말고 도리어 두려워하라 ²¹하나님이 원 가지들도 아끼지 아니하셨은즉 너도 아끼지 아니하시리라 ²²그러므로 하나님의 인자하심과 준엄하심을 보라 넘어지는 자들에게는 준엄하심이 있으니 너희가 만일 하나님의 인자하심에 머물러 있으면 그 인자가 너희에게 있으리라 그렇지 않으면 너도 찍히는 바 되리라 ²³그들도 믿지 아니하는 데 머무르지 아니하면 접붙임을 받으리니 이는 그들을 접붙이실 능력이 하나님께 있음이라 ²⁴네가 원 돌감람나무에서 찍힘을 받고 본성을 거슬러 좋은 감람나무에 접붙임을 받았으니 원 가지인 이 사람들이야 얼마나 더 자기 감람나무에 접붙이심을 받으랴

◆ ◆ ◆

¹³내가 이방인 여러분께 말합니다 내가 진실로 이방인의 사도인 만큼 나의 직분을 확실하게 영광으로 여깁니다 ¹⁴어떻게 해서라도 내가 나의 골육으로 하여금 시기 나게 만들어 그들 중에서 얼마를 구원할 수 있다면 말입니다 ¹⁵그들의 거부가 [하나님과] 세상의 화해가 되었다면 그들의 수용은 죽은 자들 가운데서 살아남이 아니면 무엇일 수 있습니까? ¹⁶제사의 첫 곡식이 거룩하면 그 반죽도 그러하고 뿌리가 거룩하면 가지도 그러한 것입니다 ¹⁷게다가 그 가지들 중에 얼마가 제거되고 돌감람 나무에 속한 여러분이 그것들 중에 접붙임이 되어 참감람 나무의 풍성한 뿌리에 참여하는 자가 되었지만 ¹⁸그 가지들을 향해서는 자랑하지 마십시오 만약 자랑을 하려거든 당신이 뿌리를 보존하는 것이 아니라 뿌리가 당신을 보전하는 것이라고 하십시오 ¹⁹그러면 당신은 "그 가지들이 제거되어 내가 접붙임을 받을 수 있었다"고 말하는 셈입니다 ²⁰당연한 것이지만, 그들은 믿지 않음으로 꺾이었고 당신은 믿음으로 섰습니다 높다고 생각하지 말고 오히려 두려워 하십시오 ²¹하나님이 본래의 가지들도 아끼시지 않았다면 당신도 아끼지 않으실 것입니다 ²²그러므로 하나님의 인자와 준엄을 주목해 보십시오 그 준엄은 넘어진 자들에 대해 있고 하나님의 인자는 여러분이 그 인자에 머물러 있다면 여러분에 대해 있습니다 그렇지 않다면 여러분도 제거될 것입니다 ²³그러므로 그들을 접붙이실 능력이 하나님께 있으므로 그들도 불신앙에 머무르지 않는다면 접붙임을 받을 것입니다 ²⁴여러분이 본래의 돌감람 나무에서 끊어지고 본성에 거스르는 더 좋은 참감람 나무에 접붙임을 받았다면 본래의 가지는 자신의 참감람 나무에 훨씬 더 확실하게 접붙임을 받지 않겠습니까?

이방인에 대한 경고

유대인의 실족이 세상의 풍성함이 되고 그들의 실패가 이방인의 풍성함이 된다면 유대인의 충만함이 온 세상에 가져올 유익은 더더욱 막대할 것이라고 설명한 이후에 바울은 이제 이방인을 향해 그들의 실패와 버려짐의 가능성에 대해 경고한다. 하나님의 백성으로 선택된 유대인도 실족하고 넘어지는 일이 있었다면 이방인은 그들보다 더 쉽게 실족과 실패의 늪에 빠질 수 있다는 것이 경고의 핵심이다.

> [13]내가 이방인 여러분께 말합니다 내가 진실로 이방인의 사도인 만큼
> 나의 직분을 확실하게 영광으로 여깁니다

이방인의 사도인 바울은 그 직분이 자신에게 주어진 것을 영광으로 생각한다. 대단한 해석과 판단이다. 대부분의 사람은 자신이 속한 공동체와 지역에서 인정을 받고 최고의 지위에 올라 존경과 영광 속에서 활동하고 싶어한다. 다른 곳으로 밀려나면 추방이나 유배의 의미로 이해한다. 당시

거의 모든 사도들은 예루살렘 지역과 교회에 머물면서 공동체의 존경을 받으며 말씀을 전하고 가르쳤다. 예루살렘 경내를 벗어나 온 유대, 사마리아, 땅 끝까지 나아가 복음을 전파해야 한다는 의식은 미약했고 대체로 외면 당했다. 복음을 들고 다른 지역으로 간다는 것은 여호와를 경외함이 없는 진리의 불모지에 뛰어들어 영혼의 단단한 맨땅을 기경해야 하고 씨를 뿌려야 하고 물을 주어야 하고 자랄 때까지 기다리는 동안 상상을 초월하는 분량의 멸시와 박해와 노동을 감수해야 하는 일이었다. 그런데도 바울은 그렇게 섬기는 이방인의 사도라는 직분을 영광으로 생각한다. 진실로 가치관의 체질이 다른 사람이다. 잠시 외곽을 돌면서 복음을 전한다고 해도 변방의 이력이 두툼하게 쌓이면 다시 예루살렘 교회로 돌아와 요직을 차지하고 싶어 호시탐탐 노리는 것이 인간의 욕망이다. 그런데 바울의 행보는 예루살렘 교회를 향한 유턴이 아니라 땅 끝을 향한 무조건적 직진이다. 예루살렘 교회에 머물러 있는 다른 어떠한 사도보다 훨씬 더 열심히 활동한다. 이러한 판단의 근거는 무엇인가?

¹⁴어떻게 해서라도 내가 나의 골육으로 하여금 시기 나게 만들어
그들 중에서 얼마를 구원할 수 있다면 말입니다

바울은 친족의 구원을 자신의 생명보다 소중하게 생각하는 사람이다. 친족을 구원하는 방법은 바로 시기의 유발이다. 즉 이방인이 구원을 받아 하나님을 사랑하는 자녀가 되고 이로써 유대인 중의 일부가 그것을 시기하며 그들보다 하나님을 더 간절히 소원하게 하는 일종의 충동이다. 앞에서도 언급한 것처럼, 시기는 하나님이 쓰시는 섭리의 수단이다. 그래서 바울은 유대인의 종교적인 시기를 일으키기 위해 이방인의 사도가 되었고 그 직분을 충실하게 수행한다. 복음을 전파하는 사역의 강화는 더 많은 이방인의 구원을 초래하고 그것은 다시 유대인의 더 큰 시기를 유발한다. 바울은 이방인만 좋아하고 그들의 유익만 추구하는 것이 아니라 자신의 골육을 그들보다 더 좋아하고 골육의 영적인 유익을 더 열렬하게 추구한다. 그러므로 바울을 이방인의 사도인 동시에 유대인의 사도로 간주하는 것은 합당하다. 하나님의 종은 배타적인 선교 즉 특정한 민족이나 공동체의 구원만 추구하지 않고 하나님의 은혜로 택하심을 받은 모두의 구원을 추구해야 한다. 보편교회 의식을 가지고 세계를 교구로 삼는 것이 마땅하다.

[15]그들의 거부가 [하나님과] 세상의 화해가 되었다면 그들의 수용은
죽은 자들 가운데서 살아남이 아니면 무엇일 수 있습니까?

유대인은 복음을 거부했다. 그래서 그들은 하나님의 거부를 당했다. 이로써 복음은 온 세상으로 이동하고 결국 하나님과 세상의 화해가 발생했다. 유대인의 거부가 이토록 놀라운 결과를 낳았다면 그들의 수용은 얼마나 더 놀라운 결과를 가져올 것인지가 이 구절의 핵심이다. 복음에 대한 유대인의 수용은 유대인에 대한 하나님의 수용으로 이어지고 그렇다면 유대인과 이방인 모두가 하나님의 받으심을 얻고 온 교회 즉 하나님의 나라가 완성될 것이기 때문에 최고의 결과를 가져올 것이라고 바울은 기대한다. "죽은 자들 가운데서 살아나는 것"은 예수께서 다시 오실 때에 발생하는 현상이다. 직접적인 의미는 아니지만, 이 구절은 하나님의 은혜로 택하심을 입은 모든 자들이 주님께로 돌아올 때, 즉 복음이 땅 끝까지 이르렀을 때에 주님은 다시 오실 것이고 택하심을 받은 모든 자들은 죽음에서 살아날 것이라는 의미를 이 구절은 함축하고 있다. 유대인의 돌이킴은 이처럼 최고의 결과를 가져온다. 이 일을 위해 바울은 목숨을 걸고 이방인 선교에 주력한다.

동족의 구원을 위해 이방인 구원에 목숨을 거는 바울의 삶은 하나님의 보편적인 섭리를 잘 드러낸다. 대부분의 사람은 자신의 가족, 자신의 회사, 자신의 학교, 자신의 국가를 위해 헌신한다. 섭리의 관점에서 보면 어리석은 헌신이다. 정말 자신을 위하고 가족을 위하고 회사를 위하고 국가를 위한다면 바울처럼 타인과 다른 가족과 다른 회사와 다른 국가의 발전을 추구해야 한다. 주는 자가 받는 자보다 복되다는 진리의 빛은 여기서도 번뜩인다. 나를 위해 타인의 형통을 추구하고, 내 가족을 위해 다른 가족을 세워주고, 내 기업을 위해 다른 기업의 발전에 기여하고, 내 국가를 위해 다른 국가의 필요를 채워주는 자가 하나님의 섭리에 충실한 사람이다. 그 구체적인 방법을 찾는 것은 어려운 일이지만 원리적인 면에서는 타인의 양심과 타인의 유익이 우선이다. 그것이 진정 자신을 위하는 인생이다.

¹⁶제사의 첫 곡식이 거룩하면 그 반죽도 그러하고
뿌리가 거룩하면 가지도 그러한 것입니다

민수기 15장 17-21절은 약속의 땅에 들어가면 처음 익은 곡식으로 떡을 만들어서 하나님께 거제로 드려야 한다고 가르친다. 그 곡식은 하나님께 구별된 것이어서 거룩하다. 하나님께 제물로 드려진 그 곡식이 거룩하면 그것의 가루와 반죽도 거룩하다. 반죽의 거룩함은 처음 익은 곡식의 거룩함에 의존한다. 그리고 뿌리가 거룩하면 그 뿌리의 진액을 먹고 자라는 가지도 당연히 거룩하다. 이는 뿌리가 모든 가지에 거룩함을 공급하기 때문이다. 가지의 거룩함은 뿌리의 거룩함에 의존한다. 당시에 곡식이 거룩하면 그 반죽도 거룩하고 뿌리가 거룩하면 그 가지도 거룩하게 된다는 것은 상식이다.

바울은 누구도 알아들을 수 있는 상식을 통해 이방인의 거룩함과 그 기원을 설명하려 한다. 하나님께 제물로 드려진 첫 열매는 비록 역사적인 맥락에서 보면 믿음의 조상을 의미하나 근원적인 관점에서 본다면 그 조상보다 먼저 계신 그리스도 예수를 상징한다. 그 첫 열매의 반죽은 하나님의 택하심을 받은 모든 자들, 믿음으로 말미암아 아브라함 자손에게 속하게 된 유대인과 이방인 모두를 의미한다. 역사적인 뿌리인 아브라함, 더 근원적인 뿌리이신 그리스도 예수로 말미암아 그 뿌리의 수혜자가 되는 복이 모든 민족에게 주어진다(창 12:3). 그리고 예수는 거룩함의 뿌리이고 우리는 거룩함의 가지이다. 예수가 우리에게 거룩함이 되셨다(고전 1:30)는 바울의 고백에는 이처럼 첫 열매와 반죽, 뿌리와 가지의 비유처럼 예수의 근원적인 거룩함과 우리의 파생적인 거룩함 사이의 관계성이 고려되어 있다. 유대인도 우리처럼 반죽이고 가지였다. 그러나 예수라는 첫 열매에 속하여야 하고 뿌리에 연결되어 있어야만 거룩하다.

[17]게다가 그 가지들 중에 얼마가 제거되고 돌감람 나무에 속한 여러분이 그것들 중에 접붙임이 되어 참감람 나무의 풍성한 뿌리에 참여하는 자가 되었지만 [18]그 가지들을 향해서는 자랑하지 마십시오 만약 자랑을 하려거든 당신이 뿌리를 보존하는 것이 아니라 뿌리가 당신을 보전하는 것이라고 하십시오

바울은 가지들 이야기로 유대인과 이방인의 엇갈린 관계를 설명한다. 여기에서 "가지들"은 이스라엘 백성을 가리키고 그 중에 "얼마"는 복음을 거절한 일부의 사람들을 가리킨다. 가지들이 제거되는 것은 우박이나 폭풍우와 같은 자연적인 재해의 우연적인 결과가 아니라 하나님의 의도적인 제거를 의미한다. 하나님은 조경하는 사람처럼 필요에 따라 가지들을 자르신다. 특별히 순종과 믿음의 열매를 맺지 아니하는 가지들이 제거의 대상이다. 뿌리의 수액만 낭비하는 가지들을 제거하는 이유는 열매를 맺는

다른 가지들이 더 많은 열매를 맺게 하기 위함이다(요 15:2). 하나님이 보시기에 허용적인 가라지의 수준을 넘어선 가지들에 대해서는 제거의 조치를 취하신다. 그 방식은 권징을 통한 출교도 있고 제도적인 절차를 거치지 않은 하나님의 은밀하고 주권적인 섭리라는 제거의 직접적인 방식도 때때로 활용된다.

우리도 불필요한 가지들의 제거를 주목해야 한다. 열매를 맺지 못하는 언어와 표정과 생각과 기호와 행동과 이동과 관계와 소비를 불필요한 가지 제거하듯 정리해야 한다. 해야 할 말만 하고, 지어야 할 표정만 짓고, 품어야 할 생각만 하고, 하나님 앞에서 부끄럽지 않고 타인에게 피해를 주지 않는 기호만 가져야 하고, 꼭 필요한 행동만 취하고, 반드시 가야 할 곳으로만 이동하고, 덕을 세우는 관계를 맺고, 사랑을 베푸는 소비에 집중해야 한다. 잘못된 행동은 몸을 상하게 하지만 말은 마음을 배기 때문에 무엇보다 입술의 관리에 철저해야 한다. 바울은 은혜를 끼치고 덕을 세우는 언어의 선별을 우리에게 가르친다(엡 4:29). 입술에서 뻗어 나가는 언어의 부도덕한 가지들은 속히 제거해야 한다. 제거된 더러운 말들의 빈자리는 덕스럽고 은혜로운 언어로 채워져야 한다.

이스라엘 백성 중에서 제거된 가지들의 빈자리는 이방인에 속한 가지들에 의해 접붙임의 방식으로 채워진다. 이 나무에 접붙여진 가지들은 그 뿌리의 풍성한 수액을 흡수한다. 즉 그리스도 예수의 모든 것은 접붙임을 받은 우리에게 소유와 누림으로 주어진다. 그런데 접붙임을 받은 어떤 가지들은 뿌리를 자랑하지 않고 자신을 자랑한다. 이것은 이스라엘 백성이 저지른 실패의 답습이다. 이 백성은 하나님의 의에 무지했고 그래서 그 의에 순종하지 않고 오로지 자기 영광에 사로잡혀 자기 의를 맹렬하게 추구했다(롬 10:3). 접붙임을 받은 가지들도 이러한 잘못을 얼마든지 동일하게 저지른다. 바울은 그것을 경계한다. 그 실수를 방지하는 방법은 뿌리와 가지의 관계성에 대한 분별이다. 즉 가지가 뿌리를 보존하지 않고 뿌리가 가지를 보존한다. 그래서 우리는 그 뿌리를 자랑해야 한다. 즉 우리는 우리의 존재나 행위를 자랑하지 말고 거룩함의 뿌리이신 그리스도 예수를 그분 안에서 그분으로 말미암아 자랑해야 한다(고전 1:31).

> [19]그러면 당신은 "그 가지들이 제거되어 내가 접붙임을 받을 수 있었다"고 말하는 셈입니다

우리가 접붙임을 통해 그리스도 예수라는 뿌리에 연결될 수 있었던 것은 본래 가지들의 제거 덕분이다. 원 가지들의 제거와 이질적인 가지들의 접붙임이 이루어진 것은 하나님의 오묘하고 자비로운 섭리였다. 그러므로 우리가 하나님의 나라라는 나무에 접붙임을 받아 그리스도 예수라는 풍성한 뿌리의 수혜자가 된 것은 하나님의 전적인 은혜이며 그러므로 뿌리가 우리를 붙들고 있다고 자랑해야 한다. 나아가 우리의 접붙임을 위해 버림을 받은 본래의 가지들에 대해서는 불쌍히 여기는 마음으로 사랑을 베풀어야 한다.

> [20]당연한 것이지만, 그들은 믿지 않음으로 꺾이었고 당신은 믿음으로 섰습니다 높다고 생각하지 말고 오히려 두려워 하십시오 [21]하나님이 본래의 가지들도 아끼시지 않았다면 당신도 아끼지 않으실 것입니다

본래 가지들이 제거된 것과 이질적인 가지들이 접붙임을 받은 것은 믿음의 여부에 근거한다. 즉 이스라엘 백성 중의 일부는 그리스도 예수를 믿지 않아 제거 당했고 이방인 중의 일부는 그 예수를 믿어서 접붙임의 은혜가 그들에게 주어졌다. 이 믿음이 하나님의 은혜로 말미암아 주어진 선

물임을 망각한 사람들은 자기들이 잘나서 접붙임을 받은 것이라는 착각 속에서 자신을 높이려고 한다. 그러나 바울은 그러지 말고 하나님을 향한 두려움에 거하라고 권면한다. 이 두려움은 공포를 의미하지 않고 하나님의 구원자 되심을 망각하지 않고 은혜의 접붙임을 받은 자 본연의 겸손한 자리에 머물러 있어야 한다는 교훈이다.

유대인과 이방인을 서로 비교하며 인간적인 우열을 가리려고 하는 태도는 어리석고 위험하다. 유대인은 하나님의 택하심을 받은 이방인의 접붙임을 위한 수단에 불과한 존재라고 생각하며 유대인은 낮추고 자신은 높이는 어리석은 사람들이 있다. 그들 중에서도 20세기 초반에 히틀러는 정권을 잡자마자 그릇된 우생학에 사로잡혀 게르만 민족의 우월성을 외치며 〈독일인의 혈통과 명예의 보호를 위한 법〉을 제정하여 우등한 독일인과 열등한 유대인의 피가 섞이지 않도록 유대인과 독일인 사이의 결혼을 금지한 사람이다. 나아가 〈살 가치가 없는 생명의 말살에 대한 허용〉과 〈자비로운 살해〉라는 미명 하에 600만 명의 유대인을 떳떳하게 제거했다. 이처럼 기독교 국가인 독일은 자신을 하나님의 택하심을 받은 위대한 민족으로 여기고 그리스도 예수를 죽음으로 내몬 유대인을 폭행하고, 독일인과 유대인을 분리하고, 유대인을 강제 수용소로 격리하고, 게토(ghetto)에 수용하고, 급기야 학살까지 저질렀다. 이것은 접붙임을 받은 가지들이 자신을 높이는 어리석은 실패의 대표적인 사례이다. 히틀러와 같이 유대인을 선교의 대상으로 여기지 않고 폭력과 무시와 격리와 감금과 살인으로 대하는 자만은 구원의 역사를 주관하고 계신 하나님의 섭리에 어긋난다. 그래서 바울은 이런 잘못을 경고한다.

하나님은 본래의 가지들도 아끼지 않으셨다. 하나님은 아담의 자녀들 중에서도 죄를 다스리지 못한 가인의 가지를 제하셨다. 비록 노아의 자녀라 할지라도 가나안의 아버지 함이라는 가지를 제하셨다. 믿음의 조상인 아브라함 자손 중에서도 이스마엘 같은 가지를 제하셨고 약속의 자녀인 이삭의 자녀들 중에서도 에서라는 가지를 제하셨다. 하나님의 마음에 합했던 다윗의 자녀들 중에서도 압살롬의 가지를 제하셨다. 심지어 예수님의 제자들 중에서도 유다라는 가지를 제하셨다. 하물며 접붙임을 받은 가지들은 더하지 않겠는가!

그러므로 우리는 유대인의 버려짐과 넘어짐에 대해 주의해야 한다. 비록 원수라고 할지라도 우리는 그 원수를 사랑하며 축복하며 기도해야 한다. 그런 원수가 혹시 넘어지고 멸망하는 상황이 펼쳐진다 할지라도 기뻐하는 것은 금물이다. 이에 대해 지혜자는 이렇게 교훈한다. "네 원수가 넘어질 때에 즐거워하지 말며 그가 엎드러질 때에 마음에 기뻐하지 말라 여호와께서 이것을 보시고 기뻐하지 아니하사 그의 진노를 그에게서 옮기실까 두려우니라"(잠 24:17-18). 대부분의 사람들은 평소에 미워하고 시기하고 질투하던 사람이 넘어지길 간절히 소원한다. 그리고 그들이 넘어지면 비록 얼굴은 안타까운 표정으로 덮지만 마음은 은근히 기뻐하고 좋아한다. 하나님의 진노는 그런 사람에게 옮아간다. 예수님과 스데반이 보여준 사랑처럼 비록 원수들의 진행형 박해로 인해 피해자가 된 상황 속에서도 여전히 그들을 불쌍히 여기는 마음으로 축복하고 기도하는 자세를 본받아야 한다. 넘어진 자를 조롱하며 스스로 높아진 자리에 올라가면 하나님의 진노를 자초한다.

공동체 안에서도 관계의 위기가 찾아오면 위기의 틈새를 비집고 들어와 강한 편에 빌붙어서 약한 자들을 비방하는 사람들이 있다. 이런 방식으로 공동체에 투입된 새로운 인물들에 의해 관계의 구도와 역학은 변하고 공동체의 온도도 급변한다. 혹시 강자의 대열에서 관계성의 유익을 챙기려는 마음이 없더라도 공동체의 호의를 얻어 관계의 노른자에 들어가는 경우들도 있다. 이때 새롭게 연합하여 존귀한 대우를 받는 사람들은 자신에게 합류의 여지를 마련해 준 사람들에 대해 비난이나 적대적인 태도나 자신을 높이는 교만한 자세가 아니라 오히려 긍휼히 여기며 품는 사랑을 실천해야 한다. 얼마든지 공동체의 버림을 받을 수 있는 우리는 공동체에 덕을 세우고 은혜를 끼치고 구성원 개개인을 사랑으로 섬기려는 태도를 항상 유지해야 한다.

²²그러므로 하나님의 인자와 준엄을 주목해 보십시오
그 준엄은 넘어진 자들에 대해 있고 하나님의 인자는 여러분이 그 인자에 머물러
있다면 여러분에 대해 있습니다 그렇지 않다면 여러분도 제거될 것입니다

하나님은 인자와 준엄을 동시에 가지고 모든 사람을 공정하게 대하신다. 죄를 범해 넘어지는 자들에게 하나님은 준엄을 보이신다. 그러나 믿음으로 순종하여 인자에 머무는 자들에게 하나님은 당신의 인자를 보이신다. 이방인 중에 믿음으로 하나님의 인자 안에 거하는 자들도 하나님의 인자에 머물지 않고 불신앙과 불순종의 길을 걷는다면 얼마든지 뿌리에서 제거될 것이라고 바울은 엄중히 경고한다. 같은 맥락에서 바울은 권면한다. "나의 사랑하는 자들이 너희가 나 있을 때뿐 아니라 더욱 지금 나 없을 때에도 항상 복종하여 두렵고 떨림으로 너희 구원을 이루라"(빌 2:12). 지속적인 순종과 두려움과 떨림으로 우리에게 허락된 구원의 겸손하고 자비로운 길을 걸어가야 한다.

²³그러므로 그들을 접붙이실 능력이 하나님께 있으므로 그들도 불신앙에 머무르지
않는다면 접붙임을 받을 것입니다 ²⁴여러분이 본래의 돌감람 나무에서 끊어지고
본성에 거스르는 더 좋은 참감람 나무에 접붙임을 받았다면 본래의 가지는
자신의 참감람 나무에 훨씬 더 확실하게 접붙임을 받지 않겠습니까?

가지를 제거하고 다른 가지를 접붙이실 권한과 능력은 하나님께 있다고 바울은 강조한다. 하나님은 사람을 외모로 취하지 않으신다. 유대인과 이방인을 구분하지 않으시고 당신의 백성을 부르신다. 이방인도 하나님의 나라로 부르시는 분이기에 본래 하나님의 나라에 속했던 자들을 다시 부르시는 것은 더 수월하다. 진실로 이질적인 나무와 가지의 연합보다 동질적인 나무와 가지의 재연합은 훨씬 용이하다.

연합의 여부를 결정하는 권한은 하나님께 있다. 하나님은 유대인과 뿌리의 연합을 원하신다. 그렇다면 접붙임을 받은 우리는 하나님의 그 뜻을 존중하고 순응해야 한다. 유대인이 그리스도 예수께로 돌이킬 수 있도록 더욱 시기 나게 만들어야 한다. 그 시기심의 유발은 우리가 하나님을 더욱 사랑하고 하나님의 자녀다운 모습, 백성다운 모습을 더 완전하게 갖출 때에 더욱 촉진된다.

25형제들아 너희가 스스로 지혜 있다 하면서 이 신비를 너희가 모르기를 내가 원하지 아니하노니 이 신비는 이방인의 충만한 수가 들어오기까지 이스라엘의 더러는 우둔하게 된 것이라 26그리하여 온 이스라엘이 구원을 받으리라 기록된 바 구원자가 시온에서 오사 야곱에게서 경건하지 않은 것을 돌이키시겠고 27내가 그들의 죄를 없이 할 때에 그들에게 이루어질 내 언약이 이것이라 함과 같으니라 28복음으로 하면 그들이 너희로 말미암아 원수 된 자요 택하심으로 하면 조상들로 말미암아 사랑을 입은 자라 29하나님의 은사와 부르심에는 후회하심이 없느니라 30너희가 전에는 하나님께 순종하지 아니하더니 이스라엘이 순종하지 아니함으로 이제 긍휼을 입었는지라 31이와 같이 이 사람들이 순종하지 아니하니 이는 너희에게 베푸시는 긍휼로 이제 그들도 긍휼을 얻게 하려 하심이라 32하나님이 모든 사람을 순종하지 아니하는 가운데 가두어 두심은 모든 사람에게 긍휼을 베풀려 하심이로다

◆ ◆ ◆

25형제들이여 여러분이 스스로 지혜롭게 여기지 않도록 나는 여러분이 이 신비를 알지 못하기를 원하지 않습니다 즉 이스라엘 중의 일부에서 우둔함이 발생한 것은 이방인의 충만한 수가 들어올 때까지일 뿐이어서 26[결국에는] 이스라엘 전부가 구원을 받을 것입니다 이는 "구원자가 시온에서 나오고 그가 야곱에게서 불경건을 제거할 것이며 27이것은 내가 그들의 죄를 제거할 때 그들과 맺는, 나에게서 나온 언약이라" 기록된 것과 같습니다 28복음을 따라서는 우리를 위해 적개심을 가진 자들이나, 택하심을 따라서는 조상들로 말미암아 사랑을 입은 자입니다 29이는 하나님의 은총과 부름에는 후회함이 없기 때문입니다 30여러분도 전에는 하나님께 순종하지 않다가 그들의 불신앙 때문에 이제는 긍휼히 여기심을 받은 것처럼 31지금 그들이 믿지 아니하는 것은 여러분께 주어진 긍휼로 말미암아 그들도 긍휼히 여기심을 받게 하려는 것입니다 32하나님은 모든 사람에게 긍휼을 베푸시기 위해 모든 사람을 불순종에 가두어 두십니다

하나님의 확고한 언약

구원이 유대인과 함께 시작하여 이방인의 소유가 되었다가 다시 돌아와 유대인과 함께 끝난다는 하나님의 섭리를 이야기한 바울은 이방인이 자신의 구원에 대해 자만하지 않도록 경계한다. 유대인의 일부가 하나님을 거역하고 이로써 이방인이 하나님의 긍휼을 얻어 구원에 이르고 결국 동일한 긍휼에 의해 유대인도 다시 구원의 수혜자가 될 것이라는 역사의 흐름은 이미 이사야를 통해 밝힌 하나님의 불변적인 언약에 근거한다. 구원의 이러한 역사적 전모는 누군가의 기획이 아니라 오직 하나님에 의해 시작되고 이루어질 우주의 드라마다.

> ²⁵ᵃ형제들이여 여러분이 스스로 지혜롭게 여기지 않도록
> 나는 여러분이 이 신비를 알지 못하기를 원하지 않습니다

"신비"(μυστήριον)라는 말은 "입을 다물다"(μύω)는 동사에서 유래했다. 그래서 "신비"는 인간이 스스로 알지도 못하고 전할 수도 없어서 입을 다물

어야 하는 것인데 하나님의 은혜로 계시된 것을 의미한다. 특별한 은혜로 이 신비를 알게 된 바울은 구원을 받은 사람이 구원을 베푸시는 하나님의 신비로운 경륜을 알지 못한다면 스스로를 지혜롭게 여기면서 자만하게 될 것을 우려하게 된다. 이는 구원을 받은 자가 자신은 지혜롭기 때문에 구원의 수혜자가 된 것이라고 착각하며 구원의 공로를 자신에게 돌리기 때문이다. 과연 지식은 인간의 마음을 부풀린다. 아무것도 아닌 자인데 무언가 대단한 사람인 것처럼 느껴지게 한다.

이러한 자만은 유대인과 이방인 모두에게 나타나는 현상이다. 유대인은 하나님의 의에 무지하여 자기의 의를 세우려고 하나님의 의를 애써 무시하는 경향을 보이고, 이방인은 자신이 메시아를 버린 자들보다 뛰어났기 때문에 예수를 주라 고백하고 구원을 받은 것처럼 자만하는 경향을 나타낸다. 각자의 이러한 자만은 구원의 주체이신 하나님의 신비로운 섭리에 대한 무지의 결과라고 바울은 이해한다. 그래서 구원을 받은 사람들이 반드시 알아야 한다는 점을 이중부정 어법으로 강조한다. 강조의 이유는 우리가 그 신비를 알지 못하면 교만하게 되고 알면 겸손하게 되기 때문이다. 그런데 자기가 자신의 호기심을 가지고 스스로 알아내야 직성이 풀리는 성향의 소유자가 있다. 그런 사람은 어떠한 지성의 몸부림을 쳐도 알 수 없는 신비라도 알려지는 것을 원하지 않고 알아내는 것을 고집한다. 알려지는 것은 알리는 주체의 권위에 의존해야 한다는 것이 싫기 때문이다. 앎에 있어서 나보다 높은 권위를 인정하는 것이 불쾌하다. 그래서 스스로 알아낸 것만 인정하고 그것만이 합리적인 것이며 그것은 나에게서 비롯된 것이기에 생색을 내지 않더라도 스스로 뿌듯하고 다른 사람들도 탄복하는 자타의 두툼한 감격이 손아귀에 들어온다. 그러나 이런 태도의 실상은 인간이 스스로 도달할 수 없는 신비를 아는 것처럼 착각하는 지적인 자만이다. 그래서 바울은 남달리 큰 계시의 은총을 입은 자로서 이 신비를 성경의 권위에 근거하여 알리고자 한다.

^{25b}즉 이스라엘 중의 일부에서 우둔함이 발생한 것은 이방인의 충만한 수가 들어올 때까지일 뿐이어서 ^{26a}[결국에는] 이스라엘 전부가 구원을 받을 것입니다

바울은 그 신비를 이렇게 설명한다. 즉 이스라엘 전체가 아니라 일부가 우둔하게 되었으며, 그들이 우둔하게 된 것은 구원에 이르지 못하는 민족의 영원한 실패가 아니라 일시적인 현상이며 신적인 섭리의 한 과정이다. 유대인의 실패가 회복되는 전환점은 이방인의 충만한 수가 주님께 돌아가는 시점이다. 즉 하나님이 이방인 중에서 택하신 그의 모든 백성이 부르심을 받아 하나님께 돌아오면 유대인 중에서도 택함을 받은 사람들 전부가 그에게로 돌아온다. 이스라엘 전부가 구원을 받을 것이라는 바울의 이런 확신은 이미 시므온의 찬송에 나타난다.

의롭고 경건하며 이스라엘 백성의 위로를 기다리던 시므온은 죽기 전에 메시아를 볼 것이라는 성령의 지시대로 아기 예수를 보고 하나님을 찬양했다. 아기를 보고서 그는 "주의 구원"을 보았으며 이것은 만민을 위해 준비된 것인데 "이방의 빛"이면서 동시에 "주의 백성 이스라엘의 영광"이라 고백했다(눅 2:30-32). 진실로 그리스도 예수는 이방인과 유대인 모두의 구원을 위해 오신 메시아다. 지금 이방인이 그 주님께로 계속해서 돌아와 하나님의 자녀들이 되는 현상도 그러한 섭리의 한 과정이다. 이러한 이해는 유대인이 이방인에 비해 더 못났기 때문에 실패한 것도 아니고 이방인이 유대인에 비해 더 잘났기 때문에 구원을 받는 것도 아니라는 사실을 입증한다. 나아가 바울은 구원을 받은 특정한 누군가를 주목하지 않고 구원의 주체이신 하나님을 주목한다.

^{26b}이는 "구원자가 시온에서 나오고 그가 야곱에게서 불경건을 제거할 것이며 ²⁷이것은 내가 그들의 죄를 제거할 때 그들과 맺는, 나에게서 나온 언약이라" 기록된 것과 같습니다

유대인의 일부가 하나님을 거역하고 이방인의 충만한 수가 그에게로 돌아오면 결국 택하심을 받은 유대인 전부가 주님께로 돌아오게 되는 것은 바울의 개인적인 열망이 아니라 성경에 기록된 하나님의 언약임을 바울은 지적한다(사 59:20-21). 이 언약은 시온에서 구원자가 나오는데 그는 야곱의 영혼에 파고든 경건하지 않은 것들을 제거하고 그들의 죄를 제거해 주신다는 것 즉 구원자가 이스라엘 백성의 죄와 죄로 말미암은 부패를 모두 제거해 주신다는 내용이다. 여기에서 바울은 구원자가 그리스도 예수이며, 야곱은 이스라엘 백성을 통칭하는 것이지만 이스라엘 중에서 하나님의 택하심을 받은 사람들 전체라고 이해한다.

여기에서 우리는 "이스라엘 전부"(πᾶς ᾽Ισραήλ)가 의미하는 바를 교리적인 차원에서 이해하는 것이 필요하다. 칼뱅은 하나님의 선택을 영원 속에서의 특별한 선택(electio specialis)과 시간 속에서의 일반적인 선택(electio generalis)으로 구분한다. 특별한 선택은 영적인 이스라엘 혹은 특정한 개인의 선택이고 일반적인 선택은 혈통적인 이스라엘 혹은 특정한 민족의 선택이다. 여기에서 실제로 구원을 받는 대상은 하나님의 일반적인 택하심을 받은 혈통적인 이스라엘 민족이 아니라 유대인과 이방인을 불문하고 특별한 택하심을 받은 개인들의 무리 즉 영적인 이스라엘 민족이다. 바울이 구원을 받을 것이라고 지목한 "이스라엘 전부"는 바로 민족적인 차원의 유대인 전부가 아니라 그들 중에서 하나님의 특별한 택하심을 받은 개인들 전부를 의미한다.

인용한 구절에서 하나님은 이스라엘 백성과 맺은 언약을 "나의 언약"(בְּרִיתִי) 즉 "나에게서 나온 언약"(ἡ παρ᾽ ἐμοῦ διαθήκη)이라 말하면서 이스라엘 전부가 구원을 받게 된다는 언약의 신적인 기원을 강조한다. 여기에서 두 가지를 살펴보자. 첫째, 언약의 히브리어 단어는 "자르다"는 의미를 가진 "빠라"(בָּרָא)에서 유래한 "베리트"(בְּרִית)다. 이 단어는 언약을 어기는 사람이 둘로 쪼개지는 제물과 같이 죽임을 당하게 될 것이라는 의미를 함축하고 있다. 이는 언약을 언약 당사자 자신의 목숨보다 더 소중하게 여겨야 함을 가르친다. 하나님이 아담과 더불어 선악과를 두고 맺으신 명령형 언약이 아담에 의해 깨어지자 아담이 정녕 죽게 된 것처럼 하나님이 이스라엘 백성과 맺은 언약을 깬 그 백성도 처음에는 남쪽과 북쪽으로 쪼개지고 결국 둘 다 멸망 당했다. 그러나 그럼에도 불구하고 하나님은 이스라엘 백성에게 구원자를 보내실 것이라는 언약을 베푸셨고 친히 이루신다. 이 언약에서 구원자를 보내시는 것은 예수님의 초림을 가리키는 부분이고, 구원을 이루시는 것은 그 이후로 예수님의 재림 시기까지 포함하는 부분이다.

둘째, 이스라엘 전부의 구원이 바로 하나님이 친히 밝히신 것처럼 "나에게서 나온 언약"에 근거하고 있다고 바울은 강조한다. 그래서 바울은 하나님의 이 언약에 대해 흔들릴 수 없는 확신을 가지고 그 구원의 확고한 성취를 선언한다. 사람의 약속은 얼마든지 파기될 수 있겠지만 하나님의 약속은 어떠한 실패함도 없이 반드시 성취된다. 반드시 성취되는 이유는 이스라엘 전부를 구원하기 원하시는 하나님의 변하지 않는 확고한 의지 때문이고, 또한 이 의지를 꺾을 어떤 장애물도 없을 정도로 막대한 하나님의 전능하심 때문이다. 하나님은 우리의 구원을 원하시는 자비로운 분이시며 그 구원을 능히 이루시는 전능한 분이시다. 그런 하나님이 우리에게 언약을 베푸셨다. 바울은 그것을 확고하게 붙들었다. 700년 이전에 이사야가 기록한 하나님의 언약에 근거하여 이스라엘 전부의 구원을 확신한다. 그리스도 예수의 사랑에서 끊어진다 할지라도 동족의 구원을 소원하는 것도 바로 이 언약이다. 하나님의 언약은 바울에게 생명보다 소중했고 인생의 방향을 결정하는 근거였다. 이렇게 수백 년 전에 주어진 약속의 성취를 그대로 믿고 인생을 설계하는 바울의 신앙은 참으로 순수하다.

바울은 구약에 근거하여 구원의 복음이 유대인에게서 이방인에게로, 이방인에게서 다시 유대인에게로 이동하는 하나님의 섭리를 깨달았다.

당시에 바울은 그 복음이 이방인의 손으로 넘어가는 섭리의 과정에 부르심을 받아 완전한 구원의 섭리에서 자기에게 배당된 역할이 이방인의 사도라는 사실을 인지했다. 이 직분에 대한 그 태도는 이방인의 사도에게 주어진 복음 전파의 사명을 완수하기 위해 목숨을 조금도 귀한 것으로 여기지 않을 정도였다. 이는 하나님의 언약이 자신의 생명과 인생이 된 사람, 예수님을 따르는 자의 전형적인 모습이다.

바울이 인용한 구절에서 70인경(LXX)의 헬라어 "구원자"(ὁ ῥυόμενος)에 대한 히브리어 대응어는 "고엘"(גּאֵל)이다(사59:20). "고엘"은 "무르다," "되찾다," "구속하다" 등의 의미를 가진 "가알"(גָּאַל)에서 온 말로 4가지의 의무를 가진 사람을 가리킨다. 첫째, 형제가 가난 때문에 자신의 땅을 타인에게 팔았을 때 땅값을 대신 물어주고 그 땅을 다시 찾아주고(레 25:23-28) 빚 때문에 종으로 팔려간 형제의 몸값을 대신 지불하고 그 형제를 종의 신분에서 자유롭게 해 주는 경제적인 책임(레 25:47-55), 둘째, 아들 없이 죽은 형제의 아내와 결혼하여 아들을 낳아주는 혈통적인 책임(신 25:5-6), 셋째, 형제가 죄를 지었을 경우 그 형제의 죄값을 대신 지불하여 죄책을 면하게 하는 대속적인 책임(민 5:8), 넷째, 누군가에 의해 살해된 형제의 원한을 갚기 위해 그 형제 대신에 피의 보수자가 되는 사법적인 책임(민 35:19)이 고엘에게 주어진다.

바울에 의하면, 그리스도 예수는 바로 이런 고엘이다. 진실로 그는 에덴을 상실한 인간을 대신하여 그 값을 지불하고 다시 약속의 땅으로 들어가게 한 고엘이고, 죄에게 종으로 팔려간 인간의 몸값을 대신 지불하고 그 죄에서 자유롭게 한 고엘이고, 의로운 자녀를 낳지 못하는 불임의 인간에게 장가들어서 약속의 의로운 자녀를 낳게 한 고엘이고, 죄를 지은 인류를 위해 자신의 생명을 그 비용으로 대신 지불하여 사망의 죄책을 면하게 한 고엘이고, 인간을 속이고 하나님의 말씀을 거역하게 만들어 태초부터 지금까지 살인을 저지르는 마귀의 머리가 완전히 깨뜨려서 보응한 고엘이다. 바울은 고엘이신 예수의 길을 따르고자 한다. 그래서 동족의 구원을 위한 일이라면 자신의 목숨이 영원한 생명에서 끊어지는 것도 불사한다. 오늘날 조국의 교회가 예수님과 바울이 본을 보인 고엘의 아름다운 책임을 외면하는 것 같아 안타깝다.

> ²⁸복음을 따라서는 우리를 위해 적개심을 가진 자들이나,
> 택하심을 따라서는 조상들로 말미암아 사랑을 입은 자입니다
> ²⁹이는 하나님의 은총과 부름에는 후회함이 없기 때문입니다

바울은 이스라엘 백성을 이해하는 대립적인 구도의 틀로 복음과 선택을 언급한다. 그의 설명에 의하면, 복음과 관련하여 이스라엘 백성은 적개심을 가지고 있는데 이는 우리를 위함이며, 선택과 관련하여 그들은 여전히 사랑의 대상이다. 이는 복음에 대한 그 백성의 태도는 비록 원수와 같으나 이는 섭리의 과정일 뿐이며, 결국에는 조상에게 주어진 영원한 언약 즉 하나님의 택하심을 따라 구원에 이르는 신적인 사랑의 대상임을 강조한다.

언약의 끈질긴 유지는 모두 하나님의 은총과 부름에는 후회함이 없기 때문이다. 하나님은 한번 내뱉으신 약속을 식언하지 않으시며(민 23:19), 회전하는 그림자가 없을 정도로 어떠한 변함도 없으시다(약 1:17). 바울은 이스라엘 전부가 구원에 이를 것이라는 하나님의 언약을 확고하게 신뢰하는 근거를 하나님의 성품에서 확보한다. 이스라엘 백성에게 주어진 은총들과 부름은 하나님과 그 언약의 불변성 때문에 영원토록 유효하다. 그러므로 결국에는 그들이 하나님의 품으로 돌아온다. 이것은 이스라엘 백성의 실력이나 각성이나 공로 때문이 아니라 하나님의 자비와 신실함 때문이다. 그러므로 우리는 이방인이 충만한 수가 구원에 이르도록 땅 끝까지 이르러 그 수에서 단 한 사람도 남김없이 모든 족속에게 복음을 전파

해야 한다. 이는 하나님의 언약에 충실한 삶에 합당한 모습이다.

> [30]여러분도 전에는 하나님께 순종하지 않다가 그들의 불신앙 때문에
> 이제는 긍휼히 여기심을 받은 것처럼 [31]지금 그들이 믿지 아니하는 것은
> 여러분께 주어진 긍휼로 말미암아 그들도 긍휼히 여기심을 받게 하려는 것입니다

이제 바울은 이방인의 어두운 과거를 돌아보게 한다. 그들은 예전에 하나님께 순종하지 않다가 유대인의 불신앙 때문에 이제는 하나님의 긍휼히 여기심을 받고 신앙에 이르렀다. 이처럼 지금은 비록 이스라엘 백성이 하나님께 순종하지 않지만 이방인의 충만한 수 때문에 결국에는 이방인이 받은 동일한 하나님의 긍휼히 여기심을 받고 순종함에 이를 것이라고 바울은 다시 강조한다. 이처럼 바울은 본래 가지를 버리신 분께서 접붙임을 받은 가지도 얼마든지 버릴 수 있다는 유대인과 이방인 사이의 부정적인 동질성 강조에 이어서 접붙임을 받은 가지를 긍휼히 여겼다면 본래의 가지는 더더욱 긍휼히 여기실 수 있다는 긍정적인 동질성을 강조한다.

> [32]하나님은 모든 사람에게 긍휼을 베푸시기 위해
> 모든 사람을 불순종에 가두어 두십니다

바울은 유대인과 이방인의 구원에 대한 하나님의 교차적인 섭리를 다음과 같이 요약한다. 즉 하나님은 모든 사람에게 긍휼을 베푸시기 위해 모든 사람을 불순종에 가두어 두는 분이시다. 이는 바울이 로마서 3장에서 이미 언급한 내용의 반복이다. 즉 유대인과 이방인은 비록 시간의 차이가 있지만 그들 모두가 불순종 가운데 머물러 있었으며 그들 모두 하나님의

긍휼히 여기심 안으로 들어오게 될 것이라는 교훈이다. 시간에 있어서 과거에는 이방인이 불순종에 먼저 머물렀고 유대인이 그 다음이며, 지금이나 이후에도 이방인이 먼저 긍휼히 여기심을 받고 유대인이 그 다음이다. 지금은 이방인의 일부가 순종에 이르렀고 순종의 범위가 확대되고 있으며, 유대인은 아직도 불순종 가운데 머물러 있는 상황이다. 바울이 확신하는 것처럼 이방인의 충만한 수가 채워지고 유대인 모두가 돌아오게 되는 그날은 반드시 도래한다.

³³깊도다 하나님의 지혜와 지식의 풍성함이여, 그의 판단은 헤아리지 못할 것이며 그의 길은 찾지 못할 것이로다 ³⁴누가 주의 마음을 알았느냐 누가 그의 모사가 되었느냐 ³⁵누가 주께 먼저 드려서 갚으심을 받겠느냐 ³⁶이는 만물이 주에게서 나오고 주로 말미암고 주에게로 돌아감이라 그에게 영광이 세세에 있을지어다 아멘

❖ ❖ ❖

³³오 하나님의 풍성함과 지혜와 지식의 깊음이여, 그의 판단들은 헤아리지 못하며 그의 길들은 찾을 수 없습니다 ³⁴누가 주님의 마음을 알았으며 누가 그분의 모사가 되었습니까? ³⁵누가 주님께 먼저 드려서 그로 하여금 자신에게 갚도록 만듭니까? ³⁶ [그런 자는 아무도 없습니다] 모든 것은 그에게서 [나오고] 그로 말미암아 그에게로 [돌아가며] 영광이 그에게 세세토록 있기를 [원합니다] 아멘

하나님의 영원한 영광

바울은 지금까지 하나님과 사람 앞에서 자신의 신분과 직분이 어떠하며, 죄로 인해 절망에 빠진 인간에게 주어진 해결책 즉 하나님의 다른 의는 무엇이며, 그 의를 이루시기 위해 오신 그리스도 예수는 누구이며, 율법의 본질은 무엇이고 복음과의 관계는 어떠하며, 그를 구주로 믿는 믿음은 무엇이며, 믿은 이후에도 여전히 죄악에 빠지는 이유와 극복의 방법은 무엇이며, 성령의 역할은 무엇이며, 만물의 소원은 무엇이며, 만물과 만사가 하나님의 택하심과 부르심을 받은 자들에게 어떤 의미이며, 선택의 궁극적인 목적은 무엇이며, 하나님의 선택은 언제 어떻게 이루어진 것이며, 하나님의 백성과 선택의 관계성은 무엇이며, 이스라엘 백성의 의미는 무엇이고, 이방인과 유대인의 관계는 무엇이며, 이방인과 유대인 모두로 구성된 하나님의 백성과 나라는 어떤 방식으로 형성되고 있는지에 대해 언급했다. 이제 바울은 복음의 놀라운 비밀을 다 설명한 이후 기독교 진리의 교리적인 결론에 도달한다.

³³오 하나님의 풍성함과 지혜와 지식의 깊음이여,

그의 판단들은 헤아리지 못하며 그의 길들은 찾을 수 없습니다

바울은 기독교 진리의 교리적인 매듭을 지으면서 감격한다. 감격의 내용은 하나님의 풍성함과 지혜와 지식의 심연이다. 이러한 탄성을 지르는 바울의 마음은 행복하다. 바울은 하나님을 사랑하고 하나님의 성품을 묵상하고 하나님의 섭리를 탐구하며 그분의 풍성함과 지혜와 지식이 너무나 깊다는 사실을 깨닫는다. 이 깊음에 대한 감탄은 바울이 하나님의 풍성함과 지혜와 지식의 깊은 내용을 다 알았다는 감탄이 아니라 너무 깊어서 지금까지 바울이 로마서 1장에서 11장까지 언급한 것으로는 다 설명할 수 없을 정도로 깊다는 사실의 인지에 근거한 감탄이다. 바울은 기록된 성경을 해석함에 있어서는 대단히 뛰어난 전문가다. 그런데 바울은 하나님의 기록된 말씀과 육신으로 오신 말씀을 깊이 연구하며 도달한 이해의 끝자락에 서서 인간의 이성에 의해서는 결코 정복될 수 없는 하나님의 깊으심을 고백한다.

하나님의 풍성함은 무한하다. 어떠한 종류의 빈곤도 해결하지 못하심이 없다. 그래서 비록 젊은 사자는 궁핍하여 주릴지 모르지만 무한히 풍성하신 여호와를 찾는 자는 모든 좋은 것에 부족함이 없다(시 34:10). 이는 하나님이 모든 사람들의 모든 필요를 능히 채우시는 분이기 때문이다. 그런 하나님이 시인의 붓으로 말씀한다. "네 입을 크게 열라 내가 채우리라"(시 81:10). 무한한 풍성함의 하나님을 아는 바울은 이렇게 고백한다. "나의 하나님이 그리스도 예수 안에서 영광 가운데 그 풍성한 대로 너희 모든 쓸 것을 채우시리라"(빌 4:19).

하나님의 지혜는 무한하고 무궁하다(시 147:5). 그 지혜로 세상을 세우셨고 하늘을 펼치셨다. 그런 하늘 아래의 세상에서 살아가는 인간이 구사하는 어떠한 종류의 모략도 하나님은 꺾지 못하심이 없다. 이 세상의 어

떠한 석학도 알지 못하는 무한한 지혜의 하나님은 지혜로운 사람들의 모든 지혜를 멸하시고 총명한 자들의 모든 총명을 폐하신다(고전 1:19). 또한 하나님은 모든 사람의 지혜보다 더 뛰어난 솔로몬이 받은 지혜처럼 이 세상에서 누구도 가져보지 못한 최고의 지혜를 능히 베푸시는 분이시고(왕상 4:30), 지혜를 구하는 자에게는 전혀 꾸짖지 않으시고 아낌없이 후하게 주시는 분이시다(약 1:5). 지혜를 모든 사람에게 후히 주셔도 하나님의 지혜는 인간이 도무지 측량할 수 없을 정도로 여전히 무궁하다.

하나님의 지식도 무한하다. "우리 마음보다 크시고 모든 것을 아시는"(요일 3:20) 하나님은 어떠한 것이든 알지 못하심이 없다(요 16:30, 21:17). 하나님은 모든 인간에 대해서도 전부 아시되(시 139:1), 흙이라는 "우리의 체질"(시 103:14)도 아시고, "뭇 사람의 마음"(행1:24)만이 아니라 그 "마음의 비밀"(시 44:21)과 마음의 "의도"(대상 28:9)까지 아시는 분이시다. 나아가 솔로몬은 하나님께 드리는 기도에서 "주만 홀로 사람의 마음을 다" 아시는 분이라고 고백한다(왕상 8:39). 우리의 마음을 아시는 하나님은 마음의 거동인 "생각"(시 139:2)도 아시고, 그 생각의 결과인 일어섬과 누움을 비롯한 "모든 행위"(시 139:3)도 아시고, 그 생각이 입으로 나오는 "혀의 말을 알지 못하시는 것이 하나도" 없으시며(시 139:4), 그 생각이 외출하여 걷는 "모든 길"(시 139:3)도 아시고, 생각이 부패한 우리의 "우매함"(시 69:5)과 "악함"(마 22:18)과 "외식함"(막 12:15)도 아시는 분이시다. 나아가 하나님은 우리에 대한 대적들의 "비방과 수치와 능욕"(시 69:19)도 아셔서 안위해 주시고 우리에게 필요한 모든 것들을 아시고 친히 채우신다(마 6:32). 이렇게 성경에 기록되어 있는 하나님의 지식을 샅샅이 살피고 모두 찾아내어 다 열거해도 그의 지식은 다 말할 수 없을 정도로 여전히 무한하다.

바울은 하나님의 풍성함과 지혜와 지식의 측량할 수 없는 깊이를 경험하고 감탄했다. 하나님의 무한한 풍성함을 경험한 자는 어떠한 종류의 빈곤에 대해서도 걱정하지 않고, 하나님의 무한한 지혜를 경험한 자는 어떠한 인간의 공격적인 음모도 걱정하지 않고, 하나님의 무한한 지식을 경험한 자는 어떠한 깨달음에 대해서도 자만하지 않기에 바울의 이러한 체험을 사모하게 된다. 하나님에 대해 얼마나 알아야 탄성을 지를 수밖에 없는 그 깊이에 도달할까! 인간의 이성으로 파악되지 않는 하나님의 무한한 심오함을 안 바울은 조금 안다고 자부하는 사람들을 향해 이렇게 권면한다. "만일 누구든지 무엇을 아는 줄로 생각하면 아직도 마땅히 알 것을 알지 못하는 것이요"(고전 8:2). 마땅히 알아야 할 하나님의 무한한 깊이를 알면 인간의 빈곤과 우매와 무지를 깨닫고 겸손하게 된다. 아무것도 모르는 자임을 인지하고 고백하게 된다.

바울은 하나님의 판단들을 헤아리지 못하고 그분의 길들은 찾을 수 없다고 고백한다. 바울은 기독교 진리의 가장 온전한 체계를 구축한 인물이다. 모든 유대인의 존경을 받는 가말리엘 선생의 문하에서 공부하고 가장 많은 성경책을 기록하고 아무도 출입하지 않은 세 번째 하늘까지 경험한 사람이다. 그래서 받은 계시의 분량이 너무나도 커서 스스로 높아지지 못하도록 사탄의 가시가 필요했을 정도의 인물이다. 그런 바울도 헤아릴 수 없고 찾지 못하는 것이 있다고 고백한다. 바로 하나님의 판단들과 길들이다. 어쩌면 이 세상에서 인간이 도달할 수 있는 지식의 최대치 경계선이 바울의 이런 고백이 아닐까 생각한다.

바울은 다른 곳에서 이 세상에서 인간이 취하는 지식의 수준을 이렇게 표현한다. "우리가 지금은 거울로 보는 것 같이 희미하나 그 때에는 얼굴과 얼굴을 대하여 볼 것이요 지금은 내가 부분적으로 아나 그 때에는 주께서 나를 아신 것 같이 내가 온전히 알리라"(고전 13:12). 지금 우리가 이 세상에서 가진 지식은 모든 것을 청동 거울로 보는 것처럼 희미하다. 희미할 뿐만 아니라 일부분에 불과하다. 이는 전체적인 지식이나 선명한 지식은 이 세상에서 바울이라 할지라도 그에게 주어지지 않았다는 주장이다. 이것은 하나님의 섭리이기 때문에 우리도 존중하고 순응해야 한다.

이 세상에서 하나님을 아는 지식의 적정선은 희미하고 부분적인 지식이다. 더 선명하게 알고 전체를 다 알려고 하는 것은 지적인 욕심이다. 하나님을 선명하게 다 알았다는 것은 완벽한 거짓이다. 삼층천에 갔다가 온 바울도 하나님에 대해 희미하고 부분적인 지식을 가졌다고 말하는데 바울보다 더 많은 것을 안다고 주장하는 자들은 대체로 이단이다.

우리는 하나님이 무한한 분이셔서 다 이해할 수 없다는 사실을 인정해야 한다. 이러한 하나님의 판단과 길을 파악하는 사람이 이 세상에는 없다. 시인은 하나님의 판단이 온 땅에 있다고 고백한다(시 105:7). 온 땅에 가득한 하나님의 판단을 다 이해한 사람은 과연 누구인가? 바울의 고백처럼 인간이 헤아릴 수 없는 것이 바로 하나님의 판단이다.

하나님의 판단에 무지한 사람은 스스로 판단자가 되기를 자처한다. 그러나 모든 판단은 오직 하나님께 있다. 이는 무한한 지혜와 무한한 지식과 같은 조건을 구비한 자만이 공정하게 판단할 자격을 가지기 때문이다. 그래서 바울은 우리에게 이렇게 권면한다. "때가 이르기 전 곧 주께서 오실 때까지는 아무것도 판단하지 말라 그가 어둠에 감추인 것들을 드러내고 마음의 뜻을 나타내실 것이니 그 때에 각 사람에게 하나님의 칭찬이 있으리라"(고전 4:5). 인간은 무엇이든 일부분만 알고 그것도 희미하게 알아서 하나님의 판단을 이해할 수도 없고 스스로 판단할 수도 없기에 우리는 모든 것들이 합력하여 선을 이룰 것이라는 믿음으로 하나님께 범사에 감사하고 항상 그분을 기뻐해야 한다.

나아가 하나님의 길들을 찾지 못한다고 바울은 고백한다. 하나님은 천지에 충만하고 무수히 많은 일들을 행하는 분이시다. 그런데도 우리는 그분의 길들을 찾지 못하는데 이에 대해 욥은 이렇게 고백한다. "그가 홀로 하늘을 펴시며 바다 물결을 밟으시며 북두성과 삼성과 묘성과 남방의 밀실을 만드셨고 측량할 수 없는 큰 일을, 셀 수 없는 기이한 일을 행하시느니라"(욥 9:8-10). 그래서 욥은 하나님이 그 앞을 지나시나 보지 못하고 바로 앞에서 움직이고 계셔도 깨닫지 못한다고 고백한다(욥 9:11). 하나님은 비록 우리와 항상 함께 계시지만 그럼에도 불구하고 욥처럼 우리도 깨닫지 못하니 너무도 안타깝다. 그러나 이것이 우리에게 허락된 최고의 현실이다. 우리가 삶 속에서 경험한 하나님의 길들은 기껏해야 빙산의 일각이다. 우리는 바람의 동선 즉 어디에서 와서 어디로 가는지도 파악하지 못하는데 그것보다 더 은밀하게 걸으시는 하나님의 길을 어찌 파악할까!

³⁴누가 주님의 마음을 알았으며 누가 그분의 모사가 되었습니까?

이 구절은 이사야가 쓴 글의 인용이다(사 40:13). 무한한 지식을 가지고 가장 공정하고 정확하고 객관적인 판단을 내리시고 지극히 다양한 방식으로 일을 행하시는 하나님의 마음을 인간이 어떻게 알겠는가! 바울은 아무도 모른다고 단언한다. 나아가 무한한 지혜를 가지시고 은밀한 판단을 내리시고 은밀한 길을 걸으시는 하나님께 누가 모사가 될 수 있겠는가! 전무하다. 하나님께 "이래라 저래라"고 가르치며 지도할 정도의 지혜와 지식을 구비한 피조물은 없다. "네가 하나님의 오묘함을 어찌 능히 측량하며 전능자를 어찌 능히 완전히 알겠느냐 하늘보다 높으시니 네가 무엇을 하겠으며 스올보다 깊으시니 네가 어찌 알겠느냐 그의 크심은 땅보다 길고 바다보다 넓으니라"(욥 11:7-9). 하늘보다 높고 스올보다 깊고 땅보다도 길고 바다보다 넓은 존재에 대해 인간은 전적으로 무지하다. 하나님은 그런 존재이기 때문에 하나님의 마음을 안다는 것은 불가능한 일이고 하나님의 마음도 모르는 자가 하나님의 모사가 된다는 것은 가당치도 않다. 바울처럼 그저 하나님의 풍성함과 지혜와 지식의 깊이에 대해 감격하고 그를 경외하는 것이 마땅하다.

³⁵누가 주님께 먼저 드려서 그로 하여금 자신에게 갚도록 만듭니까?

³⁶[그런 자는 아무도 없습니다] 모든 것은 그에게서 [나오고] 그로 말미암아

그에게로 [돌아가며] 영광이 그에게 세세토록 있기를 [원합니다] 아멘

이것은 욥기 41장 11절의 인용이다. 거기에는 이렇게 기록되어 있다. "누가 먼저 내게 주고 나로 하여금 갚게 하겠느냐 온 천하에 있는 것이 다 내 것이니라"(욥 41:11). 바울은 이 구절의 앞부분을 그대로 인용하고 뒷부분은 인용하지 않고 설명한다. 즉 "모든 것은 그에게서 나오고 그로 말미암아 그에게로 돌아가며." 욥기의 이 구절을 인용하는 바울은 온 천하에 있는 것이 모두 하나님의 것이기 때문에 인간의 순수한 소유물은 하나도 없다는 사실에 근거하여 인간이 먼저 하나님께 무언가를 드려서 그것에 상응하는 어떤 것을 갚으라고 하나님께 요구할 자는 그 누구도 없다고 주장한다. 이 구절은 언제나 하나님이 먼저 사랑하고 먼저 뜻하시고 먼저 행하시고 먼저 이루시는 그분의 우선성, 다른 누군가가 아니라 친히 모든 것들을 자신의 뜻대로 이끄시는 그분의 주도성, 잠깐 있다가 없어지는 모든 만물과 일들이 영원히 변하지 않으시는 그분을 맴도는 그분의 중심성, 결국 모든 만물과 모든 역사가 그에게로 향하는 그분의 목적성을 가르친다. 이런 의미에서 모든 것은 하나님의 것이라고 성경은 가르친다.

하나님을 믿는 자에게도 이러한 소유권에 대한 이해가 중요하다. 성도들 중에 많은 분들이 헌금을 하고 기도를 하고 봉사를 하고 전도를 하고 찬양을 하고 구제를 하고 예배를 하나님께 드리면 그것에 비례하는 적정한 보상으로 하나님이 마땅히 갚으셔야 한다고 생각한다. 그들 자신이 성실하고 정직하고 선하고 공평하면 주님께서 그것에 상응하는 대가를 주셔야 한다고 생각한다. 그러나 바울은 그러한 생각에 단호히 반대한다. 그 이유는 온 천하에 있는 모든 것이 하나님의 것이기 때문이다. 시인은 이렇게 고백한다. "낮도 주의 것이요 밤도 주의 것이라"(시 74:16). "하늘

이 주의 것이요 땅도 주의 것이라"(시 89:11). 나아가 "세계와 거기에 충만한 것"이 다 여호와의 것이라고 노래한다(시 50:12). 다윗은 위대함과 권능과 영광과 승리와 위엄과 주권도 하나님께 속한 것이라고 고백한다(대상 29:11). 욥기에는 "지혜와 권능이 하나님께 있고 계략과 명철도 그에게" 속했다고 기록되어 있다(욥 12:13). 바울은 개인의 유형적인 혹은 무형적인 소유물에 대해서도 이렇게 주장한다. "네게 있는 것 중에 받지 아니한 것이 무엇이냐"(고전 4:7).

이처럼 모든 것이 하나님의 소유이기 때문에 모든 것이 주에게서 나오고 모든 것이 그로 말미암아 그에게로 돌아간다. 이것이 하나님과 우리의 관계이다. 하나님은 이렇게 우리의 처음과 나중이다. 우리의 존재와 존속을 가능하게 만드시는 창조주 하나님의 일반적인 은총도 그에게서 나오고 그로 말미암아 그에게로 돌아가고, 우리의 새로운 창조와 새로운 삶을 가능하게 만드시는 구원자 하나님의 특별한 은총도 그에게서 나오고 그로 말미암아 그에게로 돌아간다. 이것을 인정할 때에 우리는 오직 하나님께 영광을 돌리되 우리만이 아니라 오고 오는 모든 세대가 하나님께 영광을 돌리는 것이 가능하다. 이러한 하나님을 감격으로 향유하고 이러한 하나님께 세세토록 영광을 돌리는 것이 기독교 진리의 핵심이다. 하나님의 무한한 깊이와 하나님의 영원한 영광은 바로 로마서가 가르치는 기독교의 본질적인 복음이다.

바울은 그리스도 예수의 복음을 가르치는 로마서의 교리적인 부분을 하나님의 무한한 풍성함과 무한한 지혜와 무한한 지식에 대한 감탄과 경외로 끝맺는다. 하나님의 존재와 하나님의 성품과 하나님의 행위는 기록된 성경의 계시를 다 알더라도 여전히 신비 속에 감추어져 있다. 계시된 지식의 영역을 발판으로 삼아 우리는 신비의 영역으로 도약해야 한다. 나타난 계시와 감추어진 신비가 절묘하게 맞물린 하나님의 존재와 섭리에 대해 모든 피조물은 오직 믿음으로 그분을 경외하며 세세토록 그에게 영광을 돌려야 한다는 것이 바울의 신앙이다. 하나님의 영광은 기독교 신앙의 처음과 나중이다. 모든 사람이 죄로 말미암아 이르지 못한 하나님의 영광을 이제 그리스도 예수로 말미암아 죄 사함을 받고 세세토록 찬양할 수 있게 되었다는 것이 성도의 영광이다. 창조와 재창조가 그에게서 나오고 그로 말미암아 그에게로 돌아감이 하나님께 영원토록 영광을 돌려야 할 이유이고 그 영광의 내용이다. 하나님께 영광을 돌리는 것은 모든 피조물의 마땅한 도리임을 요한은 이렇게 기록한다. "하늘 위에와 땅 위에와 땅 아래와 바다 위에와 또 그 가운데 모든 피조물이 이르되 보좌에 앉으신 이와 어린 양에게 찬송과 존귀와 영광과 권능을 세세토록 돌릴지어다"(계 5:13).

R

12장 교회의 합당한 예배

롬 12:1-2

¹그러므로 형제들아 내가 하나님의 모든 자비하심으로 너희를 권하노니 너희 몸을 하나님이 기뻐하시는 거룩한 산 제물로 드리라 이는 너희가 드릴 영적 예배니라 ²너희는 이 세대를 본받지 말고 오직 마음을 새롭게 함으로 변화를 받아 하나님의 선하시고 기뻐하시고 온전하신 뜻이 무엇인지 분별하도록 하라

❖ ❖ ❖

¹그러므로 저는 형제들 여러분께 권합니다 하나님의 자비로 말미암아 여러분의 몸을 살아있고 거룩하고 기쁘시게 하는 제물로 하나님께 드리시기 바랍니다 이는 여러분의 합당한 예배입니다 ²그리고 여러분은 이 세대에 적응되지 말고 오직 마음의 갱신과 더불어 변화되어 무엇이 하나님의 선하고 즐겁고 온전한 뜻인지를 입증하는 데에까지 이르시기 바랍니다

45   예배는 인생이다

바울은 1장부터 11장까지 기독교 진리의 교리적인 체계를 다 설명한 이후에 12장부터 16장까지 그 교리에 근거한 성도의 삶을 가르친다. 아는 것과 사는 것이 일치되지 않으면 기독교 진리는 필히 왜곡된다. 그래서 바울은 이론과 실천, 믿음과 선행, 되는 것과 행하는 것의 조화를 강조한다. 기독교는 관념의 종교가 아니라 삶의 종교이며, 지식만이 아니라 행함도 강조한다. 알기만 하고 행하지 않으면 공허하고 알지 못하면서 행하기만 하면 맹목적인 종교로 필히 변질된다. 기독교가 공허한 종교가 되지 않도록 바울은 12장부터 기독교 윤리 혹은 기독교의 인생 혹은 기독교의 삶이라는 예배의 본질과 내용을 가르친다. 복음의 진리를 알고 하나님께 세세토록 영광을 돌리려는 마음이 준비될 때에 성도의 모든 삶은 합당한 예배로 하나님께 드려지는 제물이다.

우리가 진리를 안다는 것은 그것의 정보나 지식의 취득이 아니라 진리와 우리 자신의 존재론적 연합 혹은 하나됨을 의미한다. 이는 진리이신 예수 그리스도, 진리의 영이신 성령께서 우리와 어떠한 관계를 맺고 있는지를 보면 쉽게 확인된다. 예수는 우리 안에 거하시고, 그의 말씀도 우리 안에 거하고, 성령도 우리 안에 거하신다. "우리 안"이라는 말은 두개골 안에 있는 뇌만이 아니라 우리의 전 존재를 의미한다. 알기만 하고 행하지 않는 사람들은 예수와 성령을 제한하여 우리의 머리에만 모시려고 한다. 우리가 그리스도 예수를 아는 지식에서 자라나는 것은 단순히 머리의 지식만이 아니라 몸의 행위로도 그분을 알아가는 것을 의미한다.

[1]그러므로 저는 형제들 여러분께 권합니다
하나님의 자비로 말미암아 여러분의 몸을 살아있고 거룩하고 기쁘시게 하는
제물로 하나님께 드리시기 바랍니다 이는 여러분의 합당한 예배입니다

이 구절은 기독교 진리와 삶의 절묘한 관계를 설명한다. 여기에서 바울은 로마의 형제들을 향해 자신의 몸을 하나님께 드리라고 권면한다. 이 권면은 "그러므로"(οὖν)라는 접속사 때문에 로마서 1장에서 11장까지 살핀 내용과 무관하지 않음에 분명하다. 즉 기독교의 교리적인 체계는 이 권면의 전제로 작용한다. 바울은 기독교 진리에 대한 올바른 인식이 우리의 몸을 하나님께 드리는 삶의 근거이고, 그 삶은 진리 인식의 결과라는 인과율을 가르친다. 이 인과율에 따르면, 우리가 하나님과 그가 행하신 일들을 알지 못하면 우리의 몸을 하나님께 드리지 못할 것이고 우리가 하나님께 우리의 몸을 드리지 않는다는 것은 하나님과 그의 일들을 모른다는 영적인 무지의 표출이다. 우리가 기독교 진리를 인지하는 앎과 몸을 하나님께 드리는 삶은 분리될 수 없는 복음의 양면이다.

바울은 형제들을 향한 권면에서 "하나님의 자비로 말미암아"라는 문구를 언급한다. "하나님의 자비"는 1-11장에서 언급한 하나님과 그의 일들을 포괄하는 표현이다. "하나님의 자비"는 하나님은 자비로운 분이라는 것, 그래서 절망적인 우리에게 희망의 복음을 주신 것, 그 복음을 수용하

는 믿음을 주신 것, 그리스도 예수와 연합하게 하신 것, 믿음으로 말미암아 죄 사함과 의롭다 하심을 주신 것, 율법이 아니라 은혜 아래에 거하게 하신 것, 양자의 영을 보내신 것, 모든 만물로 하여금 우리에게 선을 이루시는 것, 어떠한 것도 우리를 그리스도 예수의 사랑에서 끊어내지 못하게 하시는 것, 당신의 뜻을 따라 우리를 택하시고 부르신 것, 비교할 수 없도록 놀라운 영광을 장차 주신다는 약속, 택하심을 받은 이방인과 유대인 모두를 하나의 온전한 나라로 만드시는 것 등을 포함한다. 이처럼 하나님의 자비는 곧 복음의 요약이다.

이 "하나님의 자비"는 두 가지의 근원이다. 형제들을 향한 바울의 권면도 하나님의 자비에 근거한 것이며, 우리의 몸을 하나님께 드리는 근거도 하나님의 자비이다. 먼저 바울은 하나님의 자비를 통해 형제들을 권고한다. 이 자비에 근거한 권고는 강요나 위협과는 무관하다. 오히려 부드럽고 향기롭고 자비롭고 아름답다. 기독교는 두려움과 공포를 조성해서 타인을 움직이는 강압적인 종교가 아니라 감동과 감사에 의해 촉발되는 자발적인 마음의 움직임을 강조한다. 사람이 추적할 수도 없고 측량할 수도 없는 하나님의 풍성함과 지혜와 지식의 깊이를 경험한 자는 가만히 있으면 심장이 터질 것 같아서 감동을 격발하게 되고 그 감동을 주변에 공급하는 방식으로 타인을 권고한다. 하나님의 자비와 무관하게 강압적인 태도나 폭력적인 방법으로 기독교의 진리를 타인에게 전하고자 하면 오히려 기독교에 대한 거부감과 혐오감만 촉발한다. 교회에서 성도들 사이의 올바른 권면은 하나님의 자비에 대한 감격으로 준비된다.

권면만이 아니라 우리는 자신의 몸을 하나님께 드릴 때에도 하나님의 자비에 근거해야 한다. 몸의 드림은 하나님의 자비에 근거한 감격과 감사의 표현이다. 우리의 몸을 강압 때문에 드리거나 억지로 드리거나 인색한 마음으로 드리는 것은 합당하지 않다(고후 9:7). 그런 몸은 하나님이 받지도 않으신다. 바울에 의하면 우리가 몸을 드리는 것은 하나님께 드리는 예배이기 때문에 예배는 하나님의 자비에 근거해야 한다. 하나님의 자비가 먼저이고 예배는 나중이다. 그런데 잘못된 종교나 신앙은 이 순서를 바꾸어서 하나님의 자비를 얻으려고 예배를 활용한다. 예배를 정성껏 준비해서 드리는 목적은 신적인 자비의 취득이다. 그런 예배는 신의 자비로운 은총을 얻으려고 자신의 몸을 드리는 거래의 행위에 불과하다. 많은 교회와 성도가 이러한 예배의 개념으로 오염되어 있다. 이런 문제의 원인은 목회자가 예배를 잘 드려야 복을 받는다고 그릇되게 가르치기 때문이다. 올바른 신앙은 하나님이 먼저 우리를 택하시고 부르셨기 때문에 우리가 믿고, 먼저 자격도 없는 자에게 무조건적 사랑을 행하셨기 때문에 우리가 사랑하고, 진노가 마땅한 자에게 먼저 무궁한 자비를 베푸셨기 때문에 우리가 예배를 드린다고 가르친다. 예배는 이처럼 하나님의 무한한 자비를 경험한 자의 합당한 태도이며 동시에 자발적인 반응이다.

하나님의 자비에 근거한 예배의 본질은 무엇인가? 우리가 특정한 시간과 장소에 모여서 특정한 순서를 따라 특정한 형식을 갖추어서 하나님께 경배를 드리는 것은 형식적인 예배 혹은 고백적인 예배이다. 그러나 실질적인 예배 혹은 실천적인 예배는 우리의 몸을 하나님께 드리는 것이라고 바울은 강조한다. 예배의 본질은 바로 고백과 실천의 조합이다. 즉 입과 신체를 포함하는 우리의 몸 전체를 드리는 것이 예배의 본질이다. 몸을 하나님께 드린다는 것은 지금도 그렇지만 바울의 시대에도 대단히 생소한 개념이다. 고대에 드려진 예배는 예배자 자신이 아닌 짐승을 잡아서 신에게 바치는 것을 의미했다. 그런데 바울은 예배의 행위로서 우리의 몸을 하나님께 드리라고 권고한다. 바울 시대의 지배적인 사상은 몸이 영혼과 구별되는 신체에 불과하고 그 신체는 무익하고 더러운 감옥에 불과하기 때문에 경멸과 수치의 대상으로 간주했다. 그러나 바울은 세상의 풍조를 따르지 않고 우리의 몸은 하나님께 드려야 할 소중한 제물이며 하나님의 영이 거하시는 성전이며 하나님께 영광을 돌리는 도구라고 가르친다.

그러므로 몸을 드리라는 것은 그 시대에 사상의 분기점을 마련하는 혁명적인 주장이다.

여기에서 우리의 몸(σῶμα)은 존재의 집이기 때문에 영혼과 대조되는 존재의 일부로서 신체만이 아니라 영혼, 마음, 의지, 감정, 지성, 생각, 뜻 등을 포함한 인간의 전 존재를 가리킨다. 바울이 복수로 표현한 "몸들"(σώματα)은 우리의 전 존재를 구성하는 그런 요소들을 의미한다. 이러한 몸들을 드리는 것이 예배라는 것은 예배가 곧 인생이고 인생이 곧 예배임을 의미한다. 그래서 이사야는 기록한다. "이 백성은 내가 나를 위하여 지었나니 나를 찬송하게 하려 함이니라"(사 43:21). 여기에서 "찬송"으로 번역된 "테힐라"(תְּהִלָּה)는 칭찬과 명성과 존경과 감사를 포함하는 낱말이다. 이사야에 의하면, 우리가 하나님께 찬송과 존경과 감사를 표하는 예배는 창조의 목적이다. 예배라는 창조의 본래적인 목적은 하나님의 자비로 말미암아 회복된다.

"드리다"(παριστάνω)는 말은 다양한 의미를 가지고 있지만 문맥에 근거할 때에 "마음대로 하게 드리다"를 의미한다. 즉 바울은 우리 모두의 주인이신 하나님이 우리의 전 존재를 당신의 뜻에 따라 마음대로 쓰시도록 드리라고 권고한다. 바울은 우리에게 위대하고 놀라운 일들을 많이 하라고 권고하지 않고 우리 자신을 드리라고 한다. 이로 보건대, 하나님은 우리의 일들보다 우리 자신을 더 원하신다. 이것은 오늘날 교회의 병폐들 가운데 하나를 잘 지적한다. 즉 적잖은 사람들이 교회에서 많은 일들을 열심히 하면서도 정작 자기 자신을 하나님께 드리는 것은 거부한다. 그러나 진정한 의미의 헌신은 일보다 우리 자신을 하나님께 드림이다.

우리가 몸을 하나님께 드리는 것은 선택의 대상이 아니라 마땅한 도리이다. 나를 드리는 헌신을 대단히 위대한 종교적 행위라고 떠벌리는 것은 허풍이다. 몸을 드린다고 그것이 무슨 위대한 결단이나 대단한 헌신인 것이 아닌 이유는 무엇인가? "너희는 너희 자신의 것이 아니라 값으로 산 것이 되었으니 그런즉 너희 몸으로 하나님께 영광을 돌리라"(고전 6:19-20). 우리의 몸은 우리의 소유가 아니라 하나님의 것이기 때문이다. 우리의 전 존재가 하나님의 것이기 때문에 하나님의 주권을 있는 그대로 인정하는 것이 바로 하나님께 몸을 드림이다. 그리고 여기에서 바울은 하나님께 우리의 몸을 드리는 것과 우리의 몸으로 하나님께 영광을 돌리는 것이 동일한 것이라고 가르친다. 나아가 바울은 로마서 14장에서 하나님께 영광을 돌리는 것과 몸을 하나님께 드리는 것의 의미를 이렇게도 설명한다. "우리가 살아도 주를 위하여 살고 죽어도 주를 위하여 죽나니 그러므로 사나 죽으나 우리가 주의 것이로다"(롬 14:8). 이처럼 우리의 몸을 드려서 하나님께 영광을 돌리는 예배는 우리가 주님께 속했기 때문에 주님을 위해서 살고 죽는 것임을 깨닫는다. 주님은 우리의 주인이고 우리는 주님의 소유라는 것은 주권의 상실이나 자유의 박탈이나 인권의 유린을 의미하지 않고 오히려 우리에게 주어지는 최고의 복이면서 영광이다. 이는 우리가 하나님의 것이어서 다른 누구도 우리를 건드리지 못하고 만지지도 못하고 누구도 우리를 이기지 못하는 결과가 발생하기 때문이다. 우리의 신적인 소속은 진정한 자유와 안식과 보호를 제공한다.

몸을 하나님께 제물로 드리는 것이 예배라는 것은 우리의 몸을 사용하는 모든 활동이 예배의 행위이며, 모든 때가 예배의 시간이며, 모든 장소가 예배의 처소임을 가르친다. 그래서 우리는 언제 어디에서 무엇을 하더라도 예배자가 된다. 이런 맥락에서 바울의 권면은 너무도 합당하다. "그런즉 너희가 먹든지 마시든지 무엇을 하든지 다 하나님의 영광을 위하여 하라"(고전 10:31). 바울의 이런 가르침에 의하면, 우리가 물을 마시고 밥을 먹고 설거지를 하고 운동을 하고 구두를 닦고 쓰레기를 줍고 청소를 하고 미소를 짓고 숨을 쉬고 걷고 뛰고 눕고 앉고 운전을 하고 공부를 하고 타인을 격려하고 위로하고 용서하는 모든 것이 예배의 행위이다.

바울이 말하는 "합당한 예배"($λογικὴν λατρείαν$)는 무엇인가? "이성적인"(λογικός)의 헬라어 낱말은 "말씀과 관련된 혹은 말씀에 속한"을 의미하기 때문에 합당한 예배는 말씀과 관련된 예배 혹은 말씀에 속한 예배이다. 이에 대해서는 사무엘이 가장 정확하게 가르치고 있다. "순종이 제사보다 낫고 듣는 것이 숫양의 기름보다 나으니"(삼상 15:22). 즉 하나님의 말씀을 듣고 순종하는 것은 어떠한 예배보다 낫다. 이는 순종이 단순히 짐승을 나의 대체물로 삼아 제물로 바치는 것과는 달리 나 자신이 하나님의 말씀에 반응하는 직접적인 예배의 행위이기 때문이다. 하나님께 우리의 몸을 드리는 예배가 합당하기 위해서는 몸이 말씀의 가르침에 따른 세 가지의 조건을 구비해야 한다. 즉 하나님께 드려지는 우리의 몸이라는 제물이 1) 살아있는 것이어야 하고, 2) 거룩해야 하고, 3) 하나님을 기쁘시게 하는 것이어야 한다.

먼저 우리의 몸은 살아있는 제물이다. 이것은 어폐가 있는 표현이다. 구약에서 제물은 죽어야만 제물이기 때문이다. 그런데도 바울이 우리의 몸을 살아있는 제물로 드리라고 하는 이유가 무엇인가? 이것은 우리가 그리스도 예수의 죽음과 부활에 참여하는 것과 결부시켜 이해해야 한다(롬 6:3-5). 죽어야만 하는 제물은 예수의 죽음과 관계하고 살아있는 제물은 예수의 부활과 관계한다. 예수의 죽음에 참여한 우리는 더 이상 우리가 우리 몸의 주체로서 살지 아니하며, 예수의 부활에 참여한 우리는 내가 사는 것이 아니라 우리 안에 그가 사시기 때문에 몸의 주권을 주님께 전적으로 양도해야 한다. 산 제물은 나의 전적인 죽음인 동시에 내 안에서 주님의 전적인 사심을 의미한다. 그러할 때에 우리는 하나님께 합당한 예배자가 된다. 주님이 우리의 주인이 되신다면 우리는 무덤에서 예배를 드리는 죽은 제물이 아니라 삶 속에서 계속 하나님을 예배하는 산 제물이다.

둘째, 거룩한 제물은 흠과 티가 없는 몸을 의미한다. 구약에서 하나님께 드려지는 제물은 눈 멀지 않고 절지 않고 병들지 않고 흠 없는 소나 양이여야 한다(레 9:2, 말 1:8). 이러한 조건을 갖추지 않은 제물을 드리는 자는 저주를 받는다고 말라기는 가르친다(말 1:14). 사람도 하나님께 드려지는 합당한 제물이기 위해서는 "주 앞에서 점도 없고 흠도 없이 평강 가운데" 있어야 한다고 베드로는 가르친다(벧후 3:14). 선지자와 사도가 가르치는 것처럼 우리가 하나님 앞에서 점도 없고 흠도 없는 합당한 제물이 되는 것은 예정의 목적이다. 하나님은 우리를 "그 앞에 거룩하고 흠이 없게 하시려고 그 기쁘신 뜻대로 우리를" 창세 전에 미리 택하셨다(엡 1:4-5). 그러나 과연 누가 하나님 앞에서도 거룩하고 흠이 없는 제물일 수 있겠는가! 오직 예수만이 그런 제물이다. 우리의 죄 사함의 근거를 밝히면서 베드로는 이렇게 고백한다. "오직 흠 없고 점 없는 어린 양 같은 그리스도의 보배로운 피로 된 것이니라"(벧전 1:19). 이 예수는 창세 전부터 알려지신 분이고 이 말세에 우리를 위해 나타내신 바 되었다고 사도는 설명한다.

우리가 거룩한 제물이 된 것은 예수께서 우리를 대신하여 하나님께 자신을 드리셨기 때문이다. 우리의 몸을 하나님께 거룩한 제물로 드리기 위해서는 우리가 머리이신 그리스도 예수의 거룩한 몸이 되어야 가능하다. 모세는 우리의 몸을 거룩하게 구별해야 한다는 교훈의 말씀을 전하면서 인간과 더불어 이 땅에서 살아가는 모든 생물들 중에 접촉의 대상과 음식의 종류에 대한 규례를 가르친다(레 11:47). 이 규례는 우리가 어떠한 것은 접촉해도 되고 어떠한 것은 접촉하지 말아야 하는지, 어떠한 음식은 먹어도 되고 어떠한 음식은 먹지 말아야 하는지를 분별해야 우리의 몸을 거룩하게 구별할 수 있기 때문에 주어졌다. 몸이 전 존재를 가리키는 것이라면, 우리가 속하여 인격의 스킨십을 해도 되는 공동체(사랑과 정의와 봉사와 구제와 선행과 섬김을 도모하는 공동체)와 그렇지 않은 공동체(음행과 불의와 탐욕과 폭력과 거짓과 사기와 파괴와 타락을 도모하는 공동체)를 분별해야 하고 우리의 눈과 귀와 생각으로 들어오는 무형의 음식들 중에 수용해야 하는 것(참되고 아름답고 정직하고 덕스럽고 정의로운 생각과 일들)과 수용하지 말아야 할 것(더럽고 불의하고 사악하고 거짓된 생각과 계획)을 분별해야 우리의 전인격을 거룩하게 보존하게 된다. 즉 예수의 생각과 뜻과 성품으로 충만해야 거룩하게 된다. 그러면 거룩한 성령의 열매를 맺어 향기로운 예배자가 된다. 우리의 존재 전체가 거룩하게 보존되는 것은 하나님의 은혜이다. 우리를 거룩하게 하시는 주체는 우리가 아니라 주님이다. "평강의 하나님이 친히 너희를 온전히 거룩하게 하시고 또 너희의 온 영과 혼과 몸이 우리 주 예수 그리스도께서 강림하실 때에 흠 없게 보전되길 원하노라"(살전 5:23).

셋째, 우리는 하나님을 기쁘시게 하는 제물이다. 우리의 몸이 하나님을 기쁘시게 할 때에 우리는 합당한 예배자가 된다. 하나님을 기쁘시게 하는 것은 무엇인가? 하나님이 계시고 자기를 찾는 자들에게 상을 주시는 분이라는 우리의 믿음이 또한 하나님을 기쁘시게 한다(히 11:6). 하나님의 말씀을 듣고 순종하는 것 즉 주님께 합당하게 행하는 것(골 1:10)은 어떠한 번제나 제사보다 하나님을 더 기쁘시게 한다(삼상 15:22). "성령 안에 있는 의와 평강과 희락"으로 그리스도 예수를 섬기는 자도 하나님을 기쁘시게 한다(롬 14:18). 하나님의 이름을 찬송하고 감사한 마음으로 하나님의 위대함을 노래하는 자는 "뿔과 굽이 있는 황소를 드림보다 여호와를 더욱 기쁘시게" 한다(시 69:31). 이처럼 하나님을 신뢰하고 하나님께 순종하고 하나님을 섬기고 하나님께 감사하며 하나님의 이름을 찬양하는 자는 하나님을 기쁘시게 하는 제물이다.

[2]그리고 여러분은 이 세대에 적응되지 말고 오직 마음의 갱신과 더불어 변화되어 무엇이 하나님의 선하고 즐겁고 온전한 뜻인지를 입증하는 데에까지 이르시기 바랍니다

합당한 예배의 시작은 무엇인가? 바울은 내면의 변화를 먼저 지적한다.

즉 우리는 이 세대에 적응되지 말고 오직 마음의 갱신과 더불어 전인격의 혁신을 이루어야 한다. "이 세대"는 타락한 세상을 의미하고 타락한 가치관과 인생관과 세계관과 생활관을 가리킨다. 이 세대는 몸이 요구하는 것에 우리의 마음과 인생을 맡기라고 가르친다. 그러나 바울은 마음의 새롭게 됨을 통해 변화된 전인격에 몸을 맡기라고 가르친다. 새롭게 된 마음과 전인격은 하나님의 선하고 즐겁고 온전한 뜻을 분별하고 그 뜻이 몸을 주장하게 한다. 이 세대에 순응하는 것과 하나님의 뜻으로 마음의 새롭게 함을 받아 변혁되는 것은 정반대의 모습이다. 둘 중에서 하나를 선택해야 하는 우리에게 바울은 하나님의 뜻을 따라 시대를 거스르고 마음의 변화를 받아 변혁에 이르라고 한다.

기독교는 행동의 변화보다 마음의 변화를 더 강조한다. 행동은 마음의 산물이기 때문이다. 마음의 새롭게 됨은 오직 성령에 의해서만 가능하다(딛 3:5). 우리의 마음을 새롭게 하시는 성령의 도구는 하나님의 뜻이며 그 뜻은 선하고 즐겁고 온전하다. 이 뜻이 우리의 마음에 규칙과 질서로 이식되면 전인격에 변혁이 일어난다. 그래서 우리는 우리의 마음을 스스로 바꾸려고 노력하지 말고 주님께서 친히 우리의 "육신에서 굳은 마음을 제거하고 부드러운 마음을 줄 것"을 믿고 그 마음을 주시라고 기도해야 한다(겔 36:26).

여기에서 우리는 예배에 대한 예수님의 정의를 발견한다. 살아있고 거룩하고 기쁘시게 하는 제물로서 우리의 몸을 드리는 것이 합당한 예배인데, 이는 예수님이 이미 가르치신 예배의 혁명적인 개념이기 때문이다. 예수님이 사마리아 여인과 대화하실 때에 하신 말씀이다. "하나님은 영이시니 예배하는 자가 영과 진리로 예배할지니라"(요 4:24). 언뜻 보기에 이 말씀은 몸을 제물로 드리는 예배와 상반된 교훈인 것처럼 보이는 게 사실이다. 그러나 몸으로 드리는 예배가 합당하기 위해서는 하나님의 말씀을 따라야 하고 성령의 새롭게 하심을 받아야 한다는 점을 주목해야 한다.

즉 말씀과 성령이 배제되지 않은 몸의 예배는 영과 진리 안에서의 예배와 대단히 흡사하다. 이렇게 특정한 장소인 예루살렘 성전 안에서 특정한 시간인 안식일에 드려지는 예배의 유대적인 개념은 이제 우리의 몸을 드리는 예배, 영과 진리로 드려지는 예배의 개념으로 바뀌었다. 몸을 드리는 것이기 때문에 우리의 몸이 거하는 모든 곳에서 예배가 가능하다. 이러한 예배의 개념은 앞에서 언급한 것처럼 이미 사무엘의 시대에도 명시된 것이었고 아담과 아브라함 시대에도 충분히 암시된 것이었다. "나는 전능한 하나님이라 너는 내 앞에서 행하여 완전하라"(창 17:1). 우리는 외모를 보지 않으시고 중심을 보시는 하나님 앞에서 행하여 완전해야 한다. 이것이 예배이다.

이러한 예배는 마음의 새롭게 함이라는 내적인 현상을 넘어선다. 삶이 예배이기 때문에 우리는 하나님의 뜻을 외적인 삶으로 나타내야 한다. 우리의 몸을 하나님의 뜻에 맡기면 당연히 아름다운 열매가 맺어진다. 먼저 우리의 마음과 인생이 선하고 즐겁고 온전하게 된다. 바울은 하나님의 선하고 즐겁고 온전한 뜻이 우리의 몸을 주장하면 우리의 인생에 사랑과 희락과 화평과 인내와 자비와 양선과 충성과 온유와 절제라는 열매가 맺힌다고 한다(갈 5:22-23). 그러나 이 세대에 물든 몸의 요구에 마음을 맡기고 우리의 인생을 맡기면 불행하게 된다. 이 세대를 본받은 인생을 성경은 주로 "육신"(σάρξ)이라 표현한다. 바울은 우리가 이러한 육신에 마음을 맡기면 우리의 인생에 음행과 더러운 것과 호색과 우상 숭배와 주술과 원수 맺음과 분쟁과 시기와 분냄과 파당과 분열과 이단과 투기와 술 취함과 방탕함과 같은 열매가 맺힌다고 한다(갈 5:19-21). 이처럼 하나님의 선하고 즐겁고 온전한 뜻을 삶의 구체적인 열매로 검증하고 나타내는 것은 예배의 핵심이다.

³내게 주신 은혜로 말미암아 너희 각 사람에게 말하노니 마땅히 생각할 그 이상의 생각을 품지 말고 오직 하나님께서 각 사람에게 나누어 주신 믿음의 분량대로 지혜롭게 생각하라 ⁴우리가 한 몸에 많은 지체를 가졌으나 모든 지체가 같은 기능을 가진 것이 아니니 ⁵이와 같이 우리 많은 사람이 그리스도 안에서 한 몸이 되어 서로 지체가 되었느니라 ⁶우리에게 주신 은혜대로 받은 은사가 각각 다르니 혹 예언이면 믿음의 분수대로, ⁷혹 섬기는 일이면 섬기는 일로, 혹 가르치는 자면 가르치는 일로, ⁸혹 위로하는 자면 위로하는 일로, 구제하는 자는 성실함으로, 다스리는 자는 부지런함으로, 긍휼을 베푸는 자는 즐거움으로 할 것이니라

❖ ❖ ❖

³나에게 주어진 은혜를 따라 나는 여러분 각자에게 말합니다 자신에 대해 마땅히 생각해야 할 그것 이상으로 과도하게 생각하지 마시고 하나님이 각 사람에게 나누어 주신 믿음의 잣대에 따라 적정한 생각에 이르도록 생각하길 바랍니다 ⁴우리가 하나의 몸에 많은 지체를 가졌으나 모든 지체가 같은 기능을 가진 것은 아닙니다 ⁵이처럼 우리는 많지만 그리스도 안에서 한 몸이고 그 하나 아래에서 서로의 지체들인 것입니다 ⁶[그 지체들은] 우리에게 주신 은혜를 따라 다른 은사들을 가지고 있습니다 혹은 믿음의 유비에 따라 예언을 하고, ⁷혹은 섬김으로 섬기는 일을 하고, 혹은 가르침을 가지고 가르치는 일을 하고, ⁸혹은 위로하는 자는 격려를 가지고, 구제하는 자는 진정성을 가지고, 앞장서는 자는 성실함을 가지고, 긍휼을 베푸는 자는 흥겨움을 가지고 행합니다

주님께 드려야 할 몸

예배의 본질은 나의 몸을 하나님께 합당한 거룩한 산 제물로 드림이다. 그렇다면 그런 제물로 드려야 할 우리의 몸은 무엇인가? 바울은 본문에서 몸의 비밀을 설명한다. 몸은 마음의 배제를 의미하지 않고 포함한다. 그래서 예배에서 가장 중요한 것은 성령의 은혜로 말미암는 마음의 갱신 혹은 새롭게 하심이다. 새롭게 된 마음의 첫 번째 활동은 이 세상의 세속적인 가치관과 세계관과 인생관을 배격하고 선하고 즐겁고 온전한 하나님의 뜻을 이해하고 검증함에 있다. 그리고 바울은 이제 본문에서 사고의 혁신을 주문한다. 즉 진정한 예배자는 믿음의 기준을 따라 자신에 대해 겸손하게 생각하고 타인에 대해서도 믿음의 공정한 잣대로 이해해야 한다.

³나에게 주어진 은혜를 따라 나는 여러분 각자에게 말합니다
자신에 대해 마땅히 생각해야 할 그것 이상으로 과도하게 생각하지 마시고
하나님이 각 사람에게 나누어 주신 믿음의 잣대에 따라
적정한 생각에 이르도록 생각하길 바랍니다

바울은 입을 열기 전에 발언의 근거를 제시한다. 자신에게 주어진 은혜가 교회를 권면하는 근거였다. 즉 바울의 말은 은혜에 근거한 발언이다. 바울은 은혜에 자신의 입술을 맡기고 은혜는 바울의 입술을 사용한다. 은혜로 말미암은 말의 결과는 은혜의 전달이다. 하나님의 은혜로 말미암아 말하는 바울이 권하는 성도의 어법은 이러하다. "무릇 더러운 말은 너희 입밖에도 내지 말고 오직 덕을 세우는 데 소용되는 대로 선한 말을 하여 듣는 자들에게 은혜를 끼치게 하라"(엡 4:29). 어떤 사람의 말에는 뾰족한 못과 예리한 칼이 감추어져 있어서 듣는 이들에게 상처와 아픔을 일으킨다. 그러나 성도의 입에서는 저주의 말, 더러운 말, 비판의 말, 원망의 말, 불평의 말, 거짓된 말, 어리석은 말, 무익한 말이 아니라 덕스러운 말, 진실한 말, 정직한 말, 따뜻한 말, 위로의 말, 격려의 말, 축복의 말처럼 듣는 모든 이들에게 은혜를 끼치는 말만 입술을 출입해야 한다. 입술의 용도를 관리하되 은혜가 입술을 지키도록 하라. 바울은 언어의 생활에도 은혜를 추구하고 은혜에 의지하고 은혜의 열매를 결실하고 나누려고 한다.

우리의 존재가 하나님께 거룩하고 합당한 산 제물이 되기 위해서는 내면의 변화 즉 성령의 새롭게 하심이 가장 중요하다. 나아가 바울은 마음의 운동인 생각의 혁신을 강조한다. 이는 하나님께 제물로 드려지는 자신에 대한 생각의 혁신이 예배의 갱신을 가져오기 때문이다. 생각은 인간의 됨됨이를 규정한다(잠 23:7). 인생과 민족의 흥망도 생각에 의해 결정된다. "땅이여 들으라 내가 이 백성에게 재앙을 내리리니 이것이 그들의 생각의 결과라"(렘 6:19).

바울은 이토록 중요한 생각의 두 가지 유형을 제시한다. 하나는 부정적인 것으로서 자신에 대해 마땅히 생각할 그 이상의 것을 생각하는 것(ὑπερφρονεῖν)이며, 다른 하나는 긍정적인 것으로서 믿음의 분량을 따라 적정한 생각에 이르는 생각(φρονεῖν εἰς τὸ σωφρονεῖν)이다. 바울은 전자의 유형을 경계하고 후자의 유형을 추천한다. 모든 사람은 위에 제시된 생각의 유형들 중의 하나를 가지고 생각한다. 무엇을 생각하든 후자의 유형으로 적정하게 생각하는 자가 지혜롭다. 나 자신에 대한 생각도 그러하다.

나는 누구인가? 모든 사람은 자신에 대한 각자의 자아상을 가지고 살아간다. 그러나 사람들이 자신을 평가하는 기준은 무엇인가? 나의 행복과 불행의 기준, 기쁨과 슬픔의 기준, 만족과 불만의 기준, 칭찬과 비난의 기준은 무엇인가? 건강한 자아상에 대해 가장 집요하게 질문하고 탐구한 철학자는 아마도 소크라테스일 것이다. 그는 학자들이 그들 자신에 대해서도 모르면서 위대한 진리를 논하는 일의 모순을 화가 나도록 아프게 꼬집었다. "인간이 바로 만물의 척도"라는 프로타고라스의 주장을 따라, 당시 학자들은 자신들이 생각하면 그것이 마치 진리라도 되는 것처럼 떠들었다. 무지한 자신을 깨닫도록 당시 모든 사람의 무지를 들추어낸 소크라테스는 결국 투옥되어 독배를 기울어야 했다. 제자들이 말렸으나 그는 기꺼이 사형의 잔을 들며 인생에 대한 자신의 결론을 내뱉는다. "나는 죽기 위해 떠나고, 여러분은 살기 위해 떠날 것입니다. 하지만 우리 중에서 어느 쪽이 더 나은 곳을 향해 가고 있는지는 오직 신 외에는 아무도 모릅니다." 이처럼 그리스의 최고 현자는 신만이 궁극적인 진리의 기준이 되신다고 한다. 자신과 자신의 인생을 판단하는 현자의 기준은 이처럼 신이었다.

바울은 자신에 대해 마땅히 생각해야 할 사유의 적정선이 있다고 가르친다. 자신에 대한 생각이 그 적정선을 넘어가는 것은 합당한 예배가 아니라고 한다. 그렇다면 적정의 여부를 결정하는 기준은 무엇인가? 자신에 대해 어떻게 생각하면 과연 적정한가? 바울은 그 기준이 자신에게 있지 않고 하나님께 있다고 주장한다. 그것은 바로 하나님이 우리 각자에게 나누어주신 "믿음의 잣대 혹은 믿음의 분량"(μέτρον πίστεως)이다. 여기에서 각자에게 주어진 "믿음의 분량"은 질(quality)의 우열과 양(quantity)의 다소를 의미하지 않고 종류의 다양성을 의미한다. 우리 모두에게 주어진 믿음의 본질 즉 그리스도 예수의 가르침은 동일하다. 이는 그런 믿음이 우리 모두에게 하나님의 값없는 선물이며, 구원의 조건이며, 인식과 삶의 원리이기 때문이다. 그러나 동시에 우리 각자에게 주어진 믿음의 분량을 따라 주어지는 구체적인 은혜의 종류는 다양하다. 바울은 하나님이 그리스도 예수에게 속한 "선물의 분량을 따라"(κατὰ ὁ μέτρον τῆς δωρεᾶς) 우리 각 사람에게 은혜를 주셨다고 가르친다(엡 4:7). 동일한 믿음을 따라 우리의 신분을, 그 믿음의 다양한 선물을 따라 우리의 직분을 생각해야 한다.

그러므로 자아상을 확립하기 위해 우리는 하나님이 우리 각자에게 주신 믿음의 분량을 주목해야 한다. 믿음의 자아상은 우리 자신을 기준으로 삼지 않고 하나님과 그가 베푸신 선물을 기준으로 자신을 이해한 자아상을 의미한다. 그러나 우리는 믿음이 아니라 이 세상의 임의적인 기준에 집착하여 자신을 규정한다. 자신의 가문이나 자신의 소유나 자신의 업적이나 자신의 인기나 자신의 소속이나 자신의 직위나 자신의 연령이나 자신의 국적을 기준으로 자신을 이해하고 평가한다. 자신을 이렇게 평가한 사람은 자신과 타인을 비교하며 열등감에 빠지거나 우월감에 사로잡힐 가능성이 농후하다. 성경에는 그런 인물들이 다양하게 등장한다.

하나님이 이스라엘 백성의 구원과 인도를 위한 지도자로 부르심을 받을 때 모세는 "내가 누구이기에" 바로에게 가고 무슨 자격으로 이스라엘 자손을 애굽에서 인도하여 내느냐고 반문했다(출 3:11). 이는 모세가 가진 바로와의 적대적인 관계, 이스라엘 백성과의 냉소적인 관계에 근거한 자아상의 표출이다. 그리고 모세는 자신의 개인적인 약점도 거절의 근거로 제시했다. "오 주여 나는 본래 말을 잘하지 못하는 자니이다 주께서 주의 종에게 명령하신 후에도 역시 그러하니 나는 입이 뻣뻣하고 혀가 둔한 자니이다"(출 4:10). 하나님의 부르심과 관련하여 이러한 사실들에 근거한 모세의 결론이다. "오 주여 보낼 만한 자를 보내소서"(출 4:13). 예레미야 선지자의 경우도 모세와 비슷하다. 하나님이 그를 부르실 때 자신은 "아이"여서 말을 잘하는 것은 고사하고 말하는 것 자체도 못한다며 소명의 꽁무니를 빼다(렘 1:6). 그럼에도 불구하고 하나님은 이들을 부르시고 보내시고 당신의 뜻을 반드시 이루신다. 그 근거는 무엇인가? "하나님이 이르시되 내가 반드시 너와 함께 있으리라"(출 3:12). 우리는 이러한 모세와 예레미야 선지자를 통해 민족의 혈통적인 배경이나 성장의 사회적인 배경이나 자신의 개인적인 자질도 하나님의 부르심을 막거나 거부할 근거가 되지 못하며 하나님의 뜻을 가로막지 못한다는 사실을 확인한다.

믿음의 잣대로 자신을 생각하는 사람은 우리의 인생에 원리와 질서가 되려고 하는 이 땅의 모든 것들을 거부한다. 믿음의 분량에 따른 생각은 우리가 신분에 있어서 하나님의 자녀이며 그리스도 예수와 함께 죽고 살아나고 하늘에 함께 올려져 이미 하나님의 보좌 우편에 나란히 앉혀져 있다는 사실에 도달한다. "또 함께 일으키사 그리스도 예수 안에서 함께 하늘에 앉히시니"(엡 2:6). 이처럼 우리는 더 이상 높아질 수 없는 최고의 자리에 이미 이르렀다. 우리가 영적으로 이미 도달한 곳은 바로 하늘의 예루살렘 즉 하나님의 도성이다. 히브리서 기자는 그곳에 천사들, 하늘에 기록된 장자들, 교회와 만민의 심판자 되시는 하나님, 온전하게 된 의인의 영들, 그리고 새 언약의 중보자 그리스도 예수가 계시다고 기록한다(히 12:22-24).

그러므로 이 땅에서의 신분적, 사회적, 경제적, 정치적 높낮이에 대한 집착은 믿음으로 자신을 이해하는 우리와 무관하다. 이는 우리가 더 이상 높아질 필요도 없고 그럴 수도 없는 최고의 높이에 이미 이르렀기 때문이다. 높다고 하여 기뻐하고 낮다고 하여 슬퍼하는 감정의 기복은 믿음의 분량을 따르지 않은 생각의 결과임에 분명하다. 이러한 결과는 자신에 대해 믿음의 분량 그 이상으로 과도하게 생각할 때 필히 발생한다. 나에게는 있는데 남에게는 없으면 자랑하고, 나에게는 많은데 남에게는 적으면 우쭐댄다. 그러나 믿음의 분량에 따른 적정한 생각은 우리에게 있는 어떠한 것에 대해서도 그것이 내게 고유하지 않고 위로부터 주어진 하나님의 선물이기 때문에 자랑할 수 없다(고전 4:7)는 사실을 이해하고 인정한다.

우리는 이러한 믿음의 자아상을 가지고 교회 공동체와 그 지체들을 생각해야 한다.

> [4]우리가 하나의 몸에 많은 지체를 가졌으나 모든 지체가 같은 기능을
> 가진 것은 아닙니다 [5]이처럼 우리는 많지만 그리스도 안에서 한 몸이고
> 그 하나 아래에서 서로의 지체들인 것입니다 [6a][그 지체들은] 우리에게 주신
> 은혜를 따라 다른 은사들을 가지고 있습니다

하나님께 합당하고 거룩하고 살아있는 제물로 드려야 할 몸은 바로 교회 공동체다. 몸의 특징에 대해 바울은 세 가지를 언급한다. 즉 몸은 하나라는 것, 그 몸에는 많은 지체들이 있다는 것, 각 지체들의 기능이 동일하지 않고 다르다는 사실이다. 이것은 생물학적 몸에 대한 상식이다. 인간의 몸에 대해서는 그 자체의 의미보다 그것이 어떠한 실체를 가리키고 있다는 사실이 더 중요하다. 신체만 보더라도, 그것을 포함한 자연의 모든 만물은 무언가의 은유임에 분명하다. 모든 가시적인 피조물이 보이지 아니하는 하나님의 신성과 그 능력을 나타내는 은유의 수레라는 바울의 설명(롬 1:20)은 지금 기술하는 몸과 교회의 비유에 대한 전제로 작용한다. 몸이 교회의 비유이고, 교회는 다시 하나님의 신성과 능력을 나타내는 은유라는 가치를 보유하고 있다. '우리'가 가리키는 실체이신 하나님의 가치에 근거하여 판단하면 우리 모두는 소중하다. 즉 인간은 하나님 의존적인 가치와 존엄성의 소유자다.

바울은 몸의 특징에 근거하여 교회 공동체의 특성을 설명한다. 몸이 하나인 것처럼 교회도 그리스도 안에서 하나이며, 몸에 다양한 많은 지체들이 있는 것처럼 교회의 지체들도 많고 다양하며, 몸의 지체들이 서로 다른 형태와 재능을 가지고 다른 기능들을 수행하는 것처럼 교회의 지체

들도 각각에게 주어진 은혜를 따라 다른 은사들이 주어졌기 때문에 그 기능들도 다양하다. 그렇다면 믿음의 분량을 따라 자신을 지혜롭게 생각하는 것은 무엇인가? 나는 지체인 나 자신을 몸의 한 지체로 생각하는 것, 다른 지체와 자신을 혼돈하지 않는 것, 자기에게 주어진 은혜의 종류와 그 종류에 걸맞은 기능을 타인의 것과 비교하지 않는 것, 오직 자신이 속한 몸은 하나이고 자신은 그 몸의 한 지체이며 그 몸에 다른 많은 지체들이 있다는 것, 자신의 고유한 기능이 있음을 인정하고 다른 지체들의 고유한 기능들도 인정하고 존중하는 것이라고 생각한다. 자신의 기능을 기준으로 타인의 기능을 판단하고 타인의 기능을 기준으로 자신의 기능을 평가하는 것은 어리석다. 자신에게 연약함과 부족함이 있더라도 강하고 풍부한 사람을 부러워할 필요가 없음은 진정한 강함과 심오한 진리와 견고한 성장은 강함보다 연약함 속에, 풍부보다 부족함 속에서 발견되고 주어지기 때문이다.

우리는 각 지체들이 그리스도 안에서 하나라는 사실을 주목해야 한다. 먼저 우리 각각에게 주어진 은혜의 분량과 믿음의 분량은 오직 그리스도 안에서만 최대치의 효력을 발휘한다. 그리고 우리 가운데 불필요한 지체가 없고 모두가 머리 되신 예수를 중심으로 연합할 때 가장 아름다운 하나의 몸을 형성한다. 각 지체는 머리에 대해서만 소중하지 않고 서로에게 너무도 소중하다. 그래서 바울은 그리스도 안에서 우리가 "서로의 지체들"(ἀλλήλων μέλη)이 된다고 가르친다. 서로가 서로에게 몸의 지체들과 같이 연결되어 있고 서로에게 속해 있음을 의미한다. 나는 너에게, 너는 나에게 속해 있다고 생각해야 한다.

하지만 그리스도 밖에서는 몸의 유기적인 하나됨이 없다. 자신에게 주어진 재능을 자기 자신이나 어떤 이익 공동체를 위해 사용하면 각 지체들의 기능과 효율은 떨어진다. 이로 인하여 교회 공동체의 체질도 약화된다. 그러므로 교회 공동체가 건강하고 아름답게 되어 하나님께 거룩한 제물이 되고 그에게 합당한 예배를 드리기 위해서는 우리 모두가 그리스도 안에서 하나의 유기적인 몸이라는 것, 우리 각각이 그 몸의 지체라는 것, 그리고 우리 각자에게 주어진 믿음의 분량이 다르다는 것, 그래서 각 지체들의 기능들도 서로 다르다는 것, 서로가 협력해야 최대치의 기량을 발휘하게 된다는 사실을 인정하고 서로를 존중하며 연합해야 한다. 이러한 사실의 망각은 공동체 안에 비교와 시기와 자랑과 비판과 갈등을 일으키고 급기야 공동체를 파괴하는 첩경이다. 손이 발더러 손이 아니라는 이유로 폄하하고 입이 눈에게 먹지도 못하고 말도 못한다고 무시하는 것은 몸의 차원에서 보면 스스로를 해치는 어리석은 자해이다.

6b혹은 믿음의 유비에 따라 예언을 하고, 7혹은 섬김으로 섬기는 일을 하고,
혹 가르침을 가지고 가르치는 일을 하고, 8혹은 위로하는 자는 격려를 가지고,
구제하는 자는 진정성을 가지고, 앞장서는 자는 성실함을 가지고,
긍휼을 베푸는 자는 흥겨움을 가지고 행합니다

바울은 로마의 성도에게 몸의 지체들이 가진 일곱 가지의 다른 기능들(예언, 섬김, 가르침, 위로, 구제, 앞장섬, 긍휼)을 소개한다. 에베소서 경우에는 은혜의 종류에 따른 다양한 기능들 중에 사도직, 선지자직, 복음전파자직, 목사직과 교사직이 언급되어 있다(엡 4:11). 이들은 비록 성도를 온전하게 하고 봉사의 일을 하게 하여 주님의 몸 된 교회를 온전하게 세우는 일에 협력하는 자들이나 각자의 역할은 다양하다. 고린도 교회에 보낸 서신에는 믿음, 치유, 능력, 예언, 영분별, 방언, 통역함이 언급되어 있다. 언급된 모든 것들은 다 중요한 직분이고 필요한 기능이다.

먼저 바울은 예언을 언급한다. "예언"(προφητεία)은 "미리"(πρό)와 "밝히다"(φημί)의 합성어다. "미리 밝힌다"는 이 문자적인 의미는 두 가지의

사전적인 함의 즉 1) 앞으로 일어날 일들을 예측하여 미리 말하는 것(豫言, prediction)과 2) 하나님이 맡기신 말씀을 선포하는 것(預言, prophecy) 모두를 가리킨다. 성경에서 예언은 주로 후자를 가리키며 하나님의 말씀은 반드시 이루어질 것이기 때문에 당연히 전자도 포함한다. 그리고 예언자는 "믿음의 유비에 따라"(κατὰ τὴν ἀναλογίαν τῆς πίστεως) 예언해야 한다. 여기에서 "유비 혹은 비례 혹은 균형"을 의미하는 헬라어 단어 "아날로기아"(ἀναλογία)는 "위로 혹은 다시"(ἀνά)와 "말씀 혹은 개념"(λόγος)의 합성어다. 풀어서 말한다면 유비는 아래에 있는 어떤 구체적인 사물로 위에 있는 보편적인 개념을 다시 말하는 것 즉 보편적인 개념을 구체적인 사물로 설명하는 방식을 의미한다. 유비가 가능하기 위해서는 구체적인 사물과 보편적인 개념의 상응 혹은 어울림이 필요하다. 모든 구체적인 예언은 보편적인 진리에 비례해야 하고 상응해야 한다. 믿음의 비례에 맞지 않은 예언은 거짓으로 간주된다. 이처럼 예언은 믿음의 유비 즉 믿음과의 비례 혹은 믿음과의 균형이 맞아야 하는데 그 유비는 또 무엇인가? 교리의 역사를 보면, 믿음의 유비는 우리가 믿는 믿음의 내용인 그리스도 예수의 가르침을 의미한다. 예언은 그리스도 예수의 종합적인 가르침과 비례하지 않으면 인간의 사사로운 의견으로 전락한다. 구약에서 선지자가 하나님의 말씀과 충돌되는 예언을 하면 거짓 선지자가 된다. 구약의 선지서는 모두 토라라는 하나님의 헌법에 위배되지 않고 그 헌법을 설명하는 일종의 주석이다. 예언도 그리스도 예수의 종합적인 가르침에 대한 일종의 주석이다. 모든 예언은 반드시 두 세 사람이 성경 전체가 가리키는 예수의 가르침을 기준으로 검증해야 한다.

맡겨진 하나님의 말씀을 선포하는 예언의 활동은 교회의 직분 중에서 대체로 목사나 교사와 관계되어 있다. 그러나 성경은 하나님의 위탁된 말씀이다. 그 말씀은 모든 성도에게 주어졌다. 그러므로 성경을 읽고 깨달은 모든 사람은 하나씩 예언할 수 있다고 바울은 가르친다. "너희는 다 모든 사람으로 배우게 하고 모든 사람으로 권면을 받게 하기 위하여 하나씩 하나씩 예언할 수 있느니라"(고전 14:31). 여기에서 우리는 위탁된 말씀을 선포하고 하나님의 뜻을 전하는 예언이 목회자나 신학자의 전유물이 아니며 예언의 목적은 모든 사람으로 배우게 하고 권면을 받게 하기 위함임을 확인한다. 다른 은사와 기능도 그러하다.

둘째, 섬김이다. 섬김은 섬김으로 가능하게 된다. 이는 섬김의 실제적인 행위가 없으면 섬김이 이루어질 수 없다는 의미로 이해해도 무방하다. 여기에서 우리는 섬김도 은사의 항목에 들어가 있다는 사실을 주목해야 한다. 놀라운 것은 섬김의 본래적인 의미가 식사 시중드는 노예의 일이라는 사실이다. 그런데도 섬김은 은사로 당당히 분류된다. 섬김은 특별한 은총이다. 많은 사람은 섬기는 것보다 섬김을 받는 것이 은혜라고 생각한다. 그러나 예수님을 보라. 그는 섬김을 받으려고 오신 것이 아니라 섬기려고 오셨고 실제로 자신의 생명조차 섬김의 도구로 삼으셨다. 섬김은 주인의 자리에서 내려와 종의 옷을 입어야만 가능하다. 주인이 되는 것은 식은 죽 먹기이다. 태초의 인간은 자신이 자신에게 주인과 하나님이 되고자 하나님과 같아지려 했다. 그 오만한 기질은 지금도 남아서 본성처럼 작용한다. 그래서 주인 노릇은 쉽지만 종 노릇은 결코 만만하지 않다. 자아라는 높은 장애물을 넘어야 가능하기 때문이다. 자기를 부인하지 않으면서 섬김의 겉모양만 취하는 사람들도 있다. 그들은 섬김을 인생의 장신구로 생각하고 공동체 안에서 유세를 부릴 빌미로 활용한다. 결국 덕을 끼치지 않고 문제만 일으킨다. 갈등을 유발하고 분열을 일으킨다.

세 번째, 교육이다. 설명할 때마다 귀에 쏙쏙 박히도록 잘 가르치는 사람들이 있다. 그들의 교수법은 남다르다. 가르침도 은혜이기 때문에 바울은 나이가 많아야 교육자가 되는 것은 아니라고 생각한다. 믿음의 아들 디모데는 비록 어리지만 바울은 그에게 에베소 교회의 교육을 당부한다. 그의 연소함을 보고 무시하는 일이 없도록 "말과 행실과 사랑과 믿음과 정절에 있어서 믿는 자에게 본이 되라"고 권면한다(딤전 4:12). 자신의 인격과 가르침을 범사에 성찰해야 한다는 권면도 곁들인다. 가르침은 은혜의 크기만큼 가능하고 인격과 삶의 크기와 비례하기 때문이다. 나아가 교육에 있어서 생물학적 나이의 길이는 필수적인 요소가 아니지만 신앙의 연수는 중요하게 고려된다. 그리스도 예수를 믿고 시간이 흘러도 여전히 초보적인 진리에 머물러 있는 유아적인 사람들이 있다. 무엇을 먹을까, 무엇을 마실까, 무엇을 입을까, 어디에 살까 등에 매달리는 것도 유아적인 것이지만 절기와 예수의 죽음과 부활에 대한 지식에만 머물러 있는 문제도 심각하다. 그들에 대해 바울은 이렇게 탄식한다. "때가 오래 되었으므로 너희가 마땅히 선생이 되었을 터인데 너희가 다시 하나님의 말씀의 초보에 대하여 누구에게서 가르침을 받아야 할 처지이니 단단한 음식은 못 먹고 젖이나 먹어야 할 자가 되었도다"(히 5:12). 온 몸에 세월의 주름이 파여도 여전히 입에는 젖을 물고 있는 사람을 바울은 책망한다. 예수를 믿고 신앙의 연수가 오래된 사람들은 하나님의 나라와 의와 관련된 단단한 말씀을 섭취하고 이 세상의 선과 악에 대한 분별력을 가진 장성한 선생이 되어 마땅히 가르쳐야 함을 역설한다.

넷째, 위로이다. 위로하기 위해서는 격려 혹은 안위의 은사가 필요하다. 만나기만 해도, 목소리만 들어도 위로가 되는 사람들이 있다. 위로자 성령의 은혜로 충만한 자들이다. 위로는 인간이 스스로 할 수 있는 것이 아니라 우리에게 주어진 하나님의 선물이다. 하나님은 위로의 은사를 주시고 이렇게 명하신다. "너희는 위로하라 내 백성을 위로하라"(사 40:1). 나를 통해 성령의 위로가 흘러 나가도록 위로의 은사를 활용해야 한다. 위로는 내 사람을 만들고 나의 유익을 위해 필요한 때 써먹기 위한 투자가 아니라, 하나님을 드러내고 하나님의 일을 이루는 수단이다.

다섯째, 구제이다. 구제하는 자가 되기 위해서는 진정성 혹은 순수성을 갖추어야 한다. 기계적인 행정과 계산된 투자의 개념이 섞인 불순한 구제는 불쾌한 동정과 불의한 사업으로 전락한다. 구제는 복음 전파와 함께 기독교의 두 기둥이다. 너무나도 중요한 은사인 구제를 사사롭게 이익의 방편으로 사용하는 것은 지극히 불경하다. 순수함과 진정성을 유지하는 것이 구제의 관건이다. 이 진정성과 순수함은 하나님의 선물이다. 이 선물의 특성을 가장 잘 설명하는 것은 바로 "너는 구제할 때에 오른손이 하는 것을 왼손이 모르게 하여 네 구제함을 은밀하게 하라"(마 6:3-4)는 예수님의 말씀이다.

여섯째, 인솔이다. 이는 앞장서서 공동체를 이끄는 은사를 의미한다. 지도자는 성실함이 없이는 인솔의 직무를 수행할 수 없는 직분이다. 타인을 돌보기 위해서는 민첩함과 성실함이 요구된다. 지도자가 되기 위해서는 자신의 앞가림이 우선이다. 자기 자신과 개인적인 일도 제대로 처신하지 못하면서 타인의 삶을 돌아보는 것은 허영의 거품에 불과하다. "너는 돌이킨 후에 네 형제를 굳게 하라"(눅 22:32). 자신의 돌이킴이 우선이다. 자신을 성찰한 사람만이 타인의 문제를 정확히 발견하고 제대로 해결한다. "외식하는 자여 먼저 네 눈 속에서 들보를 빼어라 그 후에야 밝히 보고 형제의 눈 속에서 티를 빼리라"(마 7:3). 자신의 일도 돌아보고 타인의 돌아보기 위해서는 시간과 에너지가 빠듯하다. 매사에 정확하고 성실하고 신속해야 한다.

일곱째, 긍휼이다. 누군가를 긍휼히 여기는 마음은 하나님의 선물이다. 이 선물을 받은 여부를 확인하는 방법은 긍휼히 여길 때에 내 안에 흥겨움이 있는지를 살펴보면 된다. 긍휼을 베푸는 자는 흥겨워야 한다. 긍휼을 베푸는 자가 침울하고 경직되어 있으면 느낌이 보다 섬세한 긍휼의 수혜자는 불편하다. 수혜자가 모욕감과 모멸감을 느끼지 않도록 긍휼히 여기기 위해서는 인위적인 표정이나 말이 아니라 자발적인 마음이 필요하다. 긍휼은 타인의 아픔을 존재의 가장 깊은 곳 즉 내장이 꼬이는 것처럼 동일한 아픔을 느끼는 마음의 상태를 의미한다. 타인의 아픔을 나의 아픔으로 품되 그것을 기뻐하는 마음으로 해야 하는 것이 긍휼이다. 어떻게 가능할까? 하나님의 은혜로 가능하다. "나는 이제 너희를 위하여 받는 괴로움을 기뻐하고 그리스도의 남은 고난을 그의 몸된 교회를 위하여 내 육체에 채우노라"(골 1:24).

롬 12:9-13

⁹사랑에는 거짓이 없나니 악을 미워하고 선에 속하라 ¹⁰형제를 사랑하여 서
로 우애하고 존경하기를 서로 먼저 하며 ¹¹부지런하여 게으르지 말고 열심
을 품고 주를 섬기라 ¹²소망 중에 즐거워하며 환난 중에 참으며 기도에 항상
힘쓰며 ¹³성도들의 쓸 것을 공급하며 손 대접하기를 힘쓰라

❖ ❖ ❖

⁹사랑은 거짓되지 않으며 악한 것을 미워하고 선한 것에 결합되는 것이며
¹⁰형제의 사랑으로 서로를 가족처럼 사랑하고 서로에게 존경을 먼저 보이는
것이며 ¹¹성실함을 가지고 게으르지 않으며 영혼으로 열심을 내어 주님을
섬기는 것이며 ¹²소망을 가지고 기뻐하며 환난 중에 인내하며 기도에 열중
하는 것이며 ¹³성도들의 필요를 위해 나누며 환대를 추구하는 것입니다

예배는 사랑이다

바울은 하나님께 합당한 예배가 자신의 전부를 거룩하고 기쁘시게 하는 산 제물로 드리는 것이라고 했다. 그 몸은 바로 한 개인을 의미하지 않고 교회 공동체를 의미했다. 이제 바울은 하나의 몸인 교회 공동체를 이루어서 그 교회를 하나님께 합당하고 거룩하고 살아있는 제물로 드리는 방법을 설명한다. 그것은 바로 사랑이다. 바울은 몸의 각 지체들이 성령에 의한 마음의 새롭게 하심 이후에 하나님의 뜻을 분별하고, 자신을 과하게 평가하지 않고, 몸의 한 지체로서 평가하는 겸손의 자세와 지체들의 관계에 있어서 하나의 지체가 다른 하나의 지체에게 속했다는 연합의 관계성을 앞에서 언급했다. 이제 바울은 지체들의 유기적인 연합으로 하나의 몸을 이루는 구체적인 방법, 하나님께 합당하고 거룩하고 살아있는 제물이 되어 실제로 그 몸을 그분에게 드리는 방법인 사랑 이야기를 이어간다.

교회 공동체가 하나님께 구별되고 거룩하고 합당하기 위해서는 사랑해야 한다. 사랑은 바로 우리의 몸을 하나님께 합당하고 거룩하고 살아있는 제물로 드리는 방식이다. 그래서 사랑은 하나님께 합당한 예배의 드림이고 그런 예배의 내용과 방식은 바로 사랑이다. 본문은 고린도 교회에 보낸 첫 번째 편지의 13장에 나오는 사랑 이야기의 로마서 버전이다. 9절부터 13절까지는 하나의 주절과 12개의 분사 구문으로 이루어진 하나의 문장으로 보아도 무방하다.

⁹사랑은 거짓되지 않으며 악한 것을 미워하고 선한 것에 결합되는 것이며

로마서의 사랑 이야기는 12가지의 요소로 구성되어 있다. 첫째, 사랑은 거짓되지 않는다고 한다. 여기에서 "거짓되지 않는다"는 말(ἀνυπόκριτος)의 어원적인 의미는 "위선자와 같이 행하지 않음"이다. 위선자는 비록 겉으로는 사랑을 행하여도 속으로는 드러낼 수 없는 이기적인 의도를 품은 사람, 즉 가시적인 사랑을 은밀한 이익의 가리개로 이용하는 사람이다. 어떤 대가를 은밀히 바라거나 사후적인 이용의 잠재적인 가치를 고려한 사랑의 연출은 위선이다. 거짓이 깃든 이러한 행위는 하나님께 합당하지 않다. 하나님께 합당한 사랑의 예배는 거짓되지 않고 "진리와 함께 기뻐하는 것"이어야 한다(고전 13:6). 거짓이 없이 순수하고 진실해야 아가페 사랑이다. 가식이 없고 꾸밈이 없고 거품이 없고 위선이 없어야 아가페 사랑이다. 다른 목적의 불순물이 한 가지라도 섞이면 아가페 사랑은 부패한다. 사랑은 그 자체가 목적일 때에 비로소 사랑이다. 그리고 그 자체가 목적일 때 그 사랑은 가장 진실하다. 사랑의 행위를 하더라도 궁극적인 목적이 아니라 수단일 때에는 참 사랑이 아닌 위선적인 사랑이다.

사랑이 가식과 위선이 되지 않으려면 어디까지 거짓이 없어야 가능한가? 아가페 사랑은 손과 발에도 위선이 없고, 눈빛과 언어에도 가식이 없고, 생각과 감정에도 꾸밈이 없고, 영혼과 마음에도 거짓이 없어야 가능하다. 과연 사랑은 목숨과 힘만이 아니라 마음과 뜻까지도 진실해야 가능하다. 눈에 보이는 것만이 아니라 보이지 않는 곳까지도 진실해야 아가

페 사랑이 가능하다. 사람의 눈만이 아니라 하나님의 눈동자 앞에서도 진실해야 아가페 사랑이다. 사람들이 보기에는 분명한 사랑인데 하나님 앞에서는 위선으로 발각되는 가증한 행위들이 있다. 사람들이 보기에 "주의 이름으로 선지자 노릇하며 주의 이름으로 귀신을 쫓아내며 주의 이름으로 많은 권능을 행하"여도 하나님 앞에서는 그들이 "불법을 행한 자들"로 여겨지는 일이 얼마든지 가능하다(마 7:22). 사람의 방언과 천사의 말을 유창하게 하고, 예언의 능력으로 모든 비밀과 지식을 알고 전 재산을 다 털어서 구제하고, 몸까지도 불살라 희생하는 것이 비록 사람의 눈에는 최고의 사랑처럼 보이지만 하나님 앞에서는 아무것도 아니며 무익하고 해로울 수 있다고 바울은 가르친다(고전 13:1-3). 아버지 하나님의 사랑 안에 거하는 방법은 마음이 갈라지지 않는 사랑, 목숨을 건 사랑, 하나님의 뜻을 변절하지 않는 사랑, 힘이 분산되지 않는 사랑 이외에는 없다. 사랑이 가증하지 않으려면, 위선과 가식이 되지 않으려면 하나님 앞에서의 이런 진실성이 필요하다.

둘째, 사랑은 악한 것을 심히 미워한다(ἀποστυγέω). 극심한 미움은 대단히 강력한 의지의 활동이다. 그러므로 악한 것에 대해 중립적인 태도를 취하는 것은 합당하지 않다. 로마서의 사랑 이야기는 "악한 것을 생각하지 아니하"는 소극적인 태도를 넘어 악을 미워하는 적극적인 태도까지 요청한다. 악에 대해 방관하지 않고 적극적인 미움을 나타내야 사랑이다. 하나님에 대한 사랑과 악에 대한 미움은 연동되어 있다. 시인의 고백이다. "여호와를 사랑하는 너희여 악을 미워하라"(시 97:10). 이처럼 악을 미워하는 이유는 알량한 의협심 때문이 아니라 하나님을 사랑하기 때문이다. 그리고 악을 미워하는 것은 선택의 대상이 아니라 단호한 명령이다.

우리가 심히 미워해야 할 악한 것(πονηρός)의 넓은 의미는 경제적인 불의, 신체적인 해로움, 정신적인 부패, 영적인 타락을 모두 포괄한다. 그러나 신명기에 보면 우리가 심히 미워해야 할 대상은 하나님이 가증하게 여기시는 것이라고 한다(신 7:26). 그 가증한 것은 바로 이방인에 의해 만들어진 신들의 형상이다. 즉 하나님은 모든 우상을 가증하게 여기시고 우리는 그것을 심히 미워해야 한다. 하나님께 합당한 예배자는 모든 악한 것을 극도로 미워하되 특별히 우상을 미워해야 한다. 우상은 우리가 하나님과 대등하게 여기거나 그분보다 더 사랑하고 갈망하고 추구하는 모든 것들을 일컫는다. 성경에 따르면, 우상은 질투의 하나님을 자극하고 극도의 분노를 쏟으시게 만드는 원흉이다(출 20:5, 34:14, 신 4:24, 32:16, 슥 8:2).

셋째, 사랑은 선한 것을 고수한다(κολλάω). 다시 말하면 선한 것과 밀착되어 하나로 결합되어 있는 것이 바로 사랑이다. 여기에 쓰인 헬라어 "콜라오"는 남편과 아내의 결합을 설명할 때에 사용되는 낱말이다. 사랑하는 사람은 선과 결혼해야 한다. 선과 더불어 누구도 나눌 수 없는 결혼의 관계를 유지해야 한다. 선한 것이 하나도 없는 본성의 소유자가 선하게 되는 유일한 방법은 선과의 연합이다. 우리의 영혼이, 우리의 마음과 생각이, 우리의 뜻과 의지가, 우리의 기호와 감정이, 우리의 눈빛과 표정이, 우리의 손과 발이 선과 연결되어 있어야 비로소 우리에게 사랑이 가능하다. 선이 내 존재에 가득하기 위해서는 무엇보다 마음과 생각이 선으로 가득해야 한다고 예수는 가르친다(마 12:35). 마음에 선이 가득하면 선한 사람이고 그는 마음에 고인 선을 행동으로 퍼올린다. 전도자는 "사람들이 사는 동안에 기뻐하며 선을 행하는 것보다 더 나은 것이 없"다는 점을 강조한다. 그러나 만약 우리가 선을 거부하면 우리의 원수가 우리를 차지하게 될 것이라고 호세아 선지자는 기록한다(호 8:3). 또한 우리가 "악으로 선을 갚으면 악이 그 집을 떠나지" 않을 것이라고 지혜자는 경고한다(잠 17:13).

여기에서 "고수하다" 동사는 능동태가 아니라 수동태다. 이는 선한 것과 결합하는 것이 죄로 얼룩진 인간의 부패한 본성이 해낼 수 있는 것이 아니라 하나님의 은혜로 말미암은 선물임을 나타낸다.

¹⁰형제의 사랑으로 서로를 가족처럼 사랑하고
서로에게 존경을 먼저 보이는 것이며

넷째, 사랑을 하려면 형제의 사랑으로 서로를 가족처럼 사랑해야 한다. 이는 사랑의 대상을 가족으로 여기라는 교훈이다. 혈연의 관계가 없는 사람들 사이에서 "형제의 사랑"(φιλαδελφία)은 어떻게 가능한가? 베드로에 따르면, 진리에 순종하여 영혼을 깨끗하게 하고 거짓이 없어져야 가능한 사랑이다(벧전 1:22). 하나님의 본성에 참여하기 위한 단계의 차원에서 보면, 형제의 사랑은 경건과 아가페 사랑 사이에 위치한다(벧후 1:7). 수직적인 사랑에 해당하는 하나님 앞에서의 경건은 이제 수평적인 사랑에 해당하는 형제의 사랑으로 넘어가야 한다. 형제의 사랑은 위에서 아래로 흐르는 사랑이 아니라 서로를 대등한 존재로 존중하는 동등한 관계의 사랑이다. 우리는 대체로 사랑하는 자가 사랑 받는 자보다 크다고 생각한다. 가르치는 교사가 배우는 학생보다, 월급을 주는 사장이 월급을 받는 사원보다, 양육하는 부모가 양육을 받는 자녀보다, 구제하는 자가 구제 받는 사람보다 크다고 생각한다. 그러나 이러한 생각을 가진 사랑은 하나님께 합당하지 않다. 비록 그런 줌과 받음의 관계를 가지고 있더라도 동등한 형제로 여기는 사랑이 하나님께 합당한 예배이다. 과연 그런 형제의 동등한 사랑이 가능한가? 가능하다. 예수님은 창조자와 구원자와 통치자와 심판자가 되시지만 우리를 형제라 부르기를 부끄럽게 여기지 않으셨기 때문이다. 진실로 주님은 피조물에 불과하고 죄로 말미암아 만물보다 거짓되고 심히 부패한 죄인까지 동등한 형제로 여기셨다. 그런 형제의 사랑에 비하면 죄인끼리 사랑하는 것은 얼마나 수월한가! 주님의 사랑을 밑거름 삼으면 모든 종류의 사랑이 다 가능하다.

베드로와 바울이 가르친 것처럼, 우리는 진리에 대한 순종으로 영혼을 깨끗하게 하고 거짓이 없어지는 경건의 과정을 거쳐 형제의 사랑에 이르러야 한다. 형제는 가족이다. 가족을 사랑하는 것에는 조건이나 대가의 고려가 필요하지 않다. 그래서 형제의 사랑은 순수한 사랑을 의미한다. 서로를 형제로 여기며 가족처럼 사랑하면 사랑의 대상에게 보상을 주지 않더라도 하늘에서 놀라운 유익이 주어진다. 우리가 형제의 사랑으로 서로 사랑하면 우리가 빛 가운데에 거하고 우리 속에 거리낌이 없고(요일 2:10), 하나님이 우리 안에 거하시고 하나님을 알게 된다(요일 4:7, 12)고 요한은 가르친다. 이처럼 형제를 사랑하면 마음과 양심의 표정이 밝아진다. 마음이 떳떳하고 당당하게 된다. 마음의 계절은 늘 화사한 가을이다. 나아가 우리는 하나님의 성전이 되고 그를 아는 지식에서 급속히 자라간다. 사랑하면 이렇게 영적인, 정신적인, 신체적인 유익이 주어진다.

다섯째, 사랑은 서로에게 존경을 먼저 나타낸다. 여기에서 "존경"(τιμή)은 단순히 상대방을 함부로 대하지 않고 인간으로 존중하는 소극적인 태도를 넘어 보다 적극적인 의미로서 값진 것을 가지고 서로를 보완하는 정의의 개념과 결부되어 있다. 바울의 설명이다. "우리가 몸의 덜 귀히 여기는 그것들을 더욱 귀한 것들로 입혀 주며 우리의 아름답지 못한 지체는 더욱 아름다운 것을 얻느니라"(고전 12:23). 부족한 부분을 채워서 "몸을 고르게 하여 부족한 지체에게 귀중함을 더하"는 것이 바로 존경이다(고전 12:24). 모든 사람은 남보다 더 아름다운 부분이 있고 덜 아름다운 부분이 있어서 서로에게 자신의 더 아름다운 부분으로 타인의 덜 아름다운 부분을 채워주는 존경의 파트너다. 서로의 필요를 발견하고 서로가 그것을 채워주는 존경의 사랑은 외로운 독창이 아니라 화목한 합창이다.

나아가 바울은 우리가 서로에게 존경을 기대하는 것이 아니라 존경의 선도적인 실행자가 되라고 가르친다. 형제가 존경을 보이기 이전에 내가 먼저 형제를 존경하는 사랑을 실천하라. 우리는 존경의 사랑을 받는 것보다 주는 것이 더 복되다는 사실을 늘 기억해야 한다. 이 사실을 믿는다면, 상대방이 선수를 치기 이전에 자신이 먼저 존경하기 위해 치열하게 경쟁하라. 이것은 아름다운 믿음의 경주이며 사랑의 선한 싸움이다. 이로써 공동체는 사랑의 향기로 진동하게 되고 더욱 건강하고 아름답게 된다. 이는 존경의 경쟁이 촉발되고 진전되면 공동체의 약점은 보완되고 덜 아름다운 부분은 더 아름답게 되기 때문이다. 그러나 자신에 대한 상대방의 존경을 서로 강요하는 공동체는 존경을 인위적인 것으로 만들거나 위축시킬 가능성이 높다. 이는 기독교와 무관하고 심지어 세상보다 못한 모습이다.

[11]성실함을 가지고 게으르지 않으며 영혼으로 열심을 내어 주님을 섬기는 것이며

여섯째, 사랑은 성실하고 게으르지 않음이다. 성실하고 게으르지 않는 것이 모두 사랑인 것은 아니지만, 사랑하는 사람은 필히 성실할 수밖에 없고 게으름은 가능하지 않다. 여기에서 "게으름"(ὀκνηρός)은 지금 행하기를 거부하고 나중으로 미루려는 삶의 자세를 의미한다. 이런 게으름은 삶의 모든 영역에서 나타난다. 신체를 사용해서 행동하는 것만이 아니라 생각하는 것, 독서하는 것, 연구하는 것, 대화하는 것, 말하는 것 등에도 게으름이 관여한다. 그러므로 몸의 에너지를 부지런히 투입하는 것만이 아니라 마음의 활동도 근면해야 하고 일평생 근면해야 하고 하나님의 뜻을 성취함에 있어 근면해야 한다. 그래야 사랑이다. 사랑은 의지가 열정의 최고치에 이른 상태를 의미한다. 사랑하면 최고의 의지가 반드시 발휘된다. 운동을 사랑하면 운동에 모든 에너지를 쏟고 돈을 사랑하면 돈벌이에 모든 에너지를 투여한다. 하나님을 사랑하면 하나님께 목숨과 마음과 뜻과 힘을 다 동원한다. 결코 게으를 수 없는 게 사랑이다.

일곱째, 사랑은 영혼의 차원에서 열심을 내며 주님을 섬김이다. 여기에서 바울은 성실함의 좌소가 영혼이며 성실함의 유형은 영적인 차원의 열심임을 지적한다. "열심을 내다"(ζέω)는 말은 물이 펄펄 끓어서 주전자

가 터질 것 같은 뜨거움의 상태를 의미한다. 즉 마음과 목숨과 뜻과 힘을 다 쏟아 부어 행하는 사랑의 열심을 가리킨다. 그런데 성실함과 열심의 방향이 중요하다. 주님을 섬기는 것이 바로 그 방향이다. 여기에서 "섬긴다"(δουλεύω)는 말은 "어떤 이에게 노예 혹은 종이 된다"는 것을 의미한다. 바울의 시대에 종은 주인에게 속한 재산이며 주인의 뜻대로 행하는 사람을 가리킨다. 그러므로 사랑은 바로 그리스도 예수의 종이 되어 영혼의 차원에서 성실함과 열심을 가지고 섬기는 것을 의미한다. 이런 맥락에서 바울은 가르친다. "종들아, 육체를 따라 상전 된 자들에게 마치 그리스도에게 하듯이 두려움과 떨림으로 마음의 진실함을 가지고 순종하라"(엡 6:5). 우리는 어떠한 곳에서 어떤 직위를 가지고 있더라도 주님의 종이기 때문에 범사에 주님께 하듯이 행하여야 진정한 사랑이고 합당한 예배이다.

¹²소망을 가지고 기뻐하며 환난 중에 인내하며 기도에 열중하는 것이며

여덟째, 사랑은 소망을 가지고 기뻐한다. 하나님께 합당한 사랑의 예배를 드리려면 온 교회가 소망과 더불어 기뻐해야 한다. 평소에 우리가 기뻐하는 것은 무엇인가? 대체로 이루어진 현재의 일들이다. 그러나 소망의 대상은 보이는 것이 아니라 보이지 않는 것이며 이미 이루어진 일들이 아니라 앞으로 이루어질 것들이다. 그러나 사람들은 이루어질 소망 때문에 기뻐하지 않고 이미 이루어진 현실을 더 기뻐한다. 이것은 하나님께 합당하지 않다. 진정한 사랑은 앞으로 이루어질 일에 대한 소망으로 기뻐한다. 궁극적인 기쁨의 안식처는 현실의 성취가 아니라 미래의 소망이기 때문이다. 그 소망은 무엇인가? 그것은 이 땅에 육신으로 오셨다가 죽으시고 다시 살아나시고 승천하신 주님의 다시 오심이다. 지금 우리가 이 땅에서 누리는 영광과 족히 비교할 수 없는 영광이 그때 주어질 것이기 때문에 지금의 지극히 큰 기쁨도 맛보기에 불과하다. 이생에서 아무리 행복하고

유쾌한 것도 장차 우리가 누리게 될 지극한 복과 기쁨에 비하면 예고편에 불과하다. 진짜가 나타날 때까지는 우리의 온전한 기쁨과 즐거움의 반응을 유보해야 한다. 하나님을 사랑하는 자는 최고의 기쁨이 아직 오지 않았다는 그런 태도로 일평생 살아간다. 그래야 소망이 우리의 마음을 하늘로 데려간다.

아홉째, 사랑은 환난 중에도 인내한다. 어려움 속에서도 사랑하면 인내하게 되고 인내하는 것은 곧 사랑이다. 거짓되지 않고 진실한 사랑의 여부는 환난의 검색대를 지나갈 때 검증되고 확인된다. 우리가 환난 속에서도 인내하는 이유는 사랑하는 하나님이 이 세상의 만물과 역사를 주관하고 계시기 때문이다. 인생이 곤고한 날의 씨줄과 형통한 날의 날줄로 직조된 것은 하나님의 섭리이기 때문이다. 하나님을 사랑하는 자는 환난도 신적인 섭리의 도구라는 것을 확신한다. 환난을 주시는 것은 우리가 죄인임을 깨닫게 하고, 우리가 아무것도 아닌 존재라는 것을 인지하게 하고, 그런 존재가 하나님께 합당하고 거룩한 존재가 되기 위해서는 본성의 혁신이 없으면 안 된다는 사실을 인정하게 하고, 하나님의 긍휼과 도우심이 없이는 인생 그 자체가 환난임을 깨우치는 유익을 위함이다. 우리의 본성에서 죄인의 근성을 도려내는 장인의 조각칼은 바로 환난이다. 나아가 이 세상에서 비록 환난을 당하지만 인내하는 것은 패배처럼 보이는 환난이 인생의 끝이 아니라는 것, 세상을 이기신 그리스도 예수의 죽음처럼 환난조차 선으로 바꾸셔서 우리도 결국에는 이기게 하시는 아버지의 사랑을 믿기 때문이다. 이런 차원에서 시인은 "고난 당한 것이 내게 유익"이라 했고(시 119:71) 바울은 죽음조차 "유익"의 항목으로 당당하게 분류한다(빌 1:21). 죄의 삯은 사망이기 때문에 죄인은 죽어 마땅하다. 그래서 죽음은 우리가 죄인임을 깨우친다. 회개하고 돌이켜 거듭나게 한다. 그래서 죽음조차 유익이다. 그러므로 환난은 최대한 빨리 벗어나야 하는 혐오의 대상이 아니라 그것이 소임을 다하고 지나갈 때까지 참고 기다려야 하는 인내의 대상이다. 환난이 휩쓸고 지나간 인격은 달라진다.

열째, 사랑은 열심히 기도한다. 기도는 하나님과 그의 몸 된 우리 사이의 은밀한 소통이며 인격적인 연결이다. 사랑은 교류이며 섞임이다. 기도에 열중하는 것은 주님과의 지속적인 교류와 섞임을 의미한다. 사랑하면 서로가 섞이려고 기도하게 된다. 기도하지 않으면 사랑은 가능하지 않다. 사랑은 지속적인 교류를 요구하고 하나됨을 추구하기 때문이다. 기도는 오직 하나님과 나만의 만남을 가능하게 하는 은밀한 골방이다. 그리고 지체들을 사랑하면 몸의 지체들 간에 서로를 위해 기도한다. 이렇게 하나님과 나, 다른 지체들과 나는 지속적인 기도를 통해 사랑의 공동체가 된다. 열렬한 기도는 뜨거운 사랑이다.

¹³성도들의 필요를 위해 나누며 환대를 추구하는 것입니다

열한째, 사랑은 성도들의 필요를 위해 자신의 소유를 공유한다. 사랑은 나눔이다. 여기에서 "필요"(χρεία)는 삶의 모든 영역에서 발생하는 부족을 의미한다. 즉 이 대목은 인생의 골목마다 나타나는 사랑의 일상적인 모습을 설명한다. 예수는 하나님이 우리의 모든 필요를 아신다고 한다. "하나님은 너희가 그에게 요구하기 전에 너희가 가진 필요가 어떤 것인지를 아시니라"(마 6:8). 우리의 모든 필요를 미리 아시는 하나님은 그 필요를 채우실 계획을 가지고 계시며 적합한 조치도 취하신다. 그 필요를 채울 수 있는 사람을 우리에게 붙이신다. 그래서 나눔을 통해 그 모든 필요를 친히 채우신다. 우리는 서로에게 그런 사랑의 손길이다.

몸의 다른 지체들을 사랑하면 평소에 각 지체들이 가지고 있는 연약함과 필요가 시야로 들어온다. 사랑이 클수록 의식의 망에 걸리는 필요의 분량도 증대된다. 혹시 형제의 연약한 부분이 발견되면 불쾌함이 아니라 사랑을 발휘해야 할 절호의 기회로 간주해야 한다. 그리고 실제로 그 필요를 해결하는 주님의 조치로서 나의 것을 기꺼이 즐겁게 나누어야 한다. "누가 이 세상의 재물을 가지고 형제의 궁핍함을 보고도 도와 줄 마음을 닫으면 하나님의 사랑이 어찌 그 속에서 유지될까"(요일 3:17). 하나님의 사랑은 무엇인가? 우리의 궁핍함과 비참함을 위해 주님께서 우리를 위해 궁핍하게 되신 그의 성육신과 비참하게 되신 그의 죽음이다. 우리도 형제들을 위해 우리가 가진 것으로 그들의 궁핍함을 해결해야 한다. 사랑은 나눔을 통한 균등이다. "이제 너희의 넉넉한 것으로 그들의 부족한 것을 보충함은 후에 그들의 넉넉한 것으로 너희의 부족한 것을 보충하여 균등하게 하려 함이라"(고후 8:14). 사회나 공동체의 기울어진 운동장을 반듯하게 세우는 하나님의 방법은 나눔의 사랑이다.

열둘째, 사랑은 환대를 추구한다. 이것은 사랑의 범위와 관계된 교훈이다. 환대($\phi\iota\lambda o\nu\epsilon\xi\iota\alpha$)는 형제에 대한 사랑이 아니라 나그네를 집으로 맞이하는 따뜻하고 친절하고 애틋한 사랑의 행위를 의미한다. 나그네는 나를 찾아온 손님이 아니라 피가 다른 이방인, 지나가는 여행자, 혹은 떠돌아다니는 방랑자를 의미한다. 내가 도움을 주어도 돌아올 보상이 전혀 없는 대상을 일컫는다. 그런 나그네를 친절하게 맞이하는 것이 사랑이다. 하나님께 드려지는 사랑의 예배는 교회 안에서의 사랑에 국한되지 않고 나그네에 대한 사랑으로 확장된다. 진정한 사랑은 그 대상이 예루살렘, 온 유대, 사마리아, 그리고 땅 끝까지 이르는 확장성을 추구한다. 온 천하의 모든 족속을 사랑의 대상으로 여기고 실제로 사랑하는 것이 바로 하나님께 합당한 예배의 실천이다. 가정이나 교회가 언제 오게 될지 모르는 손님을 위해 게스트하우스를 구비하는 것은 환대의 적극적인 실천이다.

이처럼 주님의 몸인 교회가 하나님께 거룩한 제물로 구별되고 드려지는 합당한 예배의 방식은 사랑이다. 그 사랑의 구체적인 내용은 무수히 많겠으나 여기에서 바울은 12가지만 소개한다. 즉 거짓되지 않기, 악한 것을 미워하기, 선한 것과 연합하기, 형제의 사랑으로 사랑하기, 먼저 존경하기, 게으르지 않기, 영혼의 열심으로 주님 섬기기, 소망으로 기뻐하기, 환난 중에도 인내하기, 기도에 열중하기, 성도들의 필요를 위해 나누기, 그리고 환대의 실천이다.

롬 12:14-21

¹⁴너희를 박해하는 자를 축복하라 축복하고 저주하지 말라 ¹⁵즐거워하는 자들과 함께 즐거워하고 우는 자들과 함께 울라 ¹⁶서로 마음을 같이하며 높은 데 마음을 두지 말고 도리어 낮은 데 처하며 스스로 지혜 있는 체 하지 말라 ¹⁷아무에게도 악을 악으로 갚지 말고 모든 사람 앞에서 선한 일을 도모하라 ¹⁸할 수 있거든 너희로서는 모든 사람과 더불어 화목하라 ¹⁹내 사랑하는 자들아 너희가 친히 원수를 갚지 말고 하나님의 진노하심에 맡기라 기록되었으되 원수 갚는 것이 내게 있으니 내가 갚으리라고 주께서 말씀하시니라 ²⁰네 원수가 주리거든 먹이고 목마르거든 마시게 하라 그리함으로 네가 숯불을 그 머리에 쌓아 놓으리라 ²¹악에게 지지 말고 선으로 악을 이기라

❖ ❖ ❖

¹⁴박해하는 자들을 위해 복을 비십시오 축복하고 저주하지 마십시오 ¹⁵기뻐하는 자들과 함께 기뻐하고 우는 자들과 함께 우십시오 ¹⁶서로를 향하여 같은 마음을 가지고 높은 것들에게 마음을 쓰지 말고 낮은 자들과 함께 거하고 자신에 의해서 지혜롭게 되지 마십시오 ¹⁷어떤 이에게도 악을 악으로 갚지 말고 모든 사람 앞에서 선한 것을 미리 생각해 두십시오 ¹⁸할 수 있다면 여러분은 모든 사람들과 더불어 화목하게 사십시오 ¹⁹사랑하는 자들이여 스스로 복수하지 말고 그 진노에 맡기기를 바랍니다 이는 "주께서 가라사대 '보응은 나의 것이며 내가 갚을 것이라'"고 기록되어 있기 때문입니다 ²⁰오히려 만약 당신의 원수가 주린다면 그를 먹이고 만약 그가 목이 마르면 물을 주십시오 이렇게 함으로써 당신은 그의 머리에 숯불을 쌓아 올리는 셈이 될 것입니다 ²¹악한 것에 의해 패배하지 말고 선한 것으로 악한 것을 이기시기 바랍니다

48 선으로 악을 이기는 사랑

본문의 내용도 사랑으로 하나님을 예배하는 방법의 연장이다. 내가 잘 알고 친밀한 형제만이 아니라 내가 알지도 못하는 낯선 나그네도 사랑의 대상으로 여기는 것이 하나님께 합당한 예배라는 사실을 가르친 이후에 바울은 원수도 사랑해야 한다고 강조하며 원수를 사랑하는 다양한 방법을 소개한다. 이를 위해 바울은 사람들과 더불어 사랑의 관계를 맺는 일반적인 방식을 이야기한 이후에 원수도 사랑하는 특수한 방법을 설명하는 방식으로 논지를 전개한다.

[14]박해하는 자들을 위해 복을 비십시오 축복하고 저주하지 마십시오

원수는 우리를 박해하는 자들이다. 즉 신체적인 상처, 정신적인 고통, 경제적인 손실, 정치적인 위협, 사회적인 고립을 가하는 자들을 의미한다. 구약에서 이스라엘 백성에게 저주를 퍼부으며 박해한 대표적인 원수는 에돔과 모압 사람이다. 그런데 그들에 대해 하나님은 이스라엘 백성에게

이렇게 명하셨다. "네 평생에 그들의 평안함과 형통함을 영원히 구하지 말지니라"(신 23:6). 이것이 원수를 대하는 구약의 태도였다. 그러나 예수님은 그런 태도를 완전히 바꾸셨다. "네 원수를 미워하라 하였다는 것을 너희가 들었으나 나는 너희에게 이르노니 너희 원수를 사랑하며 너희를 박해하는 자를 위하여 기도하라"(마 5:43-44).

예수의 가르침을 따라 원수 사랑을 가르치는 바울 자신은 사실 교회를 특별한 열정으로 박해한 교회의 원수였다(빌 3:6). 교회를 괴롭히는 그런 방식으로 예수도 박해했다(행 9:5). 그런 교회의 가해자 바울이 이제는 피해자가 되어 원수를 사랑해야 한다고 가르친다. 복을 빌어주고 저주하지 말라고 명령한다. 당시 바울을 비롯한 교회의 박해자는 로마인과 유대인 모두였다. 황제숭배 거부 때문에 로마제국 안에서는 이방인의 박해를, 예수의 메시아 되심에 대한 고백 때문에 예루살렘 안에서는 유대인의 박해를 당했다. 바울은 이방인과 유대인의 박해에도 불구하고 그들을 사랑했고 사랑해야 한다고 가르친다.

박해자 바울이 피해자 바울로 바뀌고 박해자 사랑을 가르치게 된 반전의 이유는 무엇일까? 교회의 박해에 열정을 쏟아내던 바울은 스데반의 죽음을 공모하고 죽음의 현장에서 스데반의 순교도 목격했다. 당시 스데반이 원수들의 무자비한 돌에 맞아 순교하며 남긴 마지막 일성을 바울은 두 귀로 똑똑히 들었는데 이러하다. "주여 이 죄를 저들에게 돌리지 마옵소서"(행 7:60). 스데반은 지금 벌어지고 있는 진행형 박해로 인해 죽어가는 피해자가 되어서도 저주하지 않고 오히려 원수에게 죄를 돌리지 않는 죄사함의 영원하고 영적인 복을 간구했다. 이때 바울이 받은 충격은 적지 않았을 것이라고 나는 생각한다. 이후에 바울은 성인(聖人)의 자태를 보인 스데반의 죽음과 축복이 그리스도 예수께서 생명을 수단으로 삼아 가르치신 교훈이란 사실을 알았음에 분명하다. 그리고 바울도 믿는 도리의 사도이신 그리스도 예수와 믿음의 선배인 스데반의 발자취를 따라 원수를 저주하지 않고 축복하는 인생을 추구했다. 예수의 사랑에서 스데반의 사랑으로, 스데반의 사랑에서 바울의 사랑으로, 이렇게 사랑은 전염된다.

핍박을 받을 때에 우리는 두 가지를 생각해야 한다. 하나는 박해의 원인이고, 다른 하나는 박해의 결과이다. 박해의 원인과 관련하여, 우리는 경건의 선배들이 지나간 삶의 발자취를 주목해야 한다. 경건한 선지자도 박해를 받았고(마 5:12) 경건의 원형 되시는 예수도 박해를 받았다면 예수를 따르는 우리도 박해를 받을 것이라(요 15:20)는 주님의 교훈을 진지하게 생각해야 한다. 바울은 이 교훈을 약간 다르게 표현한다. "무릇 그리스도 예수 안에서 경건하게 살고자 하는 자는 박해를 받으리라"(딤후 3:12). 이처럼 경건과 박해는 단짝이다. 경건은 박해의 원인이고 박해는 경건의 증명이다. 경건하지 않으면 박해도 없으며 박해를 받지 않는다면 경건하지 않다는 추정도 가능하다. 그러므로 혹시 우리가 박해를 받지 않는다면 우리의 경건을 의심해 보는 것은 마땅하다. 우리가 박해를 받는다면 이렇게 생각하자. 하나님도 거부하고 미워하고 원망하고 저주하고 무시하고 모욕하는 자들이 우리를 거부하고 미워하고 원망하고 저주하고 무시하고 모욕하는 것은 너무도 당연하다. 본인도 박해를 받았다면 너희가 박해를 받는다는 것은 결코 이상하지 않다는 예수의 가르침은 박해를 극복하고 원수도 사랑하는 특별한 비결이다.

경건한 자들에게 주어지는 박해의 결과도 박해를 수용함에 있어서 중요하다. "의를 위하여 박해를 받은 자는 복이 있나니 천국이 그들의 것임이라"(마 5:10). 의를 위하는 자는 경건한 사람임에 분명하다. 의를 위해 당하는 박해는 반드시 천국의 소유라는 보상이 뒤따른다. 이처럼 박해자는 천국을 소유하게 만드는 계기를 제공한다. 만약에 우리가 경건 때문에 이 땅에서의 소유를 빼앗길 때에라도 하나님이 주시는 천국의 보상 때문에 박해자를 미워하고 보복할 필요가 없어진다. 동시에 우리가 의를 추구하지 않았다면 무언가를 빼앗길 때에 주어지는 박해의 천상적인 보상이 없을 것이라는 사실도 명심해야 한다. 믿음의 선배들은 의를 추구했다. 예수님은 원수도 사랑해야 한다는 자신의 가르침을 따라 십자가 위에서 원수들을 위해 기도했고 스데반도 예수님의 가르침을 따라 죽음의 돌을 던지는 원수들의 죄 사함을 위해 기도했다. 바울도 동일한 것을 가르치며 자기를 죽이려고 식음도 폐하고 수면도 포기하며 밤새 테러의 위협을 가하는 유대인 즉 자신의 골육이 주께로 돌아와 구원을 받도록 목숨을 걸고 기도했다.

¹⁵기뻐하는 자들과 함께 기뻐하고 우는 자들과 함께 우십시오

원수를 사랑하는 경지에 이르기 위해서는 먼저 사람들을 대하는 일반적인 태도부터 점검해야 한다. 바울은 기뻐하는 자들과 함께 기뻐하고 우는 자들과 함께 울라고 가르친다. 이것은 공감이다. 기뻐하는 자들 앞에서 울고 우는 자들 앞에서 기뻐하는 것은 잔인하다. 최근에 자식의 억울한 죽음 때문에 단식을 하며 진실의 규명을 호소하는 유족 앞에서 통닭과 피자를 시켜 먹는 사람들의 게걸스런 먹방을 보면서 분노가 솟구쳤다. 이는 아무리 모르는 사람이라 할지라도, 아무리 싫어하는 사람이라 할지라도 그들을 대하는 기본적인 인간의 도리가 있는 법인데 너무도 파렴치한 행위였기 때문이다. 짐승의 약육강식 사회에는 생명을 빼앗기는 먹잇감의 슬픈 눈물과 생명을 빼앗는 포식자의 즐거운 군침이 공존한다. 그러나 인간의 사회는 그렇지가 않다. 태초에 하나님은 인간을 외로운 독처가 아니라 더불어 살도록 지으셨다. 그리고 서로를 "뼈 중의 뼈요 살 중의 살"로 여기며 자신보다 타인을 더 존중하는 사랑의 공동체를 만드셨다. 타인이 기뻐하면 나 때문에 기뻐하는 것보다 더 기뻐하고 타인이 슬퍼하면 나 때문에 슬퍼하는 것보다 더 슬퍼하는 것이 가장 기본적인 인간의 도리이며 사회의 질서였다.

그런데 인간은 죄로 말미암아 타락하여 타인 중심적인 삶이 아니라 자기 중심적인 삶을 추구한다. 짐승과 인간이 일반이다. 타락한 인간의 이기적인 사회는 짐승이 동질감을 느낄 정도로 부패했다. 인간의 부패한 사회상은 짐승의 약육강식 사회에 고스란히 투영되어 있다. 그러나 예수는 이렇게 무너진 인간의 사회를 다시 교회라는 이름으로 세우신다. 내 이웃을 나 자신처럼 사랑하는 공동체를 넘어 내 이웃을 나 자신보다 더 사랑하는 공동체 즉 하나님의 나라를 세우신다. 예수님은 교회를 자신의 몸으로 여기며 자기 자신처럼 사랑하는 것을 넘어 교회의 구원을 위해 자신의 생명을 버릴 정도로 교회를 자신보다 더 사랑했다. 기뻐하는 자들과 함께 더 기뻐하고 우는 자들과 함께 더 우는 것이 상식과 질서가 된 공동체를 만드셨다.

기뻐하는 자들과 함께 기뻐하고 우는 자들과 더불어 우는 것은 타인을 나 자신처럼 여기지 않으면 결코 가능하지 않다. 사실 타인의 기쁨과 슬픔에 공감하는 것은 자아의 울타리를 넘어 더 넓은 세계를 누리는 비결이다. 인간은 외로운 섬이 아니라 몸이라는 유기체와 같이 서로가 서로에게 연결되어 있다. 그래서 좋은 것이든 나쁜 것이든 서로에게 영향을 주며 살아간다. 이러한 전제 위에서 우리는 서로 도움을 주고받는 사랑 안에서 하나의 성숙한 몸으로 자라가야 한다. 그런데 타인의 기쁨과 슬픔에 대한 교감이 없으면 관계의 동맥경화 증세가 나타나고 서서히 죽어간다. 타인이나 나 자신의 기쁨과 슬픔은 나쁜 것이 아니라 서로의 감정이 공동체의 혈관을 따라 원활하게 흘러 관계의 건강을 회복하는 계기를 제공한다. 기쁨의 적당한 분량만이 아니라 슬픔의 적당한 분량도 나누어야 공동체의 건강은 유지된다. 그런 기회를 우리는 기뻐하는 자들과 함께 기뻐하고 슬퍼하는 자들과 함께 슬퍼하는 방식으로 붙들어야 한다.

¹⁶서로를 향하여 같은 마음을 가지고 높은 것들에게 마음을 쓰지 말고
낮은 자들과 함께 거하고 자신에 의해서 지혜롭게 되지 마십시오

기뻐하는 자들과 함께 기뻐하고 우는 자들과 함께 우는 것은 단순히 외적인 행위가 아니라 마음에서 우러난 행위여야 한다. 그래서 바울은 서로를 향하여(εἰς ἀλλήλους) 같은 마음을 가지라고 한다. 공감은 모든 시대의 요청이다. 공감은 마음의 조율이다. 마음과 마음이 조율되면 어떠한 말과 행동도 서로에게 오해가 아니라 위로와 격려의 효력을 발휘한다. 마음이 어긋나 있으면 아무리 친절한 말과 따뜻한 표정과 촉촉한 눈빛을 보내도 오해와 갈등을 초래한다. 함께 기뻐하고 슬퍼하는 것이 가식이나 동정이 되지 않으려면 같은 마음을 가지는 것이 무엇보다 우선이다. 힘들고 외롭고 슬픈 이웃에게 마음을 건네는 것보다 더 큰 도움이 있겠는가! 이웃은 무엇이 가식이고 무엇이 동정이며 무엇이 사랑인지 다 감지한다. 그 이웃과 같은 마음을 품지 않은 채 주는 웃음과 울음은 그에게 격려나 위로가 아니라 모멸감을 준다.

바울은 높은 것들에게 마음을 쓰지 말고 낮은 자들과 함께 거하라고 가르친다. 그러나 대부분의 사람은 이런 가르침을 무시하고 정반대의 방향으로 살아간다. 그들은 더 많은 재산, 더 높은 권력, 더 넓은 인맥, 더 자극적인 쾌락, 더 큰 권한을 추구한다. 이것을 취하려고 그들은 보다 큰 재력가와 권력자를 찾아간다. 그들의 환심을 사기 위해 막대한 분량의 의식과 시간과 에너지와 감정을 소비한다. 그 결과로서 가난하고 연약하고 초라하고 아프고 외롭고 낮은 자들에게 할애되는 분량은 줄어든다. 이러한 삶은 과연 합당한가?

역사에 등장한 대부분의 신화에서 신들은 가난하고 연약한 서민들이 아니라 "임금들과 왕족들과 장군들과 부자들과 강한 자들"과 지혜로운 자들의 편이었다(계 6:15). 그러나 그리스도 예수의 아버지 하나님은 높은 자

들이 아니라 낮은 자들의 편이시다. 그는 "고아와 과부를 위하여 정의를 행하시며 나그네를 사랑하여 그에게 떡과 옷을 주시나니"(신 10:18) "고아와 압제 당하는 자를 위하여 심판하사 세상에 속한 자가 다시는 위협하지 못하게 하시리라"(시 10:18). 나아가 "과부와 고아와 나그네와 궁핍한 자를 압제하지 말며 서로 해하려고 마음에 도모하지 말라"(슥 7:10)는 엄중한 경고도 내리신다. 이런 소극적인 교훈만이 아니라 "네가 네 포도원의 포도를 딴 후에 그 남은 것을 다시 따지 말고 객과 고아와 과부를 위하여 남겨 두라"(신 24:21)고 하셨으며 "네 모든 소산의 십일조 내기를 마친 후에 그것을 레위인과 객과 고아와 과부에게 주어 네 성읍 안에서 먹고 배부르게 하라"(신 26:12)는 적극적인 명령도 내리신다. 이와는 달리, 권력자나 부자에게 마음을 쓰라는 명령은 성경에 한 문장도 없다. 하나님의 마음은 어디에 있고 우리의 마음도 어디에 있어야 하는지가 이제 분명하다. 우리는 이 땅에서의 출세나 성공을 위해 높은 것들에게 마음을 쓸 것인지, 하나님의 마음이 머무는 낮은 자들에게 우리의 마음을 두어야 할 것인지를 결정해야 한다.

그리고 바울은 자신에 의해서 지혜롭게 되지 말라고 가르친다. "자신에 의해서"(παρ' ἑαυτοῖς) 지혜롭게 된다는 것은 지혜의 여부를 결정하는 기준이 자신임을 의미한다. 자신을 기준으로 삼아 지혜롭게 되려는 자들을 지혜는 거부하고 멀리한다. 일례로서 최고의 지혜자가 된 솔로몬이 스스로 지혜자가 되려고 누구보다 치열하게 도모하고 힘을 썼지만 실패했다. 그러나 실패의 유익은 풍성했다. 이것을 깨달았기 때문이다. "내가 이 모든 것을 지혜로 시험하며 스스로 이르기를 내가 지혜자가 되리라 하였으나 지혜가 나를 멀리 하였도다"(전 7:23). 솔로몬은 지혜의 독특한 생리를 체험했다. 결심과 노력으로 주어지는 것이 아니었다. 그럼에도 불구하고 스스로 지혜롭게 되려는 자들은 솔로몬의 실패를 필히 답습하고 어리석게 된다. "스스로 지혜 있다 하나 어리석게"(롬 1:22) 된 자들이 저지른 일들이 무엇인가? 그들은 위대한 하나님의 영광조차 썩어 없어지는 버러지의 흉물스런 형상들로 대체했다. 그리고 "스스로 지혜롭다 하며 스스로 명철하다 하는 자들"은 교만하여 화를 당한다고 이사야는 기록한다(사 5:21).

지혜롭게 되는 것은 자신에 의해서가 아니라 지혜의 근원이신 하나님에 의해서만 가능하다. 그래서 솔로몬은 스스로 지혜롭게 되는 길을 포기하고 하나님께 "듣고 분별하는 지혜"를 달라고 기도했고 하나님은 그런 지혜를 베푸셨다(왕상 3:9-11). 하나님은 우리를 지혜롭게 만드시는 유일한 분이시다. 그러므로 하나님께 지혜를 요청하라. 후히 주시고 꾸짖지 않으시는 그분께서 생각에 지나도록 놀라운 지혜를 주시리라.

¹⁷어떤 이에게도 악을 악으로 갚지 말고
모든 사람 앞에서 선한 것을 미리 생각해 두십시오

바울은 악을 악으로 갚지 말라고 가르친다. 그러나 구약은 악을 악으로 갚으라고 했다. "사람이 만일 그의 이웃에게 상해를 입혔으면 그가 행한 대로 그에게 행할 것이니 상처에는 상처로, 눈에는 눈으로, 이에는 이로 갚을지라"(레 24:19-20). 레위기의 이 본문과 같은 문맥에서 신명기는 "네 눈이 긍휼히 여기지 말라"(신 19:19, 21)는 단서까지 추가한다. 어떻게 해석해야 할까? 바울의 교훈은 구약의 계명을 폐하는가? 결코 그러하지 않다. 동일한 내용에 대해 구약의 율법은 도덕의 하한선을 제시하고 신약의 교훈은 도덕의 상한선을 제시한다. 즉 도덕의 하한선은 되갚아 주되 너무 과하지 않고 이웃에게 상해를 입힌 만큼만 상해로 되갚는 것이고, 도덕의 상한선은 일체의 상해를 동원하지 않고 오히려 더 배려한다. 이런 의미에서 예수님은 "눈은 눈으로, 이는 이로 갚으라 하였다는 것을 너희가 들었으나 나는 너희에게 이르노니 악한 자를 대적하지 말라 누구든지 네 오른편 뺨을 치거든 왼편도 돌려 대라"(마 5:38-39)고 가르친다. 이런 가르침을 따라 바울은 어떤 사람이 나에게 악을 행하여도 그 악을 악으로 갚지 말라고 강조한다. 내 원수가 고의로 악을 행한 것이든지 내 친구가 실수로 악을 행한 것이든지 구분하지 말고 악을 행하는 모든 자들에게 악으로 보복하는 것은 금물이다.

악을 악으로 갚으면 어떤 일이 생기는가? 이런 질문과 더불어 우리는 사탄의 존재와 전략을 생각해야 한다. 사탄의 목적은 악이 확산되어 결국 악이 지배하는 세상이다. 이 목적을 달성하기 위해 사탄은 악을 사용한다. 우리는 악을 목격하고 경험할 때에 보이지 않는 악의 그러한 배후를 주목해야 한다. 악을 악으로 갚으면 나는 악의 가담자가 되고 악의 분량은 두 배로 증대되는 일이 발생한다. 사탄의 영적인 영토는 넓어지고 나는 그 확장에 일조하게 된다. 이처럼 눈앞에 보이는 악한 원수를 제거하기 위해 악을 수단으로 사용하면 사탄의 전략에 빠지고 악의 도구로 전락하게 된다. 이것이 바로 사탄의 은밀한 전략이다. 사탄은 악을 악으로 갚아서 온 세상이 악으로 가득하게 되는 세상을 만들려고 한다. 그래서 우리는 눈앞에 보이는 원수보다 보이지 않는 배후의 사탄을 주목하고 악의 사용을 극도로 자제해야 한다.

그렇다면 악을 방치하는 것이 과연 해답인가? 바울은 악한 원수를 포함한 모든 사람들 앞에서 선한 것을 미리 생각해야 한다고 가르친다. 여기에서 "선한 것"(καλός)은 아름답고 탁월하고 소중하고 유용하고 존경할 만한 것을 의미한다. 이것은 어떠한 물건이 아니라 우리 자신의 성품에 관한 선함이다. 그러므로 선한 것을 미리 생각해야 한다는 것은 그 선함을 타인으로 하여금 보고 배우도록 감동을 일으키는 인격적인 본이 되기 위해 미리미리 준비해야 한다는 권면이다. 긴급한 상황이 터진 때 비로소 수습용 대책을 세우면 소 잃고 외양간 고치기다. 타인을 위한 선으로 무장되어 있지 않으면 악을 당할 때에 복수의 주먹이 생각을 추월한다. 그래서 우리는 범사에 "모든 사람들 앞에서"(ἐνώπιον πάντων ἀνθρώπων) 최고의 것을 줄 수 있도록 미리 준비해야 한다. 당연히 여기에서 모든 사람 중에는 악한 원수까지 포함된다.

¹⁸할 수 있다면 여러분은 모든 사람들과 더불어 화목하게 사십시오

바울은 모든 사람들과 더불어 화목해야 함을 가르친다. 여기에서 우리가 화목해야 하는 대상은 모든 사람이다. 하지만 우리에게 유익한 사람이나 우리가 좋아하는 사람과 화목하게 지내는 것은 명령이 필요하지 않다. 그런 자들과의 화목은 시키지 않아도 모든 사람이 스스로 즐기기 때문이다. 그러므로 여기에서 바울이 지목하는 화목의 대상은 우리에게 무익한 사람, 우리에게 해로운 사람이다. 원수와 평화롭게 사는 것이 불쾌하고 껄끄러운 사람은 바울의 권면을 기억해야 한다. 하나님은 독생자를 보내셔서 자신을 배신하고 자신에게 도전한 무례하고 교만하고 패역한 원수와 화목을 이루셨다. 이것은 복음의 핵심이다. 우리가 우리의 원수와 화목하는 것은 복음의 증인으로 살아가야 하는 우리의 사명이다. 사실 화목은 우리 자신에게 유익이다. 누군가와 불화하면 마음이 불편하고 집중력도 떨어지고 시간과 에너지와 감정도 헛되이 소모된다. 화목의 거부를 통해 우리가 얻는 유익은 전무하다. 오히려 불화는 해로움을 준다. 하지만 사람들은 죽는 한이 있더라도 원수와의 화목은 끝끝내 거부한다.

그러나 바울은 하나님이 "우리를 자기와 화목하게 하시고 또 우리에게 화목하게 하는 직분을 주셨"다고 강조한다(고후 5:18). 예수님은 "그의 십자가의 피로 화평을 이루사 만물 곧 땅에 있는 것들이나 하늘에 있는 것들이 그로 말미암아 자기와 화목하게 되기를 기뻐"하는 분이시다(골 1:20).

그러므로 화목은 예수께서 죽임을 당하신 십자가의 목적이고 우리에게 주어진 직분의 목적이다. 지금 바울은 우리에게 성도의 본분을 가르친다. 이 본분을 망각하고 우리 자신에게 무익하고 해로운 불화를 선택하는 자가 되지 않도록 주의해야 한다. 만약 화목하지 못하는 사람이 있다면 우리가 얼마나 어리석은 사람인지, 나아가 우리가 과연 하나님과 화목의 올바른 관계를 가지고 있는지도 의심해야 한다.

¹⁹사랑하는 자들이여 스스로 복수하지 말고 그 진노에 맡기기를 바랍니다
이는 "주께서 가라사대 '보응은 나의 것이며 내가 갚을 것이라'"고
기록되어 있기 때문입니다

원수들을 대하는 우리의 태도가 자의적인 복수가 아니라 사랑과 선행이 되어야 하는 이유를 바울은 여기에서 언급한다. 바울은 가해자에 대해 우리 스스로가 보복하지 말고 하나님의 진노에 맡기라고 한다. 그 이유는 "보응은 나의 것이며 내가 갚을 것이라"는 주님의 말씀 때문이다(신 32:35). 이 말씀은 주님이 심판의 기준이며 심판의 주체라는 사실의 선언이다. 원수 갚는 권한은 하나님께 있고 그래서 원수와의 전쟁은 하나님께 속했다. 그런데도 만약 우리가 원수에 대해 스스로 복수하면 이 선언을 무시하고 우리가 심판의 기준과 주체라고 도전하는 죄를 저지르게 된다. 그러므로 우리는 박해하는 원수 앞에서 선택해야 한다. 원수에게 반응할 것인지, 아니면 하나님의 말씀에 반응할 것인지를! 당연히 우리는 보응의 고유한 권한을 가지고 계신 하나님의 말씀에 순응해야 한다. 사탄은 더 흉악하고 더 악독한 원수를 써서 우리로 하여금 복수의 주체가 되도록 계속해서 자극한다. 그럴수록 우리는 더욱 하나님의 주권을 존중해야 한다. 하나님은 우리 편이시다. 우리의 원수에 대해 가장 공정하고 정의롭게 갚

는 분이시다. 그것을 믿고 하나님의 진노에 원수와 관련된 우리의 모든 반응을 양도해야 한다.

> ²⁰오히려 만약 당신의 원수가 주린다면 그를 먹이고
> 만약 그가 목이 마르면 물을 주십시오 이렇게 함으로써
> 당신은 그의 머리에 숯불을 쌓아 올리는 셈이 될 것입니다

주님께 보응을 맡기라는 것은 우리로 하여금 악의 방관자가 되라는 의미인가? 바울은 원수에 대한 우리의 적극적인 반응을 요구한다. 즉 원수가 주릴 때에 우리는 그에게 음식을 주고 목이 마르면 물을 제공해야 한다. 이것은 잠언 25장 21절의 인용이다. 원수를 미워해도 된다는 율법이 있기는 하지만 지혜서는 결국 사랑해야 한다는 그 율법의 궁극적인 의미에 대한 힌트를 제공한다. 사실 원수가 주리고 목마를 때라는 것은 원수가 연약하고 어려움에 빠져 있어서 우리가 마음만 먹으면 얼마든지 복수할 수 있는 상황을 의미한다. 이는 만약 우리가 원수에 대해 앙심을 품고 있었다면 밖으로 쏟아졌을 그런 상황이다. 동시에 원수 편에서는 자신의 잘못을 인정하고 돌이킬 절호의 기회이다. 원수가 어려울 때에 우리는 그를 제거하는 보복이 아니라 그가 악에서 돌이켜 선한 사람이 되도록 물과 양식을 제공하는 선을 베풀어야 한다.

그렇게 하면 우리가 그의 머리에 숯불을 쌓아 올리는 셈이라고 바울은 설명한다. 머리에 숯불을 올린다는 것의 의미가 분명하지 않아 학자들 사이에는 견해가 분분하다. 1) 고대에 불은 소중한 것이어서 불씨를 나누는 것은 대단한 호의였기 때문에 이것은 사랑의 실천이다. 2) 숯불을 담은 그릇을 머리에 이고 다니는 것은 회개의 상징이기 때문에 원수의 돌이킴을 의미한다. 3) 우리가 아니라 하나님이 원수의 머리에 숯불을 두는 것이기 때문에 궁극적인 승리를 의미한다. 그러나 나는 이렇게 생각한다. 교회의 머리가 그리스도 예수인 것처럼 악한 자들의 머리는 사탄이다. 즉

원수의 머리에 숯불을 둔다는 것은 사탄의 파멸과 패배를 의미한다. 이로써 우리는 원수에게 양식과 물의 호의를 베풀며 선을 이루고 하나님은 사탄의 머리를 제거하는 선을 이루신다.

[21]악한 것에 의해 패배하지 말고 선한 것으로 악한 것을 이기시기 바랍니다

이제 바울은 모든 사람을 사랑하되 원수도 사랑하는 예배의 결론적인 내용을 기록한다. 즉 악한 것에 의해 패배를 당하지 말고 선으로 악을 이기라고 한다. 패배와 승리는 전쟁의 결과를 의미한다. 지상의 교회는 전투하는 교회라고 한다. 이 전투는 우리와 원수의 인간적인 싸움이 아니라 선과 악의 영적인 싸움이다. 혈과 육에 속하지 않은 이 싸움에서 우리는 승리해야 한다. 선으로 악을 이기고, 진리로 거짓을 이기고, 거룩으로 더러움을 이기고, 축복으로 저주를 이기고, 정의로 불의를 이기고, 정직으로 위선을 이기고, 관용으로 배제를 이기고, 호의로 혐오를 이기고, 사랑으로 증오를 이기고, 용서로 복수를 이기는 싸움에서 승리해야 한다.

　눈앞에 있는 가시적인 원수의 물리적인 제거는 선악의 관점에서 보면 승리가 아니라 패배를 의미한다. 우리는 악을 제거해야 한다. 제거의 유일한 방법은 선행이다. 이 선행의 핵심은 무엇인가? 바울은 먹는 것과 마시는 것을 언급한다. 무엇을 먹을까 무엇을 마실까는 사실 우리가 신경 쓰지 말아야 할 사안이다. 하나님의 사람이 아니라 이방인이 구하는 것이기 때문이다. 그러나 먹고 마신다는 이 땅의 은유가 가리키는 실체는 영혼의 먹음과 마심이다. 이런 관점에서 선으로 악을 이긴다는 것은 원수가 주릴 때에 그에게 생명의 떡인 그리스도 예수의 살을 먹이고 목마를 때에 영혼의 음료인 그리스도 예수의 피를 마시게 하여 선의 영적인 영토를 확장하는 것을 의미한다.

R

13장 국가와 교회의 관계

롬 13:1-7

¹각 사람은 위에 있는 권세들에게 복종하라 권세는 하나님으로부터 나지 않음이 없나니 모든 권세는 다 하나님께서 정하신 바라 ²그러므로 권세를 거스르는 자는 하나님의 명을 거스름이니 거스르는 자들은 심판을 자취하리라 ³ 다스리는 자들은 선한 일에 대하여 두려움이 되지 않고 악한 일에 대하여 되나니 네가 권세를 두려워하지 아니하려느냐 선을 행하라 그리하면 그에게 칭찬을 받으리라 ⁴그는 하나님의 사역자가 되어 네게 선을 베푸는 자니라 그러나 네가 악을 행하거든 두려워하라 그가 공연히 칼을 가지지 아니하였으니 곧 하나님의 사역자가 되어 악을 행하는 자에게 진노하심을 따라 보응하는 자니라 ⁵그러므로 복종하지 아니할 수 없으니 진노 때문에 할 것이 아니라 양심을 따라 할 것이라 ⁶너희가 조세를 바치는 것도 이로 말미암음이라 그들이 하나님의 일꾼이 되어 바로 이 일에 항상 힘쓰느니라 ⁷모든 자에게 줄 것을 주되 조세를 받을 자에게 조세를 바치고 관세를 받을 자에게 관세를 바치고 두려워할 자를 두려워하며 존경할 자를 존경하라

❖ ❖ ❖

¹하나님에 의하지 않는다면(하나님으로부터 나오지 않는다면) 어떠한 권위도 없으며 현존하는 권위들은 하나님에 의해 정하여진 것이기 때문에 각 영혼은(혹은 여러분은 모든 자들로 하여금, 𝔓⁴⁶) 보다 높은 권위들에 자신을 복종하게 하십시오 ²그러므로 권위자와 대립하는 자는 하나님의 정하심에 저항한 것이며 저항하는 자들은 스스로 심판을 받게 될 것입니다 ³다스리는 자들은 선한 일이 아니라 악한 일에 대해 두려움이 되는데 당신은 이 권세를 두려워할 의사가 없습니까? 선한 일을 하십시오 그러면 그에게서 칭찬을 받을 것입니다 ⁴그는 당신에게 선으로 인도하는 하나님의 종입니다 그러나 당신이 악한 일을 행한다면 두려워 하십시오 이는 그가 공연히 칼을 가지지 아니하기 때문이며 악을 행하는 자로 하여금 진노에 이르게 하는 보응의 종이기 때문입니다 ⁵그러므로 진노 때문만이 아니라 양심 때문에도 순종하는 것은 불가피한 일입니다 ⁶이로 인하여 여러분은 조세도 납부하고 있습니다 이는 그들이 이 일에 항상 힘쓰는 하나님의 공적인 종들이기 때문입니다 ⁷모든 자에게 주어야 할 것을 주되 조세 받을 자에게는 조세를, 관세 받을 자에게는 관세를, 두려워할 자에게는 경외를, 존경할 자에게는 존경을 주십시오

권위자에 대한 사랑

바울은 원수를 포함한 모든 사람에 대한 보편적인 태도로서 사랑을 이야
기한 이후에 특별히 정치적인 원수에 해당하는 로마의 권위자를 사랑하
는 예배자의 태도로서 복종을 가르친다. 이 땅에서의 모든 권위에 대한
복종은 하나님이 그 권위들의 근원과 분배자가 되신다는 사실에 근거한
다. 우리는 이 본문에서 성도와 모든 권위 사이의 올바른 관계성을 확립
해야 한다.

> [1]하나님에 의하지 않는다면(하나님으로부터 나오지 않는다면)
> 어떠한 권위도 없으며 현존하는 권위들은 하나님에 의해 정하여진 것이기 때문에
> 각 영혼은(혹은 여러분은 모든 자들로 하여금, ⅌[46]) 보다 높은 권위들에
> 자신을 복종하게 하십시오

우리는 이 분문도 우리의 몸을 하나님께 거룩한 제물로 드리는 합당한 예
배의 실천 즉 사랑과 관련하여 이해해야 한다. 특별히 1절은 권위에 대한

이해의 대전제다. "엑수시아"(ἐξουσία), 이 단어의 의미는 무엇인가? 성경에서 이 단어는 "권한"(요 1:12), "권세"(눅 22:53), 혹은 "권위"(눅 4:36)로 번역된다. 로마서의 이 문맥에서 나는 이 단어를 권한과 권세의 의미를 포함한 "권위"라는 말로 번역한다. 어원적인 면에서, 이 단어는 "엑스"(ἐξ, ~에서 밖으로)와 "우시아"(ουσία, 존재 혹은 본질)의 합성어다. 풀어서 설명하면, 권위는 "존재에서 비롯되는 것 혹은 본질에서 밖으로 나오는 것"을 의미한다. 이것이 바로 권위의 진실이다. 즉 권위는 존재의 내면에서 나오는 것이어야 한다. 돈이나 권력이나 근력이나 인맥과 같은 외적인 요인에 의해 꾸며진 권위는 진실한 권위와 무관하다. 진정한 권위는 인격과 성품에서 나오는 방식으로 행사해야 한다. 그러기 위해 권위자는 먼저 권위의 크기에 상응하는 인격과 성품을 구비해야 한다. 인격과 성품의 구비 없이 권한만 내세우고 권력의 칼을 휘두르는 권위자는 권위의 본질을 필히 왜곡하고 권위를 악용하고 오용하고 과용하게 된다. 그러한 현상이 팽배한 권위주의 사회는 권위의 본질이 아니라 권위의 껍데기만 가지고도 마치 진정한 권위자인 것처럼 행세하는 자들의 소굴이다.

진정한 권위는 존재의 내면에서 나오는 것이지만 바울은 하나님이 이 권위의 근원이며 권위는 하나님에 의해서 각 사람에게 분배되는 것이라고 주장한다. 이것이 바로 권위의 근거와 본질이다. 바울의 이러한 주장은 사실 예수의 주장에 근거한다. 예수는 빌라도가 가진 총리의 법적인 권위가 "위로부터 주어진" 것이라고 하셨으며 그렇기 때문에 그가 자신의 투옥과 석방을 결정하고 십자가 처형도 결정하는 빌라도의 권위를 존중했고 순응했다(요 19:10-11). 이 세상의 모든 권위는 스스로 존재하지 않고 그 권위의 근원이신 하나님에 의해서 부여된다. 하나님은 권위가 비롯되는 존재와 본질을 친히 만드는 분이시기 때문이다. 권위의 존재만이 아니라 권위의 궁극적인 분배자도 하나님이 유일하다. 권위는 하나님의 위임이 있어야만 주어지고 소유한다. 그래서 하나님은 "나로 말미암아 왕들이

치리하며 방백들이 공의를 세운다"고 선언한다(잠 8:15-16). 하나님은 권위를 위임하실 때 권위의 종류와 권위의 크기와 권위의 주체와 권위의 범위와 권위의 길이도 정하신다.

바울이 말하는 "보다 큰 권위들"(ἐξουσίαις ὑπερεχούσαις)의 종류는 크게 천부적인 혹은 사전적인 권위와 제도적인 혹은 사후적인 권위로 구분된다. 천부적인 권위는 출생을 통해 하나님에 의해 부여되는 것으로서 자녀에 대한 부모의 권위가 여기에 해당된다. 제도적인 권위는 사람들을 통해 하나님에 의해 부여되는 것으로서 투표의 다수결 혹은 공동체의 합의에 의한 합법적인 선출직과 선출된 권위자의 판단에 따른 합법적인 지명직이 여기에 해당된다. 사후적인 권위로서 남편의 경우 두 배우자의 기호라는 방식을 통하지만 하나님이 짝을 지으신다(마 19:6). 그러나 쿠데타에 의한 권위의 강제적인 탈취나 부당한 방법에 의한 권위의 승계는 하나님에 의해 부여된 권위가 아니라 권위를 가장한 불법이며 폭력이다.

권위의 크기와 범위도 하나님이 정하신다. 아내는 자기 남편의 권위만 존중하면 되고 남편은 아내를 자신의 생명보다 더 소중하게 여기며 희생하는 사랑의 크기만큼 권위를 가지며, 자녀는 자기 부모의 권위만 존중하면 되고 부모는 주의 교양과 훈계로 양육하는 그 만큼의 권위를 소유한다. 대통령은 권위의 대상이 자국의 국민에게 국한되며 국민의 생명과 재산과 국토를 보호하고 국가 공동체의 질서를 유지하는 권위를 소유한다. 사장은 오직 직원에 대해서만 권위를 가지며 자신의 회사 내 업무에 해당하는 것에 대해서만 권위를 행사해야 한다. 교수는 오직 자신이 속한 학교의 학생에 대해서만 권위를 가지며 주로 해당 분야의 교육에 대해서만 권위를 행사해야 한다. 이처럼 이 땅에서의 권위는 제한적인 크기와 한정된 범위를 갖는다는 것이 특징이다.

권위의 유통기한 즉 권위의 길이도 하나님이 정하신다. 대통령의 임기는 나라마다 다양하다. 국민이 선출한 의원들에 의해 법이 제정되며 대한민국 대통령의 경우에는 헌법 제70조에 "대통령의 임기는 5년으로 하며 중임할 수 없다"고 명시되어 있다. 미국의 경우에는 대통령의 임기가 4년이며(헌법 2조 1항) 3회 이상은 연임할 수 없으므로(수정헌법 22조 1항) 최장 8년으로 명시되어 있다. 남편의 경우에는 합법적인 이혼이나 사별에 의해 권위의 기한이 종료된다. 부모의 권위는 부모나 자녀가 사망할 때까지, 자녀가 부모를 떠나 한 여인과 한 몸을 이루는 결혼의 때까지 지속된다. 사장의 권위는 사장의 퇴임이나 직원의 퇴직과 함께 사라진다. 이처럼 이 땅에서의 권위는 영원하지 않다. 언젠가는 소멸된다.

모든 높은 권위에 대해 우리는 바울의 권고처럼 복종해야 한다. 권위자에 대한 복종은 바울이 계속해서 진술하고 있는 하나님께 합당한 예배를 실천하는 사랑이다. 권위자를 사랑하는 방법은 복종이다. 복종이 어떻게 사랑인가? 예수님이 보이셨다. 예수의 위에 있는 권위는 오직 아버지 하나님 한 분이시다. 예수는 그에게 전적으로 순종했다. 내가 아버지의 계명을 준수하여 그의 사랑 안에 거한다고 가르친다. 그리고 "내 계명을 지키는 자라야 나를 사랑하는 자(요 14:21)라고 선언한다. 이처럼 위에 있는 권세를 사랑하는 방법은 복종이다.

그러나 권세에 대한 복종이 가능한가? 당시에 바울이 말한 "보다 높은 권위를 가진 자들"은 대체로 이스라엘 민족의 주권을 박탈하고 유대인의 등골이 휘도록 민족의 혈세를 빨아 먹으며 지배하는 로마의 관원들을 의미한다. 그들에게 복종하는 것은 당시에 민족에 대한 변절과 배신을 의미했다. 그런데도 바울은 그들에 대한 복종을 강조하며 단호한 명령문을 사용한다. 로마의 관원들은 단순히 개인적인 원수의 개념을 넘어 민족의 공동체적 원수이기 때문에 이런 원수를 사랑하는 것은 한 개인의 결의로만 성취되는 것이 아니라 민족적인 공감대의 형성이 필요하다. 자칫 잘못하면 자기 혈족에게 공공의 적으로 찍힐 수도 있는 사안이다.

그러나 바울의 입장과 의지는 단호하다. 원수를 사랑하여 하나님께 합당한 예배를 드리기 위해서는 민족 전체의 원수도 사랑해야 한다. 베드로도 동일한 입장을 피력한다. 복종의 대상으로 그는 왕과 총독을 꼬집어서 언급한다. "인간의 모든 제도를 주를 위하여 순종하되 혹은 위에 있는 왕이나 혹은 그가 악행하는 자를 징벌하고 선행하는 자를 포상하기 위하여 보낸 총독에게 하라"(벧전 2:13-14). 모든 제도에 순종하되 왕이나 총독에게 순종하는 목적은 특정한 지도자나 당파의 정권을 유지하기 위함이 아니라 주를 위함이다. 이스라엘 백성은 애굽에 의해, 앗수르에 의해, 바벨론에 의해, 메대와 바사에 의해, 그리스와 로마에 의해 지배를 당했다. 이토록 우울하고 절망적인 역사 속에서도 하나님을 믿는 사람들은 지배자에 의해 만들어진 모든 제도에 복종해야 했다. 이런 복종은 어쩌면 이스라엘 백성이 저지른 영적 불순종의 비용인지 모르겠다. 민족마다, 사람마다 처한 상황이 다양하다. 그러나 서로 합의를 본 제도가 부여하는 합법적인 권위에 모두 순종해야 한다.

베드로와 바울이 동의하는 바 형제와 가까운 이웃과 먼 이방인을 사랑하고 나아가 조국의 원수인 로마까지 사랑해야 한다는 것이 이 단락의 핵심이다.

[2]그러므로 권위자와 대립하는 자는 하나님의 정하심에 저항한 것이며
저항하는 자들은 스스로 심판을 받게 될 것입니다

이제 바울은 보다 낮은 권위를 가진 자가 보다 높은 권위에 복종하지 않은 것의 의미를 설명한다. 권위자에 대한 불복종 혹은 저항은 하나님의 정하심에 대한 저항을 의미한다. 권위자와 하나님은 연동되어 있다. 그래서 보다 높은 권위에 순종하는 것은 하나님께 순종하는 것으로 간주된다. 그러므로 아내는 남편의 권위를 부여하신 주님께 하듯이 남편에

게 순종해야 한다. 부모에 대한 자녀의 순종도 부권을 부여하신 하나님과 관계되어 있다고 바울은 가르친다. "자녀들아 모든 일에 부모에게 순종하라 이는 주 안에서 기쁘게 하는 것이니라"(골 3:20). 사장 혹은 대통령의 권위도 하나님이 정하신 것이기 때문에 사원들과 관원들은 "그리스도의 종들처럼 마음으로 하나님의 뜻을 행하고 기쁜 마음으로 섬기기를 주께 하듯"(엡 6:6-7) 그들에게 순종해야 한다. 보다 높은 권위에 복종하지 않으면 하나님의 정하심에 저항하는 것이기 때문에 다윗은 비록 왕권을 오용하고 자신의 생명도 위협하는 사울을 제거할 기회가 있었지만 포기했다. 왜? "내가 손을 들어 여호와의 기름 부음을 받은 내 주를 치는 것은 여호와께서 금하시는 것이니 그는 여호와의 기름 부음을 받은 자가 됨이니라"(삼상 24:6). 그냥 호의의 메시지를 보내기 위해 사울의 옷자락 한 조각을 자른 것 때문에 그의 마음은 아파했다. 보다 높은 권위를 대하는 다윗의 이런 자세는 바울의 가르침과 정확히 일치한다.

바울은 우리가 보다 높은 권위에 대항하면 스스로 하나님의 심판을 받게 될 것이라고 경고한다. 물론 권위에 따른 질서를 훼손하면 제도적인 심판과 형벌도 주어진다. 그러나 비교할 수 없을 정도로 두렵고 떨어야 하는 심판은 하나님의 심판이다. 땅에서의 권위에 대한 불순종과 저항은 하나님께 저항하는 것이고 이에 대해 하나님의 심판이 따른다는 것은 하나님이 정하신 섭리라고 바울은 선언한다. 이것은 최고의 권위가 정하신 질서이기 때문에 바꾸려고 하지 말고 그 질서를 수용하고 순응해야 한다.

³다스리는 자들은 선한 일이 아니라 악한 일에 대해 두려움이 되는데
당신은 이 권세를 두려워할 의사가 없습니까? 선한 일을 하십시오
그러면 그에게서 칭찬을 받을 것입니다

이제 바울은 우리가 악한 일을 저질렀을 때에 권위자를 대하는 두려움의 합당한 태도를 가르친다. 권위자는 우리가 선한 일이 아니라 악한 일을 저질렀을 때에 취해야 할 두려움의 대상이다. 권위자를 무시하고 대항하는 것은 하나님의 정하심에 저항하는 것이고 이로써 하나님의 심판이 내려질 것이기 때문에 두려움의 태도는 너무도 마땅하다. 이 땅에서의 제도적인 권위에 대한 두려움도 물론 필요하다. 그러나 공적인 권위에 대한 두려움은 하나님에 대한 두려움에 근거해야 한다. 이는 모든 권위의 근원이신 하나님이 우리에게 궁극적인 두려움의 대상이기 때문이다. 이에 대한 예수의 말씀이다. "몸은 죽여도 영혼은 능히 죽이지 못하는 자들을 두려워하지 말고 오직 몸과 영혼을 능히 지옥에 멸하실 수 있는 이를 두려워하라"(마 10:28).

보다 높은 권위자는 우리에게 비록 악한 일에 대해서는 두려움의 대상이 되지만 선한 일에 대해서는 우리를 칭찬한다. 권위자는 형벌과 칭찬으로 악을 억제하고 선을 장려한다. 그러나 권위자가 악한 일에 두려움이 되지 않고 선한 일에 두려움이 된다면 어떻게 처신해야 하나? 그래도 순종해야 하나? 이에 대해서는 예수를 가르치는 것과 예수에 대해 말하는 것조차도 금지한 산헤드린 공회의 입장을 거부하며 던진 베드로와 요한의 말이 최고의 조언이다. "하나님 앞에서 너희의 말을 듣는 것이 하나님의 말씀을 듣는 것보다 옳은가 판단하라"(행 4:19). 이 말에 근거하여 믿음의 선배들은 사람의 말이 가진 권위의 크기는 화자의 신분이 중요하지 않고 그 말에 담긴 진리의 크기에 달렸다고 가르쳤다. 우리도 모든 권위자의 말을 존중하되 그 말에 담긴 진리의 크기만큼 복종하면 된다. 신경, 공의회의 결의, 고백서, 선언문, 교리문답 등의 참된 권위는 거기에 담긴 진리의 크기와 비례한다. 이는 성경과 일치하는 만큼의 권위만 그런 공문서에 주어지기 때문이다.

⁴그는 당신에게 선으로 인도하는 하나님의 종입니다 그러나 당신이 악한 일을
행한다면 두려워 하십시오 이는 그가 공연히 칼을 가지지 아니하기 때문이며
악을 행하는 자로 하여금 진노에 이르게 하는 보응의 종이기 때문입니다

여기에서 바울은 권위자의 정체성을 두 가지의 종 개념으로 설명한다.
하나는 "선한 것을 위한 하나님의 종"(θεοῦ διάκονός εἰς τὸ ἀγαθόν)이라
고 한다. 다른 하나는 "진노를 위해 보응하는 하나님의 종"(θεοῦ διάκονός
ἔκδικος εἰς ὀργὴν)이라고 한다. 진실로 권위자는 우리가 악한 길로 가지
못하도록 공권력을 가리키는 심판과 형벌의 칼을 가지고 악을 억제하는
보응의 종이고 선한 길로 가도록 우리에게 칭찬의 가로등을 환하게 비추
는 안내자다. 권위자가 우리를 선으로 인도하는 권위의 목적을 성취하기
위해 구비해야 하는 자질은 무엇인가? 언제 칭찬을 사용하고 언제 칼을
사용해야 할지를 결정하기 위한 선악의 분별이 바로 권위자의 자질이다.

그런데 선과 악을 판단하는 기준은 인간이 아니라 하나님께 있다. 그
래서 친인척을 봐주려는 혈통적인 욕망이 작용하지 않고, 사적인 이득을
취하려는 경제적인 욕망이 작용하지 않고, 사회적인 지위의 상승을 도모
하는 정치적인 욕망이 작용하지 않고, 성적인 유익을 취하려는 신체적인
욕망이 작용하지 않은 선악의 지극히 객관적인 기준, 하나님의 기준을 분
명히 이해한 권위자가 자신에게 주어진 권위의 신적인 목적을 제대로 성
취한다. 여기에서 말하는 권위자는 어떠한 기관이나 국가에서 공적인 직
무를 수행하는 자들을 가리킨다. 그들은 자신의 권위가 사람들이 아닌 하
나님에 의해서 위임된 것임을 기억해야 한다. 하나님의 기준을 따라 선에
대한 보상과 악에 대한 징계의 직무를 완수해야 한다. 만약 그들이 권위
를 자신의 사사로운 이익의 방편으로 여기고 오용하고 악용하고 남용하
면 신적인 권위를 스스로 내던지는 악한 종으로 전락한다.

다윗은 하나님의 영광과 백성의 행복을 위해 쓰도록 위임된 왕권을 악

용하여 자기의 신하를 죽이고 그 아내를 간음했다. 이 죄는 결코 덮어지지 않고 나단 선지자에 의해 드러나게 되었고 다윗은 회개하며 하나님께 죄를 범했고 주의 목전에서 악을 저지른 것이라고 고백했다(시 51:4). 권위의 오용과 악용과 남용은 그 권위를 부여하신 하나님께 저질러진 범죄이며 그 악은 하나님의 면전에서 이루어진 것이어서 하나님의 엄중한 심판과 무거운 형벌이 뒤따른다. 다윗은 자식들이 다른 자식에 의해서 살해되고 자신도 그 자식에 의해 내쫓기고 자기의 후궁들도 그 자식에 의해서 백주에 성폭행을 당하는 형벌을 당하였다. 정말 무서운 형벌이다.

그런데 온 세상을 정복하고 다스리는 권위가 위탁된 인간이 하나님의 권위에 도전할 때에 발생한 형벌은 무엇인가? 권위가 큰 자일수록 더 엄중한 형벌이 주어지기 때문에 권위와 형벌의 크기는 비례한다. 인간의 죄에 대한 형벌은 무려 하나님의 아들 예수의 죽음이다. 이는 인간에게 맡겨진 권위의 크기가 얼마나 큰 것인지를 극명하게 보여준다. 권위가 주어지는 것은 놀라운 영광이다. 그러나 그 권위의 불법적인 행사가 초래하는 형벌도 그 영광에 버금간다. 이 땅에서 하나님의 권위가 위임된 남편과 부모와 사장과 대통령 등 모든 권위자는 이 사실을 명심해야 한다. 교회 안에서도 가르침의 권세, 다스림의 권세, 긍휼의 권위가 부여된 목사와 교사와 장로와 집사도 주어진 권위를 사적인 목적이 아니라 성도를 하나님 앞에 온전히 세우고 섬김의 일을 온 세상에서 수행하게 만드는 하나님의 공적인 목적을 수행하기 위해 써야 한다는 사실을 명심해야 한다.

[5]그러므로 진노 때문만이 아니라 양심 때문에도 순종하는 것은 불가피한 일입니다

하나님의 진노는 권위자에 대한 순종의 중요한 동기임에 분명하다. 그러나 바울은 권위자를 대하는 순종이 하나님의 진노에 대한 두려움 때문

만이 아니라 양심을 따라서도 취해야 할 태도라고 강조한다. 무엇을 하든 행위의 가치는 동기에 의존한다. 그래서 범사에 동기가 중요하다. 진노 때문에 권위에 순종하는 것은 타율적인, 강압적인, 피동적인, 소극적인 순종이다. 그러나 양심 때문에 권위에 순종하는 것은 자율적인, 자발적인, 능동적인, 적극적인 순종이다. 바울은 진노에 의한 순종의 중요성도 타락한 세상에서 간과하지 말아야 함을 가르치되 그것보다 양심에 따른 순종이 더 중요함을 가르친다. 집에서 쫓겨나지 않으려고 자녀가 부모에게 순종하고, 이혼이나 버림을 당하지 않으려고 아내가 남편에게, 해고나 감봉을 당하지 않으려고 직원이 사장에게 복종하는 것은 아름답고 건강한 공동체의 모습에서 멀다. 그러나 자녀와 부모의 마땅한 도리, 아내와 남편의 마땅한 도리, 직원과 사장의 마땅한 도리 때문에 서로에게 복종하는 것은 참으로 아름답다.

[6]이로 인하여 여러분은 조세도 납부하고 있습니다
이는 그들이 이 일에 항상 힘쓰는 하나님의 공적인 종들이기 때문입니다

진노와 양심에 의한 복종을 설명하기 위해 바울은 특별히 조세의 사례를 언급한다. 조세는 1세기에 대단히 민감한 정치적인 문제인 동시에 종교적인 문제였다. 이것을 잘 아는 바리새인 및 헤롯당의 몇 사람들이 예수에게 찾아와 로마의 황제에게 세금을 바치는 것이 옳은 것인지에 대해 질문했다. 이는 예수가 세금을 바치라고 하면 황제 숭배자와 민족의 배신자가 되고 세금을 바치지 말라고 하면 황제를 거역하는 로마의 원수가 되게 만드는 교활한 덫이었다. 이에 예수는 황제의 것은 황제에게, 하나님의 것은 하나님께 드리라는 지혜로운 답변으로 함정을 벗어났다(막 12:14-17). 실제로 예수와 그의 제자들은 납세의 의무를 준수했다. "우리가 그들

이 실족하지 않게 하기 위하여 네가 바다에 가서 낚시를 던져 먼저 오르는 고기를 가져 입을 열면 돈 한 세겔을 얻을 것이니 가져다가 나와 너를 위하여 주라 하시니라"(마 17:27).

바울은 조세를 바쳐야 한다는 예수의 이러한 결론을 이미 수용하고 나아가 조세를 바치는 태도의 성숙을 강조한다. 로마교회 성도들은 로마에 대해 납세의 의무를 준수하고 있다. 그러나 교회는 납세의 태도에 있어서 세상과는 달라야 함을 강조한다. 즉 세무조사 혹은 탈세의 발각으로 인한 벌금이나 형벌이 무서워서 억지로 세금을 납부하지 않고 국가가 제공하는 다양한 서비스와 혜택들 때문에 양심을 따라 즐거운 마음으로 기꺼이 세금을 납부해야 한다고 역설한다. 게다가 국세청 공무원은 조세의 자발적인 납부가 원활하게 되도록 항상 힘쓰는 "하나님의 공적인 종들"(λειτουργοὶ θεοῦ)이기 때문에 그들에게 복종해야 한다.

기관이나 국가의 모든 공무를 집행하는 모든 관원들은 하나님의 종들이다. 세금을 거두는 공무원도 하나님의 종들이다. 사실 세금을 관리하는 "세리"는 죄인들, 창녀들, 이방인과 늘 나란히 언급되는 관원이다. 이들에게 복종해야 한다는 것은 세상의 관점에서 보면 죄인들과 창녀들과 이방인과 같은 상종조차 하기 싫어하는 대상에게 무릎을 꿇으라는 것이어서 수용하기 너무도 어려운 일이었다. 그런데도 바울은 하나님의 사람이라 한다면 얼마든지 그들에게 복종해야 한다고 가르친다. 그것도 진노의 두려움 혹은 불이익 때문에 억지로 복종하는 것이 아니라 양심을 따라 기꺼이 복종해야 한다.

우리가 어떠한 직종에서 어떠한 지위를 가지고 어떠한 직무를 하더라도 우리는 하나님의 종이라는 사실을 기억하고 하나님의 면전에서 주를 대하듯이 충성해야 한다. 맡은 일이 아무리 사소하게 보여도 하나님이 부여하신 큰 소명이기 때문에 각자의 직무에 충실해야 한다.

⁷모든 자에게 주어야 할 것을 주되 조세 받을 자에게는 조세를, 관세 받을
자에게는 관세를, 두려워할 자에게는 경외를, 존경할 자에게는 존경을 주십시오

이 구절은 보다 높은 권위를 가진 자들에게 복종하는 사랑의 결론이다.
모든 자에게 주어야 할 것을 주는 것이 사랑이다. 주어야 할 대상은 크게
두 가지로 구분된다. 조세와 관세의 경우에는 실질적인 행위가 요구된다.
이런 경우에도 바울은 양심에 따른 순종의 중요성을 가르친다. 두려움과
존경의 경우에는 마음의 보이지 않는 행위를 요구한다. 이처럼 사랑은 의
무와 양심의 활동을 모두 요구한다. 마땅히 주어야 할 조세와 관세의 대
상이나 자발적인 두려움과 존경의 대상에는 당연히 원수들도 있다. 친구
와 원수라는 관계성을 불문하고 우리는 모든 권위에 복종해야 한다.

⁸피차 사랑의 빚 외에는 아무에게든지 아무 빚도 지지 말라 남을 사랑하는 자는 율법을 다 이루었느니라 ⁹간음하지 말라, 살인하지 말라, 도둑질하지 말라, 탐내지 말라 한 것과 그 외에 다른 계명이 있을지라도 네 이웃을 네 자신과 같이 사랑하라 하신 그 말씀 가운데 다 들었느니라 ¹⁰사랑은 이웃에게 악을 행하지 아니하나니 그러므로 사랑은 율법의 완성이니라 ¹¹또한 너희가 이 시기를 알거니와 자다가 깰 때가 벌써 되었으니 이는 이제 우리의 구원이 처음 믿을 때보다 가까웠음이라 ¹²밤이 깊고 낮이 가까웠으니 그러므로 우리가 어둠의 일을 벗고 빛의 갑옷을 입자 ¹³낮에와 같이 단정히 행하고 방탕하거나 술 취하지 말며 음란하거나 호색하지 말며 다투거나 시기하지 말고 ¹⁴오직 주 예수 그리스도로 옷 입고 정욕을 위하여 육신의 일을 도모하지 말라

❖ ❖ ❖

⁸서로 사랑하는 것이 아니라면 아무에게 어떠한 빚도 지지 마십시오 남을 사랑하는 것은 율법을 완성하는 것입니다 ⁹이는 간음하지 말라, 살인하지 말라, 훔치지 말라, 탐내지 말라는 것 및 다른 어떤 계명들이 있더라도 그것들은 네 이웃을 너 자신처럼 사랑해야 한다는 그 말씀 안에 다 종합되어 있기 때문입니다 ¹⁰사랑은 이웃에게 잘못을 저지르지 않습니다 그러므로 율법의 완성은 사랑입니다 ¹¹또한 여러분은 잠에서 깨어날 시간, 이 시기를 알고 계십니다 지금은 우리의 구원이 우리가 처음 믿을 때보다 더 가까워 졌습니다 ¹²밤은 깊어진 반면 낮은 가까이 왔습니다 그러므로 우리는 어둠의 일들을 버리고 빛의 갑옷을 입읍시다 ¹³우리는 흥청댐과 술중독, 호색과 음탕함 없이, 다툼과 시기 없이 낮에 행하듯이 단정하게 사십시다 ¹⁴여러분은 주 예수 그리스도로 옷 입고 과욕에 이르는 육신의 예비적인 궁리를 짜내지 마십시오

사랑, 율법의 완성

바울은 12장과 13장 초반에서 형제와 이웃과 이방인과 원수와 공직자에 대한 사랑의 본질을 다양하게 설명한 이후에 이제 그 사랑이 구약의 본질임을 강조한다. 구약의 모든 율법은 서로에게 사랑의 빚 외에는 어떠한 빚도 지지 말라는 뜻이라고 그는 해석한다. 그의 구약 해석학은 탁월하다. 사랑은 하나님의 말씀이 가리키는 삶의 방향이며 도달해야 하는 의미의 종착지다. 그리고 바울은 지금의 시기를 어두운 밤이 아니라 밝은 낮이라고 규정한다. 사랑은 낮과 밤을 가리지 않고 실천해야 하는 성도의 항구적인 활동이다. 범사에 환한 낮에 어울리는 삶의 태도와 행실을 권하면서 그리스도 예수를 옷처럼 입으라고 명령한다.

[8]서로 사랑하는 것이 아니라면 아무에게 어떠한 빚도 지지 마십시오
남을 사랑하는 것은 율법을 완성하는 것입니다

앞의 본문에서 바울은 납세의 의무를 언급했다. 공적인 빚이라고 할 세금

의 납부는 한 사회의 구성원 자격으로 실천해야 하는 모든 개인의 공통적인 책임이다. 이제 바울은 사회의 필연적인 책무가 아니라 개인에게 발생하는 사적이고 우발적인 빚 문제를 거론한다. 바울은 개인 사이에서 채권자와 채무자의 관계가 형성되는 일체의 행위를 금지한다. 풀어서 설명하면, 남편이 아내에게, 아내가 남편에게, 종이 주인에게, 주인이 종에게, 부모가 자녀에게, 자녀가 부모에게, 친구가 친구에게, 동료가 동료에게 마땅히 해야 할 도리와 책임을 다하지 않으면, 그 누구도 어떤 이에게도 어떠한 빚도 지지 말라(Μηδενὶ μηδὲν ὀφείλετε)는 말씀에 위배된다.

빚이라는 것은 마땅히 해야 할 일을 행하지 않았거나 하지 말았어야 할 일을 한 경우에 발생한다. 이 빚은 타인에게 나 자신에 대한 어떤 권한을 필히 부여하여 결국 빚 때문에 한 사람이 다른 사람에게 얽매이는 주종의 관계가 형성한다. "부자는 가난한 자를 주관하고 빚진 자는 채주의 종이 되느니라"(잠 22:7). 내가 타인을, 타인이 나를 지배하는 것은 공동체의 건강한 질서를 파괴한다. 하나님은 어떠한 사람도 타인에게 빚을 독촉하는 불균등한 관계의 발생을 원하지 않으신다. 모두가 서로에게 형제의 동등한 관계 맺는 것을 원하신다. "너희는 유대인이나 헬라인이나 종이나 자유인이나 남자나 여자나 다 그리스도 예수 안에서 하나이니라"(갈 3:28). 이 구절은 하나님이 모든 교회 공동체에 원하시는 형제의 동등한 관계성을 잘 보여준다. 그리스도 안에서는 모든 빚이 청산된다. 우리가 어떠한 빚을 졌든지 그분 안에서는 영원하고 무한한 빚을 탕감 받기 때문이다. 그런 탕감의 은혜를 경험한 자는 타인의 어떠한 빚도 탕감할 사랑의 밑천을 확보한다.

빚은 모든 좋은 관계를 어떤 식으로든 파괴한다. 그러므로 우리는 타인에게 빚을 지지 않도록 주의해야 하고 타인을 빚에 얽매이게 만들지 않도록 동일한 비중으로 주의해야 한다. 타인에게 빚을 지지 않는 방법은 성실이다. 아담의 타락 이후로 모든 사람은 이마에 수고의 땀방울이 흘러야 그 소산으로 생계를 유지하게 된다는 것은 태초에 세워진 생존의 규칙이다(창 3:19). 이에 바울은 일하기를 싫어하는 자는 "먹지도 말게" 하고 "게으르게 행하여 도무지 일하지 아니하"는 자에게 "조용히 일하여 자기 양식을 먹으라"고 권면한다(살후 3:10-12). 지혜자도 게으른 자는 부역이나 벌금의 족쇄를 찬 노예로 전락하게 된다고 경고한다(잠 12:24). 생각이든 말이든 행동의 차원이든 성실하게 일하지 않으면 가난하게 되고 그러면 타인에게 손을 벌려야 하고 결국 빚쟁이가 된다.

타인으로 하여금 빚쟁이가 되지 않도록 만드는 방법은 나눔이다. 살다가 보면 나에게 도움을 구하러 찾아오는 사람들이 있다. 그때 우리는 "네게 구하는 자에게 주며 네게 꾸고자 하는 자에게 거절하지 말라"(마 5:42)는 예수의 가르침을 기억해야 한다. 나아가 바울도 우리가 필요 이상의 넉넉한 소유물을 가난한 타인의 부족한 것을 보충하기 위해 그에게 대출하는 것이 아니라 그냥 나누어야 한다고 가르친다(고후 8:14). 만약 우리가 가난한 타인에게 그냥 주지 않고 빌려 주면 그 타인은 빚쟁이가 될 수밖에 없기 때문이다. 심지어 예수는 원수에 대해서도 그냥 베풀라고 가르친다. "오직 너희는 원수를 사랑하고 선대하며 아무것도 바라지 말고 꾸어 주라 그리하면 너희 상이 클 것이요 또 지극히 높으신 이의 아들들이 되리니 그는 은혜를 모르는 자와 해로운 자에게도 선하시기 때문이라"(눅 6:35). 아무것도 바라지 않고 꾸어주는 것이 바로 나눔이다. 이렇게 나누는 근거는 하나님의 선하심에 있다. 하나님은 은혜를 모르는 자와 해를 끼치는 자 모두에게 선하신 분이시다. 그런 우리에게 그렇게 선하셨다.

바울은 어떠한 사람도 어떠한 것에 있어서도 빚을 지지 말라고 말하면서 단 하나의 예외를 언급한다. 그것은 바로 사랑이다. 사랑의 빚은 그 특성이 특이하다. 강제적인 채무가 아니라 자발적인 채무를 유발한다. 자율적인 것이어서 갚아야 할 강제적인 필연성이 없다. 그래서 종속적인 관계의 형성이 예방된다. 그리고 정확한 크기의 빚을 갚아야 하는 것이 아니라 나에게 주어진 능력의 크기를 따라 정한 분량으로 보상하면 된다. 보상의 대상은 빚을 준 자에게만 국한되지 않고 다른 타인에게 대신 갚아도 되기 때문에 자유롭다. 엄밀하게 말하면, 사랑의 빚은 갚아야 할 채무가 아니라 나눔이다. 채권자의 행위와 채무자의 행위가 모두 베푸는 나눔이다. 받는 자보다 주는 자가 복되다는 원리에서 본다면, 사랑의 빚에 관계된 두 당사자는 동시에 보다 큰 복의 수혜자가 된다.

사랑과 관계된 빚의 구체적인 내용은 무엇인가? 바울은 사랑하는 것이 율법을 완성하는 것이라는 점을 지적하며 그 구체적인 내용을 암시한다. 사랑은 율법의 완성이고 율법의 완성은 사랑이다. 율법을 완성해야 사랑하는 것이고 사랑해야 율법이 완성된다. 율법을 완성하기 위해서는 모든 계명이 사랑까지 이르러야 하고 사랑하기 위해서는 모든 계명을 완성하는 수준까지 이르러야 한다. 여기에서 율법을 "완성하다 혹은 충만하게 만들다"(πληρόω)는 말은 율법의 가장 높은 차원까지, 변두리의 마지막 영역까지 전혀 부족함이 없도록 입법자의 의도로 가득 채우는 것을 의미한다. 모든 율법에 하나님의 뜻을 넣고 꾹꾹 눌러서 가득 채우고 짜내면 나오는 엑기스가 바로 사랑이다. 즉 하나님의 율법에 대한 온전한 순종의 여부를 가리는 시금석은 사랑이다.

⁹이는 간음하지 말라, 살인하지 말라, 훔치지 말라, 탐내지 말라는 것 및
다른 어떤 계명들이 있더라도 그것들은 네 이웃을 너 자신처럼 사랑해야 한다는
그 말씀 안에 다 종합되어 있기 때문입니다 ¹⁰사랑은 이웃에게
잘못을 저지르지 않습니다 그러므로 율법의 완성은 사랑입니다

십계명은 율법의 종합이다. 바울은 간음과 살인과 도둑질과 탐심의 조항을 비롯한 모든 율법들이 "네 이웃을 너 자신처럼 사랑해야 한다는 그 말

씀 안에 다 종합되어" 있다고 해석한다. 즉 모든 율법은 십계명에 종합되어 있고 그 십계명은 사랑 안에 종합되어 있다. 이웃을 나 자신처럼 사랑하기 위한 전제는 나 자신에 대한 사랑이다. 많은 사람이 자신을 사랑하는 방법에 있어서 무지하다. 자신을 사랑하는 방법은 무엇인가? 지혜자가 힌트를 제공한다. "도둑과 짝하는 자는 자기의 영혼을 미워하는 자라"(잠 29:24). 모든 종류의 도둑에게 협조하지 않고 편들지 말아야 자신의 영혼을 미워하지 않고 사랑하는 거다. 도둑질의 대상에는 다른 타인만이 아니라 나 자신도 포함된다. 바울이 언급한 계명을 따라 말한다면, 나 자신을 사랑하기 위해 나의 순결이나 타인의 순결을 훔치는 사람, 나의 생명이나 타인의 생명을 탈취하는 사람, 나의 소유물 혹은 타인의 소유물을 가지려는 욕망의 사람을 경계해야 한다. 에베소서 5장에서 바울은 "자기 아내를 사랑하는 자는 자기를 사랑하는 것이라"(엡 5:28)는 자기 사랑의 원리를 소개한다. 아내와 남편은 서로에게 가장 가까운 이웃이고 타인이다. 이 원리를 부부에서 온 세상으로 확대하면 모든 타인을 사랑하는 것이 곧 자기 사랑이다.

나와 너를 차별하지 않고 동등하게 대우할 때 "네 이웃을 너 자신처럼 사랑해야 한다"는 계명의 실천이 가능하다. 사랑은 이웃에게 잘못을 저지르지 않는 것이라고 바울은 설명한다. 이것은 이웃을 사랑하는 것인 동시에 나 자신을 사랑하는 방법이다. 전염병의 확산을 보면 이 사실이 확인된다. 이웃이 안전해야 나도 안전하다. 이웃이 감염되면 나도 위태롭다. 이웃에게 저지르는 잘못의 대부분은 간음과 살인과 도둑질과 탐심을 비롯한 모든 계명들의 위반이다. 이 계명들을 위반하지 않는 것은 종교적인 계율의 보존이 아니라 나를 사랑하고 이웃을 사랑하기 위함이다. 모든 계명에 배어 있는 입법자의 의도는 사랑이다. 그런데 그 사랑의 구체적인 내용은 하한선에 불과하다. 즉 계명의 문자적인 요구는 최고치의 적극적인 사랑이 아니라 겨우 사랑으로 분류될 수 있는 최저치의 소극적인 사랑이다. 그러나 계명의 보다 중요한 의도(마 23:23)는 추루한 이웃을 거룩하게 하고, 죽어가는 이웃을 살아나게 하고, 가난한 이웃을 배부르게 하고, 도움이 필요한 자들을 풍요롭게 하는 적극적인 사랑의 최고치에 있다. 율법의 완성은 이러한 사랑이다. 율법이 완성된 결과는 사랑이다. 이 사랑은 예수께서 이 율법을 다 이루시고 끝마치신 비결이다.

11또한 여러분은 잠에서 깨어날 시간, 이 시기를 알고 계십니다
지금은 우리의 구원이 우리가 처음 믿을 때보다 더 가까워 졌습니다

여기에서 바울은 사랑의 빚 외에는 어떠한 채무도 가지지 말아야 할 시급성에 대해 강조한다. 지금은 잠에서 깨어나야 할 시각이다. 발신자와 수신자가 알고 있는 이 "시각"(καιρός)은 어떤 사건의 발생이나 종료가 일어나야 할 정해진 시점을 의미한다. 로마의 성도들이 믿음을 가진 지 20여년이 지난 지금은 믿을 당시보다 그들의 구원 즉 개인의 종말과 역사의 종말에 더 가까이 다가온 시점이다. 한 시대에 대해 바울과 성도들이 느끼는 이러한 긴박감은 우리도 본받아야 한다. 우리 모두는 짧은 일생을 살아간다. 믿음의 첫 순간이 있고 그 이후로 구원의 때에 이르는 속도는 점점 빨라진다. 매 순간 성장해야 한다. 믿음의 연륜이 쌓일수록 사랑의 빚은 커지고 다른 빚은 작아져야 한다. 율법의 완성인 사랑의 빚을 더 많은 자들에게 더 많은 분량으로 산출해야 한다. 인생의 소중한 순간들이 사랑의 빚 이외에 다른 것에 허비되지 않도록 기회를 포착하고 그 기회를 숨기는 악한 시대를 분별해야 한다.

¹²밤은 깊어진 반면 낮은 가까이 왔습니다 그러므로 우리는
어둠의 일들을 버리고 빛의 갑옷을 입읍시다 ¹³우리는 흥청댐과 술중독,
호색과 음탕함 없이, 다툼과 시기 없이 낮에 행하듯이 단정하게 사십시다

바울은 자신의 어두운 시대를 특이하게 이해한다. 밤은 깊어졌고 낮은 다가왔다. 밤과 낮이 대비되고 있다. 그런데 깊어짐과 가까움의 대비는 이상하다. 낮이 가까우면 밤은 멀어지기 때문에 가까움과 멀어짐이 어울리는 언어의 조합이다. 그런데 바울은 밤의 깊어짐과 낮의 가까움을 대비한다. 바울의 표현처럼, 우리의 현실은 멀어져야 할 밤이 더 깊어졌다. 더 짙어졌다. 그래서 지금은 더 캄캄하다. 깊어진 밤은 현실이다. 현상이고 인식이다. 그러나 가까워진 낮은 아직 도래하지 않은 앞날이다. 관념이고 소망이다. 어둠이 깊어진 밤과 구원이 가까워진 낮의 공존은 우리가 살아가는 모든 시대의 실상이다. 바울은 이러한 시기에 성도라면 어떻게 처신해야 하는지를 가르친다. 어둠의 일들을 버리고 빛의 갑옷을 입으라고 한다. 눈에 보이는 대로 살지 말고 소망을 붙들라고 한다.

"어둠의 일들"은 연회를 벌이고 흥청대는 것(κῶμος), 술에 만취되는 것(μέθη), 금지된 성관계를 밝히는 것(κοίτη), 부끄러운 마음도 없이 방탕하게 행하는 것(ἀσέλγεια), 타인을 공격하는 것(ἔρις), 타인의 형통을 싫어하는 것(ζῆλος) 등을 가리킨다. 이런 일들은 밤이 깊어지면 더 심해진다. 밤의 깊어짐과 어둠의 일들에 대한 우리의 인식은 신앙과 관계되어 있다. 신앙이 깊어지면 우리의 오늘이 더 깊고 어두운 밤이라는 사실을 인지하게 된다. 신앙의 경륜이 쌓일수록 그런 밤에 벌어지는 보다 심각한 어둠의 일들도 많이 관찰된다. 이 대목에서 조심해야 한다. 어둠의 일들도 많으면 보편적인 질서인 것처럼 여겨지기 때문이다. 우리가 악을 저질러도 감옥에 들어가지 않는 일은 우리처럼 살아가는 사람들이 많기 때문에 발생한다. 이것은 많으면 옳은 것이라고 여기는 다수결의 함정이다. 사람들

은 이렇게 자신도 모르게 많음과 옳음을 같은 것이라고 생각한다. 남들이 하니까 해도 된다고 생각하고, 행한 이후에는 그 어두운 일의 정당화를 도모하고, 나아가 어둠의 합법화도 불사한다. 이렇게 어떠한 사상이나 행동이 편만하면 그것이 마치 진리이고 질서이고 규범인 것처럼 세상에 군림한다. 그러나 선악을 구분하는 것은 다수결이 아니라 하나님의 영원한 말씀이다. 말씀으로 시대를 분별해야 한다.

어둠의 일들을 버리는 방법은 무엇인가? 어둠의 일들을 일상처럼 저지르며 살던 아우구스티누스는 이 구절을 읽고 하나님 앞에 엎드렸다. 그리고 자기에게 익숙한 성적 문란의 죄악에서 단호하게 돌이켰다. 그리고 하나님의 말씀에 천착했다. 어둠의 일들을 경계하고 거리를 유지하는 소극적인 방법도 있지만 바울이 제시하는 적극적인 방법은 빛의 갑옷 착용이다. 여기에서 "빛"은 밝은 낮을 의미한다. 어둠의 일들은 밤에 벌어지기 때문에 환한 낮이 되면 저절로 사라진다. 그러므로 우리는 깊은 밤이 아니라 더 가까이 다가온 낮을 나의 현실로, 나의 오늘로 간주해야 한다. 어두운 법과 질서가 세상을 지배하며 밤을 고집해도 우리의 현실은 밤이 아니라 낮이라고 확신해야 한다.

밤을 낮으로 여기는 비결은 무엇인가? 이사야의 기록이다. "다시는 네 해가 지지 아니하며 네 달이 물러가지 아니할 것은 여호와가 네 영원한 빛이 되고 네 슬픔의 날이 끝날 것임이라"(사 60:20). 우리에게 낮도 낮이고 밤도 낮인 이유는 하나님이 우리의 항구적인 태양이기 때문이다. 하나님을 영원한 빛으로 삼은 자에게는 슬픔도 기쁨이고, 죽음도 삶의 일부이고, 절망도 희망이고, 실패도 성공이고, 손실도 이익이고, 뺏김도 얻음이다. 악도 선으로 바꾸시는 하나님은 인생의 캄캄한 밤도 대낮으로 능히 바꾸신다. 빛의 갑옷을 착용하는 것은 범사에 하나님을 인정하는 것을 의미한다. 범사에 하나님을 인정하는 것은 영적 전쟁을 위한 최고의 무장이다. 하나님을 인정하면 우리의 인생은 캄캄한 밤에도 눈부신 대낮이다.

그러나 하나님을 부정하면 비록 이 땅에서는 지혜로운 자라 할지라도 그의 인생은 밤이든 낮이든 언제나 캄캄한 어둠이다. "그들은 낮에도 어두움을 만나고 대낮에도 더듬기를 밤과 같이 하느니라"(욥 5:14). 하늘의 태양과 달과 별은 근원적인 빛 되신 하나님을 가리키는 은유에 불과하다. 하나님을 부정하면 그 은유의 기능은 마비된다.

바울의 교훈에 따르면, 우리는 낮에 행하듯이 단정하게 행할 때 어둠의 일들을 제거한다. 눈이 부시도록 환한 빛의 갑옷을 입으면 낮에 행하듯이 단정히 행동하게 된다. "빛의 갑옷"(τὰ ὅπλα τοῦ φωτός)은 "빛이라는 무기" 혹은 "빛에서 나오는 능력" 혹은 "빛으로 둘러싸인 상태"를 의미한다. 빛은 이미 무기이고 능력이다. 이런 빛으로 무장하면, 즉 빛이 나를 사방으로 둘러싼 상태에 있으면 어떠한 어둠도 침투하지 못할 정도로 나는 안전하다. 그리고 옷은 우리의 행동을 제어한다. 군복을 입으면 군인처럼 행동하고, 히피의 복장을 하면 격식 없이 행동하고, 성직자의 옷을 입으면 정숙하게 행동하고, 운동복을 입으면 자유롭게 행동한다. 내가 행실이 어둡다면 반드시 착용해야 하는 것이 빛의 갑옷이다. 그 갑옷을 착용하면 행동만이 아니라 생각과 언어도 밝아진다.

눈빛과 표정과 말투와 생각과 행동이 어두운 사람들과 이따금씩 마주친다. 만약 우리가 빛의 갑옷을 입은 세상의 빛이라면 그들에게 드리운 어둠을 제거할 것이지만 아쉽게도 그렇지 못한 상황을 종종 목격한다. 이는 우리가 어둡기 때문이다. 예수는 우리가 세상의 빛이라고 한다. 빛은 나에게만 유익하지 않고 주변에 있는 너에게도 유익하다. 어둠은 주변을 어둡게 만들지 못하지만 빛은 주변을 밝게 만들기 때문에 빛과 어둠이 대결하면 항상 빛이 승리한다. 이런 빛과 어둠의 질서는 누구도 변경하지 못하도록 하나님이 정하셨다. 그런데도 교회가 어두운 이 세상을 이기지 못한다면 빛의 갑옷을 입지 않았다는 반증이다. 교회가 무너질 때마다 우리는 먼저 빛이신 하나님을 인정해야 한다. 그렇게 함으로써 빛의 갑옷을 착용하는 것이 회복의 첩경이요 비결이기 때문이다.

¹⁴여러분은 주 예수 그리스도로 옷 입고
과욕에 이르는 육신의 예비적인 궁리를 짜내지 마십시오

빛의 갑옷은 무엇인가? 그리스도 예수라고 바울은 답변한다. 사람을 옷으
로 입는다는 말의 의미는 무엇일까? 〈피터팬〉의 저자 제임스 매튜 배리 이
야기가 좋은 사례라고 생각한다. 저자 배리는 10남매 중 아홉째 아들로 태
어났다. 배리가 7세일 때 그의 형 데이빗은 13세에 죽음을 당했다. 데이빗
을 특별히 사랑한 어머니는 우울증에 빠졌으며 상태의 심각성은 배리를
형으로 착각할 정도였다. 이에 배리는 엄마를 기쁘게 할 생각으로 형의 옷
을 입고 형처럼 말하고 행동했다. 13세가 지나서도 배리는 어른이 되기를
원하지 않고 13세의 말과 행동에 머물러 있었으며 그의 키는 죽을 때까지
형이 죽을 때의 크기(150cm)였다. 이렇게 하여 배리는 자신의 인생이 아
니라 형의 인생을 산 것이었다. 피터팬은 배리의 자서전을 방불한다.

　바울은 예수가 우리에게 바로 그런 옷이라고 한다. 예수는 우리에게
영혼의 옷이며, 언어의 옷이며, 생각의 옷이며, 말의 옷이며, 행동의 옷이
며, 인생의 옷이다. 예수가 옷이라는 것은 참으로 아름다운 규정이다. 할
수만 있다면 키까지도 예수의 신장만큼 자라고 인품과 삶에 있어서도 예
수의 의로움과 거룩함과 지혜만큼 자라고 예수처럼 행동하고 싶다. 나의
인생을 사는 것이 아니라 예수의 인생을 사는 것이 빛의 갑옷 착용이다.

　나아가 바울은 "과욕"(ἐπιθυμία)에 이르는 "육신의 예비적인 궁리"(τῆς
σασρκὸς πρόνοιαν)를 금지한다. "육신의 예비적인 궁리"는 하늘의 신령한
것이 아니라 땅의 세속적인 것을 생각하고 취득의 전략을 만지작거리는
마음의 활동을 의미한다. 이러한 궁리가 축적되면 과한 욕심이 발생한다.

여기에서 과한 욕심은 마땅히 소유해야 할 것이 아니라 소유에 집착하지 말아야 할 대상을 적정한 분량이 아니라 필요 이상으로 추구하는 것을 의미한다. 예수의 옷을 입은 우리는 예수께서 이 땅에서 추구하신 것을 추구해야 하고 추구하신 분량만큼 추구해야 한다. 추구해야 할 대상은 무엇인가? "위엣 것을 생각하고 땅엣 것을 생각지 말라"(골 3:2). 위에 있는 것은 하나님 자신과 그의 뜻을 의미한다. 물론 땅에 있는 것도 필요하다. 땅에 있는 것에 대해서는 이렇게 가르친다. "우리가 먹을 것과 입을 것이 있은즉 족한 줄로 알 것이니라"(딤전 6:8). 이것은 예수께서 가르치신 일용할 양식을 의미한다. 생존의 필요 이상의 것을 추구하면 과한 욕심의 노예로 전락한다.

바울은 본문에서 사랑의 빚 외에는 어떠한 빚도 지지 말라고 가르친다. 그 사랑은 율법의 완성이고 율법의 완성은 바로 사랑이다. 우리의 시대는 참으로 위중하다. 그래서 잠에서 깨어나야 하고 시대의 특징을 분별해야 한다. 이 시대는 깊은 밤과 밝은 낮이 공존한다. 하나님을 빛으로 삼을 때에만 살아갈 수 있는 시대이고 삶의 방식은 빛의 갑옷을 착용하고 밤이라도 낮에 행하듯이 단정하게 행하면서 어둠의 일들을 제거해야 한다. 빛의 갑옷은 그리스도 예수이며 그를 옷으로 입고 예수의 인생을 살아야 세속적인 욕망에 빠지지 않고 율법의 완성인 사랑에 도달한다. 그것이 바로 세상의 빛으로서 세상의 어둠을 제거하며 살아가는 삶의 비결이다.

R

14장 평등과 존중의 하나님의 나라

¹믿음이 연약한 자를 너희가 받되 그의 의견을 비판하지 말라 ²어떤 사람은 모든 것을 먹을 만한 믿음이 있고 믿음이 연약한 자는 채소만 먹느니라 ³먹는 자는 먹지 않는 자를 업신여기지 말고 먹지 않는 자는 먹는 자를 비판하지 말라 이는 하나님이 그를 받으셨음이라 ⁴남의 하인을 비판하는 너는 누구냐 그가 서 있는 것이나 넘어지는 것이 자기 주인에게 있으매 그가 세움을 받으리니 이는 그를 세우시는 권능이 주께 있음이라 ⁵어떤 사람은 이 날을 저 날보다 낫게 여기고 어떤 사람은 모든 날을 같게 여기나니 각각 자기 마음으로 확정할지니라 ⁶날을 중히 여기는 자도 주를 위하여 중히 여기고 먹는 자도 주를 위하여 먹으니 이는 하나님께 감사함이요 먹지 않는 자도 주를 위하여 먹지 아니하며 하나님께 감사하느니라

❖ ❖ ❖

¹여러분은 신앙이 연약한 자를 수용하되 의견들의 판가름에 이르지는 마십시오 ²어떤 사람은 모든 것을 먹을 수 있다고 믿으나 연약한 자는 채소만 먹습니다 ³먹는 자는 먹지 않는 자를 멸시하지 말고 먹지 않는 자는 먹는 자를 비판하지 마십시오 이는 하나님이 그를 받으셨기 때문입니다 ⁴남의 하인을 비판하는 당신은 누구입니까? 그가 서 있거나 넘어지는 것은 그 자신의 주인과 관계된 것입니다 주께서 그를 세우실 수 있기 때문에 그는 세워질 것입니다 ⁵어떤 사람은 날과 날을 구분하고 어떤 사람은 모든 날을 같게 여깁니다 [그러므로] 각 사람은 자신의 마음으로 확정을 하십시오 ⁶날을 정하는 자도 주를 위해 정하고 먹는 자도 주를 위해 먹으면 그는 하나님께 감사를 드리는 셈입니다 먹지 않는 자가 주를 위해 먹지 아니해도 하나님께 감사를 드리는 것입니다

비판하지 말라

앞에서 바울은 보다 가까워진 종말을 대하는 태도에 대해 더욱 깊어진 밤이라 할지라도 빛의 갑옷 즉 그리스도 예수를 옷으로 입고 마치 낮인 것처럼 율법의 완성인 사랑을 실천하며 단정하게 혹은 품위 있게 대응할 것을 가르쳤다. 종말이 다가오면 사람들은 대체로 이상한 광기에 휩싸인다. 타인에 대한 배려와 예절은 없어지고 체면과 윤리도 실종된다. 분별력도 사라져 극단적인 판단을 내리기도 하고 과도한 방종이나 공포에도 붙잡힌다. 극도의 자기 중심성이 활개를 치며 타인을 무시하고 정죄하고 비판하는 현상이 속출한다. 그러나 바울은 믿음의 공동체 안에서 생각이나 행동이 다른 타인을 수용해야 함을 강조한다. 바울은 유대인과 이방인의 민족적인 차이나 빈자와 부자의 경제적인 차이나 상전과 종의 신분적인 차이나 남자와 여자의 성별적인 차이가 아니라 교회 즉 믿음의 공동체 안에서의 관계를 주목한다. 교회는 믿음이 강한 사람과 연약한 사람으로 구성되어 있다. 이들이 공존하기 위해서는 아무리 자신의 기준에 어긋난 사람이라 할지라도 하나님 때문에 서로를 수용하고 형제로서 존중해야 한다. 이것이 본문에서 바울이 가르치는 교훈의 핵심이다.

¹여러분은 신앙이 연약한 자를 수용하되 의견들의 판가름에 이르지는 마십시오

바울은 신앙이 강한 자가 연약한 자를 수용해야 한다고 가르친다. 그들이 가진 의견들에 대해 논쟁을 벌이고 비판하는 상황에는 이르지 말라고 경고한다. 신앙이 강하다는 것과 약하다는 것의 의미는 무엇인가? 믿음이 관여하는 곳을 살펴보면 확인된다. 믿음은 구원의 수단이고(행 16:31), 소망의 실체이고 보이지 않는 것들의 증거이며(히 11:1), 실천적인 삶의 원리이며(롬 1:17), 진리에 이르는 인식의 수단이다(히 11:3). 그렇다면 믿음이 연약한 자는 하늘에만 소망을 두지 않고 이 땅에도 미련을 가지거나, 보이지 않는 하나님과 그의 섭리에 대한 확신이 약하거나, 보이지 않는 요소는 고려하지 않고 가시적인 원인과 결과에 근거하여 실재를 분별하고 처신하는 사람을 일컫는다. 그런 사람을 대하는 악한 사람의 태도는 어떠해야 할까? 바울은 어떤 사안에 대해 연약한 믿음의 소유자가 가진 견해와 처신을 꼬집으며 그것에 대한 "판가름"(διάκρισις) 즉 시시비비 혹은 선악의 여부를 가리는 것은 올바르지 않다고 가르친다.

물론 성경은 판단을 허용한다. 다만 몇 가지의 요건을 충족해야 한다. 즉 판단하는 자가 성령에 이끌려야 하고(고전 2:15), 보이는 대로 판단하지 않고 의로운 기준 즉 하나님의 말씀으로 판단해야 하고(요 7:24), 타인에 대한 그 판단으로 나 자신도 판단을 받는다는 것 즉 나도 판단의 대상이 된다는 사실을 인지해야 하고(롬 2:1), 인간의 편파적인 판단이 아니라 주님의 의로운 판단에 근거해야 한다(시 119:7). 이로 보건대 우리는 판결의 독립적인 주체가 아니라 주님의 판단을 배우고 정확하게 전달하는 의존적인 사람이다. 인간은 오판의 가능성을 가지고 있지만 하나님의 판단은 오류가 없고 완전하다. 비록 우리가 잘못된 판단을 내린다고 할지라도 하나님의 판단을 변경하는 불상사는 없다. 시인은 "주의 판단이 온 땅에 있다"고 고백한다(시 105:7). 우리는 천지에 충만한 주님의 그 판단을 인지하고 드러내고 전달하는 주님의 종이며 증인이다. 우리가 증인이 되어 전달하는 판단력의 행사는 잘못된 믿음을 가지고 그릇된 길을 걸어가는 자들을 위함이다.

믿음이 잘못되지 않고 그냥 연약한 사람들의 경우에는 우리가 판단하는 것이 아니라 수용해야 한다. 여기에서 믿음의 성격은 인식이나 구원에 대한 것이 아니라 삶의 원리 혹은 수단이다. 만약 예수의 성육신과 죽음과 부활을 인정하고 고백하지 않는다면 그것은 연약한 신앙이 아니라 잘못된 신앙이다. 그러나 먹고 마시고 행동함에 있어서 말씀에 충실하지 않은 것은 연약한 신앙이다. 그런 신앙은 수용해야 한다. 여기에서 "수용하다 혹은 받다"(προσλαμβάνω)는 동사는 성경에서 마음으로 상대방을 나의 성적인 파트너로, 형제로, 친구로, 혹은 동역자로 받는다는 다양한 의미로 사용된다. 로마서의 이 문맥에서 보면, 상대방을 나의 형제로 맞이하는 것을 가리킨다. 그러므로 믿음이 연약한 형제를 받되 억지로 참아주는 것이 아니라 동등한 형제로 간주하고 사랑하고 돌보아야 할 대상으로 예우해야 한다. 바울은 형제의 연약한 신앙이 표출되는 두 가지 대표적인 사례를 소개한다. 하나는 음식에 대한 것이고 다른 하나는 날에 대한 평가의 문제와 관계되어 있다.

²어떤 사람은 모든 것을 먹을 수 있다고 믿으나 연약한 자는 채소만 먹습니다
³먹는 자는 먹지 않는 자를 멸시하지 말고 먹지 않는 자는 먹는 자를 비판하지
마십시오 이는 하나님이 그를 받으셨기 때문입니다

바울은 음식에 대한 사례를 먼저 제시한다. 믿음의 차이로 인해 어떤 사람은 모든 것을 먹고 어떤 사람은 채소만 섭취한다. 여기에서 모든 것을 가용한 음식으로 여기는 사람은 강한 믿음의 소유자, 채소만 먹는 사람은 연

약한 믿음의 소유자다. 모든 음식에는 채소와 대비되는 고기가 포함되어 있다. 1세기 당시의 로마에서 고기는 어떤 것이기에 어떤 이는 그것을 거부하고 채소만 먹었을까? 당시에 음식의 문제가 가장 심각하게 붉어진 곳은 고린도 교회였다. 그곳에서 벌어진 음식 관련 논쟁에 비추어 본다면, 채식을 추구하는 사람들이 거부한 고기는 "우상의 제물"일 가능성이 높다.

믿음이 강한 사람들은 이 고기가 비록 우상의 제물이라 할지라도 세 가지의 이유 때문에 얼마든지 먹을 수 있다고 생각한다. 첫째, 우상은 아무것도 아니기 때문이다(고전 8:4). 아무것도 아닌 것에 바쳐진 음식은 바쳐진 이후에도 동일한 음식이다. 만약 그것이 제물이기 때문에 우리가 음식으로 여기지 않는다면 아무것도 아닌(nothing) 우상을 어떤 것(something)으로 인정하는 결과를 초래한다. 둘째, 입으로 들어가는 음식은 인간을 더럽히지 못하기 때문이다(마 15:16-18). 셋째, 지어진 모든 것은 선하고 감사한 마음으로 받으면 버릴 것이 없기 때문이다(딤전 4:3-4).

그러므로 이 세 가지 사실에 근거하여 이 세상에 존재하는 모든 음식을 먹어도 무방하다. 그러나 우리가 고려해야 할 문제는 이러한 사실을 모든 사람이 알고 있느냐에 있다. 이 사실을 모르는 사람이 많다는 것이 현실이다. 인식의 차이는 행동의 차이를 유발한다. "이 지식은 모든 사람에게 있는 것이 아니므로 어떤 이들은 지금까지 우상에 관한 습관이 있어 우상의 제물로 알고 먹는 고로 그들의 양심이 약해지고 더러워 지느니라"(고전 8:7). 아무리 우상의 제물이라 할지라도 양심의 가책과 붕괴가 발생하는 이유는 입에 출입하는 음식 때문이 아니라 우상에 대한 무지 때문이다. 비록 더러운 손으로 우상의 제물을 먹더라도 인간의 양심과 영혼에는 아무런 문제가 없다고 예수는 가르친다(마 15:20). 그런데도 로마의 연약한 성도는 우상의 제물을 먹는다는 불쾌한 느낌 때문에 아예 고기를 거부하고 채소만 섭취했다. 모든 것을 먹는 강한 사람은 성경의 지식이 부족하여 채식만 고집하는 형제를 대체로 멸시한다. 그러나 바울은 멸시하지 말라고 명령한다. 믿음이 연약한 사람들에 대한 최적의 태도는 비판이나 정죄나 배척이나 조롱이 아니라 배려와 수용이다.

음식은 인생의 흥망을 좌우하는 본질적 사안이 아니라 비본질적 사안이다. "음식은 우리를 하나님 앞에 내세우지 못하나니 우리가 먹지 않는다고 해서 더 못사는 것도 아니고 먹는다고 해서 더 잘사는 것도 아니니라"(고전 8:8). 이런 종류의 사안에 대해서는 선악을 따지는 것보다 견해의 다양성을 존중하는 태도가 합당하다. 믿음이 강한 사람은 믿음이 연약한 사람의 양심을 기준으로 삼아 처신해야 한다. 강한 사람의 자유로 인해 연약한 형제가 실족하지 않도록 배려해야 한다(고전 8:9).

믿음이 연약한 형제도 강한 형제에게 취해야 할 태도가 있다고 바울은 지적한다. 즉 고기를 먹는다는 이유로 형제를 비판하지 말라. 육식은 노아에게 주신 하나님의 언약에 명시되어 있다. "모든 산 동물은 너희의 먹을 것이 될지라 채소 같이 내가 이것을 다 너희에게 주노라"(창 9:3). 이 언약은 노아와 그의 아들들 즉 셈과 함과 야벳에게 주어졌다. 믿음의 사람만이 아니라 믿음이 없는 자에게도 주어진 보편적인 은혜 언약이다. 다만 하나의 단서는 주의해야 한다. "그러나 고기를 그 생명 되는 피가 있는 채로 먹지 말 것이니라"(창 9:4). 생명의 피 즉 산 채로 고기를 먹는 것은 금지되어 있다. 이는 육체의 생명이 피에 있기 때문이다(레 17:11). 그래서 하나님은 "어떤 육체의 피든지 먹지 말라"고 명하셨다(레 17:14). 그럼에도 불구하고 피를 먹는다면 그는 이스라엘 백성 중에서 끊어질 것이라는 엄중한 경고도 내리셨다(레 17:10). 생명은 여호와께 속했다. 우리는 생명의 피를 먹어서 생명을 경시하고 좌우하는 월권을 범하지 않도록 주의해야 한다. 월권을 저지른 자에게 부과되는 벌에 대한 하나님의 질서는 이러하다. "내가 반드시 너희의 피 곧 너희의 생명의 피를 찾으리니 짐승이면 그 짐승에게서, 사람이나 사람의 형제면 그에게서 그의 생명을 찾으리라"(창 9:5). 동물의 세계를 보면 실제로 육식을 하는 동물이 다른 동물을 산 채로 먹는다는 사실을 확인한다. 그래서 하나님의 질서를 따라 먹고 먹히는 형벌의 집행이 자연에서 발생한다. 인간도 고기를 산 채로 먹는다면 그것에 상응하는 형벌이 주어질 것이라고 생각한다.

바울은 믿음이 강하든지 약하든지 음식을 먹든지 먹지 않든지 멸시와 비판은 결코 합당하지 않다고 선언한다. 바울은 그 근거를 두 가지 제시한다. 첫째, 하나님이 그들 모두를 받으셨기 때문이다. 하나님은 고기를 먹는 사람과 야채만 먹는 사람 중 누구도 정죄하지 않으신다. 바울은 하나님의 이런 판단을 거스르지 말라고 우리에게 경고한다. 하나님의 판단은 모든 판단의 근거이고 기준이다. 하나님이 받으신 사람의 행동에 대해 여전히 미움이나 분노나 정죄나 조롱의 마음이 있다면 그는 사람이 아니라 하나님의 판단에 도전장을 내미는 불경한 사람이다.

⁴남의 하인을 비판하는 당신은 누구입니까?
그가 서 있거나 넘어지는 것은 그 자신의 주인과 관계된 것입니다
주께서 그를 세우실 수 있기 때문에 그는 세워질 것입니다

멸시와 비판을 금해야 하는 둘째 이유는 이 세상에 존재하는 모든 인간은 엄밀한 의미에서 하나님의 종이며 하나님은 모든 인간의 주인이기 때문이다. 사회에서 종의 신분을 가진 사람이라 할지라도 궁극적인 소유권은 육신의 상전이 아니라 하나님께 있다. 육신의 상전은 이 사실을 존중해야 한다(엡 6:9). 한 개인의 흥망과 성쇠의 결정은 그의 주인이신 하나님의 권한이다. 하나님은 모든 개개인을 세우기도 하고 폐하기도 하는 온 세상의 통치자고 다니엘은 고백한다(단 2:21). 강한 자와 약한 자의 인생은 하나님에 의해 좌우된다. 우리는 자신도 하나님의 종이고 타인도 하나님의 종이라는 사실을 늘 의식해야 한다. 종을 세우고 폐하는 권세는 주인에게 있

다. 타인에 대한 비판이나 멸시는 그런 하나님의 주권에 대한 도전이다. 그러므로 우리는 강한 자든 약한 자든 자신의 주제를 파악하고 오지랖의 수위를 조절해야 한다.

강한 사람이든 약한 사람이든 세워지는 이유는 하나님이 그를 세우시기 때문이다. 그러므로 강한 자는 자랑하지 말고 약한 자는 불평하지 말라. 우리가 멸시하고 비판하지 않으면 무언가 잘못될 것 같다는 절박한 위기감이 들더라도 멸시와 심판의 칼을 뽑지 않도록 늘 주의해야 한다. 눈앞에 있는 문제를 내가 제거해야 된다는 유혹 앞에서도 우리는 하나님이 원하시면 얼마든지 누구든지 세우시고 폐하시는 권능을 가지고 계심을 기억하며 월권적인 심판자의 기질을 자제해야 한다.

⁵어떤 사람은 날과 날을 구분하고 어떤 사람은 모든 날을 같게 여깁니다
[그러므로] 각 사람은 자신의 마음으로 확정을 하십시오

바울은 음식 문제에 이어서 신앙의 연약함이 드러나는 두 번째 사례 즉 날을 정하는 문제로 넘어간다. 여기에서 "날"의 의미는 무엇인가? 날과 날을 구분하는 사람은 누구이고 모든 날을 같게 여기는 사람은 누구인가? 이것을 이해하기 위해 우리는 동일한 내용을 언급한 골로새서 2장을 주목해야 한다. "먹고 마시는 것과 절기나 초하루나 안식일을 이유로 누구든지 너희를 비판하지 못하게 하라"(골 2:16). 여기에서 바울은 믿음의 공동체 안에서 사람들이 구별하는 다양한 날들(절기나 초하루나 안식일)을 열거한다. 여기에서 절기는 "일년의 세 절기 무교절과 칠칠절과 초막절"을 의미한다(대하 8:13). 초하루는 월삭이다. 이런 날들과 안식일을 다른 날보다 더 중요하게 여기는 사람들은 유대인일 가능성이 높고, 그러한 날들을 따지지 않고 모든 날을 동일하게 여기는 사람들은 이방인일 가능성이 높다.

과거에 성전을 세운 솔로몬은 모세의 명령을 따라 날들을 거룩하게 구별하고 철저하게 준수했다. "모세의 명령을 따라 매일의 일과대로 안식일과 초하루와 정한 절기 곧 일년의 세 절기 무교절과 칠칠절과 초막절에 드렸더라"(대하 8:13). 그러나 바울은 모세가 명령한 절기와 월삭과 안식일은 "장래 일의 그림자"에 불과하고 그 "실체"는 그리스도 예수라고 가르친다(골 2:17). 그림자에 불과한 사안과 관련하여 형제가 서로를 비판하는 것은 올바르지 않다. 각자의 신앙에 따라 안식일과 매월 초하루와 각종 절기들을 다른 날보다 중요하게 여기는 사람들이 있고, 그러한 날들을 구별하지 않고 모든 날을 중요하게 여기는 사람들도 있다.

오늘날의 경우, 예수의 생애에 기초한 교회력(lectionary)을 따라 대강절, 성탄절, 현현절, 사순절, 부활절, 성령강림절 등을 특별한 날이나 기간으로 지정하여 준수하는 교회들도 있고, 그런 절기들을 중요하게 여기지 않는 교회들도 있다. 교회력 준수의 여부 때문에 다른 교회를 비판하는 것은 올바르지 않다. 날에 대한 모세의 명령이 그리스도 안에서 완성된 지금, 어떤 날이나 절기나 기념일을 구별하고 말고는 각자의 마음이다. 각자의 기호를 따라 자유롭게 결정해도 되고 그 결정이 타인의 결정과 일치하지 않고 다양해도 된다. 17세기의 마르코 안토니오(Marco Antonio de Dominis) 대주교는 "필수적인 것에서는 일치를, 필수적인 것이 아닌 것에서는 자유를, 모든 것에는 사랑을"(in necessariis unitas, in necessariis libertas, in omnes charitas) 더하라고 권면한다. 이 땅에서 어떠한 날을 중요하게 구별하는 것은 그 자체로 대단히 필수적인 것이 아니라 비본질적 사안이다. 이에 대해서는 사랑으로 각자의 자유를 존중하자.

날에 대해 나는 이렇게 생각한다. 모든 날 그 자체의 가치는 동일하다. 나는 날의 중요성을 하나님의 속성에 근거하여 가늠한다. 하나님은 시간적인 제한 없이 어제나 오늘이나 내일이나 영원토록 동일한 분이시다(히 13:8). 영원한 현재에 거하시는 하나님의 권위와 성품과 영광이 변하지 않는다면 어제와 오늘과 내일의 가치도 동일하다. 그래서 나는 모든 날을 동일하게 여기는 입장이다. 그러나 동시에 주변의 사람들이 중요하게 여기는 날들을 존중하고 함께 어울린다. 이는 그들과 나의 견해차가 틀림이 아니라 다름이기 때문이다. 하나님도 받으시는 다양성과 차이 때문에 서로에게 대립과 갈등의 날을 세우는 것은 합당하지 않다.

> [6]날을 정하는 자도 주를 위해 정하고 먹는 자도 주를 위해 먹으면
> 그는 하나님께 감사를 드리는 셈입니다 먹지 않는 자가
> 주를 위해 먹지 아니해도 하나님께 감사를 드리는 것입니다

모든 날을 중요하게 여기든지 특정한 날을 다른 날과 구별하며 중요하게 여기든지, 특정한 음식만 먹든지 모든 음식을 먹든지 가리지 않고 반드시 고려해야 할 것을 바울은 제안한다. 즉 그 모든 행위가 "주를 위해"(κυρίῳ)야 한다. 이는 우리가 먹든지 마시든지 무엇을 하든지 항상 고려해야 하는 인생의 대전제다(고전 10:31). 나 자신을 위하지 않고 오직 주를 위한다면 모든 날을 중요하게 여길 것인지, 특정한 날을 중요하게 여길 것인지를 자유롭게 결정해도 된다.

주를 위해 날의 중요성을 결정하는 것의 의미는 무엇인가? 성경에서 특별한 날을 정한 가장 대표적인 사례는 안식일의 구별이다. 이 날을 구별한 이유는 사람들의 자의적인 판단이나 유익이 아니라 하나님 때문이다. 즉 주께서 6일 동안 창조의 일을 행하시고 일곱째 날에는 쉬셨기 때문이다(출 20:11). 하나님은 다른 날과 구별된 안식일을 자신에 대해 혹은 자신을 위해 복되고 거룩하게 만드셨다. 이날에 하나님의 백성은 자기 일을 멈추어야 한다. 그런데 안식일은 그리스도 예수라는 실체의 그림자에 불과하다. 그리스도 예수와 관련하여 생각하면, 일주일 중의 하루였던 안

식일이 모든 날로 확대된다. 왜냐하면 주의 복음을 듣고 하나님께 순종한 자들은 주의 안식에 들어가며 자기의 일을 평생 쉬기 때문이다(히 4:10). 복음의 사람은 자기를 위한 자기의 일을 쉬고 범사에 하나님을 위한 그의 일을 수행한다. 그에게는 안식일이 일주일 중의 하루가 아니라 모든 날들이다. 날을 중요하게 여기는 자가 주에 대해 중요하게 여기면 모든 날이 안식일로 승화된다. 주님을 위하는 것이라면 쉬어도 안식이고 일하여도 안식이다. 이는 낮도 낮이고 밤도 낮인 이치와 일반이다.

주님을 위해 어떠한 것을 먹는다는 것의 의미는 무엇인가? 채소만 먹는 사람의 경우, 우상에게 바쳐진 제물의 고기를 먹지 않고 하나님께 구별된 몸과 마음으로 살고자 하는 것을 의미한다. 모든 것을 먹는 사람의 경우, 하나님이 허락하신 모든 음식을 누리고 그 음식을 통한 에너지의 공급으로 주의 일을 더욱 열심히 감당하는 것을 의미한다. 그리고 먹는다는 것은 입으로 들어가는 영양분 섭취를 의미한다. 그러나 이것이 주님에 대해서는 사람이 떡으로만 사는 것이 아니라 하나님의 입에서 나오는 말씀으로 산다는 것을 의미한다. 주님이 주시는 것이라면 어떠한 말씀도 사람의 기호를 따라 평가하지 않고 모두 수용해야 함을 의미한다.

심지어 주님께서 부정한 것이라고 분류하신 것조차도 그가 주시면 기꺼이 수용해야 한다. 베드로는 구약에서 부정한 것이라고 분류한 고기를 주께서 먹으라고 권하시자 거부했다. "주님 그럴 수 없나이다 속되거나 깨끗하지 아니한 것은 결코 내 입에 들어간 일이 없나이다"(행 11:8). 베드로의 이러한 선택은 경건한 유대인의 정상적인 반응이다. 그에게 제시된 것들은 "네 발 가진 것과 들짐승과 기는 것과 공중에 나는 것들"이다(행 11:6). 유대인은 새김질과 굽이 갈라진 짐승, 비늘과 지느러미 있는 물고기, 날개가 있고 네 발로 움직이되 땅에서 뛰는 다리가 있는 곤충만 부정하지 않고 먹어도 되는 음식으로 간주한다(레 11:1-47). 이렇게 먹어도 되는 음식의 종류와 주께서 제시하신 음식의 항목이 달랐기 때문에 베드로는 주님의 제안과 명령이라 할지라도 거부했다.

그러나 주님은 부정한 음식을 먹지 않으려는 베드로를 향해 이런 준칙을 내리신다. "하나님이 깨끗하게 하신 것을 네가 속되다고 하지 말라"(행 11:9). 이는 만물에 대한 평가의 절대적인 권한이 하나님께 있음을 가르친다. 하나님은 깨끗한 것만이 아니라 깨끗하지 않은 것도 얼마든지 깨끗하게 만드신다. 이처럼 주는 모든 날을 안식일로, 모든 밤도 낮으로, 모든 깨끗하지 않은 것들을 깨끗한 것으로 얼마든지 바꾸신다. 나아가 악인도 선인으로 바꾸시고, 불의한 자도 의로운 자로 바꾸시고, 교만한 자도 겸손한 자로 바꾸시고, 과격한 자도 온유한 자로 바꾸시고, 우울한 자도 즐거운 자로 바꾸시기 때문에 우리는 모든 사람을 차별 없이 수용해야 한다.

바울은 주님 때문에 주님을 위해 무언가를 결정하면 그것은 하나님께 감사를 드리는 일이라고 확언한다. 여기에서 우리는 하나님께 감사를 드리는 독특한 비결을 발견한다. 주를 위해 날과 음식을 정하는 것은 하나님께 감사의 마음을 표현하는 방법이다. 우리를 만드시고 새롭게 지으시고 하나님의 자녀와 백성으로 삼으시고 하늘과 땅의 모든 권세를 가지신 아들의 영을 우리에게 주신 은혜에 우리는 감사해야 한다. 물론 감사는 마음으로 표현해야 한다. 그러나 표현의 구체적인 방법도 고민해야 한다. 바울은 우리에게 아주 명확한 방법을 가르친다. 어디를 가든지 무엇을 하든지 어떻게 살든지 모두 주를 위해 하라는 것이 바로 감사의 구체적인 방법이다.

본문은 믿음이 강한 사람이 연약한 사람을 형제로 받으라고 가르친다. 음식의 종류에 있어서, 중요한 날을 정함에 있어서 비록 믿음에 따른 의견의 격차가 있더라도 서로를 수용해야 한다. 이것만이 아니라 삶의 모든 영역에서 부딪치는 모든 비본질적 사안에 있어서도 그런 수용의 태도를 유지해야 한다. 그렇게 수용하는 이유는 하나님이 그들 모두를 받으셨기 때문이고 그들은 모두 하나님의 종이기 때문이다. 특별히 강한 사람은 연약한 사람의 양심을 기준으로 행동해야 한다. 그러나 강한 사람과 연약한 사람 모두가 고려해야 할 것은 무엇을 하든 "하나님을 위해"야 한다는 사실이다. 하나님을 위해 각자 처신하되 믿음의 정도가 다른 타인을 비판하지 않고 수용하는 것은 우리 모두가 하나님께 드려야 할 감사의 구체적인 방법이다.

롬 14:7-15

7우리 중에 누구든지 자기를 위하여 사는 자가 없고 자기를 위하여 죽는 자도 없도다 8우리가 살아도 주를 위하여 살고 죽어도 주를 위하여 죽나니 그러므로 사나 죽으나 우리가 주의 것이로다 9이를 위하여 그리스도께서 죽었다가 다시 살아나셨으니 곧 죽은 자와 산 자의 주가 되려 하심이라 10네가 어찌하여 네 형제를 비판하느냐 어찌하여 네 형제를 업신여기느냐 우리가 다 하나님의 심판대 앞에 서리라 11기록되었으되 주께서 이르시되 내가 살았노니 모든 무릎이 내게 꿇을 것이요 모든 혀가 하나님께 자백하리라 하였느니라 12이러므로 우리 각 사람이 자기 일을 하나님께 직고하리라 13그런즉 우리가 다시는 서로 비판하지 말고 도리어 부딪칠 것이나 거칠 것을 형제 앞에 두지 아니하도록 주의하라 14내가 주 예수 안에서 알고 확신하노니 무엇이든지 스스로 속된 것이 없으되 다만 속되게 여기는 그 사람에게는 속되니라 15만일 음식으로 말미암아 네 형제가 근심하게 되면 이는 네가 사랑으로 행하지 아니함이라 그리스도께서 대신하여 죽으신 형제를 네 음식으로 망하게 하지 말라

◆ ◆ ◆

7우리 중에 누구도 자신을 위해 살지 않고 누구도 자신을 위해 죽지 않습니다 8만약 우리가 산다면 주를 위해 살고 우리가 죽는다면 주를 위해 죽습니다 우리가 살든지 죽든지 우리는 주님의 것입니다 9이를 위해 그리스도는 죽으시고 사셨으며 이로써 산 자와 죽은 자의 주가 되신 것입니다 10그런데 여러분이 누구기에 여러분의 형제를 비판하는 것입니까? 여러분이 누구기에 여러분의 형제를 멸시하는 것입니까? 우리 모두는 하나님의 심판대 앞에 설 것입니다 11이렇게 기록된 것처럼 말입니다 "주께서 이르시되 '내가 살았으니 모든 무릎이 나에게 꿇을 것이고 모든 혀가 하나님께 고백할 것이라'고 하시니라" 12그러므로 우리 각자는 자신에 대한 이야기를 [하나님께] 올릴 것입니다 13그러므로 우리는 서로를 비판하지 마십시다 오히려 여러분은 형제 앞에 장애물 혹은 올가미를 두지 않도록 하십시오 14내가 주 예수 안에서 확신하는 것은 스스로 속된 것은 없으나 다만 무언가를 속되다고 여기는 그에게는 그것이 속되다는 것입니다 15만일 음식으로 말미암아 당신의 형제가 근심하게 된다면 당신은 사랑을 따라 행하지 않는 것입니다 당신은 그리스도께서 대신하여 죽으신 그 사람을 당신의 음식으로 망하게 하지 마십시오

52 주를 위해

바울은 삶과 죽음의 목적이 우리 자신을 위함이 아니라 주를 위한 것이라고 역설한다. 산 자와 죽은 자의 소유권은 주인에게 있다. 그러므로 서로를 향한 멸시와 비판은 합당하지 않다. 우리 모두는 하나님의 심판대 앞에서 죄수 혹은 피고인의 신분으로 선다. 거기에서 우리 각자는 자신에 대해 직고한다. 이러한 우리의 주제를 파악하면 형제에 대한 우리의 합당한 처신이 어떠해야 하는지는 쉽게 확인된다. 즉 형제에게 올가미나 장애물을 두지 말고 음식 때문에 망하는 일이 없도록 사랑해야 한다.

[7]우리 중에 누구도 자신을 위해 살지 않고 누구도 자신을 위해 죽지 않습니다
[8]만약 우리가 산다면 주를 위해 살고 우리가 죽는다면 주를 위해 죽습니다
우리가 살든지 죽든지 우리는 주님의 것입니다

주님을 위해 음식도 먹고 날도 중요하게 여기라고 한 바울은 이제 주님을 위하는 사안의 범위를 인생 전체로 확대한다. 바울은 목적에 따라 인생을

둘로 구분한다. 자신을 위한 인생과 주를 위한 인생이다. 인생의 목적에 있어서 자신과 주님이 대립된다. 모든 인간은 자신이 살 것인지 자신 안에서 주님이 사실 것인지, 자신을 위해 살 것인지 주님을 위해 살 것인지를 결정해야 한다. 바울에 의하면, 우리가 자신을 위해 살지 않고 자신을 위해 죽지 않는 것은 이상한 것이 아니라 정상이다. 재판에 있어서도 우리는 비록 막연하게 들리지만 피고나 원고가 아니라 주님을 위해야 한다. "너희가 재판하는 것이 사람을 위하여 할 것인지 여호와를 위하여 할 것인지를 잘 살피라"(대하 19:6). 하나님을 위하면 올곧은 판단을 내리지만 사람을 위하면 굽은 판결이 내려진다. 재판만이 아니라 우리는 사나 죽으나 주님을 위해야 한다고 바울은 선언한다. 예외가 하나도 없다고 강조한다. 주님을 위해야 하는 이유는 무엇인가? 우리 모두가 우리 자신의 것이 아니라 주님에게 속한 주님의 것이기 때문이다. 주님의 것이라는 소속과 소유의 개념에 대해서는 우리의 처분권이 주님께 있다는 의미도 중요하나 우리 편에서 본다면 주님이 인생의 처음과 내용과 나중이 되어야 한다는 의미가 더 중요하다. 주님의 것이라는 말은 주님이 우리에게 인생의 전부가 되심을 가리킨다.

성도의 삶과 죽음의 목적은 모두 주님이다. 살아도 주를 위하여야 하고 죽어도 주를 위하여야 한다. 이것은 구약에 뿌리를 둔 바울의 주장이다. 먼저 우리가 주님을 인생의 목적으로 삼는 것은 하나님이 정하신 질서라고 이사야는 기록한다(사 43:21). 주님을 위한다는 인생의 목적은 하나님이 정하신 질서이기 때문에 사람이 변경하지 못하며 그 목적에 순응하는 것이 마땅하다. 행복과 불행은 소유가 아니라 인생의 목적에 의해 좌우된다. 인생의 목적이 주님을 지향하지 않고 주님이 아닌 다른 것에 이끌리면 그 인생의 끝은 불행이다. 불행한 인생의 배후에는 반드시 주님이 아닌 다른 무언가가 목적의 자리를 차지하고 있다. 그러나 주님이 목적이면 그 인생에는 반드시 행복이 뒤따르기 때문에 주를 위하는 것은 행복한 인생의 비결이다. 이 사실을 예수는 이렇게 말씀한다. "자기 목숨을 얻는 자는 잃을 것이요 나를 위하여 자기 목숨을 잃는 자는 얻으리라"(마 10:39). 이처럼 주를 위하면 나의 목숨을 잃어도 소유하게 되고, 주를 위하지 않으면 목숨을 얻어도 상실하게 된다. 이는 소유와 상실이 목적에 따라 역전되는 놀라운 역설이다. 그러나 백성이 주님을 위해야 한다는 인생의 질서에 비추어 본다면 지극히 당연한 현상이다.

⁹이를 위해 그리스도는 죽으시고 사셨으며 이로써 산 자와 죽은 자의 주가 되신 것입니다

예수의 죽음과 부활은 우리의 주인이 되시기 위함이다. 물론 바울은 앞에서 그가 우리의 죄를 사하려고 죽으셨고 우리의 의롭다 하심을 위해 사셨다고 했다(롬 4:25). 그러나 그것은 우리의 입장에서 본 목적이고, 주님 편에서는 우리의 주인이 되시기 위함이다. 예수는 산 자와 죽은 자 모두의 주인이다. 이것의 의미는 무엇인가? 이는 예수가 산 자와 죽은 자 모두의 통치자가 되심을 의미한다. 그는 하늘과 땅의 모든 권세를 여전히 가졌고 하나님의 보좌 우편에서 지금도 다스린다. 하늘이든 땅이든 악에 대한 형벌과 선에 대한 보상의 최종적인 수여 권한은 오직 그에게만 있다.

그러나 로마 가톨릭은 죄를 사면하는 권세가 교회에게, 특별히 교황에게 있다고 주장한다. 근거는 부활하신 예수의 말씀이다. "너희가 누구의 죄든지 사하면 사하여질 것이요 누구의 죄든지 그대로 두면 그대로 있으리라"(요 20:23). 사도들이 받은 이 말씀을 로마 가톨릭은 교회와 교황에게 적용한다. 로마 가톨릭의 논리는 이러하다. 즉 죄를 사하는 권세는 천국의 열쇠를 가진 자에게 주어졌다. 그 열쇠는 베드로가 수령했다(마 16:19). 베드로는 사도들의 대표이며 베드로가 가진 열쇠의 권세는 그를 계승한 교황에게 주어졌기 때문에 교황도 동일한 사면권을 행사한다. 이 권한은 사실상 하늘과 땅과 연옥을 모두 움직인다. 왜냐하면 "구원의 분배자"인 교황과 교회가 하늘에 있는 예수와 성인들의 공로를 활용하여 지상의 성도가 쌓은 다양한 선행의 크기에 근거하여 연옥에 들어간 자들의 남은 벌을 면제하기 때문이다.

그러나 과연 로마 가톨릭의 이러한 주장은 올바른가? 성경 자체가 이 주장을 거부한다. "인자가 세상에서 죄를 사하는 권능이 있는 줄을 너희로 알게 하려 하노라"(마 9:6). 죄를 사하는 권세는 오직 하나님께 있다(눅 5:21, 막 2:7). "인자"이신 예수는 완전한 하나님도 되시기에 동일하게 죄를 사하신다. 뒤집어서 보면, 예수가 죄를 사하는 권세를 가졌다는 것은 그의 신성을 입증한다. 그럼 사도에게 건넨 천국의 열쇠는 무엇이고 사도들이 누구의 죄든지 사하면 사해질 것이라는 말씀의 의미는 무엇인가? 천국의 열쇠는 복음이다. 베드로를 향해 말씀하신 교회의 토대인 "반석"도 인간 베드로가 아니라 베드로가 고백한 복음을 의미한다. 죄를 사하는 것은 사도들이 아니라 그들에게 위탁된 복음 즉 하나님의 말씀이다. 이 진리의 말씀은 죄인도 거룩하게 한다(요 17:17, 딤전 4:5). 하나님의 영으로 감동된 말씀이 죄를 해결한다. 그래서 베드로는 복음을 전파한 이후에 오순절에 모인 유대인을 향해 회개하고 "죄 사함을 받으라"고 했다(행 2:38). 이처럼 베드로는 말씀의 증인이다. 사면하는 권한의 주체는 그가 전파한 말씀이다. 말씀이 육신이 되신 예수만이 산 자와 죽은 자의 죄를 심판하고 형벌과 사면을 결정하는 분이시다. 성경을 살펴보라. 인자가 죄를 사하는 권세가 있음을 아는 사도들이 타인에게 죄 사함의 부탁을 받았거나 죄를 사해준 적이 있었는가? 성경 어디에도 없다. 오히려 베드로를 비롯하여 성경을 가장 많이 저술한 요한이나 바울은 오직 예수만이 우리의 죄를 사하시는 분이라고 고백했다(행 5:31, 요일 1:9, 골 2:13). 살았든지 죽었든지 모든 사람의 주인은 죄를 벌하시고 사하시는 그분이다.

¹⁰그런데 여러분이 누구기에 여러분의 형제를 비판하는 것입니까?
여러분이 누구기에 여러분의 형제를 멸시하는 것입니까?
우리 모두는 하나님의 심판대 앞에 설 것입니다

바울은 이제 시선을 주에게서 돌려 우리를 주목하며 우리는 주님에게 속한 우리의 형제를 비판하고 멸시할 자격이 없음을 천명한다. 오히려 우리는 하나님의 심판대 앞에 서야 할 죄인임을 지적한다. 그런데 대부분의 사람들은 타인을 비판하고 멸시하는 일에 민첩하고 분주하다. 내가 그런 사람일 경우에 그때마다 질문해야 한다. 나는 누구인가? 내가 누구기에 타인에게 비판과 멸시의 말을 내뱉는가? 그럴 자격과 권한을 누가 주었는가? 성경에는 우리가 누군가를 비판하고 멸시해도 된다고 허용하는 글이 한 이오타도 없다. 오히려 성경은 비판하지 말라고 곳곳에서 강조한다 (마 7:1, 눅 6:37, 롬 14:3).

　여기에서 바울은 우리가 비판과 멸시를 금해야 하는 다른 이유를 제시한다. 즉 우리는 모두 하나님의 심판대 앞에 서야 하는 죄인이다. 나 자신의 앞가림이 타인에 대한 비판보다 더 시급하다. 타인의 눈에 있는 티끌보다 내 눈에 있는 들보 크기의 죄악이 더 심각하다(마 7:3). 이러한 자신의 주제를 파악한 자는 비판과 멸시의 입을 함부로 열지 못하고 오히려 자신을 겸손히 돌아보게 된다. 그리고 하나님의 심판대 앞에 서는 것은 미래의 상황(παραστησόμεθα)이다. 그런데도 바울은 그 미래가 현실인 것처럼 간주하고 비판과 멸시를 금하는 근거로 삼으라고 한다. 그러므로 우리는 믿음으로 종말의 때, 심판의 때를 기점으로 삼아 오늘을 살아가야 한다.

　하나님의 심판대 앞에 서는 날은 반드시 도래한다. 아무도 그 날을 피하지 못한다는 사실을 늘 의식해야 한다. 그런데 감사한 것은 우리가 불완전한 인간 재판장 앞에 서지 않고 차별이 없이 정의로운 하나님의 가장 객관적인 심판대 앞에 선다는 사실이다. 하나님은 우리가 심은 대로 거두시고 뿌린 대로 거두시고 행한 대로 갚으시는 최고의 공의를 따라 가장 공정한 판결을 내리신다. 어떠한 오류도 없으시다. 그런 주님처럼, 우리도 형제의 연약한 신앙에 공정하게 반응해야 한다.

> [11]이렇게 기록된 것처럼 말입니다 "주께서 이르시되 '내가 살았으니 모든 무릎이 나에게 꿇을 것이고 모든 혀가 하나님께 고백할 것이라'고 하시니라"
> [12]그러므로 우리 각자는 자신에 대한 이야기를 [하나님께] 올릴 것입니다

바울은 하나님의 심판대 앞에 선다는 사실의 근거로서 이사야 45장 23절을 제시한다. 거기에는 "내가 살아 있다"는 말이 없고 대신에 "나는 스스로 맹세한다"는 문구가 있다. 이 두 표현은 성경에서 호환되는 관용어다(이사야 49장 18절 경우에는 두 구문이 "나의 삶을 두고 맹세한다"는 표현으로 종합되어 있다). 인용에 의하면, 모든 무릎이 하나님 앞에 꿇고 하나님께 발언하게 된다. 한 사람의 인생은 마지막에 하나님의 심판대 앞에 무릎을 조아리고 그의 절대적인 심판의 권위 앞에 순응한다. 그리고 입을 열어서 오직 하나님께 직고한다. 직고하는 내용은 각자 "자신에 대한 이야기"다. 타인은 나에 대해 발언하지 못하고 나도 타인에 대해 발언하지 못하고 오직 자기가 자신에 대해서만 벌거벗은 것처럼 실토한다. 하나님의 심판대는 거짓 증언이나 가짜뉴스 청정 지역이다. 첨삭이나 왜곡이나 조작이나 인멸이 불가능한 곳이어서 있는 그대로의 사실만 직고해야 한다.

그러므로 우리 모두는 이 땅에서 세 가지를 주의해야 한다. 첫째, 이 땅에서 우리는 타인을 비판하는 심판자가 되지 않도록 주의해야 한다. 타인에 대한 심판은 하나님의 고유한 권한이다. 우리가 비판하면 월권이다. 그러나 사랑에 뿌리를 둔 충성된 권고는 우리에게 허용된다. 그것은 사람의 마음을 즐겁게 하는 기름과 향처럼 아름답다(잠 27:9). 둘째, 타인의 비

판에 대해 민감하게 반응하지 않도록 주의해야 한다. 엄밀한 의미에서 타인의 비판은 나의 인생과 무관하다. 나에 대한 하나님의 심판대 앞에서의 판결만이 나의 인생을 좌우하기 때문이다. 다만 타인의 비판이나 멸시를 받을 때에 우리는 그냥 무시하는 것이 아니라 겸허하게 자신의 부덕을 성찰함이 좋다. 셋째, 나도 나 자신을 비판하고 멸시하지 않도록 주의해야 한다. 타인만이 아니라 나 자신도 주님께 속했고 타인에 대한 심판만이 아니라 나 자신에 대한 판단도 하나님의 고유한 권한이기 때문이다.

바울이 로마교회 성도에게 전한 비판에 대한 교훈은 가르치기 이전에 자신이 먼저 실천한 것이었다. "너희나 다른 사람에 의해 판단 받는 것이 내게는 매우 작은 일이라 나도 나를 판단하지 않노라"(고전 4:3). 바울은 어떠한 사람의 어떠한 판단도 심각하게 여기지 않는다고 한다. 바울 자신도 자신을 판단하지 않는다고 한다. 이처럼 판단을 하지도 받지도 않는 것은 바울의 삶이었다. 삶이 말이고 말이 삶이어야 한다. 삶과 말이 겹칠수록, 그 간격이 좁을수록 한 사람의 진실은 그만큼 증대된다.

[13]그러므로 우리는 서로를 비판하지 마십시다 오히려 여러분은
형제 앞에 장애물 혹은 올가미를 두지 않도록 하십시오

바울은 우리 각자가 서로를 비판하지 말라고 권고한다. 어떤 사람은 비판하고 어떤 사람은 비판하지 않는 공동체의 평화는 필히 깨어진다. 평화는 개개인이 각자의 자리에서 동일한 힘의 균형을 유지할 때에만 쏟아지지 않는 양동이와 같다. 비판의 각을 세우고 서로를 공격하면 두 가지의 결과가 발생한다. 첫째, 비판을 받는 형제의 발 앞에 장애물을 두어 그의 진로를 방해한다. 둘째, 비판을 받는 형제 앞에 올가미를 두어 그를 위험에 빠뜨린다. 이는 비판으로 인해 깨어진 평화의 틈새로 마귀가 침투하기

때문이다. 비판은 비판 자체로 머물지 않고 마귀에게 보다 심각한 공격의 빌미를 제공한다. 물리적인 피해와 경제적인 손실과 정신적인 상처만이 아니라 영적인 위험까지 초래하는 것이 비판이다. 결국 개인만이 아니라 공동체 전체의 분위기를 어두운 기운이 장악하게 된다.

바울은 형제 앞에 장애물과 올가미를 두는 비판을 금하지만 보다 적극적인 면에서는 이미 놓인 장애물과 올가미를 제거해야 함도 가르친다. 부정적인 어법의 명령을 해석할 때에는 문자적인 의미의 심층적인 것으로서 긍정적인 어법의 의미를 고려해야 한다. 일례로서, 살인하지 말라는 소극적인 명령은 죽어가는 자도 살리라는 적극적인 의미를 함축하고 있다. 이런 관점에서 보면, 비판하지 말고 장애물과 올가미를 두지 말라는 명령도 칭찬하고 막힌 진로를 시원하게 뚫어 주라는 적극적인 의미의 소극적인 표현이다. 특별히 마태는 베드로가 예수님께 올가미(σκάνδαλον)가 된 사례를 마태복음 16장 23절에 기록한다. 여기에서 올가미는 하나님의 뜻이 아니라 사람의 뜻 추구를 의미한다. 어떤 사람들을 대하든지 우리가 사람의 뜻을 구하면 그들 앞에 올가미를 던지는 것과 동일하다. 우리가 하나님의 뜻을 구한다면 모든 사람의 발 앞에 놓인 올가미를 제거하는 것과 동일하다. 이 세상의 모든 올가미를 제거하기 위해서는 범사에 모든 사람에게 하나님의 뜻을 추구해야 한다.

[14]내가 주 예수 안에서 확신하는 것은 스스로 속된 것은 없으나
다만 무언가를 속되다고 여기는 그에게는 그것이 속되다는 것입니다

이제 바울은 음식 이야기로 다시 돌아온다. 그는 음식과 관련하여 예수 안에서 알고 확신하는 바를 두 가지 소개한다. 첫째, 스스로 속된 것은 없다는 확신이다. 둘째, 오직 속되다고 여기는 자에게만 그것이 속되다는 확신

이다. 그래서 바울은 모든 음식의 어떠한 속됨도 거부한다. 1) 어떤 음식이 우상의 제물로 바쳐지면 그 음식에 어떤 일이 생기는가? 우상의 제물로 바쳐진 음식이라 할지라도 그 음식 자체에는 어떠한 변화도 발생하지 않기 때문에 여전히 깨끗하다. 2) 누군가가 어떤 음식을 속된 것으로 여긴다면 그 음식에는 어떤 일이 생기는가? 속되게 여기는 것이 음식 자체에 종교적인 오염을 가하지는 않기 때문에 여전히 깨끗하다. 오직 "어떤 것을 속되게 여기는 자에게만"(τῷ λογιζομένῳ τι κοινὸν εἶναι) 그것이 깨끗하지 않다. 이처럼 음식을 우상의 제물로 바치는 행위나 그것을 속되게 여기는 행위는 음식에 어떠한 변경도 가하지 못하고 음식 자체와도 무관하다.

이 교훈은 다양한 분야에 적용된다. 일부의 목회자나 신학자는 세속의 철학적인 언어를 싫어한다. 그런 언어를 사용하면 진리의 상대화, 성경의 세속화, 신앙의 학문화가 초래될 것처럼 우려한다. 그러나 철학적인 언어가 비록 세속적인 철학자의 입술에 제물로 바쳐져도 언어 자체에는 어떠한 변화도 일어나지 않기 때문에 복음을 기술하고 전파할 때에 얼마든지 사용해야 된다. 이단에 빠진 사람이 짜장면을 배달해도 면발에 이단의 거짓된 교리가 양념으로 섞여 맛과 질이 떨어지는 것은 아니기 때문에 얼마든지 배달을 요청해도 된다. 이방인의 신전에 사용된 대리석과 원목이라 할지라도 그 재료에 미신이나 주술이 스며들어 변질된 것은 아니기 때문에 예배당을 건축하기 위해 저가에 구입할 수 있다면 얼마든지 구입해도 된다. 비록 이단의 기업에서 만든 마스크라 할지라도 필요할 때에 얼마든지 구매해도 된다.

이와 관련해 우리는 창조를 끝내고 내리신 하나님의 평가를 존중해야 한다. "하나님이 지으신 그 모든 것을 보시니 보시기에 심히 좋았더라"(창 1:31). 창조 이후에 하나님은 비록 부정한 것들을 구분하여 먹지 말라고 하셨지만 그것도 하나님은 깨끗하게 하셨기 때문에 누구도 부정한 것이라고 말하지 말라고 명하셨다(행 10:15). 그래서 바울은 하나님이 지으신 모든 것이 선하며 음식물도 하나님이 지으신 것이기 때문에 선하며 버릴 것이 하나도 없다고 선언한다(딤전 4:3-4).

¹⁵만일 음식으로 말미암아 당신의 형제가 근심하게 된다면
당신은 사랑을 따라 행하지 않는 것입니다 당신은 그리스도께서 대신하여 죽으신
그 사람을 당신의 음식으로 망하게 하지 마십시오

음식과 관련된 문제에서 바울이 가장 걱정하는 것은 음식 자체에 대한 것이 아니라 그것으로 말미암아 발생할지 모르는 형제의 근심과 멸망이다. 음식 자체는 우리를 하나님 앞에 세우지 못하기 때문에 아무것도 아니라고 바울은 평가한다(고전 8:8). 바울에게 가장 소중한 존재는 사람이다. 이는 사람이 천하보다 귀하기 때문이다. 그러나 비록 음식 자체는 아무것도 아니지만 그 음식이 형제를 근심하게 하고 망가지게 하는 도구로는 작용한다. 몇 가지의 경우들이 있다. 첫째, 음식이 없어서 도둑질을 하는 경우이다. 둘째, 음식을 속되게 여겨서 양심의 가책이 생기는 경우이다. 음식이 부족한 형제의 경우, 그가 근심하지 않도록 그에게 음식을 나누어야 한다. 우상의 제물로 근심하는 경우, 음식은 아무것도 아니고 비록 제물로 바쳐져도 음식 자체가 변질되는 것은 아니라는 진실을 그 형제에게 설명해야 한다. 그래도 그가 이해하지 못한다면 나도 제물로 바쳐진 고기를 멀리해야 한다.

바울에 의하면, 형제가 근심하고 망하게 되는 이유는 사랑의 부재 때문이다. 바울의 이 진단은 우리에게 따끔한 채찍인 동시에 희망이다. 음식과 관계된 모든 문제의 해결책이 사랑임을 가르치기 때문이다. 음식 때문에 망하지 않도록 바울은 사랑을 권하지만 않고 실천했다. "만일 음식이 내 형제를 실족하게 한다면 나는 영원히 고기를 먹지 아니하여 내 형제를 실족하지 않게 하리라"(고전 8:13). 나는 이 구절에서 배려의 끝판왕을 본다. 바울은 형제의 실족을 방지하기 위해 고기에 대한 자신의 기호와

권리를 포기했다. 이것은 특별한 경우의 이벤트성 배려가 아니었다. 바울은 평소에도 복음의 확산을 위해 자신에게 주어진 모든 권리들을 다 쓰지 않는 것을 하나님의 상급으로 간주할 정도였다(고전 9:18). 역시 바울은 말과 행동이 일치했던 하나님의 사람이다.

바울이 형제를 위해 자신의 기호와 권리마저 포기한 이유는 무엇인가? 형제 자신의 고유한 가치 때문이 아니라 그를 위해 죽으신 그리스도 때문이다. 형제를 사랑하기 위해 자신의 생명도 아끼지 않으신 주님의 희생에 비하면 육식의 포기는 아무것도 아니라는 바울 자신의 판단 때문이다. 바울의 서사는 이렇게 주님으로 가득하다. 온통 그리스도 이야기다. 주님이 빠지면 복음이 사라진다. 그리스도 예수와 그의 달리신 십자가 외에는 알지 않기로 작정한 바울의 선택과 집중이 모든 글에 반영되어 있다. 음식의 문제를 다루고 있는 이 글에서도 기승전(起承轉) 그리고 주님이다. 처음부터 끝까지 주님이 없다면 이야기의 숨은 끊어지고 글의 맥박은 정지된다. 보라. 모든 사람은 주의 소유이며, 모든 사람의 주인은 주님이며, 모두가 주님께 속했기 때문에 세우시고 폐하시는 권능이 주님에게 있고, 모든 타인이 주님의 종이기 때문에 비판할 자격이나 권리가 나에게는 없고 오직 주님에게 있고, 음식에 대해서도 먹든지 마시든지 주님을 위해야 하고, 먹지 않든지 마시지 않든지 그것도 주님을 위해야 하고, 사나 죽으나 주님을 위해야 하고, 주님은 산 자와 죽은 자 모두의 주이시며, 주의 심판대가 우리가 도달하게 되는 인생의 끝이며, 거기에서 우리는 다른 타인이 아니라 오직 주님께 자신의 모든 것을 직고해야 하며, 형제를 비판하지 않고 사랑해야 하는 이유는 바로 주께서 그를 위해 죽으셨기 때문이다.

우리는 주님을 위해 지어졌다. 이것은 하나님이 정하신 질서이며 누구도 변경하지 못하는 하늘의 규정이다. 바울은 이 질서와 규정을 따라 주를 위해 매 순간 호흡했다. 그리고 그는 행복했다. 오직 그리스도 안에서만 누리는 행복과 만족과 기쁨은 그에게 삶이었다.

롬 14:16-23

16그러므로 너희의 선한 것이 비방을 받지 않게 하라 17하나님의 나라는 먹는 것과 마시는 것이 아니요 오직 성령 안에 있는 의와 평강과 희락이라 18이로써 그리스도를 섬기는 자는 하나님을 기쁘시게 하며 사람에게도 칭찬을 받느니라 19그러므로 우리가 화평의 일과 서로 덕을 세우는 일을 힘쓰나니 20음식으로 말미암아 하나님의 사업을 무너지게 하지 말라 만물이 다 깨끗하되 거리낌으로 먹는 사람에게는 악한 것이라 21고기도 먹지 아니하고 포도주도 마시지 아니하고 무엇이든지 네 형제로 거리끼게 하는 일을 아니함이 아름다우니라 22네게 있는 믿음을 하나님 앞에서 스스로 가지고 있으라 자기가 옳다 하는 바로 자기를 정죄하지 아니하는 자는 복이 있도다 23의심하고 먹는 자는 정죄되었나니 이는 믿음을 따라 하지 아니하였기 때문이라 믿음을 따라 하지 아니하는 것은 다 죄니라

◆ ◆ ◆

16그러므로 여러분의 선한 것이 비방을 받지 않게 하십시오 17왜냐하면 하나님의 나라는 먹음과 마심이 아니라 성령 안에 있는 의와 평화와 희락이기 때문입니다 18이것으로 그리스도를 섬기는 자는 하나님을 기쁘시게 하고 사람의 인정을 받습니다 19이러하기 때문에 우리는 평화의 일과 서로를 위한 세움의 일을 힘씁시다 20음식 때문에 하나님의 일을 망치지 마십시오 만물은 진실로 깨끗하나 거리낌 가운데서 먹는 사람에게는 악한 것입니다 21여러분의 형제가 실족하고 함정에 빠지고 연약하게 되는 일이라면, 고기도 먹지 아니하고 포도주도 먹지 아니함이 좋습니다 22여러분은 각자가 가진 믿음을 하나님 앞에서 붙잡고 계십시오 자신이 스스로를 따라 옳다고 여기는 것으로 정죄하지 않는 자에게는 복이 있습니다 23의심하는 자가 먹는 경우에는 믿음에서 나오지 않은 것이기 때문에 정죄를 받습니다 믿음에서 나오지 않은 모든 것은 죄입니다

53 하나님의 나라가 기준이다

살든지 죽든지 주님과 타인을 위해 하라고 권면한 이후에 바울은 그렇지 않은 경우에 발생하는 문제들을 세 종류의 사람들을 나누어서 설명한다. 1) 무엇이든지 먹는 자에게는 자신에 대한 비방과 하나님의 일을 망침과 하나님께 악을 저지름이 발생하고, 2) 어떤 사람은 연약한 자의 실족을 방지하기 위해 어떠한 것도 먹지 아니하고, 3) 의심하고 먹는 자에게는 믿음으로 말미암지 않은 행위의 죄를 저지른다. 이것을 극복하는 비결은 하나님의 나라 즉 의와 평화와 희락을 추구하며 그 나라를 기준으로 판단하고 행동하는 것이며, 하나님 앞에서 끝까지 믿음을 붙드는 것이라고 바울은 설명한다.

¹⁶그러므로 여러분의 선한 것이 비방을 받지 않게 하십시오

바울은 모든 식물이 선하다는 판단을 따라 행동하는 성도가 우상의 제물로 바쳐진 고기를 먹을 경우에 먹지 않는 사람들의 비방을 받는다고 설명한다. 여기에서 "선한 것"($\tau\grave{o}$ $\dot{\alpha}\gamma\alpha\theta\acute{o}\nu$)은 하나님이 창조하신 음식의 선함을 믿고 먹는 사람들의 합당한 자유를 의미한다. 그리스도 안에서 가진 자신의 자유를 적법하게 행사하는 것은 올바르다. 그러나 그것이 타인의 비방을 초래할 수 있음을 바울은 지적한다. 나의 자유권 행사를 비방하는 사람들이 발생하면 대체로 우리는 수긍하는 것보다 의식을 전투 모드로 전환한다. 나의 권리를 주장하고 그 권리를 타인이 억압할 수 없다고 항변한다. 나아가 그 타인의 권리에 대한 한 뭉치의 보복성 비방까지 감행한다. 그러나 바울은 비방하는 사람과 싸우지 않고 비방을 받지 않게 하라고 지시한다. 타인과의 논쟁이 아니라 나 자신의 지혜로운 처신을 주문한다. 비방을 받지 않기 위해서는 상대방의 눈높이에 맞추어 행동해야 한다. 물론 본질적인 문제의 타협은 거부해야 한다. 그러나 주변적인 혹은 지엽적인 문제에 대해서는 얼마든지 타협해도 된다. 내가 조금 불편하고 내가 조금 답답하고 내가 조금 억울한 것으로써 비방을 받지 않는다면 그것은 지혜로운 처신이다. 이렇게 처신하기 위해서는 본질과 비본질을 구분하는 기준점 설정이 중요하다. 이는 사람마다 그 기준이 다르기 때문이다.

[17]왜냐하면 하나님의 나라는 먹음과 마심이 아니라
성령 안에 있는 의와 평화와 희락이기 때문입니다

바울은 하나님의 나라를 기준으로 본질과 비본질을 구분한다. 하나님의 나라는 먹음과 마심이 아니라 성령 안에 있는 의와 평화와 희락이다. 음식을 먹고 마시는 것은 그 종류나 분량이나 횟수에 있어서 얼마든지 달라도 되는 부수적인 사안이다. 그러나 의와 평화와 희락은 추호의 타협도 없이 무조건 고수해야 하는 본질적인 사안이다. 그런데 이따금씩 두 가지 사안이 충돌되어 하나를 취하면 다른 것을 포기해야 하는 취사선택 상황이 발생한다. 이런 상황에서 우리는 부수적인 것을 포기하고 본질적인 것을 선택해야 한다. 물론 음식의 문제가 부수적인 것이지만 인생에서 차지하는 비중은 막대하다. "사람이 먹고 마시며 수고하는 것보다 그의 마음을 더 기쁘게 하는 것은 없나니 내가 이것도 본즉 하나님의 손에서 나오는 것이로다"(전 2:24). 전도자의 생각처럼, 음식은 일반인의 마음을 가장 기쁘게 하는 것이면서 하나님의 선물이다. 이처럼 음식은 너무나도 좋고 중요한 것임에도 불구하고 하나님의 나라는 그 음식보다 더 좋고 중요한 것이라고 바울은 강조한다. 사실 이것은 예수님의 교훈이다. "무엇을 먹을까 무엇을 마실까 무엇을 입을까 하지 말라…너희는 먼저 그의 나라와 그의 의를 구하라 그리하면 이 모든 것을 너희에게 더해 주시리라"(마 6:31, 33). 하나님의 나라가 다른 무엇보다 우선이다. 그런데 예수님의 말씀에 따르면, 본질적인 문제인 하나님의 나라를 먼저 선택하면 부수적인 문제인 음식의 문제도 해결된다. 바울은 이런 예수님의 가르침을 로마교회 성도에게 전달한다. 다만 여기에서 먹음과 마심은 생계와 직결된 것이 아니라 음식에 대한 개인의 종교적인 취향과 관계되어 있다.

하나님의 나라는 무엇인가? 성령 안에 있는 의와 평화와 희락이다. 바울은 하나님의 나라를 이렇게도 표현한다. "하나님의 나라는 말에 있지 아니하고 오직 능력에 있음이라"(고전 4:20). 성령 안에서의 의와 평화와 희락은 하나님의 나라에서 진정한 능력이다. 사회적인 의미의 "의"($\delta\iota\kappa\alpha\iota o\sigma\acute{u}\nu\eta$)는 각자의 가치에 상응하는 것을 각자에게 돌리는 정의 혹은 공평을 가리킨다. 그러나 성령 안에 있는 영적인 의미의 의는 하나님을 기쁘시게 하는 인간의 적합한 상태에 이르는 의로움을 가리킨다. 나아가 성령 안에 있는 의는 사회적인 의도 배제하지 않고 완성한다. 우리는 내가 먹는 무언가로 인해 사회적인 정의가 파괴되는 결과나 땅 끝까지 이르러야 할 예수의 의로움이 차단되는 결과를 만드는 것은 아닌지를 늘

의식해야 한다. 만약 그런 파괴와 차단의 조짐이 보인다면 아무리 푸짐하고 탐스러운 음식이라 할지라도 먹기를 포기해야 한다.

부당한 권력이나 거래나 이윤이나 직위나 인기를 취할 악한 목적으로 제공된 의롭지 못한 식탁은 거절해야 한다. 지혜자의 권면이다. "악한 눈이 있는 자의 음식을 먹지 말며 그의 맛있는 음식을 탐하지 말지어다"(잠 23:6). 맛있게 보이지만 속이는 식탁들이 세상에는 즐비하다. 입에는 달지만 영혼에는 쓴 음식을 조심해야 한다. 이로써 무의식중에 사회적인 불의에 가담하게 되고 선교의 출구가 막히는 결과가 초래되기 때문이다.

하나님의 나라의 두 번째 요소로서 성령 안에서의 "평화"(εἰρήνη)는 하나님과 인간의 화목, 인간과 인간의 화목, 인간과 자연의 화목 모두를 의미한다. 이에 해당하는 히브리어 단어는 "샬롬"(שָׁלוֹם)이다. 이것은 완전함, 하나됨, 조화, 충만함 등을 의미한다. 이것은 창조의 때에 주어진 만물의 본래적인 질서였다. 그러나 죄로 말미암아 그 질서는 파괴되어 무질서로 바뀌었다. 하나님의 나라를 구한다는 것은 죄의 무질서를 바꾸어 샬롬의 본래적인 상태를 추구하는 것을 의미한다. 우리는 "화목하게 하는 직분"을 받았기 때문에 당연히 영적인 화목을 추구해야 한다. 이를 위해 삶속에서 타인과의 불화와 대립과 갈등과 분열과 분리를 초래하는 부수적인 일들은 철저히 자제해야 한다. 식당에서 평화를 깨뜨리는 메뉴의 선택도 경계해야 한다. 예를 들어, 귀여운 개의 고기와 조그마한 물고기 멸치를 먹어서 "잔인한 놈"이라는 비방을 받지 않도록 하되 관계가 깨어지고 복음이 막히는 것보다는 먹지 않는 것이 훨씬 지혜롭다.

하나님의 나라의 세 번째 요소는 희락이다. 성령 안에서의 "희락"(χαρά)은 성령으로 말미암은 즐거움 즉 하나님의 은혜에 대한 인식에서 오는 즐거움을 의미한다. 음식을 먹고 마시는 즐거움도 크지만, 그것보다 더 중요하고 큰 즐거움은 그것을 주신 하나님의 은혜를 깨달음에 있다. 음식에서 오는 즐거움은 음식의 크기에 비례한다. 그러나 음식의 공급자를 아는 지식의 즐거움은 그 공급자의 크기에 비례한다. 우리가 추구해야 하는 하나님의 나라는 바로 우리에게 필요한 모든 것들을 6일 동안 창조하신 하나님의 은혜에서 오는 무한한 희락이다.

나아가 주님께서 선물로 주신 만물은 주님의 궁극적인 선물의 맛보기에 불과하다. 그 궁극적인 선물은 바로 그리스도 예수 즉 하나님의 말씀이다. 모든 만물은 바로 이 말씀으로 지어졌기 때문에 말씀은 만물의 원천이다. 그래서 만물에 대한 희락보다 그 만물의 원천인 말씀에 대한 희락이 우리가 추구해야 할 하나님의 나라이다. 하나님의 입에서 나오는 말씀은 음식이 가리키는 은유의 실체로서 영혼의 양식이다. 이 양식을 먹는 희락은 그 자체로 하나님의 나라이다. 그래서 우리는 먹고 마시는 음식 자체에 머물지 말고 그 너머의 공급자가 베푸는 궁극적인 은총, 즉 하나님 자신을 아는 지식의 궁극적인 희락을 추구해야 한다.

하나님의 나라인 의와 평화와 희락은 서로 연관되어 있다. "공의의 열매는 화평이요 공의의 결과는 영원한 평안과 안전이라"(사 32:17). 이 예언처럼 예수님이 우리에게 공유하신 의로움은 하나님과 우리 사이의 화평을 낳고 영원한 안식을 우리에게 제공한다. 하나님과 영원한 평화 속으로 들어간 자에게는 영원한 기쁨이 주어진다. "여호와께 구속 받은 자들이 돌아와 노래하며 시온으로 돌아오니 영원한 기쁨이 그들의 머리 위에 있고 슬픔과 탄식이 달아날 것이로다"(사 51:11). 영원한 기쁨이 그들의 머리 위에 있다는 것은 기쁨의 근원이 하나님께 있음을 의미한다. 슬픔과 탄식이 달아나게 된다는 것은 이 세상에서 아무리 막강한 슬픔과 탄식도 그 기쁨 앞에서는 백기를 들고 투항의 무릎을 꿇는다는 것을 의미한다. 의와 평화와 희락이 서로 뒤엉킨 하나님 나라가 생각과 행동의 기준이다. 어떠한 일이 발생해도 이 기준을 따라 처신하면 된다.

다른 무엇보다 먼저 추구해야 하는 하나님 나라의 정의에는 의와 평화와 희락만 언급되어 있고 예배가 없다는 점이 특이하다. 이는 정의와 평화와 희락은 예배당에 모여 특정한 형식을 따라 특정한 시간에 드려지는 예배보다 더 중요함을 의미한다. 사람들의 구원을 위해 예수님의 의로움을 전파하고 막힌 담을 헐어서 주님과의 영적인 평화를 도모하고 하늘의 기쁨을 그들에게 제공하는 것이 형식적인 예배보다 우선이다. 땅 끝까지 이르러 예수의 증인이 되는 것이 다른 무엇보다 우선이다. 그러므로 우리는 하나님의 나라와 의를 다른 무엇보다 먼저 구하라고 하신 예수님의 명령에 순종해야 한다. 이 순서가 바뀌면 위험하다. 하나님의 나라보다 예배의 형식을 앞세우면, 먹고 마시는 것을 하나님의 나라보다 앞세우는 것과 동일하다.

이러한 순서는 구약에서 이미 사무엘의 입으로 가르쳐진 내용이다. 당시 이스라엘 왕 사울은 하나님의 말씀에 순종하는 것보다 예배를 추구했다. 아말렉 족속을 진멸하되 소와 양과 낙타와 나귀도 죽이라는 하나님의 말씀을 거역하고, 제사에 쓸 괜찮은 제물들인 소와 양을 진멸하지 않고 이스라엘 진영으로 데려왔다. 이러한 처신을 꾸짖는 사무엘을 향해 사울은 이렇게 변명한다. "백성이 당신의 하나님 여호와께 제사하려 하여 양들과 소들 중에서 가장 좋은 것을 남김이요"(삼상 15:15). 하나님께 예배를 드리려는 백성과 사울의 절박한 마음은 가상하다. 그러나 그런 처신을 위한 비용으로 하나님의 명령을 거역한 것은 불법적인 일이었다. 그래서 사무엘은 책망한다. "순종이 제사보다 낫고 듣는 것이 숫양의 기름보다 나으니"(삼상 15:22). 하나님의 명령에 순종하는 것이 제사보다 낫다. 말씀을 따라 사는 것이 숫양의 최고급 기름을 예물로 바치는 예배보다 더 중요하다. 순종하는 것과 예배하는 것 중에 하나를 선택해야 한다면 당연히 순종이다. 그런데 이스라엘 백성과 사울은 제사를 선택했다. 이에 사무엘은 그것이 하나님의 말씀을 버린 행위라고 책망한다.

의와 평화와 희락은 하나님의 나라를 구성하는 본질적인 사안이다. 그러나 예배를 위해 모이거나 흩어지는 것은 비본질적 사안이다. 그런데 후자를 위해 전자를 포기하는 판단이 교회에서 종종 목격된다. 모이는 예배를 포기하면 신앙을 버리거나 배교를 한다거나 이 세상에 굴복하는 것이라는 해석이 일부의 교회에 난무한다. 이는 본질과 비본질을 구분함에 있어서 교회가 실패한 결과라고 생각한다. 예배는 중요하다. 기독교의 생명이다. 그런데 예배의 본질을 오해하고 왜곡하면 위험하다. 예배는 영이신 하나님이 그 대상이다. 하나님은 영원하고 무한하고 천지에 충만하며 모든 것을 보고 모든 것을 듣고 모든 것을 아는 분이시다. 하나님은 사람의 손으로 지은 건물에 제한되는 분이 아니시다. 그래서 예수님은 예배의 장소가 무엇보다 중요한 것이라고 생각한 여인에게 장소가 중요하지 않다고 가르치며 그 이유를 이렇게 설명한다. "하나님은 영이시니 예배하는 자가 영과 진리로 예배할 것이니라"(요 4:24). 영과 진리로 예배하는 방법은 성령을 따라 진리의 말씀에 순종하는 것, 즉 하나님을 기쁘시게 하는 거룩한 산 제물로 우리의 몸을 드리는 실천적인 헌신이다. 그 헌신의 처소는 교회만이 아니라 우리가 살아가는 삶의 모든 현장이다.

[18]이것으로 그리스도를 섬기는 자는 하나님을 기쁘시게 하고
사람의 인정을 받습니다

바울은 의와 평강과 희락으로 그리스도 예수를 섬기는 자에게 주어지는 두 가지의 복을 열거한다. 첫째, 하나님을 기쁘시게 한다. 둘째, 사람이 그를 인정한다. 하나님의 나라를 구하면서 주님을 섬기는 것은 하나님과 사람 앞에서 청찬과 존경을 받는 비결이다. 이것은 성경이 가르치는 비결이다. 의심하지 않고 그대로 믿고 행하면 확실한 결과가 주어지는 비결이다. 그러므로 이 비결을 아는 것은 놀라운 은총이고 특권이다. 물론 하나님을 기쁘시게 할 마음이 없는 자에게는 쓰레기에 불과한 비결이다. 그러

나 이 비결은 바울이 치열하게 탐구하여 깨달은 결과였다. 그래서 에베소 성도에게 이렇게 권했다. "주를 기쁘시게 할 것이 무엇인가 시험하여 보라"(엡 5:10). 그러나 사람들은 대체로 하나님이 아니라 나를 기쁘게 할 것들을 추구한다. 하나님의 기쁨과는 무관한 일상을 살아간다. 그러나 우리의 의식은 하나님의 기쁨을 응시하고 기쁨의 방법을 발견하고 검증해야 한다. 시험의 치열한 과정을 거치면 그 비결이 머리에만 정보로 머물지 않고 내 영혼과 몸에 체화되어 나의 삶을 움직인다. 그래서 바울은 이 비결을 알고 가르쳤을 뿐만 아니라 실천까지 했다. "우리는 몸으로 있든지 떠나든지 주를 기쁘시게 하는 자가 되기를 힘쓰노라"(고후 5:9). 바울은 살든지 죽든지, 땅에 있으나 하늘에 있으나 주를 기쁘시게 하는 것이 인생의 목표였다. 주님을 기쁘시게 하는 방법을 찾고 관찰하고 탐구하고 발굴해야 한다. 그런데 그 비결이 이미 주어졌다. 얼마나 감사한가!

의와 평화와 희락을 구하며 주님을 섬기면 사람들의 인정과 칭찬도 주어진다. 이 땅에서의 사회적인 정의를 행하고 사람들의 화목을 도모하고 잔잔한 기쁨을 제공하면 사람들은 감동한다. 그것보다 더 귀한 영적인 의로움과 평화와 기쁨을 그들에게 준다면 얼마나 더 큰 기쁨일까! 하나님의 기쁨과 사람들의 인정은 원인과 결과의 관계로 연결되어 있다. "사람의 행위가 여호와를 기쁘시게 하면 그 사람의 원수라도 그와 더불어 화목하게 하시리라"(잠 16:7). 우리의 섬김이 주목해야 할 두 대상은 분명히 하나님과 사람이다. 그런데 순서가 중요하다. 하나님의 기쁨이 앞서고 사람들의 인정이 뒤따른다.

하나님의 나라는 이처럼 성령 안에 있는 의와 평화와 희락이다. 이것이 본질과 비본질을 가르는 기준이다. 어떠한 상황 속에서도 이 하나님의 나라를 중심으로 판단하고 처신해야 한다.

¹⁹이러하기 때문에 우리는 평화의 일과 서로를 위한 세움의 일을 힘씁시다

바울은 우리가 힘써야 할 두 가지의 일로 평화의 일과 서로를 세워주는 일을 제시한다. 평화의 일에 대해, 바울은 이미 앞에서 모든 사람과 더불어 화목해야 한다고 강조했다. 나아가 여기에서 그는 화목에 대한 노력을 강조한다. 화목은 관계의 진주와 같아서 돼지에게 주어지지 않고 그 가치를 알아보는 자들에게 주어진다. 진주보다 귀한 화목의 가치를 아는 사람은 화목 자체에 절박함을 느끼고 화목을 위해 노력하게 된다. 화목을 위해서는 희생도 각오하게 된다. 주님께서 우리에게 선물하신 화목은 피 묻은 화목이다. 희생 없이는 주어지지 않는 화목이다. 자신의 생명을 걸 정도로 막대한 가치와 의미를 깨달은 자에게 주어지는 선물이다. 우리가 평화의 일에 힘쓰는 것은 그 가치를 알기 때문이다. 그 평화를 경험하지 않아서 그 가치를 모르는 사람에게 그것을 주기 위해서는 전달자의 희생이 요구된다. 최고의 선물을 주려고 하는데도 그 가치를 몰라 배척하는 자들의 과격한 폭력성을 감수해야 한다. 그런데도 포기하지 않고 평화의 일에 힘써야 한다고 바울은 권면한다.

사람들 사이에 대립과 갈등과 분리라는 불화의 없음에 멈추지 않고 바울은 서로를 세워주는 일까지도 힘써야 한다고 강조한다. 타인이 의와 평화와 희락에서 성장하여 온전할 수 있도록 도와주는 일도 우리가 힘써야 할 대상이다. 에베소서 4장은 성도를 온전하게 하는 일을 직분을 맡은 사람들의 몫으로 언급하고 있다(엡 4:12). 그러나 이 일이 로마서 안에서는 직분자의 전유물이 아니라 모든 성도가 함께 서로를 위해 해야 할 일이라고 한다. 그렇다면 다른 형제의 성장과 온전함은 목회자와 성도 모두의 책임이다. 주변에 믿음이 약하고 어린 형제가 있다면 비난이나 멸시가 아니라 화목하게 지내야 하겠고 나아가 그의 성장에 도움을 주도록 노력해야 한다. 비록 나를 비방하는 형제라고 할지라도 그 형제의 성장에 나의 땀을 묻히는 사랑을 실천해야 한다.

²⁰음식 때문에 하나님의 일을 망치지 마십시오
만물은 진실로 깨끗하나 거리낌 가운데서 먹는 사람에게는 악한 것입니다

이 구절은 모든 것을 다 먹는 형제들에 대한 바울의 경고이다. 바울은 음
식 자체는 선하고 깨끗한 것이지만 그 음식에 대한 지혜롭지 못한 처신
때문에 하나님의 일을 망칠 수도 있다고 경고한다. 진실로 만물은 깨끗하
다. 무엇이든 먹고 마시는 것이 자유롭다. 그러나 "거리낌 가운데서 먹는
자에게는" 그 만물이 악하게 된다고 설명한다(딛 1:15). 만물 자체는 선하
지만 그 만물을 대하는 사람들의 잘못된 태도 때문에 악이 발생한다. 이
는 앞에서 채소를 먹는 사람들과 관련하여 만물이 스스로 속된 것이 없지
만 속되게 여기는 자에게는 속되다는 언급(14절)과 유사하다. 여기에서
"거리낌 가운데서 먹는다"(διὰ προσκόμματος ἐσθίοντι)는 말은 "거리낌을
뚫고 지나가며 먹는다" 즉 어떤 음식을 먹어서 연약한 형제의 양심에 가
책을 주고 넘어지게 만드는 결과를 초래하는 상황 속에서도 먹는다는 것
을 의미한다. 이 거리낌의 구체적인 내용을 21절이 설명하고 있다.

²¹여러분의 형제가 실족하고 함정에 빠지고 연약하게 되는 일이라면,
고기도 먹지 아니하고 포도주도 먹지 아니함이 좋습니다

"거리낌"은 믿음이 강한 자의 거리낌이 아니라 연약한 자의 거리낌을 의
미한다. 우리는 연약한 자의 기준에 맞추어서 행동해야 한다. 그 거리낌
을 세 가지로 설명하고 있다. 즉 연약한 형제를 실족하게 만드는 것, 형제

를 함정에 빠지게 만드는 것, 형제를 약하게 만드는 것을 의미한다. 실족하는 것(προσκόπτω)은 발이 돌부리에 부딪혀 넘어지는 것을, 함정에 빠지는 것(σκανδαλίζεται)은 곤란한 상황에 빠져 어려움을 당하는 것을, 약해지는 것(ἀσθενεῖ)은 신앙과 삶의 의지가 약해지는 것을 의미한다. 형제를 나쁘게 만드는 일이라면 고기도 먹지 아니하고 포도주도 마시지 아니함이 좋다고 바울은 강조한다. "그런즉 너희의 자유가 믿음이 약한 자들에게 걸려 넘어지게 하는 것이 되지 않도록 조심하라"(고전 8:9). 자유는 타인에게 피해를 주지 않는 범위 내에서의 자유를 의미한다. 그 범위를 넘으면 방종 혹은 자유의 오용과 남용이다. 자유의 경계선은 믿음이 약한 자들의 실족이다. 그 경계선을 밟지 않는 한에서의 자유만 허용된다.

물론 당시에 유대인이 고기를 먹고 포도주를 마시는 것은 적법했다. 그런데 로마에 있는 고기와 포도주는 대체로 우상에게 바쳐진 제물과 제주(祭酒)일 가능성이 높다. 그래서 믿음이 연약한 형제들은 자신을 더럽히지 않으려고 고기와 포도주를 거절했다. 그것을 자유롭게 먹는 다른 형제들을 보면 마음에 거리낌이 생기는 일들도 발생했다. 이들의 판단은 생소하지 않다. 다니엘도 자신을 더럽히지 않으려고 채소만 먹었고 왕의 고기와 포도주는 거절했다. "열흘 후에 그들의 얼굴이 더욱 아름답고 살이 더욱 윤택하여 왕의 음식을 먹는 다른 소년들보다 더 좋아 보인지라"(단 1:15).

그러나 다니엘의 윤택을 다이어트 성공의 사례로 해석하면 곤란하다. 채식의 정당성을 지지하는 절대적인 증거로 활용하는 것도 주의해야 한다. 이는 입으로 들어가는 고기와 포도주는 인간의 영혼을 더럽히지 못하고 입으로 들어가는 채소가 그 영혼을 깨끗하게 만들지도 못하기 때문이다. 다니엘의 채식은 왕궁의 공직자가 될 자격이 황제로 말미암아 구비된 것이 아니라 하나님의 은총을 입은 결과라는 사실을 알려야 하는 바벨론 시대의 특수성과 관련된 선택이다. 이 선택의 맹목적인 보편화는 예수의 가르침을 비롯하여 성경의 다른 구절들과 의미론적 충돌을 야기한다.

²²여러분은 각자가 가진 믿음을 하나님 앞에서 붙잡고 계십시오 자신이 스스로를 따라 옳다고 여기는 것으로 정죄하지 않는 자에게는 복이 있습니다

이제 바울은 채소를 먹는 연약한 자들을 주목한다. 믿음이 약하여 채소만 먹는 형제들은 고기도 먹는 형제들을 자신의 주관적인 기준으로 정죄하지 않도록 주의해야 한다. 오히려 바울은 하나님 앞에서 자신의 믿음을 붙들라고 그들에게 명령한다. 이 믿음은 나 자신에 대한 믿음이 아니라 하나님 앞에서의 믿음이다. 하나님을 신뢰하는 자, 즉 "자신이 스스로를 따라 옳다고 여기는 것으로 정죄하지 않는 자에게는 복이 있다"고 설명한다. 여기에서 "스스로를 따라 옳다고 여기는 것"은 자신의 주관적인 기준에 근거한 판단을 의미한다. 믿음을 붙든다는 것은 하나님을 나의 주인으로 여기고, 그분의 뜻을 내 생각과 판단의 기준으로 삼는다는 것을 의미한다.

그렇다면 "스스로를 따라"(κατὰ σεαυτὸν) 옳고 그름을 판단하는 것은 하나님에 대한 믿음을 붙듦이 아니라 믿음의 놓음이다. 믿음을 붙들기 위해서는 자신을 부인하고 하나님의 기준을 성경에서 발견하고 그 기준을 삶의 모든 영역에 적용해야 한다. 자신이냐 성경이냐? 그 기준을 선택해야 한다. 성경은 구약에서 부정한 짐승으로 분류된 고기라도 주님께서 깨끗하게 하셨기 때문에 우리가 먹어도 된다고 가르친다(행 10:15). 앞에서 살펴본 것처럼, 이 가르침을 거부한 베드로는 예수님의 책망을 들어야만 했다. 베드로는 구약에 근거한 판단을 내렸지만, 그 모든 율법을 완성하신 예수님은 부정한 짐승도 깨끗하게 하신 하나님의 뜻과 행위를 기준으로 판단을 내리셨다. 성경의 부분적인 진리를 기준으로 삼고 진리의 다른 부분을 외면하는 자도 "스스로를 따라" 옳다고 여길 사람이다.

과거에 교부가 고백한 것처럼, 구약은 신약에서 완성되고 신약은 구약 안에 감추어져 있다. 구약만 붙잡으면 유대교가 되고, 신약만 붙잡으면 이단 마르키온이 된다. 당시에 베드로는 구약의 그림자만 붙들었기 때문

에 예수님의 명령도 거부했다. 그러나 바울은 구약을 잘 알면서도 그 안에 만세 전부터 감추어진 지혜를 주목했다. 그 지혜는 바로 그리스도 예수이다. 예수의 말씀을 기준으로 삼은 바울은 우상에게 바쳐진 제물이라 할지라도 여전히 선하다고 했으며, 그것을 먹는 자들을 정죄하는 것은 올바르지 않다고 경고했다. 나아가 자신을 기준으로 타인을 정죄하지 않는 자는 복되다고 했다. 이처럼 믿음의 판단은 복을 가져온다.

²³의심하는 자가 먹는 경우에는 믿음에서 나오지 않은 것이기 때문에 정죄를 받습니다 믿음에서 나오지 않은 모든 것은 죄입니다

이제 바울은 고기나 포도주를 의심하는 마음으로 먹는 자들에 대해 경고한다. 이들은 믿음을 가지고 자유롭게 먹지도 않고 단호하게 안 먹지도 않는 자들이다. 주님의 말씀을 빌린다면, 차지도 않고 뜨겁지도 않은 미지근한 자들이다(계 3:15). 바울은 이런 자들이 의심하는 마음으로 음식을 먹으면 정죄를 받는다고 한다. 의심하는 자는 누구인가? 야고보는 "두 마음을 품어 모든 일에 정함이 없는 자"라고 정의한다(약 1:8). 음식과 관계된 의심은 무엇인가? 고기나 포도주가 우상에게 바쳐진 것이기 때문에 깨끗하지 않다고 여기는 마음의 꺼림칙한 상태, 즉 우상을 의식하는 마음의 상태를 의미한다. 그런 마음을 가졌다면 먹지 않는 것이 마땅하다. 여기에서 우리는 바울이 앞에서 밝힌 원리, 즉 만물이 다 깨끗하나 속되게 여기는 자에게는 속되다는 원리를 기억해야 한다. 그러므로 고기와 포도주를 속되게 여기면서 먹는 것은 속된 음식을 먹는 행위로 간주된다. 이런 행위는 정죄를 받는다고 바울은 경고한다.

나아가 바울은 믿음과 죄의 보편적인 관계를 설명한다. 믿음에서 나오지 않은 모든 것은 죄로 간주된다. 앞에서도 언급한 것처럼 믿음은 하나

님을 나의 주인으로 삼고 하나님의 뜻을 나의 기준으로 삼는 것을 의미한다. 하나님의 뜻에서 나오지 않는 생각과 판단과 행동은 모두 죄악이다. 물론 믿음으로 먹는 것과 의심으로 먹는 것의 외면적인 것, 즉 입으로 들어가는 것은 동일하다. 그러나 외모가 아니라 중심을 보시는 하나님 앞에서는 두 행위가 판이하다. 이런 판이함을 야고보는 잘 보여준다. "오직 믿음으로 구하고 조금도 의심하지 말라"(약 1:6). 믿음으로 구하는 것과 의심으로 구하는 것은 정반대다. 하나님께 무언가를 구할 때에 의심하는 자는 아무것도 얻지 못하고 오히려 정죄를 받는다고 한다. 그러므로 의심하지 말고 믿음을 굳게 붙들어야 한다.

바울은 의심하고 먹으면 정죄를 받는다고 했다. 이렇게 말해도 여전히 의심하며 먹는 자들에 대해서는 어떻게 반응해야 하나? 이에 대해 본문은 침묵한다. 아마도 바울은 믿음이 연약해서 의심하는 자들을 수용해야 한다는 입장을 취할 것으로 추정된다. 유다는 이에 대한 입장이 뚜렷하다. "어떤 의심하는 자들을 긍휼히 여기라"(유 1:22). 우리는 의심이 나쁘다는 사실을 형제에게 가르친다. 가르치고 가르쳐도 끝까지 의심하는 형제도 분명 존재한다. 그때 우리는 대체로 그를 미워하고 정죄한다. 그러나 설득을 하고 설명을 해도 여전히 의심하는 자가 있다면 그 사람의 문제가 아니라 나 자신의 문제로 해석해야 한다. 나에게 설득의 실력이 이것밖에 되지 않는구나! 의심하는 형제를 그런 마음으로 포용해야 한다.

나아가 우리는 믿음의 본을 그 형제에게 제공해야 한다. 죄인은 오직 믿음으로 말미암아 의롭다 함을 얻고, 의인은 오직 믿음으로 하나님과 인간과 세상을 아는 지식에서 자라가고, 오직 믿음으로 말미암아 살아간다. 의심하는 자 곁에서 죽을 때까지 믿음으로 말미암지 않은 것은 죄이고 사는 것이 아니고 아무것도 모르고 아무것도 얻지 못한다는 사실을 증명하는 인생을 더욱 힘써 경주해야 한다. 이런 본보기에 의한 설득이 먹힐 때까지 인내해야 한다.

15장 사랑, 교회의 사명

롬 15:1-6

¹믿음이 강한 우리는 마땅히 믿음이 약한 자의 약점을 담당하고 자기를 기쁘게 하지 아니할 것이라 ²우리 각 사람이 이웃을 기쁘게 하되 선을 이루고 덕을 세우도록 할지니라 ³그리스도께서도 자기를 기쁘게 하지 아니하셨나니 기록된 바 주를 비방하는 자들의 비방이 내게 미쳤나이다 함과 같으니라 ⁴무엇이든지 전에 기록된 바는 우리의 교훈을 위하여 기록된 것이니 우리로 하여금 인내로 또는 성경의 위로로 소망을 가지게 함이니라 ⁵이제 인내와 위로의 하나님이 너희로 그리스도 예수를 본받아 서로 뜻이 같게 하여 주사 ⁶한마음과 한 입으로 하나님 곧 우리 주 예수 그리스도의 아버지께 영광을 돌리게 하려 하노라

❖ ❖ ❖

¹강한 우리가 약한 자들의 연약함을 담당하고 자신을 기쁘게 하지 않는 것은 마땅한 일입니다 ²우리 각 사람은 이웃을 기쁘게 하여 덕을 세우는 선한 일에 이르도록 하십시다 ³이는 진실로 그리스도께서 자신을 기쁘게 하지 않으셨기 때문인데 기록된 것처럼 "당신을 모욕하는 자들의 모욕이 나에게 미쳤다"고 함과 같습니다 ⁴전에 기록된 것은 무엇이든 우리의 교훈을 위해 기록된 것이기 때문에 그 기록들에 담긴 인내를 통해, 그리고 위로를 통해 우리는 소망을 갖습니다 ⁵나아가 인내와 위로의 하나님이 그대들로 하여금 그리스도 예수를 따라 서로 안에서 같은 이해를 가지게 하시기를 원합니다 ⁶그래서 같은 열정을 가지고 하나의 입으로 하나님 곧 우리 주 예수 그리스도의 아버지를 영화롭게 하십시오

기쁨의 본질

지금 우리는 기독교의 진리에 입각한 예배의 본질과 내용을 설명하는 큰 문맥에서 후반부로 접어들고 있다. 본문은 우리가 하나님께 합당한 예배를 드리기 위해서는 형제들이 한 마음과 한 입으로 연합해야 하는데 그 연합의 비결을 가르친다. 즉 우리가 약한 형제의 연약함을 담당하고 자신이 아니라 타인을 기쁘게 하는 것이 최고의 비결이다. 이는 타인을 기쁘게 하신 예수님의 이타적인 삶에서 비롯된다. 이로 보건대 주님은 참된 예배자의 모범이다. 주님을 따라 우리도 모든 형제들과 하나 되어 같은 마음과 입으로 그 예수의 아버지를 영화롭게 하는 예배자가 되기를 소원한다.

[1]강한 우리가 약한 자들의 연약함을 담당하고
자신을 기쁘게 하지 않는 것은 마땅한 일입니다

어떠한 분야든 세상은 강한 사람들과 약한 사람들로 구성되어 있다. 로마 교회 또한 그러하다. 그런 교회가 온전한 예배자가 되기 위해서는 두 가지의 조치가 필요하다. 첫째, 강한 자가 약한 자의 연약함을 담당한다. 둘째, 그러는 동안에 자신을 기쁘게 하지 아니한다. 약한 자에게는 약함을 초래하는 원인들이 있다. 그 원인들을 스스로 제거할 수 없기 때문에 약한 자들은 계속해서 연약하다. 아무도 약하기를 원하지 않고, 불가피한 사연이 없는 나약함은 없다. 이에 바울은 약한 자들의 연약함을 해결하는 것은 강한 자들의 몫이라고 한다.

14장에서는 약한 자들을 비방하지 말고 멸시하지 말라고 했으나 이제 바울은 그들의 약함에 대한 우리의 책임까지 요구한다. "담당하다"(βαστάζω)라는 동사는 "지탱하다, 떠맡다, 짊어지다, 인내하다" 등을 의미한다. 연약한 형제를 보면 인생의 처진 어깨를 내가 지탱하고 문제를 함께 고민하고 짐을 함께 짊어지고 무지나 의심을 인내하는 방식으로 형제의 연약함을 담당해야 한다. 형제에게 돈이 필요하면 무상으로 대출하고 혹은 기부하고, 배가 고프면 필요한 양식을 제공하고, 목이 마르면 시원한 생수를 건네주고, 마음이 아프면 사랑의 반창고를 붙여주고, 따돌림을 당한다면 찾아가 듬직한 벗이 되어주고, 마음이 메말라 있다면 감정의 따뜻한 체온을 힘써 빌려주면 된다. 이런 담당의 실천은 혈통의 가족보다 더 가까운 가족이 되어야 가능하다. 그런 가족 공동체의 진면목을 나타내는 것은 이 세상에 빛과 소금이 되어야 할 교회의 사명이다.

형제의 연약함을 담당하는 것은 마땅한 일이라고 바울은 강조한다. "마땅하다"(ὀφειλέω)는 말은 "빚을 갚아야 한다, 혹은 마땅히 행해야 한다"는 것을 의미한다. 즉 경제적인 채무나 윤리적인 도리를 가리킨다. 어떤 사람들은 약한 자의 연약함이 자기가 심은 대로 거둔 결과이기 때문에 그가 책임져야 한다고 생각한다. 나아가 거기에 도움의 손을 뻗어 개입하면 하나님의 섭리를 변경하는 것이라고 생각한다. 그러나 이것은 섭리의 한 조각만 보고 전체를 보지 못한 단견이다. 강한 자의 강함은 무엇을 위함인가? 약한 자들의 연약함을 담당하기 위함이다. 강한 자의 강함은 어떤 것이든 남들보다 많이 가졌음을 의미한다. 즉 건강이나 재산이나 재능이나 언변이나 지성이나 인맥이나 사회성에 있어서 남들보다 많고 뛰어남을 가리킨다.

강한 자는 어떻게 강하게 되었는가? 바울은 누구보다 월등하게 뛰어난 자신의 스펙과 누구보다 왕성했던 자신의 사도직 수행에 대해 이렇게 고백한다. "내가 한 것이 아니요 오직 나와 함께 하신 하나님의 은혜로다"(고전 15:10). 이는 자신에게 주어지고 행한 모든 것이 하나님의 은혜로 주어진 것이라는 고백이다. 이런 맥락에서 바울은 고린도 교회의 성도에게 질문한다. "네게 있는 것 중에 받지 아니한 것이 무엇이냐"(고전 4:7). 받은 것인데 받지 아니한 것처럼 교만과 자랑의 밑천으로 사용하면 안 된다고 한다. 오히려 그는 본문에서 그 강함으로 약한 형제의 연약함을 돌보라고 가르친다. 나의 부요한 것으로 타인의 부족한 것을 채우는 것이 하나님의 섭리이다. 거역할 수 없고 거역하면 안 되는 인생의 질서이기 때문에 수용해야 한다.

내가 남들보다 많이 가진 것이 있다면 주님께서 맡기신 것이며 약한 자를 위해 그것을 사용하는 것은 청지기의 윤리적인 도리라고 강조한다. 이에 대해서는 4세기에 활동한 동방의 탁월한 교부 바실리우스(Basilius Magnus)의 교훈을 기억해야 한다. 그가 왕성하게 활동하던 때는 끔찍한 흉년과 무서운 전염병 때문에 모두가 고통을 겪었으나 귀족들은 타인의 빈곤을 이용해 돈을 벌고 타인의 불행을 이용해 이득을 챙기는 시대였다. 하지만 그는 가난한 자들에게 자신의 재산을 다 나누어 주며 청지기 사상을 이렇게 설파한다. "누가 탐욕스런 사람인가? 충분함에 만족하지 못하는 사람이다. 누가 강도인가? 모든 사람에게 속한 것을 [사적으로] 취하는 사람이다. 관리를 하라고 너에게 주어진 것을 너의 소유물로 여긴다면 너는 탐욕스런 사람과 강도가 되지 않겠는가? … 네가 거머쥐고 있는 빵은 굶주린 이의 것이며 네가 옷장에 보관하고 있는 옷은 벌거벗은 사람의 소유이다. 너의 신발장에 썩어가는 신은 맨발로 다니는 사람의 것이며 네가 금고에 숨긴 은은 빈곤한 사람의 소유이다"("내 곳간을 헐리라," Vi. iv). 강한 자와 약한 자는 이러한 나눔을 통해 하나됨을 이루어야 참된 예배자가 된다.

그런데 어떤 영역이든 유능한 자가 무능한 자에게 나누어야 한다는 윤리적인 도리 때문에 더 유능하게 되려는 의욕이 상실되는 사람들이 많다. 어차피 타인에게 돌아가는 것이라면 굳이 죽도록 고생해서 유능하게 될 필요가 있겠는가? 이는 일리가 있는 생각이다. 일리가 있다는 것은 우리가 그런 사고에 길들어져 있고 그런 사고가 의식의 골수에 박혀 있기 때문이다. 인간은 죄인이기 때문에 남이 소유하는 것보다 내가 소유하는 것이 좋다는 착각의 세계적인 보편화 현상은 순식간에 일어난다. 이로써 그 착각은 일리 속으로 자신의 육체를 감추고, 그것을 모르는 사람들은 그 착각의 무비판적 노예로 전락한다. 이는 이기심이 세계를 지배하는 방식이다.

그러나 소유보다 나눔이 더 좋다는 이치, 본래의 질서, 타락 이전의 상식을 믿는 우리는 남에게 줄 것이 있기 위해 일하고 동일한 목적을 위해 공부한다. 나는 내 것이 아니라 사나 죽으나 주님의 것이기 때문이다. 내가 이미 소유되어 있는데 내가 무언가를 소유하는 것은 모순이다. 그래서 받는 것보다 주기를 원하시는 주님의 뜻대로 우리는 주는 자로 살아가기 위해 존재하고 노력한다. 이것이 성도의 실상이다. 이러한 나눔은 주님의 삶이었고 바울의 삶이었다. "범사에 여러분께 모본을 보여준 바와 같이 수고하여 약한 사람들을 돕고 또 주 예수께서 친히 말씀하신 바 주는 것이 받는 것보다 복이 있다 하심을 기억해야 할지니라"(행 20:35). 나를 향하거나 위한 수고가 아니라 약한 사람들을 돕기 위해 우리는 수고한다. 타인에게 직접적인 혹은 간접적인 유익이 되지 않는 일들은 다 헛수고다. 즉각 중단하라. 그런 일들이 벌레처럼 인생의 생살을 파먹는다. 우리는 주는 것이 받는 것보다 복되다, 내가 유능하게 되는 것 자체보다 그것으로 연약한 자의 약점을 돌아보고 책임지는 것이 하나님의 의도이고 이 세상에 정해진 본래의 질서라는 사실을 확신해야 한다. 인간의 상식을 농락하는 이기심의 세계적인 착각을 성경의 질서로 교정해야 한다. 본래의 질서로 왜곡된 무질서를 점령해야 한다. 이것은 교회의 사명이고 세상에 주는 선물이다.

나아가 바울은 약한 자의 연약함을 감당할 과정에서 강한 자가 자신을 기쁘게 해서는 안 된다고 경고한다. 여기에서 "기쁘게 하다"(ἀρέσκω)는 말은 "만족하게 하다"는 의미로도 사용된다. 바울의 이 경고는 타인의 기대에 부응하여 그의 호감을 얻어서 스스로 기뻐하고 만족하는 목적을 추구하지 말라는 뜻으로 읽혀진다. 기쁨과 만족의 방향은 자신이 아니라 타인이다. 이것도 건강한 인생의 비결이다. 사람들은 자신의 기쁨과 타인의 기쁨 사이에서 선택의 피곤한 줄타기를 한다. 바울은 타인의 기쁨을 추구해야 한다고 단호하게 주장한다. 약한 사람들은 강한 자가 도움을 줄 때 기쁨의 끝이 어디를 향하는지 누구보다 민감하게 안다. 자신이 강한 자들의 만족감을 위해 하나의 명분으로 걸려 있는지 아닌지를 안다. 강한 자는 약한 자의 연약함을 감당할 때 자칫 약한 자가 거북함을 느끼지 않도록 진정성의 수치를 최대로 올려서 배려해야 한다. 나의 기쁨을 기준으로 약자의 연약함을 감당하면 하지 않은 것보다 못한 그의 위축이나 수치라는 부작용을 초래하기 십상이다. 나아가 바울은 약한 자의 기쁨을 추구하는 섬김도 마땅한 것이라고 바울은 강조한다. 이것은 특별히 강한 자가 귀담아 들어야 할 섬김의 윤리적인 철칙이다.

²우리 각 사람은 이웃을 기쁘게 하여 덕을 세우는 선한 일에 이르도록 하십시다

바울은 자신이 아니라 타인을 기쁘게 해야 한다는 교훈의 범위를 확대한

다. 우리는 연약한 자만이 아니라 범사에 모든 이웃을 기쁘게 하는 일을 추구해야 한다. 이웃은 나에게 가까이 있는 모든 사람을 의미한다. 이웃을 기쁘게 하는 것은 찰나적인 감정의 웃음이 아니라 덕을 세우기 위해 선을 행하는 것까지 이르러야 한다. 이것도 마땅한 일이어서 바울은 명령문을 사용한다. 선은 이웃에게 유익을 제공하는 모든 것을 의미하고, 덕 세우기(οἰκοδομη)는 이웃의 경건과 행복과 지혜라는 내적인 성향의 증진을 의미한다. 이웃의 진정한 유익 혹은 기쁨은 외적인 물질의 공급이 아니라 내적인 덕의 함양이다. 이러한 이웃의 덕 세우기를 위한 선행을 가르치는 바울 자신은 유대인과 헬라인과 하나님의 교회에 거치는 자가 되지 않도록 노력했다. 그리고 "모든 일에 모든 사람을 기쁘게 하여 자신의 유익을 구하지 아니하고 많은 사람의 유익을" 실제로 구했다(고전 10:33).

그럼에도 불구하고 적잖은 교회가 이웃의 기쁨을 구하라는 바울의 권고를 무시한다. 이웃보다 교회의 기쁨을 추구한다. 주차장 문제로, 소음 문제로, 쓰레기 처리 문제로, 부동산 문제 등 다양한 부분에서 이웃의 이맛살을 찌푸리게 하는 교회의 부덕한 모습들이 연출된다. 주차장도 공유하고, 마이크 소리의 크기로 줄이고, 건물과 장소도 필요한 이웃에게 개방하고, 음식물 쓰레기는 냄새가 나지 않도록 하는 나눔과 배려의 태도로 이웃을 기쁘게 하는 교회가 되도록 모든 방면으로 노력해야 한다.

물론 우리는 "눈가림만 하여 사람을 기쁘게 하는 자처럼" 해서는 안 된다는 점도 경계해야 한다(엡 6:6). 즉 여호와 예배라는 목적 때문에 이웃을 기쁘게 하고 선을 행하고 덕의 함양을 도모해야 한다. 나는 선교단체 중에 "JOY"의 의미를 좋아한다. 물론 JOY의 의미는 기쁨이다. 그런데 JOY를 풀어서 쓰면 Jesus First, Others Second, Yourself Third이다. 즉 예수님이 첫째, 이웃이 둘째, 나 자신이 셋째가 기쁨의 순서라는 이야기다. 주님의 기쁨을 우선으로 구하고, 이웃의 기쁨을 다음으로 구하고, 마지막 기쁨의 수혜자가 나 자신이다. 이것이 정상적인 인생의 모습이다.

³이는 진실로 그리스도께서 자신을 기쁘게 하지 않으셨기 때문인데
기록된 것처럼 "당신을 모욕하는 자들의 모욕이 나에게 미쳤다"고 함과 같습니다

기쁨의 수혜자로 나 자신이 아니라 타인을 앞세우는 이유는 무엇인가? 바울은 그리스도 예수의 모범을 그 이유로 제시한다. 즉 예수님이 그러셨기 때문이다. 그 증거로서 바울은 시편 69편 9절을 인용한다. "당신의 집을 위하는 열성이 나를 삼키고 당신을 비방하는 비방이 내게 미쳤나이다." 예수님은 하나님의 집 즉 교회를 위하는 열성이 자신의 존재를 삼킬 정도로 뜨거웠다. 하나님을 비방하던 자들의 비방이 자신에게 쏟아졌다. 타인을 기쁘게 하는 사랑을 위해서는 비방도 감수해야 한다. 비방의 염려보다 교회를 위하는 열성이 더 커서 예수님의 행보는 중단되지 않고 교회로 하여금 온전히 기쁘게 할 때까지 이어졌다. 주님의 이 열정 앞에서 심히 부끄럽다. 주님에 비하여 교회를 위하는 나의 열성은 싸늘한 냉장고 수준이다. 하나님을 향한 비방이 나에게 쏟아지는 것도 경계한다. 나로 말미암아 하나님이 세상에서 능욕을 당하시는 경우는 있었으나, 하나님을 위해 그분을 향한 비방이 나에게 쏟아진 경우는 있었는가? 나는 세상의 야유와 비판을 요리조리 회피한다. 본래 세상이 하나님을 미워하기 때문에 그에게 속한 우리도 미워하는 것은 정상이다(요 15:19). 그런데도 이 정상적인 현상이 나에게 나타나지 않는 것은 무엇 때문인가?

자신의 기쁨을 구하지 않는 것은 예수님이 보이신 기독교적 삶의 절대적인 모범이다. 자기의 기쁨이나 유익을 구하지 않는 것은 사랑이다(고전 13:5). 타인의 기쁨이나 유익을 구하지 않는 것은 사랑 없음이다. 사랑하면 사랑하는 대상을 기쁘게 만들고 싶어진다. 선물을 주고 꽃을 주고 기다려 주고 양보해 주고 칭찬해 주고 위로해 주는 것은 모두 타인에게 기쁨을 주려는 사랑의 자발적인 표출이다. 타인의 기쁨을 나의 기쁨으로 여기는 것은 아름다운 사랑이다. 그러나 타인의 기쁨을 나의 기쁨보다 더 기뻐하

는 것은 더 아름답다. 예수님은 우리의 기쁨을 위해 자신의 슬픈 죽음을 택하셨다. 바울은 우리가 이런 예수님의 발자취를 뒤따라야 한다고 강조한다. 바울은 그분이 하면 무엇이든 따라한다. 그분이 가면 나도 가고 그분이 멈추면 나도 멈추고 그분이 말하면 나도 말하고 그분이 침묵하면 나도 침묵한다. 그분의 삶은 어떠한 영역이든 인생의 기준이기 때문이다. 과연 바울은 예수님을 본받기 위해 태어난 사람이다. 그의 형상을 온전히 본받는 것을 하나님의 영원한 작정으로 이해한 사람이다. 그리고 바울에게 보다 중요한 고백은 예수님의 말을 따른다는 말보다 예수님의 삶을 따른다는 말이었다. 바울은 예수님의 말을 깨닫고 전달하는 복음의 언어적인 전파가 아니라 예수님을 본받아 살아가는 증인의 실천적인 전파를 선호했다. 과연 그는 예수님 따라쟁이 인생이다.

예수는 누구인가? 말씀이다. 말씀은 무엇인가? 하나님의 섭리를 보여주는 청사진인 동시에 이 세상의 질서와 규칙이다. 그런데 죄로 말미암아 그 질서는 왜곡되고 인간의 죄라는 무질서가 질서인 것처럼 군림하고 있다. 이제 죄의 무질서를 말씀의 질서로 극복해야 한다. 그 극복의 완성이 바로 예수의 말과 삶이었다. 우리가 예수를 따른다는 것은 우주적인 무질서에 대한 저항과 극복을 의미한다. 내가 더 많이 소유하는 것, 내가 더 유력한 인물이 되는 것 자체를 선이라고 해석하는 것은 무질서의 한 유형이다. 더 많이 나누는 것, 약한 사람의 연약함을 더 많이 담당하는 것이 선이라는 것은 질서의 한 단면이다. 성경은 이런 나눔과 섬김을 질서라고 선언한다. 이는 세상의 상식과 충돌되는 선언이다. 그러나 예수님은 그 선언이 질서라는 사실의 입증이요 마침표다. 우리가 그 예수를 따른다는 것은 이 세상을 진정한 세상(cosmos, 질서)이 되게 하는 최고의 비결이다.

⁴전에 기록된 것은 무엇이든 우리의 교훈을 위해 기록된 것이기 때문에
그 기록들에 담긴 인내를 통해, 그리고 위로를 통해 우리는 소망을 갖습니다

시편을 인용한 바울은 성경이 우리의 교훈을 위해 기록된 것이라고 한다. 무엇보다 성경은 예수님에 대한 기록이다(요 5:39). 그리스도 자신이 교훈의 핵심이다. 기록된 예수의 모습에서 우리는 인내를 배우고 위로를 얻으며 이를 통해 우리는 무언가를 기대하게 된다. 기록된 성경에는 예수님의 인내(ὑπομονή)가 가득하다. 예수님이 신성을 따라서는 인간의 반역에 대해 길이 참으시고, 인성을 따라서는 인간이 계속해서 저지르는 죄의 점증적인 짐을 감당하기 위해 가중되는 죄의 무게를 길이 참으신다. 기록된 말씀에서 예수님의 인내를 알면 우리도 온갖 비방과 공격으로 우리에게 해를 입히려는 사람들을 인내하게 된다. 또한 그들이 저지르는 죄의 짐을 짊어지기 위해 우리의 어깨도 기꺼이 내어준다.

성경을 바르게 읽고 이해하면 어떠한 절망의 상황 속에서도 인내의 근육이 길러진다. 이것은 인간의 의지와 노력으로 되는 것이 아니어서 바울은 이렇게 기도한다. "주께서 너희 마음을 인도하여 하나님의 사랑과 그리스도의 인내에 들어가게 하시기를 원하노라"(살후 3:5). 우리는 범사에 주께서 서로의 마음을 인내의 세계로 인도해 주시기를 기도해야 한다. 최고의 맷집과 지구력의 소유자도 자신의 인간적인 인내로 버티면 쉽게 무너진다. 그러므로 예수님의 인내에 흠뻑 잠기도록 기도하자. 인내의 유익은 바울이 로마서 5장에서 이미 언급했다. "인내는 연단을, 연단은 소망을 이루는 줄 앎이로다"(롬 5:4). 인내는 우리의 분노를 다스리고, 증오를 억제하고, 절망을 희석하고, 질투를 제거하고, 교만을 차단할 수 있도록 우리의 영혼을 연단한다. 인내는 단순히 내면에 한이 축적되고 쓴 뿌리가 영혼을 파고들게 하는 원흉이 아니라 영혼의 근육을 키우고 성숙을 견인한다. 연단의 끝은 소망이다. 바라는 것들의 실상은 이렇게 믿음의 인내를

통해 우리에게 주어진다.

성경에는 우리를 위한 하나님의 위로(παράκλησις)도 가득하다. 바울의 이런 이해는 아마도 시편에 근거한다. "이 말씀은 나의 고난 중의 위로라 주의 말씀이 나를 살리셨기 때문이라"(시 119:50). 온 세상이 나를 비방하는 고난 속에서도 우리가 죽지 않고 살아남을 수 있는 비결은 시인의 고백처럼 우리에게 위로를 주는 기록된 말씀이다. 위로가 필요할 때 사람들을 찾기보다 성경을 펼치는 것이 지혜롭다. 이는 사람이 아니라 기록된 말씀의 위로가 우리에게 영원한 소망을 주기 때문이다.

⁵나아가 인내와 위로의 하나님이 그대들로 하여금 그리스도 예수를 따라
서로 안에서 같은 이해를 가지게 하시기를 원합니다

바울은 기록된 말씀의 저자이신 하나님이 인내와 위로의 주체라고 설명한다. 인내와 위로의 근거는 하나님께 있다. 이러한 바울의 생각도 기록된 말씀에 근거한다. 시인은 여호와가 "나를 돕고 위로하는 분"이라고 고백한다(시 86:17). 자신도 과부가 된 나오미는 동일한 과부가 되어 위로가 필요한 두 며느리를 위해 이렇게 기도한다. "여호와가 너희에게 허락하사 각기 남편의 집에서 위로를 받게 하시기를 원하노라"(룻 1:9). 이사야를 통해서는 하나님이 이방 민족에 대한 잘못된 두려움에 사로잡힌 자기 백성에게 자신이 누구임을 이렇게 밝히신다. "너희를 위로하는 자는 나 곧 나이니라"(사 51:12). 이처럼 성경은 위로가 하나님께 속한 것이라고 분명히 진술한다.

이러한 구약의 기록들에 근거하여 바울은 "모든 위로의 하나님"을 이렇게 묘사한다. "우리의 모든 환난 중에서 우리를 위로하사 우리로 하여금 하나님께 받는 위로로써 모든 환난 중에 있는 자들을 능히 위로하게 하시

는 이시로다"(고후 1:4). 위로의 하나님에 대한 바울의 이 정의는 위로와 관련된 우리의 모든 의문을 해소한다. 어떤 사람들은 위로의 하나님이 계시기 때문에 군이 우리가 별도로 위로하지 않아도 된다고 생각한다. 그러나 성경은 이렇게 명령한다. "너희는 위로하라 내 백성을 위로하라"(사 40:1). 우리는 서로를 위로해야 한다. 나아가 서로를 인내해야 한다. "마음이 약한 자들을 격려하고 힘이 없는 자들을 붙들어 주며 모든 사람에게 오래 참으라"(살전 5:14). 그러나 사람의 인내와 위로는 일시적인 효력만 나타낸다. 우리의 인내와 위로는 쉽게 바닥난다. 영원한 인내와 위로가 나에게도 너에게도 필요하다. 그것은 오직 주님께만 있다. 그래서 바울은 우리가 모든 환난 중에 있는 자들을 위로하되 하나님께 받는 위로를 가지고 위로해야 한다고 가르친다. 성경에서 하나님은 환난 가운데에 있는 자기 백성에게 계속해서 회복의 위로를 베푸신다. 그 위로의 은혜는 우리 안에 고여 있지 않고 환난을 당하는 다른 모든 사람에게 흘러간다. 인내도 우리의 유한한 인내가 아니라 주님의 인내로 인내해야 한다고 바울은 가르친다. 그러므로 우리는 하나님이 우리 모두에게 베푸시는 인내와 위로의 증인이다.

인내와 위로가 흐르고 흘러서 결실하는 열매는 무엇인가? 모두가 동일한 것을 느끼고 생각하고 결정하게 된다(τὸ αὐτὸ φρονεῖν). 즉 열매는 그리스도 예수를 따라 서로 안에서 같은 생각과 뜻과 결론을 가지는 마음의 연합이다. 바울은 로마교회 성도들이 그렇게 하나 되기를 기도한다. 예수님은 하나님이 인간에게 베푸시는 위로의 절정이다. 우리가 예수님의 인내와 위로를 따르면 서로를 이해하게 되고 각각의 다양한 생각이 만든 간격도 줄혀진다. 환난과 절망 속에서도 예수님의 인내와 위로를 통해 우리는 서로를 이해하고 하나의 마음을 가지고 사랑의 공동체로 하나님께 나아가게 된다. 오직 그리스도 안에서만 마음과 생각의 하나됨이 가능하다(빌 4:7). 하나님이 원하시는 하나됨의 범위는 방대하다. "하늘에 있는 것이나 땅에 있는 것이 다 그리스도 안에서 통일되게 하려 하심이라"(엡 1:10).

하늘과 땅 전체가 이 하나됨에 참여한다.

기독교 신앙은 개인적인 것이 아니라 공동체적 신앙이다. 마음의 하나
됨이 없으면 교회 공동체는 예배자로 나아가지 못한다. 예수님의 명령처
럼, 분쟁하는 형제가 있다면 예배드리기 전에 그 형제와 화해하는 것이
우선이다. "예물을 제단 앞에 두고 먼저 가서 형제와 화목하고 그 후에 와
서 예물을 드리라"(마 5:24). 마음이 하나 되지 못하면 한 개인이 하나님께
예배자로 나아가지 못하는 문제를 넘어 공동체가 위태롭게 된다. "스스로
분쟁하는 동네나 집마다 서지 못하리라"(마 12:25). 사탄이 이 진리를 신뢰
한다. 그래서 곳곳에서 분열을 조장한다. 오늘날도 분쟁하는 교회들이 많
다. 이는 하나님의 나라가 무너지는 패망의 첩경이다. 사탄의 계략에 농
락을 당하지 않으려면, 교회는 분쟁을 경계하고 마음의 차원에서 하나 되
는 화목을 힘써 도모해야 한다.

⁶그래서 같은 열정을 가지고 하나의 입으로
하나님 곧 우리 주 예수 그리스도의 아버지를 영화롭게 하십시오

그리스도 예수를 따라 동일한 것을 생각하면 같은 열정을 가지고 하나의
목소리로 예수의 아버지 하나님을 영화롭게 하는 예배가 가능하다. "같은
열정을 가진다"($\delta\mu o\theta\upsilon\nu\alpha\delta\acute{o}\nu$)는 것은 교회 전체가 동일한 열정을 가져야
함을 의미한다. 예수의 인내와 위로를 따라 같은 마음을 품으면 각 지체
들이 가진 열정의 온도도 같아진다. 일부는 성실하고 일부는 나태한 그런
열정의 분열은 없어진다. 그러나 예수를 따르지 않으면 동일한 열정에도
균열이 일어난다. 열정의 크기가 달라지면 협력에도 차질이 발생한다. 열
정의 온도차도 분열을 야기한다. 서로 의견이 다르고 참여의 열의가 다를
때에는 각자가 예수를 온전히 따르고 있는지를 점검하고 그렇지 않은 지

체들을 격려해야 한다.

온전한 예배는 "하나의 입으로"(ἐν ἑνὶ στόματι) 드려진다. 여기에서 "입"은 신앙고백 혹은 언어를 의미한다. 인간이 바벨탑을 쌓아 교만의 형벌로서 언어의 혼잡이 일찍이 발생했다. 그러나 성령의 은혜로 마치 모든 나라의 언어가 하나인 것처럼 언어가 다른 사람들이 동일한 진리를 듣는 기적이 일어났다(행 2:11). 나아가 하나님의 큰 일을 듣고 거듭난 교회는 동일한 진리를 하나의 입으로 고백하며 하나님을 영화롭게 한다. 온 천하의 모든 민족이 사용하는 모든 언어로 예수의 아버지 하나님을 노래한다. "땅의 모든 끝이 여호와를 기억하고 돌아오며 모든 나라의 모든 족속이 주의 앞에 예배할 것이니라"(시 22:27). 모든 족속이 하나의 입으로 같은 열정을 가지고 드려지는 예배는 시편에도 기록되어 있다.

이 본문은 예배의 절정이다. 우리의 몸을 하나님께 거룩한 산 제사로 드려야 할 합당한 예배는 온 천하의 모든 족속 중에 예수를 믿고 따르는 모든 자들의 같은 마음과 같은 열정과 같은 입으로 그리스도 예수의 아버지 하나님께 드려진다. 이를 위해서는 모든 지체의 하나됨이 필요하다. 이 하나됨은 강한 자가 약한 자의 연약함을 감당하고, 모든 이웃을 기쁘게 하신 예수를 본받아 자신을 기쁘게 하지 않고 타인을 기쁘게 하며 그 과정에서 주님의 인내와 위로를 통해 합당한 예배의 소망을 다 같이 붙들어야 가능하다.

7그러므로 그리스도께서 우리를 받아 하나님께 영광을 돌리심과 같이 너희도 서로 받으라 8내가 말하노니 그리스도께서 하나님의 진실하심을 위하여 할례의 추종자가 되셨으니 이는 조상들에게 주신 약속들을 견고하게 하시고 9이방인들도 그 긍휼하심으로 말미암아 하나님께 영광을 돌리게 하려 하심이라 기록된 바 그러므로 내가 열방 중에서 주께 감사하고 주의 이름을 찬송하리로다 함과 같으니라 10또 이르되 열방들아 주의 백성과 함께 즐거워하라 하였으며 11또 모든 열방들아 주를 찬양하며 모든 백성들아 그를 찬송하라 하였으며 12또 이사야가 이르되 이새의 뿌리 곧 열방을 다스리기 위하여 일어나시는 이가 있으리니 열방이 그에게 소망을 두리라 하였느니라 13소망의 하나님이 모든 기쁨과 평강을 믿음 안에서 너희에게 충만하게 하사 성령의 능력으로 소망이 넘치게 하시기를 원하노라

◆ ◆ ◆

7그러므로 그리스도께서 우리를 받으셔서 하나님의 영광에 이르신 것처럼 여러분도 서로를 받으시기 바랍니다 8나는 말합니다 그리스도께서 하나님의 진실함을 위해 할례의 수종자가 되셔서 조상에게 주신 약속들을 확고하게 세우시고, 9나아가 열방으로 하여금 하나님께 영광을 돌리게 하신 것을 말입니다 이는 기록된 것처럼 "이로 말미암아 내가 열방들 중에서 당신을 인정하고 당신의 이름을 찬송할 것이라"고 함과 같습니다 10그리고 그는 다시 말합니다 "열방들아 주의 백성과 함께 기뻐하라" 11또 다시 [말합니다] "모든 열방들아 주를 찬양하라 그 모든 백성들아 그를 칭송하라" 12이사야도 말합니다 "이새의 뿌리 곧 열방들을 다스리기 위해 일어나는 분이 있을 것이며 열방들은 그에 대한 소망을 가지리라" 13소망의 하나님이 여러분을 믿음 안에서 모든 기쁨과 평강으로 풍성하게 하시고 성령의 능력으로 여러분을 소망으로 충만하게 하시기를 원합니다

열방의 소망

바울은 15장에 이르러서 우리 모든 형제가 서로의 기쁨을 추구하며 같은 마음과 같은 열정과 같은 뜻과 같은 입으로 하나님께 합당한 예배자로 나아가야 한다는 것이 하나님의 뜻이라고 말하였다. 여기에서 바울은 예배자의 상태와 하나님의 뜻을 강조했다. 나아가 바울은 본문에서 하나님의 그 뜻을 따라 모든 열방이 하나님께 감사하고 그의 이름을 찬송해야 한다고 선언한다. 여기에서 그는 예배자의 범위를 강조한다. 진정한 예배는 특정한 계급이나 특정한 민족이나 특정한 세대나 특정한 시대에 국한되지 않고 모든 시대의 모든 민족이 신분과 지위와 성별과 직종을 막론하고 모두에 의해 하나님께 드려져야 한다고 가르친다. 이것이 우리 모두의 소망이다. 이 소망이 우리 모두에게 성령의 능력으로 가득 채워지길 바울은 기도한다.

[7]그러므로 그리스도께서 우리를 받으셔서 하나님의 영광에 이르신 것처럼 여러분도 서로를 받으시기 바랍니다

우리 모두가 하나 되어 하나님께 영광을 돌려야 한다는 예배자의 사명을 알았다면 이제 구체적인 실천이 뒤따라야 한다. 바울은 하나님의 뜻을 밝히고 실천을 촉구한다. 그는 14장에서 이미 언급한 형제들의 수용 문제를 반복한다. 우리가 서로를 수용해야 하는 근거로서 다시 예수의 모델을 제시한다. 예수는 우리를 받으셨다. 목적과 결과는 하나님의 영광이다. 이것은 14장에서 밝히지 않은 내용이다. 바울이 명령한 형제의 수용은 하나님의 영광이 고려되지 않은 맹목적인 수용이 아니었다. 이러한 예수를 따라 우리도 하나님의 영광을 위해 서로를 용납하고 수용해야 한다. 그러면 그 영광에 이르는 은혜로운 결과도 주어진다. 여기에서 바울의 초점은 용납되는 형제의 약함이나 강함의 여부가 아니라 수용의 전제와 목적인 하나님의 영광이다.

서로를 받는다는 것은 14장에서도 살펴본 것처럼 서로에게 형제의 동등성을 부여하고 자신의 가정으로 맞이하고 식탁의 친밀한 교제를 나누는 사랑의 관계성을 의미한다. 그러나 용납과 수용은 인간적인 관계의 돈독함이 아니라 하나님의 영광에 합당해야 한다. 교회에서 개개인의 이해가 맞아서 불의와 불법까지 용납하면 당연히 둘 사이의 인간적인 관계는 도모된다. 그러나 하나님의 영광을 더럽히기 때문에 하나님의 이름을 썩어 없어지는 재물과 맞바꾸는 불경한 거래가 발생한다. 무엇을 하든 하나님의 영광을 위한다는 것은 서로의 용납과 수용에 있어서도 철칙이다. 하나님의 영광이 수용의 여부를 판단하는 기준이고 목적이다. 이것에서 어긋나면, 교회는 돈벌이의 소굴로 전락하고 권력자의 표밭으로 변질된다. 하나님은 하나님의 영광을 위해 교회를 세우셨다. 이를 위해 음부의 권세도 건드리지 못하도록 성령의 검으로 친히 지키신다. 그런데 교회가 그 목적을 스스로 내던져 버리는 것은 존재의 토대를 스스로 파헤치고 허무는 자해이다. 우리가 망각하지 말아야 할, 예수님이 의도하신 하나님의 영광은 무엇인가?

⁸나는 말합니다. 그리스도께서 하나님의 진실함을 위해
할례의 수종자가 되셔서 조상에게 주신 약속들을 확고하게 세우시고

바울은 8절부터 12절까지 예수님이 추구한 영광의 구체적인 내용을 설명하고 기록된 성경의 근거들을 제시한다. 예수님이 추구한 영광의 핵심은 "하나님의 진리 혹은 진실"(ἀληθεία θεοῦ)이다. 진리는 아버지 하나님의 말씀이다(요 17:17). 즉 아버지 하나님의 모든 말씀을 성취하여 그것이 진실임을 증명하는 것이 바로 예수님이 추구하신 하나님의 영광이다. 예수는 율법의 완성을 통해 이 영광을 다 이루셨다. 이 성취는 두 가지로 구성된다. 즉 할례를 받으셔서 조상에게 주신 하나님의 약속들을 견고히 세우시는 것과, 열방이 하나님께 영광을 돌리게 만드는 것이었다.

첫째, 할례는 하나님과 이스라엘 백성 사이의 영원한 언약이다(창 17:10). 이스라엘 역사에는 신체적 언약인 할례 이외에도 영원한 언약들이 있다. 노아를 통해 하나님과 온 세상이 맺은 공간적인 무지개 언약(창 9:12-16)과 모세를 통해 하나님과 이스라엘 백성이 맺은 시간적인 안식일 언약(출 31:15-17)이 그것이다. 그러나 그들 중에서는 할례의 언약이 가장 중요한 언약의 의식으로 여겨졌다. 이는 이스라엘 백성이 모든 활동이 금지된 안식일과 그보다 더 엄격한 대속죄일 경우에도 남자 아이가 태어난 지 여덟번 째 날과 겹친다면 할례를 택했기 때문이다. 이스라엘 백성의 혈통을 따라 태어난 예수님은 이 중요한 할례를 통해 믿음의 조상에게 주어진 언약에 속했고 그 언약의 물줄기가 자신에게 수렴되고 있음을 보이셨고 그 언약을 온전히 이루셨다. 그는 진실한 언약을 베푸시고 온전히 이루시는 하나님의 진실함 자체이며 그 진실함의 증인이요 그의 삶은 그 물증이다.

⁹나아가 열방으로 하여금 하나님께 영광을 돌리게 하신 것을 말입니다 이는 기록된 것처럼 "이로 말미암아 내가 열방들 중에서 당신을 인정하고 당신의 이름을 찬송할 것이라"고 함과 같습니다

둘째, 예수님은 자신만이 아니라 열방도 하나님께 영광을 돌리게 만드셨다. 나는 선악에도 등급이 있다고 생각한다. 최고의 선은 타인으로 하여금 선을 행하게 만드는 것, 차선의 선은 자신이 선을 행하는 것, 차선의 악은 자신이 악을 행하는 것, 최고의 악은 타인으로 하여금 악을 행하게 만드는 것이라고 나는 구분한다. 최고의 선은 하나님이 이루시고, 차선의 선은 선인이 행하고, 차선의 악은 악인이 범하고, 최고의 악은 마귀가 저지른다. 만약 내가 선을 행하면 나는 선인이다. 하늘의 복이 나에게 주어진다. 그러나 내가 타인으로 하여금 선을 행하게 만들면 하늘의 복을 그 타인에게 선사한다. 그러면 나는 하나님을 보여주는 하나님의 증인이다. 내가 악을 저지르면 나는 악인이다. 하늘의 벌이 주어진다. 그러나 내가 타인으로 하여금 악을 저지르게 만들면 타인에게 하늘의 벌이 떨어지게 한다. 그러면 나는 마귀를 보여주는 마귀의 증인이다. 열방으로 하여금 하나님께 영광을 돌리게 만드신 예수님은 신성을 따라서 하나님인 동시에 인성을 따라서는 하나님의 증인이다.

이런 방식으로 열방을 사랑하고 섬기신 예수를 본받아야 한다고 바울은 강조한다. 이 내용은 로마서 전체를 관통하고 있다. 바울은 로마서 1장부터 자신을 모든 사람의 빚쟁이로 규정한다. 세계의 모든 민족이 하나님을 알고도 감사하지 않고 영화롭게 하지도 않는다는 현실을 개탄한다. 나아가 열방은 하나님의 영원하고 고귀한 영광을 썩어 없어지는 인간과 짐승과 벌레 모양의 추악한 우상으로 교체한다. 그리고 그 앞에서 숭배의 무릎을 꿇고 영혼과 육신의 음행을 일삼는다. 육신의 음행은 자연의 순리마저 무시하고, 그것이 정당한 것인 양 성적인 무질서의 합법화를 도모한다.

이런 저런 모양으로 모든 사람이 죄를 범했고 모든 사람의 앞길은 예외 없이 사망이다. 그러나 하나님은 몰락을 자초하는 인류의 어리석은 행보를 좌시하지 않으시고 아브라함 가문을 택하셨다. 그리고 그로 말미암아 모든 민족에게 구원의 복을 주시는 계획을 세우셨다. 자신의 아들을 보내시고 그를 통해 그 계획을 완전히 이루셨다. 하나님의 아들 예수는 유대인도 포함된 모든 사람의 주님이며 누구든지 주의 이름을 부르면 그에게 자녀의 권세와 영원한 생명의 풍요와 천국의 특권을 베푸신다. 그 과정에 바울은 하나님의 부르심과 세우심을 받고 복음의 일꾼으로 헌신한다.

헌신된 바울의 삶은 이러했다. "나와 같이 모든 일에 모든 사람을 기쁘게 하여 자신의 유익을 구하지 아니하고 많은 사람의 유익을 구하여 그들로 구원을 받게 하라"(고전 10:33). 바울의 일생은 땅 끝까지 이르러 복음을 전파하고 범사에 모든 사람으로 하여금 영원한 복과 기쁨을 누리게 만드는 삶이었다. 이런 바울은 12장에서 모든 사람과 화목해야 한다고 가르친다. 원수와 핍박하는 자도 사랑해야 한다고 강조한다. 하나님은 모든 사람에게 긍휼을 베푸시는 분이라고 설파한다. 나아가 자신이 열방을 품은 예수를 본받은 것처럼, 로마교회 성도들도 서로를 받으며 예수의 길을 걸으라고 독려한다. 고린도 교회에는 심지어 이렇게 선언했다. "내가 주님의 [모방자인] 것처럼 너희는 나의 모방자가 되라"(고전 11:1). 최고의 선을 이루어서 예수의 증인으로 살아야 한다는 권면이다.

예수님이 하나님의 언약을 확고히 세우시고 열방이 하나님께 영광을 돌리게 하신 일은 이미 구약에서 예언된 것이었다. 바울은 4가지를 증거로 제시한다. 첫 번째 증거는 시편 18편 49절이다. 이 구절은 다윗이 하나님께 드리는 고백이다. 그런데 바울은 예수님이 열방 가운데서 하나님을 인정하고 그의 이름을 찬송하는 일의 예언으로 해석한다. 진실로 예수님은 "믿음이 없는 세대"라고 표현하실 정도로 하나님을 알지 못하는 자들 가운데서 하나님을 부인하지 않으셨다. 이는 하나님의 진리를 순수하게 선포하고 하나님의 뜻을 굽히지 않고 불이익이 되더라도 자신의 인생에 담았음을 의미한다. "인정하다"(ἐξομολογέω)는 말은 하나님의 이름 석자를 입에서 밀어내는 것이 아니라 하나님의 진리를 모르는 척하지 않고 위협의 상황 속에서도 붙드는 것을 의미한다. 그리고 예수님은 열방 가운데서 하나님의 이름을 높이며 노래를 부르셨다. 동원된 악기는 자신의 영혼과 육신 전부였다. 목숨과 마음과 뜻과 힘을 다하여 닳아서 없어질 정도로 그 이름을 연주했다(ψάλλω). 나는 과연 불의와 거짓이 합법화된 세상에서 주님처럼 하나님의 진리를 인생의 양손으로 끝까지 붙잡을 수 있겠는가? 하나님을 모르는 분들에게 우리의 몸이 연주하는 음악은 무엇인가? 저주의 음악, 불쾌함을 주는 음악, 하나님의 음성에 귀를 닫게 만드는 소음은 아닌가? 범사에 어떠한 상황 속에서도 하나님을 인정하고 그의 이름을 높이는 음악의 삶이 무엇보다 우선이다.

[10]그리고 그는 다시 말합니다 "열방들아 주의 백성과 함께 기뻐하라"

두 번째 증거는 신명기 32장 43절이다. 이것은 모세가 이스라엘 백성에게 전한 설교요 노래였다. 그런데 바울은 이 구절을 인용하며 예수께서 우리를 받으시고 하나님의 영광에 이르는 것을 가리키는 증거로 제시한다. 모세의 입을 통해 선포된 하나님의 명령은 예수님이 받으시고 이루셨다. 이러한 그리스도 중심적인 이해는 다윗과 모세의 글을 대하는 바울의 해석학적 태도였다. 예수의 구속으로 말미암아 이스라엘 백성만이 아니라 열방도 그 백성과 더불어 기뻐하게 된다. 로마교회 성도들 중에는 거듭난 유대인과 함께 기뻐하는 이방 민족들이 있다. 구약의 인용을 통해 바울은 그들에게 다윗과 모세의 기록, 넓게는 구약이 그들과 무관하지 않음을 확증한다.

¹¹또 다시 [말합니다] "모든 열방들아 주를 찬양하라
그 모든 백성들아 그를 칭송하라"

세 번째 증거는 시편 117편 1절이다. 이 구절은 하나님을 찬양하는 주체로서 모든 열방들(πάντα τὰ ἔθνη)과 모든 백성들(πάντες οἱ λαοί)이 나란히 언급된다. 이것은 모든 열방에 흩어져 있는 하나님의 모든 백성을 가리키는 표현이다. 예수님은 이스라엘 민족을 위해서만 오지 않으시고 모든 민족을 위해 오셨으며 모든 민족을 위한 구속을 이루셨다. 이로써 구약에 예언된 모든 말씀을 그대로 이루셨다. 그러므로 이 성취는 시간이 흘러도 하나님의 언약이 영원하고 그래서 진실함을 보여주는 증명이다. 약속이든 성취이든 성경을 믿는다면 유대인은 하나님의 구원을 자신의 전유물로 여기지 말아야 되고 이방인은 하나님의 구원에서 배제되지 않았음을 깨달아야 한다. 왜냐하면 신약만이 아니라 구약도 이 사실을 강조하기 때문이다.

그래서 바울은 서로를 형제와 자매로 받아야 하고 그것이 진실한 언약의 하나님께 영광을 돌리는 길이라고 강조한다. 우리 중에도 내가 출석하는 교회에 등록된 사람들만 하나님을 기뻐하고 찬양하면 된다고 생각하는 사람들이 있다. 편향된 이념에 경도되어 자신과 입장이 다르면 등록된 교인이든 아니든 구분하지 않고 누구든지 싸늘한 남으로 여기며 폭력적인 언어와 비인격적 행위도 거칠게 표출한다. 나아가 믿음이 없는 민족을 대적하고, 믿음이 없는 정부를 공격하고, 믿음이 없는 이웃과 다투고, 이웃과 국가와 다른 민족을 위태롭게 하는 일도 서슴없이 저지른다. 그렇게 하여 스스로 복음의 열린 경로를 사방으로 차단하며 성경 전체가 공히 선포하는 열방을 위한 복음의 진리를 마구 짓밟고 진실하신 하나님의 이름을 마구 유린한다.

¹²이사야도 말합니다 "이새의 뿌리 곧 열방들을 다스리기 위해
일어나는 분이 있을 것이며 열방들은 그에 대한 소망을 가지리라"

네 번째는 이사야11장 1절과 10절이다. 바울의 인용은 두 구절의 조합이
다. 여기에서 "이새의 뿌리"는 예수를 가리킨다. "열방들을 다스리기 위
해 일어나는 분"은 원문에 "만민의 기치"이고 열방이 돌아오는 영광의 중
심지를 의미한다. 하나님은 열방을 향하여 예수라는 기치를 세우셨다(사
11:12). 그 예수가 거한 곳은 영광이 가득할 것이라고 이사야는 기록한다.
그 영광은 예수로 말미암아 열방이 주께로 돌아와서 하나님을 그의 백성
과 더불어 노래하며 기뻐하는 것에서 비롯된다. 이처럼 바울은 정확한 의
미를 파악하기 어려운 이사야의 글을 예수와 연결하고 하나님의 가득한
영광으로 해명한다. 예수를 알면 성경의 모든 내용이 이렇게 다 풀어진
다. 성경에서 아무리 난해한 구절들도 그리스도 안에서는 분명하게 이해
되고 진리의 섬광을 드러내며 하나님을 영화롭게 한다.

　바울은 이사야의 글을 통해 열방은 예수를 소망하게 될 것이라고 주장
한다. 대단히 중요한 대목이다. 사실 하나님을 모르는 열방은 예수를 소
망하지 않고 예수를 전하는 자들을 거부하고 핍박한다. 바울의 주장은 현
실과 달라 보이는 게 사실이다. 신명기의 문맥을 보더라도 열방은 하나님
을 대적하고 미워하는 원수를 의미한다. 그러나 하나님의 감동으로 된 말
씀을 나의 현실적인 경험으로 판단하는 것은 자제해야 한다. 성경은 어
떠한 오류도 없기 때문이다. 나는 바울이 말한 것처럼 열방이 예수를 소
망하고 있다고 확신한다. 사람들은 대부분 자신의 진정한 소망이 무엇인
지 잘 모르면서 살아간다. 허망한 것이 참 소망인 줄 알고 그것을 일평생
좇아간다. 예수가 구원의 근원이고 하늘의 기쁨을 무상으로 선물해 주시
는 분이라는 사실을 모르기 때문에 그들의 의지는 예수를 거부한다. 교회
를 공격하고 멸시한다. 그러나 그들의 영혼은 신음하며 구원의 메시아를

갈망한다. 그러므로 그들의 깊은 영혼의 은밀한 갈증이 의지의 까칠한 고집을 꺾을 때까지 복음을 증거하는 자들은 바울의 말을 믿고 인내해야 한다. 원수도 사랑하고 핍박하는 자들도 품으면서 말이다.

[13]소망의 하나님이 여러분을 믿음 안에서 모든 기쁨과 평강으로 풍성하게 하시고 성령의 능력으로 여러분을 소망으로 충만하게 하시기를 원합니다

바울은 "소망의 하나님"(ὁ θεὸς τῆς ἐλπίδος)을 하나님에 대한 호칭으로 언급한다. 하나님은 바울을 통해 그런 호칭으로 자신의 어떠함을 밝히셨다. "소망의 하나님"은 우리에게 그 자체로 소망이 되시는 하나님, 우리에게 소망을 주시는 하나님, 어떠한 절망과 좌절도 소망으로 바꾸시는 역전의 하나님을 의미한다. 하나님은 자기를 찾는 모든 자에게 소망의 하나님이 되신다고 한다. 그래서 시인은 이렇게 선언한다. "주여 이제 내가 무엇을 바라리요 나의 소망은 주께 있나이다"(시 39:7). 왜 이런 고백을 했을까? 주님께서 인생의 날을 "한 뼘 길이만큼 되게" 하셔서 "일생이 주 앞에는 없는 것" 같기 때문이다. 인생의 전성기를 구가하는 때에라도 허사일 뿐이라고 시인은 고백한다. "진실로 각 사람은 그림자 같이 다니고 헛된 일로 소란하며 재물을 쌓으나 누가 거둘지는 알지 못한다"(시 39:6)고 한다. 그 자체로는 결국 헛되고 헛됨이 인생의 실상이다. 그래서 우리의 소망은 어떤 사람이나 재물이 아니라 하나님께 둠이 지혜롭다. 누구든지 하나님께 나아가면 소망의 하나님을 만나고 그 하나님께 우리의 소망을 두면 영원히 좌절함과 절망함이 없다.

　바울은 소망의 하나님이 로마교회 성도들을 모든 기쁨과 평강으로 풍성하게 하시기를 기도한다. 하나님의 은혜 없이도 기쁨과 평강이 주어지는 것이 가능할까? 가능하지 않다. 하나님은 기쁨과 평강을 일부가 아니

라 전부를 아낌없이 풍성하게 베푸신다. 우리에게 하나님이 주신 소망이 있으면 울상도 미소로 교체된다. 모든 것을 잃고 시도하는 일마다 실패해도 평안한 마음에 흔들림이 없다. 오직 소망의 하나님만 어떠한 상황 속에서도 모든 종류의 기쁨과 평강을 풍성하게 제공하는 분이시다. 그런데 우리에게 믿음을 요청한다. 믿음은 바라는 것들의 실상이요 소망을 건지는 낚시이기 때문이다. 하나님이 베푸시는 소망과 우리의 믿음은 단짝이다. 보이지 않는 소망을 오직 믿음으로 붙들어야 마음이 온갖 기쁨과 평강으로 채워진다.

나아가 바울은 성령의 능력으로 로마교회 성도들을 소망으로 충만하게 하시기를 기도한다. 소망은 우리에게 마음의 결단과 노력이 아니라 오직 성령의 능력으로 풍성하게 된다. 그러므로 우리는 믿음으로 하나님께 나아가 성령의 능력이 임하기를 간구해야 한다. 그 능력으로 충만하게 되는 소망의 내용은 무엇인가? 열방이 가진 그리스도 예수에 대한 소망이다. 즉 온 천하의 만민이 구원을 베푸시는 그리스도 예수로 말미암아 기쁨이 가득하고 그의 이름을 하나의 마음과 뜻과 입으로 찬양하여 모든 민족이 하나님의 영광에 이르는 소망이다. 나와 너와 우리 모두가 그 소망으로 충만하게 되도록 우리도 서로를 위해 함께 기도해야 한다. 기도의 손은 이 소망을 일평생 매 순간마다 붙들어야 한다.

프랑스 제1제국의 나폴레옹 황제는 이런 명언을 남겼다고 한다. "내 비장의 무기는 아직 내 손아귀에 있다. 그것은 희망이다." 어떠한 상황 속에서도 절망이나 좌절은 인생의 마침표일 수 없다는 강한 외침이다. 이는 우리가 망해도 소망을 가지면 언제든지 다시 일어설 수 있음을 의미한다. 인간의 몸은 심장이 정지하면 죽지만 인간의 영혼은 희망을 잃을 때에 죽는다는 말도 같은 맥락이다. 심지어 영혼이 죽더라도 끝이 아닌 이유는 괴테가 말한 것처럼 "희망은 제2의 영혼"이기 때문이다. 어떠한 절망도 꺾지 못하는 마지막 적수는 희망이다. 마틴 루터 킹의 말처럼, "이 세상을 움직이는 힘은 희망이다. 수확할 희망이 없다면, 농부는 씨를 뿌리지 않는다. 이익을 얻을 희망이 없다면, 상인은 장사를 하지 않는다. 희망을 품는다는 것은 바로 이것을 이루는 첩경이다."

희망은 "노력하는 만큼 해마다 수익이 증가하며 결코 한꺼번에 다 써버릴 수 없는 확실한 재산이며 영원히 바닥나지 않는 기쁨"의 윤활유다(스티븐슨). 하나님의 나라를 움직이는 희망, 교회를 움직이는 소망은 무엇인가? 죽은 것처럼 보일 때에도 교회로 하여금 다시 살아나게 만드는 희망은 무엇인가? 바울은 열방이 함께 같은 마음과 뜻과 입으로 하나님을 찬양하고 기뻐하는 것이라고 한다. 그 희망이 교회를 뛰게 만드는 심장이다. 죽어가는 인생도 쓰러지지 않게 지탱하는 영혼의 목발이다. 이 희망이 없는 교회의 성장과 부흥은 허망한 속임수다. 절망과 좌절이 지금 한반도와 세계 전역을 점령하고 있다. 그러나 아직도 정복되지 않은 비장의 무기인 희망이 교회의 손아귀에 있다. 이 소망은 교회를 결코 부끄럽게 하지 않는다고 바울은 확신한다(롬 5:5).

¹⁴내 형제들아 너희가 스스로 선함이 가득하고 모든 지식이 차서 능히 서로 권하는 자임을 나도 확신하노라 ¹⁵그러나 내가 너희로 다시 생각나게 하려고 하나님께서 내게 주신 은혜로 말미암아 더욱 담대히 대략 너희에게 썼노니 ¹⁶이 은혜는 곧 나로 이방인을 위하여 그리스도 예수의 일꾼이 되어 하나님의 복음의 제사장 직분을 하게 하사 이방인을 제물로 드리는 것이 성령 안에서 거룩하게 되어 받으실 만하게 하려 하심이라 ¹⁷그러므로 내가 그리스도 예수 안에서 하나님의 일에 대하여 자랑하는 것이 있거니와 ¹⁸그리스도께서 이방인들을 순종하게 하기 위하여 나를 통하여 역사하신 것 외에는 내가 감히 말하지 아니하노라 그 일은 말과 행위로 ¹⁹표적과 기사의 능력으로 성령의 능력으로 이루어졌으며 그리하여 내가 예루살렘으로부터 두루 행하여 일루리곤까지 그리스도의 복음을 편만하게 전하였노라 ²⁰또 내가 그리스도의 이름을 부르는 곳에는 복음을 전하지 않기를 힘썼노니 이는 남의 터 위에 건축하지 아니하려 함이라 ²¹기록된 바 주의 소식을 받지 못한 자들이 볼 것이요 듣지 못한 자들이 깨달으리라 함과 같으니라 ²²그러므로 또한 내가 너희에게 가려 하던 것이 여러 번 막혔더니 ²³이제는 이 지방에 일할 곳이 없고 또 여러 해 전부터 언제든지 서바나로 갈 때에 너희에게 가기를 바라고 있었으니 ²⁴이는 지나가는 길에 너희를 보고 먼저 너희와 사귐으로 얼마간 기쁨을 가진 후에 너희가 그리로 보내주기를 바람이라

❖ ❖ ❖

¹⁴그러나 나의 형제들이여 나 자신이 여러분에 대해 확신하는 바는 여러분 자신이 선함으로 가득하며 모든 지식으로 충만하고 서로를 훈육할 수 있다는 것입니다 ¹⁵그러나 나는 하나님에 의해 나에게 주어진 은혜로 말미암아 여러분을 상기시킬 요량으로 더욱 담대하게 대략 여러분께 썼습니다 ¹⁶이 은혜는 나로 하여금 이방인을 위한 그리스도 예수의 일꾼이 되어 하나님의 복음의 제사장 직무를 수행하게 하고 성령으로 거룩하게 된 열방의 제물이 열납되게 하려는 것입니다 ¹⁷따라서 나는 그리스도 예수 안에서 하나님의 일에 대해 자랑할 것이 있습니다 ¹⁸ 나는 그리스도께서 열방의 순종을 위해 나를 통해 이루신 일 외에는 어떠한 것도 일절 말하지 않을 것입니다 [그 일은] 말과 행위로, ¹⁹표적들과 기사들의 능력으로, 성령의 능력으로 이루어진 것입니다 그리하여 나는 예루살렘에서 두루 행하여 심지어 일루리곤까지 그리스도의 복음으로 가득하게 했습니다 ²⁰이는 내가 타인의 터 위에는 건축하지 않기 위해 그리스도의 이름이 불리는 곳에서는 복음을 전하지 않으려고 노력한 것입니다 ²¹기록된 것처럼 "그에 대해 알려지지 않은 자들에게 나타날 것이요 듣지 못한 자들이 깨달을 것입니다" ²² 이리하여 내가 여러분께 가려는 많은 시도들은 저지된 것입니다 ²³ 그러나 이제는 이 지역들 안에서 더 이상 할 일이 없고 몇 해 전부터 여러분께 가려는 열망을 붙들고 있습니다 ²⁴ 내가 서바나로 갈 때, 지나가는 길에 여러분을 방문하고 함께 기쁨의 교제를 얼마간 나눈 이후에 여러분에 의해 그곳으로 보냄 받기를 바랍니다

열방의 예배

그리스도 예수에 대한 열방의 소망을 언급한 이후에 바울은 그 소망의 성취를 위해 로마교회 성도들을 향해 협력을 제안한다. 자신이 이방인의 사도가 되어 복음을 열방에 증거하는 것은 자신에게 주어진 하나님의 은혜이며 그 은혜를 나누자고 한다. 나누는 방법은 바울이 로마에 방문하면 기쁨의 교제를 나눈 이후에 자신을 당시에 땅 끝이라 여겨진 서바나로 가도록 도와주는 것이라고 한다. 열방이 예수를 소망하고 있다는 것을 아는 지식은 정보에 그치지 않고 실천을 요구한다. 서바나 선교를 위한 협력 요청은 바울이 로마서를 쓴 가장 중요한 목적 중의 하나이다.

[14]그러나 나의 형제들이여 나 자신이 여러분에 대해 확신하는 바는 여러분 자신이 선함으로 가득하며 모든 지식으로 충만하고 서로를 훈육할 수 있다는 것입니다

로마교회 성도들에 대한 바울의 관심은 지대했다. 비록 한 번도 그들과 만나지 못했지만 수년간 그곳을 방문하기 위해 많은 자료를 수집하고 파

악했다. 이 사실은 16장에서 가장 잘 확인된다. 여기에서 바울은 그 교회의 상황과 성도들의 정확한 성향을 세 가지로 간단하게 정리한다. 즉 1) 가득한 선함, 2) 충만한 지식, 3) 상호간의 훈육이다.

첫째, 로마교회 성도들은 선하였다. 그들의 선함은 밖으로 표출된 행위 이전에 그들의 내적인 성품을 가리킨다. 성도는 선한 사람이다. 바울은 다른 곳에서 우리가 "그리스도 예수 안에서 선한 일을 위하여 지으심을 받은 자"라고 가르친다(엡 2:10). 선한 일보다 선함이 선행한다. 그런데 예수님은 선함이 오직 아버지 하나님께 속한 것이라고 가르친다(막 10:18). 그럼에도 불구하고 로마교회 성도들이 선하다고 한다면 그들은 하나님을 닮았음에 분명하다. 하나님의 형상을 온전히 이루고 그의 고유한 성품에 참여하고 있다. 행동은 연출이나 조작이 가능하다. 그러나 성품은 중생 이후에도 가장 변하기 어려운 인간의 성정이다. 우매함의 경우, 성경은 그들을 "곡물과 함께 절구에 넣고 공이로 빻아도" 벗겨지지 않는 것이라고 했다(잠 27:22). 성품이 변하는 유일한 방법은 죽음이다. 예수님의 말씀처럼, 죽지 않으면 악한 성품이 그대로 있고 죽어야만 성령의 열매가 맺어지기 때문이다(요 12:24). 그래서 바울은 선함을 빛의 자녀들이 맺는 성령의 열매라고 한다(갈 5:22, 엡 5:9). 로마교회 공동체는 성령으로 충만하고 십자가를 붙잡은 건강한 교회임에 분명하다.

둘째, 로마교회 성도들은 "모든 지식"이 풍성했다. 여기에서 지식은 정치, 경제, 사회, 문화, 무역, 예술, 교육, 종교 등 모든 분야를 망라했다. 특별히 그들은 기독교와 관련하여 구약에 대해서도 박식했다. 신약 전체에서 구약 인용은 300여 구절이고, 그 중에서 바울이 인용한 분량은 100여 구절이고, 그 중에서도 로마서 안에서의 구약 인용은 50여 구절이다. 이렇게 많은 구약 인용문을 편지에 맹렬하게 담았다는 사실은 구약에 대한 로마교회 성도들의 해박한 지식을 입증한다. 성도가 박식한 것은 정상이다. 그리스도 예수를 안다는 것은 그 안에 담긴 지혜와 지식의 모든 보화를 소유하는 것이기 때문이다. 호세아의 기록처럼, 지식이 없으면 백성이 멸망한다(호 4:6). 정상적인 백성은 지식이 가득하다. 그리고 지혜자에 의하면, 여호와를 경외하는 것은 명철과 지혜의 근원이고(잠 9:10), 명철하고 지혜로운 자가 지식을 추구하는 것은 마땅하다(잠 18:15). 로마교회 성도들은 정상이다.

셋째, 로마교회 성도들은 서로를 훈육했다. 혼자 선하고 혼자 똑똑한 것에 만족하는 이기적인 개개인이 아니라 서로를 돌아보는 사랑의 공동체다. 여기에서 "훈육하다"(νουθετέω)는 말은 서로의 약점과 실수를 지적하고 교정하는 것을 의미한다. 이것은 비난이나 정죄와 구별된다. 비난과 정죄는 타인에 대한 정서적인 동질감 없이 수치와 불명예와 파괴라는 방향으로 타인의 약점과 잘못만 골라서 찌르는 증오의 바늘이다. 그러나 훈육은 형제에게 마음을 쓴다는 것이고 그의 잘못과 약점을 나의 것으로 여기고 그가 성숙한 사람이 되도록 지혜롭게 교정하는 사랑의 채찍이다. 로마교회 성도들은 서로에 대한 사랑의 관계가 끈끈했다. 좋을 때 함께 기뻐하는 것도 아름다운 사랑이다. 그러나 나쁠 때 서로를 훈육하며 세워가는 것은 더 아름다운 사랑이다.

이처럼 로마교회 성도들은 성품과 지성과 사랑의 관계라는 교회다운 면모를 골고루 갖추었다. 이렇게 충분히 훌륭한 교회에 바울이 장문의 편지를 쓸 필요가 있었을까? 있다면 그것은 무엇일까? 바울은 분명히 편지의 서두에서 서로의 믿음을 통해 서로가 위로를 받고 "어떤 영적인 은사들"을 그들에게 베풀고 싶다는 의사를 표시했다(롬 1:11-12). 서로의 믿음으로 사귐의 기쁨을 함께 누리는 것은 이해한다. 그런데 "영적인 은사들"은 무엇인가? 성도의 필수적인 덕목들을 이미 골고루 구비하고 있는 이들에게 주고자 하는 것은 무엇인가?

¹⁵그러나 나는 하나님에 의해 나에게 주어진 은혜로 말미암아
여러분을 상기시킬 요량으로 더욱 담대하게 대략 여러분께 썼습니다

바울은 자신이 나누고자 하는 실체를 언급하기 위해 "그러나"(δὲ)와 같은
반전 접속사를 사용한다. 모든 것을 다 구비한 듯하지만 아직 부족한 무
언가가 있음을 이 단어로 암시한다. 우리가 보기에는 로마교회 성도라면
완벽한 성숙의 표본일 것 같은데 바울의 눈에는 2%로가 부족하다. 그것
은 바로 하나님이 바울에게 주신 은혜와 관계되어 있다. 그 부족한 것은
성도들도 알고 있는 것이지만 인격과 삶에서 역동적인 열매로 나타나지
않아서 상기의 필요성이 있는 것임에 분명하다. 이처럼 은혜가 바울의 붓
을 움직였다. 바울은 욕망이나 야망이 이끄는 전차가 아니라 은혜 때문에
움직이는 사람이다. 무엇을 하든 마음의 중심과 동기가 중요하다.

로마교회 성도들의 기억을 떠올리기 위한 편지를 작성할 때 바울은 담
대한 마음이 필요했다. 바울은 한 글자 한 글자에 의미의 육중한 무게를
담아 꾹꾹 누르면서 작성했다. 여기에서 우리는 바울이 말하고자 하는 내
용이 간단하지 않고 쉽지도 않은 일임을 짐작한다. 이 일은 로마서의 실
천적인 목적이며 지금까지 기록한 긴 내용은 이 목적의 서론처럼 느껴
질 정도로 중요하다. 로마서 전반에 걸쳐 바울은 자신이 온 세상 사람들
에 대해 복음의 빚쟁이가 되었음을 고백하고, 그 복음의 본질을 소개하
고, 그 본질에 합당한 삶의 구체적인 내용을 열거하고, 이방인도 이 복음
의 핵심인 그리스도 예수를 소망하고 있다고 "대략"(ἀπο μέρους) 서술했
다. 로마서의 내용이 길지만 복음의 요액에 불과한 것처럼 진술한다. 요
약적인 복음을 기록한 이유는 그 이후의 내용이 중요하기 때문이다. 그럼
이후에 등장해야 할 내용은 무엇인가?

¹⁶이 은혜는 나로 하여금 이방인을 위한 그리스도 예수의 일꾼이 되어
하나님의 복음의 제사장 직무를 수행하게 하고 성령으로 거룩하게 된
열방의 제물이 열납되게 하려는 것입니다

바울은 자신에게 주어진 하나님의 은혜를 자세하게 설명한다. 이 은혜는 자신을 위한 것이 아니라 이방인을 위한 것이고 자신은 이를 위한 도구가 된다는 내용이다. 대부분의 사람은 "은혜"라는 단어를 자기에게 유익이 될 때에 사용한다. 그런데 바울은 자신을 위한 것이 아닌 일인데도 그것을 은혜로 규정한다. 그런데도 불평과 불쾌의 기색은 없고 글의 표정이 유쾌하다. 수혜자가 되는 것보다 공급자와 전달자가 되는 것을 더 큰 기쁨으로 여기는 것은 하나님을 사랑하는 사람의 상식이다.

로마서의 첫 문장에서 이미 언급한 것으로서, 자신이 그리스도 예수의 일꾼이 되었다는 사실을 바울은 다시 언급한다. 이 일꾼은 바로 복음의 제사장 직분이다. 그렇다면 그의 직무는 무엇인가? 복음의 제사장 직무로서 열방을 하나님께 거룩하고 온전한 산 제물로 드리는 예배이다. "거룩하게 된다"(ἡγιασμένη)는 것은 성령의 거듭나게 하심과 거룩하게 하심을 의미하며, "제물"(προσφορά)은 하나님의 자녀가 되어 하나님께 드려져서 그에게 속한 자가 됨을 의미한다. 이는 짐승을 잡아서 구별하여 하나님께 제사를 드리는 구약의 방식과 구별된다. 이제는 하나님을 알지 못하는 이들에게 복음을 증거하고 성령의 역사로 말미암아 그들이 거듭나고 그래서 그들을 자녀로서 하나님께 드리는 방식으로 하나님을 경배한다. 바울의 직분은 죽은 짐승이 아니라 산 사람의 영원한 생명을 제물로 하나님께 드리는 제사장의 직분이다. 이런 직무는 고단하지 않다. 노동이 아니라 은혜를 누리는 방식이기 때문이다.

¹⁷따라서 나는 그리스도 예수 안에서 하나님의 일에 대해 자랑할 것이 있습니다 ¹⁸나는 그리스도께서 열방의 순종을 위해 나를 통해 이루신 일 외에는 어떠한 것도 일절 말하지 않을 것입니다 [그 일은] 말과 행위로, ¹⁹표적들과 기사들의 능력으로, 성령의 능력으로 이루어진 것입니다 그리하여 나는 예루살렘에서 두루 행하여 심지어 일루리곤까지 그리스도의 복음으로 가득하게 했습니다

바울은 그리스도 안에서 이루어진 하나님의 일에 대해 자랑한다. 하나님의 일은 자랑의 유일한 항목이다. 이것 이외에는 어떠한 것도 자랑하지 말라. 주께서 자신을 통해 이루신 일 외에는 어떠한 것도 말하지 않을 것이라고 그는 다짐한다. 먼저 바울은 예수와 그의 십자가 외에는 어떠한 것도 알지 않기로 작정했다(고전 2:2). 나아가 자신에게 자랑할 거라고는 오직 예수의 십자가 외에는 없다고 확언한다(갈 6:14). 바울은 세상이 자신에 대해 못 박히고 자신이 또한 세상에 대해 못 박힌 자라고 설명한다. 십자가의 도는 바울의 삶이었다. 자신은 죽고 그리스도 예수만 살아계신 삶, 사망은 자신에게 역사하고 생명은 타인에게 역사하는 삶이었다. 그는 하나님과 사람 앞에서 매 순간마다 십자가를 붙드는 진정한 사도였다.

바울은 열방의 순종을 위해 주께서 자신을 쓰셨다고 고백한다. 예수의 일꾼으로 부름을 받는다는 것은 교회에서 벼슬이나 감투를 주어 높임을 받게 하려는 것이 아니라 열방의 순종을 위함이다. "열방의 순종"(ὑπακοὴ ἐθνῶν)은 제사장 직분의 열매로서 열방이 하나님께 돌아와 산 제물로 드려지는 것을 의미한다. 이는 하나님의 자녀가 되는 것만이 아니라 하나님의 자녀답게 사는 예배자가 되는 것까지도 포함하는 표현이다. 열방을 주께로 돌이키는 것은 주께서 행하시는 일이고 그 일에 우리가 도구로 쓰임을 받았다면 그것은 우리에게 영혼의 훈장이다. "우리의 소망이나 기쁨이나 자랑의 면류관이 무엇이냐 그가 강림하실 때 우리 주 예수 앞에 너희가 아니냐"(살전 2:19). 열방의 순종으로 말미암는 영광과 기쁨과 자랑은 지

금도 이곳에서 어느 정도는 느끼지만 본격적인 수여는 주께서 강림하실 마지막 날에 온전히 집행된다.

그리스도 안에서 이루어진 하나님의 일들은 말과 행위로, 표적들과 기사들의 능력으로, 성령의 능력으로 이루어진 것들이다. 자, 여기에서 하나님의 일은 무엇인가? 그 일을 이루기 위한 수단은 무엇인가? 이러한 질문들을 가지고 분별해야 한다. 하나님의 일은 열방의 순종이다. 이 일의 수단은 바울의 언어와 행실이다. 표적들과 기사들을 일으키는 놀라운 능력도 수단이다. 하나님의 일을 위해서는 이처럼 다양한 수단들이 동원된다. 어느 특정한 것만 고수하고 다른 것을 거부하고 부정하는 것은 경계해야한다. 또한 우리는 언어와 행실과 능력의 배후에 성령의 능력이 있음을 기억해야 한다. 나 자신의 능력이나 특별한 기적이 아니라 이것을 가능하게 만드신 성령의 개입을 주목해야 한다. 그렇다면 우리가 진실로 자랑하고 기뻐할 대상은 무엇인가? 우리의 언행이 아니고, 우리를 통해 나타난 표적과 기적의 현상적인 능력도 아니고, 그 모든 것들을 주관하고 있는 성령의 능력과 그로 말미암은 열매로서 열방의 순종이다.

그런데 자랑의 대상과 수단을 뒤바꾸는 사람들이 있다. 그들은 자신의 언변과 선행과 능력을 자랑하고 열방의 순종에는 관심이 없고 보이지도 않고, 증거물도 없는 성령의 능력에 대해서는 무시한다. 주께서 큰 은혜와 권능을 맡긴 자들이 범하는 가장 중요한 실수가 바로 이것이다. 무의식적 실수가 아니라 의도적인 오용일 가능성도 있다. 이와는 달리, 바울은 열방의 순종을 위해 주님의 일꾼으로 부르심을 받고 복음의 제사장 직무를 수행하고 성령의 능력을 힘입어 이루어진 하나님의 일을 기뻐하고 자랑한다. 그러나 사도직 수행에 있어서 다른 사도보다 더 혁혁한 자신의 공로나 쏟아진 수고의 분량은 아무것도 아니라고 한다. 이런 태도와 처신이 풍기는 권위는 민망한 자랑의 입술이 뿌리는 허영의 악취보다 훨씬 향기롭다.

바울은 자신의 직무를 충실히 수행하기 위해 대단히 바쁘게 움직였다. 예루살렘 본토에서 일루리곤 지역까지 두루 다니면서 복음을 전파하고 교회를 세우고 이방인의 영혼을 주께로 돌이켰다. 그 결과 바울은 그 지역들을 예수의 복음으로 충만하게 만들었다. 일루리곤 지역은 현재 유고슬라비아와 알바니아 영토를 가리킨다. 바울이 전도한 지역 중에서 가장 서쪽에 위치한다. 교통이 불편하고 치안이 불안한 시대에 35,000km 정도의 거리를 이동하며 복음을 전한다는 것은 목숨을 건 일이었다. 실제로 바울은 복음의 제사장 직무를 끝마치기 위해서는 자신의 목숨을 조금도 귀한 것으로 여기지 아니했다(행 20:24). 생명의 위협도 많이 당했다(고후 11:23-27). 이러한 전도의 삶은 바울이 남들보다 힘과 의지가 강했기 때문이 아니었다. 다 복음이 시킨 일이었다. 복음이 목숨보다 소중한 것임을 깨달았기 때문이다. 그의 발은 복음이 가라고 하면 가고 서라고 하면 멈추었다. 어디를 가든 이동하는 목적은 열방의 순종이고, 이동하는 수단은 복음의 신이었다(엡 6:15). 가는 곳마다 그가 한 일은 복음의 편만한 전파였다. 아름다운 타지의 관광이나 장막 치는 사업의 확장이 아니라 하나님 나라의 확장을 위한 일이었다. 복음이 어느 한 지역에 충만해질 때까지 전력으로 질주했다. 이 모든 것은 성령이 이룬 일이었다.

²⁰이는 내가 타인의 터 위에는 건축하지 않기 위해 그리스도의 이름이 불리는 곳에서는 복음을 전하지 않으려고 노력한 것입니다 ²¹기록된 것처럼 "그에 대해 알려지지 않은 자들에게 나타날 것이요 듣지 못한 자들이 깨달을 것입니다"

바울은 다양한 지역에서 복음을 전파할 때에 선을 넘지 않으려고 고수한 준칙 하나가 있다고 설명한다. 타인이 선교의 피땀을 흘린 지역에 공로의 숟가락을 슬그머니 올리는 것, 복음이 전파되어 예수의 이름이 이미 불리고 있는 지역의 잘 닦인 고속도로 위에서 복음을 전파하는 것, 이것을 금하는 것은 바울에게 사도의 상도(常道)였다. 이것은 예나 지금이나 어디서든 복음을 전파하는 선수들 사이에서 합의된 무언의 금칙이다. 그러나 바울 자신은 빌립보 교회를 개척하고 섬기다가 투옥되는 바람에 그곳에서 불순한 동기로 복음을 전파하는 자들에게 피해를 당하였다. 그들의 의도는 분쟁과 투기였다. 즉 바울을 교회에서 퇴출하고 그를 괴롭게 만드는 것이었다. 바울도 이런 내막을 정확하게 알고 있었으나 그의 반응은 상상을 초월한다. "겉치레로 하나 참으로 하나 무슨 방도로 하든지 전파되는 분이 그리스도" 예수라면 자기는 얼마든지 기뻐하고 또 기뻐할 것이라고 응수했다(빌 1:18). 이처럼 자신이 당하는 자로 있을 때에는 이 금칙을 적용하지 않고 즐겁게 기꺼이 당하고, 자신이 가해자가 될지 모르는 경우에는 타인이 목회하는 지역에서 사역의 군침을 흘리지 않겠다는 바울의 처신은 심히 아름답다. 은근슬쩍 덕 보려는 사람보다 손해보는 바보가 아름답다. 성도의 정상적인 삶이 기록되면 그 문장들은 모두 세상의 금언들이 된다.

바울이 이런 태도를 취하는 이유는 성경의 기록된 말씀 때문이다. 즉 예수가 알려지지 않은 자들에게 나타나고 모르는 자들이 예수를 깨닫게 될 것이라는 말씀 때문이다. 그가 인용한 이사야의 기록이다. "그가 나라들을 놀라게 할 것이며 왕들은 그로 말미암아 그들의 입을 봉하리니 이는 그들이 아직 그들에게 전파되지 아니한 것을 볼 것이요 아직 듣지 못한 것을 깨달을 것임이라"(사 52:15). 이 구절은 예수님이 이 땅에 오실 때에는 몰골이 타인보다 초라해서 많은 사람들이 놀라지만 이후에는 구원을 주시는 메시아의 영화로운 모습이 열방과 열왕들을 놀라게 만들 것이라는 예언이다.

바울은 이 예언의 문맥적인 의미를 살짝 바꾸어서 선교의 준칙으로 해석했다. 나는 이사야의 예언에 사도가 지켜야 할 선교의 도리도 의미의 한 조각으로 내포되어 있다고 생각한다. 바울은 그것이 비록 문맥 전체를 포괄하는 의미는 아니지만 자신을 향한 하나님의 뜻으로 보고 인생의 질서로 채택했다. 성경 한 구절이 한 사람의 인생을 깎고 다듬는다. 바울의 삶이 그러했다. 하나님의 말씀이 우리의 삶에 관여하기 시작하면 그 말씀이 새로운 고랑을 파고 인생의 물줄기가 다른 방향으로 흘러가게 한다. 그래서 시인은 이렇게 고백한다. "주의 말씀은 내 발에 등이요 내 길에 빛이니이다"(시 119:105). 하나님의 말씀은 인생의 길을 결정하고 걸음의 방향을 좌우한다. 주의 말씀은 가장 안전한 길이기에 자유로운 선택의 박탈이 아니라 우리 각자에게 주어진 인생의 선물이다.

²²이리하여 내가 여러분께 가려는 많은 시도들은 저지된 것입니다
²³그러나 이제는 이 지역들 안에서 더 이상 할 일이 없고
몇 해 전부터 여러분께 가려는 열망을 붙들고 있습니다

바울은 로마에 가서 성도들을 만나고 싶은 마음이 간절했다. 그래서 방문을 여러 번 시도했다. 그러나 매번 실패했다. 그 이유는 너무도 많은 지역들을 두루 다니며 다양한 사람들을 만나 복음을 전하기 위해 인생의 대부분을 소비했기 때문이다. 쪼갤 시간이 없었기 때문으로 봐도 무방하다. 만남에 대한 열망은 로마서 서두에서 이미 밝힌 내용이다. 바울은 결론부에 이르러 그것을 재언한다. 길이 막혀서 계획이 무산될 때 바울은 여전히 타오르는 열망이 있었으나 로마의 방문을 강행하지 않고 기다렸다. 그가 로마로 가지 못한 이유들을 바울은 분명히 인지하고 있었지만 그 이유들은 표면적인 상황이다. 그 상황의 배후에는 하나님의 의도와 타이밍이 있기 때문에 바울은 기다렸다. 예전에 아시아 지역에서 복음을 증거하려 했을 때에 성령께서 말씀을 전하지 못하게 막으셨다. 결국 바울은 마게도냐 지역으로 복음의 경로를 꺾었고 복음은 아시아가 아니라 유럽으로 향했다.

복음의 방향은 일꾼이 아니라 주인이 결정한다. 바울은 이 사실을 선교활동 초기에 이미 경험했다. 로마를 방문하는 일정도 성령의 권한이다.

　로마서 서두에서 언급한 것과는 달리, 바울은 로마로 가려는 열망의 이유 세 가지를 여기에서 추가한다. 첫째, 바울이 활동한 지역에서 더 이상 할 일(τόπος)이 없기 때문이다. 나는 이 대목에서 바울이 자신에게 허락된 지역에서 해야 할 일을 하나도 남기지 않고 완수하는 성실성에 감격한다. 그는 맡겨진 일이 무엇이든 일하는 곳이 어디이든 확실하게 완수했다. 그리고 나는 복음을 전파할 필요성이 바울의 발목을 붙드는 유일한 이유라는 사실에 또한 감동한다. 바울에게 떠나고 머무는 이동의 기준, 앞으로 갈지 뒤로 갈지를 결정하는 방향의 기준은 복음의 필요였다. 사업의 손익이나 쾌락의 유무나 성공의 유불리는 결정의 기준이 아니었다.

²⁴내가 서바나로 갈 때, 지나가는 길에 여러분을 방문하고 함께 기쁨의 교제를
얼마간 나눈 이후에 여러분에 의해 그곳으로 보냄 받기를 바랍니다

로마에 가기를 열망하는 둘째 이유는 로마교회 성도들과 만나 사귐의 기쁨을 나누기 위함이다. 바울은 특별히 에베소 교회에 보내는 편지에서 성도의 사귐과 사랑의 교제를 강조한다. 주님은 은혜와 은사를 다양한 종류와 다양한 분량으로 성도 각각에게 베푸셨다. 서로 사랑하면 은혜와 은사의 혈액순환 현상이 발생한다. 그래서 서로가 서로의 성장에 기여한다. "그에게서 온 몸이 각 마디를 통해 도움을 받음으로 연결되고 결합되어 각 지체의 분량대로 역사하여 그 몸을 자라게 하며 사랑 안에서 스스로 세우느니라"(엡 4:16). 이것은 하나님이 정해 놓으신 영적인 질서이기 때문에 어기거나 변경하면 역기능이 발생한다. 만약 연결되지 않고 분열되고, 결합되지 않고 대립되고, 책임을 다하지 않고 게으르면 어떻게 되겠는가?

몸과 몸의 지체들은 성장하지 않고 쇠락하며 사랑 안에서 스스로 세우지 않고 증오 속에서 서로를 파괴하게 된다. 나아가 하나님의 나라도 확장되지 않고 축소된다. 이는 우리가 서로 사랑해야 세상의 모든 사람들이 우리가 예수의 제자인 것을 인식하게 되기 때문이다(요 13:35). 바울은 복음을 위해, 열방의 순종을 위해 로마교회 성도들과 사랑의 교제를 나누고자 한다. 비록 바울은 그들과 한 번도 만나지 못했지만 그것이 사랑의 교제를 저지할 이유가 되지 못한다고 생각한다. 사랑의 교제는 거리의 인접성, 선행된 만남, 이득의 공유라는 관계성이 아니라 우리 모두가 그리스도 안에서 한 몸이라는 유기적 관계성에 근거한다. 사랑의 교제가 나 개인과 교회 공동체를 성장하게 만든다는 사실을 알고 있음에도 불구하고 스스로 무리 가운데서 떠나면 온갖 참 지혜를 배척하는 어리석은 자가 된다고 지혜자는 경고한다(잠 18:1).

로마에 가려는 셋째 이유는 서바나 선교 때문이다. 바울은 로마를 방문한 이후에 서바나로 갈 때 로마교회 성도들이 자신을 그곳으로 보내 주기를 고대한다. 왜 바울은 서머나 선교를 고집할까? 서머나는 지금의 스페인을 가리키며 지중해의 서쪽 극단에 위치한다. 당시에 이 지역은 땅 끝으로 여겨졌다. 즉 복음의 증인이 이르러야 할 선교의 마지막 지점이다(행 1:8). 바울은 예수님의 말씀이 자신의 인생에서 단 한 마디도 그냥 지나가지 않기를 소원한다. 땅 끝까지 이르러 복음의 증인이 되라는 말씀도 자신의 인생에 담아내고 싶어한다. 가장 아름답고 행복한 인생은 말씀의 그릇, 진리를 하나도 빠뜨리지 않고 다 담아내는 그릇이다. 그리고 바울은 로마교회 성도들을 향해 주님의 복음이 땅 끝까지 이르도록 자신의 사역에 동참해 줄 것을 요청한다. 이 요청은 인간 바울의 종교적 명성을 위함이 아니라 복음을 위함이다. 동시에 이 선교에 동참하는 사람들을 위함이다.

선한 마음과 박식한 지성과 권하는 사랑이 가득한 로마교회 성도들이 아직도 구비하지 못한 경건의 요소는 선교였다. 교회에 하나님의 은혜가 아무리 풍성해도, 아무리 오랫동안 만끽해도 열방을 주의 품으로 돌이키는 선교로 연결되지 않으면 고인 물이 되어 썩기 십상이다. 아무리 좋은 것도, 하늘에서 주어진 것이라고 할지라도 고이면 썩고 썩지 않으려면 나누어야 한다. 선교는 나눔이다. 은혜의 나눔이요, 은사의 나눔이요, 복음의 나눔이요, 시간의 나눔, 배려의 나눔, 지식의 나눔, 지혜의 나눔, 고통의 나눔, 슬픔의 나눔, 기쁨의 나눔, 사랑의 나눔이다. 그 나눔의 범위는 땅 끝이다. 땅 끝까지 이르기 위해서는 은혜가 무한해야 한다. 그런데 하나님의 은혜는 무한하다. 아무리 나누어도, 비우고 비워도 비워지지 않고 바닥이 보이지 않을 정도로 주의 은혜는 풍성하다. 본문에서 나는 잘 먹고 잘 살다가 무덤에 들어가는 인생이 아니라 복음 때문에 땅 끝을 무덤으로 삼겠다는 바울의 결연한 의지를 목격한다. 바울은 로마교회 성도만이 아니라 우리에게 선교의 동역자가 되어줄 것을 제안한다. 우리는 바울의 이 제안 앞에서 선택해야 한다. 복음을 땅 끝으로 배송하는 일에 동참할지 아니면 거부할지! 교회는 복음이 관통하고 지나가 땅 끝까지 이어지는 철길이다.

25그러나 이제는 내가 성도를 섬기는 일로 예루살렘에 가노니 26이는 마게도냐와 아가야 사람들이 예루살렘 성도 중 가난한 자들을 위하여 기쁘게 얼마를 연보하였음이라 27저희가 기뻐서 하였거니와 또한 저희는 그들에게 빚진 자니 만일 이방인들이 그들의 영적인 것을 나눠 가졌으면 육적인 것으로 그들을 섬기는 것이 마땅하니라 28그러므로 내가 이 일을 마치고 이 열매를 그들에게 확증한 후에 너희에게 들렀다가 서바나로 가리라 29내가 너희에게 나아갈 때에 그리스도의 충만한 복을 가지고 갈 줄을 아노라 30형제들아 내가 우리 주 예수 그리스도와 성령의 사랑으로 말미암아 너희를 권하노니 너희 기도에 나와 힘을 같이하여 나를 위하여 하나님께 빌어 31나로 유대에서 순종하지 아니하는 자들로부터 건짐을 받게 하고 또 예루살렘에 대하여 내가 섬기는 일을 성도들이 받을 만하게 하고 32나로 하나님의 뜻을 따라 기쁨으로 너희에게 나아가 너희와 함께 편히 쉬게 하라 33평강의 하나님께서 너희 모든 사람과 함께 계실지어다 아멘

❖ ❖ ❖

25그러나 지금은 내가 성도들을 섬기기 위해 예루살렘으로 떠납니다 26이는 마게도냐 및 아가야 사람들이 예루살렘 성도 중 가난한 자들을 위해 얼마의 기부금 베푸는 것을 좋게 여겼기 때문입니다 27저분들이 기뻐서 했지만 또한 저분들은 그들에게 빚진 자입니다 이는 만약 이방인이 그들의 영적인 것들을 나누어 가졌다면 물질적인 것으로 그들을 섬기는 것은 마땅한 일이기 때문입니다 28그러므로 나는 이 일을 완수하고 그들에게 이 열매를 확인시킨 이후에 여러분을 경유하여 서바나로 떠날 것입니다 29내가 여러분께 갈 때 그리스도의 충만한 은총을 가지고 갈 줄을 나는 알고 있습니다 30그러므로 내가 우리 주 예수 그리스도와 성령의 사랑으로 말미암아 형제 여러분께 권합니다 하나님을 향한 여러분의 기도에서 나를 위해 나와 함께 힘써 간구해 주십시오 31유대에서 순종하지 아니하는 자들에게서 내가 건짐을 받도록, 그리고 예루살렘 안에서의 내 섬김을 성도들이 받을 만하도록, 32하나님의 뜻으로 말미암아 여러분께 기쁨으로 나아가 여러분과 교제하며 기운을 얻도록 말입니다 33평강의 하나님이 여러분 모두와 함께 계시기를 원합니다 아멘

아름다운 동역

바울은 로마교회 성도들과 함께 땅 끝까지 복음을 증거하는 선교의 동역
자가 되겠다는 의사를 표시했다. 그러나 지금은 예루살렘 성도들을 위해
해야 할 일이 있다고 설명한다. 이 설명 속에서 바울은 마게도냐 및 아가
야의 성도들과 예루살렘 성도들의 사랑과 협력을 동역의 아름다운 사례
로 제시한다. 자신과 로마교회 성도들도 그런 사랑과 협력의 관계가 되기
를 소망한다. 서로의 재능을 나누고 서로의 필요를 채워주는 이러한 사랑
의 동역은 오늘날의 교회도 본받아야 한다. 하나님의 일은 특출한 몇 사
람의 영웅이 아니라 교회 전체의 사명이기 때문이다.

> [25]그러나 지금은 내가 성도들을 섬기기 위해 예루살렘으로 떠납니다

바울은 이방인을 위한 사도로서 로마교회 방문을 열망한다. 그런데 로
마교회 방문 이전에 예루살렘 성도들을 섬기기 위해 그곳으로 가야 한
다고 설명한다. 이번에 네 번째 예루살렘 방문이다. 이처럼 바울은 배타

적인 선교를 고집한 사도가 아니었다. 유대인 중심의 예루살렘 성도들도 섬김의 대상으로 간주했다. 그들에게 그리스도 예수에 대해 증거했다(행 23:11). 진실로 바울은 민족을 가리지 않고 모든 자들에게 복음의 빚쟁이로 자신의 수평적인 정체성을 규정했다(롬 1:14). 그런 거룩한 부담감을 가지고 바울은 이방인을 전도할 때에는 그들에게 맞추고 유대인을 전도할 때에는 유대인과 같이 되었다고 술회한다(고전 9:20). 누가는 바울이 고린도 지역에서 안식일이 될 때마다 "회당에서 강론하고 유대인과 헬라인을 권면"한 행적을 기록하고 있다(행 18:4). 이처럼 바울은 다른 사역자가 섬기는 지역에 숟가락을 얹어 선교적 업적의 지표를 올리는 비열한 짓을 하지 않으면서 주께서 맡기신 영혼이라 한다면 차별이 없으신 하나님의 복음을 가감 없이 전하였다. 바울은 이방인의 사도인 동시에 유대인의 사도 역할도 수행했다. 바울이 보여준 이런 절제와 포용의 균형과 조화는 모두에게 필요하다.

[26]이는 마게도냐 및 아가야 사람들이 예루살렘 성도 중 가난한 자들을 위해 얼마의 기부금 베푸는 것을 좋게 여겼기 때문입니다

바울이 예루살렘 성도들을 섬긴 내용은 무엇인가? 마게도냐 및 아가야 성도들이 모금한 얼마의 기부금을 예루살렘 성도 중 가난한 자들에게 전달하는 것이었다. 이는 이방인 교회와 유대인 교회의 아름다운 사랑이다. 이 사랑을 바울은 예전에도 목격했다. 천하에 큰 흉년이 들어서 유대인 중심의 예루살렘 교회가 어려움에 처하자 이방인 중심의 안디옥 교회가 그들에게 기부했다. 이 기부금을 전달하는 책임을 바나바와 바울이 맡았었다(행 11:27-30). 이는 민족적인 단절의 벽을 허물고 그리스도 안에서의 하나됨을 보여주는 뭉클한 장면이다. 교회에는 서로의 긴급한 필요를 채

위주는 자발적인 나눔의 사랑이 왕성해야 한다. 나에게 넉넉한 것은 너의 부족한 것을 보충하기 위해 위탁된 사랑의 탈알이다(고후 8:14). 여기에서 넉넉함은 재물의 넉넉함이 아니라 마음의 넉넉함을 의미한다. 바울은 마게도냐 교회에서 예루살렘 교회로 그런 사랑의 마음을 전달하려 한다. 동시에 이 편지의 수신자인 로마의 성도에게 바울이 바라는 것은 물질이 아니라 이런 사랑의 마음이다.

사실 가난한 예루살렘 성도들을 돕는 마게도냐 성도들의 정치적인 상황과 경제적인 형편은 극도로 어려웠다. 그럼에도 불구하고 그들은 기쁜 마음으로 기부했다. 다소 부유했던 고린도 교회에 보내는 편지에서 '지갑 좀 열라'고 권하기 위해 바울은 마게도냐 교회의 사정을 이렇게 설명한다. "환난의 많은 시련 가운데서 그들의 넘치는 기쁨과 극심한 가난이 그들의 풍성한 연보를 넘치도록 하게 하였도다"(고후 8:2). 여기에서 "넘치는 기쁨과 극심한 가난"이 대조된다. "넘치는 기쁨"은 이 세상의 절망과 무관하게 주어지는 하늘의 무한하고 불변적인 기쁨을 의미하는 그들의 영적 현실이다. 그 기쁨은 환경에서 나오지 않고 위로부터 주어진 하나님의 선물이다. 그 기쁨 때문에 그들의 연보는 넘칠 정도로 풍성했다. "극심한 가난"은 그들의 텅 빈 공복을 의미하는 경제적인 현실이다. 그런데 어떻게 극심한 가난이 풍성한 연보의 원인일까? 가난이 극심하면 지갑은 닫히고 나눔의 어깨는 위축되는 게 정상이다. 그러나 마게도냐 성도들은 그 가난을 나눔의 강력한 에너지와 동기로 승화시켜 역설적인 사랑을 꽃피웠다. 자신의 가난을 통해 그들은 모든 종류의 가난을 경험하는 자들과 함께 아파하고 함께 이기려는 긍휼의 마음을 단련했다. 그들은 소위 상처 입은 치유자다. 곤고한 사람은 곤고한 사람을, 가난한 사람은 가난한 사람을 잘 이해한다. 사실 마게도냐 성도들은 환난의 막대한 시련으로 심신은 지쳤고 자기 목구멍에 풀칠하는 것도 하루를 버티기가 어려울 정도였다.

그럼에도 불구하고 마게도냐 성도들은 넘치도록 기부했다. 불경한 궁금증 하나가 내 머리에 올라탄다. 마게도냐 교회가 낸 기부금은 얼마일까? 그러나 하나님은 금액의 크기가 아니라 마음과 동기의 크기를 살펴신다. 마게도냐 성도들은 가난한 예루살렘 성도들의 빈곤을 자기 일처럼 여겼으며 기쁘고 자발적인 마음으로 기부를 결심했다. 그들의 기부는 상황의 격렬한 반대를 무릅쓴 사랑이 시킨 일이었다. 자신의 앞가림도 녹록하지 않은 상황에서 전달된 기부금은 어떠한 최대 액수의 헌금보다 더 위대하다. 이들은 예수님의 가르침에 충실했다. 예수님은 "가난한 중에서 자기의 모든 소유 곧 생활비 전부"를 넣은 한 가난한 과부의 두 렙돈 기부에 대해 이런 평가를 내리셨다. "이 가난한 과부는 헌금함에 넣는 모든 사람보다 많이 넣었도다"(막 12:43). "생활비 전부"는 과부의 생명을 의미한다. 그녀가 헌금통에 넣은 푼돈은 자신의 인생 전부를 헌금한 것이었다. 천하보다 귀한 생명을 헌금함에 넣은 과부는 마게도냐 성도들과 비슷하다. 멋지고 감동적인 인생이다.

"얻음"은 우리의 생계를 지키지만 "줌"은 인생을 만든다는 윈스턴 처칠의 말이 떠오른다. 지혜자의 말도 동일한 것을 가르친다. "많은 재물보다 명예를 택할 것이요 은이나 금보다 은총을 더욱 택할 것이니라"(잠 22:1). 우리는 범사에 선택해야 한다. 재물인가? 아니면 명예인가? 취하는 소득인가? 아니면 베푸는 은총인가? 바울은 마게도냐 교회가 풍성한 연보를 넘치도록 행한 것을 "하나님의 은혜"(χάρις τοῦ θεοῦ)라고 규정한다(고후 8:1). 소유보다 나눔이 하나님의 더 큰 은총이다.

어려운 일을 당하기 때문에 사랑하지 못한다는 말과 가난하기 때문에 나누지 못한다는 말은 야속하게 들릴 수 있겠지만 궁색한 변명에 불과하다. 사랑하지 못할 만큼 가난한 자는 없다는 말에 나는 동의한다. 그리고 환경이 사랑의 유무를 결정하지 않고 사랑이 환경을 움직여야 한다. 환경과 무관하게 사랑은 항상 있어야 한다고 바울은 강조한다(고전 13:13). 그리고 억지로 인색한 마음으로 행하는 것이 아니라 마게도냐 교회처럼 기쁘고 자발적인 마음으로 베풀어야 한다. 금액의 크기에 얽매이지 말고 넘치는 기쁨을 주시는 하나님을 향한 우리의 사랑이 시키는 만큼 무엇이든 기부하면 된다. 베드로는 비록 금과 은이 없었지만 태어날 때부터 줄곧 주저앉은 인생을 오직 그리스도 예수의 이름으로 일으켰다(행 3:6). 사실 사랑의 본질은 돈과 무관하다. 오래 참고 온유하고 시기하지 않고 자랑하지 않고 교만하지 않고 무례히 행하지 않고 자기의 유익을 구하지 않고 성내지 않고 악한 것을 생각하지 않고 불의를 기뻐하지 않고 진리와 함께 기뻐하고 모든 것을 참고 믿고 바라고 견디는 것에 들어가는 비용은 전무하다(고전 13:4-7). 나눔은 사랑이다. 얼마나 많이 하느냐는 것보다 얼마나 많은 사랑으로 하느냐가 더 중요하다(테레사 수녀).

27저분들이 기뻐서 했지만 또한 저분들은 그들에게 빚진 자입니다
이는 만약 이방인이 그들의 영적인 것들을 나누어 가졌다면
물질적인 것으로 그들을 섬기는 것은 마땅한 일이기 때문입니다

바울은 마게도냐 교회가 예루살렘 교회에 나눈 사랑의 동기에 대해 두 가지로 설명한다. 첫째, 마게도냐 성도들의 기쁨 때문이다. 그들은 진실로 기뻐서 기부했다. 둘째, 그들이 진 복음의 빚 때문이다. 기쁨은 자발성을 의미하고 복음의 빚은 당위성을 의미한다. 예루살렘 교회는 마게도냐 교회에 영적인 것들을 나누었다. 영적인 것들을 나눈 자들을 물질적인 것으로 섬기는 것은 마땅한 일이라고 바울은 강조한다. 영적인 것들의 구체적인 내용에 대한 언급이 없지만 복음이 예루살렘, 온 유대, 사마리아, 그리고 땅 끝까지 이른다는 예수님의 말씀에서 예루살렘 교회의 역할은 분명하다. 즉 그 교회는 복음의 진원지다. 그러므로 복음의 빚을 진 마게도냐 교회가 어려움을 당하는 예루살렘 교회의 가난한 성도에게 자발적인 사

랑의 채무를 이행하는 것은 마땅하다. "빚쟁이"(ὀφειλέτης)는 바울이 모든 사람에게 "빚진 자"라는 사실을 밝힐 때 사용한 낱말이다. 빚쟁이 개념은 바울만이 아니라 모든 사람에게 적용된다. 복음은 이중적인 빚을 유발한다. 복음을 받은 자는 받지 못한 모든 자에게 복음의 빚쟁이가 복음을 준 자에게는 사랑의 빚쟁이가 된다.

²⁸그러므로 나는 이 일을 완수하고 그들에게 이 열매를 확인시킨 이후에
여러분을 경유하여 서바나로 떠날 것입니다

바울은 사랑을 배달하는 임무를 완수하여 예루살렘 교회에게 이 "열매를 확인시킨" 후에 로마를 경유하여 서바나로 가겠다는 선교의 동선을 제시한다. 즉 마게도냐 및 아가야, 예루살렘, 로마, 서바나 순으로 방문한다(행 19:21). 여기에 쓰인 동사 "확인하다"(σφραγίζω)는 "날인하다 혹은 인증하다 혹은 의심 없게 만들다"는 것을 의미한다. 날인할 것은 무엇이고 의혹을 제거해야 할 내용은 무엇인가? 바울이 배달하는 기부금은 바울의 것이 아니라 마게도냐 성도들의 사랑이며, 그 사랑의 분량이 조금도 축소되지 않아 의심의 여지가 전혀 없도록 있는 그대로 전달할 것이라는 바울의 의지가 그 동사의 의미라고 나는 이해한다. 물론 마게도냐 교회의 기부는 바울이 생명의 복음을 전하고 진리의 교훈을 가르친 결과로서 연약한 형제를 돌아보는 사랑의 실천이다. 그렇지만 바울은 자신의 공로를 이 기부금에 묻혀서 생색을 낼 의도가 전혀 없으며 오히려 사랑의 왕성한 흐름으로 온 교회에 기쁨과 도전이 수혈될 수 있도록 배달의 배역을 충실히 감당하기 위해 생명의 위협도 감수한다. 그런데 오늘날 타인의 공로와 사랑을 슬그머니 자기 주머니에 넣는 목회자가 많아 안타깝다. 재난을 당한 지역에 구제금을 전달할 때에도 담임목사 이름을 읊조린다. 너무도 민망하다.

²⁹내가 여러분께 갈 때 그리스도의 충만한 은총을 가지고 갈 줄을 나는 알고 있습니다

바울이 마게도냐 교회와 예루살렘 교회의 사랑을 언급한 이유는 분명하다. 바울과 로마교회 사이에도 그러한 사랑의 교류가 있기를 바라는 마음 때문이다. 바울은 예루살렘 교회처럼 영적인 것들을 나눌 것이기 때문에 로마교회 성도들은 자신에게 물질적인 것들을 베풀어 주기를 소원한다. 그래서 바울은 로마교회 성도들을 방문할 때에 빈 손으로 가지 않고 그리스도 예수의 충만한 은총을 들고 갈 것을 안다고 진술한다. 그런데 이 문장이 좀 특이하다. 바울은 그들에게 방문의 기대감을 높이기 위해 자신이 가져가는 무언가를 알려주는 것이 아니라 자신이 안다(οἶδα)고 말하기 때문이다. 자신이 무언가를 가져가는 것을 자신이 아는 것은 너무도 당연하다. 그런데도 그것을 언급하는 바울의 의도는 무엇인가? 그것은 누군가를 찾아갈 때 그들에게 줄 유익이 없이는 그들을 방문하지 않겠다는 바울의 다짐이다. 즉 그들에게 신세를 지고 싶어서가 아니라 그들에게 줄 것이 있기 때문에 그곳으로 간다는 점을 강조한다.

모든 사람은 자기에게 빈손을 내밀면 싫어하고 선물을 내밀면 좋아한다. 그래서 모든 사람은 누군가를 방문할 때, 혹은 누군가가 자신을 방문할 때 목적을 의식한다. 그런데 우리의 삶에는 무언가를 베풀려는 방문보다 무언가를 얻으려는 방문이 더 빈번하다. 그래서 방문을 경계한다. 바울의 시대에도 이러한 경계가 있었을까? 바울은 로마의 성도에게 신령한 것을 줄 것이라는 사실을 알기 때문에 방문하는 것이라고 명시한다. 이는 그 경계의 벽을 허물려는 의도일까? 나는 바울이 이렇게도 좋은 예수의 충만한 은총을 할 수만 있다면 빨리 많이 나누고 싶어서 그렇게 말했고, 로마교회 성도들로 하여금 기도하고 사모하는 마음으로 기다릴 것을 권한 말이라고 생각한다.

"그리스도의 복의 풍성함"(πληρώμα εὐλογίας Χριστοῦ)은 무엇인가? 로마교회 성도에게 나눈다고 로마서 서두에서 밝힌 "어떤 신령한 복"임에 분명하다. 바울이 무엇을 주고자 하는지를 알려면 바울이 무엇을 가지고 있느냐를 보면 확인된다. 바울은 다른 모든 것들을 배설물로 혹은 해로 여겼으며 유일하게 가지기를 원했고 결국 가지게 된 것은 복음 자체인 그리스도 자신이다(빌 3:8). 어떤 사본에는 이 문구에 "복음의"(τοῦ εὐαγγελίου)란 단어가 추가되어 있다(Textus Receptus, 1598). 복음의 복과 예수의 복은 동일하다. 그래서 나는 로마 성도에게 주려는 바울의 선물이 그리스도 예수의 인격과 그를 아는 풍성한 지식일 것이라고 생각한다. 바울은 그리스도 예수를 가졌기 때문에 그 예수를 나누어줄 것이라는 사실을 확신했다. 모든 만남에는 교류가 일어난다. 우리가 누군가를 만날 때 상대에게 전달되는 우리의 선물은 무엇인가? 나에게 있는 것은 무엇인가? 내가 가진 것은 복음이 전부이길 소원한다. 누구를 만나든지 그 복음의 복이 전해지길 소원한다. 주는 자리가 아니라 받을 일이 뻔한 만남의 자리는 피하려고 한다.

30그러므로 내가 우리 주 예수 그리스도와 성령의 사랑으로 말미암아
형제 여러분께 권합니다 하나님을 향한 여러분의 기도에서
나를 위해 나와 함께 힘써 간구해 주십시오

바울은 로마교회 성도들을 향해 기도를 부탁한다. 기도는 인접해 있지 않더라도 나눌 수 있고 즉각적인 배송이 가능한 선물이다. 서로를 위한 기도는 영적인 교제이며 장거리 만남이다. 실제로 만나기 이전에 기도로 영적인 안면을 트고 관계의 밀도를 다지는 것은 성도의 교제에 있어서 기본이다. 바울은 그리스도 예수와 성령의 사랑으로 말미암아 기도를 부탁한

다. "그리스도 예수와 성령의 사랑"은 어떠한 상황 속에서도 얽매임이 없다. 이 사랑 때문에 우리는 지구촌에 있는 모든 믿는 자와 영적인 교제가 가능하다. 하나님의 모든 자녀를 위해 기도한 사람은 첫 만남에도 가족의 따뜻한 사랑을 경험한다. 이런 친밀함의 이유는 그들이 오래 전부터 기도로 만나 왔기 때문이다. 원래 인간의 관계는 하나님 안에서 그러해야 했다. 하나님의 형상을 따라 지음을 받았다는 사실에 근거하여 서로를 "내 뼈 중의 뼈요 살 중의 살"로 여기며 신뢰하고 사랑하는 관계성이 창조의 본래적인 질서였다. 그런데 죄로 말미암아 관계가 깨어졌다. 낯선 사람을 만날까봐 불안하고 아는 사람을 만날까봐 더 불안하다. 하지만 그리스도 안에서는 본래의 관계가 회복된다. 주 안에서는 모든 시대의 모든 장소의 모든 믿는 사람들이 하나의 거대한 가족이 되기 때문이다.

> [31]유대에서 순종하지 아니하는 자들에게서 내가 건짐을 받도록, 그리고
> 예루살렘 안에서의 내 섬김을 성도들이 받을 만하도록, [32]하나님의 뜻으로
> 말미암아 여러분께 기쁨으로 나아가 여러분과 교제하며 기운을 얻도록 말입니다

바울이 부탁하는 기도는 세 가지로 요약된다. 첫째, 유대에서 순종하지 않는 사람들의 손에서 구원해 주시는 것. 둘째, 예루살렘 안에서 행하는 바울의 섬김이 그곳에 있는 성도에게 불쾌하지 않고 오히려 유쾌하고 받을 만한 것이 되는 것. 셋째, 하나님의 뜻으로 말미암아 로마에 가는 여정이 순적하고 그곳에 있는 성도들과 아름다운 교제를 나누며 서로에게 회복과 활력을 제공하는 것.

첫째, 바울은 예루살렘 방문에 위험이 따를 것이라고 예측한다. 그럼에도 불구하고 그는 목숨을 주는 마게도냐 성도들의 아름다운 기부가 헛되지 않도록 예루살렘 교회의 위험한 방문을 감행했다. 지금은 은행이 발달

하여 온라인 계좌이체 방식으로 땅 끝까지 안전하게 송금할 수 있지만, 그 때에 기부금을 전달하는 이런 방문의 방식은 목숨을 건 일이었다. 이 방문의 위험성을 인지한 아가보 선지자를 비롯하여 빌립과 그의 세 딸들과 제자들과 수행원들 모두가 성령의 감동으로 바울을 말리며 눈물로 그의 행보를 저지했다. 그럼에도 불구하고 바울은 이렇게 반응하며 강행했다. "여러분이 어찌하여 울어 내 마음을 상하게 하십니까? 나는 주 예수의 이름을 위해 결박 당할 뿐 아니라 예루살렘에서 죽을 것도 각오를 했습니다"(행 21:13). 생명 같은 기부금을 전달하는 일에 생명을 거는 각오로 임하는 것은 참으로 잘 어울린다. 바울은 복음을 복음답게 전하고 사랑을 사랑답게 전하는 사역의 본을 제시하고 있다. 교회가 명운을 걸고 복음을 전하고 사랑을 실천한 경우가 있는지를 우리는 성찰해야 한다. 그런 적이 없다면 우리가 교회다운 교회인지 의심해야 한다. 대부분의 우리는 그냥 무난한 신앙생활, 무난한 봉사활동, 무난한 공동체 의식만 가지고 살아간다. 로마교회 성도들이 바울의 안전을 위해 기도하면 그를 지키시는 하나님의 은혜와 권능을 공유하게 된다. 복음에 합당한 의식의 소유자가 된다. 복음과 함께 고난을 받을 마음의 동일한 각오가 마련된다. 기도하지 않으면 로마교회 성도들도 미지근한 신앙과 나른한 태도에 빠질 가능성이 높다.

둘째, 바울은 긴급한 필요를 채우기 위해 예루살렘 교회로 떠나지만 그곳의 성도에게 진정 유익한 것인지를 숙고한다. 아무리 선의로 행한 일이라도 상대방은 거부감과 불쾌함을 느낄 수 있기 때문이다. 바울의 섬김은 언제나 주는 자 중심이 아니라 받는 자 중심이다. 수혜자의 양심이 상하지 않도록 배려한다. 수혜자의 눈높이에 맞추어 그들의 방식으로 다가간다. 자칫 동정을 받는다는 불쾌한 느낌을 유발하지 않도록 조심한다. 모든 것에 자유로울 수 있지만 타인의 덕을 세우기 위해 자신의 무한한 자유를 절제하고 사랑의 자발적인 종노릇을 선택하고 권하는 바울이다. 그러나 아무리 조심해도 수혜자의 느낌은 공급자의 통제를 벗어난다. 그래서 기도가 필요하다. 로마교회 성도들이 이러한 기도를 드리면서 그들도 바울의 배려를 배울 것임에 분명하다. 이처럼 바울은 기도의 부탁으로 그들에게 좋은 것을 나누려고 한다.

셋째, 바울은 로마교회 방문이 하나님의 뜻 안에서 이루어져 기쁨이 가득하고 서로에게 유익을 주는 것이기를 소망한다. 어떠한 방문이든 하나님의 뜻이 중요하다. 만남을 이해함에 있어서 바울은 하나님의 뜻과 기쁨을 연결한다. 그의 뜻이라면 기쁨과 유익이 가득한 방문이 될 것이기 때문이다. 그러나 인간의 의도로 말미암은 방문은 만나지 않는 것보다 못한 부작용과 역기능을 초래한다. 기쁨도 없어지고 유익도 사라진 만남이 될 것이기 때문이다. 하나님의 뜻이 아니라면 만남의 성사보다 만남의 어긋남이 오히려 주님의 은총이다.

바울의 로마교회 방문에 대한 하나님의 뜻은 무엇인가? 바울은 예루살렘 방문 이후에 하나님의 분명한 뜻을 이렇게 확인한다. "주께서 바울 곁에 서서 이르시되 담대하라 네가 예루살렘에서 나의 일을 증언한 것 같이 로마에서도 증언해야 하리라 하시니라"(행 23:11). 좋은 만남을 원하는가? 그런 만남은 언제나 기도의 아들이다. 만남의 맹목적인 성사 추구가 아니라 하나님의 뜻을 분별하는 기도가 필요하다. 바울은 로마교회 방문을 진심으로 열망한다. 그러나 그들도 바울과의 만남을 열망해야 한다. 그래서 그들에게 기도를 부탁한다. 만남의 성사는 바울의 일방적인 기호가 아니라 쌍방의 합의에 근거해야 하기 때문이다. 하나님의 뜻 안에서 서로의 소원이 일치하는 만남을 위해 우리도 늘 기도해야 한다.

³³평강의 하나님이 여러분 모두와 함께 계시기를 원합니다 아멘

끝으로 바울은 로마교회 성도들을 위해 평강의 하나님이 그들 모두와 함

께(μετὰ) 계시기를 기원한다. 사람은 나와 영원히 함께 있지 못하고 어떤 식으로든 언젠가는 떠나간다. 그러나 하나님은 우리와 영원토록 함께 계시는 분이시다. 바울과 로마교회 성도들의 만남은 잠깐이고 영원하지 않다. 바울은 거의 모든 교회의 성도들이 환영하는 인물이다. 모든 교회의 부흥회에 일급 강사였다. 모든 교회가 바울의 설교를 듣고 그의 인품을 확인하고 그를 통해 이루신 하나님의 놀라운 기적들과 일들을 들으며 그리스도 예수에 대한 사랑이 더욱 뜨겁고 깊어질 것을 기대한다. 그러나 바울은 이러한 인기에 영합하지 않고 그 인기를 은밀하게 이용하지 않고 그들에게 평강의 하나님과 영원히 함께 계시는 최고의 복을 기원한다. 바울은 사려가 깊고 진중한 사람이다. 평강의 하나님과 함께 하지 않으면 사람들은 선동적인 사람을 쉽게 추종하고 사람 중심적인 교회를 형성하게 된다. 평강의 하나님이 계셔야 모든 만남은 아름답게 되고 모든 관계는 건강하게 되고 모든 사역은 온전하게 된다. 그 하나님이 우리와 함께 계시기를 기도한다.

R

16장 아름다운 공동체

롬 16:1-16

¹내가 겐그레아 교회의 일꾼으로 있는 우리 자매 뵈뵈를 너희에게 추천하노니 ²너희는 주 안에서 성도들의 합당한 예절로 그를 영접하고 무엇이든지 그에게 소용되는 바를 도와 줄지니 이는 그가 여러 사람과 나의 보호자가 되었음이라 ³너희는 그리스도 예수 안에서 나의 동역자들인 브리스가와 아굴라에게 문안하라 ⁴그들은 내 목숨을 위하여 자기들의 목까지도 내놓았나니 나뿐 아니라 이 방인의 모든 교회도 그들에게 감사하느니라 ⁵또 저의 집에 있는 교회에도 문안하라 내가 사랑하는 에배네도에게 문안하라 그는 아시아에서 그리스도께 처음 맺은 열매니라 ⁶너희를 위하여 많이 수고한 마리아에게 문안하라 ⁷내 친척이요 나와 함께 갇혔던 안드로니고와 유니아에게 문안하라 그들은 사도들에게 존중히 여겨지고 또한 나보다 먼저 그리스도 안에 있는 자라 ⁸또 주 안에서 내 사랑하는 암블리아에게 문안하라 ⁹그리스도 안에서 우리의 동역자인 우르바노와 나의 사랑하는 스다구에게 문안하라 ¹⁰그리스도 안에서 인정함을 받은 아벨레에게 문안하라 아리스도불로의 권속에게 문안하라 ¹¹내 친척 헤로디온에게 문안하라 나깃수의 가족 중 주 안에 있는 자들에게 문안하라 ¹²주 안에서 수고한 드루배나와 드루보사에게 문안하라 주 안에서 많이 수고하고 사랑하는 버시에게 문안하라 ¹³주 안에서 택하심을 입은 루포와 그의 어머니에게 문안하라 그의 어머니는 곧 내 어머니니라 ¹⁴아순그리도와 블레곤과 허메와 바드로바와 허마와 및 그들과 함께 있는 형제들에게 문안하라 ¹⁵빌롤로고와 율리아와 또 네레오와 그의 자매와 올름바와 그들과 함께 있는 모든 성도에게 문안하라 ¹⁶너희가 거룩하게 입맞춤으로 서로 문안하라 그리스도의 모든 교회가 다 너희에게 문안하느니라

❖ ❖ ❖

¹나는 겐그레아 교회의 일꾼인 우리의 자매 뵈뵈를 여러분께 추천해 드립니다 ²여러분은 성도들의 합당한 예법을 따라 그녀를 영접하고 여러분께 요청하는 모든 것을 그녀에게 공급해 주십시오 그녀는 많은 사람에게 그리고 나에게도 후원자가 되신 분입니다 ³여러분은 그리스도 예수 안에서 나의 동료들인 브리스가와 아굴라에게 문안을 하십시오 ⁴그들은 내 목숨을 위해 자기들의 목까지도 내놓은 자들이며 나뿐만 아니라 열방의 모든 교회들도 그들에게 감사를 표하고 있습니다 ⁵그리고 그들의 집에 있는 교회에도 문안을 하십시오 그리고 나의 친애하는 에베네도, 그리스도에게 아시아의 첫 열매로 맺어진 이 사람에게 문안을 하십시오 ⁶여러분을 위해 많이 수고한 마리아에게 문안을 하십시오 ⁷내 친척이요 나의 형무소 동기들인 안드로니고와 유니아에게 문안을 하십시오 그들은 사도들 안에서 잘 알려졌고 나보다 먼저 그리스도 안에 머문 자입니다 ⁸주 안에서 내가 사랑하는 암블리아에게 문안을 하십시오 ⁹그리스도 안에서 우리의 동료인 우르바노와 내가 사랑하는 스구다에게 문안을 하십시오 ¹⁰그리스도 안에서 인정된 아벨레에게 문안을 하십시오 아리스도불로 집안에 속한 자들에게 문안을 하십시오 ¹¹나의 친척 헤로디온에게 문안을 하십시오 나깃수의 가족 중 주 안에 거하는 자들에게 문안을 하십시오 ¹²주 안에서 수고하는 드루베나와 드루보사에게 문안을 하십시오 주 안에서 많이 수고한, 사랑하는 버시에게 문안을 하십시오 ¹³주 안에서 택하심을 받은 루포에게, 그리고 그와 나의 어머니께 문안을 하십시오 ¹⁴아순그리도와 블레곤과 허메와 바드로바와 허마 및 그들과 함께 있는 형제들에게 문안을 하십시오 ¹⁵빌롤로고와 율리아, 네레오와 그의 자매와 올름바 및 그들과 함께 있는 모든 성도에게 문안을 하십시오 ¹⁶여러분은 거룩한 입맞춤으로 서로 문안을 하십시오 그리스도의 모든 교회가 다 여러분께 문안을 드립니다

문안의 의미

바울은 로마서의 마지막 장에서 지금까지 자신에게 도움을 주거나 함께 일한 사람들과 교회를 위해 헌신한 분들의 이름을 문안의 대상으로 열거한다. 그리고 서로의 안부를 물으며 사랑의 교제 나눌 것을 부탁한다. 이 것은 지금까지 설명한 로마서의 정신을 요약하는 특이한 글쓰기의 한 방식이다. 거명되는 인물들의 면면을 보면 바울은 참으로 다양한 민족과 다양한 계층과 더불어 다양한 사역을 했다는 사실이 확인된다. 그래서 본문은 모든 사람에게 복음의 빚쟁이인 동시에 사랑의 빚쟁이로 산 바울의 인생과 사역을 잘 드러낸다. 동시에 우리는 어떠한 삶과 사역으로 하나님께 영광을 돌리며 살아야 할 것인지도 가르친다.

¹나는 겐그레아 교회의 일꾼인 우리의 자매 뵈뵈를 여러분께 추천해 드립니다

바울의 문안은 뵈뵈에 대한 추천과 함께 시작된다. 뵈뵈는 성경의 다른 어떤 곳에서도 언급되지 않은 무명의 여성이다. 그녀가 유일하게 거명되

는 이 본문에서 그녀는 아버지나 남편의 이름이 수식어로 동원되지 않고 그냥 겐그레아 교회의 일꾼으로 소개된 여성이다. 그녀는 바울의 편지를 로마로 가지고 간 인물일 것이라고 학자들은 추정한다. 남녀의 차별이 극심한 당시의 사회적인 분위기와 무관하게 바울은 뵈뵈라는 여인을 필두로 한 다양한 여인들을 거명하며 로마서의 대미 장식을 시작한다. 여기에서 "일꾼"(διάκονος)은 "종, 사역자, 사환, 집사" 등으로도 번역되는 섬기는 사람이다. 이 단어를 바울은 자기 자신과 아볼로(고전 3:5)와 두기고(골 4:7)와 디모데(빌 1:1)를 가리킬 때에 사용했다. 이들처럼 뵈뵈도 교회에서 칭찬과 존경을 받는 인물임에 분명하다. 바울은 지금 이 여인의 이름을 일순위로 언급할 정도로 로마교회 성도에게 그녀를 강력히 추천하고 있다. 이는 뵈뵈가 구제라는 집사의 일반적인 직무 이상의 일을 감당한 일꾼이기 때문이다.

²여러분은 성도들의 합당한 예법을 따라 그녀를 영접하고
여러분께 요청하는 모든 것을 그녀에게 공급해 주십시오
그녀는 많은 사람에게 그리고 나에게도 후원자가 되신 분입니다

바울은 뵈뵈의 섬김을 설명하기 위해 성경에서 한 번도 사용되지 않은 특별한 단어 "프로스타티스"(προστάτις)를 사용한다. 이 단어는 후견인, 후원자, 보호자, 혹은 관리자 등을 의미한다. 바울에 의하면, 뵈뵈는 많은 사람들과 바울 자신을 "후견인, 후원자, 보호자, 혹은 관리자"의 자격으로 섬긴 교회의 집사였다. 교회에서 구제를 담당하는 것만이 아니라 복음을 위해 수고하는 바울과 많은 자들을 위한 경제적인 후원과 정치적인 보호와 목회적인 협력을 수행하는 것도 그녀의 일이었다. 이처럼 자신도 교회를 섬겼지만 교회 섬기는 자들도 섬김의 대상으로 삼은 분이었다. 바울과 많

은 사람들을 보호하고 후원한 뵈뵈의 섬김은 교회의 아름다운 전통과 문화였다.

바울과 그의 사람들을 섬긴 뵈뵈 이전에도 유사한 방법으로 예수님과 그의 제자들을 섬긴 여인들이 있었는데 누가는 이렇게 기록한다. "일곱 귀신이 나간 자 막달라인 마리아와 헤롯의 청지기 구사의 아내 요안나와 수산나와 다른 여러 여자가 함께 하여 자기들의 소유로 그들을 섬기더라"(눅 8:2-3). 이 여인들은 자신에게 주어진 모든 재능과 건강과 시간과 재물로 복음 전하는 자들을 섬긴 분들이다. 자신의 전부를 주님께 드린 막달라 마리아는 예수님이 죽은 이후에도 묘지를 지키다가 부활하신 예수님을 최초로 목격하는 영광의 소유자가 된다. 요안나의 남편 구사는 헤롯의 청지기다. 헤롯의 재산과 가족을 관리하는 사람이기 때문에 부자였다. 그의 아내인 요안나(하나님의 은사)가 예수님과 그의 제자들을 위해 섬긴 후원금의 규모는 적지 않았을 것으로 추정된다. 그녀는 예수님의 십자가 처형의 현장에도 참여하고, 예수님의 죽음 이후에도 그 시체를 위해 향품과 향유를 준비할 정도로 예수님의 생애와 사역 전체를 섬긴 여인이다. 이런 섬김의 향기는 예수님의 시대에만 풍기지 않고 바울의 시대에도 다른 여인들의 섬김 속에서 진동했다. 나아가 기독교의 역사에 섬김의 유구한 전통으로 굳어져 지금까지 이어지고 있다.

이렇게 희생적인 섬김으로 자신을 도운 뵈뵈를 로마교회 성도에게 소개하는 바울은 그들에게 부탁한다. 즉 성도들의 합당한 예법을 따라 그녀를 영접하고 그녀가 요청하는 모든 필요를 채워 달라는 부탁이다. "성도들의 합당한 예법"은 무엇인가? 그리스도 안에서 우리 모두는 하나라는 사실과 믿음의 가족에 속한 모든 개인에게 필요한 양식을 공급하는 나눔의 정신에 근거한 예법을 의미한다. 이러한 예법에 따른 바울의 부탁을 요약하면 아름다운 관계와 평화로운 협력이다. 뵈뵈는 바울이 신뢰하는 사람이다. 로마교회 성도들도 그녀와 아름다운 가족과 동역자의 관계를 형성하면 좋겠다는 부탁이다. 그리고 뵈뵈는 자신의 것을 조금도 자신의 것이라고 주장하지 않고 복음을 위해 다 내어준 사람이다. 재물에 욕심을 부리지 않는 사람이다. 자기 것을 챙기려는 욕심과 대립하지 않아도 되는 사람이다. 금고의 열쇠를 맡겨도 되는 검증된 사람이다. 그러므로 그녀의 로마 사역에 대해 사사건건 사역의 발목을 잡는 경쟁자가 아니라 그녀의 든든한 후원자가 되어 달라고 부탁한다. 교회는 하나님 나라의 확장을 위해 다양한 사역자의 다양한 사역을 후원해야 한다. 그러나 검증해야 한다. 사역자들 중에는 성도들의 지갑을 노리는 이리들이 많기 때문이다. 삶의 열매라는 이력서를 꼼꼼하게 검토해야 한다.

3여러분은 그리스도 예수 안에서 나의 동료들인 브리스가와 아굴라에게
문안을 하십시오 4그들은 내 목숨을 위해 자기들의 목까지도 내놓은 자들이며
나뿐만 아니라 열방의 모든 교회들도 그들에게 감사를 표하고 있습니다
5그리고 그들의 집에 있는 교회에도 문안을 하십시오

바울이 로마교회 문안의 두 번째 대상으로 거명한 인물은 당시 로마에서 사역하고 있는 아굴라와 브리스가 부부이다. 이들은 아주 특이한 커플이다. 소아시아 본도 출신의 유대인 아굴라와 로마 태생의 명문가 출신 브리스가 두 사람은 로마에서 하나가 된 국제결혼 커플이다. 로마에서 살다가 추방령에 의해 고린도로 이주했다. 그곳에서 이 부부에게 먼저 다가간 사람은 바울이다. 때는 바울이 2차 전도여행 중 고린도에 가서 선교를 하던 중이었다. 그 부부는 천막을 만드는 일에 종사했기 때문에 생업이 같아서 바울은 쉽게 친해졌다. 누가의 기록에 의하면, 함께 살고 함께 일할 정도로 친밀했다(행 18:3). 이후에 에베소에 가서 교회를 개척하고 다시 로마로 간 바울의 동료였다.

이 부부의 이력은 대단하다. 바울은 예수님이 제자들과 함께 살면서 가르치신 것처럼 그 부부와 함께 살면서 그들에게 복음을 전파하고 성경을 깊이 가르쳤다. 그래서 텐트업에 대한 전문성 이외에도 성경에 대한 그 부부의 식견은 대단했다. 그들은 "언변이 좋고 성경에 능통한 자" 알렉산드리아 출생의 유대인 교사 아볼로의 설교를 경청했다(행 18:24). 그리고 이렇게 반응했다. "듣고 데려다가 하나님의 도를 더 정확하게 풀어 이르더라"(행 18:26). 아볼로가 누구인가? "일찍이 주의 도를 배워 열심으로 예수에 관한 것을 자세히 말하고 가르치며" 사는 사람이다(행 18:25). 그런 성경의 교사에게 그 부부는 하나님의 보다 정확한 도를 가르칠 정도로 말씀에 정통했다. 나아가 가는 곳마다 교회를 개척하는 바울의 선교적 기질을 따라 이 부부도 에베소에 교회를 개척하는 사역까지 했다. 그래서 바울은 자신을 골고루 닮은 이 부부를 자신의 "동료"(συνεργός)라고 소개한다. 직업에 있어서, 전도에 있어서, 교회 개척에 있어서 과연 그들은 바울의 전천후 동료였다.

바울을 위한 이 부부의 헌신은 상상을 초월한다. 진리에 대한 바울의 가르침을 받은 그 부부는 바울의 선교를 위해 고린도 지역에서 1년 6개월 동안 물심양면으로 후원했다. 그 이후에도 후원했을 가능성이 높다. 그것만이 아니었다. 바울의 "목숨을 위해 자기들의 목까지도" 내놓을 정도였다. 헌신의 시늉을 한 것이 아니라 실제로 그렇게 헌신했다. 복음을 증거하는 일의 완수를 위해 자신의 "생명조차 조금도 귀한 것으로 여기지"(행 20:24) 아니하는 바울에게 참 잘 어울리는 커플이다. 사역에 있어서 바울과는 천생연분 단짝이다.

이 부부는 바울만 그렇게 섬기지 않고 열방의 모든 교회들을 그런 태도로 섬겼다고 바울은 평가한다. 만약 바울만 도왔다면 그들의 헌신은 자칫 텐트의 고객들을 유치하기 위한 어두운 청탁으로 오해될 가능성도 있다. 이는 바울이 당시의 교계에서 발언권과 영향력이 가장 컸기 때문이다. 그가 개척한 교회의 성도들과 예루살렘 교회의 성도들도 고객 리스트에 올릴 비장의 카드는 바울 찬스의 사용이다. 이는 교계의 텐트 공급자로 독점권을 행사할 수 있는 절호의 기회였다. 그러나 바울에 의하면 그 부부가 섬긴 대상은 바울만이 아니라 모든 교회였다. 편파적인 섬김이 아니라 사람을 가리지 않고 차별 없는 도움을 골고루 나누었다. 그래서 바울만이 아니라 모든 교회들이 그 부부에게 감사를 표하였다. 얼마나 많은 사람들의 감사를 받느냐가 신앙의 등급이다. 신앙이 어릴수록 감사가 아니라 섬김을 받으려고 한다. 성숙한 신앙은 진실한 섬김을 심고 향기로운 감사를 수확한다. 선수들 사이에는 섬김의 지경을 넓히기 위해 모든 사람들의 종이 되려는 경쟁도 치열하다.

바울은 로마교회 성도들을 향해 아굴라와 브리스가 부부가 세운 교회에도 문안을 하라고 권면한다. 어떤 교회일까? 고린도 지역에서 사역을 끝낸 바울은 그 부부와 함께 에베소 지역으로 이동했다. 그곳에서 말씀을 가르친 이후에 바울은 가이사랴 지역으로 떠나고 그 부부는 에베소에 머물렀다. 그 부부는 "가정"(οἶκος)을 개방하고 사람들은 그 가정을 출입하며 교회를 이루었다. 목숨도 아끼지 않는 그들에게 가정은 사적인 행복의 공장이 아니라 하나님의 나라를 세우는 선교의 긴요한 도구였다. 부부 중에서도 아내가 선교에 주도적인 역할을 했을 것으로 추정된다. 이는 바울이 남편과 아내의 이름을 순서대로 호명하는 관례를 깨고 아내 브리스가 이름을 먼저 언급했기 때문이다. 물론 남편은 "독수리"의 젊은 의미를, 아내는 "늙은 혹은 고대"라는 낡은 의미를 가진 이름 때문에 아내가 연상일 가능성도 있고, 그래서 아내를 먼저 언급했을 가능성도 있다. 그렇지만 부부의 이름이 거명된 순서는 사역의 관점으로 이해하는 것이 가장 무난하다.

예수와 바울의 시대에도 여성의 헌신과 열정이 남성보다 컸고 지금도 그러하다. 아마도 남편은 이마에 땀을 흘려야 그 소산으로 가족을 부양해야 하는 책임을 맡았기 때문에 그런 것이 아닐까도 생각한다. 선교 역사의 중요한 길목에서 보인 여인들의 활약은 실로 대단하다. 한국의 초기 교회사의 경우에도 여성들은 선교의 조연이 아니라 주연으로 활약했다. 우리는 한국교회 최초의 선교사 및 순교자가 로버트 J. 토머스인 것으로 알지만 그의 아내 캐롤라인 토마스는 2년 6개월 먼저 순교했다. 그녀의 희생과 헌신을 통해 토마스는 죽음도 불사하는 용기를 가지고 조선 선교와 순교의 길을 걸어갔다. 최초의 개신교 의료 선교사인 윌리엄 B. 스크랜톤 역시 배후에 그를 홀로 키운 믿음의 어머니 메리 스크랜톤 여사가 있었기에 그의 선교는 가능했다. 그녀는 아들을 설득하여 조선의 선교사로 만들었고 함께 조선으로 들어와 여성들을 위한 학교 이화학당, 여성들을 위한 주일학교 설립을 단행했다. 여성들의 교육은 자녀들의 교육과 가정의 생활에 일어난 변화는 가히 혁명 수준이다. 여성 선교사와 여성 성도들이 없었다면 오늘날의 교회는 존재할 수 없었을 것이라는 사실은 한국의 초기 교회사의 상식이다. 교회의 섬김과 선교에 있어서 여성의 적극적인 역할은 앞으로도 지속될 것이라고 생각한다.

⁵그리고 나의 친애하는 에베네도, 그리스도에게
아시아의 첫 열매로 맺어진 이 사람에게 문안을 하십시오

바울은 문안의 대상으로 로마에 있는 "에베네도"를 언급한다. 그는 아시아 지역에서 처음으로 맺은 복음의 열매였다. 예수를 믿는 사람이 하나도 없는 복음의 황무지 아시아 지역에서 처음으로 예수를 믿는다는 것은 기적이다. 동시에 처음으로 예수를 믿는다면 그에게 엄청난 문화적, 정치적, 사회적 저항이 따를 것은 불을 보듯 뻔한 일이었다. 아무도 가지 않아 아직 길이 아닌 곳에 자신의 발자국을 처음으로 남긴다는 것은 목숨을 건 모험이다. 이는 이전에 아무도 살아본 적이 없는 인생의 검증되지

않은 길을 걷는 것이기 때문이다. 그럼에도 불구하고 믿음의 불씨가 되어 그 지역을 복음으로 밝히는 자의 길을 간다는 것은 온 교회의 칭찬을 받아 마땅하다. 그래서 바울은 그를 사랑했고 로마교회 성도로 하여금 그에게 문안을 드리라고 했다.

[6]여러분을 위해 많이 수고한 마리아에게 문안을 하십시오

바울은 로마교회 성도들을 위해 많이 수고한 마리아를 문안의 목록에 추가한다. 바울은 그 수고의 내용에 대해서는 침묵한다. 일의 종류가 어떠하든 교회 안에서 수고하며 섬기는 일은 복음을 전파하고 교회를 설립하고 다른 나라의 선교사가 되는 것만큼 중요하다. 하나님의 일은 사회적인 분위기와 무관하게 주어진 은사와 재능과 적성과 소명을 따라 수행하면 된다. 이에 대한 사람들의 다양한 평가가 있겠지만 각 사람의 중심을 보시고 공정하게 평가하는 하나님 앞에서는 모든 일이 다 소중하다. 눈이 귀의 기능을, 발이 손의 기능을, 심장이 콩팥의 기능을 폄하하는 것은 결코 공정하지 않다. 가장 공정한 평가의 권한은 오직 그 모든 것을 지으시고 제공하신 하나님께 있다. 개개인의 역할에 대한 평가도 그러하다. 만약 하나님을 사랑하기 때문에 하나님의 영광을 위해 행한 일이라면 종류와 기간과 직위와 무관하게 최고의 사역으로 분류된다.

[7]내 친척이요 나의 형무소 동기들인 안드로니고와 유니아에게 문안을 하십시오
그들은 사도들 안에서 잘 알려졌고 나보다 먼저 그리스도 안에 머문 자입니다

바울은 자신의 친척이며 자신의 형무소 동기인 안드로니고와 유니아의 이름도 문안의 대상으로 언급한다. 바울은 그들이 자신의 핏줄이기 때문이 아니라 사도들 사이에서 뛰어난 종들로 정평이 났고 바울 자신보다 먼저 하나님의 자녀가 된 믿음의 선배이기 때문에 예를 갖추라고 한다. 당시에 영적인 분별력이 가장 뛰어난 사도들에 의해 좋은 평가를 받는 사람에게 온 교회가 존경의 마음을 표현하는 것은 지극히 당연하다. 그리고 나보다 먼저 믿음의 길을 걸어간 사람들도 존경해야 한다. 우리는 언제나 믿음의 선배들이 남긴 발자국과 닦은 길의 유익을 누리기 때문이다. 오늘날 교회의 상황은 땀과 피와 눈물의 열매라는 사실은 모든 국가의 기독교 역사가 증언하고 있다.

> [8]주 안에서 내가 사랑하는 암블리아에게 문안을 하십시오 [9]그리스도 안에서 우리의 동료인 우르바노와 내가 사랑하는 스구다에게 문안을 하십시오

바울은 주 안에서 자기가 사랑하는 암블리아, 그리스도 안에서 자신의 동료인 우르바노, 자기가 사랑하는 스구다를 문안의 대상으로 거명한다. 이들에 대해서는 문안의 특별한 이유가 언급되어 있지 않고 그냥 사랑만 언급되어 있다. 사랑은 모든 성도들이 서로에게 문안하고 교제를 나누게 만드는 관계의 자궁이다. 나에게 무언가를 주었기 때문이 아니라 그리스도 안에서 그냥 사랑하고 그냥 문안하는 것은 그 자체로 아름다운 섬김이다. 아무런 이유도 없이 다가와서 따뜻한 말의 체온을 나누는 사람을 만나면 내 마음이 데워진다. 이유를 모르는 의문의 크기만큼 그 이유의 빈자리를 기쁨과 감사가 차지한다. 이유 있는 섬김에서 누리는 기쁨과 사랑의 크기보다 현저하게 크다.

암블리아 및 우르바노 경우에는 그들이 노예였을 가능성을 주장하는 학자들이 있다. 노예에게 주로 붙여진 이름이기 때문이다. 그리고 로마에서 최초의 카타콤인 도마틸라 묘지에서 "암블리아" 이름이 새겨진 묘비가

있기 때문이다. 로마의 시민권자 경우에는 묘비에 세 개의 이름을 가지지만 노예는 하나의 이름만 적시한다. 노예 신분의 성도에게 문안을 드리라는 권면이 불편한 사람도 로마교회 안에 있었을 것이라 생각한다. 그러나 그리스도 안에서는 모두가 동등한 형제라는 사실에 근거하여 신분을 불문하고 서로에게 문안해야 한다. 당연히 바울은 그들을 동역자로 간주한다. 바울의 이러한 태도는 다른 곳에서도 나타났다. 자신의 제자 빌레몬을 향해 당시 그의 노예였고 국가의 죄수였던 오네시모를 형제로 여기라고 부탁할 정도였다. 그리고 "스다구"는 로마 황실에 속한 사람의 이름이라 한다. 이러한 주장들이 다 옳다면, 바울은 노예와 황실의 사람을 나란히 문안의 대상으로 언급한다. 이런 무차별이 교회의 위엄이다.

[10]그리스도 안에서 인정된 아벨레에게 문안을 하십시오
아리스도불로 집안에 속한 자들에게 문안을 하십시오

바울은 문안의 대상으로 아벨레를 거명한다. 그는 그리스도 안에서 인정을 받은 사람이다. 그리스도 안에서 인정을 받는다는 것은 모든 성도가 흠모하는 영광이다. 그런 사람은 어떤 사람일까? 그리스도 예수의 형상을 닮은 사람, 즉 예수의 인격과 성품을 닮고 십자가의 길을 걸어가는 사람이다. 그런 사람을 만나면 저절로 존경의 고개가 숙여진다. 그리고 바울은 아리스도불로 집안에 속한 자들에게 문안할 것을 권면한다. 아리스도불로는 헤롯의 손자이며 아그립바 1세의 형제였다. 일종의 유대인 귀족이다. 그럼에도 불구하고 아버지의 유산을 물려받지 못한 그는 로마로 가서 글라우디오 황제의 친구로 지냈다고 알려진다. 그 집에 속한 자들은 그의 노예들일 가능성이 높다. 로마 안에는 이처럼 가정에서 모이는 다양한 신분의 다양한 교회들이 있다. 가정에서 모이는 교회들과 더불어 믿음

과 사랑의 교제를 나누는 것은 그리스도 예수의 몸 전체인 보편교회 의식을 고취하기 위해 꼭 필요하다. 이 의식은 관계의 혈관에 사랑이 계속해서 순환해야 비로소 고취된다. 각 가정에서 모이는 교회들은 남남이 아니라 그리스도 안에서 한 가족이다.

> ¹¹나의 친척 헤로디온에게 문안을 하십시오
> 나깃수의 가족 중 주 안에 거하는 자들에게 문안을 하십시오

바울은 자신의 친척 헤로디온, 나깃수 집에 속한 자들 중의 일부에 의해 세워진 교회에 문안할 것을 권면한다. 나깃수는 노예로 있다가 자유를 얻고 글라우디오 황제의 비서가 되었다고 전해진다. 그가 가진 막대한 문고리 권력과 재산도 역사책에 기록되어 있다. 그러나 황제가 죽고 네로가 즉위할 때 나깃수는 자살을 택했고 그의 모든 재산은 네로의 손에 넘어갔다. 군력의 최측근에 있는 나깃수 집에 속한 사람들 중에 일부가 예수님을 믿고 교회를 이루었다. 황제를 숭배해야 하는 로마의 중심에 거하면서 예수를 주로 고백하는 이들의 신앙은 단연코 문안의 대상이다.

> ¹²주 안에서 수고하는 드루베나와 드루보사에게 문안을 하십시오
> 주 안에서 많이 수고한, 사랑하는 버시에게 문안을 하십시오

바울은 주 안에서 수고하는 드루베나 및 드루보사, 주 안에서 더 많이 수고한 버시에게 문안할 것을 권면한다. 이들은 모두 여성이다. 그 이름들의 의미처럼 섬세하고 고상하고 사랑스런 여인이다. 여기에서 "수고하다"(κοπιάω) 동사는 "지칠 때까지 일한다"는 의미를 가지고 있어서 일상

적인 노동과는 구별된다. 그녀들은 적은 일이 아니라 많은 일(πολύς)을
자신의 에너지가 다 소진될 때까지 했다고 바울은 강조한다. 대부분의 사
람들은 열정을 한번 쏟고 탈진하면 그 다음에는 유사한 경우만 보여도 피
하려고 한다. 그런데 누군가는 수고의 땀방울을 흘려야 하는 불가피한 경
우, 누구보다 빨리 그것을 감지하고 서둘러 그 수고를 자청하는 사람들이
있다. 자신은 수고하고 타인은 누려야 한다는 사랑이 그들이 흘린 땀방울
의 비밀이다. 그 수고의 땀을 우리는 문안해야 한다.

¹³주 안에서 택하심을 받은 루포에게, 그리고 그와 나의 어머니께 문안을 하십시오

바울은 루포와 그의 어머니께 문안할 것을 권면한다. 루포는 주 안에서
"택하심을 받은 사람"(τὸν ἐκλεκτὸν)이다. 여기서의 선택은 구원의 선택
이 아니라 섬김의 선택이다. 구원의 선택은 은총이고 섬김의 선택은 영광
이다. 신앙의 모범을 보이고 타인의 신앙을 일으키고 세우며 하나님의 교
회를 섬긴다는 것은 부담이 아니라 영광이다. 섬김을 받아야 할 상태보다
섬겨야 할 상태가 더 행복한 것은 당연하다. 루포의 선택은 루포의 건강
한 영적 상태를 암시한다. 루포는 타인이 보기에도 주께서 섬기라고 택하
신 사람으로 확인될 정도로 섬김을 실천한 사람임에 분명하다.
　그리고 루포의 섬김은 어머니의 유산일 가능성이 높다. 바울은 루포의
어머니를 자기의 어머니로 명명한다. 어머니는 존재의 출구인 동시에 인
품의 산실이다. 그 어머니는 바울을 자식처럼 사랑으로 섬겼을 가능성이
높다. 바울이 그녀를 어머니로 칭한 것은 예수님의 가르침과 상통한다.
"누구든지 하나님의 뜻대로 행하는 자가 내 형제요 자매요 모친이라"(막
3:35). 아무튼 내 배에서 나오지 않는 사람을 자기 자식으로 여기는 사랑은
문안을 받아 마땅한 자격이다. 학자들은 루포가 예수의 십자가를 진 구레

네 사람 시몬의 아들로 추정한다(막 15:21). 그렇다면 바울이 편지를 보내는 시점에 아버지 시몬은 이미 사망했고 루포가 어머니만 모시고 살았을 가능성이 높다. 홀로 자식을 키워야 하는 어머니의 놀라운 사랑과 그의 아들 루포의 경건에 대해 바울은 문안을 권고한다.

> [14]아순그리도와 블레곤과 허메와 바드로바와 허마 및 그들과 함께 있는 형제들에게 문안을 하십시오 [15]빌롤로고와 율리아, 네레오와 그의 자매와 올름바 및 그들과 함께 있는 모든 성도에게 문안을 하십시오

바울은 자신과 개별적인 관계를 가지지 않는 다양한 사람들에 대해서도 문안할 것을 요청한다. 사실 그리스도 안에서 한 가족이 된 성도들 사이에는 안면이나 통성명이 없는 사람에게 인사를 나누며 사랑의 교제를 시도하는 것을 어색하게 여기는 사람들이 많다. 자신에게 따뜻하고 유익한 사람이 아니라 차갑고 무익한 사람을 문안의 대상으로 여기는 것을 불편하게 느끼는 사람이 많다는 것도 사실이다. 그러나 내가 알고 나에게 잘 해준 사람에게 국한되지 않고 그리스도 안에 있다면 모든 사람을 문안의 대상으로 여기는 것은 합당하다. 어색함과 불편함의 벽을 넘어 서로에게 문안하는 가족의 친밀한 관계 속으로 들어가야 한다.

> [16]여러분은 거룩한 입맞춤으로 서로 문안을 하십시오 그리스도의 모든 교회가 다 여러분께 문안을 드립니다

로마에 있지만 로마교회 밖에 있는 성도들과 관련하여 지금까지 바울은 문안을 권면했다. 이제 그는 로마교회 안에 있는 성도들 사이의 문안을

권면한다. 가장 가까운 성도들 사이에서 사랑의 관계가 형성되어 있지도 않으면 먼 형제들의 문안은 가식이 될 가능성이 높다. 그래서 가장 가까운 서로에게 먼저 문안해야 한다. 바울은 문안의 특별한 방법으로 "거룩한 입맞춤"(φίλημα ἅγιος)을 제안한다. 이는 가까이 있는 자에게만 실천이 가능한 문안의 방식이다. 유다가 예수님을 팔아넘기기 위해 하나의 신호로서 쓰인 입맞춤은 행악의 도구였다. 그러나 바울이 말하는 거룩한 입맞춤은 그리스도 안에서 거룩한 사랑을 표현하는 가장 진실한 방법이다. 이런 방법을 바울은 자신의 여러 편지에서 4번이나 언급한다. 이는 성추행의 유형이 아니라 그리스도 안에서 구별된 가족의 친밀한 관계성을 표현하는 최고의 수단이기 때문이다. 입맞춤은 일방적인 행위가 아니라 쌍방의 신뢰와 존중이 빚어내는 소통의 예술이다. 이것은 성도의 관계가 얼마나 두터운 신뢰와 존중과 사랑으로 맺어져야 하는지를 가장 정확하게 가르친다.

이처럼 "문안"(ἀσπάζομαι)의 의미는 단순히 안부를 물어주는 상투적인 인사말의 투척이 아니라 상대방에 대한 존경심의 교환이다. 그리스도 예수의 피로 말미암아 하나님의 자녀가 된 자의 존엄성을 마음으로 인정하고 표현하는 방편이다. 거룩한 입맞춤은 인격과 인격의 가장 가까운 만남이다. 표면적인 교류가 아니라 내면에 있는 진실한 존중의 나눔이다. 나에게 거룩한 입맞춤이 가능한 문안의 대상은 누구인가? 주 안에서 진심을 있는 그대로 나누는 가족과 동료는 누구인가?

바울은 그리스도 예수를 머리로 모신 모든 교회가 로마교회 성도에게 문안을 드린다고 한다. 이처럼 교회는 문안 공동체다. 이방인과 유대인 사이에, 귀족과 천민 사이에, 주인과 노예 사이에, 남자와 여자 사이에, 큰 교회와 작은 교회 사이에 차별이 없는 하나의 거대한 공동체다. 예루살렘 교회를 비롯하여 로마교회 및 모든 교회들이 그리스도 안에서 사랑의 마음을 나누는 한 가족임을 바울은 문안 권면을 통해 강조한다.

본문에서 우리는 바울이 참으로 다양한 사람들을 만나 복음을 전했고, 다양한 신분들과 함께 사역했고, 다양한 민족들과 함께 가족을 이루었고, 다양한 교회들과 문안을 나누고 있다는 사실을 확인한다. 우리는 어떠한가? 나는 과연 어떤 사람에게 복음을 전하는가? 나와 함께 섬기는 사람들은 누구인가? 나와 가족을 이룬 사람들은 누구인가? 내가 문안을 나누는 사람들은 누구인가? 내가 나의 교회로 의식하는 규모와 범위는 무엇인가? 우리가 복음을 전파하며 사랑해야 할 대상은 온 세상 사람이다. 우리가 함께 사역하고 가족으로 간주하며 문안해야 할 대상은 온 세상의 믿는 모든 사람이다. 바울은 온 세상에 복음의 빚쟁이인 동시에, 온 교회에 섬김의 빚쟁이인 동시에, 모든 성도에게 사랑의 빚쟁이인 동시에, 모든 성도에게 문안의 빚쟁이다. 문안은 바울이 로마서 전체에서 가르치는 내용의 종합이다. 바울이 생각하는 기독교는, 바울이 꿈꾸는 교회는 모든 민족, 계층, 신분, 성별의 사람이 누구도 배제됨이 없이 진실한 문안의 대상으로 참여하는 천국의 모형이다.

롬 16:17-27

17형제들아 내가 너희를 권하노니 너희가 배운 교훈을 거슬러 분쟁을 일으키거나 거치게 하는 자들을 살피고 그들에게서 떠나라 18이같은 자들은 우리주 그리스도를 섬기지 아니하고 다만 자기들의 배만 섬기나니 교활한 말과 아첨하는 말로 순진한 자들의 마음을 미혹하느니라 19너희의 순종함이 모든 사람에게 들리는지라 그러므로 내가 너희로 말미암아 기뻐하노니 너희가 선한 데 지혜롭고 악한 데 미련하기를 원하노라 20평강의 하나님께서 속히 사탄을 너희 발 아래에서 상하게 하시리라 우리 주 예수의 은혜가 너희에게 있을지어다 21나의 동역자 디모데와 나의 친척 누기오와 야손과 소시바더가 너희에게 문안하느니라 22이 편지를 기록하는 나 더디오도 주 안에서 너희에게 문안하노라 23나와 온 교회를 돌보아 주는 가이오도 너희에게 문안하고 이성의 재무관 에라스도와 형제 구아도도 너희에게 문안하느니라 24(없음) 25나의 복음과 예수 그리스도를 전파함은 영세 전부터 감추어졌다가 26이제는 나타내신 바 되었으며 영원하신 하나님의 명을 따라 선지자들의 글로 말미암아 모든 민족이 믿어 순종하게 하시려고 알게 하신 바 그 신비의 계시를 따라 된 것이니 이 복음으로 너희를 능히 견고하게 하실 27지혜로우신 하나님께 예수 그리스도로 말미암아 영광이 세세무궁하도록 있을지어다 아멘

❖ ❖ ❖

17내가 형제들 여러분께 권합니다 여러분이 배운 교훈을 거슬러 분열들과 함정들을 만드는 자들을 주의하고 그들을 떠나시기 바랍니다 18이런 자들은 우리 주 그리스도가 아니라 자기들의 배만 섬깁니다 부드러운 말과 아첨하는 말로 순진한 자들의 마음을 미혹하는 자입니다 19여러분의 순종함이 모든 사람에게 알려져서 여러분 때문에 저는 기쁩니다 그러나 나는 여러분이 선한 일에는 지혜롭고 악한 일에는 둔하기를 원합니다 20평화의 하나님이 여러분의 발 아래에서 사탄을 속히 멸하실 것입니다 우리 주 예수의 은혜가 여러분과 함께 있기를 원합니다 21나의 동료인 디모데와 나의 친척들인 누기오와 야손과 소시바더가 여러분께 문안을 드립니다 22이 편지를 기록하는 나 더디오도 주 안에서 여러분께 문안을 드립니다 23나와 온 교회를 돌보는 가이오도 여러분께 문안을 드리고 이 성의 재무관 에라스도와 형제 구아도도 여러분께 문안을 드립니다 24(없음) 25나의 복음과 예수 그리스도의 선포를 따라, 영세 전부터 감추어져 있었으나 26이제는 영원하신 하나님의 명령에 따라 선지자들의 글로 말미암아 모든 민족에게 믿음의 순종에 이르도록 나타내신 신비의 계시를 따라, 여러분을 능히 견고하게 하실 27유일하신 지혜의 하나님께 예수 그리스도로 말미암아 영광이 영원부터 영원까지 이르기를 [원합니다] 아멘

　　　　　　　　　　　　　　　　　　로마서의 결론

로마의 지역에 있는 성도들과 문안을 나누라는 권면 이후에 바울은 온 교회가 주의해야 할 부분들을 지적한다. 이 주의는 복음의 순수한 교리를 거스르는 거짓 교사들을 주의해야 한다는 것과 로마교회 성도들도 선악을 지혜롭게 분별해야 한다는 것으로 이루어져 있다. 그리고 바울과 함께 있는 동료들의 문안을 전달하고, 끝으로 로마서의 내용 전체를 한 문장으로 요약한다. 이러한 언급은 후대에 첨가된 것이라고 주장하는 자들의 억지와는 달리 편지를 끝맺는 일반적인 방식이다.

> [17]내가 형제들 여러분께 권합니다 여러분이 배운 교훈을 거슬러
> 분열들과 함정들을 만드는 자들을 주의하고 그들을 떠나시기 바랍니다

바울은 지금까지 기독교 진리의 이론과 실천을 정리해서 가르쳤다. 그런데 로마교회 공동체가 배운 이 교훈, 즉 믿음의 순종을 거스르는 거짓 교사들이 있다. 이들은 교회가 순수한 진리를 배우고 실천하는 것을 싫어하

는 자들이다. 그래서 진리를 왜곡하고 실천을 방해하기 위해 두 가지의 방법을 동원한다. 첫째는 분열이고, 둘째는 함정이다. 분열은 진리를 조각 내고 함정은 실천을 방해한다. 분열(διχοστασία)은 사람들 사이에 입장이 달라서 멀찌감치 떨어져 서 있는 상태를 의미한다. 거짓 교사들은 다양한 생각들을 내세우며 순수한 진리에 균열을 일으키고 논쟁을 유발한다. 진리에 대한 이해가 갈라지면 몸도 갈라진다. 교회는 같은 마음과 같은 뜻을 가져야 하는데 분쟁과 분열이 종종 발생한다. 고린도 교회가 대표적인 사례이다. 그들은 자신의 소속이 다르다며 분쟁을 일으켰다. 나는 바울 소속, 나는 아볼로 소속, 나는 게바 소속, 나는 그리스도 소속이라 주장하며 무리를 나누는 줄서기와 편 가르기 현상이 발생했다(고전 1:12). 그 교회는 이분들의 가르침이 다르다고 생각한다. 각자가 자신을 가르친 선생의 교훈만이 진리라고 주장하여 교회가 갈라졌다. 지금도 사람들은 바울의 신학, 요한의 신학, 마태의 신학, 이사야의 신학을 연구하며 전문성을 명분으로 마치 다양한 진리가 존재하는 것처럼 지적 혼돈을 일으킨다. 기독교의 역사 속에서 하나님을 섬긴 유력한 인물들의 이름을 거명하며 아우구스티누스파, 칼뱅파, 루터파, 웨슬리파 등의 분파로 자신의 신학적 정체성을 규정하는 사람들이 있다. 바울이 이 사실을 안다면 "육체에 속한 자"라는 책망을 바가지로 퍼부었을 것이라고 나는 생각한다. 당시에 바울의 반응을 살펴보라.

바울은 주께서 나누신 적이 없는데 분열하는 것은 올바르지 않다고 말하며 다음과 같은 질문으로 꾸짖는다. "바울이 너희를 위하여 십자가에 못 박혔으며 바울의 이름으로 너희가 세례를 받았느냐"(고전 1:13). 그리스도 예수만이 우리를 위해 죽으셨고 우리는 모두 삼위일체 하나님의 이름으로 세례를 받았기 때문에 그리스도 예수만이 진리이다. 누구를 통해 그 진리를 들었든지 전달된 그 진리는 하나이다. 전달자가 아니라 전달된 하나의 진리에 근거하여 교회는 하나의 공동체가 된다. 주인도 한 분이시며 믿음도 하나이며 세례도 하나이며 하나님도 한 분이시며 몸이 하나이며 성령도 한 분이시다(엡 4:4-6). 만약 교회에 분열이 있다면 앞에 열거된 하나됨의 이유보다 더 위대한 기준이 있다는 것을 의미한다. 교회에 분열을 일으키는 자들은 있지도 않은 그런 기준을 제조하고 퍼뜨리는 자들이다. 이에 성도들은 분별해야 한다. 바울이 언급한 하나됨의 기준이 아닌 어떠한 것에도 미혹되지 말고 형제를 적대하는 마음이 생기지 않도록 주의해야 한다.

그리고 "함정"(σκάνδαλον)은 "스캔들"의 어원이며 본래는 산짐승을 잡기 위한 올가미나 덫으로 쓰이는 도구를 뜻하지만 여기서는 사람이 거기에 빠지면 죄를 범하도록 고안된 장치를 의미한다. 함정은 순종을 방해하기 위해 고안된 수단이다. 교회에는 함정이 존재한다. 우리는 죄를 지으려는 의도가 없어도 주의하지 않아서 함정에 빠지고, 그 함정은 부지불식간에 죄를 짓도록 유도하는 거짓 교사들이 팠다. 그러므로 우리는 죄의 의지가 없다는 사실로 인해 안심하지 않고 나도 모르게 죄를 저지를 수 있다는 사실을 경계해야 한다. 지금도 우리를 삼키려고 매복해 있는 함정들이 많다. 이 함정은 사람을 가리지 않기 때문에 그 누구도 함정에서 자유롭지 않다. 주의하지 않으면 누구든지 그 함정의 희생물이 된다. 함정을 판 거짓 교사들을 분별하고 그들을 떠나는 게 경건의 상책이다.

¹⁸이런 자들은 우리 주 그리스도가 아니라 자기들의 배만 섬깁니다
부드러운 말과 아첨하는 말로 순진한 자들의 마음을 미혹하는 자입니다

분열을 일으키고 함정을 파는 사람들의 의도와 전략은 무엇인가? 의도와 관련하여 바울은 그들을 그리스도 예수가 아니라 자기들의 배만 섬기는 자들로 규정한다(시 17:14 참조). 즉 예수의 복음과 그 복음의 영원한 유익에 대해서는 아무런 관심이 없고 오직 이 땅에서의 이득을 챙기고 배만 불리려는 사람들을 의미한다. 바울은 이렇게 배를 자신의 신으로 숭배하

는 자들을 그리스도 예수의 원수라고 명명한다(빌 3:19). 지금도 교회의 등록자들 중에는 교인증과 세례증과 목회자 추천서를 받아, 정치적인 입지를 구축하고, 사회적인 관계의 그물망을 형성하고, 경제적인 이득의 발판을 다지고, 심리적인 불안을 해소하기 위해 출입하는 사람들이 있다. 이는 교회에서 자신의 욕망을 신으로 삼은 자들이다. 욕망에게 기도하고, 욕망에 헌금하고, 욕망을 찬미하고, 욕망을 소망한다. 욕망이 성취되는 여부를 따라 신의 존재도 쥐락펴락 한다.

그러나 교회는 그런 잇속을 챙기는 사업체가 아니라 그리스도 예수를 섬기는 자들의 공동체다. 예수를 섬기는 방법은 사랑이다. 주께서 이 땅에서 행하신 것처럼, 그의 몸 된 교회도 사랑해야 한다. 즉 복음을 선포하고 진리를 가르치고 질병을 치유하고 구제를 실천해야 한다. 분쟁들을 일으키고 함정들을 파는 사람들은 예수 섬김이 안중에도 없다. 그들의 목적은 오직 세속적인 욕망의 실현이다. 이것이 구현될 때까지 분란의 소지와 함정의 새로운 유형을 개발한다.

그들이 일으키는 분열과 판 함정은 육안으로 쉽게 식별되지 않는다는 사실을 우리는 인식해야 한다. 교회가 그들의 속셈을 알아채지 못하게 만드는 그들의 전략은 치밀하다. 그들은 "부드러운 말과 아첨하는 말"(χρηστολογία καὶ εὐλογία)을 활용한다. 아무런 의심도 없이 쉽게 믿는 "순진한 자들"(τό ἄκακος)이 위험하다. 부드러운 말은 그들의 귀로 들어와 경계를 해제하고 아첨하는 말이 들어와서 분별력의 마비를 일으킨다. 게다가 나에게 따뜻한 말투로 다가오는 사람, 나의 장점을 언급하며 칭찬하는 사람은 내 편이라고 생각하여 속히 환대한다. 거짓 교사들은 사람들의 이런 심리를 이용한다. 그렇게 하여 사람들의 환심을 사고 마음을 빼앗는다. 교회에서 어떠한 입장을 내세워도 쉽게 거절하지 않고 편들어줄 표를 그런 식으로 확보한다.

그러므로 교회는 부드러운 말과 아첨하는 말을 조심해야 한다. "원수는 입술로는 꾸미고 속으로는 속임을 품는다"(잠 26:24)는 지혜자의 교훈을 유념해야 한다. 귀에는 달콤한 것이 영혼에는 독약이고 귀에는 쓰디쓴 것이 영혼에는 보약이다. 그러므로 적당히 의심하라. 그러나 사람들은 정반대를 추구한다. "때가 이르리니 사람이 바른 교훈을 받지 아니하며 귀가 가려워서 자기의 사욕을 따를 스승을 많이 두고 또 그 귀를 진리에서 돌이켜 허탄한 이야기를 따르리라"(딤후 4:3-4). 자신의 사욕에 보탬이 되는 소리를 진리로 간주한다. 그러면서 참된 진리는 배척한다. 이는 말세에 나타날 귀의 왜곡된 기호에 대한 예언이다. 그러나 귀로 들어온 유쾌한 기분보다 진리가 우선이다. 분별은 이러한 우선순위 안에서만 가능하다. 그렇지 않으면 나도 모르게 함정에 빠져 분열의 민첩한 행동대장 같이 교회를 파괴하며 예수를 대적하게 된다. 순진한 자들만이 아니라 기독교 진리를 잘 가르치고 배운 오늘날의 어떠한 교회도 이러한 거짓 교사들의 표적에서 자유롭지 않다.

[19]여러분의 순종함이 모든 사람에게 알려져서 여러분 때문에 저는 기쁩니다
그러나 나는 여러분이 선한 일에는 지혜롭고 악한 일에는 둔하기를 원합니다

로마교회 성도들의 순종하는 신앙은 모든 사람에게 소문이 자자하다. 바울이 앞에서 밝힌 것처럼, 그들은 지식이 가득하다(롬 15:14). 그러나 지식만 가득하지 않고 그 지식을 사람들이 알도록 실천적인 삶으로 번역까지 했다. 신앙의 절정은 순종이다. 신실한 믿음의 선배들은 순종을 신앙과 신학의 절정이요 꽃이라고 했다. 기독교 신앙이 타락하고 무력해진 시대의 원흉은 무엇인가? 순종의 부재였다. 알기만 하고 살아내지 않으면 교회는 반드시 부패한다. "사람이 선을 행할 줄 알고도 행하지 아니하면 죄니라"(약 4:17). 부패의 악취는 죄가 설치면서 흘린 땀 냄새다. 알기만 하고

행하지 않는 죄를 짓고도 향기를 기대하는 것은 모순이다.

순종의 실종이 가져오는 부패는 하나님의 징계일 가능성도 있다. "주인의 뜻을 알고도 준비하지 아니하고 그 뜻대로 행하지 아니한 종은 많이 맞을 것이요"(눅 12:47). 이와 달리 순종은 복을 배달하는 우체부이다. 알기만 하지 않고 행하기도 하는 경우에 복을 받기 때문이다. 이것은 모세를 통해 주신 하나님의 언약이다. "오늘 네게 명령하는 그의 모든 명령을 지켜 행하면 네 하나님 여호와께서 너를 세계 모든 민족 위에 뛰어나게 하실 것이라"(신 28:1). 로마교회 성도들은 주님의 뜻을 알았고 그 뜻대로 행했다. 그들은 복된 자들이다. 그래서 바울은 그들의 아름다운 순종을 기뻐한다. 진리에 순종하는 성도를 것은 사역자의 으뜸가는 보람이다.

그러나 순박한 순종의 사람들을 노리는 거짓 교사들이 많기 때문에 주의해야 한다. 순종은 아름답고 향기로운 것이지만 무엇에 순종할 것인지에 대한 분별이 없으면 위태롭다. 지혜가 없는 순종은 순진하다. 선이나 의의 가면을 쓴 거짓에 쉽게 넘어간다. 감언과 아첨이 홍건한 혓바닥에 미끄러질 가능성이 높다. 그래서 바울은 순종으로 소문난 성도에게 선한 일에는 지혜롭고(σοφός) 악한 일에는 둔하기(ἀκέραιος)를 권면한다. 선한 일은 순종의 대상이고 악한 일은 회피의 대상이다. 바울의 이 권고는 우리가 선에 대해서는 최고의 감별사가 되고 악에 대해서는 깨끗한 백치가 되라는 주문이다. 선한 일이라면 민첩하게 감지하고 신속하게 실천하는 최고의 전문가가 되라. 그러나 악한 일에 대해서는 우리의 어떤 신경도 반응하지 않는 무딘 문외한이 되라.

오늘날 교회에는 성도의 순진한 순종을 이용하는 목회자가 많다. 목사가 그릇된 판단을 내리고 어리석은 행동을 하더라도 그런 목사를 비판하면 저주가 임한다고 생각하는 성도들도 많다. 우리 모두는 하나님 앞에서 왕 같은 제사장의 동등한 신분을 가진 형제와 자매이다. 교회의 직원들은 역할이 다를 뿐인데 어떤 성도들은 그들을 권위의 높은 등급으로 생각한다. 그래서 과도한 순종의 태도로 그들을 존대한다. 순종의 태도는 참으로 귀한 신앙이다. 그러나 지혜가 필요하다. 목회자는 실수만이 아니라 고의적인 잘못도 많이 저지른다. 그러므로 목회자의 말과 행동에 무조건적 박수와 아멘으로 반응하지 말고 과연 하나님의 뜻인지 아닌지를 분별해야 한다. 그래서 목회자의 독재는 위험하다. 의견을 검토하고 조율하는 당회가 필요하다. 각각의 당회원은 회중을 대변하는 동등한 자격으로 의제를 내고 올라온 의제를 심의하고 표결로 결정해야 한다.

교회는 세상에서 가장 민주적인 정치가 구현되는 곳이어야 한다. 왜냐하면 하나님은 목회자만, 장로만 편애하지 않고 자신의 백성 모두를 동등하게 사랑하기 때문이다. 이 사랑에 근거하여 교회의 모든 구성원은 1/n의 권위를 가지고 행사한다. 당회에 위임된 권위는 당회원 개개인이 자신의 사적인 기준으로 악용하지 않고 하나님의 뜻만이 교회에 온전히 세워질 수 있도록 책임감을 가지고 신중하게 행사해야 한다. 이것이 무너지면 목회자는 반드시 부패한다. 무엇이 선이고 무엇이 악인지를 분별하는 지혜도 질식된다. 당연히 교회는 집단적인 타락의 길로 가거나 분열되고 찢어진다. 교회가 사회적인 지탄의 일순위 대상으로 손꼽힌다. 그래서 바울은 로마교회 성도들 모두에게 맹목적인 순종의 사람이 되지 말고 선한 일을 지혜롭게 분별하고 선한 일에만 순종하는 사람이 되라는 소원을 표명한다. 교회다운 교회, 온 세계에 공동체의 모델이 되는 그런 교회를 주문한다.

[20]평화의 하나님이 여러분의 발 아래에서 사탄을 속히 멸하실 것입니다
우리 주 예수의 은혜가 여러분과 함께 있기를 원합니다

분별의 책임이 주어지면 부담감도 뒤따른다. 지혜가 없어서 선이 아니라 악을 택할지 모른다는 불안에 짓눌린다. 그러나 바울은 그런 마음을 해소

하는 중요한 사실 하나를 언급한다. 즉 평화의 하나님이 사탄을 성도의 발 아래에서 속히 멸하실 것이라는 사실이다. 사탄의 멸망으로 말미암아 평화가 도래하고 오직 평화의 주님만이 그 평화를 이루신다. 이것은 "여자의 후손은 네 머리를 상하게 할 것이라"(창 3:15)는 예언과 관계되어 있다. 이 승리의 예언 때문에 이스라엘 백성이 아무리 망가져도 절망의 늪에 빠지지를 않고 소망을 유지한다. 이 예언은 이미 예수의 죽음으로 말미암아 완성된다. 그러나 지금도 머리가 깨어진 사탄의 활동은 왕성하다. 그래서 로마교회 안에서도 거짓 교사들이 선과 악을 분별하지 못하도록 고혹적인 언어로 성도들을 미혹한다. 하지만 그런 활동도 속히 종식될 것이라고 바울은 예언한다. 사탄은 이미 사형이 언도된 시한부 인생이다. 궁극적인 승리가 우리에게 있다는 역사의 결말을 아는 것은 중요하다. 영화를 보고 소설을 읽을 때에도 행복한 결말을 알면 아무리 위태로운 일이 발생해도 두렵지가 않다. 역사의 끝도 평화일 것이기 때문에 어떠한 역경과 절망이 있더라도 반전의 소망은 살아있다.

그럼 사탄이 여전히 활동하고 있는 이 세상에서 승리하는 비결은 무엇인가? 바울은 우리 주 예수의 은혜가 우리와 함께 있으면 된다고 설명한다. 예수는 사탄의 머리를 깨뜨린 분이시다. "세상에서는 너희가 환난을 당하나 담대하라 내가 세상을 이기었노라"(요 16:33). 이처럼 예수는 환난 속에서도 이기셨다. 그런 분의 지혜와 능력이 우리에게 있다면 우리도 승리한다. 예수의 능력과 지혜는 십자가의 교훈이다. 즉 죽음과 부활이다. 그것이 지혜이고 그것이 능력이다. 내가 살려고 하면 죽고 죽으려고 하면 산다는 이 역설이 질서가 된 교회는 반드시 승리한다.

개인에게 혹은 교회 공동체에 어려움이 생긴다면 예수의 은혜를 갈망해야 한다. 십자가 죽음의 지혜와 능력을 소망해야 한다. 그리스도 안에서 목소리를 높인 바울의 자랑은 무엇인가? "나는 날마다 죽노라"(고전 15:31). 그는 죽음을 자랑했다. 이 죽음은 "사람의 방법"이 아니라 하나님의 방법이다. 왜 그러한가? "맹수와 더불어 싸웠다면 내게 무슨 유익이 있으리요 죽은 자가 다시 살아나지 못한다면 내일 죽을 터이니 먹고 마시자 하리라"(고전 15:32). 죽음의 이면은 부활이다. 바울은 부활을 믿었기 때문에 죽음을 날마다 선택하여 역설적인 승리를 만끽했다. 바울은 이러한 자신의 체험적 깨달음에 근거하여 예수의 은혜가 그들과 함께해야 승리할 수 있다고 가르친다.

[21]나의 동료인 디모데와 나의 친척들인 누기오와 야손과 소시바더가 여러분께 문안을 드립니다 [22]이 편지를 기록하는 나 더디오도 주 안에서 여러분께 문안을 드립니다 [23]나와 온 교회를 돌보는 가이오도 여러분께 문안을 드리고 이 성의 재무관 에라스도와 형제 구아도도 여러분께 문안을 드립니다 [24](없음)

예수의 은혜가 있는 사람, 십자가 죽음의 도를 따르는 자에게는 아름다운 동료들이 곁에 머물지만 내가 살면 사람들이 떠나간다. 내가 살면 타인이 죽고 내가 죽으면 타인이 살기 때문이다. 내 주변에는 사람들이 머무는가? 아니면 떠나는가? 날마다 죽는 바울은 주변에 동역하는 사람들이 많다. 권고의 말을 마친 바울은 자신과 함께 일하는 동료들의 안부를 전달한다. 함께 사역하는 사람들의 구성은 생물이다. 시간의 흐름에 따라, 사역의 종류에 따라, 지역의 분포에 따라 매번 달라지기 때문이다. 같은 공간과 같은 공동체 안에서 섬기지 않더라도 협력의 방법은 다양하기 때문에 장거리 동역도 얼마든지 가능하다. 지금 바울 곁에서 함께 섬기는 자들로는 믿음의 아들이며 동료인 디모데, 그의 친척들인 누기오와 야손과 소시바더, 그리고 편지를 대필하는 더디오가 있다. 더디오의 대필에 근거하여 소수의 사람들이 그를 로마서의 저자로 오해한다. 이 오해는 바울이 대부분의 편지를 친필로 작성했기 때문에 발생한다. 그러나 로마서도 바울의 편지이다(롬 1:1).

더디오의 대필이 필요한 이유는 무엇인가? 어떤 신학자는 바울의 악필을 이유로 제시한다. 로마서를 쓰기 수년 이전(7-10년 전)에 작성한 갈라디아 교회에 보낸 편지에 의하면, 대필의 이유는 평소에 눈의 질병으로 바울의 시력이 떨어졌기 때문이다(갈 4:15). 글씨를 잘 쓰는 것으로도 하나님의 교회를 섬기는 것이 가능하다. 더디오는 바울의 멋진 동역자다. 바울은 가이오의 이름도 언급한다. 그는 바울과 온 교회를 돌보는 사람이다. 가이오는 고린도에 산다. 바울이 예루살렘 지역으로 가기 전에 3개월간 고린도에 머물 때에 가이오는 집을 제공했다. 그의 집은 로마서의 산실이다. 가이오의 섬김은 이렇게 놀라운 영광으로 이어졌다. 사도는 완전하지 않다. 목회자는 더더욱 완전하지 않다. 모든 성도는 성령께서 부탁하신 아름다운 것을 고유하게 받았으며, 그것을 나타내기 위해 고유한 은사와 재능을 소유하고 있다. 그 모든 것들이 합력하여 하나님의 사역을 구성한다.

바울은 고린도 성에서 일하는 고위 공직자 에라스도 재무관을 거명한다. 조영관 혹은 재무관은 주로 공공건물, 도로, 시장, 곡식의 수급을 담당하던 관직이다. 이 편지가 공개되어 로마의 정부에 알려지면 제도적인 불이익 혹은 생명의 위협까지 받을 수 있는데도 바울은 언급했다. 이는 그 재무관이 자신의 직급과 이름이 알려져 어려움을 당해도 하나님의 자녀라는 사실이 더 중요하기 때문에 오히려 영광으로 여길 것이라는 그의 신앙을 바울이 확신하고 있기 때문일 가능성이 높다.

이 재무관은 부자였던 것으로 추정된다. 1929년 고린도 극장에서 발견된 비문에는 에라스도의 이름이 적혀 있었는데 전문은 이러하다. "조영관 직책을 위해 에라스투스가 자신의 비용으로 포장하다"(ERASTVS. PRO. AED. S. P. STRAVIT). 그는 도로를 포장할 정도로 부자였고 자신의 배를 위하지 않고 시민의 공익을 위해 관직을 수행했다. 교회에도 재정적인 지원을 많이 했을 것으로 추정된다. 그러나 그의 지갑만 선교하지 않고 몸으로도 선교했다. 누가는 그가 에베소에 가서 바울의 사역을 도왔다고 기록한다(행 19:22). 이후에 에라스도는 고린도에 복귀하여 공직 수행을 이어갔다.

바울은 지금까지 로마교회 성도 27명, 고린도 교회의 성도 8명의 이름을 언급했다. 이들은 모두 그리스도 안에서 사랑의 문안을 나눌 대상이다. 이처럼 바울을 중심으로 유대인, 헬라인, 로마인, 노예, 귀족, 공직자 등 다양한 민족과 계층의 사람들이 그리스도 안에서 하나의 가족 공동체를 구성하고 하나님의 나라를 섬기기 위해 협력한다. 그러므로 이들은 모두 사랑과 섬김의 공동체다. 이것이 보편적인 교회의 정상적인 모습이다. 바울은 이러한 하나님의 나라를 추구한 사람이다.

²⁵나의 복음과 예수 그리스도의 선포를 따라, 영세 전부터 감추어져 있었으나
²⁶이제는 영원하신 하나님의 명령에 따라 선지자들의 글로 말미암아
모든 민족에게 믿음의 순종에 이르도록 나타내신 신비의 계시를 따라,
여러분을 능히 견고하게 하실 ²⁷유일하신 지혜의 하나님께 예수 그리스도로
말미암아 영광이 영원부터 영원까지 이르기를 [원합니다] 아멘

모든 민족과 모든 계층과 모든 신분과 모든 성별과 모든 연령과 모든 언어의 사람들이 그리스도 안에서 한 가족을 이루어 협력하며 추구하는 공동체의 목적은 무엇인가? 하나님의 영광이다. 이것은 바울이 지금까지 쓴 로마서의 내용 전체가 한 문장으로 요약된 25-27절의 핵심이다. 이 구절의 다른 모든 표현들은 이 영광을 수식한다. 이 영광에 이르는 유일한 길은 바로 복음이다. 바울은 먼저 자신이 전파한 이 "복음"이 "그리스도 예수"의 선포라고 한다. 바울에게 복음과 예수는 동의어다. 하나님의 영광은 복음과 예수 선포의 결론이다. 그리고 이 복음의 기원은 시간 이전의 "영원"이다. 이 복음은 오랫동안 감추어져 있었으나 이제는 나타났다. 인

류의 역사는 복음의 역사였다. 감추어진 복음의 나타남 즉 "신비의 계시"는 하나님의 명령에 근거한다. 나타나는 방식은 선지자의 기록이다. 기록된 하나님의 이 말씀 즉 구약은 이 복음을 드러낸다. 복음은 구약의 핵심이다. 나아가 그 신비의 계시는 그리스도 안에서 절정에 도달한다. 선지자의 기록과 그리스도 예수의 계시와 사도의 선포로 말미암아 복음은 온 천하에 있는 만민에게 전해지고 드러난다.

복음이 만민에게 맺은 열매는 신앙과 순종이다. 진리와 실천이다. 예수를 믿고 예수처럼 산다. 하나님은 이 계시를 통해 유대인과 이방인 모두를 믿음의 순종으로 이끄신다. 우리 모두를 견고하게 하는 신앙의 핵심은 하나님의 유일성과 지혜에 대한 확신이다. 존재와 관련하여 하나님은 유일한 분이시다. 다른 하나님은 없다. 사역과 관련하여 하나님은 지혜로운 분이시다. 그분의 미련한 것으로 보이는 것조차도 인간의 지혜보다 지혜롭다. 이것이 우리의 믿음이다.

순종의 핵심은 우리가 믿는 유일하신 지혜의 하나님께 드리는 영광의 찬송이다. 그러나 이 찬양은 오직 그리스도 예수로 말미암아 드려진다. 이는 모든 사람이 죄를 범하여서 아무도 스스로는 하나님의 영광에 이르지 못하기 때문이다. 태초에 인간을 지으실 때에 인간에게 주어진 최고의 선물은 하나님의 영광이고(시 8:5), 죄로 말미암은 최고의 상실도 하나님의 영광이며(롬 3:23), 예수로 말미암은 죄 사함이 가져온 최고의 복도 바로 하나님의 영광이다(롬 11:36, 16:27). 시간 이전의 영원에서 시간 이후의 영원까지 모든 역사의 주제는 바로 그리스도 예수로 말미암아 하나님께 드려지는 이 영광이다. 로마서는 이런 하나님의 영광을 노래한다. 바울은 이 노래를 부르는 가수이며 동시에 음악이다. 이 영광의 찬송은 독창이 아니라 합창이다. 그래서 이 거대한 영광의 심포니에 온 교회를 초대한다. 나도 바울처럼 로마서가 가르치는 복음의 진리를 알고 그 진리를 살아내어 하나님의 영광을 노래하는 악기이고 싶다.

R

부록: 로마서 사역 | 한병수

1장

1 그리스도 예수의 종 바울은 사도로 부르심을 받아 하나님의 복음을 위해 택정함을 입었으니

2 이 복음은 하나님이 그의 선지자들을 통해 그의 아들에 관해 성경에 미리 약속하신 것입니다

3 그의 아들은 육신을 따라서 다윗의 혈통에서 나셨고

4 거룩함의 영으로는 죽은 자들 가운데서 부활하사 능력으로 하나님의 아들이라 선포되신 분으로서 예수 그리스도 우리의 주십니다

5 그로 말미암아 우리가 은혜와 사도의 직분을 받아 그의 이름을 위해 모든 이방인 중에서 [누군가를] 믿음의 순종으로 이끕니다

6 여러분도그들 중에서 예수 그리스도의 것으로 부르심을 받은 자입니다

7 로마에서 하나님의 사랑을 받고 성도로 부르심을 받은 모든 자에게 하나님 우리 아버지와 주 예수 그리스도로부터 은혜와 평강이 있기를 원합니다

8 먼저 내가 예수 그리스도로 말미암아 여러분 모두로 인해 내 하나님께 감사함은 여러분의 믿음이 온 세상에 알려졌기 때문입니다

9-10 내가 계속해서 여러분에 대한 기억을 떠올리며 이제 하나님의 뜻 안에서 언젠가는 여러분을 방문하게 해 달라고 항상 기도하고 있다는 사실에 대한 나의 증인은 하나님 즉 내가 그의 아들의 복음 안에서 내 심령으로 섬기는 분입니다.

11 제가 여러분 만나기를 갈망하는 것은 여러분께 어떤 영적인 은택을 나누어서 여러분을 견고하게 하려는 것입니다

12 즉 여러분 안에서 여러분과 저에게 있는 서로의 믿음을 통해 함께 안위함을 받으려는 것입니다

13 형제 여러분이 알지 못하기를 원하지 않는 것은 제가 다른 이방인 중에서와 같이 여러분 안에서도 어떤 열매를 맺게 하려고 여러 번 여러분께 가려고 했으나 지금까지 길이 막혔다는 것입니다

14 나는 헬라인과 야만인, 지혜자와 우매자 모두에게 빚진 자입니다

15 그래서 나는 로마에 있는 여러분께 또한 복음 전하기를 원합니다

16 이는 복음이 믿는 모든 자에게 즉 먼저는 유대인 그리고 헬라인 모두에게 구원을 주시는 하나님의 능력이기 때문에 나는 이 복음에 대해 부끄럼을 느끼지 않습니다

17 복음에는 믿음에서 믿음으로 이르는 하나님의 의가 나타나기 때문인데 이는 '의인이 믿음으로 살 것이라'고 기록된 것과 같습니다

18 그리고 자신의 불의로 진리를 압박하는 자들의 경건하지 못함과 의롭지 못함에 대해 하나님의 진노가 하늘에서 나타나고 있기 때문인데

19 이는 하나님이 그들에게 [자신을] 알리셔서 그들 안에 하나님의 지식이 확실하게 있기 때문입니다

20 즉 세상의 창조 이후로 그의 보이지 않는 것들 즉 그의 영원한 능력과 신성이 만들어진 것들에게 분명히 보여 알려지게 되었기에 그들은 평계할 수 없습니다

21 하나님을 알면서도 신이신 그분께 영광이나 감사를 드리지 않았고 오히려 그들의 생각은 허망하게 되었고 그들의 우둔한 마음은 어두워졌습니다

22 자신들을 지혜로운 자라고 우기지만 어리석게 되었고

23 썩어지지 아니하는 하나님의 영광을 썩어질 사람과 새들과 네 발 짐승들과 벌레들의 형상으로 교체해 놨습니다

24-25 그러므로 하나님은 하나님의 진리를 거짓으로 대체하고 창조자 대신에 피조물을 경배하고 섬긴 그들을 그 마음의 욕망대로 더러움에 넘기셨고 그들의 몸을 서로 더럽히게 했습니다 주는 영원히 찬양을 받으셔야 하는 분입니다 아멘

26 이러한 이유로 하나님은 그들을 부끄러운 정욕대로 내버려 두셨는데, 다시 말하면 그들의 여자들은 본성적인 성적 관계를 본성에 반대되는 것으로 바꾸었고

27 그와 같이 남자들도 여자들과 더불어 본성적인 성적 관계를 내버리고 남자가 남자로 더불어 꼴사나운 행각을 벌이고 그들의 그런 부정함에 상응하는 보응까지 스스로 받고서도 서로가 서로를 향해 자신의 욕정을 불태우고 있는 탓입니다

28 또한 그들이 하나님을 살펴 인지의 차원에서 모시고자 하지 않음을 따라 하나님이 그들을 인정받지 못한 지성으로 넘기시고 합당하지 않은 일을 행하게 하시므로,

29 그들은 모든 불의, 추악, 탐욕, 악의가 가득하고, 살인, 분쟁, 사기, 악독, 험담,

30 비방, 하나님 증오, 능욕, 교만, 자랑, 악의 도모, 부모에 대한 불순종,

31 우매함, 언약의 파괴, 무지와 무자비로 가득하게 된 자입니다

32 그들은 이러한 일들을 행하는 자들에게 죽임이 합당한 것이라는 하나님의 의로운 정하심을 알고도 그들이 그 일들을 행하는 것만이 아니라 또한 그것을 행하는 자들과 더불어 기뻐하고 있습니다

2장

1 그러므로 오 판단하는 모든 이들이여! 그대는 변론의 여지가 없습니다 이는 남을 판단하는 것으로써 당신 자신을 정죄하기 때문인데 판단하는 자가 동일한 짓을 저지르고 있는 탓입니다

2 이러한 일을 행하는 자들에게 하나님의 심판이 진리를 따라 된다는 것을 우리는 알고 있습니다

3 오 그러한 일들을 행하는 자들을 비판하고 동일한 일을 저지르는 자들이여! 당신은 하나님의 심판을 모면할 것이라고 생각하고 있습니까?

4 혹시 당신은 하나님의 인자가 당신을 회개로 이끈다는 것에 무지한 채 그의 인자와 관용과 인내의 풍성함을 멸시하고 계십니까?

5 그러나 당신은 자신의 완고함과 회개하지 아니한 마음을 따라 하나님의 의로우신 심판이 나타나는 진노의 날에 자신에게 임할 진노를 쌓고 있는 것입니다

6 하나님은 각 사람에게 그의 행위를 따라 보응을 내리시되

7 선행의 인내를 가지고 영광과 존귀와 썩지 아니함을 구하는 자에게는 영원한 생명으로 하시지만

8 사사로운 욕망으로 진리에 순종하지 않고 불의를 따르는 자에게는 진노와 분노로 하실 것입니다

9 악을 실행하는 사람의 모든 영에게는 환난과 곤고가 먼저는 유대 사람에게 그리고 헬라 사람에게 있을 것입니다

10 선을 행하는 모든 이에게는 영광과 존귀와 평강이 먼저는 유대 사람에게 그리고 헬라 사람에게 있을 것입니다

11 이는 하나님께 어떠한 치우침도 없는 탓입니다

12 누구든지 율법 없이 범죄한 자는 율법 없이 멸망하고 누구든지 율법 아래에서 범죄한 자는 율법으로 말미암아 심판을 받을 것입니다

13 하나님 앞에서는 율법을 듣는 자가 의로운 것이 아니라 율법을 행하는 자가 의롭다 여김을 받습니다

14 율법 없는 이방인이 본성으로 율법에 속한 일들을 행할 때에는 율법 없는 이 사람들은 자기가 자신에게 율법이 되는 것입니다

15 이들은 자신의 양심이 증거하고 자신의 생각들이 서로 고발하고 혹은 변명하며

그 마음에 기록된 율법의 행위를 드러내 보입니다

16 즉 나의 복음을 따라 하나님이 그리스도 예수로 말미암아 사람들의 은밀한 것들을 판단하실 그 날에 말입니다

17 만약 당신이 유대 사람으로 불리고 율법을 의지하고 하나님 안에 있다고 자랑하고

18 율법에 의해 교훈을 받아 그 뜻을 알고 지극히 뛰어난 것들을 식별하며

19 맹인들의 인도자요 어둠에 있는 사람들의 빛이며

20 율법에 있는 지식과 진리의 모본을 가진 자로서 우둔한 자의 교육자요 어린 아이의 교사라고 한다면

21 당연히 타인을 가르치는 당신이 왜 당신 자신은 가르치지 않습니까? 훔치지 말라고 선포하는 당신은 왜 훔칩니까?

22 음행을 저지르지 말라고 말하는 당신은 왜 음행을 저지르고 우상을 가증하게 여기는 당신은 왜 신전의 도둑이 되십니까?

23 율법을 자랑하는 당신은 왜 율법의 위반으로 하나님의 이름을 욕되게 하십니까?

24 기록된 것처럼 하나님의 이름이 여러분 때문에 이방인 중에서 모독을 받고 있습니다

25 진실로 당신이 율법을 행하면 할례가 유익할 것이지만 당신이 율법의 위반자가 되면 당신의 할례는 무할례가 되는 것입니다

26 그렇다면 할례를 받지 않은 사람이 율법의 규례를 지키면 그의 무할례가 할례로 간주될 것이 아닙니까?

27 그리고 육체적인 할례를 받지 않은 사람이 율법을 지키면 그가 율법의 조문과 할례를 가지고도 율법의 위반자가 된 당신을 정죄할 것이 아닙니까?

28 무릇 표면적인 유대인은 유대인이 아니며 표면적인 할례도 할례가 아닙니다

29 반면 유대인은 이면적인 것이며 마음의 할례는 영에 있고 법조문에 있지 않습니다 그런 사람의 칭찬은 사람으로부터 오는 것이 아니라 하나님으로부터 오는 것입니다

3장

1 그러면 유대인의 나음은 무엇이며 할례의 유익은 어떤 것입니까?

2 모든 면에서 많습니다 진실로 그 중에서도 최고는 그들이 하나님의 말씀을 맡았다는 것입니다

3 어떤 사람들이 믿지 않는다면 그것은 어떤 것일까요? 그들의 불신이 하나님의 미쁘심을 폐하지는 않을까요?

4 결코 그렇게 되지 않습니다 모든 인간은 거짓되나 오직 하나님은 참되신 분이라는 것은 이렇게 기록되어 있습니다 "그러므로 당신은 당신의 그 말씀들 안에서 의롭다 함을 얻으시고 그 안에서 판단 받으실 때에 이기실 것입니다"

5 그러나 만약 우리의 불의가 하나님의 의를 드러내면 우리는 무엇을 말할 것입니까? 내가 사람의 어법을 따라 말한다면 진노를 내리시는 하나님은 불의한 분이 되는 것 아닙니까?

6 결코 그렇지 않습니다 만약 그렇다면 하나님이 세상을 어떻게 심판하실 수 있을까요?

7 [사람의 어법을 따라 말합니다] 더군다나 하나님의 진리가 나의 거짓 속에서 더욱 뛰어나게 되어 그의 영광이 된다면 그래도 나 역시 죄인으로 정죄를 당하는 것일까요?

8 하지만 우리가 선에 이르기 위해 악을 행하자고 말한다는 어떤 사람들의 비방과 폭로는 사실이 아닙니다 그들에게 정죄는 정당한 것입니다

9 그러면 어떤가요? 우리는 낫습니까? 결코 아닙니다 우리는 유대인과 모든 헬라인 모두가 죄 아래에 있다고 이미 정죄를 했습니다

10 기록된 것처럼 의인은 없습니다 심지어 하나도 없습니다

11 하나님을 이해하는 자도 없고 찾는 자도 없습니다

12 모두가 벗어났고 함께 무익하게 되었으며 선을 행하는 자도 없습니다 심지어 하나도 없습니다

13 그들의 목구멍은 열린 무덤이며 그들의 혀로는 속임을 일삼으며 그들의 입술에는 독사의 독이 있습니다

14 그들의 입에는 저주와 악독이 가득하고

15 그들의 발은 피를 흘리는 일에 빠릅니다

16 그들의 길에는 파멸과 고생이 있습니다

17 그들은 평화의 길을 알지 못합니다

18 그들의 눈 앞에는 하나님에 대한 경외심이 없습니다

19 이제 우리는 알고 있습니다 율법이 언급하는 모든 것이 율법 아래에 있는 자들에게 말하여 모든 입으로 하여금 침묵하게 하고 온 세상으로 하나님의 심판 아래에 있게 하려는 것임을 말입니다

20 이는 법의 행위로써 그분 앞에서 의롭다는 판결을 받을 육체가 하나도 없는 탓입니다 사실 율법을 통해서는 죄를 깨달을 뿐입니다

21 그러나 이제는 율법 이외에 하나님의 의가 나타나게 되었는데 이는 율법과 선지자에 의해 증거된 것입니다

22 곧 그리스도 예수의 믿음으로 말미암는 하나님의 의로서 차별이 없기 때문에 모든 자들에게 미치는 것입니다

23 모든 사람이 죄를 범했고 하나님의 영광에 이르지 못하다가

24 그들은 그의 은혜로 그리스도 예수 안에 있는 속량으로 말미암아 값없이 의롭다 하심을 얻는 것입니다

25 이 예수를 하나님이 그의 피에 대한 믿음으로 말미암는 화목의 제물로 세우시고 결국 하나님의 오랜 참으심 속에서 이전에 저질러진 죄들의 간과를 통해 자신의 의로움을 증거하려 하셨는데

26 곧 지금의 때에 자신의 의로움을 나타내기 위함인데 이로써 자신도 의롭게 되시고 예수를 믿음으로 말미암아 거듭난 자들도 의롭다고 하시려는 것입니다

27 그러므로 자랑할 게 어디에 있습니까? 전혀 없습니다 어떤 종류의 법을 통한 것입니까? 행위의 법? 아닙니다 믿음의 법을 통한 것입니다

28 그래서 우리는 사람이 의롭다 하심을 얻는 것이 율법의 행위에 의해서가 아니라 믿음으로 되는 것이라고 여깁니다

29 하나님은 오직 유대인의 하나님일 뿐입니까? 이방인의 하나님은 아닙니까? 진실로 이방인의 하나님도 되십니다

30 하나님은 한 분이시기 때문에 할례를 받은 사람도 믿음으로 말미암아, 할례를 받지 아니한 사람도 믿음으로 말미암아 의롭다고 하실 것입니다

31 그렇다면 우리는 그 믿음으로 율법을 파기하는 것입니까? 전혀 아닙니다 오히려 율법을 굳게 세웁니다

4장

1 그런즉 육신에 따른 우리의 선조 아브라함이 무엇을 깨닫게 되었다고 우리는 말합니까?

2 만일 아브라함이 행위로 말미암아 의롭다 하심을 받았으면 자랑할 것이 있겠지만 하나님 앞에서는 없습니다

3 성경은 어떻게 말합니까 "아브라함이 하나님을 믿었고 그것이 그에게 의로 여겨졌다"

4 일하는 자에게는 보상이 은혜에 따른 것으로 여겨지지 아니하고 의무에 따른 것으로 여겨지나

5 일하지 않는다고 할지라도 경건하지 않은 자를 의롭다고 하시는 분을 믿는 자에게는 그의 믿음을 의로 여깁니다

6 이는 일함도 없이 하나님께 의로 여기심을 받는 사람의 복에 대해 다윗이 말한 것처럼

7 "불법의 간과와 죄의 가려짐을 받은 사람들은 복이 있고

8 주께서 그 죄를 인정하지 않으실 사람은 복이 있다"고 함과 같습니다

9 그렇다면 이 복은 할례에 관한 것입니까? 혹은 무할례에 관한 것입니까? 아브라함 경우에는 믿음이 의로 여겨진 것이라고 우리는 말합니다

10 그러면 어떤 상황에서 의로 여겨진 것입니까? 할례의 상태에서? 아니면 무할례의 상태에서? 할례의 상태가 아니라 무할례의 상태에서 [의로] 여겨진 것입니다

11 그리고 그는 할례의 표 즉 그가 무할례 중에 가진 믿음의 의에 대한 날인을 받았으며 이로써 무할례 중에 믿는 모든 자들의 조상이 되어 그들도 의로 여기심을 받게 된 것입니다

12 그리고 할례의 조상이 되어서 결국 할례에 속한 자들만이 아니라 우리의 조상 아브라함이 무할례 중에 가진 믿음의 발자취를 따르는 자들에 대해서도 조상이 된 것입니다

13 아브라함 혹은 그 후손에게 세상의 상속자가 되라고 한 약속은 율법으로 말미암은 것이 아니라 믿음의 의로 말미암은 것입니다

14 만일 율법에 속한 자들이 상속자라 한다면 믿음은 허무하게 되고 약속도 파기되는 것입니다

15 이는 율법이 진노를 이루는 탓입니다 율법이 없는 곳에는 범법도 없습니다

16 이러한 이유로 [그 약속은] 은혜에 따른 것이기 위해 믿음에 속한 것입니다 이
로써 그 약속은 모든 후손에게 확실하게 되었는데 율법에 속한 자들과 "내가 너
를 많은 민족의 조상으로 세웠다"고 기록된 것처럼 우리 모두의 조상이 된 아브
라함 신앙에 속한 자들 모두에게 확고히 세워진 것입니다

17 그가 믿은 하나님은 죽은 자들을 살리시며 존재하지 않는 것을 존재하는 것처
럼 부르시는 분입니다

18 그(아브라함)는 바랄 수 없는 중에 바라며 너의 후손이 그러할 것이라는 말씀을
따라 자신이 많은 민족들의 조상이 된다는 것을 믿은 분입니다

19 그리고 거의 백 세가 되었기에 자기의 몸이 죽었다는 것과 사라의 태가 죽었다
는 것을 알면서도 믿음으로 인해 약해지지 않고

20 하나님의 약속에 대해 불신으로 위축됨이 없이 오히려 믿음으로 강해져서 하나
님께 영광을 돌리고

21 약속하신 것을 능히 이루실 분이라는 사실에 대한 확신을 갖습니다

22 그것이 결국 그에게 의로 여겨진 것입니다

23 그것이 그에게 의로 여겨졌다 기록된 것은 그만을 위한 것이 아니라

24 예수 우리의 주를 죽은 자들 가운데서 살리신 이를 믿는 자들로서 의로 여겨질
우리도 위한 것입니다

25 그는 우리의 범죄함 때문에 내줌이 되셨고 우리의 의를 위해 살아나신 분입니다

5장

1 그러므로 믿음으로 의롭다 하심을 받은 우리는 예수 그리스도 우리의 주로 말
미암아 하나님과 더불어 평화를 갖습니다

2 또한 그로 말미암아 우리는 믿음으로 은혜에 들어감을 얻고 그 은혜 안에 서 있
습니다 그리고 우리는 하나님의 영광에 대한 소망을 즐깁니다

3 이것뿐 아니라 우리는 환난도 자랑으로 여깁니다 이는 환난은 인내를,

4 인내는 연단을, 연단은 소망을 이루는 줄 아는 탓입니다

5 소망이 우리를 부끄럽게 하지 않음은 우리에게 주신 성령으로 말미암아 하나님

의 사랑이 우리 마음에 부어졌기 때문입니다

6   그리스도는 우리가 아직 연약한 상황에서 정해진 때를 따라 아직 경건하지 않은 자를 위해 죽으신 분입니다

7   사실 의인을 위해 죽는 자가 드물고 선인을 위해 죽는 자가 아마도 있을 것입니다

8   그러나 하나님은 우리가 아직 죄인인 상황에서 그리스도가 우리를 위해 죽으므로 우리를 향한 자신의 사랑을 확증하신 분입니다

9   그러므로 이제 우리는 그의 피로 말미암아 의롭다 하심을 받았기 때문에 더더욱 그로 말미암아 그 진노에서 구원을 받을 것입니다

10   즉 우리가 원수 되었을 때에 그의 아들의 죽음으로 말미암아 하나님과 화목하게 되었다면, 화목하게 된 자로서는 그의 생명 속에서 더더욱 구원을 받을 것입니다

11   그것만이 아니라 우리로 하여금 이 화목을 얻게 한 예수 그리스도 우리의 주로 말미암아 하나님 안에서 또한 즐거워할 것입니다

12   그러므로 한 사람으로 말미암아 죄가 세상에 들어오고 죄로 말미암아 사망이 들어온 것입니다 이런 식으로 모든 사람이 죄를 범하여서 모든 사람에게 사망이 이른 것입니다

13   율법 이전에도 죄가 세상에 있었으나 율법이 없었을 때에는 죄가 죄로 여겨지지 않았지만

14   아담부터 모세까지 사망은 오실 자의 모형인 아담의 죄와 유사한 것에 대해 범죄하지 않은 자에게도 왕 노릇 했습니다

15   그러나 이 은총은 그 범죄와 같지 않습니다 즉 한 사람의 범죄로 인하여 많은 사람이 죽는다면 하나님의 은혜와 예수 그리스도 한 사람의 은혜로 말미암은 선물은 많은 자들에게 훨씬 더 많이 넘칩니다

16   그리고 이 선물은 범죄한 한 사람으로 말미암은 것과 같지 않습니다 즉 심판은 한 사람으로 인하여 정죄에 이르지만 이 은혜로운 선물은 범죄한 많은 사람들 중에서 의롭다 하심에 이릅니다

17   한 사람의 범죄로 말미암아 사망이 그 한 사람을 통해 왕 노릇 했다면 은혜와 의의 선물을 넘치게 받는 자들은 예수 그리스도 한 사람을 통해 삶 속에서 훨씬 더 많이 왕 노릇 할 것입니다

18   그러므로 하나의 범죄적 행위로 말미암아 모든 사람이 정죄에 이른 것처럼 하

나의 의로운 행위로 말미암아 모든 사람이 생명의 의에 이릅니다

19 즉 한 사람의 불순종에 의해 많은 사람이 범죄자가 된 것처럼 한 사람의 순종으로 인해 많은 사람이 의인이 될 것입니다

20 율법이 들어온 것은 범죄의 증가를 위한 것입니다 그러나 죄가 증가한 곳에 은혜는 더욱 넘칩니다

21 그리하여 죄가 사망 안에서 왕 노릇을 한 것처럼 은혜도 또한 예수 그리스도 우리의 주로 말미암아 영원한 생명에 이르는 의를 통해 왕 노릇할 것입니다

6장

1 그러므로 우리가 무슨 말을 할 것입니까? 은혜의 증가를 위해 우리가 죄와 함께 거하자고 말할 것입니까?

2 절대 그럴 수 없습니다 죄에 대해 죽은 우리가 어떻게 그 안에서 여전히 살 수 있습니까?

3 무릇 그리스도 예수께로 세례를 받은 우리는 누구든지 세례를 받아 죽음에 이른다는 것을 알지 못합니까?

4 그러므로 우리는 세례를 통해 그와 함께 죽어서 묻혔으며 이는 아버지의 영광으로 말미암아 그리스도가 죽은 자 가운데서 일어난 것처럼 우리도 생명의 새로움 속에서 행하게 하려 함입니다

5 왜냐하면 만약 우리가 그의 죽음의 형상과 연합한 자가 되었다면 진실로 그의 부활의 형상과도 연합한 자가 될 것이기 때문입니다

6 우리의 옛 사람은 그와 함께 십자가에 못 박혀서 죄의 몸이 활동하지 못하게 되었으며 더 이상 우리를 죄에게 굴복하게 만들지 못하는 것(몸)이라는 이 사실을 우리는 알고 있습니다

7 이는 죽은 자가 죄에서 벗어나 의롭게 되었기 때문입니다

8 만일 우리가 그리스도와 함께 죽었다면 또한 그와 함께 살 줄을 우리는 믿습니다

9 이는 죽은 자들 가운데서 일어나신 그리스도는 더 이상 죽지 아니하는 것과 죽음이 그를 더 이상 주관하지 못하는 것을 아는 탓입니다

10 그가 죽으신 것은 죄에 대해 단번에 죽으신 것이며 그가 사신 것은 하나님께 대

해 사신 것입니다

11 여러분도 이처럼 자신을 죄에 대해서는 죽은 자로 여기고 그리스도 예수 안에서 하나님에 대해서는 산 자로 여기시기 바랍니다

12 그러므로 여러분은 그대들로 하여금 몸의 욕망에 순응하게 만들려고 죄가 그대들의 사망할 몸 안에서 왕 노릇하는 것을 좌시하지 마십시오

13 또한 여러분의 지체들을 불의의 도구로서 죄에게 건네지 마시고 그대들이 죽은 자들 가운데서 살아난 것처럼 자신을 하나님께 드리고 자신의 지체들을 의의 도구로서 하나님께 드리시기 바랍니다

14 여러분은 법 아래에 있지 않고 은혜 아래에 있기 때문에 죄가 여러분을 주관하지 못할 것입니다

15 그러면 어떻게 할까요? 우리가 법 아래에 있지 아니하고 은혜 아래에 있으므로 죄를 지을까요? 그럴 수 없습니다

16 여러분은 순종하는 종으로 자신을 어떤 이에게 내어주면 사망에 이르는 죄의 종이든지 의에 이르는 순종의 종이든지 여러분이 순종하는 그것에게 종이 된다는 것을 알지 못합니까?

17-18 여러분이 본래 죄의 종이다가 여러분께 전해진 교훈의 본을 마음으로 순종하여 죄로부터 해방되고 의에게 종이 되었기 때문에 저는 하나님께 감사를 드립니다

19 여러분의 육신의 연약함 때문에 인간적인 방식으로 저는 말합니다 이전에 여러분이 여러분의 지체들을 불결함과 불법에게 종으로 내주어서 불법에 이른 것처럼 여러분의 지체들을 거룩함에 이르도록 의에게 종으로 내어 주십시오

20 여러분이 죄의 종이었을 때에는 의에 대해 자유로운 때입니다

21 그 끝이 사망이기 때문에 지금은 부끄럽게 여기는 것들로부터 그때에 여러분이 얻은 열매는 어떤 것입니까?

22 그러나 죄로부터 해방되고 하나님께 종이 된 여러분은 이제 그 끝이 영원한 생명인 거룩함에 이르는 여러분의 열매를 얻습니다

23 이는 죄의 품삯은 사망이고 하나님의 선물은 그리스도 예수 우리 주 안에 있는 영원한 생명이기 때문입니다

7장

1 형제들이여, 제가 법 아는 이들에게 말합니다 여러분은 그 법이 사람이 사는 기간 동안에만 그를 주관하는 줄 알지 못합니까?

2 남편 있는 여인이 그 남편의 생전에는 법적으로 그에게 매이지만 만일 그 남편이 죽으면 남편의 법에 매이지 않습니다

3 그래서 만일 그 남편의 생전에 다른 남자에게 가면 음녀로 불립니다 그러나 만일 남편이 죽으면 그 법에서 자유롭게 되므로 다른 남자에게 갈지라도 음녀가 되지 않습니다

4 그러므로 나의 형제들이여 여러분도 그리스도의 몸으로 말미암아 율법에 대해 죽은 것이어서 우리는 하나님께 열매를 맺기 위해 다른 분 곧 죽은 자들 가운데서 살아나신 분에게 갈 수 있습니다

5 우리가 육신에 있을 때에는 율법으로 말미암는 죄의 욕구가 우리 지체 중에 작용하여 우리로 사망을 위해 열매를 맺게 했으나

6 이제는 우리가 얽매였던 것에 대해 죽어 율법에서 자유롭게 되었으니 이러므로 우리는 문자의 묵은 것으로 섬기지 않고 영의 새로운 것으로 섬기는 것입니다

7 그렇다면 우리가 무슨 말을 할 것입니까? 율법이 죄입니까? 결코 그럴 수 없습니다 율법으로 말미암지 않았다면 저는 죄를 알지도 못했을 것입니다 즉 율법이 "너희는 탐내지 말라"고 말하지 않았다면 제가 탐심을 몰랐을 것입니다

8 게다가 율법이 없으면 죄가 죽은 것이기 때문에 죄가 계명으로 말미암아 기회를 얻어 내 안에서 온갖 탐심을 이룹니다

9 한때 율법이 없이는 내가 살았지만 율법이 옴으로써 죄는 살아나고 나는 죽습니다

10 나에게 발견된 것은 생명에 이르는 그 계명이 사망을 향한다는 것입니다

11 왜냐하면 죄가 계명으로 말미암아 기회를 타서 나를 속이고 그 계명으로 나를 죽였기 때문입니다

12 이로 보건대 율법은 진실로 거룩하고 의로우며 선한 것입니다

13 그럼 선한 것이 나에게 사망이 된 것입니까? 그렇지 않습니다 그러나 죄가 선한 그것으로 말미암아 죄로서 밝히 드러나기 위해 죄가 나에게 죽음을 이룬 것입니다 이는 계명으로 말미암아 그 죄가 심히 죄 되게 하려 함입니다

14 우리가 율법은 영적인 것인 줄 알지만 나는 육적인 것이어서 죄 아래에 팔린 것

입니다

15 내가 원하는 이것은 행하지 아니하고 오히려 내가 미워하는 것을 행하기 때문에 나는 내가 행하는 것을 잘 모릅니다

16 만일 내가 원하지 않는 그것을 행하면 나는 율법이 옳다는 것을 인정하는 셈입니다

17 이제 그것(원하지 않는 것)을 행하는 자는 내가 아니요 내 속에 거하는 죄입니다

18 내 속 곧 내 육신 안에 선한 것이 하나도 없음을 알고 있습니다 선을 행하고자 함은 나에게 있지만 행함은 없습니다

19 나는 내 원하는 바 선은 행하지 아니하고 원하지 아니하는 바 악을 행합니다

20 그런데 만일 내가 원하지 아니하는 이것을 내가 행하면 더 이상 내가 행하지 아니하고 내 안에 거하는 죄가 행하는 것입니다

21 그러므로 내가 발견한 법은 선을 행하기 원하는 나에게 악이 함께 있다는 것입니다

22 속 사람을 따라서는 하나님의 법을 나는 기뻐하고 있지만

23 내 마음의 법과 대립하고 내 지체 속에 있는 죄의 법 속으로 나를 사로잡아 가는 다른 법을 저는 알고 있습니다

24 나는 곤고한 사람, 누가 이 사망의 몸에서 나를 건져낼 것입니까?

25 예수 그리스도 우리의 주로 말미암아 하나님께 감사를 드립니다 그러므로 나 자신이 마음을 따라서는 하나님의 법을, 그러나 육신을 따라서는 죄의 법을 섬깁니다

8장

1 그러므로 이제 그리스도 예수 안에 있는 자에게는 어떠한 정죄도 없습니다

2 이는 그리스도 예수 안에 있는 생명의 성령의 법이 죄와 사망의 법에서 당신을 자유롭게 만들었기 때문입니다

3 율법이 육신으로 말미암아 연약하여 할 수 없는 그것을 하나님은 하십니다 즉 죄로 말미암아 자신의 아들을 죄의 육신의 모양으로 보내고 그 육신에서 죄를 정죄하여

4 육신을 따르지 않고 영을 따라 행하는 자들에게 율법의 의가 성취되게 하셨습니다

5   육신을 따르는 자는 육신의 일에, 영을 따르는 자는 영의 일에 관심을 갖습니다

6   육신의 관심은 사망이요 영의 관심은 생명과 평화입니다

7   그러므로 육신의 성향은 하나님을 향해 적개심을 가지기 때문에 하나님의 법에 종속되지 않고 종속될 수도 없습니다

8   게다가 육신에 거하는 자들은 하나님을 기쁘시게 할 수도 없습니다

9   만일 하나님의 영이 당신 안에 거하시면 당신은 육신에 거하지 아니하고 영에 거합니다 누구든지 그리스도의 영을 가지지 않으면 그는 그(그리스도)에게 속하지 않은 것입니다

10   그러나 그리스도께서 당신 안에 거하시면 몸은 죄로 말미암아 죽은 것이지만 영은 의로 말미암아 살아있는 것입니다

11   예수를 죽은 자들 가운데서 살리신 분의 영이 여러분 안에 거하시면 그리스도 예수를 죽은 자들 가운데서 살리신 분이 여러분 안에 있는 그분의 영으로 말미암아 여러분의 죽을 몸도 살리실 것입니다

12   그러므로 형제들이여 우리는 결코 육신에게 빚져서 육신을 따라 살아가는 자가 아닙니다

13   만약 여러분이 육신을 따라 살면 반드시 죽을 것이지만 만약 영으로 몸의 행실을 죽이면 살 것입니다

14   하나님의 영으로 인도함을 받는 사람은 누구든지 하나님의 아들입니다

15   여러분은 다시 두려움에 이르는 종의 영을 받지 아니하고 양자의 영을 받았기 때문에 우리는 [하나님을] 아바 아버지라 힘껏 부릅니다

16   성령은 친히 우리의 영과 더불어 우리가 하나님의 자녀라는 것을 증거해 주십니다

17   자녀이면 또한 상속자 즉 하나님의 상속자요 그리스도와 함께 한 상속자입니다 우리가 그와 함께 고난을 받는다면 그와 함께 영화롭게 될 것입니다

18   내 생각에 현재의 고난은 장차 우리에게 나타날 영광과 비교할 수 없습니다

19   피조물의 간절한 기대는 하나님의 아들들의 나타남을 절박하게 기다리는 것입니다

20   피조물이 허무한 데 굴복하는 것은 자발적인 것이 아니라 오직 굴복하게 하시는 분으로 말미암은 것입니다

21 그 바라는 것은 피조물 자체가 멸망의 노예 상태에서 해방되어 하나님의 자녀들이 가지는 영광의 자유에 이르는 것입니다

22 모든 피조물이 지금까지 함께 탄식하며 함께 고통 당하고 있다는 것을 우리는 알고 있습니다

23 이것만이 아니라 성령의 첫 열매를 받은 우리 자신도 양자가 되는 것 즉 우리 몸의 구속을 갈망하며 속으로 탄식하고 있습니다

24 우리는 이러한 소망 중에 구원을 받았으며 이제 우리가 소망하는 것은 보이는 것이 아닙니다 보이는 것을 누가 바랍니까?

25 만약 우리가 보이지 않는 것을 바란다면 우리는 인내하며 기다려야 할 것입니다

26 이와 같이 우리는 마땅히 추구할 바가 무엇인지 알지 못하므로 성령 자신도 우리의 연약함을 도우시되 성령이 형언할 수 없는 탄식으로 우리를 위해 친히 간구해 주십니다

27 성령은 성도를 위해 하나님을 향하여 간구해 주시므로 마음을 살피시는 분이 성령의 생각을 아십니다

28 우리가 아는 것은 모든 것들이 하나님을 사랑하는 자 곧 그의 작정 대로 부르심을 받은 자들에게 합력하여 선을 이룬다는 것입니다

29 하나님은 미리 아신 자들로 하여금 자신의 아들의 형상을 본받게 하여 그 아들이 많은 형제들 중에서 맏이가 되게 하시려고 그들을 예정하고

30 예정하신 그들을 또한 부르시고 부르신 그들을 또한 의롭다 하시고 의롭다 하신 그들을 또한 영화롭게 하셨습니다

31 그러므로 우리가 이 일들에 대해 무슨 말을 할 것입니까? 만일 하나님이 우리를 위하시면 누가 우리를 대적할 것입니까?

32 진실로 자신의 아들도 아끼지 않으시고 우리 모두를 위해 그를 넘겨주신 분께서 어떻게 그 아들과 함께 모든 것을 우리에게 기꺼이 주시지 않을까요?

33 하나님이 택하신 자들에 대해 누가 고발할 것입니까? 하나님은 의롭다고 하신 분입니다

34 누가 정죄할 것입니까? 그리스도 예수는 죽으셨을 뿐만 아니라 더욱이 다시 살아나신 분입니다 그는 하나님의 우편에 계시면서 우리를 위해 간구하고 계십니다

35 누가 우리를 그리스도의 사랑에서 끊습니까? 환란이나 곤고나 핍박이나 기근이

나 헐벗은 상태나 위험이나 칼입니까?

36 기록된 것처럼 "우리가 당신을 위해 종일 죽임을 당하고 도살될 양들처럼 여김을 받는다"고 함과 같습니다

37 하지만 이 모든 일에서 우리는 우리를 사랑하고 계신 분으로 말미암아 압도적인 승리를 얻습니다

38 내가 확신하는 것은 사망도 생명도 천사들도 권세들도 현재의 일들도 장래의 일들도 능력도

39 높음도 깊음도 다른 어떠한 피조물도 우리를 우리 주 그리스도 예수 안에 있는 하나님의 사랑에서 분리시킬 수 없다는 것입니다

9장

1 성령 안에서 내 양심이 나와 더불어 증거하는 진실을 나는 그리스도 안에서 말합니다 이것은 거짓이 아닙니다

2 즉 나의 마음에 커다란 슬픔과 지속적인 비탄이 있다는 것입니다

3 이는 나의 형제들 즉 혈통에 따른 친족들을 위해 내가 그리스도로부터 단절되는 것까지도 원하고 있기 때문입니다

4 그들은 이스라엘 사람이며 아들 삼음과 영광과 언약들과 율법 세우기와 예배와 약속들이 그들에게 있습니다

5 조상들이 그들에게 속했고 그리스도가 육체를 따라서는 그들로부터 오셨는데, 그는 만물 위에 계시며 세세에 찬양 받으실 하나님이 되십니다 아멘

6 그러나 하나님의 말씀은 폐하여 진 것 같지 않습니다 왜냐하면 이스라엘 출신이 다 이스라엘 사람인 것은 아니기 때문입니다

7 즉 모든 자녀가 아브라함의 씨인 것은 아니며 "이삭 안에서 너의 씨가 부름을 받을 것이라"고 했습니다

8 다시 말하면 육신의 자녀가 하나님의 자녀가 아니며 약속의 자녀가 씨로 여김을 받는다는 것입니다

9 약속의 말씀은 이러합니다 "내년 이 즈음에 내가 올 것인데 사라에게 아들이 있을 것이니라"

10 그것만이 아니라 리브가가 우리의 조상 이삭 한 사람으로 말미암아 임신을 했는데

11 그 자식들이 아직 태어나지 아니하고 무슨 선이나 악을 행하지도 아니한 때에 택하심에 따른 하나님의 정하심이 행위로 말미암지 않고 부르시는 분으로 말미암아 서도록

12 그녀에게 말합니다 "큰 자가 어린 자를 섬기리라"

13 이는 이런 기록과 같습니다 "내가 야곱은 사랑했고 에서는 미워했다"

14 그러므로 우리는 무슨 말을 할 것입니까? 하나님께 불의가 있는 거 아닙니까? 결코 그렇지 않습니다

15 그는 모세에게 이렇게 말합니다 "내가 긍휼히 여기는 자를 긍휼히 여길 것이고 불쌍히 여기는 자를 불쌍히 여길 것이니라"

16 그러므로 소원하는 자로 말미암는 것도 아니고 노력하는 자로 말미암는 것도 아니며 오직 긍휼히 여기시는 하나님에 의한 것입니다

17 성경이 바로에게 말합니다 "내가 이 일을 위해 너를 세웠으니 이는 너로 말미암아 내 능력을 보이고 내 이름을 온 땅에 전파하게 하려 함이니라"

18 그러므로 그는 하고자 하시는 자를 긍휼히 여기시고 하고자 하시는 자를 완악하게 하십니다

19 그러면 당신은 나에게 말할 것입니다 "그런데도 하나님은 누군가를 책잡고 계십니까? 누가 그의 뜻에 대적을 했다고 그러시는 것입니까?"

20 오 인간이여 당신은 누구길래 감히 하나님께 반문을 하십니까? 지어진 자가 지은 자에게 어떻게 나를 이렇게 만든 것이냐고 따집니까?

21 토기장이는 동일한 진흙 덩어리로 하나는 귀하게 쓸 그릇으로, 다른 하나는 천하게 쓸 그릇으로 만드는 권한을 가지고 있지 않습니까?

22 만일 하나님이 자신의 진노를 보이고 그의 능력을 알리려고 하여 멸하기로 준비된 진노의 그릇을 막대한 인내로써 참으시고

23 영광 받기로 미리 준비된 긍휼의 그릇들에 대해서는 그 영광의 풍성함을 알리고자 하셨다고 하더라도 어쩔 것입니까?

24 이 그릇들은 우리 즉 유대인 중에서만 부른 자가 아니라 이방인 중에서도 부른 자입니다

25 이는 호세아서 안에서 말한 것과 같습니다 "내가 내 백성 아닌 자를 내 백성이

라, 사랑 받지 않은 자를 사랑 받은 자라고 부르리라"

26 그리고 "너희는 내 백성이 아니라고 한 곳에서 그들이 살아계신 하나님의 아들이라 일컬음을 받으리라" 함과 같습니다

27 또한 이사야도 이스라엘 백성에 대해 외칩니다. "이스라엘 자손들의 수가 바다의 모래와 같다고 할지라도 남은 자들이 구원을 받을 것이니라"

28 이는 말씀을 온전히 이루시고 속히 시행하실 주님 때문입니다

29 그리고 이사야가 말한 것처럼 만약 만군의 주께서 우리에게 씨를 남겨 두시지 않았다면 우리는 소돔과 같이 되고 고모라와 유사했을 것입니다

30 그러므로 우리는 무슨 말을 할 것입니까? 의를 추구하지 않은 이방인이 의를 얻었는데 그것은 믿음에서 난 의입니다

31 그러나 의의 법을 추구한 이스라엘은 그 법에 이르지 못합니다

32 이것이 어찌된 일입니까? 이는 믿음에서 난 것이 아니라 행위에서 난 것으로 추구했기 때문에 그들이 걸리는 돌에 부딪친 것입니다

33 이는 기록된 바와 같습니다 "보라 내가 시온에 걸리는 돌과 거치는 바위를 두노니 그를 믿는 자는 부끄럽게 되지 않으리라"

10장

1 형제들이여 내 마음의 갈망과 하나님을 향한 기도의 목적은 그들(이스라엘 민족)이 구원에 이르는 것입니다

2 그들에 대해 제가 증언하는 것은 그들이 하나님에 대한 열심을 가지고 있지만 올바른 지식을 따른 것이 아니라는 것입니다

3 왜냐하면 그들은 하나님의 의를 모르고 자신의 의 세우기를 추구하며 하나님의 의에는 순응하지 않았기 때문입니다

4 그리스도는 모든 믿는 자들의 의를 위해 율법의 마침이 되십니다

5 모세는 율법으로 말미암는 의를 행하는 사람이 그 의로 살 것이라고 기록하고 있습니다

6 그러나 믿음으로 말미암는 의는 이렇게 말합니다 "너의 마음에서 '누가 하늘에 올라갈 것이냐'고 말하지 말라 이는 그리스도를 모셔 내리려는 것이니라

7   혹은 '누가 무저갱에 내려갈 것이냐'고 말하지 말라 이는 그리스도를 죽은 자들 가운데서 모셔 올리려는 것이니라

8   그러면 무엇을 말하느냐 '말씀이 네게 가까이 있으며 네 입에 있고 네 마음에 있느니라' 하라 이는 우리가 전파하는 믿음의 말씀이라"

9   당신이 만일 당신의 입으로 예수를 주라고 시인하며 하나님이 그를 죽은 자들 가운데서 살리신 것을 당신의 마음에 믿으면 당신은 구원을 받습니다

10 즉 마음으로 믿어지게 되어 의에 이르고 입으로 시인하게 되어 구원에 이릅니다

11 성경은 그를 믿는 모든 자들이 수치를 당하지 않을 것이라고 말합니다

12 이는 그를 부르는 모든 자들에게 풍성하신 모두의 주님은 동일한 분이셔서 유대인과 헬라인 사이에 차별이 없기 때문입니다

13 주의 이름을 부르는 모든 자는 구원을 받을 것입니다

14 그런데 그들이 믿지 아니하는 이를 어떻게 부르며 듣지도 못한 이를 어떻게 믿으며 전파하는 자가 없이 어떻게 들을 것입니까?

15 보냄을 받지 아니하면 어떻게 전파할 것입니까? 이는 기록된 것처럼 "너무도 아름답다 좋은 소식을 전파하는 자들의 발이여" 함과 같습니다

16 그러나 "주여 우리가 전한 것을 누가 믿었습니까?" 라고 한 이사야의 말을 보면 그들은 모두 복음을 청종하지 않은 것입니다

17 그러므로 믿음은 들음에서 나며 들음은 그리스도의 말씀 선포를 통한 것입니다

18 그러나 나는 말합니다 그들이 듣지 않은 것입니까? 그렇지 않습니다 "그들의 소리가 온 땅에 이르렀고 그들의 선포가 땅 끝까지 퍼졌다"고 했습니다

19 그러나 나는 말합니다 이스라엘이 알지 못한 것입니까? 먼저 모세가 말합니다 "나는 백성 아닌 자들을 통해 너희로 하여금 시기하게 하며 무지한 민족을 통해 너희를 노엽게 하리라"

20 이사야는 매우 담대하게 말합니다 "나는 나를 찾지 아니한 자들에게 찾은 바 되고 내가 묻지 아니하는 자들에게 분명히 알려지게 되었노라"

21 그러나 이스라엘을 위해서는 이렇게 말합니다 "믿지 아니하고 거슬러 말하는 백성에게 종일 나의 손을 뻗었노라"

11장

1 그러므로 나는 말합니다 하나님이 자기 백성을 버리신 것 아닙니까? 버리신 것이 전혀 아닙니다 왜냐하면 나도 이스라엘 사람이요 아브라함 자손 베냐민의 지파에서 난 자이기 때문입니다

2 하나님은 미리 아신 자기 백성을 버리시지 않습니다 여러분은 엘리야가 이스라엘에 대해 하나님께 어떤 고발을 했는지에 대한 성경의 기록을 알지 못합니까?

3 즉 "주여 그들이 주의 선지자들을 죽였고 주의 제단들을 파괴했고 나만 홀로 남았는데 나의 목숨도 찾습니다"

4 그러나 그에게 주어진 신적인 반응은 무엇을 말합니까? "내가 나를 위해 그 바알에게 무릎을 꿇지 아니한 사람 칠천 명을 남겨 두었노라"

5 그러므로 이와 같이 지금도 은혜의 택하심을 따라 남은 자가 있습니다

6 만일 은혜로 된 것이면 행위로 말미암지 않은 것입니다 그렇지 않다면 은혜는 더 이상 은혜가 되지 않을 것입니다

7 그래서 어떻게 됐습니까? 이스라엘이 구한 그것을 얻지 못했고 택하심을 받은 자가 얻었으며 그 남은 자들은 우둔하게 됐습니다

8 기록된 것처럼 "하나님은 오늘까지 그들에게 혼미한 심령과 보지 못할 눈과 듣지 못할 귀를 주셨다"고 함과 같습니다

9 다윗도 말합니다 "그들의 밥상은 그들에게 올무와 함정과 덫과 보응이 되게 하옵시고

10 그들의 눈은 어두워져 보지 못하게 하옵시고 그들의 등은 영원히 굽게 하옵소서"

11 그렇다면 그들이 실족하여 넘어진 것 아닙니까? 저는 절대 그렇지 않다고 말합니다 오히려 그들의 실족과 함께 구원이 이방인에게 이르러 이스라엘로 하여금 시기가 나게 만든 것입니다

12 그런데 만약 그들의 실족이 세상의 풍성함이 되고 그들의 넘어짐이 이방인의 풍성함이 되었다면 그들의 충만함은 [이방인의 풍성함에] 얼마나 더할까요?

13 내가 이방인 여러분께 말합니다 내가 진실로 이방인의 사도인 만큼 나의 직분을 확실하게 영광으로 여깁니다

14 어떻게 해서라도 내가 나의 골육으로 하여금 시기 나게 만들어 그들 중에서 얼마를 구원할 수 있다면 말입니다

15 그들의 거부가 [하나님과] 세상의 화해가 되었다면 그들의 수용은 죽은 자들 가운데서 살아남이 아니면 무엇일 수 있습니까?

16 제사의 첫 곡식이 거룩하면 그 반죽도 그러하고 뿌리가 거룩하면 가지도 그러한 것입니다

17 게다가 그 가지들 중에 얼마가 제거되고 돌감람 나무에 속한 여러분이 그것들 중에 접붙임이 되어 참감람 나무의 풍성한 뿌리에 참여하는 자가 되었지만

18 그 가지들을 향해서는 자랑하지 마십시오 만약 자랑을 하려거든 당신이 뿌리를 보존하는 것이 아니라 뿌리가 당신을 보전하는 것이라고 하십시오

19 그러면 당신은 "그 가지들이 제거되어 내가 접붙임을 받을 수 있었다"고 말하는 셈입니다

20 당연한 것이지만, 그들은 믿지 않음으로 꺾이었고 당신은 믿음으로 섰습니다 높다고 생각하지 말고 오히려 두려워 하십시오

21 하나님이 본래의 가지들도 아끼시지 않았다면 당신도 아끼지 않으실 것입니다

22 그러므로 하나님의 인자와 준엄을 주목해 보십시오 그 준엄은 넘어진 자들에 대해 있고 하나님의 인자는 여러분이 그 인자에 머물러 있다면 여러분에 대해 있습니다 그렇지 않다면 여러분도 제거될 것입니다

23 그러므로 그들을 접붙이실 능력이 하나님께 있으므로 그들도 불신앙에 머무르지 않는다면 접붙임을 받을 것입니다

24 여러분이 본래의 돌감람 나무에서 끊어지고 본성에 거스르는 더 좋은 참감람 나무에 접붙임을 받았다면 본래의 가지는 자신의 참감람 나무에 훨씬 더 확실하게 접붙임을 받지 않겠습니까?

25 형제들이여 여러분이 스스로 지혜롭게 여기지 않도록 나는 여러분이 이 신비를 알지 못하기를 원하지 않습니다 즉 이스라엘 중의 일부에서 우둔함이 발생한 것은 이방인의 충만한 수가 들어올 때까지일 뿐이어서

26 [결국에는] 이스라엘 전부가 구원을 받을 것입니다 이는 "구원자가 시온에서 나오고 그가 야곱에게서 불경건을 제거할 것이며

27 이것은 내가 그들의 죄를 제거할 때 그들과 맺는, 나에게서 나온 언약이라" 기록된 것과 같습니다

28 복음을 따라서는 우리를 위해 적개심을 가진 자들이나, 택하심을 따라서는 조

상들로 말미암아 사랑을 입은 자입니다

29 이는 하나님의 은총과 부름에는 후회함이 없기 때문입니다

30 여러분도 전에는 하나님께 순종하지 않다가 그들의 불신앙 때문에 이제는 긍휼히 여기심을 받은 것처럼

31 지금 그들이 믿지 아니하는 것은 여러분께 주어진 긍휼로 말미암아 그들도 긍휼히 여기심을 받게 하려는 것입니다

32 하나님은 모든 사람에게 긍휼을 베푸시기 위해 모든 사람을 불순종에 가두어 두십니다

33 오 하나님의 풍성함과 지혜와 지식의 깊음이여, 그의 판단들은 헤아리지 못하며 그의 길들은 찾을 수 없습니다

34 누가 주님의 마음을 알았으며 누가 그분의 모사가 되었습니까?

35 누가 주님께 먼저 드려서 그로 하여금 자신에게 갚도록 만듭니까?

36 [그런 자는 아무도 없습니다] 모든 것은 그에게서 [나오고] 그로 말미암아 그에게로 [돌아가며] 영광이 그에게 세세토록 있기를 [원합니다] 아멘

12장

1 그러므로 저는 형제들 여러분께 권합니다 하나님의 자비로 말미암아 여러분의 몸을 살아있고 거룩하고 기쁘시게 하는 제물로 하나님께 드리시기 바랍니다 이는 여러분의 합당한 예배입니다

2 그리고 여러분은 이 세대에 적응되지 말고 오직 마음의 갱신과 더불어 변화되어 무엇이 하나님의 선하고 즐겁고 온전한 뜻인지를 입증하는 데에까지 이르시기 바랍니다

3 나에게 주어진 은혜를 따라 나는 여러분 각자에게 말합니다 자신에 대해 마땅히 생각해야 할 그것 이상으로 과도하게 생각하지 마시고 하나님이 각 사람에게 나누어 주신 믿음의 잣대에 따라 적정한 생각에 이르도록 생각하길 바랍니다

4 우리가 하나의 몸에 많은 지체를 가졌으나 모든 지체가 같은 기능을 가진 것은 아닙니다

5 이처럼 우리는 많지만 그리스도 안에서 한 몸이고 그 하나 아래에서 서로의 지체들인 것입니다

6 [그 지체들은] 우리에게 주신 은혜를 따라 다른 은사들을 가지고 있습니다 혹 믿음의 유비에 따라 예언을 하고,

7 혹 섬김으로 섬기는 일을 하고, 혹 가르침을 가지고 가르치는 일을 하고,

8 혹 위로하는 자는 격려를 가지고, 구제하는 자는 진정성을 가지고, 앞장서는 자는 성실함을 가지고, 긍휼을 베푸는 자는 흥겨움을 가지고 행합니다

9 사랑은 거짓되지 않으며 악한 것을 미워하고 선한 것에 결합되는 것이며

10 형제의 사랑으로 서로를 가족처럼 사랑하고 서로에게 존경을 먼저 보이는 것이며

11 성실함을 가지고 게으르지 않으며 영혼으로 열심을 내어 주님을 섬기는 것이며

12 소망을 가지고 기뻐하며 환난 중에 인내하며 기도에 열중하는 것이며

13 성도들의 필요를 위해 나누며 환대를 추구하는 것입니다

14 박해하는 자들을 위해 복을 비십시오 축복하고 저주하지 마십시오

15 기뻐하는 자들과 함께 기뻐하고 우는 자들과 함께 우십시오

16 서로를 향하여 같은 마음을 가지고 높은 것들에게 마음을 쓰지 말고 낮은 자들과 함께 거하고 자신에 의해서 지혜롭게 되지 마십시오

17 어떤 이에게도 악을 악으로 갚지 말고 모든 사람 앞에서 선한 것을 미리 생각해 두십시오

18 할 수 있다면 여러분은 모든 사람들과 더불어 화목하게 사십시오

19 사랑하는 자들이여 스스로 복수하지 말고 그 진노에 맡기기를 바랍니다 이는 "주께서 가라사대 '보응은 나의 것이며 내가 갚을 것이라'"고 기록되어 있기 때문입니다

20 오히려 만약 당신의 원수가 주린다면 그를 먹이고 만약 그가 목이 마르면 물을 주십시오 이렇게 함으로써 당신은 그의 머리에 숯불을 쌓아 올리는 셈이 될 것입니다

21 악한 것에 의해 패배하지 말고 선한 것으로 악한 것을 이기시기 바랍니다

13장

1 하나님에 의하지 않는다면 [혹은 하나님으로부터 나오지 않는다면] 어떠한 권위도 없으며 현존하는 권위들은 하나님에 의해 정하여진 것이기 때문에 각 영혼은 [여러분은 모든 자들로 하여금, ₽⁴⁶] 보다 높은 권위들에 자신을 복종하게 하십시오

2 그러므로 권위자와 대립하는 자는 하나님의 정하심에 저항한 것이며 저항하는 자들은 스스로 심판을 받게 될 것입니다

3 다스리는 자들은 선한 일이 아니라 악한 일에 대해 두려움이 되는데 당신은 이 권세를 두려워할 의사가 없습니까? 선한 일을 하십시오 그러면 그에게서 칭찬을 받을 것입니다

4 그는 당신에게 선으로 인도하는 하나님의 종입니다 그러나 당신이 악한 일을 행한다면 두려워 하십시오 이는 그가 공연히 칼을 가지지 아니하기 때문이며 악을 행하는 자로 하여금 진노에 이르게 하는 보응의 종이기 때문입니다

5 그러므로 진노 때문만이 아니라 양심 때문에도 순종하는 것은 불가피한 일입니다

6 이로 인하여 여러분은 조세도 납부하고 있습니다 이는 그들이 이 일에 항상 힘쓰는 하나님의 공적인 종들이기 때문입니다

7 모든 자에게 주어야 할 것을 주되 조세 받을 자에게는 조세를, 관세 받을 자에게는 관세를, 두려워할 자에게는 경외를, 존경할 자에게는 존경을 주십시오

8 서로 사랑하는 것이 아니라면 아무에게 어떠한 빚도 지지 마십시오 남을 사랑하는 것은 율법을 완성하는 것입니다

9 이는 간음하지 말라, 살인하지 말라, 훔치지 말라, 탐내지 말라는 것 및 다른 어떤 계명들이 있더라도 그것들은 네 이웃을 너 자신처럼 사랑해야 한다는 그 말씀 안에 다 종합되어 있기 때문입니다

10 사랑은 이웃에게 잘못을 저지르지 않습니다 그러므로 율법의 완성은 사랑입니다

11 또한 여러분은 잠에서 깨어날 시간, 이 시기를 알고 계십니다 지금은 우리의 구원이 우리가 처음 믿을 때보다 더 가까워 졌습니다

12 밤은 깊어진 반면 낮은 가까이 왔습니다 그러므로 우리는 어둠의 일들을 버리고 빛의 갑옷을 입읍시다

13 우리는 흥청댐과 술중독, 호색과 음탕함 없이, 다툼과 시기 없이 낮에 행하듯이 단정하게 사십시다

14 여러분은 주 예수 그리스도로 옷 입고 과욕에 이르는 육신의 예비적인 궁리를 짜내지 마십시오

14장

1 여러분은 신앙이 연약한 자를 수용하되 의견들의 판가름에 이르지는 마십시오

2 어떤 사람은 모든 것을 먹을 수 있다고 믿으나 연약한 자는 채소만 먹습니다

3 먹는 자는 먹지 않는 자를 멸시하지 말고 먹지 않는 자는 먹는 자를 비판하지 마십시오 이는 하나님이 그를 받으셨기 때문입니다

4 남의 하인을 비판하는 당신은 누구입니까? 그가 서 있거나 넘어지는 것은 그 자신의 주인과 관계된 것입니다 주께서 그를 세우실 수 있기 때문에 그는 세워질 것입니다

5 어떤 사람은 날과 날을 구분하고 어떤 사람은 모든 날을 같게 여깁니다 [그러므로] 각 사람은 자신의 마음으로 확정을 하십시오

6 날을 정하는 자도 주를 위해 정하고 먹는 자도 주를 위해 먹으면 그는 하나님께 감사를 드리는 셈입니다 먹지 않는 자가 주를 위해 먹지 아니해도 하나님께 감사를 드리는 것입니다

7 우리 중에 누구도 자신을 위해 살지 않고 누구도 자신을 위해 죽지 않습니다

8 만약 우리가 산다면 주를 위해 살고 우리가 죽는다면 주를 위해 죽습니다 우리가 살든지 죽든지 우리는 주님의 것입니다

9 이를 위해 그리스도는 죽으시고 사셨으며 이로써 산 자와 죽은 자의 주가 되신 것입니다

10 그런데 여러분이 누구기에 여러분의 형제를 비판하는 것입니까? 여러분이 누구기에 여러분의 형제를 멸시하는 것입니까? 우리 모두는 하나님의 심판대 앞에 설 것입니다

11 이렇게 기록된 것처럼 말입니다 "주께서 이르시되 '내가 살았으니 모든 무릎이 나에게 꿇을 것이고 모든 혀가 하나님께 고백할 것이라'고 하시니라"

12 그러므로 우리 각자는 자신에 대한 이야기를 [하나님께] 올릴 것입니다

13 그러므로 우리는 서로를 비판하지 마십시다 오히려 여러분은 형제 앞에 장애물 혹은 올가미를 두지 않도록 하십시오

14 내가 주 예수 안에서 확신하는 것은 스스로 속된 것은 없으나 다만 무언가를 속되다고 여기는 그에게는 그것이 속되다는 것입니다

15 만일 음식으로 말미암아 당신의 형제가 근심하게 된다면 당신은 사랑을 따라 행하지 않는 것입니다 당신은 그리스도께서 대신하여 죽으신 그 사람을 당신의 음식으로 망하게 하지 마십시오

16 그러므로 여러분의 선한 것이 비방을 받지 않게 하십시오

17 왜냐하면 하나님의 나라는 먹음과 마심이 아니라 성령 안에 있는 의와 평화와 희락이기 때문입니다

18 이것으로 그리스도를 섬기는 자는 하나님을 기쁘시게 하고 사람의 인정을 받습니다

19 이러하기 때문에 우리는 평화의 일과 서로를 위한 세움의 일을 힘씁시다

20 음식 때문에 하나님의 일을 망치지 마십시오 만물은 진실로 깨끗하나 거리낌 가운데서 먹는 사람에게는 악한 것입니다

21 여러분의 형제가 실족하고 함정에 빠지고 연약하게 되는 일이라면, 고기도 먹지 아니하고 포도주도 먹지 아니함이 좋습니다

22 여러분은 각자가 가진 믿음을 하나님 앞에서 붙잡고 계십시오 자신이 스스로를 따라 옳다고 여기는 것으로 정죄하지 않는 자에게는 복이 있습니다

23 의심하는 자가 먹는 경우에는 믿음에서 나오지 않은 것이기 때문에 정죄를 받습니다 믿음에서 나오지 않은 모든 것은 죄입니다

15장

1 강한 우리가 약한 자들의 연약함을 담당하고 자신을 기쁘게 하지 않는 것은 마땅한 일입니다

2 우리 각 사람은 이웃을 기쁘게 하여 덕을 세우는 선한 일에 이르도록 하십시다

3 이는 진실로 그리스도께서 자신을 기쁘게 하지 않으셨기 때문인데 기록된 것처

럼 "당신을 모욕하는 자들의 모욕이 나에게 미쳤다"고 함과 같습니다

4 전에 기록된 것은 무엇이든 우리의 교훈을 위해 기록된 것이기 때문에 그 기록들에 담긴 인내를 통해, 그리고 위로를 통해 우리는 소망을 갖습니다

5 나아가 인내와 위로의 하나님이 그대들로 하여금 그리스도 예수를 따라 서로 안에서 같은 이해를 가지게 하시기를 원합니다

6 그래서 같은 열정을 가지고 하나의 입으로 하나님 곧 우리 주 예수 그리스도의 아버지를 영화롭게 하십시오

7 그러므로 그리스도께서 우리를 받으셔서 하나님의 영광에 이르신 것처럼 여러분도 서로를 받으시기 바랍니다

8 나는 말합니다 그리스도께서 하나님의 진실함을 위해 할례의 수종자가 되셔서 조상에게 주신 약속들을 확고하게 세우시고,

9 나아가 열방으로 하여금 하나님께 영광을 돌리게 하신 것을 말합니다 이는 기록된 것처럼 "이로 말미암아 내가 열방들 중에서 당신을 인정하고 당신의 이름을 찬송할 것이라"고 함과 같습니다

10 그리고 그는 다시 말합니다 "열방들아 주의 백성과 함께 기뻐하라"

11 또 다시 [말합니다] "모든 열방들아 주를 찬양하라 그 모든 백성들아 그를 칭송하라"

12 이사야도 말합니다 "이새의 뿌리 곧 열방들을 다스리기 위해 일어나는 분이 있을 것이며 열방들은 그에 대한 소망을 가지리라"

13 소망의 하나님이 여러분을 믿음 안에서 모든 기쁨과 평강으로 풍성하게 하시고 성령의 능력으로 여러분을 소망으로 충만하게 하시기를 원합니다

14 그러나 나의 형제들이여 나 자신이 여러분에 대해 확신하는 바는 여러분 자신이 선함으로 가득하며 모든 지식으로 충만하고 서로를 훈육할 수 있다는 것입니다

15 그러나 나는 하나님에 의해 나에게 주어진 은혜로 말미암아 여러분을 상기시킬 요량으로 더욱 담대하게 여러분께 썼습니다

16 이 은혜는 나로 하여금 이방인을 위한 그리스도 예수의 일꾼이 되어 하나님의 복음의 제사장 직무를 수행하게 하고 성령으로 거룩하게 된 열방의 제물이 열납되게 하려는 것입니다

17 따라서 나는 그리스도 예수 안에서 하나님의 일에 대해 자랑할 것이 있습니다

18 나는 그리스도께서 열방의 순종을 위해 나를 통해 이루신 일 외에는 어떠한 것도 일절 말하지 않을 것입니다 [그 일은] 말과 행위로,

19 표적들과 기사들의 능력으로, 성령의 능력으로 이루어진 것입니다 그리하여 나는 예루살렘에서 두루 행하여 심지어 일루리곤까지 그리스도의 복음으로 가득하게 했습니다

20 이는 내가 타인의 터 위에는 건축하지 않기 위해 그리스도의 이름이 불리는 곳에서는 복음을 전하지 않으려고 노력한 것입니다

21 기록된 것처럼 "그에 대해 알려지지 않은 자들에게 나타날 것이요 듣지 못한 자들이 깨달을 것입니다"

22 이리하여 내가 여러분께 가려는 많은 시도들은 저지된 것입니다

23 그러나 이제는 이 지역들 안에서 더 이상 할 일이 없고 몇 해 전부터 여러분께 가려는 열망을 붙들고 있습니다

24 내가 서바나로 갈 때, 지나가는 길에 여러분을 방문하고 함께 기쁨의 교제를 얼마간 나눈 이후에 여러분에 의해 그곳으로 보냄 받기를 바랍니다

25 그러나 지금은 내가 성도들을 섬기기 위해 예루살렘으로 떠납니다

26 이는 마게도냐 및 아가야 사람들이 예루살렘 성도 중 가난한 자들을 위해 얼마의 기부금 베푸는 것을 좋게 여겼기 때문입니다

27 저분들이 기뻐서 했지만 또한 저분들은 그들에게 빚진 자입니다 이는 만약 이방인이 그들의 영적인 것들을 나누어 가졌다면 물질적인 것으로 그들을 섬기는 것은 마땅한 일이기 때문입니다

28 그러므로 나는 이 일을 완수하고 그들에게 이 열매를 확인시킨 이후에 여러분을 경유하여 서바나로 떠날 것입니다

29 내가 여러분께 갈 때 그리스도의 충만한 은총을 가지고 갈 줄을 나는 알고 있습니다

30 그러므로 내가 우리 주 예수 그리스도와 성령의 사랑으로 말미암아 형제 여러분께 권합니다 하나님을 향한 여러분의 기도에서 나를 위해 나와 함께 힘써 간구해 주십시오

31 유대에서 순종하지 아니하는 자들에게서 내가 건짐을 받도록, 그리고 예루살렘 안에서의 내 섬김을 성도들이 받을 만하도록,

32 하나님의 뜻으로 말미암아 여러분께 기쁨으로 나아가 여러분과 교제하며 기운을 얻도록 말입니다

33 평강의 하나님이 여러분 모두와 함께 계시기를 원합니다 아멘

16장

1 나는 겐그레아 교회의 일꾼인 우리의 자매 뵈뵈를 여러분께 추천해 드립니다

2 여러분은 성도들의 합당한 예법을 따라 그녀를 영접하고 여러분께 요청하는 모든 것을 그녀에게 공급해 주십시오 그녀는 많은 사람에게 그리고 나에게도 후원자가 되신 분입니다

3 여러분은 그리스도 예수 안에서 나의 동료들인 브리스가와 아굴라에게 문안을 하십시오

4 그들은 내 목숨을 위해 자기들의 목까지도 내놓은 자들이며 나뿐만 아니라 열방의 모든 교회들도 그들에게 감사를 표하고 있습니다

5 그리고 그들의 집에 있는 교회에도 문안을 하십시오 그리고 나의 친애하는 에베네도, 그리스도에게 아시아의 첫 열매로 맺어진 이 사람에게 문안을 하십시오

6 여러분을 위해 많이 수고한 마리아에게 문안을 하십시오

7 내 친척이요 나의 형무소 동기들인 안드로니고와 유니아에게 문안을 하십시오 그들은 사도들 안에서 잘 알려졌고 나보다 먼저 그리스도 안에 머문 자입니다

8 주 안에서 내가 사랑하는 암블리아에게 문안을 하십시오

9 그리스도 안에서 우리의 동료인 우르바노와 내가 사랑하는 스구다에게 문안을 하십시오

10 그리스도 안에서 인정된 아벨레에게 문안을 하십시오 아리스도불로 집안에 속한 자들에게 문안을 하십시오

11 나의 친척 헤로디온에게 문안을 하십시오 나깃수의 가족 중 주 안에 거하는 자들에게 문안을 하십시오

12 주 안에서 수고하는 드루베나와 드루보사에게 문안을 하십시오 주 안에서 많이 수고한, 사랑하는 버시에게 문안을 하십시오

13 주 안에서 택하심을 받은 루포에게, 그리고 그와 나의 어머니께 문안을 하십시오

14 아순그리도와 블레곤과 허메와 바드로바와 허마 및 그들과 함께 있는 형제들에게 문안을 하십시오

15 빌롤로고와 율리아, 네레오와 그의 자매와 올름바 및 그들과 함께 있는 모든 성도에게 문안을 하십시오

16 여러분은 거룩한 입맞춤으로 서로 문안을 하십시오 그리스도의 모든 교회가 다 여러분께 문안을 드립니다

17 내가 형제들 여러분께 권합니다 여러분이 배운 교훈을 거슬러 분열들과 함정들을 만드는 자들을 주의하고 그들을 떠나시기 바랍니다

18 이런 자들은 우리 주 그리스도가 아니라 자기들의 배만 섬깁니다 부드러운 말과 아첨하는 말로 순진한 자들의 마음을 미혹하는 자입니다

19 여러분의 순종함이 모든 사람에게 알려져서 여러분 때문에 저는 기쁩니다 그러나 나는 여러분이 선한 일에는 지혜롭고 악한 일에는 둔하기를 원합니다

20 평화의 하나님이 여러분의 발 아래에서 사탄을 속히 멸하실 것입니다 우리 주 예수의 은혜가 여러분과 함께 있기를 원합니다

21 나의 동료인 디모데와 나의 친척들인 누기오와 야손과 소시바더가 여러분께 문안을 드립니다

22 이 편지를 기록하는 나 더디오도 주 안에서 여러분께 문안을 드립니다

23 나와 온 교회를 돌보는 가이오도 여러분께 문안을 드리고 이 성의 재무관 에라스도와 형제 구아도도 여러분께 문안을 드립니다

24 (없음)

25 나의 복음과 예수 그리스도의 선포를 따라, 영세 전부터 감추어져 있었으나

26 이제는 영원하신 하나님의 명령에 따라 선지자들의 글로 말미암아 모든 민족에게 믿음의 순종에 이르도록 나타내신 신비의 계시를 따라, 여러분을 능히 견고하게 하실

27 유일하신 지혜의 하나님께 예수 그리스도로 말미암아 영광이 영원부터 영원까지 이르기를 [원합니다] 아멘